《吉林统计年鉴》编委会和编辑部成员

A List of Editoral Board and staff

《吉林统计年鉴》特邀编委(按姓氏笔划为序)

秦元明　张大松　马俊隆　郭文秀　李云山　彭志国　蔡兴龙　马纯丽

李志群　康秉智　宗国富　郭万敏　祝国志　相传林　袁英华　唐志萍

赵恩举　李志隆　陶喜春　李瑞霞　焦洪军　姜戍年　王淑颖　李福升

周振海　于永清　李洪信　南光哲　张振国　张俊先　王树兵　张炳功

于洪才　鲁凇平　杨春山　张宝祥　高继泰　王　光　高　静　王振刚

马占奎　赵晓明　武莲珍　李兆成　柳　青　王宪林　隋世才　唐永华

林钦权　赵峰佩　刘克志　毛　健　王延平　孟昭轲　王尔智　张　义

何树山　柴　伟　仇福华　慕广学　杨先标　王宝才　刘铁军　吴文昌

孙志鸿　李文才　王富友　蒋东篱　白玉发　赵哲学　金永默　刘宪鲁

陈贺义　肖玉淮　丁之慧　曾宪君　谷志和　刘玉忱　张兴波

特别鸣谢(排名不分先后)

吉林省水利厅

吉林省信息产业厅

中共吉林省委党校

吉林省煤炭工业局

吉林省储备物资局

长春市公路客运总公司

小八家教会

吉林省地方水电有限公司

吉林省天和对外经济贸易集团有限公司

长春市长江装饰公司

东北电力设计院

吉林省普通中学考试办公室

长春市灯炮电线有限公司

吉林市水资源管理办公室

吉林市大宇化工有限公司

吉林省环境科学研究院

双辽市人民政府

吉林金石会计师有限责任公司

吉林省新闻出版局

吉林省信托投资有限责任公司

四平市二龙湖水库管理局

吉林省测绘局

编者说明

一、《吉林统计年鉴—2005》(中英文对照)是一部全面反映吉林省经济和社会发展情况的资料性年刊。本书收录了全省、各市(州)和县(市)2004年经济和社会各方面大量的统计数据。

二、全书内容分为19个部分,即1.行政区划和自然资源;2.综合;3.人口;4.从业人员和职工工资;5.固定资产投资;6.财政、金融和保险;7.物价;8.人民生活;9.市政公用事业和环境保护;10.农业;11.工业;12.交通运输和邮电通讯业;13.批发零售贸易和餐饮业;14.对外经济贸易和旅游业;15.教育、科技和文化事业;16.体育、卫生和其他事业;17.企业景气情况;18.企业集团和改制企业情况;19.市(州)和县(市)概况。附录:主要统计指标解释。

三、本年鉴大部分资料来自定期统计报表,部分资料来自快报和抽样调查。

四、资料中所使用的度量衡单位均采用国际统一标准计量单位。

五、本年鉴中所使用的价值量指标,除已注明外,均按当年价格计算,发展速度按可比价格计算。

六、本年鉴中的符号使用说明:“…”表示数据不足本表最小单位数;“空格”表示该项指标数据不详或无该项数据;“#”表示其中的主要项。

七、本书的编辑出版,得到省直有关部门、各市州、县(市、区)政府及有关企事业单位的大力支持,我们对此表示诚挚的谢意!

《吉林统计年鉴》编辑部

二〇〇五年九月二十日

Preface

Ⅰ. Jilin statistical yearbook 2005 is annual statistics pubication, which cover very comprehensive data series for 2004 and some selected date series for historically important years in whole province, cities(pretectare) and counties and therefore, reflects various aspects of social and economic development.

Ⅱ. The book is organized into two parts: Special reports and Statistics data. The statistics data is separated into 19 parts, ie. 1. Administrative Division and Natural Resources; 2. Greneral Survey; 3. Population; 4. Empoyment and wage; 5. Investment in Fixed Assets; 6. Pubilic Finance. Banking and insurance; 7. Price Indices; 8. Peopleis Livelihood; 9. Urban public utilities and environment; 10. Agriculture; 11. Industry; 12. Transportation, postal and Telecommunications services; 13. Wholesale, Retail trade and Fodd services; 14. Foreign Economy trade and international Tourism; 15. Education, science and culture; 16. Sports, Public Health and others; 17. Prosperity of enterprises; 18. Group and enterprises of refroming regime; 19. General survey of city and county. In the appendices listed are comparison of indictors of economy and explanatory note for mojor indicators. and main economic indicators of northeast three province.

Ⅲ. The major data Sources of this publication are obtained from annual staristical reports and from sampling surveys.

Ⅳ. The units of measurement used in this book are internationally standard measurement units.

Ⅴ. The value indicators used in this book are at current price except notes have made and growth rate is calclaled by constant price.

Ⅵ. Explanatory notes for notations used in this book: "..." indicates that the figure is not large enough to be measured with the smallest unit in the table. "blant" indicated that the data not available. "#" of which: major item.

Ⅶ.

Editorial department of《JIlin statistical Yearbook》

Sept20. 2005

（京）新登字 041 号

图书在版编目（CIP）数据

吉林统计年鉴 .2005/吉林省统计局编 .
—北京：中国统计出版社，2005.6
ISBN 7－5037－4640－8

Ⅰ.吉 ... Ⅱ.吉 ... Ⅲ.统计资料－吉林省－2005－年鉴
Ⅳ.C832.34－54

中国版本图书馆 CIP 数据核字（2005）第 050133 号

吉林统计年鉴－2005

作　　者／吉林省统计局
责任编辑／蔡启新
E－mail／yearbook@stats.gov.cn
责任校对／孙　臻
封面设计／刘伟祥
出版发行／中国统计出版社
通信地址／北京市西城区三里河月坛南街 75 号　中国统计出版社
邮　　编／100826
电　　话／（010）63262295
印　　刷／长春天瑞设计印业中心
经　　销／新华书店
开　　本／850×1168 毫米 1/16
字　　数／80 万字
印　　张／40
印　　数／1－1500
版　　别／2005 年 10 月第 1 版
版　　次／2005 年 10 月第 1 次印刷
书　　号／ISBN 7－5037－4640－8/F·2037
定　　价／298.00 元

目　　录
CONTENTS

统计资料
STATISTICAL DATA

第一篇、行政区划和自然资源
ADMINISTRIVE DIVISION AND NATURAL RESOURCES

第二篇、综合
GENERAL SURVEY

第三篇、人口
POPULATION

第四篇、从业人员和职工工资
EMPLOYMENT AND WAGE

第五篇、固定资产投资
INVESTMENT IN FIXED ASSETS

第六篇、财政、金融和保险
PUBLIC FINANCE、BANKING AND INSURANCE

第七篇、物价
PRICE

第八篇、人民生活
PEOPLE'S LIVELIHOOD

第九篇、市政公用事业和环境保护
URBAN PUBLIC UTILITIES AND ENVIRONMENT

第十篇、农业
AGRICULTURE

第十一篇、工业
INDUSTRY

第十二篇、交通运输和邮电通信业
TRANSPORTATION, POSTAL AND TELECOMMUNICATIONS SERVICES

第十三篇、批发零售贸易和餐饮业
WHOLESALE, RETAILSALE AND CATERING TRADE

第十四篇、对外经济贸易和旅游业
FOREIGN ECONOMY TRADE AND INTERNATIONAL TOURISM

第十五篇、教育、科技和文化事业
EDUCATION, SCIENCE AND CULTURE

第十六篇、体育、卫生和其他事业
SPORTS, PUBLIC HEALTH AND OTHERS

第十七篇、企业景气和大中型改制工业企业
PROSPERITY OF ENTERPRISES

第十八篇、企业集团和改制企业情况
REFROM REGIME OF GROUP AND ENTERPRISES

第十九篇、市(州)和县(市)概况
GENERAL SURVEY OF CITY AND COUNTY

统计资料

STATISTICAL DATA

STATISTICAL DATA

第一篇 CHAPTER

行政区划和自然资源

ADMINISTRIVE DIVISION ADN NATURAL RESOURCES

1

1-1 行政区划(2004年末)

Divisions of Administrative Areas(End of 2004)

单位:个 (unit)

地级市(州) Cities at All Levels	县(市)合计 Total of county at all Levels	县级市 Cities at County Levels	县 Counties	自治县 Autonomous Counties	市辖区 Districts
全　省 Total	**41**	**20**	**18**	**3**	**19**
长春市 Changchun	4	3	1		6
吉林市 Jilin	5	4	1		4
四平市 Siping	4	2	1	1	2
辽源市 Liaoyuan	2		2		2
通化市 Tonghua	5	2	3		2
白山市 Baishan	5	1	3	1	1
松原市 Songyuan	4		3	1	1
白城市 Baicheng	4	2	2		1
延边朝鲜族自治州 Yanbian	8	6	2		

地级市(州) Cities at All Levels	镇 Towns	乡 Township	街道办事处 Street agency	社区 Community	村民委员会
全　省 Total	**454**	**311**	**241**	**1439**	**9365**
长春市 Changchun	73	39	55	351	1687
吉林市 Jilin	58	42	66	250	1392
四平市 Siping	60	27	25	179	1164
辽源市 Liaoyuan	22	15	14	62	517
通化市 Tonghua	65	37	18	144	989
白山市 Baishan	45	20	9	77	499
松原市 Songyuan	42	61	13	101	1125
白城市 Baicheng	38	54	19	92	916
延边朝鲜族自治州 Yanbian	51	16	22	183	1076

1-2 自然资源状况(2004)

Natural Resources(2004)

项目	Item	单位 Unit	实际数 Number
一、自然状况	**Natural condition**		
1. 土地面积	Area of territory	万平方公里 10000sq.km	18.7
各类土地所占比重	By topographic feature		
山　地	Mountain	%	36.0
丘　陵	Hills	%	5.8
平　原	Plain	%	30.0
台地及其他	Tableland and others	%	28.2
2. 气候	Climate		
全年平均气温	Annual average temperature	摄氏度 ℃	6.2
年降水量	Annual precipitatio	毫米 mm	550.4
二、自然资源	**Natural resources**		
1. 林地	Forest area		
林业用地面积	Area of afforestated land	万公顷 10000ha	929.0
森林面积	Area of afforestated land	万公顷 10000ha	806.0
造林面积	Area of Afforestation	万公顷 10000ha	5.7
立木总蓄积量	Stock volume of the forest	亿立方米 10000kw	8.7
森林覆盖率	Forest - coverage rate	%	42.5
2. 水利	Water resources		
水资源总量	Water conservancy	亿立方米 10000kw	323.71
地表水资源量	Songhuajiang river valley	亿立方米 10000kw	278.44
地下水资源量	Inland water areas	亿立方米 10000kw	94.37
松花江流域	Songhuajiang river valley	亿立方米 10000kw	245.53
辽河流域	Inland water areas	亿立方米 10000kw	78.18
淡水总面积	Inland water areas	万亩 10000mu	960.0
可养殖面积	Cultivatable area	万亩 10000mu	374.7
已养殖面积	Cultivated area	万亩 10000mu	280.0
3. 矿产资源	Mineral resources		
煤资源储量	Coal	亿吨 100 million ton	24.0
铁（矿石）资源储量	Iron ore	亿吨 100 million ton	5.3
水泥用灰岩资源储量	Limestone	亿吨 100 million ton	14.7
硅灰石资源储量	Silica	万吨 10000tons ton	5991.1
油页岩资源储量	Oil shale	亿吨 100 million ton	174.3
陶粒页岩	Ceramsite	亿吨 100 million ton	1.7
火山渣	Lapillus	亿吨 100 million ton	0.4

第二篇 CHAPTER

综合 GENERAL SURVEY

2

2-1 国民经济和社会发展总量与速度指标

指标	Item	总量指标 Aggregate indicator		
		1985	1990	1995
人口与就业（万人）	**Population and employment(10000person)**			
年底总人口	Population at the year end	2298.01	2483.00	2550.90
从业人员数	Employment	930.20	1169.41	1270.77
# 职工人数	Staff and workers	449.51	517.31	520.38
城镇失业人数	Unemployed in urban areas	10.45	10.48	7.76
宏观经济	**Macroeconomic indicator**			
国民核算（亿元）	National accounting(100 million yuan)			
国内生产总值	Gross domestic product	200.44	425.28	1129.20
第一产业	Primary industry	55.74	124.99	303.99
第二产业	Secondry industry	97.21	182.15	479.46
第三产业	Tertiary industry	47.49	118.14	345.75
固定资产投资（亿元）	**Investment(100 million yuan)**			
全社会固定资产投资	Investment in fixed assets	62.16	93.51	341.85
# 国有经济	State - owned	37.38	66.94	279.78
集体经济	Collective - owned	4.40	2.82	21.21
个体经济	Individuals	20.38	23.75	40.86
# 基本建设	Capital construction	22.40	29.11	167.05
更新改造	Innovation	12.14	22.57	54.13
房地产开发	Real estate developing		6.48	35.64
财政（亿元）	**Public finance(100 million yuan)**			
一般预算全口径财政收入	Total government revenue			117.50
其中：地方财政收入	Local government revenue	21.67	50.68	63.28
财政支出	Government expenditures	34.50	71.67	120.90
物价总指数（上年=100）	**Price indices(pre - year = 100)**			
商品零售价格总指数	General retail price index	109.70	103.90	114.20
居民消费价格总指数	General consumer price index	110.30	104.90	115.20
利用外资（亿美元）	**Utilization of foreign capital($100 million)**			
签订利用外资协议额	Amount of signed contracts	0.25	0.66	17.58
实际利用外资额	Amount of actually utilization		0.61	9.02
产业	**Industries**			
农业	**Agriculture**			
耕地面积（万公顷）	Cultivated areas(10000ha)	399.91	393.93	395.32
农林牧渔业劳动力（万人）	Persons engaged in farming, forestry, animalhusbandry and fishery	399.67	546.58	537.44
农林牧渔业总产值（亿元）	Gross output value of farming, forestry, animalhusbandry and fishery	85.89	189.09	490.28
主要农产品产量	Output of major farm products			
粮食（万吨）	Grain(10000tons)	1225.26	2046.52	1992.40
油料（万吨）	Oil - bearing crops(10000tons)	48.36	46.74	25.55

注：1.1995年底总人口为公安部门数字，其他年份为抽样调查人口数。

2.1998年以后从业人员和职工人数不包括离开本单位仍保留劳动关系的职工。

1. Data in 1995were from the reports of public secury deportment, Data in were from the sample surveys on population.

2. Data since 1998 on workers and staff refer to fully employed worker and staff.

Principal Aggregate Indicators on National Economic and social Development and Their Related Indices and Growth Rates

			速度指标(%)Indices and growth rates								
			指数(2004年以下列各年为100) Index (preceding year = 100)					平均增长速度 Average aunual growth rate			
2000	2003	2004	1985	1990	1995	2000	2003	1986 - 1990	1991 - 1995	1996 - 2000	2001 - 2004
2681.7	2703.7	2708.5	117.9	109.1	101.0	94.6	100.2	1.6	0.5	1.0	0.2
1164.0	1202.5	1222.0	131.4	104.5	96.2	104.9	101.6	4.7	1.7	-1.7	1.2
329.9	286.8	279.4	62.2	54.0	53.7	84.7	97.4	2.8	0.1	-8.7	-4.1
23.0	28.4	28.2	269.9	269.1	363.4	122.6	99.3	0.1	-5.8	24.3	5.2
1864.8	2522.6	2958.21	592.1	397.3	236.4	148.0	112.2	8.3	10.9	9.8	10.3
398.7	486.9	560.96	290.9	207.0	163.5	126.3	107.3	7.0	4.8	5.3	6.0
800.3	1143.4	1379.31	714.5	508.8	268.7	161.1	115.0	7.0	13.6	10.8	12.7
665.8	892.3	1017.94	826.2	463.8	252.9	145.4	111.1	12.2	12.9	11.7	9.8
586.9	969.0	1171.6	1884.8	1252.9	342.7	199.6	120.9	9.1	32.1	11.9	18.9
308.5	416.4	452.3	1210.0	675.7	161.7	146.6	108.6	14.9	36.8	2.6	10.5
43.5	32.1	51.8	1177.3	1836.9	244.2	119.0	161.4	4.5	69.0	15.9	11.0
52.1	87.4	87.1	427.4	366.7	213.2	167.2	99.7	-3.0	3.1	7.3	14.4
276.7	433.9	480.9	2146.9	1652.9	287.9	173.8	110.8	8.9	45.5	11.3	14.9
114.5	212.1	315.3	2597.2	1397.0	582.5	275.4	148.7	19.2	22.0	17.3	29.5
63.5	139.2	162.5		2507.7	455.9	255.9	116.7		50.5	15.6	27.0
184.0	289.2	329.0			280.0	178.8	113.8			9.4	15.6
103.8	154.0	166.3	767.4	328.1	262.8	160.1	108.0	18.5	4.5	10.4	12.5
260.7	409.2	507.8	1471.9	708.5	420.0	194.8	124.1	15.7	11.0	16.6	18.1
98.0	100.5	103.5	94.3	99.6	90.6	105.6	103.0				
98.6	101.2	104.1	94.4	99.2	90.4	105.6	102.9				
8.5	7.3	15.9	6360.0	2409.1	90.4	187.1	217.8	21.4	92.8	-13.5	16.9
4.9	5.1	5.7		934.4	63.2	116.3	111.8		71.4	-11.5	3.9
399.4	434.6	470.3	117.6	119.4	119.0	117.8	108.2	-0.3	0.07	0.2	4.2
516.8	502.5	496.7	124.3	90.9	92.4	96.1	98.8	6.5	-0.3	-0.1	-0.1
609.4	792.1	940.7	358.9	255.0	193.9	149.3	107.9	7.1	5.6	2.5	9.1
1638.0	2259.6	2510.0	204.9	122.6	125.9	153.2	111.1	10.8	-0.5	-3.8	11.3
39.0	57.1	38.1	78.8	81.5	149.1	97.7	66.7	-0.7	-11.4	8.8	-0.1

2-1 续表 1

指标 Item		总量指标 Aggregate indicator		
		1985	1990	1995
水果（万吨）	Fruits(10000tons)	6.59	13.3	27.97
肉类总产量（万吨）	Meat(10000tons)	32.02	51.79	134.54
水产品（万吨）	Aquatic products(10000tons)	2.96	7.09	11.06
工业	**Industry**			
主要工业产品产量	Output of major industrial products			
布（亿米）	Cloth(100 million m)	1.69	1.97	1.35
机制纸及纸板（万吨）	Machine made paper and paperboards (10000tons)	48.89	57.02	59.44
糖（万吨）	Sugar(10000tons)	7.15	5.84	6.14
彩色电视机（万台）	Color TV sets(10000unit)	3.22	11.90	5.37
汽车（万辆）	Vehicles(10000unit)	9.77	7.33	18.92
原煤（万吨）	Coal(10000tons)	2311.80	2610.25	2644.31
原油（万吨）	Crude oil(10000tons)	213.02	356.70	342.73
发电量（亿千瓦小时）	Electricity(100 million kwh)	133.76	174.46	284.60
钢（万吨）	Steel(10000tons)	37.86	74.60	115.93
成品钢材（万吨）	Steel products(10000tons)	43.34	61.97	88.21
水泥（万吨）	Cement(10000tons)	295.57	374.54	678.46
500万元以上工业企业财务指标	Financial indicators of enterprises above 5 million yuan			
年底固定资产净值年平均余额（亿元）	Net value of fixed assets at year end (100 million yuan)		330.44	776.16
利润和税金总额（亿元）	Per-tax profits(100 million yuan)		47.33	79.50
交通运输	**Transportation**			
货物周转量（亿吨公里）	Freight traffic(100 million ton.km)	343.16	434.71	497.31
# 铁路	Railways	330.77	378.58	420.23
公路	Highways	11.60	54.80	76.00
旅客周转量（亿人公里）	Passenger traffic(100 million person.km)	134.64	147.88	177.11
# 铁路	Railways	106.71	104.30	125.52
公路	Highways	27.91	43.50	51.48
邮电通信业	**Postal and telecommunications services**			
邮电业务总量（亿元）	Total business revenue(100 million yuan)	0.89	4.16	21.22
报刊期发数（万份）	Newspapers and magazines(10000copies)	952.00	384.00	473.00
本地电话用户（万户）	Number of telephone sets(10000unit)		8	203
国内贸易	**Domestic trade**			
社会消费品零售总额（亿元）	Total retail sales of consumer goods(100 million yuan)	112.00	198.95	481.54
对外经济贸易和旅游	**Foreign trade and international tourism**			
进出口总额（亿美元）	Total exports and imports($100 million)	5.51	9.53	27.14
进口额	Imports	1.24	2.01	12.95
出口额	Exports	4.27	7.52	14.19
接待旅游人数（万人次）	Number of tourists(10000persons)	2.38	4.61	15.61

continued

2000	2003	2004	速度指标(%)Indices and growth rates								
			指数(2004 年以下列各年为 100) Index (precddingyear = 100)					平均增长速度 Average aunual growth rate			
			1985	1990	1995	2000	2003	1986 – 1990	1991 – 1995	1996 – 2000	2001 – 2004
48.62	59.38	68.30	1036.4	512.4	244.2	140.5	115.0	15.1	16.0	11.7	8.9
247.94	275.00	288.00	899.4	556.1	214.1	116.2	104.7	10.1	21.0	13.0	3.8
14.01	10.87	11.98	404.7	168.9	108.3	85.5	110.2	19.1	9.3	4.8	– 3.8
1.26	0.98	0.95	56.2	48.2	70.4	75.4	96.9	3.1	– 7.3	– 1.4	– 6.8
40.75	38.80	43.89	89.8	77.0	73.8	107.7	113.1	3.1	0.8	– 4.2	1.9
2.49	1.47							– 4.0	1.1	– 16.5	
89.88	78.55	82.90	2574.5	696.6	1543.8	92.2	105.5	29.9	– 14.7	75.7	– 2.0
32.52	64.06	64.59	661.1	881.2	341.4	198.6	100.8	– 5.5	20.9	11.4	18.7
1636.71	2037.63	2396.51	103.7	91.8	90.8	146.4	117.6	2.5	0.3	– 9.1	10.0
348.46	455.72	478.89	224.8	134.3	139.7	137.4	105.1	10.9	– 0.8	0.3	8.3
313,50	311.05	374.06	279.7	214.4	131.4	119.3	120.3	5.5	10.3	2.0	4.5
159.31	359.52	406.76	1074.4	545.3	350.9	255.3	113.1	14.5	9.2	6.6	26.4
141.70	368.45	430.93	994.3	695.4	488.5	304.1	117.0	7.4	7.3	9.9	32.1
758.90	1104.16	1376.31	465.6	367.5	202.9	181.4	124.6	4.8	12.6	2.3	16.0
1253.02	1520.45	1653.24		500.3	213.0	131.9	108.7		18.6	10.1	7.2
205.46	337.75	373.16		788.4	469.4	181.6	110.4		10.9	20.9	16.1
612.04	620.17	699.17	203.7	160.9	140.7	114.3	112.8	4.8	2.7	4.2	3.4
406.21	422.55	499.86	151.1	132.6	118.9	123.1	118.3	2.7	2.1	– 0.7	5.3
85.64	90.57	95.93	827.0	175.1	126.2	112.0	105.9	36.4	6.8	2.4	2.9
206.67	216.49	256.15	190.2	173.2	144.6	123.9	118.3	1.9	3.7	3.1	5.5
129.82	115.05	146.80	137.6	140.7	116.9	113.1	127.6	– 0.5	3.8	0.7	3.1
76.79	84.42	90.02	322.5	206.9	174.9	117.3	106.6	9.3	3.4	8.3	4.1
116.35	158.29	211.38	23750.6	5081.3	996.1	181.7	133.5	36.1	38.5	40.5	16.1
443.00	207.00	260.00	27.4	67.8	54.9	58.7	125.6	– 16.6	4.3	– 1.3	– 12.5
339.00	633.00	763.00		9537.5	375.8	225.1	120.5		90.9	10.8	22.5
810.95	1110.27	1252.62	1118.4	629.6	260.1	154.4	112.8	12.2	19.3	11.0	11.5
25.54	61.72	67.93	1232.8	712.8	250.3	265.9	110.1	11.6	23.3	– 1.2	27.7
13.12	40.10	50.78	4095.2	2526.3	392.1	387.0	126.6	10.1	45.1	0.3	40.3
12.42	21.62	17.15	401.6	228.1	120.9	138.1	79.1	12.0	13.5	– 2.6	8.4
27.27	21.17	32.40	1361.3	702.6	207.6	118.8	153.0	14.1	27.6	11.8	4.4

2-1 续表 2

指标	Item	总量指标 Aggregate indicator 1985	1990	1995
教育、文化	**Education, technology and culture**			
教育	Education			
专任教师数（万人）	Full-time teachers (10000persons)			
普通高等学校	Institutions of higher education	1.24	1.48	1.50
中等学校	secondary schools	9.63	10.17	10.75
小学	primary schools	13.45	14.60	15.27
在校学生数（万人）	Students enrollment (10000persons)			
普通高等学校	Institutions of high education	5.95	7.28	10.08
中等学校	Secondary schools	158.47	140.41	155.18
小学	Primary schools	299.81	276.12	269.03
文化	Culture			
出版数量	Publications			
图书（亿册）	Books published (100 million copies)	2.01	1.39	1.16
杂志（亿册）	Magazines issued (100 million copies)	0.73	0.44	0.52
报纸（亿份）	Newspapers issued (100 million copies)	4.50	3.01	4.79
家庭、生活、卫生	**Family people's livelihood and health**			
城镇居民家庭平均每户人口（人）	Average household size in urban (person)	3.80	3.56	3.21
农村居民家庭平均每户人口（人）	Average household size in rural (person)	4.90	4.52	4.02
居住	Housing			
城市人均居住面积（平方米）	Per capita floor space of urban residents (sq.m)	4.60	5.60	6.90
农村人均居住面积（平方米）	Per capita floor space of rural residents (sq.m)	11.42	13.42	16.07
生活	People's livelihold			
城镇居民人均可支配收入（元）	Percapita disposable income of urban household (yuan)	607.52	1230.12	3174.84
农民人均纯收入（元）	Percapita net income of rural residents (yuan)	413.74	717.30	1609.60
城乡居民储蓄存款余额（亿元）	Balance of deposits inurban and rural (100 million yuan)	43.96	196.59	726.28
职工工资总额（亿元）	Total wages (100 million yuan)	47	95	221
职工平均工资（元）	Average wage of staff and workers (yuan)	1081	1888	4430
居民年平均消费水平（元）	Consumption level of residents (yuan)	522	955	2292
卫生	Health care			
医院与卫生院（个）	Number of hospitals (unit)	1319	1354	1415
卫生技术人员（万人）	Medical technical personnel personnel (10000person)	10.54	12.00	13.42
# 医生	Doctors	3.98	5.03	5.61
医疗床位数（万张）	Number of hospital and clinic beds (10000beds)	7.88	9.21	9.66
# 医院	Number of hospital beds	7.08	8.32	8.77
环境、灾害	**Environment and disaster**			
火灾发生数（起）	Number of fire disasters (cases)	681	3722	3216
火灾损失（万元）	Fire loss (10000yuan)	572	1388	2332
交通事故发生数（起）	Number of traffic accidents (cases)	4197	3988	5117
交通事故损失（万元）	Loss of traffic accidents (10000yuan)	597	580	1947
农业受灾面积（万公顷）	Area of agricultural disaster (10000ha)	261.7	93.4	233.0

continued

2000	2003	2004	速度指标(%)Indices and growth rates								
			指数(2004年以下列各年为100) Index year					平均增长速度 Average aunual growth rate			
			1985	1990	1995	2000	2003	1986 – 1990	1991 – 1995	1996 – 2000	2001 – 2004
1.75	2.18	2.50	201.6	168.9	166.7	142.9	114.7	3.6	0.3	3.1	9.3
10.61	10.91	11.03	114.5	108.4	102.6	103.9	101.1	1.1	1.1	– 0.3	1.0
15.03	14.14	14.09	104.8	96.6	92.2	93.7	99.6	1.7	0.9	– 0.4	– 1.6
17.53	31.95	36.22	608.7	497.5	359.3	206.6	113.4	4.1	6.7	11.7	19.9
167.75	177.38	180.51	113.9	128.6	116.3	107.6	101.8	– 2.4	2.0	1.6	1.8
241.59	183.31	174.14	58.1	63.1	64.7	72.1	95.0	– 1.6	– 0.5	– 2.1	– 7.9
0.81	1.39	1.32	65.7	94.9	113.8	162.9	95.0	– 7.1	– 3.6	– 6.9	13.0
0.55	0.33	0.69	94.5	156.8	132.7	125.5	209.1	– 9.6	3.4	1.1	5.8
5.53	6.68	9.96	221.3	330.9	207.9	180.1	149.1	– 7.7	9.7	2.9	15.8
3.12	3.01	2.97	78.2	83.4	92.5	95.2	98.7	– 1.3	– 2.0	– 0.6	– 1.2
3.90	3.73	3.71	75.7	82.1	92.3	95.1	99.5	– 1.6	– 2.3	– 0.6	– 1.2
9.14	16.27	18.55	403.3	331.2	268.8	202.9	114.0	4.0	4.3	5.8	19.4
17.72	19.75	19.78	173.2	147.4	123.1	111.6	100.2	3.3	3.7	2.0	2.8
4810.00	7005.12	7840.60	1290.6	637.4	246.9	163.0	111.9	15.2	20.9	8.7	13.0
2022.50	2530.4	3000.40	725.2	418.3	186.4	148.3	118.6	11.6	17.5	4.7	10.4
1515.85	2161.40	2405.60	5472.0	1223.7	331.2	158.7	111.3	34.9	29.9	15.9	12.2
265	322	350	744.7	368.4	158.4	132.1	108.7	15.1	18.3	3.7	7.2
7924	11081	12431	1150.0	658.4	280.6	156.9	112.2	11.8	18.6	12.3	11.9
3381	4557	5136	302.9	279.8	201.0	145.2	108.4	1.6	6.8	6.7	9.8
1392	1431	1425	108.0	105.2	100.7	102.4	99.6	0.5	0.9	– 0.3	0.6
13.20	12.86	12.87	122.1	107.3	95.9	97.5	100.1	2.6	2.3	– 0.3	– 0.6
5.97	4.76	4.89	122.9	97.2	87.2	81.9	102.7	4.8	2.2	1.3	– 4.9
8.93	8.61	8.64	109.6	93.8	89.4	96.8	100.3	3.2	1.0	– 1.6	– 0.8
8.34	6.86	6.90	97.5	82.9	78.7	82.7	100.6	3.3	1.1	– 1.0	– 4.6
13420	19384	19558	2872.0	525.5	608.1	145.7	100.9	40.5	– 2.9	33.0	9.9
4519	3151	3440	601.4	247.8	147.5	76.1	109.2	19.4	10.9	14.1	– 6.6
14091	11127	9955	237.2	249.6	194.5	70.6	89.5	– 1.0	5.1	22.5	– 8.3
4548	5280	5046	845.2	870.0	259.2	110.9	95.6	– 0.6	27.4	18.5	2.6
366.2	274.2	130.8	50.0	140.0	56.1	35.7	47.7	– 18.6	20.1	9.5	– 22.7

2-2 国民经济主要比例关系
Proportions of Major Economic Indicators

指标	Item	2003 绝对数 Number	2003 构成(%) Proportion	2004 绝对数 Number	2004 构成(%) Proportion
全部从业人员（万人）	Employment(10000 person)	1202.50	100.0	1222.0	100.0
第一产业	Primary industry	592.20	49.2	563.3	46.1
第二产业	Secondary industry	209.50	17.4	227.3	18.6
第三产业	Tertiary industry	400.80	33.4	431.4	35.3
国内生产总值（亿元）	Gross domestic products (100 million yuan)	2522.62	100.0	2958.21	100.0
第一产业	Primary industry	486.90	19.3	560.96	19.0
第二产业	Secondary industry	1143.39	45.3	1379.31	46.6
第三产业	Tertiary industry	892.33	35.4	1017.94	34.4
全社会固定资产投资（亿元）	Investment in fixed assets (100 million yuan)	969.03	100.0	1171.64	100.0
建筑安装工程	Constructin	610.30	63.0	701.60	60.0
设备、工器具购置	Equipment and tools	184.74	19.1	290.40	24.8
其他费用	Others	173.99	17.9	179.64	15.2
工业总产值（亿元）	Gross industrial output value (100 million yuan)	2662.27	100.0	3247.30	100.0
轻工业	Light industry	507.19	19.1	604.56	18.6
重工业	Heavy industry	2155.08	80.9	2642.74	81.4
农林牧渔业总产值（亿元）	Gross output value of FFAF (100 million yuan)	792.14	100.0	940.67	100.0
农业	Farming	438.34	55.3	486.23	51.7
林业	Forestry	33.77	4.3	32.85	3.5
牧业	Animal husbandry	298.44	37.7	399.06	42.4
渔业	Fishery	13.56	1.7	13.44	1.4
货运量（万吨）	Freight(10000 tons)	34804	100.0	36683	100.0
# 铁路	Railways	6044	17.4	6552	17.9
公路	Highways	25211	72.4	26659	72.7
水运	Waterways	72	0.2	75	0.2
客运量（万人）	Passenger traffic (10000 person)	24513	100.0	27192	100.0
铁路	Railways	4232	17.3	4687	17.2
公路	Highways	20112	82.0	22293	82.0
民航	Civil aviation	82	0.3	104	0.4
水运	Waterways	87	0.4	108	0.4
社会消费品零售总额（亿元）	Total retail sales of consumer goods(100 million yuan)	1110.28	100.0	1252.62	100.0
城镇	Urban	935.0	84.2	1063.23	84.9
乡村	Rural	175.28	15.8	189.39	15.1
地方财政收入占国内生产总值的比重（%）	Proportion of local government revenue to GDP(%)		6.1		5.6
固定资产投资占国内生产总值的比重（%）	Proportion of in vestment in fixed assets to GDP(%)		38.4		39.6

2-3 按经济类型分的国民经济主要比例关系(2004)

Percentage of Major Economic Indicators by Ownership(2004)

指标	Item	绝对数 Number	构成(%) Porportion
全部从业人员（万人）	Employment(10000 person)	1222.0	100.0
# 国有经济	State - owned	195.40	16.0
城镇集体经济	Collective - owned in urban areas	25.08	2.1
城镇私营及个体经济	Individual in urban areas	266.30	21.8
乡村劳动力	Rural laborers	670.94	54.9
全社会固定资产投资（亿元）	Total investment in fixed assets (100 million yuan)	1171.63	100.0
国有经济	State - owned	452.30	38.6
非国有经济	Non state - owned	719.33	61.4
集体经济	Collective - owned	51.75	7.2
其他及个体经济	Others	667.58	54.2
500万元以上工业总产值（亿元）	Gross industrial output value (100 million yuan)	3247.30	100.0
国有经济	State - owned	911.49	28.1
非国有经济	Nonstate - owned	2335.81	71.9
集体经济	Collective - owned	102.33	3.2
其他经济	Others	2233.48	68.7
# 三资经济	#Foreign capital	860.13	26.5
500万元以上工业实现利税(亿元)	Total pre - tax profits of industry (100 million yuan)	373.16	100.0
国有经济	State - owned	95.53	25.6
非国有经济	Nonstate - owned	277.63	74.4
集体经济	Collective - owned	6.17	1.7
其他经济	Others	271.46	72.7
# 三资经济	#Foreign capital	101.31	27.1
500万元以上工业资产总计(亿元)	Total assets of industry (100 million yuan)	3981.14	100.0
国有经济	State - owned	1545.78	38.8
非国有经济	Non state - owned	2435.36	61.2
集体经济	Collective - owned	89.41	2.2
其他经济	Others	2345.95	59.0
# 三资经济	#Foreign capital	560.02	14.1
社会消费品零售总额（亿元）	Total retail sales of consumer goods (100 million yuan)	1252.62	100.0
批发零售贸易业	Wholesale and retail trade	1065.00	85.0
餐饮业	Catering	182.60	14.6
其他行业	Others	5.02	0.4

2－4 历年地区生产总值

Gross domestic products

（按当年价格计算 at the current prices）

单位：亿元 unit：100 million yuan

年份 Year	地区生产总值 Gross domestic product	第一产业 Primary industry	第二产业 Sencondary industry	工业 Industry	建筑业 Construction	第三产业 Tertiary industry	#运输邮电 Transportation post telecommunication	#批发和零售贸易、餐饮业 Wholesale retail and catering	人均生产总值（元） Per capita GDP
1952	16.55	9.19	4.54	4.19	0.35	2.82	0.78	1.03	153
1953	18.97	8.94	6.00	5.19	0.81	4.03	0.92	1.84	165
1954	20.43	9.10	6.96	5.89	1.07	4.37	1.05	1.58	176
1955	21.13	9.87	6.48	5.54	0.94	4.78	1.06	1.69	177
1956	24.58	10.56	8.20	6.62	1.58	5.82	1.28	2.08	200
1957	25.22	8.81	10.08	8.91	1.17	6.33	1.29	2.23	202
1958	31.18	9.30	15.00	13.08	1.92	6.88	1.57	2.38	243
1959	37.15	9.91	19.67	17.78	1.89	7.57	1.79	2.63	280
1960	41.83	8.26	24.64	22.17	2.47	8.93	2.17	3.05	289
1961	31.89	10.34	13.22	11.87	1.35	8.33	1.83	2.69	213
1962	31.35	9.92	12.89	11.47	1.42	8.54	1.92	2.50	210
1963	35.94	11.68	15.67	14.06	1.61	8.59	2.05	2.02	235
1964	38.45	11.72	17.95	16.12	1.83	8.78	1.96	1.86	246
1965	42.93	13.19	20.68	19.11	1.57	9.06	2.06	1.88	262
1966	46.67	16.26	20.96	19.63	1.33	9.45	2.46	2.01	277
1967	44.25	17.66	17.48	16.42	1.06	9.11	1.99	1.58	257
1968	42.49	17.16	16.16	15.31	0.85	9.17	1.82	1.45	240
1969	45.18	14.30	21.12	19.99	1.13	9.76	1.97	1.88	250
1970	56.07	18.73	26.57	25.29	1.28	10.77	2.67	2.32	303
1971	60.90	19.56	29.86	28.41	1.45	11.48	2.92	2.63	319
1972	56.02	15.53	29.26	27.66	1.60	11.23	2.95	1.96	286
1973	63.33	21.28	30.27	28.45	1.82	11.78	3.20	2.15	316
1974	65.11	22.11	30.88	28.94	1.94	12.12	3.16	2.01	319
1975	72.31	21.24	38.49	36.37	2.12	12.58	3.62	1.94	350
1976	67.32	16.81	37.47	35.34	2.13	13.04	3.53	2.03	321
1977	72.91	19.76	39.20	36.98	2.22	13.95	3.88	2.10	343
1978	81.98	23.98	42.96	40.34	2.62	15.04	4.46	2.69	381
1979	91.12	25.34	49.22	44.56	4.66	16.56	5.13	2.56	417
1980	98.59	27.24	52.24	47.42	4.82	19.11	5.62	2.78	445
1981	111.16	34.31	56.53	51.29	5.24	20.32	4.33	3.88	496
1982	121.67	38.40	60.36	54.21	6.15	22.91	5.19	3.34	538
1983	150.14	56.74	65.38	58.75	6.63	28.02	5.78	6.13	658
1984	174.39	60.04	80.46	72.10	8.36	33.89	6.75	7.54	760
1985	200.44	55.74	97.21	85.29	11.92	47.49	8.25	13.95	868
1986	227.15	64.35	104.30	91.28	13.02	58.50	10.89	18.28	977
1987	297.49	80.57	139.36	123.49	15.87	77.56	15.15	21.01	1269
1988	368.67	92.59	173.57	155.12	18.45	102.51	18.56	29.98	1559
1989	391.65	80.53	181.02	164.09	16.93	130.10	22.18	39.47	1636
1990	425.28	124.99	182.15	163.82	18.33	118.14	21.11	25.47	1746
1991	463.47	120.47	203.02	181.71	21.31	139.98	25.19	32.26	1878
1992	558.06	130.82	257.01	227.17	29.84	170.23	30.17	41.63	2246
1993	717.95	156.05	351.99	308.10	43.89	209.91	39.98	52.81	2868
1994	968.78	259.40	430.83	354.70	44.13	278.55	54.47	72.61	3703
1995	1129.20	303.99	479.46	413.85	65.61	345.75	70.07	93.15	4414
1996	1337.16	376.01	543.17	471.34	71.83	417.98	86.27	113.71	5163
1997	1446.91	368.16	575.43	495.10	80.33	503.32	110.30	129.92	5504
1998	1557.78	429.50	597.29	504.12	93.17	530.99	109.37	130.80	5912
1999	1660.91	423.48	671.74	552.34	119.40	565.69	108.86	139.13	6308
2000	1864.84	398.73	800.28	655.68	144.60	665.83	119.10	237.55	6847
2001	2032.48	409.10	880.84	724.73	156.11	742.54	129.06	267.37	7640
2002	2246.12	446.17	978.37	803.53	174.84	821.58	138.92	287.78	8334
2003	2522.62	486.90	1143.39	929.28	214.11	892.33	152.27	327.67	9338
2004	2958.21	560.96	1379.31	1142.08	237.23	1017.94	180.21	368.30	10932

2-5 历年地区生产总值指数

Indics of Gross Domestic Product

（按可比价格计算，以 1952 年为 100 at comparble price，1952 = 100）

年 份 Year	地区生产总值 Gross domestic product	第一产业 Primary industry	第二产业 Sencondary industry	工 业 Industry	建筑业 Construction	第三产业 Tertiary industry	#运输邮电 Transportation post telecommunication	批发和零售贸易、餐饮业 Wholesale, retail and catering
1952	100.0	100.0	100.0	100.0	100.0	100.0	100.0	100.0
1953	108.5	91.2	129.5	121.2	231.4	137.6	111.5	172.8
1954	115.4	91.9	149.4	135.8	317.1	146.5	128.2	145.6
1955	119.8	97.3	146.4	134.4	294.3	158.9	129.5	155.3
1956	138.7	95.9	201.1	176.4	505.7	194.3	156.4	192.2
1957	140.2	78.8	238.0	226.6	380.0	206.0	157.7	199.0
1958	180.0	92.4	356.1	334.3	630.1	221.3	191.9	204.4
1959	213.0	97.1	459.6	444.8	636.6	248.0	218.8	237.4
1960	232.7	74.1	569.3	549.1	812.0	281.2	265.3	268.6
1961	160.0	83.3	294.9	287.5	380.0	223.9	204.1	183.9
1962	155.4	80.7	283.7	274.1	399.5	222.0	212.7	165.1
1963	180.5	93.3	347.5	336.5	477.4	233.7	223.7	151.7
1964	192.0	94.0	385.8	373.3	535.9	242.8	217.6	142.8
1965	217.6	104.2	460.1	459.0	454.7	250.3	218.8	141.9
1966	235.7	110.0	509.2	517.0	383.2	265.3	262.8	154.4
1967	218.3	119.5	424.2	432.1	302.1	254.9	213.9	120.5
1968	212.8	116.1	408.5	419.8	240.3	256.5	196.8	110.7
1969	203.6	96.8	512.8	525.9	318.3	274.4	213.9	143.7
1970	292.6	126.7	647.9	665.2	389.7	339.5	334.9	196.4
1971	317.9	131.3	732.2	754.9	405.0	361.9	366.3	222.6
1972	289.1	100.0	716.6	734.1	450.6	354.0	370.1	165.9
1973	326.7	136.6	746.6	760.4	520.7	371.3	401.4	182.0
1974	334.2	138.9	765.1	777.5	554.2	382.0	396.4	170.1
1975	376.9	136.1	963.6	986.1	618.1	396.5	454.1	164.2
1976	352.3	106.2	945.3	966.4	618.1	411.0	442.8	171.8
1977	377.4	123.7	978.7	1000.9	636.4	437.8	486.7	176.9
1978	425.6	148.1	1091.9	1110.0	785.6	469.3	559.5	224.3
1979	449.3	136.2	1207.9	1182.6	1394.6	517.6	643.5	214.1
1980	478.3	134.5	1305.7	1283.1	1446.3	574.3	705.0	220.0
1981	506.1	154.3	1330.1	1309.8	1440.3	598.5	543.2	297.6
1982	544.8	172.5	1389.9	1356.7	1649.0	658.7	651.1	249.0
1983	663.0	254.2	1487.2	1450.7	1776.1	786.4	725.1	444.0
1984	745.8	265.1	1748.9	1697.8	2187.6	917.4	835.5	523.9
1985	796.7	232.2	1972.2	1880.0	2880.5	1163.8	943.4	893.5
1986	854.7	242.2	2049.1	1962.7	2880.5	1376.5	1241.9	1110.4
1987	1015.6	279.2	2434.4	2349.2	3213.4	1688.9	1716.1	1178.6
1988	1177.4	288.5	2947.2	2910.3	3095.4	2016.5	1972.0	1572.5
1989	1147.9	238.8	2829.5	2845.8	2351.0	2285.9	2127.6	1873.9
1990	1187.5	326.3	2769.5	2775.4	2420.6	2073.2	2269.3	1057.2
1991	1258.1	326.3	2931.3	2929.2	2627.6	2342.0	2532.7	1275.1
1992	1411.2	332.2	3465.7	3440.1	3286.8	2669.6	2956.3	1544.0
1993	1591.4	357.8	4064.8	4024.5	3935.5	2953.0	3465.8	1739.5
1994	1819.0	393.6	4698.9	4761.0	3719.0	3422.5	4172.8	2104.8
1995	1995.4	413.3	5244.0	5318.0	4113.2	3802.4	4811.2	2363.7
1996	2268.8	481.5	5941.5	6078.5	4265.4	4258.7	5429.7	2607.2
1997	2477.5	479.8	6482.2	6728.9	3966.8	4995.5	6559.1	2930.5
1998	2700.5	543.6	6974.8	7199.9	4549.9	5395.1	6965.8	3173.7
1999	2919.2	551.2	7714.1	7898.3	5496.3	5918.4	7780.8	3491.1
2000	3187.8	534.7	8747.8	8909.3	6529.6	6610.9	8644.5	3938.0
2001	3484.3	559.3	9701.3	9987.3	6869.1	7298.4	9422.5	4394.8
2002	3815.3	594.5	10719.9	11016.0	7665.9	8035.5	9921.9	4865.0
2003	4204.5	629.6	12252.8	12470.1	9176.1	8654.2	10943.9	5414.7
2004	4717.4	675.6	14090.7	14590.0	9745.0	9614.8	13526.7	6059.0

2-6 地区生产总值和指数

Gross Domestic Product and Its Indices

单位:亿元　　　　unit:100 million yuan

项目	Item	2003	2004	2004年为2003年的%(按可比价计算) 2004 as precentage of 2003
地区生产总值(当年价格)	**Gross domestic products(100 million yuan)**	**2522.62**	**2958.21**	**112.2**
第一产业	Primary industry	486.9	560.96	107.3
第二产业	Secondary industry	1143.39	1379.31	115.0
工业	Industry	929.28	1142.08	117.0
建筑业	Construction	214.11	237.23	106.2
第三产业	Tertiary industry	892.33	1017.94	111.1
农林牧渔服务业	Farming, forestry, animal husbandry and fishery	4.52	5.01	108.1
地质勘查业、水利管理业	Geological prospecting and water conservancy	4.98	5.48	105.7
交通运输、仓储及邮电通信业	Transportation, storage, postl and telecommunications	152.27	180.21	123.6
批发和零售贸易、餐饮业	Wholesale retail trade and food services	327.67	368.30	111.9
金融、保险业	Banking and insurance	20.4	21.52	106.7
房地产业	Real estate	66.09	70.79	106.0
社会服务业	Social services	64.71	78.72	107.8
卫生、体育和社会福利业	Health care, sports and social welfare	37.52	44.20	106.1
教育、文化和广播电影电视业	Education, culture, art, radio, film and television	80.63	91.46	106.0
科学研究和综合技术服务业	Scientific research and polytechniel services	39.96	44.47	99.7
国家机关、政党机关和社会团体	Government agencies, party aencies and social organizations	73.69	84.16	105.8
其他行业	Others	19.89	23.62	107.8
人均生产总值(元)	**Per capita GDP**	**9338**	**10932**	**112.0**

2-7 各市县生产总值(2004)

Gross Domestic Products by City or County(2004)

单位:万元　　unit:10000yuan

市、县	City, Conunty	各市县生产总值 Gross domestic industry	第一产业 Primary industry	第二产业 Secondary industry	工业 Industry	建筑业 Construction	第三产业 Tertiary industry	#交通邮电仓储和邮电通信业 Transport, post and telecommunicatim	#批发和零售贸易、餐饮业 Wholesale retail and catering	人均生产总值(元) Per capita GDP(yuan)
长春市	**Changchun**	**15350051**	**1680023**	**7419988**	**6349852**	**1070136**	**6250040**	**966183**	**1783458**	**21285**
九台市	Jiutai	797575	170855	311723	232234	79489	314997	60038	59264	9609
榆树市	Yushu	1150013	458654	174954	122600	52354	516405	249164	78001	9411
德惠市	Dehui	1081032	407573	123579	101619	21960	549880	93077	275631	11815
农安县	Nongan	1084406	417640	316491	274540	41951	350275	89580	109410	9700
吉林市	**Jilin**	**7037040**	**984757**	**3182548**	**2436233**	**746315**	**2869735**	**629679**	**533044**	**16239**
桦甸市	Huadian	770022	166904	319108	240713	78395	284010	66742	48282	17104
蛟河市	Jiaohe	625011	148943	233308	171498	61810	242760	88465	40383	13505
磐石市	Shulan	853901	189643	372089	300089	72000	292169	98414	49520	16018
舒兰市	Panshi	703984	187625	219710	164783	54927	296649	98633	53246	10566
永吉县	Yongji	381265	82335	164979	107823	57156	133951	45459	17753	9563
四平市	**Siping**	**2775452**	**1117258**	**801314**	**631998**	**169316**	**856880**	**113101**	**147651**	**8482**
公主岭市	Gongzhuling	940059	496250	137801	131450	6351	306008	80412	84785	9040
梨树县	Lishu	670637	346737	151272	126797	24475	172628	29972	27851	8653
伊通县	Yitong	323173	142971	71702	33702	38000	108500	23011	18390	6886
双辽市	Shuangliao	355781	90938	138431	109112	29319	126412	23503	27129	8785
辽源市	**Liaoyuan**	**1000597**	**208330**	**378065**	**293151**	**84914**	**414202**	**76019**	**107771**	**8071**
东丰县	Dongfeng	256114	98854	64754	55654	9100	92506	23770	21660	6298
东辽县	Dongliao	204269	95841	47059	36059	11000	61369	14606	5861	5263
通化市	**Tonghua**	**2178000**	**398527**	**984917**	**850829**	**134088**	**794556**	**235184**	**196802**	**9563**
梅河口市	Meihekou	624812	147795	200124	164235	35889	276893	78340	79342	10140
集安市	Jian	216036	39485	79613	65225	14388	96938	39959	21547	9352
通化县	Tonghua	228000	39920	130000	106247	23753	58080	17247	15086	9398
辉南县	Huinan	228528	55669	106500	99000	7500	66359	13887	11005	6470
柳河县	Liuhe	233491	92137	55603	42155	13448	85751	17263	16890	6394

2－7 续表 continued

单位：万元 unit：10000yuan

市、县 City，Conunty		各市县总值 Gross domestic industry	第一产业 Primary industry	第二产业 Secondary industry	工业 Industry	建筑业 Construction	第三产业 Tertiary industry	#交通邮电仓储和邮电通信业 Transport，post and telecommunicatim	#批发和零售贸易、餐饮业 Wholesale retail and catering	人均生产总值（元） Per capita GDP（yuan）
白山市	**Baishan**	**1286348**	**234546**	**679465**	**589839**	**89626**	**372337**	**51491**	**92538**	**9760**
临江市	Linjiang	271492	37852	134178	105170	29008	99462	11461	34091	14731
抚松县	Fusong	274465	77527	94235	74854	19381	102703	15002	27942	9179
靖宇县	Jingyu	78558	20461	34557	25523	9034	23540	3047	7123	5448
长白县	Changbai	98982	23534	34654	25828	8826	40794	4786	10310	11728
江源县	Jiangyuan	280318	41696	134253	115829	18424	104369	21997	30827	10738
松原市	**Songyuan**	**2847227**	**824161**	**1392206**	**1248192**	**144014**	**630860**	**178211**	**159996**	**10165**
长岭县	Changling	335561	200283	51223	39694	11529	84055	13745	35658	5227
前郭县	Qianguo	757953	238142	360811	332103	28708	159000	40558	26009	13138
乾安县	Qianan	208906	57193	101067	95567	5500	50646	7170	10937	6922
扶余县	Fuyu	487914	267006	69929	45429	24500	150979	39864	44570	6396
白城市	**Baicheng**	**1370006**	**409275**	**496796**	**351039**	**145757**	**463935**	**95891**	**93012**	**6809**
洮南市	Taonan	247329	102020	63200	39072	24128	82109	16448	15336	5636
大安市	Daan	323020	76802	114993	81083	33910	131225	32910	18022	7638
镇赉县	Zhenlai	214659	93751	60596	47473	13123	60312	10595	8532	6882
通榆县	Tongyu	180074	64369	53708	23308	30400	61997	7878	20528	5077
延边朝鲜族自治州	**Yanbian**	**1942030**	**299510**	**875525**	**708017**	**167508**	**766995**	**202701**	**197188**	**8903**
延吉市	Yanji	624458	14585	299778	233009	66769	310095	60952	88562	14728
图们市	Tumen	146698	6533	79944	74953	4991	60221	17867	16866	10842
敦化市	Dunhua	482115	120466	224938	203952	20986	136711	36040	39555	9984
龙井市	Longjing	140770	28061	57376	48077	9299	55333	15025	10948	5599
珲春市	Hunchun	192800	24529	92670	73386	19284	75601	13265	19004	8947
和龙市	Helong	122520	28423	43755	31145	12610	50342	12167	11130	5683
汪清县	Wangqing	137541	41150	46281	28247	18034	50110	16359	9652	5394
安图县	Antu	165946	32411	48178	30568	17610	85357	29569	15204	7683

2－8 各市县生产总值指数(2004)
Indices of GDP by City and County(2004)

单位:% unit:%

市、县 City, Conunty		各市县生产总值 Gross domestic industry	第一产业 Primary industry	第二产业 Secondary industry	工业 Industry	建筑业 Construction	第三产业 Tertiary industry	#交通邮电仓储和邮电通信业 Transport, post and telecommunicatim	#批发和零售贸易、餐饮业 Wholesale retail and catering	人均生产总值 Per capita GDP(yuan)
长春市	**Changchun**	**113.5**	**108.0**	**115.5**	**114.7**	**120.0**	**113.0**	**115.8**	**112.3**	**112.6**
九台市	Jiutai	117.7	109.7	113.7	110.6	124.9	127.0	110.8	105.5	117.7
榆树市	Yushu	114.0	110.2	110.7	110.9	110.1	118.8	125.2	105.0	114.0
德惠市	Dehui	115.2	113.2	115.0	115.0	115.0	116.7	116.3	116.3	114.8
农安县	Nongan	101.8	100.4	102.1	102.5	99.7	103.3	101.4	108.8	101.6
吉林市	**Jilin**	**113.0**	**114.3**	**117.6**	**124.3**	**98.1**	**108.0**	**107.3**	**110.7**	**113.3**
桦甸市	Huadian	113.7	111.0	117.5	116.1	122.2	111.4	110.7	114.6	113.6
蛟河市	Jiaohe	120.8	120.2	131.6	129.1	139.8	112.6	110.8	112.3	121.7
舒兰市	Shulan	112.5	110.5	116.0	117.6	110.9	111.3	113.4	114.9	113.7
磐石市	Panshi	116.8	110.7	122.2	126.7	104.8	114.6	117.7	115.5	115.6
永吉县	Yongj	116.0	111.0	125.2	130.4	115.5	109.7	117.3	87.9	117.6
四平市	**Siping**	**114.5**	**110.8**	**119.9**	**121.2**	**115.6**	**114.5**	**112.0**	**111.7**	**114.2**
公主岭市	Gongzhuling	120.5	121.8	121.0	124.0	80.5	118.3	114.5	116.8	120.5
梨树县	Lishu	129.1	119.5	154.1	152.6	162.6	130.6	103.1	114.6	129.1
伊通县	Yitong	118.6	121.6	110.8	94.9	128.9	120.3	105.6	134.4	118.1
双辽市	Shuangliao	115.2	90.5	125.3	120.4	147.8	129.5	122.3	125.9	114.9
辽源市	**Liaoyuan**	**116.5**	**104.2**	**131.2**	**128.0**	**143.0**	**112.1**	**128.5**	**106.4**	**116.7**
东丰县	Dongfeng	109.0	107.0	114.5	114.2	116.5	107.5	110.2	113.5	108.8
东辽县	Dongliao	109.3	98.1	145.7	146.4	143.5	107.5	113.7	105.1	109.0
通化市	**Tonghua**	**111.3**	**105.2**	**115.7**	**116.4**	**110.8**	**109.3**	**109.8**	**110.6**	**111.1**
梅河口市	Meihekou	111.2	105.7	108.3	114.8	85.8	116.6	115.7	130.9	113.1
集安市	Jian	112.8	104.9	115.1	115.7	112.5	114.4	120.3	108.7	111.9
通化县	Tonghua	112.3	109.8	111.1	109.0	121.9	117.2	116.9	118.2	112.6
辉南县	Huinan	110.1	107.0	109.8	110.0	107.9	113.2	116.8	116.5	109.1
柳河县	Liuhe	105.7	101.7	102.3	98.0	119.0	112.9	123.4	107.9	105.5

2-8 续表 continued

单位:% unit:%

市、县 City, Conunty		各市县生产总值 Gross domestic industry	第一产业 Primary industry	第二产业 Secondary industry	工业 Industry	建筑业 Construction	第三产业 Tertiary industry	#交通邮电仓储和邮电通信业 Transport, post, storage and telecommunication	#批发和零售贸易、餐饮业 Wholesale retail and catering	人均生产总值 Per capita GDP(yuan)
白山市	**Baishan**	**114.7**	**106.0**	**121.9**	**118.5**	**154.0**	**109.5**	**104.6**	**119.0**	**115.7**
临江市	Linjiang	115.8	105.6	125.1	117.2	166.0	109.2	106.7	106.6	117.4
抚松县	Fusong	111.8	106.6	105.4	98.8	142.9	122.7	150.5	100.3	117.0
靖宇县	Jingyu	112.2	91.7	120.3	126.5	105.4	121.9	100.9	171.3	112.0
长白县	Changbai	108.7	105.3	115.2	108.7	142.0	105.7	107.0	106.1	109.8
江源县	Jiangyuan	121.4	112.1	123.8	122.6	132.2	122.2	120.1	125.6	124.8
松原市	**Songyuan**	**118.2**	**104.7**	**130.0**	**131.0**	**122.2**	**115.8**	**112.7**	**119.4**	**117.6**
长岭县	Changling	115.7	107.2	148.7	142.0	178.0	121.2	114.2	120.4	115.5
前郭县	Qianguo	118.1	110.3	123.2	123.3	121.9	118.9	121.7	116.1	117.3
乾安县	Qianan	118.2	90.2	151.9	155.1	113.4	113.0	113.5	113.5	118.0
扶余县	Fuyu	115.1	108.0	156.1	178.8	126.3	113.7	102.4	121.9	114.2
白城市	**Baicheng**	**113.2**	**93.7**	**126.9**	**135.3**	**110.7**	**120.8**	**118.6**	**116.0**	**112.8**
洮南市	Taonan	93.7	75.6	108.6	113.8	100.8	115.0	113.8	112.0	93.4
大安市	Daan	114.1	89.1	125.2	126.3	122.3	128.1	132.1	141.3	114.4
镇赉县	Zhenlai	113.6	101.4	137.1	141.9	121.0	115.3	125.2	119.2	113.0
通榆县	Tongyu	101.3	71.7	143.5	132.1	153.9	124.2	101.9	113.3	100.6
延边朝鲜族自治州	**Yanbian**	**110.0**	**112.6**	**109.4**	**109.0**	**111.2**	**109.7**	**112.8**	**106.0**	**110.3**
延吉市	Yanji	110.6	103.8	109.7	111.1	105.1	111.8	109.1	108.8	108.8
图们市	Tumen	112.8	105.2	115.2	119.0	76.0	110.6	109.7	108.7	113.8
敦化市	Dunhua	112.6	117.2	112.6	112.3	116.7	108.7	110.3	105.4	112.7
龙井市	Longjing	110.6	116.3	109.4	113.9	90.0	109.1	115.7	107.1	112.2
珲春市	Hunchun	110.6	116.4	105.8	103.7	115.0	115.2	105.2	107.6	110.3
和龙市	Helong	111.4	117.1	109.6	105.1	123.6	110.0	108.7	128.9	113.1
汪清县	Wangqing	109.9	112.6	97.3	74.4	197.7	121.9	112.2	117.7	111.2
安图县	Antu	111.5	107.5	110.9	112.1	108.8	113.5	108.1	116.9	112.0

2-9　地区生产总值项目构成(2004)

Structure of Gross Domestic Product(2004)

单位:亿元　　　　unit:100 million yuan

项目	Item	增加值 Added value	劳动者报酬 Payment for laborer	生产税净额 Net amount of Production tax	固定资产折旧 Depreciation infixed assets	营业盈余 Business surplus
地区生产总值	**Gross domestic products**	**2958.21**	**1907.71**	**221.85**	**487.03**	**341.62**
第一产业	Primary indstry	560.96	469.46	17.88	31.32	42.30
第二产业	Seconday industry	1379.31	829.98	132.04	245.18	172.11
工业	Industry	1142.08	713.84	103.47	213.98	110.79
建筑业	Construction	237.33	116.14	28.57	31.20	61.32
第三产业	Tertiary industry	1017.94	608.27	71.93	210.53	127.21
农林牧渔服务业	Farming forestry animal husbandry and fishery	5.01	4.42		0.59	-
地质勘查业、水利管理业	Geological prospecting and water conservancy	5.48	4.51	0.14	0.54	0.29
交通运输、仓储及邮电通信业	Transportation, storage, post and telecommunications	180.21	76.01	12.34	59.02	32.84
批发和零售贸易、餐饮业	Wholesale retail trade and catering services	368.30	245.08	19.18	40.58	63.46
金融、保险业	Banking and insurance	21.52	17.66	7.93	8.30	-12.37
房地产业	Real estate	70.79	6.83	9.28	49.04	5.64
社会服务业	Social services	78.72	35.85	12.47	9.66	20.74
卫生、体育和社会福利业	Health care, sports and social welfare	44.20	28.42	2.82	7.63	5.33
教育、文化和广播电影电视业	Education, culture, art, radio film and television	91.46	70.70	3.18	12.37	5.21
科学研究和综合技术服务业	Scientific research and polytechnical services	44.47	30.56	3.60	6.46	3.85
国家机关、政党机关和社会团体	Government agencies party agencies and social organization	84.16	70.11		14.05	
其他行业	Others	23.62	18.12	0.99	2.29	2.22

2-10 支出法地区生产总值及构成

Gross Domestic Product by Expenditure Approach

		2003	2004
支出法地区生产总值（亿元）	**Gross domestic product by expenditure approach(100 million yuan)**	**2598.74**	**3170.82**
最终消费	Final consumption expenditure	1678.60	1868.58
居民消费	Household consumption expenditure	1231.20	1389.86
政府消费	Government consumption expenditure	447.40	478.72
资本形成总额	Gross capital formation	1102.87	1350.36
固定资本形成总额	Gross fixed capital formation	998.10	1182.15
存货增加	Changes in inventories	104.77	168.21
货物和服务净出口	Net export	-182.73	-48.12
资本形成率（投资率）(%)	Capital formation rate(%)	42.40	42.60
最终消费率（消费率）(%)	Final consumption rate(%)	64.60	58.90
支出法国内生产总值构成（%）	Product of GDP by expenditure(%)	100.00	100.00
最终消费	Final consumption expenditure	64.60	58.90
居民消费	Household consumption expenditure	47.40	43.80
政府消费	Government consumption expenditure	17.20	15.10
资本形成总额	Gross capital formation	42.40	42.60
固定资本形成总额	Gross fixed capital formation	38.40	37.30
存货增加	Changes in inventories	4.00	5.30
货物和服务净出口	Net export	-7.00	-1.50

2－11　少数民族自治地方人口(2004年末)

Population in Minority National Autonomous Areas(End of 2004)

州、市、县 Prefecture, cities, counties		总人口(万人) Total population (person)	少数民族人口(万人) Minority population (person)	少数民族人口占总人口比重(%) Minority population as percentage of population(%)
总　计	**Total**	**330.87**	**114.43**	**34.60**
延边朝鲜族自治州	Yanbian	217.71	88.63	40.70
延吉市	Yanji	41.31	24.91	60.30
图们市	Tumen	13.46	7.73	57.40
敦化市	Dunhua	48.20	3.48	7.20
龙井市	Longjing	24.94	16.85	67.60
珲春市	Hunchun	21.57	10.76	49.90
和龙市	Helong	21.40	11.74	54.90
汪清县	Wangqing	25.37	8.22	32.40
安图县	Antu	21.46	4.93	23.00
伊通满族自治县	Yitong	46.95	18.55	39.50
长白朝鲜族自治县	Changbai	8.37	1.49	17.80
前郭尔罗斯蒙古族自治县	Qianguo	57.84	5.76	10.00

注:人口数为公安部门数字。

Note: Data were obtained from the Ministry Public security.

2-12 少数民族自治地方主要社会经济指标

Main Economic Indicators of Minority Nationality Autonomous Areas

		2003		2004	
		绝对数 Number	占全省(%) As percentage of total	绝对数 Number	占全省(%) As percentage of total
本地生产总值（当年价格）(亿元)	Gross Domestic product(100 million yuan)	275.3	10.9	315.6	10.7
第一产业	Primary industry	60.3	12.4	71.2	12.7
第二产业	Secondary industry	122.1	10.7	137.8	10.0
第三产业	Tertiary industry	92.9	10.4	106.6	10.5
工业总产值（现价）(亿元)	Gross industrial outputvalue	148.6	5.6	177.8	5.5
耕地面积（千公顷）	Cultivated land areas(1000ha)	510.1	11.7	507.4	10.8
农林牧渔业劳动力（万人）	Number of persons engaged in FFAF (1000 person)	58.6	11.7	59.5	12.0
农林牧渔业总产值（亿元）	Gross output value of FFAF(100million yuan)	105.6	13.3	123.7	13.2
粮食总产量（万吨）	Output of grain(10000tons)	238.8	10.6	280.5	11.2
肉类总产量（万吨）	Meat(10000tons)	31.1	11.3	35.0	12.2
全社会固定资产投资（亿元）	Total investment in fixed assets(100 million yuan)	85.6	8.8	102.2	8.7
邮电业务总量（亿元）	Business revenue of postal and telecommunications (100 million yuan)	12.9	8.2	13.2	6.2
本地电话年末用户（万户）	Local telephone subasriber(10000 subscribers)	84.8	14.2	65.2	9.8
移动电话年末用户（万户）	Mobile telephone subscribers(10000 subscribers)	63.8	10.1	78.1	10.2
社会消费品零售总额（亿元）	Total retail sales of consumer goods(100 million yuan)	104.9	9.4	115.2	9.2
地方财政收入（亿元）	Local government revenues(100 million yuan)	13.2	8.6	14.5	8.7
财政支出（亿元）	Local government expenditures(100 million yuan)	44.6	10.9	53.9	10.6
城镇居民人均可支配收入（元）	Per capita disposable in come of urban residents(yuan)	8160.9	116.5	8644	110.2
农村居民人均纯收入（元）	Percapita disposable income of rurbal resident(yuan)	2681.0	106.0	3168	105.6
实际利用外资（亿美元）	Amount of foreign funded actually utilized($100 million)	0.4	8.5	0.6	10.5
高等学校在校学生数（人）	Students enrollment in institutions of higher education(person)	15409	4.8	16417	4.5
高等学校专任教师数（人）	Full-time teachers in institutions of higher education(person)	1435	6.4	1438	5.7
图书种类（种）	Number of books in kind minority languages(kind)	1854	48.5	2020	43.0
期刊种类（种）	Number of magazines in kind minority languages(kind)	21	9.0	21	9.0
报纸种类（种）	Number of newspapers in kind minority languages(kind)	12	17.1	11	13.9

第三篇 CHAPTER

人口 POPULATION

3

3-1 历年全省人口数及构成

Population and Its Composition

单位:万人 unit:10000 person

年份 Year	人口数 Population	按性别分 By sex		按农业、非农业分 By agriculture		占总人口的比重(%) Percentage(%)	
		男 Male	女 Female	农业人口 Agriculture	非农业人口 Non-agriculture	男性人口 Male	非农业人口 Non-agriculture
1949	1008.5	536.6	471.9	828.2	180.3	53.2	17.9
1950	1029.5	546.9	482.6	836.6	192.9	53.1	18.7
1951	1039.8	550.5	489.3	824.4	215.4	52.9	20.7
1952	1064.6	561.1	503.5	831.6	233.0	52.7	21.9
1953	1133.2	602.1	531.1	821.2	312.0	53.1	27.5
1954	1164.7	614.7	550.0	837.0	327.7	52.8	28.1
1955	1202.1	634.5	567.6	851.2	350.9	52.9	29.2
1956	1224.5	641.7	582.8	905.9	318.6	52.4	26.0
1957	1248.1	656.0	592.1	885.6	365.5	52.6	29.3
1958	1280.9	674.0	606.9	880.2	400.7	52.6	31.3
1959	1313.0	692.4	620.6	844.3	468.7	52.7	35.7
1960	1397.1	740.7	656.4	847.9	549.2	53.0	39.3
1961	1414.3	743.0	671.3	891.2	523.1	52.5	37.0
1962	1476.4	768.9	707.5	995.9	480.5	52.1	32.5
1963	1537.1	800.7	736.4	1043.1	494.0	52.1	32.1
1964	1595.1	831.3	763.8	1091.4	503.7	52.1	31.6
1965	1639.1	850.1	789.0	1118.9	520.2	51.9	31.7
1966	1679.3	869.4	809.9	1152.9	526.4	51.8	31.3
1967	1722.1	891.7	830.4	1179.9	542.2	51.8	31.5
1968	1766.3	910.4	855.9	1210.6	555.7	51.5	31.5
1969	1808.2	932.0	876.2	1265.6	542.6	51.5	30.0
1970	1860.4	959.0	901.4	1305.3	555.1	51.5	29.8
1971	1915.2	983.8	931.4	1336.3	578.9	51.4	30.2
1972	1962.7	1008.3	951.4	1366.2	596.5	51.4	30.4
1973	2007.9	1032.1	975.8	1396.4	611.5	51.4	30.5
1974	2034.5	1045.5	989.0	1419.8	614.7	51.4	30.2
1975	2063.9	1060.5	1003.4	1443.4	620.5	51.4	30.1
1976	2092.6	1075.1	1017.5	1460.0	632.6	51.4	30.2
1977	2117.9	1087.8	1030.1	1481.6	636.3	51.4	30.0
1978	2149.3	1102.3	1047.0	1489.8	659.5	51.3	30.7
1979	2184.6	1119.0	1065.6	1483.4	701.2	51.2	32.1
1980	2210.7	1132.1	1078.6	1487.4	723.3	51.2	32.7
1981	2230.9	1141.4	1089.5	1485.2	745.7	51.2	33.4
1982	2257.6	1155.1	1102.5	1493.9	763.7	51.2	33.8
1983	2269.5	1162.3	1107.2	1487.4	782.1	51.2	34.5
1984	2284.5	1170.7	1113.8	1481.9	802.6	51.2	35.1
1985	2298.0	1177.4	1120.6	1461.0	837.0	51.2	36.4
1986	2315.3	1186.4	1128.9	1458.3	857.0	51.2	37.0
1987	2336.4	1196.9	1139.5	1452.9	883.5	51.2	37.8
1988	2357.4	1208.3	1149.1	1448.7	908.7	51.3	38.5
1989	2395.4	1228.2	1167.2	1464.6	930.8	51.3	38.9
1990	2440.2	1248.1	1192.1	1488.3	951.9	51.1	39.0
1991	2459.7	1258.5	1201.2	1493.5	966.2	51.2	39.3
1992	2474.0	1265.3	1208.7	1488.6	985.4	51.1	39.8
1993	2496.1	1276.0	1220.1	1474.9	1021.2	51.1	40.9
1994	2515.6	1285.9	1229.7	1465.2	1050.4	51.1	41.8
1995	2550.9	1302.8	1248.1	1473.1	1077.8	51.1	42.3
1996	2579.1	1315.5	1263.6	1484.6	1094.5	51.0	42.4
1997	2600.1	1324.6	1275.5	1484.2	1115.9	50.9	42.9
1998	2603.2	1325.6	1277.6	1480.3	1122.9	50.9	43.1
1999	2616.1	1331.6	1284.5	1484.2	1131.9	50.9	43.3
2000	2627.3	1336.5	1290.8	1484.3	1143.0	50.9	43.5
2001	2637.1	1340.8	1296.3	1482.4	1154.7	50.8	43.8
2002	2649.4	1346.9	1302.5	1471.6	1177.8	50.8	44.5
2003	2658.6	1350.5	1308.1	1463.2	1195.4	50.8	45.0
2004	2661.9	1352.0	1309.9	1459.5	1202.4	50.8	45.2

注:本表是公安部门年报数字。

Data were obtained from the annual report of the Ministry public securit

3-2 全省人口情况

Basic statistics on population

		单位 unit	1997	1998	1999	2000	2001	2002	2003	2004
总户数	Households	万户 10000	737.10	772.00	775.70	795.80	799.70	817.00	821.40	830.80
户均人口	Average size of Fanily household	人/户 person/household	3.57	3.42	3.43	3.32	3.34	3.30	3.27	3.24
总人口	Population	万人 10000	2627.80	2643.80	2657.60	2681.70	2690.80	2699.40	2703.70	2708.50
男	Male	万人 10000	1338.20	1347.80	1359.40	1372.80	1377.70	1381.30	1383.90	1385.40
女	Female	万人 10000	1289.60	1296.00	1298.20	1308.90	1313.10	1318.10	1319.80	1323.10
性别比	Sex ratio	女=100	103.80	104.00	104.70	104.90	104.90	104.80	104.90	104.70
城镇人口	Urban Popalation	万人 10000	1236.90	1248.70	1286.50	1331.80	1340.00	1373.50	1399.70	1416.50
占总人口比重	Proportion	%	47.07	47.23	48.41	49.66	49.80	50.88	51.77	52.30
乡村人口	Rural Population	万人 10000	1390.90	1395.10	1371.10	1349.90	1350.80	1325.90	1304.00	1292.00
占总人口比重	Proportion	%	52.93	52.77	51.59	50.34	50.20	49.12	48.23	47.70
出生人口	Birth Population	万人 10000	32.00	31.10	28.30	25.50	23.50	22.40	19.50	20.00
人口出生率	Birth rate	‰	12.22	11.81	10.68	9.53	8.76	8.30	7.25	7.39
死亡人口	Death population	万人 10000	14.20	15.20	14.50	14.40	14.40	13.80	15.20	15.20
人口死亡率	Death rate	‰	5.42	5.76	5.45	5.38	5.38	5.11	5.64	5.63
自然增长人口	Natural growth population	万人 10000	17.80	15.90	13.80	11.10	9.10	8.60	4.30	4.80
人口自然增长率	Natural growth rate	‰	6.80	6.05	5.23	4.15	3.38	3.19	1.61	1.76

注:表内数据为年度人口变动情况抽样调查推算数据

Note: Data were obtained from the annual sample surveys on population changes.

3－3 各市县户数和人口数(2004年末)

Households, population by Cities and Counties(end of 2004)

地区别 City, Country	总户数 (万户) Total house－holds(10000)	总人口 (万人) Population (10000 person)	按性别分 Grouped by sex		按农业非农业分(万人) Grouped by agriculture (10000 person)		户均规模 Average family size
			男 Male	女 Female	非农业人口 Non－agriculture	农业人口 Agriculture	
全 省 Total	**823.88**	**2661.95**	**1351.99**	**1309.96**	**1202.48**	**1459.47**	**3.23**
长春市 Changchun	**210.83**	**724.09**	**367.48**	**356.61**	**317.89**	**406.20**	**3.43**
市辖区 Nanguan	95.52	314.74	158.39	156.35	239.18	75.56	3.29
南关区 Nanguan	17.95	60.75	29.86	30.89	49.17	11.58	3.38
宽城区 Kuancheng	15.71	47.19	23.89	23.30	37.71	9.48	3.00
朝阳区 Caoyang	20.05	73.51	37.43	36.08	66.12	7.39	3.66
二道区 Erdao	12.42	38.64	19.22	19.42	30.03	8.61	3.11
绿园区 Luyuan	17.66	56.80	28.63	28.17	46.34	10.46	3.21
双阳区 Shuangyang	11.73	37.85	19.36	18.49	9.81	28.04	3.22
农安县 Nongan	29.50	112.04	57.38	54.66	24.66	87.38	3.79
九台市 Jiutai	25.20	83.21	42.57	40.64	19.77	63.44	3.30
榆树市 Yushu	35.66	122.53	62.74	59.79	18.24	104.29	3.43
德惠市 Dehui	24.95	91.57	46.40	45.17	16.04	75.53	3.67
吉林市 Jilin	**134.74**	**429.07**	**217.84**	**211.23**	**209.6**	**219.47**	**3.18**
市辖区 City	57.07	178.90	89.79	89.11	125.24	53.66	3.13
昌邑区 Changyi	19.35	59.42	29.68	29.74	44.93	14.49	3.07
龙潭区 Longtan	15.61	49.85	25.22	24.63	31.04	18.81	3.19
船营区 Chuanying	14.59	44.90	22.57	22.33	33.78	11.12	3.07
丰满区 Fengman	7.52	24.73	12.32	12.41	15.49	9.24	3.28
永吉县 Yongji	11.95	39.4	20.19	19.21	9.22	30.18	3.29
蛟河市 Jiaohe	14.40	46.00	23.40	22.60	17.65	28.35	3.19
桦甸市 Hudian	14.23	45.05	23.14	21.91	20.36	24.69	3.16
舒兰市 Shulan	20.76	65.86	33.72	32.14	19.79	46.07	3.17
磐石市 Panshi	16.33	53.86	27.60	26.26	17.34	36.52	3.29
四平市 Siping	**102.81**	**327.67**	**166.89**	**160.78**	**131.1**	**196.57**	**3.18**
市辖区 City	20.06	51.38	25.27	26.11	51.38		2.56
铁西区 Tiexi	9.30	24.99	12.03	12.96	24.99		2.68
铁东区 Tiedong	10.76	26.39	13.24	13.15	26.39		2.45
梨树县 Lishu	25.69	84.73	43.88	40.85	18.92	65.81	3.29
伊通县 Yitong	13.32	46.95	23.98	22.97	9.08	37.87	3.52
公主岭 Gongzhuling	30.55	104.06	53.12	50.94	37.58	66.48	3.40
双辽县 Suangliao	13.19	40.55	20.64	19.91	14.14	26.41	3.07
辽源市 Liaoyuan	**40.21**	**123.98**	**63.34**	**60.64**	**56.69**	**67.29**	**3.08**
市辖区 City	15.93	44.5	22.17	22.33	38.65	5.85	2.79
龙山区 Longshan	9.18	27.58	13.66	13.92	23.18	4.40	3.00
西安区 Xian	6.75	16.92	8.51	8.41	15.47	1.45	2.50
东丰县 Dongfeng	12.13	40.67	20.97	19.70	10.69	29.98	3.35
东辽县 Dongliao	12.15	38.81	20.20	18.61	7.35	31.46	3.19
通化市 Tonghua	**70.16**	**226.39**	**115.15**	**111.24**	**105.04**	**121.35**	**3.22**
市辖区 City	14.39	45.51	22.62	22.89	39.54	5.97	3.16

注:表内数据为公安部门户籍人口数。

Note: Data were obtained from the annual reports of public secury department.

3－3 续表 continued

地区别 City, Country	总户数（万户）Total house－holds(10000)	总人口（万人）Population（10000 person）	按性别分 Grouped by sex		按农业非农业分（万人）Grouped by agriculture（10000 person）		户均规模 Average family size
			男 Male	女 Female	非农业人口 Non－agriculture	农业人口 Agriculture	
东昌区 Dongchang	9.77	31.79	15.69	16.10	28.32	3.47	3.25
二道江区 Endaojiang	4.62	13.72	6.93	6.79	11.22	2.50	2.97
通化县 Tonghua	7.71	24.27	12.57	11.70	7.64	16.63	3.14
辉南县 Huinan	11.23	35.38	18.05	17.33	13.1	22.28	3.14
柳河县 Liuhe	10.41	36.54	18.82	17.72	9.99	26.55	3.51
梅河口 Meihe	19.05	61.49	31.24	30.25	26.06	35.43	3.22
集安市 Jian	7.37	23.20	11.85	11.35	8.71	14.49	3.14
白山市 Baishan	**47.48**	**130.66**	**66.79**	**63.87**	**87.77**	**42.89**	**2.75**
市辖区 City	12.62	33.45	17.18	16.27	26.57	6.88	2.64
八道江区 Badaojiang	12.62	33.45	17.18	16.27	26.57	6.88	2.64
抚松县 Fusong	10.59	29.90	15.19	14.71	19.14	10.76	2.82
靖宇县 Jingyu	4.87	14.39	7.35	7.04	6.56	7.83	2.95
长白县 Baishan	2.92	8.37	4.24	4.13	4.07	4.30	2.87
江源县 Jiangyuan	9.77	26.12	13.42	12.70	19.93	6.19	2.67
临江市 Linjiang	6.71	18.43	9.41	9.02	11.50	6.93	2.74
松原市 Songyuan	**79.12**	**280.78**	**142.58**	**138.2**	**73.54**	**207.24**	**3.54**
市辖区 City	17.75	51.82	26.01	25.81	31.93	19.89	2.91
宁江区 Ningjiang	17.75	51.82	26.01	25.81	31.93	19.89	2.91
前郭县 Qiangguo	16.08	57.84	29.26	28.58	14.37	43.47	3.59
长岭县 Changling	15.58	64.36	32.52	31.84	10.75	53.61	4.13
乾安县 Qianan	9.49	30.13	15.85	14.28	8.41	21.72	3.17
扶余县 Fuyu	20.22	76.63	38.94	37.69	8.08	68.55	3.78
白城市 Baicheng	**67.18**	**201.60**	**102.69**	**98.91**	**80.69**	**120.91**	**3.00**
市辖区 City	17.56	48.56	24.28	24.28	27.96	20.60	2.76
洮北区 Taobei	17.56	48.56	24.28	24.28	27.96	20.60	2.76
镇赉县 Zhenlai	9.84	31.35	16.57	14.78	10.76	20.59	3.18
通榆县 Tongyu	10.81	35.47	17.95	17.52	10.67	24.80	3.27
洮南市 Taonan	15.16	43.93	22.33	21.60	15.62	28.31	2.89
大安市 Daan	13.81	42.29	21.56	20.73	15.68	26.61	3.06
延边州 Yanbian	**71.35**	**217.71**	**109.23**	**108.48**	**140.16**	**77.55**	**3.05**
延吉市 Yanji	12.90	41.31	20.34	20.97	36.58	4.73	3.20
图们市 Tumen	4.44	13.46	6.64	6.82	10.69	2.77	3.02
敦化市 Dunhua	15.84	48.20	24.48	23.72	26.55	21.65	3.04
珲春市 Hunchun	6.79	21.57	10.94	10.63	14.48	7.09	3.17
龙井市 Longjing	8.39	24.94	12.40	12.54	14.22	10.72	2.97
和龙市 Helong	7.38	21.40	10.75	10.65	13.09	8.31	2.90
汪清县 Wangqing	8.88	25.37	12.79	12.58	13.73	11.64	2.85
安图县 Antu	6.73	21.46	10.89	10.57	10.82	10.64	3.19

3-4 各市县分年龄人口情况(2004年末)

Age composition of population by Region(End of 2004)

地区	Region	总人口 Total population	18岁以下 Age17	18-35岁 Age18-34	35-60岁 Age35-60	60岁以上 60 and over
全 省	**Total**	**2661.95**	**528.06**	**802.29**	**1010.46**	**321.14**
长春市	**Changchun**	**724.09**	**141.11**	**230.15**	**266.06**	**86.77**
市辖区	City	314.74	51.22	108.05	118.91	36.56
南关区	Nanguan	60.75	8.88	22.81	22.16	6.90
宽城区	Kuancheng	47.19	7.96	13.58	19.76	5.89
朝阳区	Chaoyang	73.51	10.66	29.50	24.90	8.45
二道区	Erdao	38.64	6.68	12.47	15.09	4.40
绿园区	Luyuan	56.80	9.51	18.31	22.03	6.95
双阳区	Shuanyang	37.85	7.53	11.38	14.97	3.97
农安县	Nongan	112.04	24.92	33.15	40.57	13.40
九台市	Jiutai	83.21	17.29	24.03	31.39	10.50
榆树市	Yushu	122.53	25.55	37.61	43.43	15.94
德惠市	Dehui	91.57	22.13	27.31	31.76	10.37
吉林市	**Jilin**	**429.07**	**80.00**	**124.14**	**172.12**	**52.81**
市辖区	City	178.90	29.96	49.59	76.17	23.18
昌邑区	Changyi	59.42	9.79	15.77	25.76	8.10
龙潭区	Longtan	49.85	8.21	13.73	21.42	6.49
船营区	Cuanying	44.90	7.53	12.60	19.23	5.54
丰满区	Fengman	24.73	4.43	7.49	9.76	3.05
永吉县	Yongji	39.40	8.25	11.28	15.36	4.51
蛟河市	Jiaohe	46.00	8.73	13.37	18.25	5.65
桦甸市	Huadian	45.05	9.72	14.11	15.74	5.48
舒兰市	Shulan	65.86	12.32	19.67	26.08	7.79
磐石市	Panshi	53.86	11.02	16.12	20.52	6.20
四平市	**Siping**	**327.67**	**71.95**	**97.5**	**116.3**	**41.92**
市辖区	City	51.38	11.35	16.01	17.57	6.45
铁西区	Tiexi	24.99	5.97	8.19	7.57	3.26
铁东区	Tiexi	26.39	5.38	7.82	10.00	3.19
梨树县	Tiexi	84.73	18.38	24.13	32.46	9.76
伊通县	Tiexi	46.95	10.80	13.97	15.81	6.37
公主岭市	Gongzhuling	104.06	23.18	30.82	35.88	14.18
双辽市	Suangliao	40.55	8.24	12.57	14.58	5.16
辽源市	**Liaoyuan**	**123.98**	**24.06**	**35.96**	**49.57**	**14.39**
市辖区	City	44.50	8.49	12.63	18.01	5.37
龙山区	Longshan	27.58	5.40	7.86	11.24	3.08
西安区	Xian	16.92	3.09	4.77	6.77	2.29

注:表内数据为公安部门户籍人口数。

Note: Data were obtained from the annual reports of Minstry public securit.

3－4 续表 continued

地区	Region	总人口 Total population	18岁以下 Age17	18－35岁 Age18－34	35－60岁 Age35－60	60岁以上 60 and over
东丰县	Dongfeng	40.67	7.78	11.70	16.35	4.84
东辽县	Dongliao	38.81	7.79	11.63	15.21	4.18
通化市	**Tonghua**	**226.39**	**45.66**	**67.09**	**89.28**	**24.36**
市辖区	City	45.51	8.11	12.84	19.08	5.48
东昌区	Dongchang	31.79	5.68	9.11	13.22	3.78
二道江区	Erdaojiang	13.72	2.43	3.73	5.86	1.70
通化县	Tonghua	24.27	5.01	7.23	9.64	2.39
辉南县	Huinian	35.38	7.05	10.40	14.11	3.82
柳河县	Liuhe	36.54	7.67	11.23	13.68	3.96
梅河口市	Meihekou	61.49	13.33	18.34	23.76	6.06
集安市	Jian	23.20	4.49	7.05	9.01	2.65
白山市	**Baishan**	**130.66**	**25.49**	**38.93**	**49.38**	**16.86**
市辖区	City	33.45	6.47	10.37	12.65	3.96
八道江区	Badaojiang	33.45	6.47	10.37	12.65	3.96
抚松县	Fusong	29.90	6.17	8.69	11.28	3.76
靖宇县	Jingyu	14.39	3.11	4.88	4.96	1.44
长白县	Changbai	8.37	1.54	2.42	3.32	1.09
江源县	Jiangyuan	26.12	4.68	7.31	9.79	4.34
临江市	Linjiang	18.43	3.52	5.26	7.38	2.27
松原市	**Songyuan**	**280.78**	**62.29**	**85.13**	**96.9**	**36.46**
市辖区	City	51.82	11.29	16.58	18.88	5.07
宁江区	Ningjiang	51.82	11.29	16.58	18.88	5.07
前郭县	Qianguoluo	57.84	13.28	16.98	18.86	8.72
长岭县	Changling	64.36	15.22	20.11	21.60	7.43
乾安县	Qianan	30.13	5.68	9.44	9.37	5.64
扶余县	Fuyiu	76.63	16.82	22.02	28.19	9.60
白城市	**Baicheng**	**201.6**	**39.38**	**62.30**	**78.31**	**21.61**
市辖区	City	48.56	9.45	14.26	19.27	5.58
洮北区	Taobei	48.56	9.45	14.26	19.27	5.58
镇赉县	Zhenlai	31.35	5.45	9.95	12.34	3.61
通榆县	Tongyu	35.47	7.61	11.49	13.20	3.17
洮南市	Taonan	43.93	9.30	13.60	16.95	4.08
大安市	Daan	42.29	7.57	13.00	16.55	5.17
延边朝鲜族自治州	**Yanbian**	**217.71**	**38.12**	**61.09**	**92.54**	**25.96**
延吉市	Yanji	41.31	7.53	12.55	17.16	4.07
图们市	Tumen	13.46	2.01	3.47	6.16	1.82
敦化市	Dunhua	48.20	9.03	13.14	20.29	5.74
珲春市	Hunchun	21.57	3.93	6.13	9.41	2.10
龙井市	Longjing	24.94	3.62	6.70	10.99	3.63
和龙市	Helong	21.40	3.33	5.61	9.45	3.01
汪清县	Wangqing	25.37	4.25	7.23	10.69	3.20
安图县	Antu	21.46	4.42	6.26	8.39	2.39

3-5 各市县人口自然变动情况(2004年末)

Total population and Birth Rate ,Death Rate and Natural Growth Rate by Region(End Of 2004)

单位:人 unit: person

市、县	City, county	年平均人口 Annual average population	出生 Birth 人数 Number of birth	出生 Birth 出生率(‰) Birth rate	死亡 Death 人数 Number of death	死亡 Death 死亡率(‰) Death rate	自然增长 Natural growth 人数 Number of natural growth	自然增长 Natural growth 自然增长率(‰) Natural growth rate
全　省	**Tota**	**26602998**	**224586**	**8.44**	**156106**	**5.87**	**68480**	**2.57**
长春市	**Changchun**	**7211596**	**64439**	**8.93**	**34353**	**4.76**	**30086**	**4.17**
市辖区	City	3123749	24767	7.93	16211	5.19	8556	2.74
南关区	Nanguan	600465	4261	7.09	3495	5.82	766	1.27
宽城区	Kuancheng	474652	3832	8.07	3026	6.80	806	1.69
朝阳区	Chaoyang	729699	4374	5.99	3190	4.37	1184	1.62
二道区	Erdao	380927	3288	8.63	1939	5.09	1349	3.54
绿园区	Luyuan	560348	4527	8.07	2644	4.71	1883	3.36
双阳区	Shuangyang	377657	4485	11.88	1917	5.08	2568	6.80
农安县	Nongan	1117835	9893	8.85	3704	3.31	6189	5.54
九台市	Jiutai	831751	8471	10.18	4850	5.83	3621	4.35
榆树市	Yushu	1223826	13195	10.78	5920	4.84	7275	5.94
德惠市	Dehui	914435	8113	8.87	3668	4.01	4445	4.86
吉林市	**Jilin**	**4303359**	**34490**	**8.01**	**41632**	**9.67**	**-7142**	**-1.66**
市辖区	Changyi	1792273	11339	6.33	16974	9.47	-5635	-3.14
昌邑区	Changyi	593567	3631	6.12	5105	8.60	-1474	-2.48
龙潭区	Longtan	502056	2976	5.93	4782	9.52	-1806	-3.59
船营区	Chuanying	450295	2994	6.65	4898	10.88	-1904	-4.23
丰满区	Fengfan	246353	1738	7.05	2189	8.88	-451	-1.83
永吉县	Yongji	398746	2760	6.92	4532	11.36	-1772	-4.44
蛟河市	Jiaohe	462811	4465	9.65	5654	12.22	-1189	-2.57
桦甸市	Huadian	450226	5481	12.17	5516	12.25	-35	-0.08
舒兰市	Shulan	666187	5161	7.75	3836	5.76	1325	1.99
磐石市	Panshi	533115	5284	9.91	5120	9.60	164	0.31
四平市	**Siping**	**3271662**	**27712**	**8.47**	**14056**	**4.30**	**13656**	**4.17**
市辖区	Tiexi	512606	3756	7.32	1740	3.39	2016	3.93
铁西区	Tiexi	248694	1682	6.76	716	2.88	966	3.88
铁东区	Tiedong	263912	2074	7.85	1024	3.88	1050	3.97
梨树县	Lishu	846294	7592	8.97	4019	4.75	3573	4.22
伊通县	Yitong	467929	4785	10.22	2327	4.97	2458	5.25
公主岭市	Gongzhuling	1039860	7829	7.52	3980	3.82	3849	3.70
双辽市	Suangliao	404972	3750	9.25	1990	4.91	1760	4.34
辽源市	**Liaoyuan**	**1240923**	**9322**	**7.51**	**7412**	**5.97**	**1910**	**1.54**
市辖区	City	445874	3028	6.79	2305	5.17	723	1.62
龙山区	Longshan	276283	1975	7.14	1282	4.64	693	2.50
西安区	Xian	169591	1053	6.20	1023	6.03	30	0.17
东丰县	Dongfeng	406902	3591	8.82	2948	7.24	643	1.58
东辽县	Dongliao	388146	2703	6.96	2159	5.56	544	1.40
通化市	**Tonghua**	**2263027**	**19342**	**8.55**	**12601**	**5.57**	**6741**	**2.98**

注:表内数据为公安部门户籍人口数。

Note: Data were obtained from the annual reports of the Ministry public securit.

3－5 续表 continued

单位:人 unit: person

市、县 City, county		年平均人口 Annual average population	出生 Birth		死亡 Death		自然增长 Natural growth	
			人数 Number of birth	出生率(‰) Birth rate	人数 Number of death	死亡率(‰) Death rate	人数 Number of natural growth	自然增长率(‰) Nantural growth rate
市辖区	City	454707	2967	6.52	2348	5.16	619	1.36
东昌区	Dongchang	317165	2033	6.40	1507	4.75	526	1.65
二道江区	Erdaojiang	137542	934	6.79	841	6.11	93	0.68
通化县	Tonghua	242647	2185	9.00	1972	8.13	213	0.87
辉南县	Huinan	353204	3539	10.01	1665	4.71	1874	5.30
柳河县	Liuhe	365200	3148	8.61	1775	4.86	1373	3.75
梅河口市	Meihekou	616245	5619	9.11	3761	6.10	1858	3.01
集安市	Jian	231022	1884	8.15	1080	4.67	804	3.48
白山市	**Baishan**	**1317917**	**8674**	**6.58**	**6403**	**4.86**	**2271**	**1.72**
市辖区	City	332911	2265	6.80	1317	3.96	948	2.84
八道江区	Badaojiang	332911	2265	6.80	1317	3.95	948	2.84
抚松县	Fusong	305962	2395	7.82	1596	5.21	799	2.61
靖宇县	Jingyu	144238	1132	7.84	706	4.89	426	2.95
长白县	Baishan	84434	556	6.59	460	5.45	96	1.14
江源县	Jiangyuan	264761	1278	4.82	1262	4.76	16	0.06
临江市	LinJiang	185609	1048	5.65	1062	5.72	－14	－0.07
松原市	**Songyuan**	**2801033**	**27824**	**9.93**	**11614**	**4.15**	**16210**	**5.78**
市辖区	City	516773	5055	9.78	1784	3.45	3271	6.33
宁江区	Ningjiang	516773	5055	9.78	1784	3.45	3271	6.33
前郭县	Qianguo	576943	6126	10.61	2673	4.63	3453	5.98
长岭县	Changling	642671	5819	9.05	2429	3.78	3390	5.27
乾安县	Qianan	301758	1476	4.89	1626	5.38	－150	－0.49
扶余县	Fuyu	762887	9348	12.25	3102	4.07	6246	8.18
白城市	**Baicheng**	**2012086**	**18309**	**9.09**	**14473**	**7.19**	**3836**	**1.9**
市辖区	City	484481	4178	8.62	4247	8.76	－69	－0.14
洮北区	Taobei	484481	4178	8.62	4247	8.76	－69	－0.14
镇赉县	Zhenlai	311896	2675	8.57	1246	3.99	1429	4.58
通榆县	Tongyu	353513	3897	11.02	2847	8.05	1050	2.97
洮南市	Taonan	438845	4329	9.86	3615	8.24	714	1.62
大安市	Daan	423351	3230	7.62	2518	5.94	712	1.68
延边朝鲜族自治州	**Yanbian**	**2181393**	**14474**	**6.64**	**13562**	**6.22**	**912**	**0.42**
延吉市	Yanji	409770	2811	6.85	1445	3.52	1366	3.33
图们市	Tumen	135301	615	4.55	1138	8.41	－523	－3.86
敦化市	Dunhua	482918	4138	8.56	3108	6.43	1030	2.13
珲春市	Hunchun	215548	1310	6.08	1493	6.93	－183	－0.85
龙井市	Longjing	251425	1128	4.48	2087	8.3	－959	－3.81
和龙市	Helong	215603	1167	5.41	1827	8.47	－660	－3.06
汪清县	Wangqing	255032	1485	5.82	1260	4.94	225	0.88
安图县	Antu	215794	1820	8.43	1204	5.58	616	2.85

第四篇 CHAPTER

从业人员和职工工资

EMPLOYMENT AND WAGES

4

4－1 历年全部从业人员数

Employment

单位:万人 unit:10000person

年份 Year	全部从业人员数 Total	按经济类型分 Grouped By ownership							按三次产业分 By sector		
		职工人数 Staff and workers	国有单位 State owned	集体单位 Collective owned	其他单位 Others	城镇个体劳动者 Individual In Urban	乡村劳动者 Individual In Rural	其他劳动者 Other	第一产业 primary industry	第二产业 Secondary industry	第三产业 Tertiary industry
1949	263.89	38.73	23.38	15.35			225.16		223.7	18.8	21.4
1950	270.37	45.96	30.08	15.88			224.41				
1951	280.51	54.88	39.48	15.40			225.63				
1952	301.73	63.90	48.38	15.52			237.83		236.1	31.0	34.6
1953	321.39	77.06	59.68	17.38			244.33				
1954	318.25	75.54	60.56	14.98			242.71				
1955	321.56	72.05	57.38	14.67			249.51				
1956	327.67	84.60	71.66	12.94			243.07				
1957	327.22	93.25	74.41	18.84			233.97		231.1	43.8	52.3
1958	383.48	139.21	123.55	15.66			244.27				
1959	384.58	147.66	135.33	12.33			236.92				
1960	417.80	182.88	167.09	15.79			234.92				
1961	407.59	170.48	147.18	23.30			237.11				
1962	414.98	146.05	119.19	26.86			268.93		278.4	69.7	66.9
1963	433.95	148.34	120.56	27.78			285.61				
1964	428.75	149.36	123.38	25.98			279.39				
1965	437.79	152.25	124.50	27.75			285.54		293.1	73.3	71.4
1966	431.05	150.30	130.77	19.53			280.75				
1967	455.96	152.17	132.19	19.98			303.79				
1968	470.15	155.64	135.15	20.49			314.51				
1969	484.00	160.34	139.67	20.67			323.66				
1970	532.13	187.60	159.73	27.87			344.53		337.3	100.0	94.8
1971	568.25	215.71	183.74	31.97			352.54		344.1	118.1	106.1
1972	559.43	223.09	189.55	33.54			336.34		325.3	130.7	103.4
1973	562.10	222.58	184.81	37.77			339.52		325.6	133.9	102.6
1974	568.58	232.98	188.44	44.54			335.60		322.5	144.8	101.3
1975	590.51	256.78	196.41	60.37			333.73		326.1	160.8	103.6
1976	595.80	273.03	204.09	68.94			322.77		308.2	180.3	107.3
1977	620.54	299.36	211.33	88.03			321.18		307.7	200.0	112.8
1978	645.38	324.92	250.02	74.90			320.46		318.1	205.0	122.3
1979	671.29	348.59	257.50	91.09		0.81	321.89		318.4	216.3	136.6
1980	715.30	373.88	270.50	103.38		3.37	338.05		329.3	231.7	154.3
1981	754.52	396.48	282.81	113.67		5.57	352.47		349.8	242.0	162.7
1982	849.62	411.24	292.30	118.94		7.58	430.80		413.8	248.0	187.8
1983	847.50	421.88	296.87	125.01		10.60	415.02		410.8	256.9	179.8
1984	867.25	431.34	293.07	138.18	0.08	15.91	410.99	9.01	401.1	258.6	207.6
1985	930.20	449.51	304.43	144.91	0.17	21.37	450.01	9.31	421.9	286.2	222.1
1986	987.95	470.90	320.78	149.95	0.17	21.17	486.50	9.38	432.5	302.6	252.9
1987	1032.75	486.11	331.87	154.03	0.21	22.96	541.75	8.93	465.8	313.9	253.0
1988	1106.22	497.48	343.69	153.54	0.25	28.53	571.55	8.66	511.6	324.9	269.7
1989	1142.19	509.45	352.74	156.19	0.52	29.25	594.92	8.57	549.0	329.7	263.5
1990	1169.41	517.31	361.98	154.44	0.89	29.50	614.43	8.17	564.8	334.4	270.2
1991	1194.69	533.44	371.80	160.03	1.61	31.52	620.94	8.79	572.4	339.2	283.2
1992	1235.02	541.53	379.27	157.83	4.43	38.51	646.63	8.35	590.2	352.6	292.2
1993	1237.67	542.99	379.86	152.44	10.69	46.68	638.82	9.18	572.5	352.5	312.7
1994	1250.24	530.13	384.60	130.19	15.34	67.70	643.56	8.85	570.7	343.3	336.2
1995	1270.77	520.38	386.65	115.71	18.02	94.12	647.99	8.28	572.1	339.2	359.4
1996	1257.14	513.31	385.81	107.97	19.53	107.99	629.05	6.79	562.3	329.3	365.5
1997	1237.73	500.89	375.88	100.19	24.82	113.52	616.17	7.15	551.0	315.5	371.2
1998	1130.85	374.12	286.44	56.45	31.23	134.08	616.28	6.38	545.1	229.9	355.8
1999	1120.00	352.61	265.75	48.37	38.49	134.70	627.38	5.32	551.1	224.0	344.9
2000	1164.02	329.91	247.04	42.26	40.61	188.60	640.97	4.54	584.3	222.3	357.4
2001	1167.41	313.26	230.24	38.41	44.61	209.92	640.03	4.20	585.8	216.0	365.6
2002	1186.60	298.26	216.40	31.49	50.37	227.84	656.00	4.50	587.3	219.0	380.3
2003	1202.50	286.80	204.40	27.62	54.78	241.63	669.02	5.05	592.2	209.5	400.8
2004	1222.00	279.38	195.40	25.08	58.90	266.30	670.94	5.38	563.3	227.3	431.4

注:98年以后不包括离岗职工。

Note: Data since 1998 were not included workers laid－off.

4－2 各市县全部从业人员(2004)

Number of Employed persons by Region(2004)

单位:人　　　　unit:person

市,县 City, County		全部从业人员数 Total	城镇就业人员合计 City	国有经济 State owned	集体经济 collectine owned
全 省	**Total**	**12220068**	**5510621**	**1990215**	**255169**
长春市	**Changchun**	**3760702**	**1849618**	**590594**	**84859**
市 区	District	1841545	1476484	426675	75160
九台市	Jiutai	405159	105514	40299	3286
榆树市	Yushu	522930	77743	43839	2328
德惠市	Dehui	461926	113674	40084	2110
农安县	Nongan	529142	76203	39697	1975
吉林市	**Jilin**	**1550839**	**553384**	**266214**	**44882**
市 区	District	598324	341948	145948	28673
桦甸市	Huadian	166804	46719	22983	3184
蛟河市	Jiaohe	163238	35297	21997	3109
舒兰市	ShulanN	256427	58006	34899	4309
磐石市	Panshi	213285	50331	25956	3973
永吉县	Yongji	152761	21083	14431	1634
四平市	**Siping**	**1270917**	**360108**	**179611**	**16371**
市 区	District	171411	127907	57143	6873
公主岭市	Gongzhuling	385393	104700	48433	3291
双辽市	Shuangliao	160533	43860	23353	1439
梨树县	Liaoyuan	352937	52069	29503	3756
伊通县	Yitong	200643	31572	21179	1012
辽源市	**Liaoyuan**	**472523**	**161616**	**93379**	**6947**
市 区	District	141545	113560	61292	4896
东丰县	Dongfeng	179198	27599	17715	1352
东辽县	Dongliao	151380	20457	14372	699
通化市	**Tonghua**	**884229**	**291741**	**126176**	**22574**
市 区	District	160692	127115	38955	12436
梅河口市	Meihekou	205004	51309	25351	3999
集安市	Jian	102264	25395	11511	1405
通化县	Tonghua	116601	29727	12465	997
辉南县	Huinan	153080	32452	19960	2401
柳河县	Liuhe	146588	25743	17934	1336

注:各地区相加不等于全省总计。
Thesum of data by every city is not equat the total.

continued

其他单位合计 Others	内资 Domestic fundes	港澳台投资经济 Funded from Hongkong Macao and Taiwan	外商投资经济 Foreign funds	私营经济 Private funds	城镇个人 Individuals
602237	**510882**	**24555**	**66800**	**915933**	**1747067**
223147	**164389**	**12751**	**46007**	**650517**	**300501**
201400	157627	11346	32427	627770	145479
1679	1679			9018	51232
1513	1512		1	1957	28106
14147		568	13579	2642	54691
4408	3571	837		9130	20993
79871	**74759**	**2810**	**2302**	**81156**	**81261**
56928	52829	2810	1289	66014	44385
7179	7179			6119	7254
1712	1584		128	1271	7208
6476	6017		459	4792	7530
7136	7136			2112	11154
440	14		426	848	3730
39783	**36820**	**1717**	**1246**	**36018**	**88325**
20820	20113	318	389	16421	26650
6583	4924	1399	260	11901	34492
673	673			5047	13348
9740	9143		597	1071	7999
1967	1967			1578	5836
7339	**7339**			**24205**	**29746**
6825	6825			21910	18637
33	33			1604	6895
481	481			691	4214
59457	**56723**	**1111**	**1623**	**35952**	**47582**
38559	37731	418	410	21597	15568
4912	3969	333	610	6361	10686
4967	4846	100	21	3844	3668
8358	7543	260	555	1726	6181
2210	2210			1620	6261
451	424		27	804	5218

4－2 续表 1

市,县 City, County		全部从业人员数 Total	城镇就业人员合计 City	国有经济 State owned	集体经济 Collective owned
白山市	**baishan**	**402439**	**210418**	**131156**	**7836**
市区	District	107934	76156	43936	3307
临江市	linjiang	72316	28792	16298	444
抚松县	Fusong	83301	41206	34279	1253
靖宇县	Jingyu	45600	15572	10114	696
长白县	Changbai	31753	14710	8746	312
江源县	Jiangyuan	61535	33982	17783	1824
松原市	**songyuan**	**1160776**	**275727**	**149105**	**10498**
市区	Songyuan	241050	121677	34093	4747
长岭县	Changling	249420	34422	26601	1208
前郭县	Qianguo	228021	62820	46827	2322
乾安县	Qianan	123576	25740	18525	986
扶余县	Fuyu	318709	31068	23059	1235
白城市	**Baicheng**	**764284**	**263846**	**156270**	**17091**
市区	District	198934	107575	62821	9949
洮南市	Taonan	133599	34026	22136	2612
大安市	Daan	152369	38372	23915	1477
镇赉县	Zhenlai	130205	46894	24670	872
通榆县	Tongyuan	148677	36979	22728	2181
延边朝鲜族自治州	**Yanbian**	**829286**	**420190**	**190180**	**15435**
延吉市	Yanji	167260	142553	44210	5272
图们市	Tumen	38687	21321	6232	1905
敦化市	Dunhua	188904	79176	45568	2039
龙井市	Longjing	84052	27811	10760	1441
珲春市	Hunchun	83909	39342	18297	1447
和龙市	Helongng	71273	33189	19144	1468
汪清县	Wangqing	109209	41228	25867	987
安图县	Antung	85992	35570	20102	876

continued

其他单位合计 Others	内资 Domestic funds	港澳台投资经济 Funded from Hongkong Macao and Taian	外商投资经济 Foreign funds	私营经济 Private funds	城镇个人 Individuals
36314	**30854**	**2990**	**2470**	**11593**	**23519**
20619	18755	435	1429	858	7436
3386	3115		271	4902	3762
2947	2850	52	45	850	1877
570	570			722	3470
1806	1550		256	1118	2728
6986	4014	2503	469	3143	4246
64326	**62653**	**294**	**1379**	**15096**	**36702**
59942	58958		984	10696	12199
430	430			1153	5030
1530	1101	34	395	1773	10368
611	351	260		1234	4384
1813	1813			240	4721
22282	**21821**	**234**	**227**	**12322**	**55881**
13739	13356	156	227	5872	15194
1487	1487			304	7487
3242	3242			1885	7853
300	300			3285	17767
3514	3436	78		976	7580
69718	**55524**	**2648**	**11546**	**49074**	**95783**
28453	23265	32	5156	20132	44486
6298	5269	52	977	2286	4600
11295	8930	1996	369	7210	13064
6676	5496		1180	3367	5567
6021	3625	84	2312	3950	9627
3931	3232	14	685	4189	4457
2842	2121	26	695	5208	6324
4202	3586	444	172	2732	7658

4－3 各单位从业人员(2004年末)

单位:人

		单位从业人员 Number of employed persons
全 省	**Total**	**2847621**
按经济类型分	Grouped by ownership	
国有经济	State owned	1990215
集体经济	Collective owned	255169
其他经济	Other	602237
内资	Domestic funds	510882
股份合作	Cooperative enterprises	28847
联营	Joint owned	2505
有限责任公司	Company limited	259901
股份有限公司	Share holding	202663
其他	Others	16966
港澳台投资	Funded from Hongkong, Macao and Taiwan	24555
外商投资	Foreign investment	66800
按企业、事业、机关分	Grouped by enterprises institutions	
企业	Enterprises	1808446
事业	Institutions	800649
机关	Organizations	238526
按国民经济行业分	Gouped by sector	
农、林、牧、渔业	Farming, forestry, animal husbandry and fishery	209734
采矿业	Mining and quarrying	148719
制造业	Manufacturing	664020
电力、煤气及水的生产和供应业	Electric Power, gas and water Production and supply	80163
建筑业	Construction	155411
交通运输、仓储及邮电信邮政业	Traasportation, storage, post and telecommunications services	245268
信息传输、计算机服务和软件业	Information, computer services and software	27500
批发和零售业	Whole sole and retail trade	152044
住宿和餐饮业	Catering services	31861
金融业	Finance	92867
房地产业	Real estate management	29135
租赁和商务服务业	Rent and business services	38702
科学研究、技术服务和地质勘查业	Scientific research and technical services	62625
水利、环境和公共设施管理业	Water、Conservamcy, environment and public mangement	64115
居民服务和其他服务	Others services	10284
教育	Education	366660
卫生、社会保障和社会福利业	Health care, securities and social welfare	140204
文化、体育和娱乐业	Culture, Sports and entertainment	42493
公共管理和社会组织	Public management and social organizations	285816
按产业分	Grouped by industries	
第一产业	Primary industry	171792
第二产业	Secondary industry	1048313
第三产业	Tertiary industry	1627516

Number Of Employed Person (End Of 2004)

unit: person

#女性 Female	在岗职工 Employed	#长期职工 Long－term	其他从业人员 Other type of employed person	#聘用的离退休人员 Employed retirees	#聘用的港澳台和外籍人员 Employed person from foreign, HongKong, Macao and Taiwan	离开本单位仍保留劳动关系的职工 Laid off	#内部退养职工 Within person laying off
1101611	**2793843**	**2651075**	**53778**	**6070**	**601**	**1005975**	**178898**
751289	1954041	1880917	36174	2733	73	604942	124877
126775	250832	230580	4337	1104		262210	9766
223547	588970	539578	13267	2233	528	138821	44255
182426	499129	468097	11753	1839	21	132294	42895
13719	28533	27102	314	60		9615	589
803	2479	1906	26	7		428	10
87940	255939	235398	3962	1037	6	69319	25223
73520	196283	189769	6380	493		48939	16679
6444	15895	13922	1071	242	15	3993	394
9403	24244	21925	311	116	25	2096	270
31718	65597	49556	1203	278	482	4431	1090
642495	1766760	1663936	41686	4401	341	931705	151999
397463	791374	758403	9275	1407	257	59395	15235
61653	235709	228736	2817	262	3	14873	11664
70424	208742	204723	992	18	8	86993	12541
36019	147951	140651	768	154		58352	9239
259405	655765	609830	8255	2195	231	410050	68669
22168	79552	75582	611	46		11578	7313
39528	149132	135462	6279	471	15	74071	6836
72452	238697	232302	6571	68	1	77177	22901
10809	25390	24034	2110	18	7	2005	1171
64763	149061	143878	2983	190	1	193115	14067
18771	31447	26557	414	58	27	10120	872
45981	82933	79733	9934	96		6796	6272
9992	27574	24287	1561	123	3	2751	667
14554	37824	36120	878	381	11	13210	2532
21075	60992	56648	1633	557		6359	1759
26509	61645	57708	2470	79		6408	1688
4332	10042	9725	242	11		2303	738
202430	364413	352615	2247	431	263	19223	6241
86655	137902	131351	2302	777	25	6246	2349
18504	42138	37207	355	47	6	1777	561
77240	282643	272662	3173	350	3	17439	12482
58213	171042	167625	750	12	8	79388	11744
357120	1032400	961525	15913	2866	246	554051	92057
686278	1590401	1521925	37115	3192	347	372534	75097

4-4 分细行业在岗职工人数(2004)

Number Of Employed Staff And Workers By Sector In Detail(2004)

单位:人 (persons)

项目	Item	合计 Total	国有单位 State Owned-Units	城镇集体单位 Urban Collective Owned Units	其他类型单位 Units of Other Types of Ownership
总计	**Total**	**2793843**	**1954041**	**250832**	**588970**
一、企业、事业、机关分组	**Grouped by enter prises, mstifutions and agencies**				
企业	Enterprises	1766760	948538	232039	586183
事业	Institutions	791374	770526	18061	2787
机关	Agencies and organizat on	235709	234977	732	
二、按国民经济行业分组	**Grouped by sector**				
(一)农、林、牧、渔业	**Farming, forestry animal husbandry and fishery**	**208742**	**201467**	**1679**	**5596**
农业	Farming	45214	44981	21	212
林业	Forestry	111285	106440	27	4818
畜牧业	Animal busbandry	11011	10433	37	541
渔业	Fishery	3532	3290	242	
农、林、牧、渔服务业	Services	37700	36323	1352	25
(二)采矿业	**Mining and quarrying**	**147951**	**69926**	**7792**	**70233**
煤炭开采和洗选业	coal mining and dressing	69423	58665	4429	6329
石油和天然气开采业	Petroleum and naturalgas dresing	54388	2310	149	51929
黑色金属矿采选业	Ferrous metals mining and dressing	8479	311	1323	6845
有色金属矿采选业	Nonferrous metols mining and dressing	9874	6113	738	3023
非金属矿采选业	Nonmetal mineral mining and dressing	5269	2313	849	2107
其他采矿业	Others	518	214	304	
(三)制造业	**Manufacturing**	**655765**	**217246**	**115530**	**322989**
农副食品加工业	Food processing	33613	5396	2221	25996
食品制造业	Food production	9757	1981	865	6911
饮料制造业	Beverage production	18281	3252	1887	13142
烟草制品业	Tobacco processing	4990	4287	361	342
纺织业	Textile industry	23687	7792	1920	13975
纺织服装、鞋、帽制造业	Garments	11942	1485	4017	6440
皮革、毛皮、羽毛(绒)及其制品业	Leather, furs, down and related products	2363	151	1057	1155
木材加工及木、竹、藤、棕、草制品业	Timber, bamboo came, palm fiber and straw products	40651	20930	3616	16105
家具制造业	Furniture manufalcturing	2364	355	302	1707
造纸及纸制品业	Papermaking and paper products	12644	1327	2302	9015
印刷业和记录媒介的复制	Printing and record medium reproduction	10947	3146	5697	2104
文教体育用品制造业	Cultural, education and sports goods	236	20	163	53
石油加工、炼焦及核燃料加工业	Petroleum processing and coking	7330	4328	559	2443

4－4 续表1 continued

项 目	Item	合计 Total	国有单位 State Owned－Units	城镇单位 Urban Collective Owned Units	其他类型单位 Units of Other Types of Ownership
化学原料及化学制品制造业	Rawchemicl material and chemical products	46535	8747	9194	28594
医药制造业	Maddtcal and pharmaceutical products	33756	4069	1578	28109
化学纤维制造业	Chemical fiber	10432	42	100	10290
橡胶制品业	Rubber products	4350	258	1474	2618
塑料制品业	Plastic products	10651	925	3994	5732
非金属矿物制品业	Nonmetal mineral products	44747	11707	8387	24653
黑色金属冶炼及压延加工业	Smelting and pressing of ferrous metals	36941	7448	8351	21142
有色金属冶炼及压延加工业	Smelting and pressing of nonferrous metols	9729	6328	217	3184
金属制品业	Metal products	8934	1544	3389	4001
通用设备制造	Ordinary machinary manfacturing	31197	5778	16955	8464
专用设备制造业	For special purposes equipment manufactuing	29409	15341	2712	11356
交通运输设备制造业	Transport equipment	180594	95840	27983	56771
电气机械及器材制造业	Electic equipment and machinery	9960	1217	3436	5307
通信设备、计算机及其他电子设备制造业	Electronic and telecommunication equipment	8972	2101	356	6515
仪器仪表及文化、办公用机械制造业	Instrument, meters cultural and office machinery	7106	1105	206	5795
工艺品及其他制造业	Art products	3005	346	1765	894
废弃资源和废旧材料回收加工业	Discard resources processing	642		466	176
(四)电力、燃气及水的生产和供应业	**Electric power, gas and water**	**79552**	**58506**	**754**	**20292**
电力、热力及水的生产和供应业	Eectric power, steam and water	58815	41791	318	16706
燃气生产和供应业	gas prodiction and supply	4241	1923	324	1994
水的生产和供应业	Water production and supply	16496	14792	112	1592
(五)建筑业	**Construction**	**149132**	**67417**	**36474**	**45241**
房屋和土木工程建筑业	Buidings	128604	61389	28004	39211
建筑安装业	Installment	14664	4444	6257	3963
建筑装饰业	Decoration	2149	116	183	1850
其他建筑业	Others	3715	1468	2030	217
(六)交通运输、仓储和邮政业	**Transport, post and telecommunication**	**238697**	**192737**	**16164**	**29796**
铁路运输业	Railway	80571	71967	8357	247
道路运输业	Highway	38312	28014	2080	8218
城市公共交通业	Public transport	17951	7298	374	10279
水上运输业	water way	1875	1842		33
航空运输业	Air transport	3554	3356		198
管道运输业	Pipeline	1364	241	435	688

4－4 续表2 continued

项目 Item		合计 Total	国有单位 State Owned－Units	城镇单位 Urban Collective Owned Units	其他类型单位 Units of Other Types of Ownership
装卸搬运和其他运输服务业	Services	14056	10544	2980	532
仓储业	Storage	65703	56049	71	9583
邮政业	Post	15311	13426	1867	18
（七）信息传输、计算机服务和软件业	**Data transmission, computer services**	**25390**	**18952**	**208**	**6230**
电信和其他信息传输服务业	Data transmission	22345	17832	87	4426
计算机服务业	Computer services	1111	967	94	50
软件业	Software	1934	153	27	1754
（八）批发和零售业	**Wholesale and retail trade**	**149061**	**95181**	**18397**	**35483**
批发业	Wholesale	97744	79358	6070	12316
零售业	Retail trade	51317	15823	12327	23167
（九）住宿和餐饮业	**Caterring serrvices**	**31447**	**16042**	**2958**	**12447**
住宿业	Hotal	22105	13409	2180	6516
餐饮业	Catering services	9342	2633	778	5931
（十）金融业	**Finance**	**82933**	**48843**	**25301**	**8789**
银行业	Banking	76034	45107	25301	5626
证券业	Securities	1655	137		1518
保险业	Insurance	4860	3262		1598
其他金融活动	Others	384	337		47
（十一）房地产业	**Estate**	**27574**	**15923**	**468**	**11183**
其中：房地产开发经营	Development	9643	3665	54	5924
物业管理	Management	12019	6884	373	4762
房地产中介服务	Medium services	1571	1184		387
（十二）租赁和商务服务业	**Leasing and business**	**37824**	**20363**	**4531**	**12930**
租赁业	Leasing	1053	946	22	85
商务服务业	Business	36771	19417	4509	12845
（十三）科学研究、技术服务和地质勘查业	**Scientific reearch technic services**	**60992**	**56471**	**1122**	**3399**
1. 研究与试验发展	Scientific research	17390	16672	64	654
自然科学研究与试验发展	Natural science resecarch	5158	4905		253
工程和技术研究与试验发展	Engineering research	5636	5494	42	100
农业科学研究与试验发展	Agutural research	3678	3366	22	290
医学研究与试验发展	Medical research	1156	1145		11
社会人文科学研究与试验发展	Social science reasearch	1762	1762		
2. 专业技术服务业	Special technical sevice	32418	29139	944	2335

4－4 续表3 continued

项目	Item	合计 Total	国有单位 State Owned－Units	城镇单位 Urban Collective Owned Units	其他类型单位 Units of Other Types of Ownership
其中：气象服务	Meteorological services	1101	1101		
地震服务	Earth quake service	218	218		
海洋服务	Ocean service	33	33		
测绘服务	Mapping	1641	1602	39	
技术检测	Technical test	7328	7311	17	
环境监测	Environmental monitoring	1503	1490	13	
工程技术与规划管理	Programme	19454	16887	413	2154
3.科技交流和推广服务业	Scientific and technical trade	5722	5283	29	410
4.地质勘查业	Geological prospecting	5462	5377	85	
(十四)水利、环境和公共设施管理业	**Water canservancey environment**	**61645**	**55921**	**4825**	**899**
水利管理业	Water conservancy	16157	16024	133	
环境管理业	Environment management	25809	21044	4535	230
公共设施管理业	Puplic equpnent management	19679	18853	157	669
(十五) 居民服务和其他服务业	**Personal and other services**	**10042**	**8150**	**1571**	**321**
居民服务业	Personal services	5341	4831	273	237
其他服务业	Other services	4701	3319	1298	84
(十六) 教育	**Education**	**364413**	**361824**	**620**	**1969**
其中：初等教育	Primary education	164582	164335	247	
中等教育	Secondary education	130879	130103	103	673
高等教育	University	50980	50375		605
(十七)卫生、社会保障和社会福利业	**Health care, social securitis and welfare**	**137902**	**126302**	**11004**	**596**
卫生	Health care	131605	120488	10541	576
社会保障业	Social securities	2354	2346	8	
社会福利业	Social securities	3943	3468	455	20
(十八) 文化、体育和娱乐业	**Culture, sports and enter tainment**	**42138**	**40983**	**578**	**577**
新闻出版社	Newspaper	9924	9551	199	174
广播、电视、电影和音像业	Broad casting、TV and film	15641	15573	55	13
文化艺术业	Culture, arts	13050	12788	171	91
体育	Sports	2894	2800	62	32
娱乐业	Entertainment	629	271	91	267
(十九) 公共管理和社会组织	**Public management and social organization**	**282643**	**281787**	**856**	
其中：中国共产党机关	Chinese communist party	12785	12785		
国家机构	State organs	252444	251706	738	
人民政协和民主党派	Democratic parties	1949	1949		
群众社团、社会团体和宗教组织	Social organizations	5577	5571	6	

4-5 单位从业人员劳动报酬和生活费(2004)

		单位从业人员劳动报酬(万元) Total of Wages (10000 yuan)	在岗职工工资总额 Employed person
总计	**Total**	**3554531**	**3500716**
按经济类型分	Grouped by ownership		
国有经济	State owned	2489218	2460166
城镇集体经济	Urban Collective owned	195037	192450
其他经济	Other types of ownership	870276	848100
内资	Domestic funds	714006	702851
股份合作	Cooperative enterprises	21874	21685
联营	Joint owned	2045	2005
有限责任公司	Limited company	350464	347570
股份有限公司	Share holding	324681	317977
其他	Others	14943	13615
港澳台商投资	Funded from HongKong, Macao and Taiwan	27171	26535
外商投资	Foreign investment	129099	118714
按企业、事业、机关分	Grouped by enterprises institutions		
企业	Enterprises	2229865	2185816
事业	Instiutions	1007026	998740
机关	Organizations	317640	316161
按国民经济行业分	Grouped by sector		
农、林、牧、渔业	Farming, for estry, animal husbandry and fishery	123018	122497
采矿业	Excavation	233315	232795
制造业	Manufacturing	882390	866678
电力、煤气及水的生产和供应业	Electric power, gas and water conserancy	131413	131079
建筑业	Construction	164812	159947
交通运输、仓储和邮政业	Traasportation, storage, post and telecommunications services	279294	275033
信息传输、计算机服务和软件业	Information, computer services and software	63560	61905
批发和零售业	Whole sole and retail trade	110214	108743
住宿和餐饮业	Catering services	27556	26920
金融业	Finance	156780	146512
房地产业	Real estate management	34827	33779
租赁和商务服务业	Rent and business services	49108	48310
科学研究、技术服务和地质勘查业	Scientific research and technic services	93535	91400
水利、环境和公共设施管理业	Water, Conservamcy, environment and public management	61828	59497
居民服务和其他服务业	Others services	11565	11365
教育	Education	520101	517191
卫生、社会保障和社会福利业	Health care, securities and social welfare	179726	177767
文化、体育和娱乐业	Culture, Sports and entertainment	52002	51635
公共管理和社会组织	Public management and social organizations	379487	377665

Total wages of staff and workers(2004)

其他从业人员劳动报酬 Other employed person	#聘用离退休人员 Re-employed retirees	#聘用的港澳台和外籍人员 Employed from foreign HongKong, Macao and Taiwang	离开本单位仍保留劳动关系职工的生活费(万元) Subsidies and allowances	#内部退养职工 Ahead of retired person	单位从业人员平均劳动报酬(元) Average wage (yuan)	#在岗职工平均工资 Average wage of employed person
53814	**6849**	**10156**	**191575**	**141675**	**12388**	**12431**
29052	2959	318	142038	99934	12461	12540
2586	1079		7261	3701	7476	7504
22176	2811	9838	42276	38040	14245	14188
11155	2257	87	41204	37136	13682	13776
189	84		800	353	7355	7365
41	12		8	8	8049	8126
2894	1099	22	22725	20375	13073	13142
6702	726		17485	16231	15879	16054
1327	335	65	186	169	8778	8646
636	219	240	281	133	11562	11439
10385	335	9511	791	771	19684	18449
44049	5059	9408	147250	111348	12139	12172
8287	1668	746	26306	15437	12662	12707
1479	122	2	18019	14890	13388	13487
521	199	28	10623	6288	5788	5790
520	109		14325	11037	15729	15777
15713	2215	8827	55741	44599	13174	13103
334	50		8180	7237	16694	16779
4865	455	11	7089	4781	9440	9488
4262	76	4	27269	16866	11336	11445
1656	36	28	1402	1358	23567	24806
1471	272	24	11020	7848	7202	7241
635	61	385	1024	693	8682	8622
10268	73		7982	7622	16697	17493
1048	166	14	849	672	12203	12518
797	393	11	3795	2506	12741	12829
2136	777		3531	2197	14975	14980
2331	109		1891	1368	9608	9685
200	6		735	631	11396	11454
2911	687	747	12452	6776	14319	14323
1959	929	26	3233	2587	12888	12958
366	42	49	964	767	12235	12253
1823	194	2	19469	15843	13353	13440

4-6 历年职工工资总额、平均工资和指数

Total Wages Of Staff and Workers and Related Index

年 份 Year	工资总额 (万元) Total (10000yuan)	#国有单位 State owned	#城镇集体单位 Collective owned	平均工资 (元) Average wage (yuan)	#国有单位 State owned	#城镇集体单位 Collective owned	平均实际工资指数 (以上年100) Index (peryear=100)	#国有单位 State owned
1952	21456	21456		480	480		100.0	100.0
1953	34406	34406		573	573		112.7	112.7
1954	37207	37207		588	588		99.1	99.1
1955	36284	36284		600	600		101.5	101.5
1956	46209	46209		671	671		114.1	114.1
1957	53424	53424		699	699		101.6	101.6
1958	59552	59552		647	647		93.8	93.8
1959	80860	80860		615	615		95.4	95.4
1960	94761	94716		611	611		91.6	91.6
1961	92024	92024		602	602		86.9	86.9
1962	83614	83614		661	661		106.5	106.5
1963	85589	85589		721	721		100.3	110.3
1964	91337	91337		744	744		104.9	104.9
1965	90881	90881		740	740		99.0	99.0
1966	94388	94388		718	718			
1967	91533	91533		685	685		94.6	94.6
1968	96172	96172		670	670		97.6	97.6
1969	102119	102119		744	744		111.8	111.8
1970	105069	105069		698	698		94.6	94.6
1971	118161	118161		677	677		96.7	96.7
1972	139101	139101		736	736		108.4	108.4
1973	149429	129729	19700	638	690	553	86.4	93.5
1974	154505	132327	22178	671	700	539	105.1	101.3
1975	163236	135328	27908	657	690	534	97.8	98.5
1976	172629	140669	31960	636	680	496	96.1	97.9
1977		144867			680			99.8
1978	214393	176392	38001	651	712	467		104.6
1979	234639	189914	44725	700	753	539	105.7	104.0
1980	275684	219028	56656	763	827	588	103.2	104.0
1981	298349	232138	66211	770	840	611	99.3	100.0
1982	323142	250121	73021	799	863	637	99.6	98.6
1983	340615	259049	81566	823	881	680	98.6	97.7
1984	393211	292467	100635	927	1008	751	108.8	110.5
1985	474432	352057	122217	1081	1175	880	105.7	105.7
1986	556845	417486	139173	1221	1333	974	106.6	107.0
1987	644136	484259	159616	1366	1491	1088	104.0	104.0
1988	789012	595701	192919	1630	1771	1311	99.2	98.7
1989	870776	662084	207837	1755	1914	1388	91.9	99.2
1990	951989	734882	215591	1888	2068	1456	102.6	103.0
1991	1063309	816534	243947	2045	2233	1596	101.4	101.1
1992	1220550	945410	264870	2308	2526	1759	104.2	105.7
1993	1423561	1109906	281071	2701	2974	1952	103.4	104.0
1994	1887916	1509813	314723	3666	3997	2568	110.2	109.1
1995	2210027	1809128	318902	4430	4803	3032	104.9	104.3
1996	2636962	2164775	364074	5370	5765	3752	112.6	111.9
1997	2745277	2214025	353209	5664	6017	3813	101.7	100.6
1998	2465545	1967822	268404	6551	6814	4778	116.6	114.1
1999	2532839	1969551	242057	7158	7368	5000	111.5	110.3
2000	2649607	2037696	234537	7924	8121	5501	112.2	111.8
2001	2775443	2102269	222532	8771	9043	5765	109.3	109.9
2002	3005549	2251039	209872	9990	10369	6411	114.5	115.2
2003	3215531	2298500	224936	11081	11124	8018	109.6	106.0
2004	3500716	2460166	192450	12431	12540	7504	107.8	108.3

注:98年以后为在岗职工情况。

Note: Data on total wages since 1998 refer to wages of fully employed staff and workers.

4-7 各市县单位从业人员劳动报酬和生活费(2004)

Total Wages of Staff and Workers by City and County(2004)

市、县 City, County		单位从业人员劳动报酬(万元) Total wages (10000 yuan)	在岗职工工资 Employed Person	其他从业人员劳动报酬 Others	离开本单位仍保留劳动关系的职工的生活费(万元) Subsidies and allowances (10000 yuan)	#内部退养职工 Ahead of retired person	单位从业人员平均劳动报酬(元) Average real wages (yuan)	#在岗职工平均工资 employed person
全　省	**Total**	**3554531**	**3500716**	**53814**	**191575**	**141675**	**12388**	**12431**
长春市	**Changchun**	**1417724**	**1392546**	**25178**	**61415**	**48267**	**15735**	**15722**
市　区	District	1260671	1235993	24678	50358	41366	17843	17863
九台市	Jiutai	39278	39191	87	1906	1752	8826	8820
榆树市	Yushu	38675	38507	168	6245	2873	8124	8138
德惠市	Dehui	41623	41468	155	738	181	7433	7442
农安县	Nongan	37478	37387	91	2169	2095	8086	8077
吉林市	**Jilin**	**497259**	**494239**	**3020**	**35368**	**26142**	**12635**	**12694**
市　区	District	356083	354326	1756	28304	21412	15260	15325
桦甸市	Huadian	31851	31768	83	1334	1030	9544	9560
蛟河市	Jiaohe	24407	24045	362	1563	1146	8726	8741
舒兰市	Shuangliao	32208	32068	140	2116	1068	7152	7165
磐石市	Panshi	36655	36110	545	1710	1378	9878	10011
永吉县	Yongji	16056	15922	134	341	107	9591	9604
四平市	**Siping**	**209810**	**207926**	**1884**	**11422**	**6864**	**8798**	**8794**
市　区	District	88448	87050	1398	5055	3876	10488	10521
公主岭市	Gongzhuling	50945	50606	339	4395	1939	8648	8632
双辽市	Shuangliao	23803	23773	30	455	240	9213	9223
梨树县	Lishu	28953	28953		1040	540	6491	6491
伊通县	Yitong	17661	17544	117	477	269	7126	7106
辽源市	**Liaoyuan**	**104645**	**103555**	**1090**	**3630**	**1681**	**9676**	**9760**
市　区	District	75677	75062	615	2935	1249	10310	10380
东丰县	Dongfeng	16406	16229	177	126	92	8579	8647
东辽县	Dongliao	12562	12264	298	570	340	8043	8169
通化市	**Tonghua**	**232846**	**230551**	**2295**	**9395**	**8182**	**10748**	**10773**
市　区	District	124539	122832	1707	3847	3368	12931	13009
梅河口市	Meihekou	31615	31558	57	987	889	9207	9232
集安市	jian	18723	18670	53	812	616	10451	10469
通化县	Tonghua	20890	20812	78	1052	956	9132	9126
辉南县	Huinan	20479	20420	59	1444	1166	8051	8052

注：全省合计中包括铁路、军工等直报单位，四平市市区包括辽河农垦管理区。

Note: Total include the railway、war industry unit. In Siping city Data include Liaohe Nongken area.

4－7 续表 continued

市、县 City, County		单位从业人员劳动报酬（万元） Total wages (10000 yuan)	在岗职工工资 Employed person	其他从业人员劳动报酬 Others	离开本单位仍保留劳动关系的职工的生活费（万元） Subsidies and allowances (10000 yuan)	内部#退养职工 Ahead of retired person	单位从业人员平均劳动报酬（元） Average real wages (yuan)	#在岗职工平均工资 employed person
柳河县	Liuhe	16600	16259	341	1253	1187	8399	8383
白山市	**Baishan**	**161197**	**156559**	**4638**	**6912**	**3897**	**9155**	**9267**
市区	District	66706	62721	3985	2809	1049	9800	10153
临江市	Linjian	18807	18283	524	1059	820	9351	9384
抚松县	Fusong	32588	32583	5	1628	1065	8303	8303
靖宇县	Jingyu	9998	9922	76	372	306	8813	8842
长白县	Changbai	11545	11526	19	479	285	10676	10692
江源县	Jiangyuan	21554	21524	30	565	371	8140	8140
松原市	**Songyuan**	**281529**	**279129**	**2400**	**16076**	**13468**	**12572**	**12697**
市区	District	189514	188456	1058	11881	11430	19208	19395
长岭县	Changling	21457	20912	545	2396	396	7681	7767
前郭县	Qianguo	39062	38323	739	753	621	7752	7847
乾安县	Qianan	15289	15232	57	733	712	7436	7424
扶余县	Fuyu	16207	16207		313	310	6142	6142
白城市	**Baicheng**	**167194**	**165036**	**2157**	**8444**	**4627**	**8564**	**8643**
市区	District	76381	75122	1259	3627	1718	8860	9002
洮南市	Taonan	22435	22373	62	657	605	8537	8591
大安市	Daan	24428	23794	634	944	716	8664	8752
镇赉县	Zhenlai	21737	21642	95	1490	990	8365	8365
通榆县	Tongyu	22213	22105	108	1726	598	7851	7862
延边朝鲜族自治州	**Yanbian**	**295413**	**287688**	**7725**	**22147**	**18940**	**10514**	**10520**
延吉市	Yanji	113934	109932	4002	7009	6548	14533	14627
图们市	Tumen	16688	16149	539	2305	2255	11571	11628
敦化市	Dunhua	52251	51656	595	3961	3187	8766	8783
龙井市	Longjing	18808	17469	1339	1090	1036	9817	9993
珲春市	Hunchun	28151	27730	421	2164	1142	10454	10363
和龙市	Helong	20262	19632	630	1143	1049	8272	8300
汪清县	Wangqing	22135	22067	68	2224	1804	7305	7312
安图县	Antu	23184	23054	130	2252	1919	8379	8375

4－8 分行业在岗职工工资及离岗生活费(2004)

Average wages and Living Expenses of staff and workers(2004)

单位:万元 unit:10000 yuan

行业 Item		在岗职工工资总额 wages				离岗职工生活费总额 living expenses			
		合计 Total	国有单位 State owned	集体单位 Collective owned	其他单位 Others	合计 Total	国有单位 State owned	集体单位 Collective owned	其他单位 Others
总计	**Total**	**3500716**	**2460166**	**192450**	**848100**	**191575**	**142038**	**7261**	**42276**
农、林、牧、渔业	Farming, forestry, animal husbandry and fishery	122497	118151	1015	3331	10623	10396	24	204
采矿业	Mining and quarrying	232795	69880	3532	159384	14325	3636	28	10661
制造业	Manufacturing	866678	333999	83477	449201	55741	30810	4461	20469
电力、燃气及水生产和供应	Electric Power, gas and water Production and supply	131079	96000	533	34545	8180	7196	25	959
建筑业	Construction	159947	76705	28313	54929	7089	5939	383	767
交通运输、仓储和邮政业	Traasportation, storage, post and telecommunications services	275032	236817	9047	29168	27269	23933	168	3169
信息传输、计算机服务和软件业	Information, computer services and software	61905	42985	103	18817	1402	1274	2	125
批发和零售业	Whole sole and retail trade	108743	67544	9734	31465	11020	7040	925	3056
住宿和餐饮业	Catering services	26920	13857	1299	11764	1024	839	107	78
金融业	Finance	146512	101454	30133	14926	7982	6841	576	565
房地产业	Real estate management	33779	19145	487	14147	849	381	4	465
租赁和商务服务业	Rent and business services	48310	29046	3955	15309	3795	1960	249	1587
科学研究、技术服务和地质勘查业	Scientific research and technic services	91400	84009	1627	5764	3531	3378	2	151
水利、环保和公共设施管理业	Conservamcy, environment	59497	53240	5325	932	1891	1782	103	6
居民服务和其他服务业	Others services	11365	9832	1168	365	735	732	2	
教育	Education	517191	513859	703	2629	12452	12438		14
卫生、社会保障和社会福利业	Health care, securities and social welfare	177767	166880	10140	747	3233	3075	158	
文化、体育和娱乐业	Culture, Sports and enterfainment	51634	50130	828	678	964	963	2	
公共管理和社会组织	Public management and social organizations	377665	376633	1031		19469	19427	42	

4－9　分行业在岗职工平均工资及离岗职工平均生活费（2004）

Average wages Living Expenses of staff and workers（2004）

单位：元　　　　unit：yuan

行　业	Item	在岗职工平均工资 Average wages				离岗职工平均生活费 Average living expenses			
		全　部 Total	国　有 State owned	集　体 Collective owned	其　他 Others	全　部 Total	国　有 State owned	集　体 Collective owned	其　他 Others
总　　计	**Total**	**12431**	**12540**	**7504**	**14188**	**1950**	**2385**	**287**	**3168**
农、林、牧、渔业	Farming, forestry, animal husbandry and fishery	5790	5783	6017	5974	1240	1234	433	2337
采矿业	Mining and quarrying	15777	9937	4702	22862	2424	1670	10	10857
制造业	Manufacturing	13103	15080	7018	13995	1401	1501	416	2400
电力、燃气及水生产和供应	Electric Power, gas and water Production and supply	16779	16663	8828	17358	6985	7130	1873	6460
建筑业	Construction	9488	10641	7192	9615	988	1452	182	780
交通运输、仓储和邮政业	Traasportation, storage, post and telecommunications services	11445	12166	5773	9729	3690	4513	125	4301
信息传输、计算机服务和软件业	Information, computer services and software	24806	23034	5134	30878	6790	7649	56	13484
批发和零售业	Whole sole and retail trade	7241	7051	5281	8751	584	709	122	2270
住宿和餐饮业	Catering services	8622	8709	4266	9590	1004	1129	506	1188
金融业	Finance	17493	20444	11752	17588	11960	12163	8576	14950
房地产业	Real estate management	12518	12294	10770	12908	3200	3234	683	3278
租赁和商务服务业	Rent and business services	12829	14343	8811	11852	2982	2518	1021	6319
科学研究、技术服务和地质勘查业	Scientific research and technic services	14980	14857	15345	16908	5549	5495	459	8453
水利、环境和公共设施管理业	Water、Conservamcy, environment	9685	9544	11403	9496	3055	3292	1384	1875
居民服务和其他服务业	Others services	11454	12292	7490	10022	3255	3502	145	1500
教育	Education	14323	14330	11186	14045	6457	6456		14100
卫生、社会保障和社会福利业	Health care, securities and social welfare	12958	13292	9173	12798	5541	5933	2420	
文化、体育和娱乐业	Culture, Sports and enterfainment	12253	12229	14450	11767	5406	5693	195	
公共管理和社会组织	Public management and social organizations	13440	13444	12067		11107	11108	10525	

4－10 各地区年底在岗职工人数（2004）

Stctt and workers by Region at yeareng（2004）

单位：人　　　　unit：person

地　　区 Region		合　　计 Total	国有单位 State owned	城镇集体单位 Collectine owned	其他单位合　计 Others
全　省	**Total**	**2793843**	**1954041**	**250832**	**588970**
长春市	Changchun	883671	582021	83369	218281
吉林市	Jilin	386678	263325	44172	79181
四平市	Siping	233903	178249	16365	39289
辽源市	Liaoyuan	105687	91925	6609	7153
通化市	Tonghua	205740	124422	22365	58953
白山市	Baishan	167688	124548	7774	35366
松原市	Songyuan	219797	146012	10154	63631
白城市	Baicheng	191335	153376	16927	21032
延边朝鲜族自治区	Yanbian	287688	186683	14820	66084

注：各地区相加不等于全省总计。
Note：The Sum of the data by region is not equal to the total.

4－11 各地区在岗职工工资总额（2004）

Total wages of staff and workers by Region（2004）

单位：万元　　　　unit：10000yuna

地　　区 Region		在岗职工工资总额 Total	国有单位 State owned	城镇集体单位 Collect iveounal	其他单位合计 Others	在岗职工平均工资 Average wages （元）
全　省	**Total**	3500716	2460166	192450	848100	12431
长春市	Changchun	1392546	960316	73308	358922	15722
吉林市	Jilin	494239	339892	36597	117750	12694
四平市	Siping	207926	165565	12251	30110	8794
辽源市	Lianyuan	103555	95701	3703	4151	9760
通化市	Tonghua	230551	134212	16347	79992	10773
白山市	Baishan	156559	119304	4939	32586	9267
松原市	Songyuan	279129	121009	7224	150896	12697
白城市	Baishan	165036	140748	12241	12047	8643
延边朝鲜族自治区	Yanbian	287688	212412	13630	61646	10520

注：各地区相加不等于全省总计。
Note：The Sum of the data by region is not equal to the total.

4-12 分细行业在岗职工平均工资(2004)
Average Wage Off Staff And Workers By Sector In Detail(2004)

单位:元 unit:yuan

项目	Item	在岗职工 Staff and Workers Employed	国有单位 State Owned-Units	城镇单位 Urban Collective Owned Units	其他类型单位 Units of Other Types of Ownership
总计	**Total**	**12431**	**12540**	**7504**	**14188**
一、企业、事业、机关分组	**Grouped by enterprises, institutions and agencies**				
企业	Enterprises	12172	12131	7337	14171
事业	Institutions	12707	12761	9617	18242
机关	Agencies and organization	13487	13498	9951	
二、按国民经济行业分组	**Grouped by sector**				
(一)农、林、牧、渔业	**Farming, forestry animal husbandry and fishery**	**5790**	**5783**	**6017**	**5974**
农业	Farming	4516	4521	8381	3121
林业	Forestry	5982	5996	5852	5673
畜牧业	Animal busbandry	3774	3451	7089	9659
渔业	Fishery	3295	3126	5612	
农、林、牧、渔服务业	Services	7549	7605	6020	8167
(二)采矿业	**Mining and quarrying**	**15777**	**9937**	**4702**	**22862**
煤炭开采和洗选业	coal mining and dressing	9615	9907	3799	11056
石油和天然气开采业	Petroleum and naturalyas dresing	26130	14919	7559	26681
黑色金属矿采选业	Ferrous metals mining and dressing	13395	6521	7505	14491
有色金属矿采选业	Nonferrous metols mining and dressing	9017	9807	1489	8591
非金属矿采选业	Nonmetal mineral mining and dressing	8633	6932	6664	11470
其他采矿业	Others	5345	7427	3649	
(三)制造业	**Manufacturing**	**13103**	**15080**	**7018**	**13995**
农副食品加工业	Food processing	8177	4040	7940	9097
食品制造业	Food production	6415	2386	9105	8171
饮料制造业	Beverage production	9839	5094	13179	10542
烟草制品业	Tobacco processing	27486	30015	9795	14183
纺织业	Textile industry	5526	6269	3315	5412
纺织服装、鞋、帽制造业	Garments	6960	9001	4843	7834
皮革、毛皮、羽毛(绒)及其制品业	Leather, furs, down and related products	4568	6695	3272	7372
木材加工及木、竹、藤、棕、草制品业	Timber, bamboo came, palm fiber and straw products	7117	6422	5227	8520
家具制造业	Furniture manufacturing	8604	5319	6347	9712
造纸及纸制品业	Papermaking and paper products	7129	7470	3780	7933
印刷业和记录媒介的复制	Printing and record medium reproduction	7912	9481	6413	9620
文教体育用品制造业	Cultural, education and sports goods	5714	6500	5613	5727
石油加工、炼焦及核燃料加工业	Petroleum processing and cocking	14586	12349	6385	20885

4－12 续表1 continued

项 目		在岗职工 Staff and Workers Employed	国有单位 State Owned－Units	城镇单位 Urban Collective Owned Units	其他类型单位 Units of Other Types of Ownership
化学原料及化学制品制造业	Rawchemicl material and chemical products	19421	20322	7564	22765
医药制造业	Maddtcal and pharmaceutical products	8071	10764	5775	7784
化学纤维制造业	Chemical fiber	9784	5786	4396	9854
橡胶制品业	Rubber products	7079	9313	6314	7276
塑料制品业	Plastic products	7647	7607	5454	9234
非金属矿物制品业	Nonmetal mineral products	9297	8668	7272	10307
黑色金属冶炼及压延加工业	Smelting and pressing of ferrous metals	14085	10521	6931	18365
有色金属冶炼及压延加工业	Smelting and pressing of nonferrous metols	9355	10389	4446	7606
金属制品业	Metal products	8429	6611	8059	9398
通用设备制造	Ordinary machinary manfacturing	6603	8262	4393	9746
专用设备制造业	For special purposes equipment manufactuing	9868	10269	6870	10029
交通运输设备制造业	Tuomsport equipment	21200	22160	9577	25831
电气机械及器材制造业	Electic equipment and machinery	9887	5478	7480	12248
通信设备、计算机及其他电子设备制造业	Electronic and telecommunication equipment	12108	7911	6284	13785
仪器仪表及文化、办公用机械制造业	Instrument, meters cultural and office machinery	13902	5438	8382	15661
工艺品及其他制造业	Art products	4670	3411	3438	7583
废弃资源和废旧材料回收加工业	Discard resources processrty	8610		7374	11788
(四)电力、燃气及水的生产和供应业	**Electric power, gas and water**	**16779**	**16663**	**8828**	**17358**
电力、热力及水的生产和供应业	Eectric power, steam and water	17902	18055	8728	17695
燃气生产和供应业	gas prodiction and supply	16220	15590	10738	17404
水的生产和供应业	Water production and supply	12741	12683	6250	13724
(五) 建筑业	**Construction**	**9488**	**10641**	**7192**	**9615**
房屋和土木工程建筑业	Buidings	9334	10357	6775	9568
建筑安装业	Installment	12094	15763	10757	10142
建筑装饰业	Decoration	9440	7670	8672	9663
其他建筑业	Others	5269	8294	2633	10000
(六) 交通运输、仓储和邮政业	**Transport, post and telecommunication**	**11445**	**12166**	**5773**	**9729**
铁路运输业	Railway	15808	16912	5752	8228
道路运输业	Highway	7447	7357	5363	8261
城市公共交通业	Public transport	11987	8283	4681	14991
水上运输业	water way	7964	7961		8129
航空运输业	Air transport	39078	40084		22764
管道运输业	Pipeline	32316	28568	30798	34591

4－12 续表2 continued

项 目		在岗职工 Staff and Workers Employed	国有单位 State Owned－Units	城镇单位 Urban Collective Owned Units	其他类型单位 Units of Other Types of Ownership
装卸搬运和其他运输服务业	Services	15482	19489	2231	8076
仓储业	Storage	5587	5948	7380	3375
邮政业	Post	12782	13686	6391	31111
（七）信息传输、计算机服务和软件业	**Data transmission, computer services**	**24806**	**23034**	**5134**	**30878**
电信和其他信息传输服务业	Data transmission	26188	23917	7218	35838
计算机服务业	Computer services	9337	10008	3310	7060
软件业	Software	17783	3141	4296	19304
（八）批发和零售业	**Wholesale and retail trade**	**7241**	**7051**	**5281**	**8751**
批发业	Wholesale	7241	7003	6185	9289
零售业	Retail trade	7242	7283	4842	8471
（九）住宿和餐饮业	**Caterring serrvices**	**8622**	**8709**	**4266**	**9590**
住宿业	Hotal	9188	9044	3900	11302
餐饮业	Catering services	7296	7041	5228	7709
（十）金融业	**Finance**	**17493**	**20444**	**11752**	**17588**
银行业	Banking	17221	20319	11752	16855
证券业	Securities	20324	16176		20798
保险业	Insurance	19615	20641		17515
其他金融活动	Others	36268	37511		27326
（十一）房地产业	**Estate**	**12518**	**12294**	**10770**	**12908**
其中：房地产开发经营	Development	12418	13255	11130	11909
物业管理	Management	12350	11186	11689	14057
房地产中介服务	Medium services	13033	12979		13205
（十二）租赁和商务服务业	**Leasing and business**	**12829**	**14343**	**8811**	**11852**
租赁业	Leasing	9688	9769	5818	9889
商务服务业	Business	12911	14548	8826	11863
（十三）科学研究、技术服务和地质勘查业	**Scientific reearch technic services**	**14980**	**14857**	**15345**	**16908**
研究与试验发展	Scientific research	17565	17303	9387	24849
自然科学研究与试验发展	Natural science resecarch	17501	16607		34789
工程和技术研究与试验发展	Engineering research	22616	22475	8071	37147
农业科学研究与试验发展	Agutural research	11366	11227	12150	12825
医学研究与试验发展	Medical research	15296	15275		17455
社会人文科学研究与试验发展	Social science reasearch	15808	15808		
专业技术服务业	Special technical sevice	15044	14995	16680	15038

4－12 续表3 continued

项目		在岗职工 Staff and Workers Employed	国有单位 State Owned－Units	城镇单位 Urban Collective Owned Units	其他类型单位 Units of Other Types of Ownership
其中：气象服务	Meteorological services	16181	16181		
地震服务	Earthquake service	18608	18608		
海洋服务	Ocean service	7576	7576		
测绘服务	Mapping	15977	16222	5634	
技术检测	Technical test	12678	12617	33091	
环境监测	Environmental monitoring	12623	12585	17000	
工程技术与规划管理	Programme	15923	16158	9585	15286
科技交流和推广服务业	Scientific and technical trade	10364	9981	18862	14701
地质勘查业	Geological prospecting	11291	11405	3184	
（十四）水利、环境和公共设施管理业	**Water canservancey environment**	**9685**	**9544**	**11403**	**9496**
水利管理业	Water conservancy	8155	8175	5805	
环境管理业	Environment management	9214	8705	11635	9227
公共设施管理业	Public equipment management	11519	11607	9694	9591
（十五）居民服务和其他服务业	**Personal and other services**	**11454**	**12292**	**7490**	**10022**
居民服务业	Personal services	12471	13029	7554	7832
其他服务业	Other services	10321	11252	7477	17321
（十六）教育	**Education**	**14323**	**14330**	**11186**	**14045**
其中：初等教育	Primary education	11809	11806	13587	
中等教育	Secondary education	13327	13317	14505	15597
高等教育	University	25132	25242		16265
（十七）卫生、社会保障和社会福利业	**Health care, social securitis and welfare**	**12958**	**13292**	**9173**	**12798**
卫生	Health care	12918	13239	9309	12704
社会保障业	Social securities	16056	16100	3250	
社会福利业	Social welfare	12419	13238	6127	16643
（十八）文化、体育和娱乐业	**Culture, sports and enter tainment**	**12253**	**12229**	**14450**	**11767**
新闻出版社	Newspaper	15583	15540	19292	13564
广播、电视、电影和音像业	Broadcasting, TV, film	10575	10583	8927	7154
文化艺术业	Culture, arts	11680	11705	12427	6802
体育	Sports	12593	12659	10410	10813
娱乐业	Entertainment	12342	11697	13476	12638
（十九）公共管理和社会组织	**Public management and social organization**	**13440**	**13444**	**12067**	
其中：中国共产党机关	Chinese communist party	13365	13365		
国家机构	State organization	13526	13530	12364	
人民政协和民主党派	Democratic parties	15521	15521		
群众社团、社会团体和宗教组织	Social organizations	13427	13430	11000	

4-13 各地区离岗平均生活费(2004)
Total Average wages and Living Expenses of staff(2004)

单位:元　　unit:yuan

地区 Region		离岗职工生活费 Living expenses			
		合计 Total	国有单位 State owned	集体单位 Collective owned	其他单位 Others
全省	**Total**	**1950**	**2385**	**287**	**3168**
长春	Changchun	2579	2948	771	3874
吉林	Jilin	2677	2795	486	5543
四平	Siping	776	940	33	1455
辽源	Liaoyuan	583	995	86	1006
通化	Tonghua	1246	1564	110	1738
白山	Baishan	1011	1206	205	1171
松原	Songyuan	6530	4827	246	12934
白城	Baicheng	903	1399	184	376
延边	Yanbian	2383	3048	228	2287

4－14 离退休退职人员人数及保险福利费用(2004)

Labor Insurance and Welfare Funds for Retired Veterans and Persons(2004)

分组 Item		离退休退职年末人数(人) Retired veterans and retirde person (person)	离休人员 Retired veterans	退休人员 Retired persons	领取定期生活费用的退职人员 Resigned	保险福利费用合计(万元) Welfare (10000yuan)
总计	**Total**	**1378071**	**46347**	**1308500**	**23224**	**1194024**
企业	Enterprises	1097499	24485	1054161	18853	837383
内资企业	Domestic Funds	1094234	24475	1051033	18726	835020
国有企业	Stated owned	859540	22091	825026	12423	702752
集体企业	Collective owned	171638	1424	165942	4272	87712
其他企业	Others	63056	960	60065	2031	44556
港、澳、台商投资企业	Funded from Hongkong Macao and Taiwan	898	6	874	18	615
外商投资企业	Forgion funds	2367	4	2254	109	1748
事业	Institutions	220151	14044	203045	3062	276176
机关	Agencies and orgonization	60421	7818	51294	1309	80465

分组 Item		离休金 Pensions for retired veteroms	退休金 Pensions for retired persons	退职生活费 Resignation allowcmces for living expenses	医疗卫生费 Medical care	其他 Others
总计	**Total**	**86431**	**1024190**	**9318**	**47203**	**26882**
企业	Enterprises	48047	724497	7543	37393	19903
内资企业	Domestic Funds	48038	722359	7504	37268	19851
国有企业	Stated owned	44154	603075	5580	32181	17762
集体企业	Collective owned	2181	79463	936	3906	1226
其他企业	Others	1703	39821	988	1181	863
港、澳、台商投资企业	Funded from Hongkong Macao and Taiwan	3	556	5	26	25
外商投资企业	Forgion funds	6	1582	34	99	27
事业	Institutions	24493	238532	1217	7052	4882
机关	Agencies and orgonizatrin	13891	61161	558	2758	2097

4－15　职业介绍情况(2004)
Situations in Employment Services(2004)

		总计 Total	劳动保障部门办 Runbly labor departments	其他组织办 Others organs	公民个人办 Run by private
期末职业介绍机构数（个）	Departments of employment	1204	1076	58	70
期末职业介绍机构人数（人）	Staff and workers(person)	2790	2537	95	158
本期登记招聘人数（人）	Registered Persons in this year(person)	559689	530275	7886	21528
本期登记求职人数（人）	Number of registereed Persons(person-times)	652942	613087	9781	30074
# 下岗职工	Staff and worker unemployed	145301	134851	3567	6883
失业人员	Persons unemployed	277519	260408	4417	12694
获得职业资格人员	Reemployed persons	82104	77006	927	4171
本期职业指导人次数（人次）	Number of job vacancies registered(person-times)	492216	469267	6469	16480
本期介绍成功人次数（人次）	Number of persons actually employed	420334	400518	4468	15348
# 女性	Female	173897	164289	1536	8072
# 下岗职工	Laid－off	92301	88381	930	2999
# 失业人员	Unemployed Persons	178495	167907	2279	8309
# 获得职业资格人数	Employed persons	68767	65480	687	2600

4－16　城镇失业人员情况(2004)
Urban Unemployed persons(2004)

单位;人　　　　unit;persons

		2004
本期新登记的失业人数	Registered unemployed persons in this year	252333
# 女性	Female	112361
# 由就业转失业人数	Unemployed Persons	104705
本期失业人员就业人数	Reemployed Persons in this year	229766
期末实有登记失业人数	Registered unemployed Persons	282432
# 女性	Female	147768
# 长期失业者	Unemployed Persons in long－term	91717
登记失业率（%）	Registered unemployment rate	4.2

第五篇 CHAPTER

固定资产投资

INVESTMENT IN FIXED ASSETS

5

5－1 历年全社会固定资产投资额

单位:万元

年份 Year	投资总计 Total	国有、其他经济类型单位 State owned and others				
		合计 Total	基建 Capital cohnstruction	更改 Innovation	其他 Others	房地产 Real estate
1949	2329	1831	1604	227		
1950	6202	5603	5347	256		
1951	7102	6549	6492	57		
1952	18559	17800	17309	491		
1953	32089	30200	29372	828		
1954	53921	51500	49675	1825		
1955	55683	53700	52227	1473		
1956	64701	61900	60050	1850		
1957	42240	38010	36921	1089		
1958	83650	75258	65493	9765		
1959	107435	95630	89267	6363		
1960	110695	105096	97854	7242		
1961	51020	43581	38035	5546		
1962	39150	27149	24246	2903		
1963	52134	44736	38819	5917		
1964	68986	60732	55310	5422		
1965	67887	58956	53217	5739		
1966	59437	47670	43442	4228		
1967	43541	31215	26141	5074		
1968	41954	28418	22978	5440		
1969	64356	49104	40518	8586		
1970	88184	70600	58290	12310		
1971	116194	97499	72650	24849		
1972	115949	100700	72899	27801		
1973	133886	110800	81487	29313		
1974	136825	115800	86732	29068		
1975	154449	127299	95063	32236		
1976	124218	102700	83694	19006		
1977	117327	92100	75052	17048		
1978	181631	155969	135389	20580		
1979	195372	172123	142929	29194		
1980	208798	176463	140100	36363		
1981	209790	170519	91594	64812	14113	
1982	275055	220784	119683	82759	18342	
1983	293320	219905	133050	78220	8635	
1984	409334	255014	144818	82339	27857	
1985	621557	373829	223967	121442	28420	
1986	634122	421174	232483	159217	29474	
1987	769970	539577	269896	206065	63616	
1988	930322	678053	372848	254625	50580	
1989	800996	581280	290737	213991	76552	
1990	935080	669374	291155	225695	87691	64833
1991	1139671	856280	404643	254042	120297	77298
1992	1510786	1216686	620762	340093	112528	143303
1993	2535919	2076697	1068260	451247	260930	296260
1994	3024672	2494908	1372110	543772	154138	424888
1995	3418533	2797845	1670545	541280	229646	356374
1996	3945710	3218270	2040374	624301	251511	302084
1997	3645109	2951207	1808299	576833	313471	252604
1998	4208685	3502793	2009416	832004	297573	363800
1999	4987702	4146373	2302395	994229	319906	529843
2000	5868606	4911980	2766500	1145365	364921	635194
2001	6796524	5822317	3179326	1287377	425909	929705
2002	8079955	7030540	3715660	1611875	535281	1167724
2003	9690342	8494609	4338818	2121340	642057	1392394
2004	11716311	10328025	4809713	3153003	740527	1624782

Total Investment in Fixed Assets

unit: 1000yuan

集体单位 Collective ownecl			城乡个人 individuals		
合计 Total	城镇 Urban	农村 Rural	合计 Total	城镇 Urban	农村 Rural
			498	78	420
			599	89	510
			553	103	450
221	128	93	538	118	420
1453	332	1221	436	136	300
1335	326	1009	1086	156	930
1263	259	1004	720	180	540
2264	707	1557	537	207	330
3692	72	2920	538	238	300
7800	999	6801	592	292	300
11179	548	10631	626	326	300
5007	280	4727	592	382	210
6807	507	6300	632	414	218
10895	662	10233	1106	476	630
4031	279	3752	3367	547	2820
4561	181	4380	3693	783	2910
4754	172	4582	4177	877	3300
6856	236	6620	4911	831	4080
8130	296	7834	4196	956	3240
8777	405	8372	4759	1099	3660
7388	495	6893	7864	1264	6600
11330	718	10612	6254	1454	4800
11443	745	10698	7252	1672	5580
8016	791	7225	7233	1923	5310
15385	810	14575	7701	2211	5490
14252	927	13325	6773	2543	4230
19496	1285	18211	7654	3424	4230
14685	1899	12786	6833	3863	2970
16974	2765	14209	8253	4383	3870
18495	1507	16988	7167	4447	2720
15575	1334	14241	7674	5114	2560
19574	4097	15477	12761	5881	6880
22588	6713	15875	16683	6763	9920
23762	8271	15491	30509	8021	22488
33907	9449	24458	39508	12648	26860
21571	12675	8896	132749	14794	117955
43985	19223	24762	203743	21446	182297
43798	23255	20543	169150	27279	141871
63668	24424	39244	166725	34261	132464
72600	37936	34664	179669	46542	133127
42792	25087	17705	176924	44423	132501
28236	17990	10246	237470	40658	196812
59834	26912	32922	223557	37153	186404
121667	43453	78214	172433	30833	141600
233622	62919	170703	225600	97957	127643
256935	59734	197201	272829	133482	139347
212110	45811	166299	408578	105539	303039
246240	48965	197275	481200	116815	364385
328929	43460	285469	364973	118978	245995
385784	55223	330561	320108	134108	186000
424637	69637	355000	416692	162692	254000
435177	37798	397379	521449	193914	327535
265929	44223	221706	708278	199914	508364
257915	46307	211608	791500	168100	623400
321379	70360	251019	874354	164101	710253
517548	170672	346876	870738	120281	750457

5-2 全社会固定资产投资主要指标

Main Indicators of Total Investment in Fixed Assets

指　标	Item	2003	2004
投资额（亿元）	**Total investment(100 million yuan)**	**969.03**	**1171.64**
按种类分	Grouped by Type of Construction		
基本建设	Capital Construetion	433.88	480.97
更新改造	Innovation	212.14	315.30
房地产开发	Real Estate Development	139.24	162.48
城镇集体	Urban Collective Units	7.04	17.07
农村集体	Rural Collective Units	25.10	34.69
城镇个人	Urban Individuals	16.41	12.03
农村个人	Rural Individuals	71.02	75.05
其他投资	Others	64.20	74.05
按隶属关系分	Grouped by adminstrative		
中央项目	Centre projects	155.01	217.56
地方项目	Local projects	814.02	954.08
按资金来源分	Grouped by source of funds		
国家预算内投资	State budgetary appropriation	40.86	51.14
国内贷款	Domestic loans	112.45	134.42
利用外资	Foreign funds	10.90	20.50
自筹及其他投资	Fund Raising and others	804.82	965.58
按构成分	Grouped by use of funds		
建筑安装工程	Construcion and installtion	610.30	701.60
设备、工器具购置	Purchase of equipment and instrument	184.74	290.40
其他费用	Others	173.99	179.64
按产业分	Grouped by industry		
# 住宅	Residential Housing	172.90	160.80
第一产业	Primary industry	68.77	72.82
第二产业	Secondary industry	386.96	522.30
第三产业	Tertiary industry	513.30	576.52
房屋建筑面积（万平方米）	**Floor Space of Building(10000 sq.m**		
施工面积	Floor Space Under Construction	4913.11	3967.54
# 住宅	Residential Housing	2711.53	1961.50
竣工面积	Floor Space Completed	3367.33	2017.49
# 住宅	Residential Housing	1990.12	957.77
商品房销售面积	Floor Space of selling House(10000 sq.m)	501.14	701.65

注：自筹投资中含发行债券部分（下同）。

Note: Fund raising included bond publishing(so did follows)

5-3 分行业固定资产投资完成额

Actually Completed Investment in Fixed Assets by Sector

单位:亿元 (100 million yuan)

行业	Sector	2003年	2004年
全省总计	**Total**	**716.39**	**899.42**
(一)农、林、牧、渔业	Farming forestry animal husbandry and fishery	15.80	14.41
(二)采矿业	Mining and quarry	48.70	60.97
(三)制造业	Manufacturing	251.95	380.28
(四)电力、燃气及水的生产和供应业	Electric power gas and Water	47.54	57.27
(五)建筑业	Construction	18.19	4.88
(六)交通运输、仓储和邮政业	Transports storage post and telecommunication	80.38	106.19
(七)信息运输、计算机服务和软件业	Data transport computer services and software	13.91	17.25
(八)批发和零售业	Wholesale and retail trade	20.76	17.54
(九)住宿和餐饮业	Catering services	10.66	5.99
(十)金融业	Finance	2.22	3.12
(十一)房地产业	Real estate	2.33	13.69
(十二)租赁和商务服务业	Leasing and business services	5.44	3.6
(十三)科学研究、技术服务和地质勘查业	scientific research, technic services	4.08	6.38
(十四)水利、环境和公共设施管理业	Water conservancy、environment	74.48	65.64
(十五)居民服务和其他服务业	Persinal and other services	1.02	1.60
(十六)教育	Education	34.82	42.69
(十七)卫生、社会保障和社会福利业	Health care, securities and social welfare	6.33	6.89
(十八)文化、体育和娱乐业	Culture, sports and entertainment	9.28	11.90
(十九)公共管理和社会组织	Public management and social organization	68.42	79.13

注:本表含基建、更改、其他经济、国有其他和城镇集体单位投资。

Note: In this table, figares included capital construction technical updating and transformation, real estate, other economy, other state-owned units, and urban collective units.

5-4 分行业新增固定资产

Newly Increased Fixed Assets by Sector

单位:亿元 (100 million yuan)

行业	Sector	2003年	2004年
总计	**Total**	**481.48**	**574.61**
(一)农、林、牧、渔业	Farming, forestry animal busbandry and fishery	11.22	9.20
(二)采矿业	Mining and quarry	37.62	51.73
(三)制造业	Manufacturing	174.68	237.28
(四)电力、燃气及水的生产和供应业	Electric power, gas and water	28.48	31.94
(五)建筑业	Construction	16.60	4.86
(六)交通运输、仓储和邮政业	Transports, storage, post and telecimmuncation	50.27	66.66
(七)信息传输、计算机服务和软件业	Data transport, computer services and software	13.00	13.72
(八)批发和零售业	Wholesale and retail trade	16.24	11.82
(九)住宿和餐饮业	Catering services	4.97	4.69
(十)金融业	Finance	1.78	3.02
(十一)房地产业	Real estate	2.01	12.65
(十二)租赁和商务服务业	Leasing and business services	2.34	2.90
(十三)科学研究、技术服务和地质勘查业	Scientific research, technic services	3.63	2.69
(十四)水利、环境和公共设施管理业	Water conservancy, environment	40.97	40.22
(十五)居民服务和其他服务业	Personal and other services	0.85	1.46
(十六)教育	Education	26.25	24.68
(十七)卫生、社会保障和社会福利业	Health care, securities and social welfare	5.35	5.33
(十八)文化、体育和娱乐业	Culture, sports and entertainment	2.39	3.88
(十九)公共管理和社会组织	Public management and social organization	42.84	45.88

注:本表含基建、更改、其他经济、国有其他和城镇集体单位新增的固定资产。

Note: In this table, figares included capital construction technical updating and transformation, real estate, other economy, other state-owned units, and urban collective units.

5-5 分表种固定资产投资(2004)

Investment in Fixed Assets by Tables(2004)

单位:亿元　　(100 million yuan)

指标	Item	合计 Total	基本建设 Capital construction	更新改造 Innovation	其他投资 Others	房地产开发 Real Estate Development
建设项目个数(个)	**Number of construction projects(unit)**					
施工项目	Projects under construction	4033	1814	1574	645	
全部建成投产项目	Total projects completed put into operation	2481	912	1067	502	
建成项目投产率(%)	Rate of projects completed put into operation(%)	61.5	50.3	67.8	77.8	
本年资金来源合计	Crouped by source of funde	1061.04	485.41	321.75	91.61	162.27
国家预算内资金	State appropriation	45.25	37.36	3.86	3.88	0.15
国内贷款	Domestic loans	129.33	78.44	35.09	5.57	10.23
利用外资	Foreign investment	19.73	11.71	7.78	0.12	0.12
自筹资金	Fund raising	660.52	266.25	244.03	65.65	84.59
其他资金	Others	206.21	91.65	30.99	16.39	67.18
按构成分	Grouped by use of funds					
# 建筑工程	Construction projects	609.74	347.04	100.75	47.94	114.01
安装工程	Installation projects	56.88	21.54	27.36	2.82	5.16
设备、工具、器具购置	Purchase of equipment, tools and instruments	260.95	68.38	167.68	23.20	1.69
按产业分	Grouped by industry					
第一产业	Primary industry	14.42	6.72	3.03	4.67	
第二产业	Secondary industry	503.4	176.03	277.68	49.69	
第三产业	Tertiary industry	369.57	298.22	34.59	36.76	162.48
按建设性质分	Grouped by type of construction					
# 新建	New construction	383.64	292.76	54.54	36.34	
扩建	Expansion	259.18	79.84	162.32	17.02	
改建	Reconstruction	195.09	83.55	84.07	27.47	
房屋建筑面积(万平方米)	Floor space of building(10000 sq.m)					
施工面积	Floor space under construction	3403.05	1418.26	314.56	125.04	1545.19
# 住宅	Residential housing	1607.34	434.99	6.05	8.39	1157.91
竣工面积	Floor space completed	1408.00	653.66	183.31	86.45	484.58
# 住宅	Residential housing	606.51	227.25	2.30	5.36	371.60

注:本表不包括5-50万元零星固定资产投资。

Notes: Odd pieces of fixed assets investment(50-500 thousand yuan) are excluded in this table.

5-6 基本建设主要指标
Main Indicators of Capital Construction

指标	Item	2003	2004
建设项目个数（个）	**Number of construction Projects(unit)**		
施工项目	Projects Under Construction	1971	1814
# 大中型	Large and Medium		
全部建成投产项目	Total Projects Completed Put into Operation	1216	912
# 大中型	Large and Medium		
投资完成额（亿元）	**Total Value of Investment(100 million yuan)**	**433.88**	**480.97**
按隶属关系分	Grouped by Administrative Relationship		
中央项目	Central Government Projects	64.58	73.94
地方项目	Local Projects	369.30	407.03
按构成分	Grouped by Use of Funds		
# 建筑安装工程	Construction and Installation Projects	348.81	368.57
设备、工具、器具购置	Purchase of Equipment, Tools and Instruments	43.42	68.38
其他费用	Others	41.65	44.02
按建设性质分	Grouped by Type of Construction		
# 新建	New Construction	234.26	292.76
扩建	Expansion	81.35	79.84
改建	Reconstruction	99.90	83.55
按产业分	Grouped by Industry		
第一产业	Primary Industry	10.47	6.72
第二产业	Secondary Industry	140.41	176.03
第三产业	Tertiary Industry	283.00	298.22
按资金来源分	Grouped by Sources of Finance		
国家预算内资金	State Appropriation	34.04	37.36
国内贷款	Domestic Loans	59.81	78.44
利用外资	Foreign Investment	6.11	11.71
自筹资金	Fund Raising	250.97	266.25
其他投资	Others	82.95	87.21
新增固定资产（亿元）	Newly Increase Fixed Assets(100 million yuan)	283.35	272.13

5-7 分行业的基本建设投资额(2004)
Investment in Capital Construction by Sector(2004)

单位:万元 (10000 yuan)

行业	Sector	投资额 Invest-ment	#新建 New Construc-tion	#扩建 Expan-sion	#改建 Reconst-ruction
全省总计	**National Total**	**4809713**	**2927596**	**798389**	**835507**
(一)农、林、牧、渔业	**Farming, Forestry, Animal, Husbandry and Fishery**	**67184**	**50952**	**13043**	**1001**
农业	Farming	3310	2375	635	300
林业	Forestry	25537	13071	11108	
畜牧业	Animal Husbandry	20466	19465	750	251
渔业	Services	400		400	
农、林、牧、渔服务业	Agricultural Services	17471	16041	150	450
(二)采矿业	**Mining and Quarrying**	**237774**	**223960**	**3800**	**9357**
煤炭开采和洗选业	Coal Mining and Dressing	11929	2582		9347
石油和天然气开采业	Extractionc of Petroleum and Natural Gas	195885	194885	1000	
黑色金属矿采选业	Mining and of Ferrous Metals	12767	12100		10
有色金属矿采选业	Mining And Dressing of Nonferruous Metals	17006	14206	2800	
非金属矿采选业	Agricultural	187	187		
(三)制造业	**Manufacturing**	**1135010**	**1015715**	**53889**	**43317**
农副食品加工业	Food Processing	87484	80308	4916	1360
食品制造业	Food Production	87247	80397	6850	
饮料制造业	Beverages	15642	7082		4960
纺织业	Textiles	2755	1200		1255
纺织服装、鞋、帽制造业	Garments and shoes hats	2230	2230		
皮革、毛皮、羽毛(绒)及其制品业	Leather, Furs, Down and Related Producrs	1800	1200	600	
木材加工及木、竹、藤、棕、草制	Timber Processing, Bamboo, Cane, Palm Fiber and Straw Poducts	13347	10211	200	2042
家具制造业	Furniture Manufacturing	15940	14780		1160
造纸及纸制品业	Papermaking and Paper Products	4070	3900	100	70
印刷业和记录媒介的复制	Printing and Record Medium Reproduction	1500	1500		
文教体育用品制造业	Cultural, Educational and Spirts Goods	1232	900		332
石油加工、炼焦及核燃料加工业	Services	160			
化学原料及化学制品制造业	Raw Chemmical Materials and Chemical Producrs	54147	48824	1400	1923
医药制造业	Medical and Pharmaceutical Products	201521	191732	1464	6845
橡胶制品	Services	454	454		
塑料制品业	Plastic Products	8787	7637	750	400
非金属矿物制品业	Nonmetal Mineral Products	66905	56534	5197	4674
黑色金属冶炼及压延加工业	Smelting and Pressing of Ferrous Metals	32108	32058		50
有色金属冶炼及压延加工业	Smelting and Pressing of Nonferrous Metals	16393	15700		693
金属制品业	Metal Products	19556	18856	700	
通用设备制造业	Ordinary Machinery	8550	7450	700	
专用设备制造业	Equipment for Special Purposes	10670	9030		300
交通运输设备制造业	Transport Equipment	424060	374983	27782	15253
电气机械及器材制造业	Electric Equipment and Machinery	20051	18821	1230	
通信设备、计算机及其他电子设备	Electronic and Telecmmunications Equipment	26658	24658	2000	
仪器仪表及文化、办公用机械制造	Instrument, Meters, Cultural and Office	6200	4200		2000
工艺品及其他制造业	Art and others	5543	1070		
(四)电力、燃气及水的生产和供应业	**Production and Supply of Electric Power, Gas and Water**	**349220**	**153369**	**84306**	**108603**
电力、热力的生产和供应业	Production and Supply of Electric Power, Steam	298488	120089	81536	94783
燃气生产和供应业	Production and Supply of Gas	3121	2300	821	
水的生产和供应业	Production and Supply of Tap Water	47611	30980	1949	13820
(五)建筑业	**Construction**	**38327**	**28576**	**4208**	**3050**
房屋和土木工程建筑业	Civil Engineering Construction	32987	24736	2708	3050
建筑安装业	Installation	1500		1500	
建筑装饰业	Decoration				
其他建筑业	Others	3840	3840		

5－7 续表 continued

单位：万元 (10000 yuan)

行业	Sector	投资额 Invest－ment	#新建 New Construc－tion	#扩建 Expan－sion	#改建 Reconst－ruction
(六)交通运输、仓储和邮政业	**Transport, Storage, Post and telecommuncation**	**785590**	**400968**	**218540**	**165582**
铁路运输业	Railway	47272	43872	2600	800
道路运输业	Highway	609259	258109	215700	134950
城市公共交通业	Public Transport in city	36458	25683		10775
水上运输业	Water way	82	82		
航空运输业	Air transport	36237	36237		
装卸搬运和其他运输服务业	Load and unload	3445			3445
仓储业	Storage	27837	11985	240	15612
邮政业	Post and telecommuncation	25000	25000		
(七)信息传输、计算机服务和软件业	**Data transport, computer services**	**94453**	**42590**	**25161**	**18202**
电信和其他信息传输服务业	Data transport	75953	32090	25161	18202
计算机服务业	Computer services	100	100		
软件业	Softrware	18400	10400		
(八)批发和零售业	**Wholesale and retail trade**	**114331**	**72096**	**34961**	**6574**
批发业	Wholesale	54721	38840	11041	4140
零售业	Retail trade	59610	33256	23920	2434
(九)住宿和餐饮业	**Hotal and catering services**	**39634**	**26364**	**4470**	**8800**
住宿业	Hotal	18275	5405	4070	8800
餐饮业	Catering service	21359	20959	400	
(十)金融业	**Finonce**	**29518**	**23247**	**2496**	**3475**
银行业	Banking	29381	23110	2496	3475
保险业	Insecurance	137	137		
(十一)房地产业	**Real estate**	**8400**	**6060**	**2210**	**130**
房地产业	Real estate	8400	6060	2210	130
(十二)租赁和商务服务业	**Leasing and business services**	**18288**	**16015**	**1973**	**300**
租赁业	Leasing	200		200	
商务服务业	Business services	18088	16015	1773	300
(十三)科学研究、技术服务和地质勘查业	**Scientific research technical service**	**51715**	**20051**	**7896**	**17068**
研究与试验发展	Scientific reaearch	30901	16701	7000	500
专业技术服务业	Technic services	20303	3350	385	16568
科技交流和推广服务业	Scientific, technic trade	511		511	
地质勘查业	Geological prospecting				
(十四)水利、环境和公共设施管理业	**Water conservancy envuronment**	**586244**	**236320**	**72766**	**273715**
水利管理业	Water conservancy	42764	9939	15485	16397
环境管理业	Environment	42936	34086	3850	5000
公共设施管理业	Public utility management	500544	192295	53431	252318
(十五)居民服务和其他服务业	**Personal and other services**	**13005**	**7065**	**580**	**5360**
居民服务业	Personal services	11965	6095	510	5360
其他服务业	Otherservices	1040	970	70	
(十六)教育	**Education**	**364478**	**198589**	**115508**	**10248**
教育	Education	364478	198589	11508	10248
(十七)卫生、社会保障和社会福利业	**Health care, social securities**	**60065**	**23081**	**27170**	**4723**
卫生	Health care	59175	22191	27170	4723
社会保障业	Social securities	200	200		
社会福利业	Sociial welfare	690	690		
(十八)文化、体育和娱乐业	**Culture, sport and enterainment**	**108340**	**27267**	**17075**	**498**
新闻出版业	News books	3709	1100	2511	98
广播、电视、电影和音像业	Broadcasting and TV	67697	7400	4897	400
文化艺术业	Culture arts	17178	4280	4398	
体育	Sports	9821	4552	5269	
娱乐业	Entertainment	9935	9935		
(十九)公共管理和社会组织	**Public management and social organization**	**708137**	**355311**	**108337**	**155504**
中国共产党机关	Chinses communist party	1350	1350		
国家机构	State organs	691647	341491	108337	153804
人民政协和民主党派	Democratic parties	2320	900		450
群众团体、社会团体和宗教组织	social organization	10620	9570		1050
基层群众自治组织	Autonomy organization	2200	2000		

5-8 分行业基本建设施工投产项目个数(2004)
Capital Construction Projects under Construction and Put into Use by Sector(2004)

行业	Sector	施工项目(个) Project under Construc-tion (units)	其中：本年新开工 Starting This Year	本年投产项目个数(个) Completed Projects	项目建成投产率(%) Rate of Projests Completed & Put into Use (%)
全省总计	**National Total**	**1814**	**1418**	**912**	**50.3**
(一)农、林、牧、渔业	**Farming, Forestry, Animal Husbandry and Fishery**	**68**	**59**	**39**	**57.4**
农业	Farming	10	10	4	40.0
林业	Forestry	27	24	17	63.0
畜牧业	Animal Husvandry	14	11	6	42.9
渔业	Agricultural Services	1	1	1	100.0
农、林、牧、渔服务业	Agricultural Services	16	13	11	68.8
(二)采矿业	**Mining Quarrving**	**28**	**24**	**11**	**39.3**
煤炭开采和洗选业	Coal Mining and Dressing	6	4	3	50.0
石油和天然气开采业	Extraction of Petroleum and Natural Gas	8	7	3	37.5
黑色金属矿采选业	Mining and Dressing of Ferrous Metals	6	5	1	16.7
有色金属矿采选业	Mining and Dressing of Nonferrous Metals	7	7	4	57.1
非金属矿采选业	Agricultural Services	1	1		
(三)制造业	**Msnufacturing**	**376**	**332**	**145**	**38.6**
农副食品加工业	Food Processing	60	56	23	38.3
食品制造业	Food Production	29	22	12	41.4
饮料制造业	Beverages	14	11	5	35.7
纺织业	Textiles	4	4	2	50.0
纺织服装、鞋、帽制造业	Garments and shoes hats	4	4	2	50.0
皮革、毛皮、羽毛(绒)及其制品业	Leather, Furs, Dwn and Related Products	2	2	2	100.0
木材加工及木、竹、藤、棕、草制业	Timber Processing, Bamboo, Cane, Palm Fiber andStraw Products	20	19	10	50.0
家具制造业	Furniture Manufacturing	12	8	7	58.3
造纸及纸制品业	Papermaking and Paper Products	6	6	4	66.7
印刷业和记录媒介的复制	Printing and Record Medium Reproduction	1		1	100.0
文教体育用品制造业	Cultural, Educational and Sports Goods	2	2		
石油加工业、炼焦及核燃料加工业	Agricultural Services	1	1	1	100.0
化学原料及化学制品制造业	Rawc Chemical and Chemical Products	35	31	11	31.4
医药制造业	Medical and Pharmaceutical Products	34	30	13	38.2
橡胶制品业	Agricultural Services	1	1		
塑料制品业	Plastic Products	9	8	5	55.6
非金属矿物制品业	Nonmetal Mineral Products	26	25	14	53.8
黑色金属冶炼及压延加工业	Smelting andressing of Ferrous Metals	8	8	4	50.0
有色金属冶炼及压延加工业	Smelting and Pressing of Nonferrous Metals	4	3		
金属制品业	Metal Products	12	12	6	50.0
通用设备制造业	Ordinary Machinery	9	9	3	33.3
专用设备制造业	Equipment for Special Purposes	9	8	1	11.1
交通运输设备制造业	Transport Equipment	50	41	13	26.0
电气机械及器材制造业	Electric Equipment and Machinery	8	6	2	25.0
通信设备、计算机及其他电子设备制造业	Electroniccand Telecommunicatins Equipment	8	7	1	12.5
仪器仪表及文化、办公用机械制造业	Instruments, Meters, Cultural and Office	3	3		
工艺品及其他制造业	Art and Others	5	5	3	60.0
(四)电力、燃气及水的生产和供应业	**Production and Supply ofElectric Power, Gas and Water**	**101**	**66**	**46**	**45.5**
电力、热力的生产和供应业	Production and Supply of Electric Power, Steam	72	50	33	45.8
燃气生产和供应业	Production and Supply of Gas	3	2		
水的生产和供应业	Production and Supply of Tap Water	26	14	13	50.0
(五)建筑业	**Construction**	**37**	**31**	**25**	**67.6**
房屋和土木工程建筑业	Civil Engineering Construction	34	28	23	67.6
建筑安装业	Installation	1	1		
其他建筑业	Others	2	2	2	100.0

5－8 续表 continued

行业	Sector	施工项目（个）Project under Construction (units)	其中：本年新开工 Starting This Year	本年投产项目个数（个）Completed Projest (unit)	项目建成投产率（%）Rate of Projests Completed & Put into Use (%)
（六）交通运输、仓储和邮政业	**Transport, Storage, Post and Telecommun Cation**	**131**	**98**	**78**	**59.5**
铁路运输业	Railway	5	3	2	40.0
道路运输业	Highway	93	70	51	54.8
城市公共交通业	Public Transport In City	4	2	1	25.0
水上运输业	Water way	1	1	1	100.0
航空运输业	Air Transport	1			
装卸搬运和其他运输服务业	Load and unload	1	1	1	100.0
仓储业	Storage	23	19	20	87.0
邮政业	Post and Telecommuncation	3	2	2	66.7
（七）信息传输、计算机服务和软件业	**Data Transport, Computer Services**	**29**	**25**	**14**	**48.3**
电信和其他信息传输服务业	Data Transport	25	22	13	52.0
计算机服务业	Computer Services	1	1	1	100.0
软件业	Software	3	2		
（八）批发和零售业	**Wholesale and retail Trade**	**93**	**78**	**50**	**53.8**
批发业	Wholesale	43	38	24	55.8
零售业	Retail Trade	50	40	26	52.0
（九）住宿和餐饮业	**Hotal and Catering Services**	**24**	**21**	**18**	**75.0**
住宿业	Hotal	16	14	12	75.0
餐饮业	Catering Service	8	7	6	75.0
（十）金融业	**Finance**	**17**	**6**	**12**	**70.6**
银行业	Banking	16	6	11	68.8
保险业	Insurance	1		1	100.0
（十一）房地产业	**Real estate**	**7**	**7**	**1**	**14.3**
房地产业	Real estate	7	7	1	14.3
（十二）租赁和商务服务业	**Leasing and Business Services**	**12**	**11**	**6**	**50.0**
租赁业	Leasing	1	1		
商务服务业	Business Services	11	1	6	54.5
（十三）科学研究、技术服务和地质勘专业	**Scientific Research, Technic Serrvice**	**18**	**13**	**12**	**66.7**
研究与试验发展	Scientific Research	9	5	5	55.6
专业技术服务业	Technic Services	7	6	5	71.4
科技交流和推广服务业	Scientific, Technic Trade	2	2	2	100.0
（十四）水利、环境和公共设施管理业	**Water Conservancy environment**	**237**	**170**	**99**	**41.8**
水利管理业	Water conservancy	72	38	18	25.0
环境管理业	Environment	12	7	4	33.3
公共设施管理业	Public utility management	153	125	77	50.3
（十五）居民服务和其他服务业	**Personal and other services**	**13**	**11**	**8**	**61.5**
居民服务业	Personal services	9	8	5	55.6
其他服务业	Others services	4	3	3	75.0
（十六）教育	**Education**	**157**	**125**	**92**	**58.6**
教育	Education	157	125	92	58.6
（十七）卫生、社会保障和社会福利业	**Health care, social securities**	**73**	**55**	**42**	**57.5**
卫生	Health care	69	51	40	58.0
社会保障业	Social securities	1	1	1	100.0
社会福利业	Social welfare	3	3	1	33.3
提供住宿的社会福利	Hotal				
收养收容服务	Adopt and house				
（十八）文化、体育和娱乐业	**Culture, sport and enteRainment**	**37**	**29**	**12**	**32.4**
新闻出版业	News books	3	2	1	33.3
广播、电视、电影和音像业	Broadcasting, and TV and film	10	8	5	50.0
文化艺术业	Culture, arts	13	11	2	15.4
体育	Sports	5	4	1	20.0
娱乐业	Entertainment	6	4	3	50.0
（十九）公共管理和社会组织	**Public management and social organization**	**356**	**257**	**202**	**56.7**
中国共产党机关	Chinses communist party	3	3	1	33.3
国家机构	State organs	340	246	194	57.1
人民政协和民主党派	Democratic parties	4	4	2	50.0
群众团体、社会团体和宗教组织	Social organization	7	3	5	71.4
基层群众自治组织	Autonomy organization	2	1		

5-9 更新改造投资主要指标

Main Indicators of Investment in Innovation

指标	Item	2003	2004
施工建设项目个数(个)	**Number of construction Projects(unit)**	**1463**	**1574**
全部建成投产项目	Total Projects Completed Put Into Operation	1025	1067
投资完成额(亿元)	**Total Value of Investment(100 million yuan)**	**212.14**	**315.30**
按隶属关系分	Grouped by Administrative Relationship		
中央项目	Central Government Projects	76.43	123.92
地方项目	Local Projects	135.71	191.38
按构成分	Grouped by Use of Funds		
# 建筑安装工程	Construction and Installation Projects	93.14	128.11
设备、工具、器具购置	Purchase of Equipment, Tools and Instruments	104.01	167.68
其他费用	Others	14.99	19.51
按建设性质分	Grouped by Type of Construction		
# 新建	New Construction	36.72	54.54
扩建	Expansion	93.70	162.32
改建	Reconstruction	73.97	84.07
按资金来源分	Grouped by Sources of Finance		
国家预算内投资	State Appropriation	1.95	3.86
国内贷款	Domestic loans	34.11	35.09
利用外资	Foreign Investment	4.23	7.78
自筹资金	Fund Raising	158.47	244.03
其他投资	Others	13.38	24.54
新增固定资产(亿元)	Newly Increase Fixed Assets(100 million yuan)	140.29	213.37

5－10　分行业更新改造投资额(2004)
Investment in Innovation by Sector(2004)

单位:万元　　unit:10000 yuan

行业	Sector	投资额 Invest－ment	#新建 New Construc－tion	#扩建 Expan－sion	#改建 Reconst－ruction
全省总计	**National Total**	**3153003**	**545433**	**1623191**	**840704**
(一)农、林、牧、渔业	**FarmingForestryAnimalHusbandry and Fishery**	**30264**	**674**	**29590**	
农业	Forestry	274	274		
畜牧业	Animal Husbandry	29540		29540	
渔业	Fishery	50		50	
农、林、牧、渔业	Farming Forestry AnimalHusbandry and Fishery	400	400		
(二)采矿业	**Mining and Quarrying**	**187541**	**91055**	**52968**	**6745**
煤炭开采和洗选业	Coal Hining and Dressing	5666		3866	1800
石油和天然气开采业	Extraction of Petroleum Natural Gas	171809	85774	46102	3160
黑色金属矿采选业	Mining and Dressing of Ferrous Metals	5731	5050		681
有色金属矿采选业	Mining andDressing of Nonferrous Metals	3000		3000	
非金属矿采选业	Nonmetal mineral products	1335	231		1104
(三)制造业	**Manufactueing**	**2384787**	**385517**	**1318148**	**609671**
农副食品加工业	Food Processing	121030	20540	74900	25590
食品制造业	Food Production	62845	22860	24865	14120
饮料制造业	Beverages	51003	1305	19865	29331
烟草制造业	Tobacco Processing	8531			1581
纺织业	Textiles	15580	560	6810	5570
纺织服装、鞋、帽制造业	Garments and shoeshats	14254	10450	3804	
木材加工及木、竹、藤、棕、草制	Timber Processong, Bamboo, Cane, Palm Fiber	29711	8010	12910	8661
家具制造业	Furniture Mmanufacturing	12646	7711	500	4435
造纸及纸制品业	Papermaking and Paper Products	11240		700	10540
印刷业和记录媒介的复制	Printing and Record Medium Reproduction	9577	8127	1450	
石油加工、炼焦及核燃料加工业	Petroleum processing and coking	14427		2637	11790
化学原料及化学制品制造业	Raw Chemical Products	356250	24964	207790	123496
医药制造业	Medical and Pharmaceutical Products	240934	41316	100651	87167
化学纤维制造业	Chemical Fiber	75491	57229	1608	16654
橡胶制品业	Rubber Products	6753	1633	5120	
塑料制品业	Pasticl Products	13050	4283	6217	550
非金属矿物制品业	Nonmetal Mineral Products	113579	33505	39903	40171
黑色金属冶炼及压延加工业	Smelting and Pressing of Ferrous Metals	91250	1100		89500
有色金属冶炼及压延加工业	Smelting and of Nonferrous Metals	69162	2082	21051	46029
金属制品业	Metal Products	8370	4330	400	3640
通用设备制造业	Ordinary Machinerv	42890	25040	13550	4300
专用设备制造业	Equipment for Special Purposes	22094	6109	5932	8262
交通运输设备制造业	Teansport Equipmengt	916647	100495	706929	68723
电气机械及器材制造业	Electric Equipment and Machinery	17588	1400	4500	8200
通信设备、计算机及其他电子设备	Electronic and Telecommunications Equipment	40771		39650	1121
仪器仪表及文化、办公用机械制造	Instruments, Meters, Cultural and Office	15806	1700	14106	

5－10 续表 continued

单位:万元 unit:10000 yuan

行业 Sector		投资额 Invest－ment	#新建 New Construc－tion	#扩建 Expan－sion	#改建 Reconst－ruction
工艺品及其他制造业	Art and Others	3308	768	2300	240
(四)电力、燃气及水的生产和供应业	**Production and Supply of Electric Power Gas and Water**	**202574**	**22898**	**79469**	**100207**
电力、热力的生产和供应业	Production and Supply of Electric Power Steam	161801	22358	77009	62434
燃气生产和供应业	Prduction and Dupply of Tap Water	10600		1500	9100
水的生产和供应业	Prduction and Dupply of Tap Water	30173	540	960	28673
(五)建筑业	**Construction**	**1850**			**1850**
建筑安装业	Decoration	1850			1850
(六)交通运输、仓储和邮政业	**Transport, Storage, Post and Telecommun Cation**	**96962**	**3325**	**49249**	**44388**
铁路运输业	Railway	22521		12416	10105
道路运输业	Highway	25680			25680
城市公共交通业	Public Transport in City	30000		30000	
仓储业	Storage	18697	3325	6833	8539
邮政业	Telecommuncation	64			64
(七)信息传输、计算机服务和软件业	**Data transport, computer services**	**70573**	**7500**	**38223**	**24850**
电信和其他信息传输服务业	Data transport	66523	6500	35173	24850
计算机服务业	Computer services	1350		1350	
软件业	services	2700	1000	1700	
(八)批发和零售业	**Wholesale and retailteade**	**32541**	**19100**	**9860**	**3581**
批发业	Wholesale	24081	14300	6300	3481
零售业	retailteade	8460	4800	3560	100
(九)租赁和商务服务业	**Leasing and business services**	**4200**		**4200**	
餐饮业	Business Services	4200		4200	
(十二)租赁和商务服务业	**Rent and Business Services**	**8200**	**6600**	**1600**	
商务服务业	Business Services	8200	6600	1600	
(十三)科学研究、技术服务和地质勘	**Scientific reserch technic servicrs**	**7855**			**6592**
研究与试验发展	Scimtific research	7855			6592
(十四)水利、环境和公共设施管理业	**Water conservancy environment**	**48141**		**8941**	**39200**
水利管理业	Water conservancy	450		350	100
公共设施管理业	Environment	47691		8591	39100
(十五)居民服务和其他服务业	**Personal and other services**	**680**	**680**		
其他服务业	otherservices	680	680		
(十六)教育	**Education**	**26969**	**350**	**1371**	
教育	Education	26969	350	1371	
(十七)卫生、社会保障和社会福利业	**Health care, social seurities**	**5974**	**5184**		**730**
卫生	Health care	5974	5184		730
(十八)文化、体育和娱乐业	**Culture, Sport and enterainment**	**9140**		**234**	**206**
广播、电视、电影和音像业	Broadcasting and TV	1140		234	206
文化艺术业	Culture	8000			
(十九)公共管理和社会组织	**Public management and social organization**	**34752**	**2550**	**29338**	**2684**
国家机构	State organs	34752	2550	29338	2684

5-11 分行业更新改造施工投产项目个数(2004)

Number of Innovation Projects under Construction and Put into Use by Sector(2004)

行业	Sector	施工项目 Projects (个)	#新开工 Started	本年投产项目个数(个) Completed Projects	项目建成投产率(%) Rate of projects compleled
全省总计	**National Total**	**1574**	**1322**	**1067**	**67.8**
(一)农、林、牧、渔业	**Darming Forestrv Animal Hubandry and Fishery**	**5**	**4**	**2**	**40.0**
农业	Farming	1	1		
畜牧业	Animal Hudbandry	2	1	1	50.0
渔业	Fishery	1	1	1	100.0
农、林、牧、渔业	Darming Forestrv Animal Hubandry and Fishery	1	1		
(二)采矿业	**Mining and Quarrying**	**21**	**21**	**16**	**76.2**
煤炭开采和洗选业	Coal Mining anf Dressing	7	7	7	100.0
石油和天然气开采业	Extraction of Petroleum and Natural Das	7	7	4	57.1
黑色金属矿采选业	Mining and Dressing of Ferrous Metals	3	3	2	66.7
有色金属矿采选业	Mining and of Nonferrous Metals	1	1		
非金属矿采选业	Nonmetal mineral products	3	3	3	100.0
(三)制造业	**Manufacturing**	**1217**	**995**	**773**	**63.5**
农副食品加工业	Food Processing	53	44	19	35.8
食品制造业	Food Production	30	25	12	40.0
饮料制造业	Beverages	33	29	19	57.6
烟草制造业	Tobacco processig	1	1		
纺织业	Textiles	8	6	5	62.5
纺织服装、鞋、帽制造业	Garments and shoes hats	5	3	1	20.0
木材加工及木、竹、藤、棕、草制	Timber Processing Bamboo Cane Palm Fiber	19	16	6	31.6
家具制造业	Furniture Manufactring	7	6	2	28.6
造纸及纸制品业	Paoermaking and Paper Products	6	6	4	66.7
印刷业和记录媒介的复制	Printing and Record Nedium Reproduction	3	3	2	66.7
石油加工、炼焦及核燃料加工业	Petroleum processing and coking	3	1	1	33.3
化学原料及化学制品制造业	Raw Chemical Materials and Chrmical Products	457	442	378	82.7
医药制造业	Medical and Pharmaceutical Products	141	74	59	41.8
化学纤维制造业	Chemical fiber	8	5	3	37.5
橡胶制品业	Rubber products	6	2	1	16.7
塑料制品业	Plastic Products	11	9	6	54.5
非金属矿物制品业	Nonmetal MinerL Products	46	40	21	45.7
黑色金属冶炼及压延加工业	Smelting and Pressing of Ferrous Metals	37	28	30	81.1
有色金属冶炼及压延加工业	Smelting and Pressing of Nonferrous Metals	150	148	142	94.7
金属制品业	Metal Products	10	8	4	40.0
通用设备制造业	Ordinary Machinery	17	14	9	52.9
专用设备制造业	Equipment for Special Purposes	13	12	6	46.2
交通运输设备制造业	Transport Equipment	137	63	33	24.1
电气机械及器材制造业	Electric Equipment and Machinery	4	2		

5－11 续表 continued

行业	Sector	施工项目 Projects (个)	#新开工 Started	本年投产项目个数 (个) Completed Projects	项目建成投产率(%) Rate of projects completed
通信设备、计算机及其他电子设备	Electronicand Telecommunicatins Equipment	3		3	100.0
仪器仪表及文化、办公用机械制造	Instruments, Meters, Cultural and Office	6	5	4	66.7
工艺品及其他制造业	Art and others	3	3	3	100.0
(四)电力、燃气及水的生产和供应业	**Production and Supply of Electric Power Gas and Water**	**136**	**124**	**113**	**83.1**
电力、热力的生产和供应业	Production and Supply of Electric Power steam	125	116	110	88.0
燃气生产和供应业	Production and Supply of Gas	2	1	1	50.0
水的生产和供应业	Production and Supply of Water	9	7	2	22.2
(五)建筑业	**Construction**	**1**	**1**	**1**	**100.0**
建筑安装业	Decoration	1	1	1	100.0
(六)交通运输、仓储和邮政业	**Transport Torage Post and Telecommuncation**	**62**	**62**	**60**	**96.8**
铁路运输业	Railway	52	52	51	98.1
道路运输业	Highway				
城市公共交通业	Pulic traffic				
仓储业	Stoeage	9	9	8	88.9
邮政业	Telecommuncation	1	1	1	100.0
(七)信息传输、计算机服务和软件业	**Data transport, computer services**	**55**	**49**	**45**	**81.8**
电信和其他信息传输服务业	Data transport	53	47	44	83.0
计算机服务业	Computer services				
软件业	Softy	2	2	1	50.0
(八)批发和零售业	**Wholesale and retail trade**	**12**	**8**	**5**	**41.7**
批发业	Wholesale	7	5	2	28.6
零售业	Seal	5	3	3	60.0
(九)住宿和餐饮业	**Hotel and restranunt services**	**1**	**1**	**1**	**100.0**
餐饮业	Restranut	1	1	1	100.0
(十二)租赁和商务服务业	**Business services**	**2**	**1**	**1**	**50.0**
商务服务业	Restranut	2	1	1	50.0
(十三)科学研究、技术服务和地质勘查业	**Scientific research technic services**	**5**	**5**	**5**	**100.0**
研究与试验发展	Scentific research	5	5	5	100.0
(十四)水利、环境和公共设施管理业	**Water conservancy environment**	**32**	**31**	**29**	**90.6**
水利管理业	Water conservancy	2	2		
公共设施管理业	Environment	30	29	29	96.7
(十五)居民服务和其他服务业	**Personal and other services**	**1**			
居民服务业	Personal services				
其他服务业	Other services	1			
(十六)教育	**Education**	**4**	**4**	**4**	**100.0**
教育	Education	4	4	4	100.0
(十七)卫生、社会保障和社会福利业	**Health care, social seurities**	**3**	**3**	**2**	**66.7**
卫生	Health care	3	3	2	66.7
(十八)文化、体育和娱乐业	**culture, sport and enterainment**	**7**	**6**	**6**	**85.7**
广播、电视、电影和音像业	Broadcasting and TV	6	6	6	100.0
文化艺术业	Culture	1			
(十九)公共管理和社会组织	**Public management and social organization**	**10**	**7**	**4**	**40.0**
国家机构	State organs	10	7	4	40.0

5-12 房地产开发投资主要指标
Main Indicators of Real Estate Development

指标	Item	2003	2004
企业个数（个）	**Number of Enterprises(unit)**	**457**	**807**
内资	Domestic Funds	438	769
# 国有	State - owned Enterprises	55	77
集体	Collective Enterprises	4	4
港澳台投资	Funded from Hong Kong, Macao and Taiwan	14	23
外商投资	Foreign Funds	5	15
投资完成额（亿元）	**Total Value of Investment(100 million yuan)**	**139.24**	**162.48**
按构成分	Grouped by Use of Funds		
#建筑安装工程	Construction and Installation Projects	105.65	119.17
设备工器具购置	Purchase of Equipment, Tools and Instruments	1.57	1.69
按工程用途分	Grouped by Use of Project		
# 住宅	Residential Buildings	97.77	113.98
# 经济适用房	Economical Houses	14.34	18.42
按资金来源分	Grouped by Sources of Finance		
国内贷款	Domestic Loans	17.10	10.23
利用外资	Foreign funds	0.15	0.12
自筹资金	Fund Raising	79.02	84.59
其他投资	Others	42.97	67.54
土地开发及购置（万平方米）	Land Development and Purchase(10000 sq.m)		
本年开发土地面积	Area of Land Development This Year	241.14	178.23
本年购置土地面积	Area of land Purchase This Year	356.27	494.15
商品房销售情况	**Selling of Commercial Houses**		
房屋销售面积（万平方米）	Floor Space of Selling House(10000 sq.m)	501.14	701.64
#住宅	Residential Buildings	436.32	601.03
# 经济实用房	Economical Houses	99.80	134.11
商品房销售额（亿元）	Sales Value of Commodit House(100 million yuan)	78.88	118.95

5-13 能源工业固定资产投资额

Total Investment in Fixed Assets of Energy Industry

（不含农村集体、个人和房地产投资 Rural investments in real estate of collective and individual is not include in this table）

单位：万元 unit：10000 yuan

部门	Sector	固定资产投资 Investment in fixed assets		#基本建设 Capital construction		#更新改造 Innovation	
		2003	2004	2003	2004	2003	2004
总计	**Total**	**974423**	**1072542**	**622024**	**509583**	**236398**	**364303**
煤炭开采和洗选业	Coal mining and processing	29382	49567	15321	11929	8504	5666
石油和天然气开采业	Petroleum and natural gas Extraction	435308	510426	222102	195885	106864	171809
电力、蒸汽、热水的生产和供应业	Electric Power, Steam and hot water Production and supply	475878	475239	380601	298488	91495	161801
石油加工、炼焦及核燃料加工业	Petroleum processing and coking products	29535	23389		160	29535	14427
燃气生产和供应业	Gas Production and supply	4320	13921	4000	3121		10600
能源投资占固定资产投资比重（%）	Energy investment account for percentage of fixed assets	10.1	9.2	6.4	10.6	2.4	11.6

5-14 基础设施固定资产投资额

Total Investment in Fixed Assets of Basic Construction

（不含农村集体、个人和房地产投资 Rural investments in real estate of collective and individual is not include in this table）

单位：万元 unit：10000 yuan

部门	Sector	固定资产投资 Investment in fixed assets		#基本建设 Capital construction		#更新改造 Innovation	
		2003	2004	2003	2004	2003	2004
总计	**Total**	**1900499**	**2196996**	**1592365**	**1635354**	**125225**	**347227**
交通运输、仓储及邮电通信业	Transportation, Storage, postal and telecommunications services	812579	1061863	625837	785590	33730	96962
# 铁路	Railways	30291	69793	22436	47272	7855	22521
道路	Highway	644655	800106	503925	609259	5425	25680
航空	Airways	22468	36237	22468	36237		
仓储业	Storage	65293	58114	33963	27837	18710	18697
邮电通信	Postal and telecommunications	134155	25064	96124	25000	33192	64
电力、热力的生产和供应业	Electric Power, steam, and hot water production and supply	475879	475239	380601	298488	91495	161801
燃气生产和供应业	Gas production and supply	4320	13921	4000	3121		10600
水的生产和供应业	Tap water Production and supply	54971	83531	39760	47611	13366	30173
公共设施管理业	Public services	612041	562442	585927	500544		47691
基础设施投资占固定资产投资比重（%）	Basic constructionaccount for percentage of fixed assets	19.6	18.8	16.4	34.0	1.3	11.0

5-15 固定资产投资新增生产能力或效益(2004)

Newly Increased production Capacity Investment in Fixed Assets(2004)

生产能力(或效益)名称	Item	总计 Total	基本建设 Capital constraction	更新改造 Innovation	其他投资 Others
原煤开采（万吨/年）	Coal mining(10000 ton/year)	330	45.00	267.00	18.00
原油开采（万吨/年）	Petroleum Extraction(10000 ton/year)	25021.65	6.80	5014.85	20000.00
变电设备能力（11万伏及以上）（万千伏安）	Capacity of change(10000 KVA)	6.60	6.60		
胶合板（万平方米/年）	Plywood(10000cu.m/year)	15.60	1.30	0.30	14.00
中成药（吨/年）	Chinese medicine(ton/year)	19637.00	1861.00	17550.00	226.00
机制纸及纸板（万吨/年）	Machine - madepaper, paperboards (10000ton/year)				
新建公路（公里）	Newly highway(km)	931.00	331.00		600.00
改建公路（公里）	Reconstruction highway(km)	3551.54	620.14		2931.40
# 一级公路（公里）	First class(km)	40.00	40.00		
新建独立公路桥梁（公里）（延长米）	Bridge(km)(m)	1914.00	1914.00		
新（扩）建客、货运站（个）	Station(unit)	2.00	2.00		
（平方米）	(sq.m)	11292.00	11292		
粮食仓库（万公斤）	Gran stiore house(10000kg)	4050.00	4050.00		
（平方米）	(sq.m)	6700.00	6700.00		
高等院校：学生席位（个）	High education: students seats(unit)	16529	16449.00		80.00
建筑面积（平方米）	Construction areas(sq.m)	233140	225540.00		7600.00
中等学校：学生席位（个）	Middle school: student seats(unit)	48098	47598.00		500.00
建筑面积（平方米）	Construction areas(sq.m)	294055	288555.00		5500.00
小学校：学生席位（个）	Primary school: student seats(unit)	9558.00	9558.00		
建筑面积（平方米）	Construction areas(sq.m)	80706	80706.00		
其他学校：学生席位（个）	Other student areas(sq.m)	2861.00	2301.00		560.00
建筑面积（平方米）	Construction areas(sq.m)	14859	13459.00		1400.00
医院病床（张）	Hospital beds(beds)	2043.00	2043.00		
宾馆、旅馆、招待所客房数（间）	Rooms of hotel(unit)	60.00	60.00		
（平方米）	Rooms of hotel(sq.m)	2998.00	2998.00		
城市自来水供水能力（万吨/日）	Tap water supply capocity(10000 ton/day)	21.4	18.40	3.00	
城市自来水管道长度（公里）	length of tap water(km)	145.60	145.60		
城市供热能力：蒸汽（吨/小时）	Steam hot - water(ton/h)	713.60	43.60	470.00	200.00
热水（兆瓦/小时）	Hot - water(w/h)	599.27	65.27	374.00	160.00
城市道路扩建长度（公里）	Lengh of praved road in city(km)	84.45	78.09	6.36	
城市道路扩建面积（万平方米）	Area of paved road in city(10000sq.m)	190.29	175.77	9.70	4.82
城市排水管道铺设长度（公里）	Length of sewer pipe lines(km)	71.18	45.60	5.58	20.00
城市防洪堤长度（公里）	Length of fload control dile(km)	66.90	66.90		

5-16 各市县固定资产投资(2004)

Investment in Fixed Assets by City and County(2004)

单位:万元 unit:10000 yuan

市、县 City, county		总计 Total	#国有单位 State ownd	#基本建设 Capital construction	#更新改造 Innvation	#其他投资 Others	#房地产开发 Real estate
全 省	**Total**	**10498697**	**5244642**	**4809713**	**3153003**	**911199**	**1624782**
长春市	**Cuangchun**	**4198041**	**2097138**	**1800226**	**1378510**	**95688**	**923617**
市 区	District	3848751	1922650	1554464	1284638	95688	913961
九台市	Jiutai	79913	39921	41279	31098		7536
榆树市	Yushu	65339	32640	65339			
德惠市	Dehui	144154	72012	117560	24474		2120
农安县	Nongan	59884	29915	21584	38300		
吉林市	**Jilin**	**2783098**	**1390301**	**1069482**	**857049**	**551588**	**304979**
市 区	District	2089214	1043669	691289	651636	463527	282762
磐石市	Pianshi	165774	82813	63832	80140	16507	5295
蛟河市	Jiaohe	121546	60719	44800	34506	28310	13930
桦甸市	Huadian	141287	70580	94359	40862	3074	2992
舒兰市	Shulan	134280	67080	110350	9230	14700	
永吉县	Yingji	130997	65440	64852	40675	25470	
四平市	**Siping**	**524502**	**262016**	**308436**	**185510**	**2769**	**27787**
市 区	District	341987	170840	224556	91018	2769	23644
公主岭市	Gongzhuling	63324	31634	20950	38904		3470
双辽市	Shuangliao	48074	24015	21671	26053		350
梨树县	Lishu	42702	21332	24110	18592		
伊通县	Yitong	28415	14195	17149	10943		323
辽源市	**Liaoyuan**	**366416**	**183044**	**239937**	**74947**	**2572**	**48960**
市 区	District	318829	159272	212563	64304	2572	39390
东丰县	Dongfeng	23357	11668	10320	3880		9157
东辽县	Dongliao	24230	12104	17054	6763		413
通化市	**Tonghua**	**464952**	**232268**	**232374**	**150209**	**210**	**82159**
市 区	District	283604	141675	150666	78490		54448
梅河口市	Meihekou	64990	32466	30233	26796		7961
集安市	Jian	27064	13520	14943	5447		6674
通化县	Tonghua	47104	23531	20575	21811		4718
辉南县	Huinan	20775	10378	9697	10068	210	800

5－16 续表 continued

单位:万元 unit:10000 yuan

市、县	City, county	总计 Total	#国有单位 State owned	#基本建设 Capital construction	#更新改造 Innvation	#其他投资 Others	#房地产开发 Real estate
柳河县	Liaohe	21415	10698	6260	7597		7558
白山市	**Baishan**	**304345**	**152036**	**223617**	**34894**	**5566**	**40268**
市　区	District	72940	36437	38935	3563		30442
临江市	Linjiang	71215	35576	53407	11760		6048
抚松县	Fusong	59523	29735	52152	5818	587	966
靖宇县	Jingyu	39596	19780	35334	4262		
长白县	Changbai	38400	19183	32240	4632		1528
江源县	Jiangyuan	22671	11325	15549	4859	4979	1284
松原市	**Songyuan**	**802717**	**400999**	**340117**	**266594**	**177652**	**18354**
市　区	District	654878	327145	258977	235488	148434	11979
长岭县	Changling	34014	16992	17754	6260	10000	
前郭县	Qianguo	39322	19643	13877	19950		5495
乾安县	Qianan	46129	23044	36393	4346	5390	
扶余县	Fuyu	28374	14174	13116	550	13828	880
白城市	**Baicheng**	**340017**	**169856**	**198118**	**74857**	**45012**	**22030**
市　区	District	169263	84556	118761	31066	7387	12049
洮南市	Taonan	57138	28543	44621	9417	800	2300
大安市	Daan	28568	14271	10769	9150	5049	3600
镇赉县	ahenlai	26220	13098	10253	8347	7020	600
通榆县	Tongyu	58828	29388	13714	16877	24756	3481
延边朝鲜族自治州	**yanbian**	**714609**	**356984**	**397406**	**130433**	**30142**	**156628**
延吉市	Yanji	224428	113593	105324	24078		95026
图们市	Tumen	30465	15097	17952	10062	70	2381
敦化市	Dunhua	133858	66315	83221	16326	469	33842
珲春市	Hunchun	104871	53069	46083	49257		9531
龙井市	Longjing	40449	19983	25598	4938	1501	8412
和龙市	Helong	58399	29172	34875	12000	6911	4613
汪清县	Wangqing	76779	37051	61270	3555	9131	2823
安图县	Antu	45360	22704	23083	10217	12060	

第六篇 CHAPTER

财政、金融和保险

PUBLIC FINANCE, BANKING AND INSURANCE

6

6－1 历年财政收支额

Revenue and Expenditure of jinlin

单位：亿元 unit: 10000 millyuan

年份 Year	地方财政收入 Local Revenue	#各项税收 Taxes	#工商税收 Industrial and Commercial	地方财政支出 Local Expenditure	#基本建设拨款 Capital Constructior	#支持农业生产和事业 Supporting Agricultural Production	#文教科学卫生事业 Culture, Education Science & Health Care	#行政管理 Government Adminstration
1952	3.57	2.30	1.32	1.02	0.33	0.01	0.22	0.27
1953	4.70	3.00	2.07	1.59	0.36	0.11	0.53	0.37
1954	5.12	3.08	2.09	2.02	0.61	0.10	0.52	0.43
1955	5.04	2.96	1.90	1.79	0.57	0.10	0.53	0.44
1956	5.83	3.29	2.24	2.73	0.96	0.16	0.65	0.59
1957	6.85	3.44	2.57	2.62	0.69	0.29	0.75	0.55
1958	8.19	4.13	3.30	6.55	3.50	0.26	0.92	0.59
1959	11.51	5.36	4.26	8.50	3.82	0.58	1.23	0.81
1960	14.08	6.21	5.24	11.63	5.58	1.12	1.63	0.88
1961	6.90	4.15	3.43	6.03	1.84	0.82	1.39	0.85
1962	4.92	4.17	3.52	3.93	0.71	0.77	1.09	0.66
1963	6.00	4.37	3.67	5.20	1.12	0.50	1.20	0.72
1964	6.74	4.87	4.09	5.26	1.41	0.56	1.31	0.81
1965	7.26	5.69	4.92	5.34	1.72	0.44	1.36	0.76
1966	8.18	6.09	5.17	6.53	2.14	0.50	1.56	0.82
1967	5.36	4.75	3.81	5.75	1.86	0.49	1.62	0.74
1968	3.54	4.18	3.33	4.97	1.40	0.43	1.36	0.82
1969	7.17	5.97	5.19	7.13	2.79	0.52	1.39	0.96
1970	10.31	7.85	6.68	9.65	4.63	0.59	1.45	0.78
1971	13.64	10.14	9.18	9.74	3.84	0.60	1.73	1.01
1972	14.42	10.15	9.47	10.94	4.44	0.98	1.93	1.08
1973	13.35	8.90	7.94	11.30	4.23	1.16	2.11	0.12
1974	12.20	9.22	8.26	12.18	4.32	0.94	2.33	1.03
1975	12.71	10.46	9.49	12.32	4.24	1.19	2.40	1.01
1976	12.34	10.93	10.06	12.54	4.11	1.28	2.54	1.08
1977	12.27	11.44	10.49	13.35	3.95	1.35	2.64	1.14
1978	16.41	11.87	10.90	16.35	5.54	1.89	3.02	1.25
1979	12.65	11.93	10.88	17.88	5.17	2.36	3.40	1.50
1980	14.39	12.58	11.53	17.32	3.13	2.45	4.32	1.70
1981	10.72	12.44	11.46	15.87	2.21	2.18	4.94	1.76
1982	11.97	13.49	12.64	17.30	2.25	2.35	5.72	2.06
1983	14.12	15.18	14.17	19.41	3.02	2.31	6.51	2.44
1984	15.22	17.28	16.20	23.34	3.41	2.66	7.56	3.09
1985	21.67	23.30	22.18	34.50	4.90	3.03	9.15	2.99
1986	29.52	27.18	26.10	50.12	5.11	4.24	11.02	3.69
1987	37.52	32.02	30.26	53.23	3.66	3.71	11.25	4.22
1988	43.32	38.03	35.93	61.26	4.47	3.95	13.36	4.99
1989	49.40	44.59	42.75	67.14	3.80	5.22	15.02	5.81
1990	50.68	46.14	43.60	71.67	3.51	4.94	16.25	6.50
1991	62.46	48.76	46.36	79.12	4.21	5.12	17.43	5.77
1992	56.99	53.01	50.00	80.02	4.52	5.82	20.10	7.33
1993	79.82	74.51	71.67	103.11	6.71	6.89	23.56	9.06
1994	51.27	41.85	36.12	104.59	5.27	7.86	31.89	10.87
1995	63.28	47.76	42.37	120.90	5.71	9.16	35.04	12.04
1996	76.40	57.76	49.61	145.53	7.57	8.90	40.48	14.05
1997	82.85	63.20		167.75	8.50	10.86	43.15	14.65
1998	93.64	77.21		190.10	9.63	15.43	43.15	14.72
1999	101.28	83.67		234.62	25.92	13.07	49.67	15.76
2000	103.83	90.29		260.67	21.21	16.59	53.04	18.01
2001	121.10	105.92		326.43	29.86	19.63	64.52	22.38
2002	131.49	111.98		362.62	30.04	22.73	73.72	26.52
2003	154.00	125.76		409.23	31.84	22.76	82.39	31.23
2004	166.28	130.51		507.78	41.42	37.00	93.23	36.75

6-2 历年银行各项存款和各项贷款余额

Deposits and Loans of National banking system of Jinlin

单位:万元 unit:10000yuan

年份 Year	各项存款合计 Total Deposits	#企业存款 Enterprise	各项贷款合计 Total Lonans	#工业企业 Industrial Enterprise	#商业企业 Commercial Enterprise	#农业贷款 Agricultureal	#固定资产 Fixed Asset
1978	249418	56527	611548	202156	374554	30522	2786
1979	239690	79529	661457	221845	397390	36914	3208
1980	308666	102759	756977	217504	410732	54929	4603
1981	369756	109737	926761	302238	523291	68952	
1982	426175	128796	1070496	327628	585604	88474	
1983	566255	162576	1243090	360545	687303	97285	
1984	716481	233705	1547850	427228	870735	119682	
1985	864176	324533	1597915	517241	682040	118253	207736
1986	1180651	419139	2462948	751468	1052577	169498	273212
1987	1474329	508478	2855180	887763	1251891	185381	328428
1988	1782646	549139	3316890	1030464	1493831	203788	390787
1989	2037522	470811	3844053	1221863	1712578	246805	430587
1990	2521526	537898	5070069	1584787	2361818	293254	548385
1991	3151341	673665	6290076	1895989	2907325	357464	763647
1992	4088685	983532	7620010	2273852	3416313	418508	999788
1993	4945738	1129110	9348798	2727128	4158392	475598	1372483
1994	6112556	1526099	10997659	3169129	4639690	385812	1869493
1995	7911517	1807762	13027583	3652895	5636617	490578	2072391
1996	10378342	2413811	16088401	4279288	7397574	593335	2347166
1997	12068171	3229394	19136137	4998644	8721452	709828	2715663
1998	13455238	3045982	21187932	5600682	8932623	845975	3502147
1999	19282520	4199208	25804095	5835382	10057701	1171160	5247266
2000	22367061	5354126	26511847	4945617	9577037	954084	
2001	24842294	5892096	28282514	5277547	10186685	1043062	
2002	28782761	6937937	30577016	4933288	10094412	1189786	
2003	33072456	7604945	32888676	5343802	9060444	1361205	
2004	36834946	8049419	34350248	5269283	8117592	1766303	

6-3 分项目财政收入
Local Government Revenue by Source

单位:万元　　unit:10000 yuan

项目	Item	2003	2004
全口径财政收入	**Total**	**2892483**	**3289824**
地方级财政收入	**Revenue**	**1540033**	**1662807**
增值税	Added tax	306877	321945
营业税	Business tax	350192	407799
企业所得税	Enterprises income tax	118021	123628
企业所得税退税	Income tax rebate	-72	
个人所得税	Personal income tax	78070	92653
资源税	Resources tax	14776	14399
固定资产投资方向调节税	Adjustment tax in fixed assets	77	69
城市维护建设税	Tax on city construction	93277	115747
房产税	Tax on real estates	63792	70680
印花税	Stamp tax	14564	14600
城镇土地使用税	Tax on use of urban land	18876	22149
土地增值税	Land value added tax	3833	5831
车船使用税	Tax on use of vehicles and ships	3920	5200
屠宰税	Slaughtex tax		1
农业税	Agricultural tax	101705	20091
农业特产税	Tax on special agricultural products	20622	5744
耕地占用税	Tax on use of land	20485	19614
契税	Contract tax	48553	64954
国有资产经营收益	Profits State owned assets	24076	27024
国有企业计划亏损补贴	Subsidies to loss-making enterprises	-62948	-53227
行政性收费收入	Income from administrative fees	150066	181615
罚没收入	and confiscatory income	96015	107155
海域场地矿区使用费收入	Use of land and sea	264	210
专项收入	Special project income	60639	79446
其他收入	Other income	14353	15480

6-4 地方分项目财政支出

Local Government Expenditures by Account Item

单位:万元 unit:10000yuan

项目	Item	2003	2004
支出总计	**Total**	**4092265**	**5077758**
基本建设支出	Expenditure for capital consurtion	318364	414223
企业挖潜改造资金	Innovation funds of enterprises	104058	102994
地质勘探费	Geological prospecting	32987	36444
科技三项费用	Science and technology promotion funds	30797	36523
农业支出	Supporting agricultural production	116888	161463
林业支出	Agricultural developing	67086	168461
水利和气象支出	Agricultural forestry water operation	33628	40105
工业交通等部门的事业费	Expenses of depardment industry	57391	63982
流通部门事业费	Expenses of transport and commerce	13379	11751
文体广播事业费	Expenses of culture, sport and broadcasting	105212	131813
教育支出	Expenses of education	536908	607409
科学支出	Expenses of science	20429	22908
医疗卫生支出	Expenses of health care	161382	170197
其他部门的事业费	Expenses of department of tax ,etc.	229029	252269
抚恤和社会福利救济	Pension, relief funds	160270	198584
行政事业单位离退休支出	Retired expenses	287777	303738
社会保障补助支出	Social safeguard	495632	793450
国防支出	National defence	5581	5449
行政管理费	Government administration	312315	367524
外交外事支出	Diplomatic offairs	3588	4029
武装警察部队支出	Armed police troops	8441	12240
公检法司支出	Scurity, procuratory and court	252775	297489
城市维护费	City maintenance	118799	123435
政策性补贴支出	Price subsidies	415377	481022
支援不发达地区支出	Supporting under undeveloped areas	30787	32617
海域开发建设和场地使用费支出	Land and seacoscn struction	677	109
专项支出	Special expenduitare	49094	65182
债务利息支出	Other expenditure	19783	30082
其他支出	Other expenditure	103831	142266

6-5 各市县财政收入(2004)

Local Government Revenue and Expenditures by city and county(2004)

单位:万元 unit:10000yuan

市、县 City, Conntv		地方财政收入 Revenue	#增值税 Added tax	#个人所得税 Income tax	营业税 Operation tax	企业所得税 Eneerprises income tax
长春市	**Changchun**	**506923**	**68981**	**29989**	**92896**	**47478**
市本级	District	373459	57242	21178	58303	39521
九台市	Jiutai	15833	1675	785	5713	613
榆树市	Yushu	8849	935	811	2856	195
德惠市	Dehui	11296	326	949	3836	339
农安县	Nongan	12115	901	457	1197	193
吉林市	**Jilin**	**197301**	**36025**	**8967**	**27144**	**7189**
市本级	District	131109	27667	5412	16309	5411
桦甸市	Huadian	9690	1333	565	1170	365
蛟河市	Jiaohe	9868	1070	601	2813	125
舒兰市	Shulan	7426	1388	613	2037	437
磐石市	Panshi	12947	4023	478	1029	301
永吉县	Yongji	4022	544	197	788	113
四平市	**Siping**	**72595**	**9834**	**3188**	**10138**	**2107**
市本级	District	22159	3172	609	2388	608
公主岭市	Gongzhuling	17657	1753	846	1872	550
双辽市	Shuangliao	9829	2088	260	880	89
梨树县	Lishu	9475	1246	508	1754	297
伊通县	Yitong	7589	612	383	1506	132
辽源市	**Liaoyuan**	**31180**	**3644**	**1352**	**5632**	**972**
市本级	District	16245	1666	627	1104	568
东丰县	Dongfeng	5401	1129	413	1464	206
东辽县	Dongliao	4308	509	244	1048	108
通化市	**Tonghua**	**79272**	**13340**	**3421**	**11554**	**8544**
市本级	District	28265	7074	1006	1380	4180
梅河口市	Meihekou	14453	1152	824	2733	384
集安市	Jian	5976	601	274	1152	351
通化县	Tonghua	7568	1123	338	918	1019
辉南县	Huinan	8099	1249	333	910	1853
柳河县	Liuhe	4571	801	176	1331	338

6-5 续表 continued

单位:万元 unit:10000yuan

市、县	City, Connty	地方财政收入 Revenue	#增值税 Added tax	#个人所得税 Income tax	营业税 Operation tax	企业所得税 Enterprises income tax
白山市	**Baishan**	**42253**	**6072**	**2624**	**7511**	**2205**
市本级	District	14975	2426	734	1405	983
临江市	Linjiang	5413	1143	382	1216	568
抚松县	Fusong	6357	619	364	1259	146
靖宇县	Jingyu	3630	572	227	1279	37
长白县	Changbai	3211	357	250	920	196
江源县	Jiangyuan	4281	329	446	573	194
松原市	**Songyuan**	**80991**	**15418**	**3112**	**10450**	**2130**
市本级	District	30119	3590	1019	3852	1330
长岭县	Changling	4295	496	374	1163	7
前郭县	Qianguo	17946	3181	557	1682	263
乾安县	Qianan	10155	4680	242	741	206
扶余县	Fuyu	8024	395	458	1844	65
白城市	**Baicheng**	**41052**	**9304**	**1743**	**7283**	**1170**
市本级	District	12759	1837	496	2219	808
洮南市	Taonan	4797	1031	357	1090	196
大安市	Daan	8778	3080	306	1557	82
镇赉县	Zhenlai	6888	2611	179	506	40
通榆县	Tongyu	4663	372	252	1371	19
延边朝鲜族自治州	**Yanbian**	**99496**	**11685**	**5288**	**19074**	**4179**
州本级	Zhoubenji	12183	1968	15	202	1535
延吉市	Yanji	34150	2372	2118	7002	945
图门市	Tumen	7201	1891	438	1515	188
敦化市	Dunhua	14953	1346	724	1805	804
龙井市	Longjing	6830	1256	431	2348	44
珲春市	Hunchun	6680	463	378	1132	78
和龙市	Helong	5349	649	356	1324	314
汪清县	Wangqing	6500	813	442	1892	117
安图县	Antu	5650	927	386	1854	154

6-6 各市县财政支出(2004)

Local Government Revenue and Expenditures by city and county(2004)

单位:万元 unit:10000yuan

市、县	City, Connty	财政支出 Goverment expendifules	#基建支出 Construction	#科学支出 Scionce	#医疗卫生支出 Health care	#教育支出 education	#农业支出 Agricltune	#行政管理费 Admini strative
长春市	**Changchun**	**1007695**	**126029**	**1981**	**37694**	**136509**	**35082**	**106689**
市本级	District	561762	84919	1707	19205	31837	14437	55078
九台市	Jiutai	81906	20619	28	3141	12946	4285	6724
榆树市	Yushu	63360	2305	34	1300	22350	5133	4259
德惠市	Dehui	50659	2948	33	2625	11325	4140	4942
农安县	Nongan	57791	2825	33	1765	18282	2605	4378
吉林市	**Jilin**	**576894**	**44442**	**1757**	**23377**	**91567**	**19982**	**49838**
市本级	District	270826	10652	1456	11692	18334	6864	18664
桦甸市	Huadian	39813	2061	27	1483	10169	1914	3282
蛟河市	Jiaohe	49240	10769	26	1407	7172	1285	3184
舒兰市	Shulan	66182	11870	115	1518	14180	3012	3211
磐石市	Panshi	45586	5024	56	1912	10468	2984	4480
永吉县	Yongji	24810	2348	6	1106	4839	1263	2641
四平市	**Siping**	**275583**	**16046**	**614**	**11841**	**56113**	**14920**	**25846**
市本级	District	72555	3753	332	3632	6868	2438	6141
公主岭市	Gongzhuling	59527	2526	38	2624	13526	3285	5845
双辽市	Shuangliao	39254	4603	65	1557	7379	2835	3174
梨树县	Lishu	47273	2870	64	2195	11955	4087	4651
伊通县	Yitong	31672	1649	52	1136	9219	1802	3210
辽源市	**Liaoyuan**	**176479**	**40938**	**210**	**4080**	**22265**	**6116**	**12972**
市本级	District	95172	33587	152	1656	5672	1505	4075
东丰县	Dongfeng	34168	1800	32	1415	7361	2404	3413
东辽县	Dongliao	30769	4488	26	687	6774	1923	2562
通化市	**Tonghua**	**266754**	**11716**	**1115**	**9965**	**39461**	**12559**	**29305**
市本级	District	72997	3660	835	3832	6502	4737	7131
梅河口市	Meihekou	51222	1375	98	2378	9223	2608	3685
集安市	Jian	27190	1068	59	737	4516	1030	3097
通化县	Tonghua	27596	1081	45	672	5250	1062	3230
辉南县	Huinan	28274	1007	16	638	5392	1376	2728
柳河县	Liuhe	32741	2910	22	614	4420	1256	4565

6－6 续表 continued

单位:万元 unit:10000yuan

市、县 City, Connty		财政支出 Expenditure	#基建支出 Construction	#科学支出 Scionce	#医疗卫生支出 Health care	#教育支出 education	#农业支出 Agricltune	#行政管理费 Admini strative
白山市	**Baishan**	**208121**	**22238**	**496**	**7264**	**24575**	**7939**	**18949**
市本级	District	55422	10002	368	2705	3867	836	3180
临江市	Linjiang	26686	3651	6	481	3148	1740	3042
抚松县	Fusong	34228	2327	57	1605	6149	1655	3689
靖宇县	Jingyu	21461	2203	21	496	2788	1373	1324
长白县	Changbai	21195	3229	23	819	2655	893	2723
江源县	Jiangyuan	33412	445	21	655	2631	652	2484
松原市	**Songyuan**	**233853**	**17019**	**258**	**8136**	**47205**	**17833**	**25227**
市本级	District	42565	2289	73	1486	3098	1146	6651
长岭县	Changling	35000	2694	26	976	8698	2915	3172
前郭县	Qianguo	56581	7007	69	1427	11584	5155	6437
乾安县	Qianan	33733	2264	37	1484	7702	2898	2957
扶余县	Fuyu	39029	2352	8	1777	9053	3406	2561
白城市	**Baicheng**	**243762**	**23806**	**1290**	**10675**	**43552**	**18735**	**22344**
市本级	District	78385	23728	978	2744	4407	6025	7253
洮南市	Taonan	33860		38	1607	7168	1827	2984
大安市	Daan	39469		42	2605	9807	3316	2049
镇赉县	Zhenlai	35834	33	84	1355	7952	3074	3074
通榆县	Tongyu	32350	45	34	895	7670	2805	4159
延边朝鲜族自治州	**Yanbian**	**424236**	**32065**	**1064**	**14406**	**52437**	**16660**	**32928**
州本级	Zhoubenji	109211	3717	753	5112	5919	2214	7100
延吉市	Yanji	65273	2996	90	1619	10775	1025	2796
图门市	Tumen	22551	1622	52	685	2372	957	2991
敦化市	Dunhua	55642	5402	43	1852	9001	5579	5039
龙井市	Longjing	37015	2963	15	1147	4422	1856	2988
珲春市	Hunchun	32220	5007	17	580	4456	1036	3323
和龙市	Helong	33246	2723	25	1221	4391	1019	2142
汪清县	Wangqing	35977	4433	41	1362	5591	1284	3930
安图县	Antu	33101	3202	28	828	5510	1690	2619

6-7 分级财政一般预算收入
Government Revenue by Rank

单位：万元　　　　unit：10000 yuan

项目	Item	2003	2004
收入合计	**Total**	**1540033**	**1662807**
省级	Province	450359	511744
地级	Profecture	561201	641273
县级	County	405880	433660
乡镇级	Township	122593	76130
#增值税	**Value added tax**	**306877**	**321945**
省级	Province	147816	147642
地级	Profecture	97114	106642
县级	County	56475	60907
乡镇级	Township	5472	6754
营业税	**Operation tax**	**350192**	**407799**
省级	Province	185446	216117
地级	Profecture	77591	87162
县级	County	64972	82669
乡镇级	Township	22183	21851
企业所得税	**Enterprises income tax**	**118021**	**123628**
省级	Province	36959	47654
地级	Profecture	57370	54944
县级	County	19842	18295
乡镇级	Township	3850	2735
个人所得税	**Individual income tax**	**78070**	**92653**
省级	Province	39045	32969
地级	Profecture	21994	31096
县级	County	14149	24781
乡镇级	Township	2882	3807

6-8 分级财政一般预算支出
Government Expenidure by Rank

单位:万元 unit:10000 yuan

项目		2003	2004
支出合计	**Tatal**	**4092265**	**5077758**
省级	Province	1357050	1664381
地级	Profecture	1084532	1358895
县级	County	1402291	1768991
乡镇级	Township	248392	285491
#基本建设支出	**Construction**	**318364**	**414223**
省级	Province	92843	79924
地级	Profecture	111239	176307
县级	County	111362	155068
乡镇级	Township	2920	2924
教育事业费	**Education**	**536908**	**607409**
省级	Province	88511	93725
地级	Profecture	80067	86504
县级	County	316668	379854
乡镇级	Township	51662	47326
社会保障补助支出	**Social security**	**495632**	**793450**
省级	Province	222205	305337
地级	Profecture	152980	280817
县级	County	119857	206488
乡镇级	Township	590	808

6-9 金融机构存款余额
Balance of Banking Deposits

单位:万元　　unit:10000 yuan

项目	Item	2003	2004
各项存款合计	**Deposits**	**33072456**	**36834946**
企业存款	Enterprises deposits	7604945	8049419
财政存款	Trasury deposits	590732	1244066
机关团体存款	Deposits of4 government agencies and organization	1385244	1611528
储蓄存款	Saving deposits	21613881	24055861
农业存款	Agricultural deposits	337080	385512
其他存款	Other deposits	1540574	1488560

6-10 金融机构贷款余额
Balance of Banking Credits

单位:万元　　unit:10000 yuan

项目	Item	2003	2004
各项贷款合计	**Loans**	**32888676**	**34350248**
工业贷款	Industrial loans	5343802	5269283
商业贷款	Commercial loans	9060444	8117592
建筑企业贷款	Construction loans	246636	208432
个体工商业贷款	Individual industrial and commercial households loans	249135	662025
乡镇企业贷款	Township enterprises loans	480646	199129
农业贷款	Aricultural loans	1361205	1766303
中长期贷款	Fixed asset loans	9993870	11960804
其他贷款	Other loans	6152938	6166680

注:本表金融机构存款、贷款统计范围为人民币,不包括外币。

Note: Banking deposits are excluded foreign currency.

6-11 金融系统现金收入和支出
Cash Revenue and Expenditures of Banking System

单位:万元 unit:10000 yuan

项目	Item	2003	2004
收入合计	**Total of revenue**	**103466373**	**119379250**
商品销售收入	Commodity sales	7960921	9172773
服务事业收入	Service trade	4199940	4651209
税款收入	Taxes	435411	441181
城乡个体经营收入	Individual business	1234712	1561365
储蓄存款收入	Saving deposits	76833139	90055880
有价证券收入	Debts	274159	212183
其他收入	Others	12528091	13284659
支出合计	**Total of expenditures**	**104813305**	**120588903**
工资及对个人其他支出	Wages and other payments to individuals	10515532	5339052
农副产品采购支出	Purchases of agricultural sideline products	3095860	3293552
行政企事业管理费支出	Government and enterprises overhead	6160459	6551182
城乡个体经营支出	Individual businesses	1927584	2303244
储蓄存款支出	Savings deposits	75247120	88540471
其他金融机构支出	Other banking insititutions	777761	783608
汇兑支出	Remitances	414459	365596
其他支出	Other	6674530	13412198

6-12 农村信用社存贷款年末余额
Deposits and Loans Balances Cash Revenue and Expenditures of Rural Crecdit Cooperatives

单位:万元 unit:10000 yuan

项目	Item	2003	2004
各项存款	Total of deposits	2868316	3231476
# 企业存款	Enterprises deposits	15843	20678
储蓄存款	Saving deposits	2565110	2910034
各项贷款	Total loans	1940964	2194721
# 农业贷款	Loan agriculture	717144	1104497
乡镇企业事业贷款	Enterprises and institution	275171	

注:本表为金融机构可比口径

Note: The statistics coverage in according to financial institutions.

6-13 财产保险公司业务统计表

Indicators of property In suramce compamies

单位:万元、件 unit:10000yuan, piece

项目	Item	2003	2004
一、保险金额	**Insurance value**	**29485502**	**43928321**
企业财产保险	Enterprises property	14428439	21818087
机动车辆保险	Automobile Insurance	5318556	7287089
家庭财产保险	Family property	1561225	1407992
农业保险	Agriculture Insurance	188083	729167
其他	Others	7989199	12685986
二、保费收入	**Premium Income**	**122519**	**131708**
企业财产保险	Enterprises property insurance	25136	22458
家庭财产险	Family property insurance	4536	2593
机动车辆保险	Automobile Insurance	68483	82237
责任保险	Liability Insurance	5402	3806
货物运输险	Freight transport insurance	7174	8326
农业保险	Agricultural insurance	889	1181
健康险	Health Insurance	97	203
意外伤害险	Personal Accident Insurance	4538	4484
其他险	Others	6264	6420
三、赔案件数	**No. of claim**	**106379**	**116209**
四、赔款支出	**Benefit Paid**	**95885**	**72405**
企业财产保险	Enterprises property insurance	20365	10903
家庭财产险	Family property insurance	2056	1045
机动车辆保险	Aotomobile Insurance	57382	49313
责任保险	Liability Insurance	7697	3017
货物运输保险	Cargo Transport Insurance	3187	2726
农业保险	Agricultural Insurance	1545	580
健康险	Healty Insurance	5	119
意外伤害险	Personal Accdient Insurance	769	1886
其他	Others	2879	2816
五、储金	**Deposits From Insured**	**16410**	**24289**

6-14 人身保险公司业务统计表
The Indicators of Life Insurance Companies

单位:万元、件 unit:10000yuan, piece

项目	Item	2003	2004
一、保费收入	**Premium Insurance**	**551912**	**611517**
人寿保险	Life Insurance Business	513269	570124
意外伤害险	Personal Accident Insurance	12006	9566
健康险	Healty Insurance	26637	31827
二、赔款与给付	**Business Expenditures**	**52556**	**70457**
赔款支出	Benefit Paid	12665	14558
年金给付	Anuity Paid	17265	6350
满期给付	Settlements	12540	37379
死伤医疗给付	Benefit of Deatys, Injury and Medical Treatment	10086	12170
三、退保金	**Surrender**	**28549**	**50427**
四、保费金额	**Insurance Value**	**11685817**	**43558244**
五、储金	**Deposits From Insured**	**237**	**3**

6－15 各市州金融机构存款(2004)
Deposits Of Financial Institution By Region(2004)

单位:亿元 unit:100 million yuan

地区 Begion		金融机构存款 Institution	#企业存款 Entprprise	#居民储蓄存款余额 Saving	#定期 Time	#活期 Demand
全省	**Total**	**3683.49**	**804.94**	**2405.59**	**1635.36**	**770.23**
长春	Changchun	1766.34	520.92	910.37	604.36	306.00
吉林	Jilin	587.87	105.93	446.04	318.14	127.90
四平	Siping	232.43	23.18	196.57	145.95	50.62
辽源	Liaoyuan	111.27	17.84	83.19	61.95	21.25
通化	Tonghua	234.95	40.55	178.24	121.12	57.12
白山	Baishan	146.75	16.78	120.48	83.49	36.99
松原	Songyuan	147.33	21.72	112.59	74.28	38.31
白城	Baicheng	118.09	16.11	89.59	58.77	30.82
延边	Yanbian	338.47	41.91	268.52	167.30	101.22

6－16 各市州金融机构贷款（2004）
Loans Of Financial Institutions By Region（2004）

单位：亿元 unit：100 million yuan

地区 Region		金融机构贷款 Institution	#工业贷款 Industry	#商业贷款 Commercial loans	#农业贷款 Agrical tural loans
全省	**Total**	**3435.02**	**526.93**	**811.76**	**176.63**
长春	Changchun	1791.55	205.32	345.70	45.07
吉林	Jilin	407.23	125.74	89.80	23.34
四平	Siping	260.24	27.08	103.00	20.45
辽源	Liaoyuan	123.55	22.84	25.79	10.34
通化	Tonghua	182.60	49.66	30.79	15.46
白山	Baishan	108.47	21.01	11.52	14.24
松原	Songyuan	180.08	13.16	99.16	12.79
白城	Baicheng	131.63	12.67	57.91	13.31
延边	Yanbian	249.67	49.46	48.08	21.63

第七篇 CHAPTER

物价 PRICE

7

7-1 各种物价总指数

Overall Price Indices

年份 Year	零售物价总指数 Overall retail price index	居民生活消费价格总指数 Overall consumer price index of residents	城市居民生活消费价格指数 Overall consumer price index of urban residents	农村居民生活消费价格指数 Overall consumer price index of rural residents	农村工业品零售价格总指数 Odearll industrial product rural retail price index
上年=100					
1978	100.2	100.1	100.1	100.3	100.2
1979	101.2	101.7	101.7	101.1	100.4
1980	106.3	105.6	108.6	104.9	100.8
1981	101.7	101.6	101.6	101.2	101.3
1982	103.0	104.2	104.2	101.9	101.9
1983	102.6	104.5	103.0	101.7	101.6
1984	104.2	103.5	103.6	103.3	102.5
1985	109.7	110.3	110.3	107.9	105.3
1986	105.4	106.0	106.0	105.1	102.1
1987	107.5	107.6	108.0	105.3	104.7
1988	119.9	120.3	121.6	117.1	115.9
1989	116.9	117.2	116.9	119.3	117.1
1990	103.9	104.9	103.9	108.2	106.4
1991	105.1	106.8	107.1	105.2	105.9
1992	107.1	108.0	109.3	103.9	104.8
1993	111.3	112.6	113.2	108.8	111.3
1994	119.9	120.6	123.2	117.0	113.5
1995	114.2	115.2	115.1	115.6	114.2
1996	105.1	107.2	107.7	105.8	105.3
1997	101.8	103.7	103.7	103.7	101.2
1998	97.9	99.2	99.3	99.0	99.0
1999	96.7	98.0	97.9	98.6	97.3
2000	98.0	98.6	98.3	99.6	101.0
2001	100.9	101.3	101.5	100.5	99.5
2002	99.0	99.5	99.2	100.3	99.7
2003	100.5	101.2	101.1	101.5	101.1
2004	103.5	104.1	103.6	105.1	104.9
1978=100					
1979	101.2	101.7	101.7	101.1	100.4
1980	107.6	107.4	110.4	106.1	101.2
1981	109.4	109.1	112.2	107.3	102.5
1982	112.7	113.7	116.9	109.4	101.4
1983	115.6	118.8	120.4	111.2	106.1
1984	120.5	123.0	124.8	114.9	108.8
1985	132.2	135.7	137.6	124.0	114.6
1986	139.3	143.8	145.9	130.3	117.0
1987	149.7	154.7	157.5	137.2	122.5
1988	179.5	186.1	191.6	160.7	142.0
1989	209.6	218.1	224.0	191.7	166.3
1990	218.0	228.8	232.7	207.4	176.9
1991	229.4	244.4	249.2	218.2	187.3
1992	245.7	264.0	272.4	226.7	196.3
1993	273.5	297.3	308.3	246.6	218.5
1994	327.4	358.5	379.9	288.6	248.0
1995	373.9	413.0	432.2	333.6	283.2
1996	393.0	442.7	470.9	352.9	298.2
1997	400.1	459.1	488.3	366.0	301.8
1998	391.7	455.4	484.9	362.3	298.8
1999	378.8	446.3	474.7	357.2	290.7
2000	371.2	440.1	466.6	355.8	293.6
2001	374.5	445.8	473.6	357.6	292.1
2002	370.8	443.6	469.8	358.7	291.2
2003	372.7	448.9	475.0	364.1	294.4
2004	385.7	467.3	492.0	382.7	308.8

7-2 全省商品零售价格分类指数(2004)

Retail Price Indices by Category of Commodites(2004)

(上年=100) (preceding year=100)

类别	Item	全省 Total	城市 Urban area	农村 Rural area
商品零售价格总指数	**Overall Retail price Index**	**103.5**	**103.1**	**104.9**
一、食品类	Foods	110.1	108.9	114.2
二、饮料、烟酒类	Beverages tobacco liquor	101.7	101.8	102.1
三、服装、鞋帽类	Garments, Shoes and hats	101.2	101.8	98.8
四、纺织品类	Textiles	100.0	99.6	100.3
五、家用电器及音像器材类	Household appliances	95.2	95.2	95.3
六、文化办公用品类	Cultural appliances	97.4	97.1	98.6
七、日用品类	Daily use artcles	100.1	100.2	100.1
八、体育娱乐用品类	Stationery and Sports goods	97.8	97.4	99.0
九、交通、通信用品类	Transports and telecommum cation	92.1	90.9	94.7
十、家具类	Furniture	99.2	99.5	98.5
十一、化妆品类	Cosmetices	99.1	99.2	98.6
十二、金银珠宝类	Jewelry	117.3	117.6	116.6
十三、中西药品类及医疗保健	Traditional chinese and Westerr medicine	96.7	96.0	99.1
十四、书报杂志及电子出版物类	Newspaper and magazines	102.0	102.3	100.7
十五、燃料类	Fuels	108.5	108.7	108.3
十六、建筑材料及五金电料类	Constructions	101.6	100.8	103.9

7-3 全省居民生活消费价格指数

Residents consumer price indices

（上年=100）（preceding year=100）

类别 Item		全省 Total		城市 Urban area		农村 Rural area	
		2003	2004	2003	2004	2003	2004
居民生活消费价格总指数	**Overall Consumer price Index**	**101.2**	**104.1**	**101.1**	**103.6**	**101.5**	**105.1**
一、食品类	Foods	104.0	110.2	103.5	109.1	105.6	112.5
粮食	Grain	98.5	132.9	99.4	127.9	97.0	140.6
鲜菜	Fresh vegetable	127.5	90.9	121.8	89.9	182.3	93.2
肉禽及制品	Meat, poultry and eggs	102.2	115.2	101.2	116.2	102.3	105.6
水产品	Aquatic products	100.7	112.7	99.8	110.7	104.0	116.8
其它食品	Other foods	100.8	101.7	101.1	101.5	100.2	102.3
# 鲜果	# Fresh fruits	97.2	102.3	91.8	102.2	119.2	103.7
二、衣着类	Clothing	99.6	100.9	98.9	101.5	102.9	98.6
三、家庭设备及用品类	Household facilities articles	97.9	99.1	97.7	98.9	98.7	99.8
1. 耐用消费品	Durable Consumer Goods	96.8	98.1	96.6	98.0	97.6	98.3
# 家具	Furniture	96.2	99.1	96.7	99.0	95.0	99.0
家庭设备	Household facilities articles	97.1	97.5	96.5	97.6	99.4	97.7
2. 室内装饰品	Interior decorations	99.3	100.7	99.7	98.9	95.6	104.5
3. 床上用品	Bed articals	99.0	99.6	100.8	98.4	96.4	101.3
4. 其他日用品	Other daily use articles	97.6	99.6	96.4	99.9	100.6	99.3
四、医疗保健类	Medicine and medical Services	101.8	98.3	101.7	97.1	102.3	101.3
五、交通和通信工具类	Means of transportation and Communication	97.9	95.6	98.1	95.0	97.1	96.8
六、娱乐教育文化用品类	Recreation education ane Cultrue articals	99.2	99.7	99.5	99.2	98.7	101.2
七、居住类	Residence	100.4	107.5	101.6	108.1	98.1	106.1
住房	Housing	97.0	100.0	98.8	100.0	92.6	100.0
建筑材料	Building materials	98.1	100.8	98.3	102.2	98.0	99.8
水、电、燃料	Water, electricity and fuels	102.4	113.1	102.5	113.1	102.0	112.1
房租	Rent for house	105.4	100.0	105.6	100.0	100.0	100.0
八、服务项目类	Services	100.0	100.2	100.2	100.2	99.7	100.4
通信服务	Communication fares	98.6	99.2	96.3	91.2	93.0	97.3
交通费	Transportation fares	99.8	99.7	100.4	102.0	98.7	96.0
洗理美容费	Washing and haircut fares	102.2	98.2	100.0	99.6	115.0	95.0
文娱费	Recreation fares	99.3	98.6	98.4	98.7	101.8	98.4
学杂托幼费	Education fares	99.3	101.3	100.4	100.7	96.8	102.9
修理及其他服务费	Repair and other Services	101.8	99.1	102.5	104.0	100.5	99.2
医疗保健服务费	Medicine and medical Services	101.9	102.3	100.0	100.1	111.0	105.0

7－4 固定资产投资价格指数
Price Indices of Investment in Fixed Assets

（上年＝100） (preceding year＝100)

类别 Item		2003	2004
总指数	**General price indices**	**101.1**	**104.1**
建筑安装工程	Construction and installation	102.3	105.6
设备、工器具购置	Purchase of equipment tools and instruments	98.1	101.1
其它费用	Others	101.3	102.9

7－5 主要原材料、燃料、动力购进价格指数
Purchasing Price Indices of Raw Materials, Fuels and Power

（上年＝100） (precding year＝100)

类别 Item		2003	2004
全部原材料	**Greneral price indices**	**104.78**	**110.47**
燃料、动力类	Fuel and power	105.92	107.45
黑色金属材料类	Ferrous mater	105.15	120.31
# 钢材	Steel	104.23	117.40
其它	Others	106.32	124.26
有色金属材料和电线类	Nonferrous metals and wire	103.00	112.63
化工原料类	Raw chemical materials	102.94	111.22
木材及纸浆类	Timber and papermaking	101.83	105.66
建筑材料及非金属矿类	Constructioin materials and nonmetal minerals	97.38	101.41
其它工业原料及半成品类	Other materals and semi－finished produets	101.54	107.87
农副产品类	Farm－sideline products	106.14	110.95
纺织原料类	Textiles raw materials	106.43	108.73

7－6 工业产品出厂价格指数

Producers Price Indices of Industrial Products

（上年＝100） （preceding year＝100）

分组	Item	2003	2004
全部工业品	**General price indice**	**102.48**	**105.04**
轻工业	Light industry	100.38	104.47
以农产品为原料	Raw material for farm products	100.31	106.09
以非农产品为原料	Raw material for nonfarm products	100.46	102.56
重工业	Heavy industry	103.52	105.32
采掘	Excavation	109.06	124.04
原料	Raw materials	106.72	107.35
加工	Manufacturing	99.79	100.03
生产资料	Means of productioin	104.07	107.93
采掘	Excation	109.06	124.00
原料	Raw materials	106.77	107.69
加工	Manufacturing	100.73	104.74
生活资料	Consumer goods	99.21	99.32
食品	Food	100.88	107.37
衣着	Clothing	97.33	98.45
一般日用品	Daily consumer goods	99.53	100.63
耐用消费品	Durable consumer goods	97.96	92.67
按工业部门分	Grouped by sector		
冶金工业	Meatllurgical industry	109.35	117.25
电力工业	Power industry	102.89	103.91
煤炭及炼焦工业	Coal and coke industry	107.06	124.49
石油工业	Petroleum industry	117.01	116.15
化学工业	Chemical industry	102.11	106.38
机械工业	Machine building industry	97.94	96.81
建筑材料工业	Building materials	99.58	102.10
森林工业	Forestry	101.05	102.37
食品工业	Food manufacturing	101.02	108.47
纺织工业	Textile industry	100.34	102.49
缝纫工业	Tailoring	97.65	97.55
皮革工业	Leather industry	93.13	97.44
造纸工业	Paper industry	97.40	100.46
文教艺术用品工业	Cultural educational handicraft articles	98.81	99.43
其它工业	Others	103.59	103.62

7－6 续表 continued

（上年＝100） （preceding year＝100）

分组 Item		2003	2004
按工业行业分	Grouped by sector		
煤炭开采和洗选业	Coal mining and processing	102.85	126.36
石油和天然气开采业	Petroleum and natural gas extraction	117.68	123.78
黑色金属矿采选业	Ferrous matel mining and processing	101.71	127.15
有色金属矿采选业	Nonferrous matel mining and processing	101.19	105.57
非金属矿采选业	nonmetal minerals mining and processing	100.81	100.23
农副食品加工业	Food processing	101.06	114.14
食品制造业	Food producting	99.96	101.98
饮料制造业	Bevrage production	100.09	101.20
烟草制造业	Tobacco precessing	103.74	102.13
纺织业	Textile industry	99.52	101.44
纺织服装、鞋、帽制造业	Garment, shoes, hats	98.06	97.62
皮革、毛皮、羽毛(绒)及其制品业	Leather furs, down and ralated products	94.48	98.02
木材加工及木、竹、藤、棕、草制品业	Timber processing Bamoo, cane palm fiber and straw prodacts	101.05	102.46
家具制造业	Furniture manafacturing	97.99	98.88
造纸及纸制品业	Papermaking and paper products	97.40	100.46
印刷业和记录媒介的复制	Production and supply of power, steam and hot water	97.42	98.88
文教体育用品制造业	Cultural, education and sport	100.00	100.00
石油加工、炼焦及核燃料加工业	Petroleum refining	119.78	112.14
化学原料及化学制品制造业	Chemical industry	102.38	106.78
医药制造业	Medical and pharmaceutical products	99.71	99.03
化学纤维制造业	Chemical fiber	106.09	118.30
橡胶制品业	Rubber products	102.45	103.01
塑料制品业	Plastic products	100.68	104.80
非金属矿物制品业	nonmetal minerals products	99.55	102.01
黑色金属冶炼及压延加工业	Smeting and pressing of ferrous metals	113.46	121.63
有色金属冶炼及压延加工业	Smeting and pressing of nonferrous metals	101.77	105.98
金属制品业	Metal products	105.26	106.59
通用设备制造业	General Machinery	98.28	101.16
专用设备制造业	Special machinery	100.56	101.29
交通运输设备制造业	Transport equipment	98.06	95.18
电气机械及器材制造业	Electric equipment and machinery	95.67	102.69
通信、计算机及其他电子设备制造业	Electronic and telecommunications equipment	98.34	99.45
仪器仪表及文化、办公用机械制造业	Instruments, meters and other machinery	95.90	98.86
工艺品及其他制造业	Culturl educational handicrafts articels	108.87	107.77
电力、热力的生产和供应业	Electric power, steam production	102.89	103.91
燃气生产和供应业	Production and supply of gas	107.45	102.81
水的生产和供应业	Production and supply of water	102.77	103.13

第八篇 CHAPTER

人民生活

PEOPLE'S LIVELIHOOD

8

8-1 人民生活基本情况(一)

Basic Statistics for Ppeople's Livelihood of Jinlin

单位:元 unit:yuan

年份 Year	城镇居民家庭平均每人全年 Unbarn Households Per Capital annual				农村居民家庭平均每人全年 Rural Households Per Capital Annual			
	可支配收入 Disposable Income		生活性消费支出 Living Expenditure	#食品 # Food	纯收入 Net Income		生活消费支出 Living Expenditure	#食品 Food
	绝对数 Total	指数 Index (1978=100)			绝对数 Total	指数 Index (1978=100)		
1978					181.65	100.0		
1979					222.50	122.5	193.83	130.90
1980					237.20	130.5	216.25	140.07
1981					293.34	161.5	246.08	152.40
1982					333.09	183.4	253.44	159.37
1983	451.31	155.5	392.40	224.71	462.50	254.6	274.98	174.23
1984	499.15	172.0	424.99	244.21	486.80	268.0	320.81	203.09
1985	607.50	209.3	554.15	303.19	413.74	227.7	364.47	199.48
1986	755.46	206.3	661.92	355.44	456.70	251.4	388.77	214.66
1987	851.64	293.5	715.20	390.00	523.09	288.0	441.60	239.54
1988	987.12	340.2	901.08	455.16	627.54	345.5	516.36	275.63
1989	1109.34	382.3	967.44	511.20	623.96	343.5	562.78	313.59
1990	1230.10	423.9	1053.96	552.60	717.30	394.8	585.71	332.27
1991	1395.36	480.8	1193.88	638.16	748.33	411.8	648.41	366.51
1992	1636.92	564.1	1374.72	690.72	807.41	444.4	643.13	381.53
1993	1953.12	673.0	1596.00	780.24	891.61	490.8	670.02	406.24
1994	2561.04	882.5	2096.40	1034.52	1271.63	699.8	853.73	532.47
1995	3174.84	1094.0	2598.00	1330.44	1609.61	885.8	1494.62	841.85
1996	3805.61	1311.4	3037.32	1438.92	2125.56	1169.8	1513.19	803.38
1997	4190.61	1444.0	3408.00	1600.68	2186.29	1203.2	1623.83	895.12
1998	4206.64	1449.6	3449.76	1585.44	2383.60	1311.8	1471.46	799.69
1999	4480.00	1543.8	3661.68	1561.92	2260.60	1244.1	1347.91	719.27
2000	4810.00	1657.7	4020.84	1582.68	2022.50	1113.1	1553.35	705.39
2001	5340.50	1840.3	4337.28	1650.96	2182.20	1201.0	1661.69	757.90
2002	6260.20	2157.2	4973.88	1809.48	2360.80	1299.3	1685.74	743.07
2003	7005.12	2413.9	5492.04	1957.92	2530.40	1392.6	1815.57	799.16
2004	7840.60	2701.8	6068.99	2180.09	3000.40	1652.1	1971.21	899.00

8-2 人民生活基本情况(二)

Basic Statistics for Ppeople's Livelihood of Jinlin

unit: yuan

年份 Year	人均居住面积(平方米) Per Capita Living Space (sq.m)		职工平均实际工资 Average Wage of Staff and Workers		城乡居民储蓄存款余额(亿元) Savings Deposit in Urban and Rural Areas (year-end) (100 million yuan)	人均储蓄余额(元) Per Captia Savings Deposit(yuan)
	城市 Urban	农村 Rural	绝对数(元) Total(yuan)	指数 Index(1978=100)		
1978	3.10	7.80	651	100.0	5.86	27
1979	3.30	9.17	700	107.5	7.62	35
1980	3.50	9.00	763	117.2	10.64	48
1981	3.70	9.89	770	118.3	14.56	65
1982	3.90	10.05	799	122.7	18.91	84
1983	4.10	9.93	823	126.4	25.28	111
1984	4.30	12.42	927	142.4	34.23	150
1985	4.60	11.42	1081	166.1	43.96	191
1986	4.90	11.99	1221	187.6	58.36	252
1987	5.20	12.87	1366	209.8	83.20	356
1988	5.30	1[illegible].04	1630	250.4	109.49	464
1989	5.50	13.12	1755	269.6	141.26	590
1990	5.60	13.42	1888	290.0	196.59	806
1991	5.70	13.87	2045	314.1	253.28	1030
1992	5.95	14.19	2308	354.5	315.42	1275
1993	6.20	15.96	2701	414.9	389.44	1560
1994	6.50	16.06	3666	563.1	535.55	2129
1995	6.90	16.07	4430	680.5	726.28	2847
1996	7.21	16.51	5370	824.9	955.48	3705
1997	7.71	18.64	5664	870.0	1071.33	4077
1998	8.10	17.52	6551	1006.3	1211.83	4584
1999	8.71	18.47	7158	1099.5	1328.90	5000
2000	9.14	17.72	7924	1217.2	1515.80	5652
2001	13.41	17.10	8771	1347.3	1797.00	6652
2002	15.88	17.57	9990	1534.6	2019.40	7481
2003	16.27	19.75	11081	1702.2	2161.40	8007
2004	18.55	19.78	12431	1909.5	2405.60	8882

8－3 居民年平均消费水平及增长速度

The Level and Indices of Residents Consumer

年份 Year	居民消费水平（元）Level of consumer (yuan)	农民 Peasant	非农业居民 Nonagricultural residents	居民消费水平指数（上年＝100）Indices of consumer	农民 Peasant	非农业居民 Nonagricultural residents
1978	246	165	427	6.3	8.5	4.0
1979	283	203	449	7.7	11.8	1.4
1980	305	214	491	7.5	5.3	9.0
1981	335	245	513	6.3	7.2	3.9
1982	369	267	564	8.9	10.1	6.5
1983	424	331	599	9.3	19.5	－0.7
1984	487	376	691	12.3	13.1	10.7
1985	522	384	765	2.3	－2.3	5.8
1986	593	420	884	4.9	1.4	7.0
1987	689	476	1038	8.3	9.1	6.7
1988	860	573	1316	3.7	1.6	4.8
1989	933	628	1405	－7.2	－9.0	－6.4
1990	955	649	1427	－1.0	－3.1	0.4
1991	1037	678	1585	2.8	－1.5	5.5
1992	1233	749	1958	6.0	3.0	7.4
1993	1458	850	2341	5.8	3.8	5.8
1994	1872	1062	2995	11.7	8.2	11.7
1995	2292	1291	3665	8.0	6.9	8.0
1996	2643	1488	4180	8.1	9.0	6.4
1997	2940	1609	4665	9.0	4.5	10.1
1998	3015	1582	4857	4.8	0.6	6.3
1999	3132	1519	5216	6.2	－1.2	9.5
2000	3381	1593	5639	5.6	－0.8	7.0
2001	3651	1935	5813	7.7	6.6	8.1
2002	3869	2001	6152	7.0	3.9	7.1
2003	4557	2161	6830	16.2	7.0	9.4
2004	5136	2410	7650	8.4	6.3	8.0

8－4　城乡居民储蓄存款余额

Deposits Balance of Urban and Rural Residents

		2003		2004	
		绝对数 Value	构成(%) Proportion	绝对数 Value	构成(%) Proportion
年末余额(亿元)	**Balance at year end(100million yuan)**	**2161.4**	**100.0**	**2405.6**	**100.0**
定期	Fixed deposits	1462.8	67.7	1635.4	68.0
活期	Current deposits	698.6	32.3	770.2	32.0

注:城乡居民储蓄存款余额为人民币。
Deposits balance of urban and rural residents is a Ren Min Bi.

8－5　城镇居民家庭基本情况

Basic Indicators of Urban Households from Sample Survey

		单位 unit	2003		2004	
			城镇居民 Urban house－hold	#城市 City	城镇居民 Urban house－hold	#城市 City
调查户数	Households surveyed	户 household	1350	1100	1450	1200
平均每户家庭人口数	Average persons per households	人 persons	3.01	3.00	2.97	2.95
平均每户就业人口数	Average employees per households	人 persons	1.57	1.59	1.57	1.60
平均每户就业面	Percentage of employment per households	%	52.16	53.00	52.86	54.24
平均每一就业者负担人数（含就业者本人）	Persons supported by each employee (including the employee himself)	人 person	1.91	1.89	1.89	1.84
平均每人可支配收入	Disposable income per capita	元 yuan	7005.12	7507.44	7840.60	8470.50
按每人每月可支配收入分组的户数构成	Proportion of households by disposable income per capita	%	100	100	100	100
无收入	Non－income	%	0.60	0.50	0.07	0.09
200元以下	Under 200yuan	%	6.00	4.60	1.93	1.33
200－400（元）	200－400yuan	%	25.80	24.00	18.05	15.31
400－600（元）	400－600yuan	%	28.90	29.30	27.62	27.20
600－800（元）	600－800yuan	%	18.20	19.40	23.28	24.22
800－1000（元）	800－1000yuan	%	9.30	10.20	14.24	15.78
1000－1500（元）	1000－1500yuan	%	8.30	9.00	11.78	12.82
1500－2000（元）	1500－2000yuan	%	1.50	1.60	2.36	2.51
2000－2500（元）	2000－2500yuan	%	0.60	0.60	0.21	0.17
2500－3000（元）	2500－3000yuan	%	0.30	0.30	0.20	0.24
3000－4000（元）	3000－4000yuan	%	0.30	0.30	0.21	0.25
4000－5000（元）	4000－5000yuan	%	0.10	0.10		
5000元以上	Over 5000	%	0.10	0.10	0.06	0.08
平均每人消费支出	Living expenditures per capita	元 yuan	5492.04	6020.64	6068.99	6717.60

8－6 城镇居民家庭基本情况(2004)

		单位 Unit	总平均 Total average
一、城镇居民家庭调查户数	Households surveyed	户 Households	1450
各组户数占总户数比重	Proportion	%	100
平均每户家庭人口数	Average persons per household	人 Persons	2.97
平均每户就业人口数	Average employee per household	人 Persons	1.57
平均每户就业面	Percentage of employment per household	%	52.86
平均每一就业者负担人数（包括本人）	Persons supported by each employee (including the employee himself)	人 Persons	1.89
平均每人可支配收入	Disposable income per capita	元 Yuan	7840.60
平均每人总支出	Real expenditures per capita	元 Yuan	7648.88
# 消费支出	#Living expenditures	元 Yuan	6068.99
二、城市居民家庭调查户数	Urban households	户 Households	1200
各组户数占总户数比重	Proportion	%	100
平均每户家庭人口数	Average persons per household	人 Persons	2.95
平均每户就业人口数	Average employee per household	人 Persons	1.60
平均每户就业面	Percentage of employment per household	%	54.24
平均每一就业者负担人数（包括本人）	Persons supported by each employee (including the employee himself)	人 Persons	1.84
平均每人可支配收入	Disposable income per capita	元 Yuan	8470.50
平均每人总支出	Real expenditures per capita	元 Yuan	8380.28
# 消费支出	#Living expenditures	元 Yuan	6717.60

Basic Conditions of Urban Households(2004)

最低收入户 Lowest income	低收入户 Low income	中等偏下户 Mudium - low income	中等收入户 Mudium income	中等偏上户 Mudium - high income	高收入户 High income	最高收入户 Highest income
145.75	145.08	288.00	291.25	291.75	145.33	142.75
10.05	10.01	19.86	20.09	20.12	10.02	9.85
3.35	3.21	3.18	2.91	2.83	2.69	2.53
1.30	1.56	1.62	1.64	1.62	1.57	1.52
38.81	48.60	50.94	56.36	57.24	58.36	60.08
2.58	2.06	1.96	1.77	1.75	1.71	1.66
2806.67	4302.51	5606.32	7401.21	9475.29	12059.50	19317.70
3408.40	4396.19	5765.21	7424.56	8655.68	11126.45	18269.85
2967.99	3652.89	4784.50	5984.47	6923.44	8681.31	13071.54
120.75	119.25	238.08	241.25	241.67	120.67	118.33
10.06	9.94	19.84	20.10	20.14	10.06	9.86
3.32	3.11	3.17	2.96	2.81	2.72	2.55
1.51	1.63	1.63	1.58	1.65	1.52	1.57
45.48	52.41	51.42	53.38	58.72	55.88	61.57
2.20	1.91	1.94	1.87	1.70	1.79	1.62
3127.89	4620.76	5948.20	7740.62	9866.25	12342.30	19910.46
3791.39	5219.36	6021.52	7856.86	9470.22	11265.99	18954.81
3343.64	4438.71	5066.78	6468.20	7608.60	9018.73	13545.58

8-7 城镇居民家庭平均每人消费支出(2004)

单位:元

项目	Item	总平均 Average	最低收入户 Lowest income
消费性支出	**Living expenditures**	**6068.99**	**2967.99**
一、食品类	**Food**	**2180.09**	**1399.40**
(一) 粮油类	Grain	386.21	366.61
(二) 肉禽蛋水产品类	Starches and tubers	542.72	373.09
(三) 蔬菜类	Beans and bean products	251.87	193.49
(四) 调味品	Oil and fat	35.98	25.69
(五) 糖烟酒饮料类	Meal poultry and related products	215.02	118.59
(六) 干鲜瓜果类	Eggs	215.63	133.19
(七) 糕点、奶及奶制品	Aquatic products	140.85	63.10
(八) 其他食品	Vegetable	51.59	29.43
(九) 饮食服务	Flavoring	340.21	96.21
二、衣着类	**Sugar**	**739.52**	**260.91**
(一) 服装	Tobacco	523.00	166.83
(二) 衣着材料	Liquor and beverages	6.99	5.45
(三) 鞋类	Dried and fresh melons and fruits	173.00	69.86
(四) 其他衣着用品	Nuts and kermels	29.82	14.97
(五) 衣着加工服务费	Cake	6.71	3.80
三、家庭设备用品及服务	**Household facilities articles and services**	**254.33**	**80.01**
(一) 耐用消费品	Transportation	101.46	10.96
(二) 室内装饰品	Transportation	10.29	1.55
(三) 床上用品	Transportation	21.31	6.29
(四) 家庭日用杂品	Transportation	101.11	56.85
(五) 家具材料	Transportation	0.50	0.26
(六) 家庭服务	Transportation	19.66	4.11
四、医疗保健	**Medicine and medical services**	**527.32**	**239.79**
(一) 医疗器具	Transportation	1.19	0.04
(二) 保健器具	Transportation	9.79	0.18
(三) 药品费	Transportation	307.50	148.33
(四) 滋补保健品	Transportation	52.88	11.70
(五) 医疗费	Transportation	155.30	79.34
(六) 其他	Transportation	0.66	0.20
五、交通和通信	**Transportation and communication**	**643.16**	**222.52**
(一) 交通	Transportation	283.77	66.89
(二) 通信	Communication	359.39	155.63
六、教育文化娱乐服务	**Recreation education and cultural services**	**795.04**	**321.55**
(一) 文化娱乐用品	Durable consummer goods	203.22	56.95
(二) 文化娱乐服务	Cultural recreation	110.56	18.41
(三) 教育	Education	481.26	246.19
七、居住	**Residence**	**700.04**	**364.27**
(一) 住房	Housing	194.31	63.11
(二) 水、电、燃料、其他	Water, eletricity, fuels and services	479.57	293.97
(三) 居住服务费	Others	26.16	7.20
八、杂项商品和服务	**Miscellaneous and services**	**229.51**	**79.54**
(一) 杂项商品	Personal consumption	132.95	48.17
(二) 服务	Other commodities	96.55	31.37

Per Capita Urban Household Living Expenditures(2004)

unit: yuan

低收入户 Low income	中等偏下户 Medium - low income	中等收入户 Medium income	中等偏上户 Medium - high income	高收入户 High income	最高收入户 Highest income
3652.89	**4784.50**	**5984.47**	**6923.44**	**8681.31**	**13071.54**
1594.98	**1908.25**	**2204.94**	**2427.13**	**2711.61**	**3707.00**
374.65	373.77	373.51	401.30	409.06	439.42
432.37	480.71	558.82	617.55	624.48	817.19
203.52	222.14	252.20	279.13	317.55	354.03
29.88	33.60	34.67	41.19	42.71	50.55
140.84	191.38	214.18	238.34	270.13	417.28
149.16	182.78	230.22	241.45	279.83	355.59
97.14	126.22	153.22	158.08	192.01	232.63
35.86	47.46	51.93	57.46	67.88	86.26
131.57	250.19	336.20	392.63	507.96	954.06
368.35	**561.87**	**739.00**	**869.84**	**1101.12**	**1776.10**
237.56	372.88	523.03	618.40	799.57	1350.93
3.18	7.92	6.08	5.55	7.97	16.69
100.66	152.04	174.18	201.19	243.25	342.91
23.03	25.68	29.34	37.02	38.69	47.99
3.93	3.35	6.36	7.68	11.64	17.59
122.87	**136.81**	**258.96**	**307.33**	**528.10**	**596.68**
26.09	28.08	105.87	139.61	263.89	271.03
0.86	5.49	14.15	5.76	14.73	45.68
10.25	10.45	26.28	24.59	33.52	55.56
64.18	83.03	103.17	121.47	136.45	177.85
	0.73	0.36	0.66	0.84	0.52
21.49	9.03	9.14	15.22	78.67	46.05
311.49	**391.06**	**411.40**	**687.82**	**967.08**	**1093.63**
1.83	0.55	0.60	2.09	2.90	1.50
32.71	2.83	1.61	3.28	39.45	18.06
214.04	253.77	267.31	357.52	588.68	516.14
9.84	18.15	27.88	63.74	69.87	291.14
52.83	114.94	113.68	260.06	265.00	266.04
0.25	0.82	0.31	1.13	1.17	0.76
260.75	**445.29**	**600.37**	**666.63**	**918.15**	**2116.30**
93.39	136.15	226.10	280.61	330.69	1387.76
167.36	309.14	374.27	386.02	587.46	728.54
413.28	**674.42**	**765.98**	**949.71**	**1072.49**	**1786.74**
73.69	103.10	162.30	257.58	320.97	731.61
31.96	59.17	82.04	168.90	252.76	285.88
307.63	512.16	521.65	523.23	498.77	769.25
469.49	**514.74**	**783.57**	**742.14**	**991.39**	**1412.18**
62.23	89.00	274.80	156.12	355.26	575.27
392.31	403.50	484.99	555.50	591.33	779.39
14.95	22.25	23.77	30.52	44.79	57.52
111.67	**152.05**	**220.25**	**272.85**	**391.36**	**582.89**
64.03	91.88	128.29	171.88	182.50	336.79
47.64	60.17	91.97	100.97	208.86	246.10

8-8 城镇居民家庭平均每百户年末耐用消费品拥有量(2004)

项目 Item		单位 unit	总平均 Average
成套家具	Composice furnitrre	套 set	28.39
摩托车	Motorcycle	辆 unit	15.66
自行车	Bicycle	辆 unit	132.50
助力车	Bicycle	辆 unit	1.82
家用汽车	Automobile	辆 unit	1.16
洗衣机	Washingmachinge	台 unit	97.62
电风扇	Electricfan	台 unit	71.20
电冰箱	Refrigerator	台 unit	82.20
冰柜	Freezer	台 unit	10.45
彩色电视机	ColorTVset	台 unit	124.89
影碟机	Videodiscplayer	台 unit	55.05
录音机	Record	台 unit	48.04
录放像机	Video record	台 unit	17.94
家用电脑	Computer	台 unit	20.85
组合音响	Hi-Fistereo	套 set	14.30
摄像机	Pickupcamera	架 unit	3.12
照相机	Camera	架 unit	42.99
钢琴	Piamo	架 unit	1.75
其他中高档乐器	Other highgrade musical instrument	件 pcs	7.43
微波炉	Oven	台 unit	30.91
空调器	Aircomditioner	台 unit	3.81
取暖器	Warm machine	台 unit	11.66
电炊具	Electric cooking	台 unit	131.47
淋浴热水器	Shower	台 unit	40.90
排油烟机	Smoke absorber	台 unit	77.58
消毒碗柜	Streiize cupboard	台 unit	4.20
洗碗机	Washing boul	台 unit	0.50
饮水机	Drinking machine	台 unit	26.07
吸尘器	Dust catcher	台 unit	16.53
健身器材	Healthequipment	套 set	4.79
普通电话	Telephone	部 set	96.68
移动电话	Hand telepbone	部 set	113.52
传真机	Fax	部 set	0.66

Urban Household Year－end Ownership of Major Durable Consumer Goods Per 100 Household(2004)

最低收入户 Lowest income	低收入户 Low income	中等偏下户 Medium－low income	中等收入户 Medium income	中等偏上户 Medium－high income	高收入户 High income	最高收入户 Highest income
16.49	30.97	21.47	27.79	30.15	40.53	40.14
17.40	24.18	12.38	12.90	15.56	13.94	20.01
139.65	131.29	145.12	137.32	135.37	111.63	101.35
	2.06	0.91	1.08	4.21	1.46	2.60
0.89	2.09	0.45				8.30
89.14	96.08	98.91	94.86	100.92	102.75	100.37
51.20	69.92	68.68	75.08	76.94	75.24	76.12
52.41	69.34	81.55	83.96	91.49	92.13	98.16
9.88	6.38	9.91	10.45	10.52	8.32	18.60
107.22	113.48	120.83	118.33	136.50	135.81	145.86
34.72	43.63	49.26	56.83	67.82	64.36	62.90
39.68	40.43	47.75	52.65	43.68	55.19	58.23
7.56	12.34	11.49	17.68	22.61	26.91	31.79
3.21	5.07	12.84	18.07	30.74	35.79	46.24
4.16	9.50	9.19	16.70	21.50	12.20	23.67
	0.93	1.49	1.77	2.88	4.92	14.55
14.14	26.68	37.11	42.74	49.43	66.75	67.84
		1.10	1.87	3.10	3.06	2.60
2.14	3.69	2.47	10.27	9.12	13.78	12.04
4.40	12.22	20.98	32.82	42.06	43.76	62.60
		2.71	3.02	2.09	4.76	19.34
6.06	5.36	8.07	12.93	15.29	13.92	19.93
122.08	114.27	124.73	129.18	138.67	144.00	153.07
8.34	26.73	31.21	39.69	55.70	62.14	65.15
39.09	62.87	68.78	82.58	93.39	94.30	95.35
0.86	0.57	1.70	3.53	4.02	7.70	15.93
1.53			0.44		1.24	1.44
5.37	11.58	19.00	28.57	32.81	40.60	46.60
7.11	9.07	10.56	16.02	19.81	19.15	40.11
0.86		1.40	2.88	6.06	13.14	15.25
88.76	92.87	96.51	98.08	97.45	98.54	103.60
55.45	64.40	103.69	132.35	124.64	146.31	155.63
		0.22	0.44	0.57	1.61	2.82

8-9 城镇居民家庭人均现金收支

Cash Income and Expenditures of Urban Households Per Capita

单位:元　　unit: yuan

		2003	2004
城镇居民家庭	**Urban households**		
年初手存现金	Total of cash at year-begining	459.37	475.41
一、家庭总收入	Real income	7311.24	8226.78
其中：可支配收入	Disposable income	7005.10	7840.60
（一）工薪收入	Wages	4828.32	5447.36
（二）经营净收入	income of business	575.16	791.60
（三）财产性收入	Property income	100.80	69.69
（四）转移性收入	Transfer income	1807.08	1918.14
二、出售财物收入	Income of sale property	141.60	55.49
三、借贷收入	Credit income	1540.80	1497.34
四、家庭总支出	Expend itures of bouseholds	7171.08	7648.88
（一）消费支出	Living expenditures	5492.04	6068.99
（二）购房与建房支出	Expenditures of houses	486.60	190.49
（三）转移性支出	Transfer expenditures	931.44	1064.49
（四）财产性支出	Property expenditures	0.48	0.25
（五）社会保障支出	Social welfare	260.40	324.66
五、借贷支出	Credit expenditures	1742.88	2016.06
年末手存现金	Total of cash at year-end	466.01	484.96
城市居民家庭	**Households of urban**		
年初手存现金	Total of cash at year-begining	510.78	515.03
一、家庭总收入	Total of income	7860.72	8933.60
其中：可支配收入	Disposable income	7507.44	8470.50
（一）工薪收入	Wages	5201.52	5920.36
（二）经营净收入	Income of business	483.84	763.83
（三）财产性收入	Property income	98.28	67.40
（四）转移性收入	Transter income	2077.08	2182.02
二、出售财物收入	Income of sale property	194.88	74.72
三、借贷收入	Credit income	1852.32	1809.89
四、家庭总支出	Total of expenditures of households	7858.20	8380.28
（一）消费支出	Living expenditure	6020.64	6717.60
（二）购房与建房支出	Expenditures of houses	681.84	266.73
（三）转移性支出	Transfer expenditures	852.84	1005.22
（四）财产性支出	Property expenditures	0.72	0.35
（五）社会保障支出	Social welfare	302.16	390.38
五、借贷支出	Credit expenditures	1962.00	2314.09
年末手存现金	Total cash at year end	518.10	525.35

8-10 城镇居民家庭平均每人购买的主要商品数量

Urban Houshold Per Capita Purchases of Major Commodities

		单位 unit	2003		2004	
			城镇居民 Urban Household	#城市 City	城镇居民 Urban Household	#城市 City
粮 食	Grain	千克 kg	84.60	87.72	79.10	82.01
油脂类	Edible vegetable oil	千克 kg	10.32	10.56	9.39	10.01
猪 肉	Pork	千克 kg	15.36	15.96	13.74	14.23
牛 肉	Beefmutton	千克 kg	3.12	3.60	3.73	4.35
羊 肉	mutton	千克 kg	1.08	1.44	1.33	1.62
家禽（禽类）	Poultry	千克 kg	3.72	4.08	3.81	4.19
蛋 类	Fresh eggs	千克 kg	13.32	14.52	11.01	11.84
鱼 虾	Aquatic products	千克 kg	9.48	10.80	8.12	9.04
鲜 菜	Freshvegetable	千克 kg	129.72	139.08	139.76	147.15
白 酒	Liquor	千克 kg	3.72	3.60	3.04	3.02
啤 酒	Beer	千克 kg	10.20	11.28	9.46	10.26
饮 料	Beverage	千克 kg	10.44	11.04	10.08	10.31
鲜 果	Fresh fruits	千克 kg	46.80	51.36	47.14	52.16
鲜 瓜	Melons	千克 kg	17.04	17.28	18.22	19.29
糕 点	Coke	千克 kg	3.48	3.48	3.80	3.98
鲜乳品	Milk	千克 kg	16.92	20.88	19.26	23.51
男士服装	Men's clothing	件 pic	2.76	2.76	2.56	2.57
女士服装	Women's clothing	件 pic	3.48	3.36	3.43	3.48
鞋 类	Leather shoes	双 pairs	2.52	2.40	2.41	2.33

8-11 农民家庭基本情况

Basic Indicators of Rural Households

		单位 unit	2003	2004
调查户数	Houeholds surveyed	户 household	1600	1600
调查户人口	Residents surveyed	人 persons	3.73	3.71
常住人口	Permanent residents in the househdds	人 persons	5969	5940
平均每户常住人口	Average permanent residents per hcuseholds	人 persons	3.73	3.71
平均每户整、半劳动力	Average full－time and part－time laborer	人 persons	2.77	2.76
平均每个劳动力负担人口	Average persons supported by cash laborer	人 persons	1.39	1.34
平均每人全年收入	**Per capita annual income**			
总收入（人均）	Total revenue(Per capita)	元 yuan	3862.08	4439.04
纯收入（人均）	Net income(Per capita)	元 yuan	2530.41	3000.40
现金收入（人均）	Cash income(Per capita)	元 yuan	3118.86	3224.22
人均住房面积	Per capita floor space of houses	平方米 sq.m	19.75	19.78
年末住房价值（人均）	Value of building(Per capita)	元 yuan	5156.74	5199.39
新建（购）住房面积（人均）	Space of new built(Per capita)	平方米 sq.m	0.36	0.33

8－12 农民家庭平均每人纯收入

Net Income of Peasant Household Per Capita

单位:元 unit:yuan

		20003	2004
平均每人纯收入	**Net income per capita**	**2530.41**	**3000.40**
(一) 工资性收入	**Wages**	**425.51**	**457.80**
1. 在非企业组织中劳动得到收入	From Non－enterprises	76.01	49.78
2. 在本乡地域内劳动得到收入	From loacl enterprises	201.01	231.59
3. 外出从业得到收入	From outside	148.49	176.42
(二) 家庭经营纯收入	**Household business revenue**	**1991.17**	**2292.76**
1. 第一产业纯收入	Primary industry	1896.64	2216.18
(1) 农业收入	Farming	1583.60	1873.01
(2) 林业收入	Forestry	4.23	7.20
(3) 牧业收入	Animal husbandry	308.42	336.32
(4) 渔业收入	Fishery	0.39	－0.35
2. 非农产业纯收入	Non－farming	94.53	76.58
A. 第二产业纯收入	Secondary industry	19.70	10.05
(1)工业收入	Industry	12.78	3.73
(2)建筑业收入	Construction	6.92	6.32
B. 第三产业纯收入	Tertiary inenstry	74.82	66.52
(1)交通、运输、邮电业收入	Transportation, post and telecommuncations	14.41	13.27
(2)批零贸易业、饮食业收入	Wholesale, retail trade and catering	17.84	23.32
(3)社会服务业收入	Social services	10.59	4.55
(4)文教卫生业收入	Education, culture and health care	1.48	1.17
(5)其他行业收入	Others	30.50	24.21
(三) 财产性纯收入	**Property**	**66.40**	**81.35**
1. 利息	Interest	1.57	1.16

8－12 续表 continued

单位:元 unit: yuan

		2003	2004
2. 集体分配股息和红利	Collective Bonus		0.01
3. 其他股息和红利	Other bonus		0.08
4. 租金（包括农业机械）	Rent	4.49	4.15
5. 出让无形资产净收入	Sale asrets		
6. 储蓄性保险投资收入	Insurance	0.20	
7. 土地征用补偿收入	Compensate from land use	12.23	16.60
8. 转让承包土地经营权收入	Transfer land	4.99	6.57
9. 其他投资收益	Other investment		0.03
10. 其他	Others	42.92	52.74
（四）转移性纯收入	**Tramsfer income**	**47.34**	**167.71**
1. 家庭非常住人口寄回和带回	Send from outside	22.41	17.50
2. 城市亲友赠送	Gift	5.52	5.81
3. 离退休金、养老金	Relief funds	4.92	3.38
4. 城市亲友支付赡养费	Support from city	0.65	0.95
5. 农村亲友支付赡养费	Support from country	4.02	6.81
6. 救济金	Relief fumds	0.50	0.54
7. 抚恤金	Pension	0.79	0.02
8. 灾款	Pension	0.05	0.03
9. 报销医疗费	Medical treatment fee	0.14	0.04
10. 退税	Draw back	1.12	1.68
11. 退耕还林还草补贴	Subside	1.19	9.06
12. 无偿扶贫或扶持款	Pension	0.16	0.43
13. 得到赔款	reparation	0.81	2.57
14. 其他	Others	5.06	117.89
其中:粮食直接补贴收入	Grain Subside		107.60
良种补贴	Seed Subside		10.18

8-13 农村家庭平均每人消费总支出

Percapita Living Expenditur of Rual House holds

单位:元 unit: yuan

类别	Item	2003	2004
消费总支出	**Total**	**3379.37**	**3658.06**
(一) 家庭经营费用支出	Business	1007.18	1201.60
1. 第一产业生产费用支出	Primary industry	986.05	1187.00
(1) 农业生产费用支出	Farming	673.14	823.35
(2) 林业生产费用支出	Forestry	8.43	4.74
(3) 牧业生产费用支出	Animing husbandry	303.02	355.12
(4) 渔业生产费用支出	Fishery	1.46	3.79
2. 第二产业生产费用支出	Secondary industry	5.68	4.30
(1) 工业生产费用支出	Industry	2.91	3.17
(2) 建筑业生产费用支出	Construction	2.78	1.13
3. 第三产业生产费用支出	Tertiary industry	15.44	10.29
(1) 交通运输邮电业生产费用支出	Transport and post telecommuncation	8.70	6.32
(2) 批零贸易餐饮业生产费用支出	Trade and cetering	1.03	0.18
(3) 社会服务业生产费用支出	Social services	3.03	1.62
(4) 文教卫生业生产费用支出	Culure education health care	0.05	1.10
(5) 其他行业生产费用支出	Others	2.64	1.07
(二) 购置生产性固定资产支出	Purchasing productive fixed assets	216.73	232.15
(三) 建造生产性固定资产雇工支出	Building productive fixed assets	0.89	1.76
(四) 税费支出	Tax	137.60	21.33
1. 第一产业税	Primaryindustry	120.02	5.16
2. 第二产业税	Sceondary industry	0.05	
3. 第三产业税	Tertiary industry	2.09	0.53
4. 其他各种收费	Others	15.43	15.64
(五) 生活消费支出	Living expenditure	1815.57	1971.21
1. 食品消费支出	Food	799.16	899.00
2. 衣着消费支出	Clothing	118.08	133.54
3. 居住消费支出	Building	253.45	216.82
4. 家庭设备、用品消费支出	Consumption	57.63	62.08
5. 交通和通讯消费支出	Transport and telecommuncation	173.82	214.97
6. 文化教育、娱乐消费支出	Cultural, education, enteraining	221.70	237.34
7. 医疗保健消费支出	Health care	153.75	161.16
8. 其他商品和服务消费支出	Others	37.98	46.31
(六) 财产性支出	Property expenditure	32.51	31.69
(七) 转移性支出	Transfer expenditure	168.89	198.32

8－14　农民家庭平均每人生活消费支出

Living Expenditures of Peasant Household Per Capita

单位：元　　　　unit: yuan

		2003	2004
生活消费支出合计	**Total living expenditures**	**1815.57**	**1971.21**
其中:服务性支出	Service expenditures	447.03	505.16
1. 食品消费支出	**Food expenditures**	**799.16**	**899.00**
A. 食品消费品支出	**Food**	**759.83**	**847.24**
(1)谷物	Grain	230.21	234.18
(2)薯类	Tubers	6.14	11.56
(3)豆类	Bean	23.31	17.85
(4)食用油	Oilorfat	42.61	45.00
(5)蔬菜及制品	Vegetable	95.90	120.26
(6)肉、禽、蛋、奶及制品	Meal, poultry, eggs and its products	163.78	211.71
(7)水产品及制品	Aquatic product	21.85	24.02
(8)烟、酒	To bacco, liquor	72.26	73.95
(9)茶叶、饮料	Tea, beverages	6.88	6.95
(10)其它类食品	Others	96.89	101.76
B. 食品消费服务性支出	**Service expenditures**	**39.33**	**51.76**
(1)在外饮食	Staple food	32.15	45.62
(2)食品加工费	Food processing	5.79	4.80
(3)其他服务性支出	Others	1.38	1.34
2. 衣着消费支出	**Cothing**	**118.08**	**133.54**
A. 衣着消费品支出	**Clothing**	**117.55**	**132.93**
(1)服装	Clothing	67.41	79.23
(2)服装材料	Material	4.85	4.51
(3)鞋类	Shoes	32.06	35.03
(4)其他	Others	13.22	14.16
B. 衣着消费服务性支出	**Services**	**0.54**	**0.61**
(1)衣着加工费	Processing	0.38	0.50
(2)其他服务性支出	Others	0.16	0.11
3. 居住消费支出	**Residence**	**253.45**	**216.82**
A. 居住消费品支出	**Residence**	**199.66**	**158.51**
(1)建筑生活用房材料	Construction	53.22	59.09
(2)维修生活用房材料	Maintain	26.76	30.67

8－14 续表 continued

单位:元 unit:yuan

		2003	2004
(3)装修生活用房材料	Materical of mainfain	7.62	13.85
(4)生活用房	Housing	21.44	5.98
(5)生活用燃料	Fuels	90.61	48.91
B. 居住消费服务性支出	**Services**	**53.79**	**58.31**
(1)建筑、维修生活用房雇工工资	Wages of maintain	8.50	11.43
(2)房租	Rent	1.37	2.00
(3)生活用水	Water	2.23	1.98
(4)生活用电	Electricity	33.28	35.90
(5)清洁费、卫生费	Clearing	0.08	0.16
(6)其他服务性支出	Others	8.33	6.84
4. 家庭设备、用品消费支出	**Household facilities, atrciles**	**57.63**	**62.08**
A. 家庭设备用品消费品支出	**Household facilities, articles**	**54.51**	**59.66**
(1)日用品	Aticles	36.17	34.70
(2)床上用品	Bed articles	3.02	3.93
(3)室内装饰品	Room decorations	1.18	1.15
(4)家俱类	Furniture	4.58	6.19
(5)机电设备	Facilities	9.56	13.69
B. 家庭设备用品服务性消费支出	**Services**	**3.13**	**2.42**
(1)家庭设备修理费	Maintain for facilities	1.31	1.15
(2)日杂用品加工修理费	Maintain for articles	0.46	0.45
(3)家政服务费	Services	0.11	0.10
(4)其他服务性支出	Others	1.25	0.72
5. 交通和通讯消费支出	**Transport and commanication**	**173.82**	**214.97**
A. 交通和通讯用品支出	**Transport and communicaion**	**78.35**	**103.05**
(1)交通工具	Transport	39.27	45.67
(2)交通工具用燃料	Fuels	13.67	18.29
(3)交通工具用零配件	Parts	6.24	5.89
(4)通讯工具	Communication	18.83	32.85
(5)通讯工具用零配件	Parts	0.34	0.36
B. 交通和通讯服务消费支出	**Service**	**95.47**	**111.92**
(1)交通消费服务支出	**Service for transport**	**48.07**	**53.71**

8－14　续表　1　continued

单位:元　　unit:yuan

		2003	2004
①交通客运费	Passenger traffic	39.06	46.39
②生活物品货运费	Freight traffic	1.45	1.26
③交通工具修理费	Maintain	5.31	5.08
④其他(过路过桥费等)服务性支出	Others	2.24	0.98
(2)通讯消费服务支出	**Services for communication**	**47.40**	**58.21**
①邮寄费	Post	0.55	0.46
②通讯费	Telecommunication	45.33	57.08
③通讯工具修理费	Maintain	0.31	0.24
④其他	Others	1.22	0.43
6.文化教育、娱乐消费支出	**Expenditure of cultural, enucation and recreation**	**221.70**	**237.34**
A.文化教育、娱乐用品消费支出	**Articales**	**48.52**	**50.90**
(1)文教、娱乐用机电消费品	Articles	25.78	26.57
(2)书、报、杂志	Book, news papers	10.42	11.46
(3)纸张、文具	Paper, articles	4.28	4.30
(4)音像制品	Audiovisual products	0.53	0.60
(5)电脑软件	Compter software	0.01	
(6)体育用品	Sport goods	0.08	0.19
(7)计算机零配件及耗材	Parts of computer	0.02	
(8)鲜花	Flower	0.03	0.04
(9)娱乐用品	Recreational goods	3.58	4.72
(10)其他用品	Others	3.79	3.02
B.教育服务消费支出	**Educational Services**	**164.60**	**178.32**
(1)托儿费	Nursery fee	1.07	1.15
(2)幼儿园赞助费	Kindergartens fee	0.08	0.38
(3)学杂费	Tuition fee	138.86	146.17
(4)入学赞助费	Support fee	0.81	0.54
(5)私立学校就读费	Tuifion fee in privat schools	2.60	0.58
(6)成人培训费	Training fee	2.79	1.71
(7)教育设备修理费	Maintain fee	0.02	
(8)其他服务性支出	Others	18.37	27.79
C.文化、体育、娱乐服务消费支出	**Cultural, educational ad recrentional services**	**8.58**	**8.12**

8-14 续表 2 continued

单位:元 unit:yuan

		2003	2004
(1)旅游	Tourisom	0.74	0.90
(2)休闲娱乐费	Recreation fee	1.87	1.85
(3)文化、体育、娱乐用品修理费	Maintain fee	0.34	0.19
(4)其他服务性支出	Others	5.63	5.18
7. 医疗保健消费支出	**Expenditure of health**	**153.75**	**161.16**
A. 医疗保健用品	**Health care goods**	**95.11**	**92.08**
(1)医疗卫生用品	Health care goods	93.49	91.73
①药品	Medicine	91.52	90.33
②医疗卫生器械	Equipment	0.90	1.01
③其他医疗卫生用品	Others	1.07	0.39
(2)保健用品	Health	1.62	0.34
①药品类保健品	Medicine	1.57	0.32
②保健器材	Equipment	0.05	0.03
B. 医疗保健服务消费支出	**Services of health care**	**58.64**	**69.08**
(1)医疗费	Health care fee	55.99	67.29
(2)医疗设备修理费	Health care fee	0.18	0.48
(3)保健费	Maintain fee	0.53	0.41
(4)保健设备修理费	Maintain fee		0.01
(5)其他服务性支出	Others	1.93	0.89
8. 其他商品和服务消费支出	**Others goods**	**37.98**	**46.31**
A. 其他商品支出	**Goods**	**15.01**	**21.68**
(1)首饰	Jewels	1.90	3.71
(2)手表	Wathch	0.55	0.97
(3)化妆品	Cosmetics	2.31	2.61
(4)迷信、宗教用品	REligiom goods	1.69	2.13
(5)其他	Others	8.56	12.26
B. 其他消费服务支出	**Other service**	**22.96**	**24.63**
(1)旅馆住宿费	Tourism	1.08	1.87
(2)美容美发	Improve looks	1.19	1.49
(3)殡殓费	Funeral fee	5.24	7.83
(4)生活消费借贷利息	Interest	1.67	0.53
(5)其他服务性支出	Others	13.78	12.91

8－15 农民家庭平均每人现金支出

Cash Expenditures of Peasant Household Per Capita

单位：元　　unit：yuan

		2003	2004
期内现金支出	**Cash expenditures**	**2951.97**	**3253.08**
（一）生产费用支出	**Production expenditures**	**1125.22**	**1339.46**
1．家庭经营费用支出	Business expenditures household	907.59	1105.56
（1）第一产业生产费用支出	Business expenditures household	886.48	1090.96
①农业生产费用支出	Agriculture	648.51	795.92
②林业生产费用支出	Forestry	8.43	4.74
③牧业生产费用支出	Animal husbandry	228.07	286.67
④渔业生产费用支出	Fishery	1.46	3.62
（2）第二产业生产费用支出	Business expenditures household	5.68	4.30
①工业生产费用支出	Industry	2.91	3.17
②建筑业生产费用支出	Construction	2.78	1.13
（3）第三产业生产费用支出	Business expenditures household	15.43	10.29
①交通运输邮电业生产费用支出	Transportation and telecommunications	8.70	6.32
②批发贸易餐饮业生产费用支出	Wholesale retair trade and catering	1.02	0.18
③社会服务业生产费用支出	Social services	3.03	1.62
④文教卫生业费用支出	Education, culture and health care	0.05	0.10
⑤其他行业生产费用支出	Others	2.64	2.07
2．购置生产性固定资产支出	Expenditures for purchasing fixed assets	216.73	232.15
3．建、造生产性固定资产雇工支出	Expenditures for purchasing fixed assets	0.89	1.76
（二）税费支出	**Expenditure of tax**	**137.36**	**21.32**
1．第一产业税	Primary industry tax	119.78	5.15
2．第二产业税	Secnodary industry tax	0.05	
3．第三产业生产纳税	Terimary indwstry tax	2.09	0.53
4．其他各种收费	Others	15.43	15.64
（三）生活消费支出	**Living expenditure**	**1490.10**	**1662.30**
（四）财产性支出	**Property expenditure**	**32.51**	**31.69**
1．宅基地有偿使用费	Fee of land use	0.18	1.00
2．承包其他农户转让	Tam sport	30.34	27.38
3．其他	Other expenditure	1.99	3.31
（五）转移性支出	**Transfer expenditure**	**166.79**	**198.30**
1．寄给带给家庭非常人口现金	Send to others	10.08	53.48
2．赠送农村亲友	Gift to rural area	119.78	94.81
3．赠送城市亲友	Gift to city	8.12	7.53
4．交纳医疗保险	Insurance	1.16	1.36
5．交纳社会保障基金	Fine	1.58	2.14
6．购买非储蓄性保险	Insuramce	1.88	2.67
7．赡养费	Support fee	3.94	5.86
8．其他直接税	Tax	0.17	0.06
9．捐赠	Contribute	0.47	0.35
10．罚款、赔款	Fine	2.43	0.67
11．其他	Others	17.19	29.37

8-16 农民家庭平均每人现金收入
Cash Income of Peasant Household Per Capita

单位:元 unit:yuan

		2003	2004
期内现金收入	**Cash income**	**3118.86**	**3224.22**
(一) 工资性收入	**Wages**	**424.62**	**457.80**
1. 在非企业组织中劳动得到的收入	From non-enterprises	76.01	49.78
(1) 乡村干部收入	Cadre income	45.01	24.10
(2) 乡村教师收入	Teacher income	21.06	16.71
(3) 行政事业单位等职工收入	Wages of staffs	9.94	8.97
2. 在本乡地域内劳动得到的收入	From loacl enterprises	200.62	231.59
(1) 在企业中劳动得到收入	From non-enterprises	84.55	94.97
a. 乡镇企业收入	From Tourship-enterprises	59.15	66.40
b. 其他企业收入	From Other-enterprises	25.41	28.57
(2) 在国家投资基建项目得到收入	Appropriate Servrces	2.27	1.17
(3) 提供其他劳务收入	From non-enterprises	113.79	135.45
3. 外出从业得到收入	From outside service	147.99	176.42
(1) 在乡外县内从业得到收入	From non-other tourships	33.24	33.25
(2) 在县外省内从业得到收入	From non-other courties	55.77	65.78
(3) 在省外国内从业得到收入	From non-other provinces	32.31	44.81
(4) 在国外从业得到收入	From non-Foreign country	26.67	32.58
(二) 家庭经营收入	**Cash income of household business**	**2578.95**	**2515.57**
1. 第一产业现金收入	From primary industry	2456.53	2417.97
(1) 农业现金收入	Framing	1913.10	1761.08
①出售农产品收入	Sale goods	1869.30	1717.02
②农业服务性收入	Servrces	43.80	44.06
a. 经营水利灌溉系统收入	Conservanct	0.14	0.71
b. 农产品初加工收入	Processing	6.11	1.55
c. 提供机械和操作人收入	Processing	20.63	20.37
d. 其他服务收入	Others	16.93	21.42
(2) 林业现金收入	Forestry income	12.96	13.33
①出售林业产品收入	Forest goods	10.82	11.20
②林业服务性收入	Forest services	2.14	2.13
(3) 牧业现金收入	Livestock income	528.63	641.06
①出售牧业产品收入	Livestock goods	523.27	639.53
②牧业服务性收入	Service	5.36	1.53
(4) 渔业现金收入	Aqutic products	1.83	2.50
①出售渔业产品收入	Aquatic products	1.83	2.33
②渔业服务性收入	Services		0.17
2. 第二产业现金收入	Secondary lidustry income	25.59	14.66
(1) 工业收入	Industry	15.88	7.12
①出售工业产品收入	Indsstry goods	0.72	0.61

8－16 续表 continued

单位:元 unit:yuan

		2003	2004
②工业服务性收入	Services	15.17	6.51
(2) 建筑业收入	Construction	9.71	7.54
①出售建筑业产品收入	Good		
②建筑业服务性收入	Services	9.71	7.54
3.第三产业现金收入	Tertiary industry	96.83	82.95
①出售其他产品收入	Goods	5.64	4.01
②第三产业服务性现金收入	Sercices	91.19	78.93
a.交通、运输、邮电业收入	Transport, post and telecommumaction	27.57	24.33
b.批零贸易业、饮食业收入	Whole sale and retail trade and catering	19.00	23.77
c.社会服务业收入	Social services	13.98	6.58
d.文教卫生业收入	Culture, educational, health income	1.53	1.28
e.其他行业收入	Other	29.11	22.95
(三)财产性收入	**Property income**	**33.90**	**33.41**
1.利息	Interest	1.57	1.16
2.集体分配股息和红利	Collective bonus		0.01
3.其他股息和红利	Others bonus		0.08
4.租金(包括农业机械)	Rent	4.49	4.15
5.出让无形资产净收入	Sale assets		
6.储蓄性保险投资收入	Insurance	0.20	
7.土地征用补偿收入	Compenste from land use	12.23	16.60
8.转让承包土地经营权收入	Transfer land	4.99	6.57
9.其他投资收益	Other investment		0.03
10.其他	Others	10.42	4.80
(四)转移性收入	**Transfer income**	**81.39**	**217.43**
1.家庭非常住人口寄回和带回	Send from outside	22.41	17.50
2.城市亲友赠送	Gift from city	5.37	5.73
3.农村亲友赠送	Gift from country	35.53	49.90
4.离退休金、养老金	Relief funds	4.92	3.38
5.城市亲友支付赡养费	Support from city	0.65	0.95
6.农村亲友支付赡养费	Support from country	4.02	6.81
7.救济金	Relief funds	0.50	0.54
8.抚恤金	Pension	0.79	1.02
9.救灾款	Pension	0.05	0.03
10.报销医疗费	Medical treatment fee	0.14	0.04
11.退税	Draw back	1.12	1.68
12.退耕还林还草补贴	Subside	0.95	9.06
13.无偿扶贫或扶持款	Pension	0.16	0.43
14.得到赔款	Keparation	0.81	2.57
15.其他	Others	3.97	117.79
其中:粮食直接补贴收入	Grain Subside		107.60
良种补贴	Seed Subside		10.18

8－17　农民家庭平均每百户年末耐用消费品拥有量

Number of Possession of Major Durable Consumer Goods Per 100 Rural Households at Year－end

		单位 unit	2000	2001	2002	2003	2004
大型家具	Large furniture	件 pcs	114.38	120.88	121.63	92.31	90.19
洗衣机	Washing machines	台 unit	55.06	56.19	56.88	58.75	60.75
电风扇	Electric Fans	台 unit	17.88	17.88	18.50	18.63	19.94
电冰箱	Refrigerators	台 unit	5.44	6.31	6.81	7.19	9.00
抽油烟机	Exhaust fan	台 unit	0.31	0.50	0.56	0.63	1.75
热水器	Shower	台 unit	0.62	0.62	1.00	0.56	0.94
自行车	Bicycles	辆 unit	98.31	97.88	98.75	86.44	84.13
摩托车	Motorcycles	辆 unit	19.69	23.25	27.31	32.56	37.31
汽车(生活用)	Automobile	台 unit	0.31	0.38	0.63	1.38	0.56
电话机	Telephone	部 unit	25.81	33.44	39.06	53.44	58.06
移动电话	Mobile telephone	部 unit	1.56	4.56	8.56	26.00	40.75
寻呼机	Pegeing service	台 unit	1.68	1.66	1.69	2.06	0.63
彩色电视机	Color TV set	台 unit	61.12	67.12	73.63	81.63	87.63
黑白电视机	TV set	台 unit	43.93	41.31	37.31	25.12	21.56
录放像机	Video recorder	台 unit	2.50	1.93	2.25	1.75	1.50
影碟机	Video disc player	台 unit	11.75	14.43	17.94	31.13	37.88
组合音响	Hi－Fi stereo component system	台 unit	8.18	7.81	8.31	7.44	7.38
收录机	Recorders	台 unit	26.13	25.12	24.94	19.31	18.75
照相机	Camera	件 unit	2.63	2.56	2.81	2.44	2.38
中高档乐器	Musical instrment	件 unit	0.19	0.06	0.06	0.06	

8－18　农民家庭平均每人主要消费品消费量

Per Capita Consumption On Major Consumer Goods in Rural Household

		单位 unit	2003	2004
粮食	Grain	公斤 kg	242.84	201.30
豆类及豆制品	Bean and its products	公斤 kg	12.81	9.78
蔬菜及菜制品	Vegetable	公斤 kg	115.20	141.17
油脂类	Oil and fat	公斤 kg	6.27	6.05
肉禽及其制品	Mealts, poultry and its products	公斤 kg	15.63	16.67
蛋类及蛋制品	Eggs and its products	公斤 kg	8.64	8.53
奶和奶制品	Milk and its products	公斤 kg	0.42	0.55
水产品	Aguatic products	公斤 kg	3.60	3.47
食糖	Sugar	公斤 kg	0.75	0.66

第九篇 CHAPTER

市政公用事业和环境保护

URBAN PUBLIC UTILITIES AND ENVIRONMENT

9

9-1 市政公用事业基本情况

Basic Statistics on Urban Public Utilities

		单位 unit	2003	2004
自来水全年供水总量	Annual supply of tap water	万立方米 10000cu.m	159570	151694
# 居民家庭用水量	Residential consumption	万立方米 10000cu.m	30379	31950
人均日生活用水	Per capita water consumption	升 litre	151.92	155.41
用水普及率	Population with access to tap water	%	78.51	77.25
公共车辆（汽车、电车）总数	Public transportation vehicles (buses and trolley buses)	辆 coach	8256	8340
平均每万人拥有	Vehicles per 10000 population	标台 coach	7.13	7.09
铺装道路长度	Length of paved road	公里 km	4486	4563
平均每万人拥有	Length of paved road per 10000 persons	公里 km	5.46	5.41
铺装道路面积	Area of paved road	万平方米 10000sq.m	6950.50	7165.80
平均每万人拥有	Area of paved road per 10000 persons	万平方米 10000sq.m	8.46	8.50
排水管道长度	Length of sewer pipelines	公里 km	4714	4817
平均每万人拥有	Length of sewer pipelines per 10000 persons	公里 km	5.70	5.72
人工煤气全年供气量	Annual coal gas supply	万立方米 10000cu.m	20562	12119
# 家庭用量	Residential consumption	万立方米 10000cu.m	8859	8711
煤气管道长度	Length of gas pipelines	公里 km	1925	2074
液化气家庭用量	Residential consumption of liquefied gas	吨 ton	107013	107342
用气普及率	Percentage of population with access to gas	%	70.25	71.33
绿化覆盖面积	Pubilc green areas	公顷 ha	28533	29668
平均每万人拥有	Pubilc green areas per 10000 persons	公顷 ha	35	35
公园、动物园个数	Number of parks and zoos	个 unit	67	72
公园、动物园面积	Area of parks and zoos	公顷 ha	2338	2455
清运垃圾	Garbage disposal	万吨 10000 ton	581	575
清运粪便	Disposal of night soil	万吨 10000 ton	113.80	111.10
每万人拥有公共厕所	Public lavatories per 10000 persons	座 unit	6.90	6.60

9-2 城市设施水平(2004)
Level of Public Facilties in Cities by Region(2004)

城市名称 City		城 市 人口密度 (人/平方公里) Urban population density (person/sq.km)	人均拥有城市维护建设资金 (元) Per capita construction funds (yuan)	自来水 Tap water		每万人拥有公共交通车辆 (标台) Number of public transportaion vehicles per 10000 population (unit)
				人均日生活用 水 量 (升) Per capita daily consumption of tap water (litre)	用水普及率 (%) Percentage of population with acces to tap water (%)	
全 省	**Total**	**771**	**714**	**155.41**	**77.25**	**7.09**
长春市	Changchun	874	1122	266.43	77.11	11.25
九台市	Jiutai	2147	205	87.23	96.45	1.96
榆树市	Yushu	3206	194	151.93	89.38	3.31
德惠市	Dehui	1578	116	83.18	85.71	2.98
吉林市	Jilin	897	1108	140.85	68.98	5.98
蛟河市	Jiaohe	1167	183	90.87	85.71	8.29
桦甸市	Huadian	859	346	170.88	58.79	3.64
舒兰市	Shulan	635	261	86.36	99.03	4.20
磐石市	Panshi	844	120	109.28	77.19	2.63
四平市	Siping	911	152	85.64	69.86	4.53
公主岭市	Gongzhuling	8053	208	113.44	67.57	5.22
双辽市	Suangliao	853	514	104.37	49.49	1.10
辽源市	Liaoyuan	2160	288	50.72	96.63	4.54
通化市	Tonghua	598	265	166.40	91.28	5.80
梅河口市	Meihekou	2222	335	95.42	83.97	3.71
集安市	Jian	1635	770	58.22	81.28	1.60
白山市	Baicheng	2744	265	78.05	75.73	8.05
临江市	Linjiang	6808	73	58.05	98.78	8.32
松原市	Songyuan	451	451	173.65	70.00	7.07
白城市	Baicheng	196	312	188.01	79.20	1.67
洮南市	Taonan	2611	286	77.54	37.59	2.98
大安市	Daan	1269	420	128.38	93.46	5.14
延吉市	Yanji	306	685	130.60	90.29	8.47
图们市	Tumen	625	340	147.78	78.76	3.46
敦化市	Dunhua	1527	681	139.81	87.52	7.06
珲春市	Hunchun	403	1215	229.98	81.14	3.14
龙井市	Longjing	1139	602	51.73	67.93	3.15
和龙市	Helong	1290	157	168.90	61.80	4.04

9－2 续表 continued

城市名称 City		用气普及率（%） Percentage of population with access to gas（%）	市政工程 Municipal engineering		园林绿化 Afforestation in city	
			人均拥有道路面积（平方米） Per capita area of paved roads（sq.m）	排水管道密度（公里/平方公里） Density of sewer pipelines（km/sq.km）	人均公共绿地面积（平方米） Per capita pubic green areas（sq.m）	建成区绿化覆盖率（%） Percentage of public green areas（%）
全　省	**Total**	**71.33**	**6.82**	**5.45**	**5.75**	**30.22**
长 春 市	Changchun	81.15	7.09	10.34	5.95	39.00
九 台 市	Jiutai	64.40	4.08	2.48	4.84	19.84
榆 树 市	Yushu	58.81	7.94	1.76	4.56	12.54
德 惠 市	Dehui	80.12	8.41	3.03	4.29	27.62
吉 林 市	Jilin	64.84	6.61	4.99	6.44	40.53
蛟 河 市	Jiaohe	71.43	6.61	3.18	7.29	18.64
桦 甸 市	Huadian	72.73	5.18	1.73	1.99	22.07
舒 兰 市	Shulan	67.81	6.61	5.50	7.32	16.75
磐 石 市	Panshi	60.53	6.26	2.83	5.70	16.38
四 平 市	Siping	65.87	5.00	3.05	2.87	18.53
公主岭市	Gongzhuling	41.64	6.64	3.53	3.91	21.32
双 辽 市	Suangliao	59.70	4.74	4.80	4.02	5.20
辽 源 市	Liaoyuan	29.66	6.65	3.08	5.17	21.79
通 化 市	Tonghua	85.70	4.83	1.95	8.55	28.81
梅河口市	Meihekou	84.03	7.54	3.60	1.71	15.65
集 安 市	Jian	81.28	12.24	1.31	8.24	37.64
白 山 市	Baicheng	44.33	5.50	3.09	5.18	19.18
临 江 市	Linjiang	79.31	6.50	1.72	3.81	20.00
松 原 市	Songyuan	62.31	6.13	7.19	4.15	35.05
白 城 市	Baicheng	69.71	6.88	5.37	6.89	33.16
洮 南 市	Taonan	71.28	8.45	4.31	5.32	30.69
大 安 市	Daan	93.46	8.21	4.83	7.74	25.68
延 吉 市	Yanji	90.53	7.24	5.05	4.00	25.60
图 们 市	Tumen	77.57	4.05	2.65	4.07	12.10
敦 化 市	Dunhua	85.26	10.07	4.77	19.59	38.08
珲 春 市	Hunchun	81.71	16.15	7.89	3.62	25.43
龙 井 市	Longjing	100.00	7.12	4.47	4.94	14.12
和 龙 市	Helong	48.31	4.63	4.41	3.64	22.85

9-3 城市人口和建设用地(2004)

Urban Population and Land for Construction(2004)

单位:万人、平方公里　　unit:10000persons.sq.km

城市名称 City		城市人口 Urban population	#非农业人口 Nonagricultural population	城市面积 Urban areas	#建成区面积 Developed areas	建设用地 Land for construction	#居住用地 Land for living	#绿地 Public green
全　省	**Total**	**1050.23**	**842.70**	**13615.08**	**884.66**	**799.50**	**268.89**	**62.63**
长春市	Changchun	314.74	239.15	3603.00	192.74	190.62	51.10	14.83
九台市	Jiutai	19.41	17.62	90.40	16.40	16.38	6.22	0.80
榆树市	Yushu	16.00	15.00	49.90	26.00	25.00	7.48	3.22
德惠市	Dehui	16.10	14.00	102.00	21.00	20.50	5.96	5.56
吉林市	Jilin	178.90	125.24	1995.00	165.63	119.24	33.31	2.32
蛟河市	Jiaohe	14.00	12.00	120.00	12.50	11.97	5.95	0.30
桦甸市	Huadian	16.50	13.00	192.00	15.00	15.00	9.50	0.44
舒兰市	Shulan	9.29	8.99	146.40	12.00	8.61	3.20	1.48
磐石市	Panshi	11.40	8.70	135.00	12.70	12.70	3.40	1.80
四平市	Siping	50.10	45.00	550.00	38.85	37.55	12.16	2.83
公主岭市	Gongzhuling	27.38	20.14	34.00	21.95	19.11	5.05	1.14
双辽市	Suangliao	12.73	10.88	149.20	12.00	11.90	7.10	0.20
辽源市	Liaoyuan	44.50	38.60	206.00	39.00	38.31	10.62	3.40
通化市	Tonghua	45.51	39.54	761.00	44.01	36.06	13.03	3.14
梅河口市	Meihekou	17.78	15.35	80.00	17.36	17.36	9.30	0.48
集安市	Jian	6.89	6.10	44.89	13.76	5.03	2.73	0.52
白山市	Baicheng	27.07	23.77	98.66	25.02	24.23	13.52	1.17
临江市	Linjiang	8.17	6.73	12.00	6.00	5.90	1.90	1.90
松原市	Songyuan	45.10	37.40	1000.00	32.81	32.81	13.81	5.03
白城市	Baicheng	36.58	27.49	1864.00	33.00	32.69	10.37	3.02
洮南市	Taonan	14.10	12.90	54.00	17.40	16.48	6.15	0.18
大安市	Daan	14.98	13.88	118.00	13.90	13.90	3.95	1.15
延吉市	Yanji	41.31	36.58	1350.24	32.81	29.99	14.65	2.04
图们市	Tumen	8.38	7.64	159.59	8.67	8.67	3.13	0.07
敦化市	Dunhua	17.71	16.62	116.00	17.20	13.60	4.20	1.00
珲春市	Hunchun	17.50	14.48	434.00	17.89	16.85	4.30	3.07
龙井市	Longjing	9.20	7.70	80.80	9.80	9.80	3.88	0.41
和龙市	Helong	8.90	8.20	69.00	9.23	9.23	2.92	1.13

9-4 城市供水(2004)
Tap Water Supply in Cities(2004)

城市名称 City		自来水综合生产能力(万立方米/日) Production capacity of tap water (10000cum/day)	#地下水 Groundwater	供水管道长度(公里) Length of water snpply pipelines (km)	供水总量(万立方米) Total annual volume of water supply (10000tons)	#生产运营用水量 For production use	#居民家庭用水量 For residential use	用水人口(万人) Number of residents with access to tap water (10000 persons)
全　省	**Total**	**698.27**	**94.31**	**6534.58**	**151694**	**94748**	**31950**	**811.26**
长春市	Changchun	115.60	8.80	1360.00	28339	7349	11749	242.71
九台市	Jiutai	3.40	0.90	132.00	711	80	481	18.72
榆树市	Yushu	5.30	5.30	130.60	2595	1369	514	14.30
德惠市	Dehui	4.35	4.35	276.10	1294	873	213	13.80
吉林市	Jilin	402.50	11.00	1032.00	84892	73908	5283	123.40
蛟河市	Jiaohe	3.41	1.40	56.00	623	208	303	12.00
桦甸市	Huadian	2.60	0.90	134.00	665	50	495	9.70
舒兰市	Shulan	3.60	1.00	55.80	607.00	305.00	270.00	9.20
磐石市	Panshi	2.16	2.16	80.30	760	379	272	8.80
四平市	Siping	19.60	4.00	327.00	2500	920	989	35.00
公主岭市	Gongzhuling	6.80	2.80	124.00	1395	471	526	18.50
双辽市	Suangliao	1.80	1.80	59.00	258	18	240	6.30
辽源市	Liaoyuan	15.00	1.00	272.40	2489	1431	576	43.00
通化市	Tonghua	15.20	0.80	389.00	4588	1906	2353	41.54
梅河口市	Meihekou	6.10	6.10	121.53	990	230	330	14.93
集安市	Jian	3.00		91.00	390	47	80	5.60
白山市	Baicheng	9.40	3.70	182.50	1394	161	489	20.50
临江市	Linjiang	3.65		62.50	430	52	135	8.07
松原市	Songyuan	11.20		356.00	2778	500	1810	31.57
白城市	Baicheng	17.10	17.10	304.35	4290	1679	1350	28.97
洮南市	Taonan	1.20	1.20	46.50	180	20	120	5.30
大安市	Daan	2.20	2.20	54.00	803	87	600	14.00
延吉市	Yanji	15.60	5.60	243.00	3055	183	1058	37.30
图们市	Tumen	2.10	1.20	105.00	452	83	253	6.60
敦化市	Dunhua	11.10	5.90	146.00	1189	363	493	15.50
珲春市	Hunchun	7.91	4.10	221.00	2889	1486	679	14.20
龙井市	Longjing	4.00	0.50	59.70	490	370	87	6.25
和龙市	Helong	2.40	0.50	113.30	648	219	202	5.50

9－5 城市市政设施(2004)

Urban public Facilities(2004)

城市名称 City		道路长度（公里） Length of paved road (km)	道路面积（万平方米） Area of paved road (10000 sq.m)	人行道面积（万平方米） Area of sidewalk (10000 sq.m)	路灯盏数（盏） Sutreet lights (unit)	排水管道长度（公里） Length of pipelines discharged (km)
全　省	**Total**	**4563.39**	**7165.80**	**1561.80**	**213881**	**4817.01**
长春市	Changchun	1156.31	2230.50	472.10	51589	1992.50
九台市	Jiutai	64.50	79.20	17.20	762	40.70
榆树市	Yushu	120.00	127.00	49.00	568	45.80
德惠市	Dehui	118.50	135.40	21.30	2974	63.60
吉林市	Jilin	842.00	1183.30	289.70	44714	827.00
蛟河市	Jiaohe	87.60	92.60	19.00	3369	39.70
桦甸市	Huadian	35.00	85.50	36.00	2750	26.00
舒兰市	Shulan	76.00	61.40	13.00	3100	66.00
磐石市	Panshi	62.00	71.40	17.00	1285	36.00
四平市	Siping	192.00	250.50	57.00	8716	118.50
公主岭市	Gongzhuling	100.00	181.80	19.00	6860	77.50
双辽市	Suangliao	45.77	60.40	7.90	1222	57.59
辽源市	Liaoyuan	126.00	296.00	48.00	7625	120.00
通化市	Tonghua	151.38	219.70	34.10	18119	86.00
梅河口市	Meihekou	75.74	134.00	35.60	4734	62.50
集安市	Jian	43.00	84.30	21.00	2030	18.00
白山市	Baicheng	95.91	148.80	35.30	4179	77.43
临江市	Linjiang	37.93	53.10	7.80	3159	10.32
松原市	Songyuan	143.03	276.50	100.80	7800	235.96
白城市	Baicheng	167.75	251.60	45.90	8434	177.19
洮南市	Taonan	92.80	119.20	13.20	2938	75.00
大安市	Daan	79.60	123.00	10.00	2732	67.20
延吉市	Yanji	140.90	299.00	107.00	5826	165.75
图们市	Tumen	30.25	33.90	19.00	2198	23.00
敦化市	Dunhua	153.00	178.40	28.20	4263	82.00
珲春市	Hunchun	228.48	282.60	24.70	5159	141.24
龙井市	Longjing	69.64	65.50	8.00	2309	43.81
和龙市	Helong	28.30	41.20	5.00	4467	40.72

9－5　续表　continued

城市名称 City		桥梁数（座）Number of bridges (unit)	#立交桥 Fly－over bridges (unit)	污水年处理量（万立方米）Dispoal capacity of sewage (10000ton)	防洪堤长度（公里）Length of breakwater (km)
全　省	**Total**	**451**	**79**	**15787**	**525.33**
长春市	Changchun	68	19	9534	20.30
九台市	Jiutai	5	2	200	3.20
榆树市	Yushu	3			
德惠市	Dehui	3	2		
吉林市	Jilin	84	25	3748	72.00
蛟河市	Jiaohe	10			9.21
桦甸市	Huadian	7			16.87
舒兰市	Shulan	19	1	9	1.20
磐石市	Panshi	11			2.00
四平市	Siping	13	4		
公主岭市	Gongzhuling	14	4	900	
双辽市	Suangliao	1	1		6.00
辽源市	Liaoyuan	59	5	1080	28.00
通化市	Tonghua	38	5		121.00
梅河口市	Meihekou	14	6		30.00
集安市	Jian	8			23.00
白山市	Baicheng	19			21.00
临江市	Linjiang	8			7.50
松原市	Songyuan	3	1	290	17.00
白城市	Baicheng	4	2		23.00
洮南市	Taonan				17.00
大安市	Daan	1	1		15.00
延吉市	Yanji	12			19.00
图们市	Tumen	8	1		14.00
敦化市	Dunhua	8		26.00	13.00
珲春市	Hunchun	17			10.00
龙井市	Longjing	3			6.60
和龙市	Helong	11			25.45

9-6 城市园林绿化(2004)

Park, Garden and Green Greas(2004)

城市名称 City		绿化覆盖面积(公顷) Green areas (ha)	#建成区 Developed areas	园林绿地面积(公顷) Total area of parks, gardens (ha)	公共绿地面积(公顷) Public green areas (ha)	公园个数(个) Number of parks (unit)	公园面积(公顷) Area of parks (ha)	游人量(万人次) Visitor to park and zoos (10000 persons times)
全　省	**Total**	**29668.4**	**26731.1**	**25474.9**	**6043.03**	**72**	**2454.54**	**1967.5**
长春市	Changchun	7516.0	7516.0	6455.8	1873.75	15	615.91	1064.0
九台市	Jiutai	325.3	325.3	194.8	94.00	1	13.00	1.0
榆树市	Yushu	374.0	326.0	340.0	73.00	1	12.90	11.0
德惠市	Dehui	662.0	580.0	316.0	69.00	2	22.50	2.7
吉林市	Jilin	7704.1	6712.3	6740.9	1151.40	8	429.00	296.0
蛟河市	Jiaohe	235.0	233.0	213.0	102.00			
桦甸市	Huadian	335.0	331.0	328.0	32.80	1	2.60	2.5
舒兰市	Shulan	222.0	201.0	189.0	68.00	1	22.00	3.8
磐石市	Panshi	238.0	208.0	86.0	65.00			
四平市	Siping	794.0	720.0	777.0	143.90	2	33.50	11.0
公主岭市	Gongzhuling	506.0	468.0	487.0	107.00	2	3.00	38.0
双辽市	Suangliao	113.4	62.4	62.2	51.2	1	20.00	
辽源市	Liaoyuan	858.0	850.0	819.0	230.00	6	128.00	35.0
通化市	Tonghua	1537.0	1268.0	1081.0	389.30	6	184.00	30.0
梅河口市	Meihekou	271.6	271.6	261.8	30.35	1	16.31	60.0
集安市	Jian	1320.0	519.0	1289.0	56.80	1	5.00	
白山市	Baicheng	480.0	480.0	460.8	140.21	3	109.28	10.0
临江市	Linjiang	130.0	120.0	111.0	47.50	3	22.00	200.0
松原市	Songyuan	1150.0	1150.0	996.0	187.00	2	156.00	50.0
白城市	Baicheng	1128.2	1094.2	1018.2	252.06	2	60.00	13.0
洮南市	Taonan	534.0	534.0	456.0	75.00	1	17.50	5.5
大安市	Daan	389.0	357.0	253.0	116.00	1	143.00	10.0
延吉市	Yanji	929.8	840.1	908.4	165.40	4	129.50	49.0
图们市	Tumen	104.9	104.9	104.9	34.11	2	6.00	1.0
敦化市	Dunhua	755.0	655.0	669.0	347.00	2	288.50	18.0
珲春市	Hunchun	455.0	455.0	359.0	63.40	1	12.00	6.0
龙井市	Longjing	390.2	138.4	302.8	45.42	2	2.04	50.0
和龙市	Helong	210.9	210.9	195.3	32.43	1	1.00	

9-7 城市环境卫生(2004)
Urban Sanitation in Cities(2004)

城市名称	City	道路清扫保洁面积(万平方米) Area under clearing (10000sq.m)	#机械化 Machine clearing	生活垃圾清运量(万吨) Volume of garbage disposal (10000ton)	垃圾无害化处理量(万吨) Volume of garbage treated (10000ton)	公厕数量(座) Public lavatories	#水冲式 Water clear	环卫机械总数(台) Environmental sanitaition equipment (unit)
全　省	**Total**	**8021.1**	**793.8**	**575**	**300.4**	**5527**	**646**	**1957**
长春市	Changchun	2554.7	289.4	111	97.2	883	386	524
九台市	Jiutai	65.2		14	8.2	154	3	37
榆树市	Yushu	115.8		28		53	2	65
德惠市	Dehui	163.0	108.0	15		129	6	47
吉林市	Jilin	1711.8	169.0	39	28.0	586	39	203
蛟河市	Jiaohe	80.0		12	12.0	84	16	18
桦甸市	Huadian	62.0		18	13.0	60	15	50
舒兰市	Shulan	50.9	11.0	6	3.9	67	2	18
磐石市	Panshi	80.0	6.4	12		60	9	25
四平市	Siping	307.0		36		374	41	393
公主岭市	Gongzhuling	185.0		11	9.8	170	15	11
双辽市	Suangliao	56.0		19		72		21
辽源市	Liaoyuan	329.0	38.0	21		889	29	39
通化市	Tonghua	187.0	62.0	19	18.5	240	7	47
梅河口市	Meihekou	132.5		15	14.0	123	4	43
集安市	Jian	36.0	10.0	6	5.5	33	5	16
白山市	Baicheng	150.0	40.0	15	12.6	134	15	38
临江市	Linjiang	32.0		10	7.0	37	7	26
松原市	Songyuan	302.5		48		230	4	65
白城市	Baicheng	326.0		15		129	6	37
洮南市	Taonan	215.0		14		65		23
大安市	Daan	90.0		11	11.0	165		28
延吉市	Yanji	260.0	20.0	32	28.0	212	13	50
图们市	Tumen	51.0		7		56	3	12
敦化市	Dunhua	212.0		11	9.0	115	13	40
珲春市	Hunchun	164.0	40.0	18	15.4	144	3	48
龙井市	Longjing	52.7		7	7.3	125	3	19
和龙市	Helong	50.0		5		138		14

9－8 城市公共交通(2004)
Basic Statistics on Urban Public Traffic(2004)

城市名称 City		运营车数（辆）Operation vehicles (coach)	#小公共汽车 Small buses	标准运营车数（标台）Standard operation vehicles (coach)	运营线路网长度（公里）Operation routes length of routes (km)	客运总量（万人次）Passenger carried (10000person)	#小公共汽车 Small buses	出租汽车数（辆）Taxes (coach)
全　省	**Total**	**8340**	**4276**	**7355**	**3415**	**96868**	**45037**	**53744**
长春市	Changchun	3648	822	3456	1164	54750	21900	16303
九台市	Jiutai	52	52	38	60	180	180	1500
榆树市	Yushu	74	43	53	101	310	180	860
德惠市	Dehui	49	30	48	61	350	190	2216
吉林市	Jilin	1032	551	1069	750	16760	6094	5459
蛟河市	Jiaohe	116		116	12	340		1270
桦甸市	Huadian	80	80	60		270	270	450
舒兰市	Shulan	55	55	39	20	350	3500	220
磐石市	Panshi	65	65	30	33	133	133	394
四平市	Siping	296	199	227	180	2745	1216	2155
公主岭市	Gongzhuling	203	201	143	73	1415	1110	1500
双辽市	Suangliao	20	20	14	22	22		600
辽源市	Liaoyuan	289	289	202	295	273	273	4090
通化市	Tonghua	267	10	264	151	4432	12	1438
梅河口市	Meihekou	94	94	66	32	110	110	1300
集安市	Jian	16	16	11	12	110		700
白山市	Baicheng	193	128	218	76	1150	980	643
临江市	Linjiang	94	90	68	28	300	210	550
松原市	Songyuan	456	456	319	15	3600	3600	2177
白城市	Baicheng	214	130	171	161	868	760	3146
洮南市	Taonan	60	60	42	35	219	219	800
大安市	Daan	110	110	77		710	710	350
延吉市	Yanji	466	384	350	77	4450	3519	2443
图们市	Tumen	42	42	29		196	196	450
敦化市	Dunhua	178	178	125		810	810	730
珲春市	Hunchun	79	79	55		640	640	1100
龙井市	Longjing	41	41	29	41	295	295	400
和龙市	Helong	51	51	36	16	1080	1080	500

9-9 城市集中供热情况
Basic Statistics on City Heat Supply

		单位 unit	2003	2004
供热能力	**Supply capacity**			
蒸汽	Steam	吨/小时 ton/h	4450	5763
热水	Hot water	兆瓦 1000000kw	17478	18330
供热总量	**Volume suppied**			
蒸汽	Steam	万吨 10000ton	1570	1712
管道长度	**Length of pipelines**			
蒸汽	Steam	公里 km	399	411
热水	Hot water	公里 km	4557	4861
供热面积	**Area served**	**万平方米 10000sq.m**	**15872**	**17772**

9-10 城市燃气设备能力
Capacity of City Gas Facilities

		单位 unit	2003	2004
液化石油气	**Liquefied petroleum gas**			
储气能力	Gas tank	吨 ton	15153	15509
天然气	**Natural gas**			
储气能力	Capacity of gas tank	万立方米 10000cu.m	32	36
管道长度	Length of pipelines	公里 km	2141	2284
煤气	**Coal gas**			
储气能力	Capacity of gas tank	万立方米 10000cu.m	37.7	32.7
管道长度	Length of pipelines	公里 km	1925	2074

9－11 城市燃气用气户数和供气总量
Basic Statistics on City Gas

		用气户数(户) Households with access to gas		供气总量(吨、万立方米) Total gas supply(10000cu.m)	
		2003	2004	2003	2004
液化石油气	Liquefied petroleum	1400455	1426966	203453	210681
# 家庭用量	#For civil use	1297715	1332595	107013	107342
天然气	Natural gas	355744	442048	19109	21131
# 家庭用量	#For civil use	354611	440022	4639	3765
煤气	Coal gas	467025	483518	20562	12119
# 家庭用量	For civil use	465244	481671	8859	8711

9－12 城市环境卫生情况
Basic Statistics on Urban Sanitation

		单位 unit	2003	2004
清运垃圾粪便工作量	Residential disposal cleared and night soil disposal			
实际清扫面积	Are cleared	万平方米 10000sq.m	7440.8	8021.0
生活垃圾清运量	Residential disposal cleared	万吨 10000ton	581.0	572.0
清运粪便	Night soil disposal	万吨 10000ton	113.8	111.1
环境卫生设施	Environment sanitation equipment			
公共厕所	Public lavatories	座 unit	5667	5527
垃圾无害化处理厂	Garbage heap treatment plant	座 unit	18	21
垃圾无害化处理能力	Capacity of garbage heap treatment plant	吨/日 ton/day	8233	8752
粪便无害化处理量	Capacity of night soil treatment plant	万吨 ton/day	64.0	66.2
环卫职工人数	Staff and workers	人 persons	26757	28434

9－13 环境保护系统基本情况
Personnel in Environmental Protection Agencies

单位:人 unit:person

		2003	2004
年末实有人数	**Total**	**4929**	**5043**
# 行政人员	Administrative personnel	779	829
高级职称	Professors	300	332
中级职称	Asso. Professors	802	886
初级职称	Assistants	1646	1619

9－14 企事业污染治理情况
Treatment of Pollution by Enterprises and Insititotions

		单位 unit	2003	2004
汇总工业企业数	**Number of enterprises**	**个 unit**	**138**	**175**
本年施工项目	**Projects of pollution treated**	**个 unit**	**183**	**270**
治理废水	Waste water	个 unit	65	90
治理废气	Waste gas	个 unit	97	148
治理固体废物	Waste residue	个 unit	8	14
治理噪声	Nosie abatement	个 unit	10	6
治理其他	Others	个 unit	3	12
污染治理项目本年完成投资	**Investments of pollution treated**	**万元 10000 yuan**	**26395**	**42204**
治理废水	Waste water	万元 10000 yuan	15466	24673
治理废气	Waste gas	万元 10000 yuan	8355	14142
治理固体废物	Waste residue	万元 10000 yuan	801	1866
治理噪声	Nosie abatement	万元 10000 yuan	336	93
治理其他	Others	万元 10000 yuan	1437	1430

9－15 工业废水、废气、废渣排放处理情况
Treatment of Waste Water Gas and Residue

		单位 unit	2003	2004
工业废水排放及处理	**Waste water discharged and treated**			
工业废水排放量	Total waste water dischared	万吨 10000ton	31365	33568
工业废水达标率	Ratio of treatment reaching standards	%	77	79
工业废水中有害物质	Harmful material in waste water			
六价铭	Cr	吨 ton	1.09	0.77
铅	Pb	吨 ton	0.04	0.05
氰化物	Cyanide	吨 ton	7.99	8.19
石油类	Petroleum	吨 ton	515.55	720.60
砷	As	吨 ton	0.64	0.98
化学耗氧量	Oxygen consumption	万吨 10000ton	13.70	13.67
氨氮	Ammonia and nitrogen	吨 ton	3987.69	3753.34
工业废气排放及处理	**Waste gas discharged and treated**			
工业废气排放总量	Total volume of waste gas emission	亿立方米 100 million cu.m	3869.40	4316.39
生产工艺过程中废气排放量	Total volume of waste gas emission in production	亿立方米 100 million cu.m	1413.17	1555.36
燃料燃烧过程中废气排放量	Total volume of waste gas emmision from fuel	亿立方米 100 million cu.m	2456.23	2761.03
废气中二氧化硫排放量	Sulphur dioxide discharged	万吨 10000ton	18.84	21.57
工业粉尘及废渣的排放和处理	**Industrial dust and waste residue discharged and treated**			
工业粉尘排放量	Industrialdust discharged	万吨 10000ton	11.57	10.77
工业粉尘处理量（去除量）	Industrial waste residue retrieved	万吨 10000ton	268.32	160.20
工业固体废物产生量	Waste residue produced	万吨 10000ton	1736.46	2025.85
# 处置量	Waste residue treated	万吨 10000ton	92.69	92.96
综合利用量	Waste residue comprehensive utilization	万吨 10000ton	936.54	1066.75

9－16 各地区工业废气排放和处理情况(2004)

Emission and Treatment of Industrial wast Gas by Region(2004)

地区 Region		汇总工业企业数(个) Indmstrial eneerprises (unit)	废气治理设施数(套) Facilities for treatment of wast gas (set)	工业废气排放总量(亿标方立米) Indnstrial wast gas emission (100million cum)	燃料燃烧过程中废气排放量(亿标立方米) Waste gas in the process of fuel burning (100million cum)	生产工艺过程中废气排放量(亿标立方米) Waste gas from the processof produetion (100million cum)	工业二氧化硫去除量(万吨) Sulphrudioxide Removed(tǒn)	工业二氧化硫排放量(万吨) Sulphur dioxide emissim (10000ton)	工业烟尘去除量(万吨) Industrial soot removde (10000ton)	工业烟尘排放量(万吨) Indnstrial soot emission (10000ton)	工业粉尘去除量(万吨) Indnstrial dust removde (10000ton)	工业粉尘排放量(万吨) Industrialdust emission (10000ton)
全省	**Total**	**846**	**3026**	**4316.39**	**2761.03**	**1555.36**	**5.65**	**21.57**	**632.41**	**25.78**	**160.20**	**10.77**
长春	Changchun	152	754	757.68	415.27	342.41	1.18	3.21	91.98	3.33	91.13	1.84
吉林	Jilin	175	486	1326.28	761.34	564.93	0.74	2.93	189.65	5.99	15.59	1.19
四平	Siping	93	169	550.26	459.21	91.05	0.50	3.39	112.12	2.09	2.21	1.28
辽源	Liaoyuan	90	253	155.31	123.97	31.34	0.03	2.24	4.61	1.66	1.36	1.90
通化	Tonghua	106	380	687.85	305.10	382.75	1.89	2.32	25.15	3.49	33.06	2.86
白山	Baishan	57	385	223.45	173.39	50.06	0.66	3.06	81.56	3.07	8.03	0.43
松原	Songyuan	24	104	331.95	324.63	7.33	0.45	2.35	66.22	3.14	0.003	0.02
白城	Baicheng	45	111	70.58	60.98	9.60	0.03	0.62	5.34	0.76	0.01	0.23
延边	Yanbian	104	384	213.04	137.15	75.89	0.17	1.53	55.78	2.26	8.80	1.03

9－17 各地区工业废水排放和处理情况(2004)

Emission and Treatment of Industrial wast Gas by Region(2004)

地区 Region		废水治理设施(套) Facilities for treatment of wast water (set)	工业废水排放量(万吨) Indnstrial waste water emission(10000tos)	工业废水排放达标量(万吨) Industrial waste water upto the dischaige steandards (10000tons)	工业废水中化学需氧量去除量(吨) Absorption of oxygen by wasee water remoned(ton)	工业废水中化学需氧量排放量(吨) Absorption of oxygenby waste water emission (ton)
全省	**Total**	**647**	**33567.64**	**26667.76**	**155969.78**	**136742.94**
长春	Changchun	91	2998.06	2707.40	21665.15	7115.56
吉林	Jilin	127	13124.02	12328.14	33724.26	10258.44
四平	Siping	76	724.50	386.22	14118.38	4639.72
辽源	Liaoyuan	34	581.82	290.07	286.29	3399.78
通化	Tonghua	135	7361.91	6477.58	5849.19	13252.18
白山	Baishan	52	1410.35	866.92	3100.12	4460.44
松原	Shongyuan	37	834.92	665.87	3110.15	1001.63
白城	Baicheng	28	1411.11	874.17	13071.99	27722.65
延边	Yanbian	67	5120.95	2071.39	61044.24	64892.53

9－18 各地区主要生活污染物排放情况(2004)

Discharge of pollutants from Daily Life by Region(2004)

地 区 Region		城 镇 生活污水排放量 (万吨) Wast water discharged (10000ton)	城 镇 生活污水中 化学需氧量排放量 (万吨) Absorption of Oxygen by wast water (10000ton)	城 镇 生活及其他二氧化硫 排放量(吨) Sulfur dioxide emission(ton)	城 镇 生活及其他 烟尘排放量(吨) Dust emission (ton)
全省	**Total**	**53355**	**22.94**	**69223**	**81211**
长春	Changchun	21241	4.68	18419	37300
吉林	Jilin	7241	3.91	6008	11718
四平	Siping	3478	2.86	10323	6739
辽源	Liaoyuan	1240	1.12	2673	954
通化	Tonghua	4548	2.26	7310	6420
白山	Baishan	3308	1.86	5523	3681
松原	Shongyuan	2378	1.53	3249	7810
白城	Baicheng	2559	1.67	3029	1211
延边	Yanbian	7362	3.05	12688	5378

9－19 各地区环境保护机构及人员情况(2004)

Environmental protection Agencies and persons Engaged by Region(2004)

地 区 Region		机构总数 (个) Agencies	人员总数 (人) Staff and workers	环保局人员数 (人) Staff	监理人员数 (人) Supervrsin gandanmin srtative	监测人员数 (人) Monitoring pesonnel	科研所人员数 (人) Science presons	其他人数 (人) Others
全省	**Total**	**268**	**5043**	**819**	**2127**	**1533**	**205**	**349**
省本级	Provincal level	12	356	53	18	115	94	76
长春	Changchun		1181	142	637	343	12	47
吉林	Jilin		613	112	258	78	29	36
四平	Siping		671	74	275	264	42	116
辽源	Liaoyuan		275	63	105	84	9	14
通化	Tonghua		516	113	203	185		15
白山	Baishan		376	60	180	123	6	7
松原	Shongyuan		313	59	138	97		19
白城	Baicheng		329	44	142	121		12
延边	Yanbian		413	99	171	123	13	7

第十篇 CHAPTER

农业 AGRICULTURE

10

10－1　农村基层组织情况
Basic Conditions of Rural Grassroots Units

年份 Year	乡政府(个) Township Government (unit)	镇政府(个) Town Government (unit)	村民委员会(个) Village Govemmittes (unit)	乡村总户数(万户) Housholds (10000)	乡村人口数(万人) Population (10000)
1978	898		9733	295.20	1481.50
1979	902		9907	299.65	1477.64
1980	928		10104	303.90	1477.70
1981	932		10146	310.10	1480.40
1982	930		10163	315.00	1479.50
1983	936		10126	314.20	1477.50
1984	933		10162	317.10	1479.30
1985	656	263	10144	317.84	1464.15
1986	646	265	10163	317.70	1449.97
1987	640	294	10190	320.58	1446.91
1988	641	290	10299	325.26	1447.35
1989	641	288	10273	331.46	1453.58
1990	641	288	10300	340.93	1465.79
1991	638	289	10297	344.02	1475.71
1992	560	366	10288	347.76	1477.36
1993	530	396	10305	348.35	1466.15
1994	482	438	10299	348.40	1445.04
1995	475	443	10234	348.82	1434.54
1996	468	444	10139	351.10	1436.90
1997	466	445	10112	353.99	1430.00
1998	453	445	10121	357.82	1433.05
1999	433	454	10133	364.35	1442.03
2000	398	458	10107	370.01	1440.47
2001	354	452	10005	369.80	1433.00
2002	326	460	9850	376.05	1443.46
2003	315	456	9569	377.91	1439.40
2004	311	454	9365	381.84	1440.08

10－2　各市(州)乡村劳动力(2004)
Rural Labor Force by Cities(Prefecture)(2004)

单位:人　　　　unit:Person

市、州	Cities	乡村劳动力 Total	农林牧渔业 Farming, forestry, animal husbandry and fishery	工业 Industry	建筑业 Construction	交通运输和邮电业 Transport, post and telecomm unitcation	信息传输计算机服务和软件业 Data trafbsport, computer services	批发与零售业 Whole sales retail sale food Services and Storage	住宅和餐饮业 Hotal and catering services	其他 Others
全省	**Total**	**6709447**	**4966919**	**285373**	**338992**	**173569**	**15581**	**221488**	**122750**	**584775**
长春市	Changchun	1911084	1322669	101149	157480	64828	5829	71562	41030	146537
吉林市	Jilin	997455	728811	43933	44105	27579	2064	31295	23162	96506
四平市	Siping	910809	696201	24338	41185	17077	1559	26484	16029	87936
辽源市	Liaoyuan	311007	208853	16135	20416	10814	2589	11580	8435	32185
通化市	Tonghua	592488	424855	34470	26882	15696	800	21220	12923	55642
白山市	Baisan	192021	138933	16092	7425	7617	1190	8811	4155	7798
松原市	Songyuan	885049	728261	24196	26443	14590	1201	27233	9242	53883
白城市	Baichang	500438	403274	9279	8393	6530	195	12200	2026	58541
延边州	Yuanbian	409096	315062	15781	6663	8838	154	11103	5748	45747

10－3 农村基本情况和农村劳动力资源
Basic Conditions and Rural Laborers

		2003	2004
一、农村基层组织情况	Basic conditions of rural grassroots units		
乡镇个数（个）	Number of township and town governments	771	765
乡	Township	315	311
镇	Town	456	454
村民委员会（个）	Number of villager's committees	9569	9365
二、农村社会基础设施	Basic focilities of rural		
自来水受益村（个）	Villages for tapwater supply	3683	3669
通汽车村（个）	Villages opening to traffic	9277	9152
通电话村（个）	Villages with communication telephone	9041	8984
三、农村人口	Rural population		
乡村户数（万户）	Number of households	377.9	381.8
乡村人口数（万人）	Population of villages	1439.4	1440.1
四、农村劳动力资源及主要行业分布	Number of rural laborers		
劳动年龄内人口（万人）	Population of rural laborers	720.7	612.9
乡村劳动力（万人）	Laborers of rural	669.0	670.9
按性别分	Grouped by sex		
男劳动力	Male force	385.3	383.0
女劳动力	Female force	283.7	287.9
按行业分	Grouped by sector		
农、林、牧、渔业	Farming, forestry, animal husbandry and fishery	502.5	496.7
工业	Industry	25.2	28.5
建筑业	Construction	29.3	33.9
交通运输和邮电业	Transportation, post and telecommunication	16.9	17.3
信息传输、计算机服务和软件业	Data trafbsport, computer services		1.6
批发与零售业	Whloesals, retail trade, food Services and Storage	22.5	22.1
住宿与餐饮业	Hotal and catering services		12.3
其他行业	Non－agricultural sector	72.6	58.5

10－4 各市县农村基层组织和乡村建设情况(2004)

Basic Conditions of Rural Grassroots Units and Construction by City and County (2004)

市、县	City, County	乡政府(个) Number of township governments (unit)	镇政府(个) Numver of town governments (unit)	乡村户数(户) Number of households	乡村人口(人) Rural population (person)	村民委员会(个) Number of villager's committees (unit)	#通电话村 Villages with communication telephone	#自来水受益村 Villages for tap water supply
全　省	**Total**	**311**	**454**	**3818435**	**14400802**	**9365**	**8984**	**3669**
长春市	**Changchun**	**39**	**73**	**1092882**	**4253793**	**1687**	**1629**	**211**
市　区	District	5	17	200729	744719	305	308	53
九台市	Jiutai	2	13	174567	640991	310	307	27
榆树市	Yushu	14	16	280409	1092375	388	359	92
德惠市	Dehui	5	14	194076	800276	308	298	10
农安县	Nongan	13	13	243101	975432	376	357	29
吉林市	**Jilin**	**42**	**58**	**547343**	**2055243**	**1392**	**1361**	**557**
市　区	District	12	11	146727	535353	340	338	109
桦甸市	Huadian	8	8	57975	216432	179	166	110
蛟河市	Jiaohe	6	9	70166	247013	256	248	94
舒兰市	Shulan	9	10	113229	427452	212	205	55
磐石市	Panshi	1	13	79293	328664	266	265	128
永吉县	Yongji	6	7	79953	300329	139	139	61
四平市	**Siping**	**27**	**60**	**536731**	**1999078**	**1164**	**1125**	**124**
市　区	District	2	1	26682	84062	45	36	19
公主岭市	Gongzhuling	8	20	174513	679298	406	403	26
双辽市	Shuangliao	5	9	68927	250151	190	189	11
梨树县	Lishu	9	18	167149	604642	334	310	31
伊通自治县	Yitong	3	12	99460	380925	189	187	37
辽源市	**Liaoyuan**	**15**	**22**	**184762**	**668262**	**517**	**496**	**115**
市　区	District	3		17025	55314	30	30	10
东丰县	Dongfeng	7	12	80123	296580	229	222	72
东辽县	Dongliao	5	10	87614	316368	258	244	33
通化市	**Tonghua**	**37**	**65**	**327498**	**1218378**	**989**	**989**	**550**
市　区	District	3	4	21138	67372	35	35	32
梅河口市	Meihekou	10	14	94773	369472	303	303	94
集安市	jian	2	9	40291	140144	126	126	89
通化县	Tonghua	9	12	47826	165617	160	160	77
辉南县	Huinan	3	14	56697	213023	146	146	78

10－4 续表 continued

市、县 City, County		乡政府(个) Number of township governments (unit)	镇政府(个) Number of town governments (unit)	乡村户数(户) Number of households	乡村人口(人) Rural population (person)	村民委员会(个) Number of villager's committees (unit)	#通电话村 Villages with communication telephone	#自来水受益村 Villages for tap water supply
柳河县	Liuhe	10	12	66773	262750	219	219	180
白山市	**Baishan**	**20**	**45**	**111004**	**385587**	**499**	**473**	**442**
市区	District	4	4	19114	67902	53	54	53
临江市	Linjian	3	8	18632	66792	70	65	58
抚松县	Fusong	6	12	28519	99838	128	121	116
靖宇县	Jingyu	4	7	17522	60998	111	100	90
长白自治县	Changbai	3	6	10238	32235	77	75	76
江源县	Jiangyuan		8	16979	57822	60	58	49
松原市	**Songyuan**	**61**	**42**	**491827**	**1947102**	**1125**	**1069**	**452**
市区	District	5	4	50183	187270	95	87	44
长岭县	Changling	16	12	119340	494386	233	198	30
前郭自治县	Qianguo	16	9	101611	409138	235	233	106
乾安县	Qianan	9	6	52411	197476	164	153	119
扶余县	Fuyu	15	11	168282	658832	398	398	153
白城市	**Baicheng**	**54**	**38**	**309640**	**1146611**	**916**	**769**	**316**
市区	District	7	6	60906	204052	154	154	28
洮南市	Taonan	16	5	74033	274841	220	221	15
大安市	Daan	12	10	69663	263055	223	173	131
镇赉县	Zhenlai	8	8	45431	178679	147	126	73
通榆县	Tongyu	11	9	59607	225984	172	95	69
延边朝鲜族自治州	**Yanbian**	**16**	**51**	**216748**	**726748**	**1076**	**1073**	**902**
延吉市	Yanji		3	12874	40345	34	34	32
图们市	Tumen		4	9458	30119	48	48	42
敦化市	Dunhua	5	11	57355	197443	299	299	267
龙井市	Longjing	2	6	29982	95828	86	86	62
珲春市	Hunchun	5	4	23291	74164	120	120	60
和龙市	Helong		8	23595	76260	86	85	84
汪清县	Wangqing	2	8	32904	114282	200	199	174
安图县	Antu	2	7	27289	98307	203	202	181

10-5 耕地面积情况

Area Cultivated

单位：千公顷 unit:1000ha

		2003	2004
一、年初耕地总资源	Land resources	5224.77	5165.90
二、年内增加	Increase	46.94	243.80
其中：新开荒地	Newly opening up wasteland	8.32	41.30
园地改为耕地	Garden to land cultivated	2.98	15.50
三、年内减少	Decrease	105.78	35.80
其中：国家基建占地	Construction for state	2.88	1.10
其他基建占地	Construction for others	3.12	2.00
退耕还林还草占地	Land to forest and grass	89.69	15.00
耕地改为园地	Land to garden	2.62	0.50
四、年末耕地总资源	Land resources at year-end	5165.93	5373.90
（一）常用耕地面积	Area of cultivated land	4345.83	4703.10
其中：水田	paddy	408.93	489.30
水浇田	Irrigated land	562.78	599.10
（二）临时性耕田	Interim Cultivated land	820.10	670.80
其中：25度以上陡坡耕地	Hillside field above 25 degrees	49.68	30.30
补充资料：沟渠路比重（%）	Supplementary material	2.00	2.00

10－6 各市县耕地面积（2004）

Area Cultivation by City and County（2004）

市、县 City，county		一、年初耕地总资源（公顷）Cultivated land（ha）	二、年内增加（公顷）Increased（ha）	#新开荒地 Open up Wasteland	#园地改耕地 Garden to land	三、年内减少（公顷）Decreased（ha）	国家基建占地 Constructuion	其它基建占地 others
长春市	**Changchun**	**1083092**	**38763**	**5147**	**1659**	**17947**	**115**	**1025**
市　区	Nanguan	137319	15288	14		16725	55	24
九台市	Jiutai	158164	861	524	307	217	42	79
榆树市	Yushu	288963	17554	805	72	916	1	905
德惠市	Dehui	211375	2999	2855	144	34	17	13
农安县	Nongan	287271	2085	949	1136	55		4
吉林市	**Jilin**	**463725**	**105134**	**2122**	**2802**	**6237**	**457**	**148**
市　区	Nanguan	87063	15965	414	842	128	33	4
桦甸市	Huadian	88419	18252			5342	85	114
蛟河市	Jiaohe	55003	25521			404	198	30
舒兰市	Shulan	102108	34039	1652	1938	63	18	
磐石市	Panshi	74496	2741	56	22	268	93	
永吉县	Yongji	56636	3616			32	30	
四平市	**Siping**	**688466**	**18261**	**626**	**485**	**1679**	**13**	
市　区	Nanguan	30741	5077	18		1200		
公主岭市	Gongzhuling	233897	1718	387	387	106	7	
双辽市	Shuangliao	101932	128	119		373	6	
梨树县	Lishu	230578	10943					
伊通自治县	Yitong	91318	395	102	98			
辽源市	**Liaoyuan**	**142659**	**5027**	**3139**	**1888**	**114**	**38**	**70**
市　区	Nanguan	4840	11		11	7		5
东丰县	Dongfeng	75321	3250	1644	1606	103	38	65
东辽县	Dongfeng	62498	1766	1495	271	4		
通化市	**Dongfeng**	**188651**	**12906**	**1022**	**8093**	**617**	**29**	**103**
市　区	Dongfeng	4112	9	9		27	27	
梅河口市	Dongfeng	63483	54					
集安市	Dongfeng	11287	105		105	79	1	3
通化县	Dongfeng	24894	418		264	275	1	68
辉南县	Dongfeng	40401	3945	264	111	236		32

10－6　续表 1　continued

退耕还林还草 Return forest and green	耕地改为园地 Land to garden	四、年末耕地面积总资源（公顷） Cultivated land(ha)	（一）常用耕地面积（公顷） Field （ha）	水田 Paddy filed	水浇地 Irrigated Land	（二）临时性耕地（公顷） Interim land	#25 度以上坡耕地 Hillside(25℃)	补充资料：沟渠路比重（%） Proportation
741	**3**	**1103908**	**1097041**	**135658**	**6372**	**6867**	**5193**	**2**
678		135858	132082	16799	4125	3776	2975	2
	1	158808	157440	12996	91	1368	1368	3
10		305601	305162	57198		439		1
2	2	214340	213056	43159	1506	1284	850	1
51		289301	289301	5506	650			2
5270	**84**	**562622**	**476276**	**104578**	**6485**	**86346**	**7235**	**2**
7		102900	91821	27522	5086	11079	960	1
5143		101329	76602	8050	646	24727	3642	2
18	82	80120	63551	8547	204	16569	202	2
45		136084	113840	30265	478	22244	1137	2
57		76969	73511	13593	71	3458	762	2
	2	65220	56951	16601		8269	532	2
1653		**705048**	**630524**	**37821**	**102539**	**74524**	**4946**	**2**
1200		34618	34597	2761	898	21	21	3
99		235509	221248	11023	32531	14261	847	3
354		101687	101687	9399	30550			2
		241521	183977	7350	37973	57544	1460	3
		91713	89015	7288	587	2698	2618	2
6		**147572**	**144928**	**12885**	**856**	**2644**	**2307**	**2**
2		4844	4448	334	293	396	396	1
		78468	76220	10543	563	2248	1911	2
4		64260	64260	2008				2
123	**253**	**200940**	**198983**	**56385**	**486**	**1957**	**1364**	**2**
		4094	4024	334	27	70		3
		63537	63537	22792	117			2
	75	11313	11313	2418				4
123	83	25037	24208	4372		829	495	2
	95	44110	43372	12315		738	738	2

10－6 续表2 continued

市、县 City，county		一、年初耕地总资源（公顷）Cultivated land（ha）	二、年内增加（公顷）Increased（ha）	#新开荒地 Open up Wasteland	#园地改耕地 Garden to land	三、年内减少（公顷）Decreased（ha）	国家基建占地 Construation	其它基建占地 others
柳河县	Liuhe	44474	8375	749	7613			
白山市	**Baishan**	**46637**	**1289**	**1175**	**4**	**746**	**29**	**33**
市区	Badaojiang	6200				20	8	12
临江市	Lingjiang	8416	332	332		104	17	
抚松县	Fusong	12261	579	579		221		
靖宇县	Jingyu	9420	130	60		293	4	
长白自治县	Changbai	4930	210	204	4	61		21
江源县	Jiangyuan	5410	38			47		
松原市	**Songyuan**	**939602**	**4944**	**647**	**94**	**3411**	**30**	**152**
市区	Badaojiang	72461				145		145
长岭县	Changling	247264	180	160	20	3125		
前郭自治县	Qianguo	274986	107	107		48	30	
乾安县	Qianan	115978	4203					
扶余县	Fuyu	228913	454	380	74	93		7
白城市	**Baicheng**	**513494**	**41993**	**26794**	**346**	**3145**	**34**	**397**
市区	Taobei	76282	15852	15613	239	1907		
洮南市	Taonan	118309	1640			50	15	5
大安市	Daan	78639	6555	6555		203	10	23
镇赉县	Zhenlai	90983	13678	4626	107	292		35
通榆县	Tongyu	149281	4268			693	9	334
延边自治州	**Yanbian**	**219871**	**15479**	**589**	**104**	**1865**	**355**	**67**
延吉市	Yanji	7308	44			70	38	12
图们市	Tumen	7717	513	513		22		
敦化市	Dunhua	70119	310		10	76	76	
龙井市	Longjing	31181	3690	60	94	393	112	7
珲春市	Hunchun	20321	4227			4		
和龙市	Helong	23436	2441			752	5	
汪清县	Wangqing	32659	4250	12		424		48
安图县	Antu	27130	4	4		124	124	

10－6 续表3 continued

退耕还林还草 Return forest and green	耕地改为园地 Land to garden	四、年末耕地面积总资源（公顷）Cultivated land(ha)	（一）常用耕地面积（公顷）Field (ha)	水田 Paddy filed	水浇地 Irrigated Land	（二）临时性耕地（公顷）Interim land	#25度以上坡耕地 Hillside(25℃)	补充资料：沟渠路比重（%）Proportation
		52849	52529	14154	342	320	131	2
655		**47180**	**41247**	**1594**	**10527**	**5933**	**3350**	**1**
		6180	6180	440				1
87		8644	6559	261		2085	915	1
221		12619	10191	67	10124	2428	1092	1
260		9257	8800	334		457	404	2
40		5079	4140	403	403	939	939	1
47		5401	5377	89		24		1
3229		**941135**	**780447**	**53425**	**225541**	**160688**		**1**
		72316	50034	6516	33680	22282		1
3125		244319	184802	2515	28510	59517		1
18		275045	202630	36394	12330	72415		3
		120181	113707	200	102100	6474		1
86		229274	229274	7800	48921			1
2664	**20**	**552342**	**541735**	**48206**	**245308**	**10607**		**1**
1907		90227	90227	20715	69480			1
		119899	119899	5365	59989			1
150	20	84991	84991	2679	45148			1
257		104369	99991	19447	27027	4378		1
350		152856	146627		43664	6229		1
646	**123**	**233485**	**208345**	**38727**	**1018**	**25140**	**5887**	**2**
		7282	6898	784	499	384	218	4
22		8208	7797	1258	167	411	347	2
		70353	51621	3346	162	18732	1932	4
122	101	34478	34478	8389	190			2
4		24544	24544	7873				4
144		25125	23998	8885		1127	677	4
354	22	36485	33999	4710		2486	1403	4
		27010	25010	3482		2000	1310	4

10－7 历年农林牧渔业总产值和指数

Gross Uutput Value and Indices Of Farming, Forestry, Animal Husbandry And Fishery Of Jinlin

年份 Year	农林牧渔总产值（亿元） Gross Output Value of Farming, Forestry, Animal Husbandry and Fishery (100million yuan)					指数（1949＝100） Indices of Gross Output Value of Faming, Forestry Animal Husbandry and Fishery (1949＝100)				
	总产值 Total	农业 Farming	林业 Forestry	牧业 Animal Husbandry	渔业 Fishery	总产值 Total	农业 Farming	林业 Forestry	牧业 Animal Husbandry	渔业 Fishery
1949	8.12	7.00	0.02	1.07	0.02	100.0	100.0	100.0	100.0	100.0
1950	9.65	8.32	0.02	1.27	0.04	118.8	118.7	85.5	119.4	170.8
1951	9.52	7.99	0.05	1.45	0.04	117.3	113.9	210.5	136.2	168.5
1952	12.42	10.56	0.26	1.58	0.02	153.0	150.7	1154.5	148.5	75.4
1953	12.54	10.80	0.08	1.61	0.06	142.7	142.3	315.5	139.4	237.4
1954	12.40	10.57	0.06	1.71	0.06	139.1	137.4	251.6	145.6	248.6
1955	13.34	11.58	0.08	1.61	0.07	146.6	147.5	336.3	134.6	252.8
1956	13.43	11.69	0.15	1.52	0.07	147.0	147.6	2889.3	95.0	291.6
1957	12.84	10.53	0.39	1.83	0.09	129.3	126.3	1887.1	108.0	291.6
1958	12.38	9.97	0.83	1.47	0.11	153.0	146.5	5061.0	106.4	427.8
1959	13.92	11.93	0.54	1.33	0.13	169.1	172.3	3238.7	94.5	499.4
1960	12.89	10.89	0.37	1.45	0.18	140.4	141.1	1939.0	93.6	624.8
1961	14.89	13.14	0.27	1.30	0.18	149.1	156.8	1278.6	77.3	535.6
1962	14.24	12.13	0.26	1.73	0.13	142.8	144.5	1299.7	102.0	422.1
1963	16.07	13.59	0.29	2.10	0.10	158.2	159.2	1399.9	121.5	294.3
1964	16.93	13.95	0.36	2.52	0.10	164.7	161.6	1707.4	144.3	300.9
1965	17.75	14.56	0.55	2.52	0.12	173.5	169.3	2621.8	145.3	377.0
1966	22.67	18.92	0.88	2.75	0.11	190.2	189.1	3633.5	135.5	259.7
1967	24.14	20.10	0.82	3.13	0.10	202.6	200.8	3384.2	153.9	245.1
1968	23.23	19.33	0.88	2.93	0.09	194.9	193.2	3584.0	144.1	226.6
1969	19.82	16.02	0.97	2.75	0.08	166.3	159.9	3954.0	136.5	202.0
1970	26.86	22.88	1.13	2.74	0.11	225.4	228.4	4591.5	135.8	304.3
1971	27.48	22.23	0.96	4.23	0.05	227.7	219.6	5011.0	189.1	260.8
1972	26.06	21.42	1.04	3.54	0.05	208.4	204.0	5282.5	152.9	233.7
1973	31.55	26.44	0.82	4.19	0.09	251.1	250.8	4091.6	179.4	457.8
1974	37.44	31.60	0.94	4.79	0.11	271.5	273.0	4231.0	187.1	566.3
1975	35.27	29.38	1.09	4.69	0.11	279.1	277.0	5457.0	199.9	516.3
1976	31.17	25.65	1.03	4.39	0.09	243.9	239.0	5038.8	186.4	447.[illegible]
1977	31.25	25.56	1.12	4.47	0.09	242.5	236.4	5531.7	186.9	379.[illegible]
1978	37.78	32.23	0.87	4.61	0.08	289.2	293.8	4225.7	190.9	[illegible]8[illegible].6
1979	42.02	34.99	1.13	5.80	0.08	279.5	276.4	4703.3	214.0	234.6
1980	47.47	35.56	2.47	9.39	0.05	290.8	277.8	7851.3	241.3	246.5
1981	56.89	44.81	0.20	9.97	0.15	311.2	299.8	8486.6	245.4	3[illegible]3.6
1982	60.58	48.95	2.54	8.83	0.26	329.2	314.6	9022.4	268.9	449.8
1983	78.11	65.42	2.10	10.28	0.31	425.2	433.4	9070.9	260.1	521.4
1984	88.99	72.81	3.55	12.23	0.39	469.7	476.3	10585.0	291.1	625.1
1985	85.89	63.91	3.32	18.12	0.55	432.2	407.4	10760.2	385.1	862.8
1986	98.43	76.07	2.94	18.58	0.84	451.0	433.8	9360.2	382.2	1104.9
1987	120.81	93.14	2.93	23.45	1.28	516.1	515.4	8891.9	374.1	1333.3
1988	140.91	106.41	2.84	29.50	2.17	543.8	534.9	8928.8	429.9	1719.5
1989	133.79	91.52	3.46	36.25	2.56	480.4	447.8	8914.9	469.5	1920.4
1990	189.09	140.67	4.19	41.42	2.81	608.4	599.8	7682.6	497.2	2108.7
1991	188.38	135.74	4.42	45.16	3.06	605.1	580.1	7781.2	540.9	2336.9
1992	204.39	146.00	5.10	50.02	3.27	622.8	588.1	7782.7	586.1	2458.2
1993	243.95	174.63	5.10	60.35	3.86	685.2	640.8	7547.9	671.8	2859.0
1994	405.48	270.81	8.54	120.14	5.99	755.3	664.3	7994.5	876.6	3061.3
1995	490.28	301.44	8.28	173.32	7.24	800.2	646.9	7421.2	1117.0	3229.4
1996	581.04	363.68	7.57	201.99	7.80	953.2	760.9	7010.5	1382.8	3544.5
1997	565.54	31 5.45	7.99	233.39	8.71	932.8	656.4	7564.2	1616.7	3869.7
1998	666.48	394.86	8:08	254.11	9.43	1080.0	825.4	7870.2	1680.4	4150.2
1999	675.30	388.40	10.45	266.84	9.61	1101.0	818.1	9993.9	1766.7	4231.6
2000	609.37	320.27	11.38	268.72	9.00	1039.4	705.2	10243.8	1869.8	4150.2
2001	691.83	405.40	13.83	263.24	9.36	1195.7	787.1	12742.2	2194.6	6184.6
2002	734.21	410.22	33.91	271.13	10.83	1352.8	892.0	29981.7	2276.1	7242.5
2003	792.14	438.34	33.77	298.44	13.56	1438.0	936.4	30731.3	2471.5	7649.4
2004	940.67	486.23	32.85	399.06	13 44	1551.6	1015.3	28232.8	2666.8	7974.9

10－8　农林牧渔业分项产值
Gross Output Value of Farming, Forestry, Animal Husbandry and Fishery

单位:万元　　unit:10000yuan

指标	Item	2003	2004	2004年为2003年的% Increase rate
农林牧渔业总产值	**Total**	**7921426**	**9406701**	**107.89**
一、农业产值	Farming	4383362	4862254	108.46
1. 谷物及其他作物	Planting	3287289	3900539	110.78
(1) 谷物	Cereal	2124780	2998329	123.94
(2) 薯类	Tubers	223285	161350	69.95
(3) 油料	Oilbearing crops	193891	129183	65.68
(4) 豆类	Beans	459334	396317	76.24
(5) 棉花	Cotton	285	63	20.78
(6) 麻类	Fiber crops	544	496	77.12
(7) 糖料	Sugar crops	1586	845	50.45
(8) 烟草	Tobacco	38286	40929	109.81
(9) 其他农作物	Others	245298	173027	96.60
2. 蔬菜园艺作物	Vegetable	689109	582733	105.75
3. 水果、坚果、饮料作物	Fruits, nut	280121	276637	91.65
4. 中药材	Medicinal herbs	126843	102345	108.12
二、林业产值	Forestry	337720	328534	92.02
(一) 林木的培育和种植	Planting	90209	58287	71.42
(二) 竹木采运	Wood	210028	223004	94.57
(三) 林产品	Forest goods	37483	47243	134.26
三、牧业产值	Livestock	2984355	3990628	107.91
(一) 牲畜饲养	Livestock	684321	874642	104.44
(二) 猪的饲养	Hogs	1154534	1616294	112.10
(三) 家禽饲养	Poultry	1030195	1355913	102.85
(四) 狩猎和捕捉动物	Hunt		216	
(五) 其他畜牧业	Others	115305	143563	143.96
四、渔业产值	Aquatic products	135601	134397	103.84
五、农林牧渔服务业	Services	80388	90888	175.22

10－9 各市县农林牧渔总产值(2004)

Output Value of Farming, Forestry, Animal Husbandry and Fishery(2004)

单位:万元　　　　unit:10000yuan

年份 Year	农林牧渔业总产值 Total	农业 Farming	林业 Forestry	牧业 Animal husbandry	渔业 Fishery	农林牧渔业总产值指数 Indices (%)
全　省 Total	**9406701**	**4862254**	**328534**	**3990628**	**134397**	**107.89**
长春市 Changchun	**2814596**	**1265609**	**8439**	**1522484**	**6892**	**108.37**
市　区 District	451358	161458	1749	284869	1621	119.23
九台市 Jiutai	292094	144052	988	144482	1479	112.35
榆树市 Yushu	694974	359044	756	331596	632	98.68
德惠市 Dehui	660025	300764	334	354916	1522	116.56
农安县 Nongan	716145	300291	4612	406621	1638	103.29
吉林市 Jilin	**1526976**	**712888**	**44227**	**708437**	**49521**	**106.44**
市　区 District	300641	135726	4523	149955	7613	107.61
桦甸市 Huadian	261160	112311	12222	124650	10277	109.77
蛟河市 Jiaohe	216796	110333	14860	76023	15230	109.07
舒兰市 Shulan	324935	139874	6350	170939	4872	102.46
磐石市 Panshi	294824	134214	3392	145376	8913	105.67
永吉县 Yongji	128620	80430	2880	41494	2616	103.43
四平市 Siping	**1983162**	**886164**	**6321**	**1067000**	**1784**	**111.7**
市　区 District	82532	32413	993	48472	179	123.52
公主岭市 Gongzhuling	838009	376159	561	450632	439	113.95
双辽市 Shuangliao	169779	78273	1232	84115	59	91.93
梨树县 Lishu	585759	283395	2273	296167	824	115.75
伊通县 Yitong	307083	115924	1262	187614	283	108.50
辽源市 Liaoyuan	**363351**	**152310**	**5379**	**201011**	**1372**	**102.01**
市　区 District	25036	6469	90	18041	37	101.54
东丰县 Dongfeng	171986	73316	1533	95242	695	103.55
东辽县 Dongliao	166329	72525	3756	87728	640	100.38
通化市 Tonghua	**681289**	**329515**	**17915**	**319805**	**10420**	**105.93**
市　区 District	40088	11439	630	27697	132	104.75
梅河口市 Meihekou	245080	86267	1179	152024	4110	105.42
集安市 jian	61958	35425	3033	21574	1517	103.85
通化县 Tonghua	65421	47735	6543	10652	261	112.35
辉南县 Huinan	116010	69970	1366	43083	1161	102.17

注:各地区相加不等于全省总计。

Note: The sum of data by region is not equal to total.

10－9 续表 continued

单位:万元　　unit:10000yuan

年　份 Year	农林牧渔业总产值 Total	农业 Farming	林业 Forestry	牧业 Animal husbandry	渔业 Fishery	农林牧渔业总产值指数 Indices (%)
柳河县 Liuhe	152732	78679	5164	64775	3239	107.62
白山市 Baishan	**387394**	**139629**	**102100**	**117415**	**24282**	**107.52**
市　区 District	58780	18825	14300	24097	1286	107.85
临江市 Linjian	59488	26038	1580	20609	1041	96.07
抚松县 Fusong	125584	50554	44416	17235	12979	111.35
靖宇县 Jingyu	40102	11586	4335	18816	4794	115.53
长白县 Changbai	36423	13924	12190	8599	510	105.91
江源县 Jiangyuan	67017	18702	15279	28059	3672	108.37
松原市 Songyuan	**1386568**	**818644**	**17509**	**516197**	**21586**	**99.96**
市　区 District	97116	63716	1400	26500	3700	100.74
长岭县 Changling	363067	213993	5495	140873	406	95.74
前郭县 Qianguo	395000	210000	6500	162000	10700	109.97
乾安县 Qianan	111074	73335	1610	34512	517	80.02
扶余县 Fuyu	420311	257600	2504	152312	6263	100.44
白城市 Baicheng	**709668**	**311605**	**16063**	**353642**	**11858**	**81.53**
市　区 District	138300	72354	3663	61656	27	90.43
洮南市 Taonan	160474	92878	3318	62758	120	92.77
大安市 Daan	142021	55945	1770	73407	2399	76.47
镇赉县 Zhenlai	149341	50888	5184	79237	9032	82.88
通榆县 Tongyu	119532	39540	2128	76584	280	67.30
延边朝鲜族自治州 Yanbian	**498852**	**245890**	**110581**	**129792**	**6682**	**120.73**
延吉市 Yanji	24312	10735	847	10611	69	130.10
图们市 Tumen	11015	6241	480	4153	46	117.14
敦化市 Dunhua	185582	94298	31756	54773	3655	118.91
龙井市 Longjing	47806	32250	1101	13717	327	144.19
珲春市 Hunchun	41443	22549	7298	10410	786	136.18
和龙市 Helong	56067	23708	20857	10639	363	117.93
汪清县 Wangqing	72265	29312	28748	12510	959	109.62
安图县 Antu	60362	26797	19494	12979	477	112.92

10－10 农林牧渔业中间消耗

Intermediate Consumer of Farming, Forestry, Animal Husbandry and Fishery

单位：万元　　　　unit：10000yuan

项目	Item	2003	2004
农林牧渔业生产中间消耗	**Intermediate consumer of FFAF**	**3099608**	**3745089**
农业中间消耗合计	Total of intermediare consumer of farming	1512820	1622573
中间物质消耗	Material Consumer	1402180	1517047
对非物质生产部门劳务支出	Services Consumer	110640	105526
林业中间消耗合计	Other Intermediate consumer	126024	145173
中间物质消耗	Material	106248	116073
对非物质生产部门劳务支出	Services Consumer	19776	29100
牧业中间消耗合计	Total of intermediate Consumer of animal Husbandry	1382715	1907987
中间物质消耗	Material consumer	1340167	1866712
对非物质生产部门劳务支出	Services consumer	42548	41275
渔业中间消耗合计	Total of Intermediate Consumer of fishery	42904	41909
中间物质消耗	Material consumer	37654	35111
对非物质生产部门劳务支出	Services Consumer	5250	6798
农林牧渔服务业中间消耗	Total of intermediate Consumer of animal Husbandry	35145	27447
中间物质消耗	Material consumer	21687	16937
对非物质生产部门劳务支出	Services consumer	13458	10510

10－11 历年农业生产条件

Production Condition For Agriculture of Jinlin

年份 Year	农业机械总动力 （万千瓦） Total Power of Agricultural Machinery （10000kw）	灌溉面积 （千公顷） Irrigated Area （1000hectares）	化肥施用量 （折纯量） （万吨） Coonsumption of Chemical Fertilizers （10000tons）	农村用电量 （亿千瓦小时） Electricity Consumed in Rural Area（100million kwh）	农作物总播种面积 （千公顷） Total Sown Area （10000hectares）	# 粮食面积 Grain Crops
1949		86.9			4384.5	4196.0
1950		98.1			4564.7	4341.0
1951		102.9			4510.8	4162.1
1952		115.4			4607.9	4318.4
1953		109.3			4495.1	4232.0
1954		124.9			4558.4	4262.5
1955		140.0			4566.1	4267.1
1956		331.5			4778.7	4469.3
1957	2.65	369.0			4603.9	4291.4
1958		493.6			4529.6	4178.6
1959		352.5			4310.5	3865.9
1960	14.34	257.6			4387.7	3911.0
1961		177.5			4368.9	3910.0
1962	11.69	154.3			4351.3	4031.7
1963	18.02	149.3		0.6	4359.0	4057.9
1964	21.55	168.4		0.8	4345.0	4060.3
1965	23.83	232.6	7.57	1.0	4350.4	4033.9
1966		241.5	12.57	1.1	4312.5	3992.4
1967		253.3	17.18	1.3	4270.9	3958.6
1968		265.9	16.03	1.4	4232.5	3946.3
1969		283.7	23.05	1.9	4227.6	3940.9
1970	34.42	351.3	30.93	2.3	4216.7	3966.8
1971	57.87	460.8	44.67	2.9	4200.7	3939.3
1972	82.38	339.9	43.24	3.9	4170.9	3861.5
1973	86.94	396.1	48.29	4.3	4163.3	3844.4
1974	133.92	478.1	63.66	5.1	4146.7	3815.7
1975	188.29	546.7	60.60	6.4	4111.3	3760.6
1976	261.26	600.6	65.78	7.6	4066.3	3611.0
1977	251.00	609.2	57.82	7.9	4051.5	3577.5
1978	284.11	598.6	66.69	8.1	4053.1	3603.1
1979	303.10	570.8	91.30	8.8	4060.5	3600.1
1980	367.54	730.7	120.20	9.7	4057.0	3524.3
1981	395.82	744.9	144.93	11.2	4074.8	3509.3
1982	396.11	733.5	135.30	12.3	4065.6	3555.2
1983	417.72	716.1	152.24	12.4	4069.6	3586.5
1984	452.69	711.4	180.53	12.4	4079.8	3501.7
1985	476.34	696.3	159.23	11.9	4063.9	3283.5
1986	528.54	717.5	179.06	13.9	4036.8	3469.5
1987	534.89	752.9	195.80	14.9	4036.9	3485.7
1988	552.60	774.5	190.67	15.8	4035.2	3422.5
1989	590.52	836.0	201.22	16.2	4021.4	3430.9
1990	629.00	881.9	233.06	16.8	4039.8	3525.9
1991	587.52	923.3	248.14	18.2	4065.9	3542.0
1992	591.41	914.8	245.01	19.0	4048.7	3536.9
1993	607.06	908.9	236.94	19.8	4050.7	3526.7
1994	598.83	910.1	245.11	21.5	4059.6	3566.7
1995	661.43	904.4	266.57	21.5	4059.8	3576.9
1996	718.67	936.0	283.90	22.1	4063.0	3624.5
1997	773.22	1078.0	282.70	22.7	4067.4	3592.1
1998	827.52	1250.9	289.31	22.5	4061.6	3567.2
1999	897.29	1293.2	293.56	23.3	4064.3	3513.4
2000	1015.44	1315.0	281.30	23.8	4065.6	3357.1
2001	1096.53	1383.0	280.60	24.1	4045.7	3357.2
2002	1150.67	1499.0	283.30	23.9	4687.7	4037.6
2003	1230.60	1546.0	287.30	23.1	4717.1	4013.8
2004	1319.76	1595.0	304.70	26.2	4871.9	4280.0

10-12 农业生产条件

Agricutural Producers Condition

	Item	2003	2004
一、主要农业机械拥有量	**Number of agricultural machinery**		
农业机械总动力（万千瓦）	Total power of agricultural machinery(10000kw)	1230.6	1319.76
大中型拖拉机（混合台）	Large and medium tractors(unit)	48749	66424
小型拖拉机（台）	Mini-tractors(unit)	465259	496945
大中型机引农具（台）	Large and medium tractor towing farm amchinery(unit)	100160	141433
联合收割机（台）	Combine harvesters(unit)	331	555
机动脱粒机（台）	Thresher sheller(unit)	157053	154618
机动水稻插秧机（台）	Rice transplanter(unit)	2802	2683
粮食加工机械（台）	Machine of grain processing	101470	97315
油料加工机械（台）	Machine of oil bearing seed processing	3980	4917
农用载重汽车（辆）	Trucks for agricultural use(unit)	11079	13035
二、农业机械作业面积	**Operation area of agricultural machinery**		
机耕面积（千公顷）	Area of machinery cultvated and land(1000ha)	1555.1	1830.0
占耕地面积比重（%）	Proportion as area of machinery cultivated leves(%)	35.8	38.9
机播面积（千公顷）	Area of machinery sowed land(1000ha)	2090.1	2190.5
占播种面积比重（%）	Proportion as area(%)	48.1	50.9
机收面积（千公顷）	Area of machinery gathered land(1000ha)	49.0	61.5
占播种面积比重（%）	Proportion of area(%)	1.1	1.4
三、农村用电量	**Electricity consumption in rural**		
农村用电量（万千瓦小时）	Electricity consumption in agriculture(10000kwh)	231105	261863
每公顷用电量（千瓦小时）	Electricity consumption per hectrares(kwh)	505	504
四、农田水利	**Irrigation and water conservancy**		
农用排灌机械（台）	Irrigating machinery(unit)	398811	414445
农用水泵（台）	Water pump(unit)	368206	397343
有效灌溉面积（千公顷）	Effectinely irrigated area(1000ha)	1546	1595
占耕地面积比重（%）	proportion as cultivated land(%)	35.6	33.9
机电灌溉面积（千公顷）	Irrigated areas by power(1000ha)	1371	1223
占有效灌溉面积（%）	proportion as irrigated land(%)	88.7	76.7
五、农业化学化	**Agricultural chemistry**		
化肥施用量（实物）（万吨）	Consumption of chemical fertilizers(10000tons)	287.3	304.7
氮　　肥	Nitrogenous fertilizer	164.6	162.9
磷　　肥	Phosphate fertilizer	39.2	44.3
钾　　肥	Potash fertilizer	18.4	19.5
复 合 肥	Compound fertilizer	65.1	78.0
每公顷化肥施用量（公斤）	Comsumption perhectrare(kg)	628	708

10-13 各市县主要农业机械拥有量(2004)

Agricultural Machinery Possessed By City and County(2004)

市、县 City, county	农业机械总动力（万千瓦）Total power (10000kw)	大中型农用拖拉机（混合台）Large and medium tractors (unit)	农用小型及手扶拖拉机（台）Minitractiors (unit)	大中型机引农具（部）Large and medium tractor-towing farm machinery (unit)	农用排灌动力机械（台）Irrigating machinery (sets)	粮食加工机械（台）Machine of grain processing (unit)
全　省 Total	**1319.76**	**66424**	**496945**	**141433**	**414445**	**97315**
长春市 Changchun	**241.66**	**7432**	**80721**	**16275**	**107720**	**21806**
市　区 District	36.21	733	10125	869	18915	1951
九台市 Jiutai	30.04	2066	9310	2029	9983	4192
榆树市 Yushu	59.19	1862	17301	5160	30856	4554
德惠市 Dehui	56.95	1337	21693	4746	39800	5684
农安县 Nongan	59.27	1434	22292	3471	8166	5425
吉林市 Jilin	**139.02**	**1512**	**54665**	**1591**	**53864**	**13924**
市　区 District	38.4	286	8643	535	13743	1836
桦甸市 Huadian	13.57	116	4790	249	1860	2026
蛟河市 Jiaohe	18.09	364	6199	132	8733	2115
舒兰市 Shulan	37.56	441	16740	596	20593	3175
磐石市 Panshi	17.81	206	10368	54	3970	2847
永吉县 Yongji	13.59	99	7925	25	4965	1925
四平市 Siping	**144.62**	**6970**	**50518**	**9868**	**69829**	**11396**
市　区 District	21.46	1325	4155	1403	16296	338
公主岭市 Gongzhuling	49.99	3774	20030	3195	15497	3375
双辽市 Shuangliao	33.63	536	13990	483	15733	1250
梨树县 Lishu	26.08	1004	7810	3990	17058	4740
伊通县 Yitong	13.46	331	4533	797	5245	1693
辽源市 Liaoyuan	**49.64**	**912**	**16145**	**2035**	**27291**	**4857**
市　区 District	5.01	4	92	14	587	388
东丰县 Dongfeng	23.87	580	10781	1924	21527	2530
东辽县 Dongliao	20.76	328	5272	97	5177	1939
通化市 Tonghua	**90.34**	**1400**	**32204**	**2261**	**20157**	**8224**
市　区 District	4.48	28	480		1627	797
梅河口市 Meihekou	16.47	613	5187	1450	4930	1362
集安市 jian	16.47	207	2206	39	4719	1694
通化县 Tonghua	13.13	167	2733	74	864	2032
辉南县 Huinan	22.15	156	13555	628	4149	1527

10－13　续表　continued

市、县 City, county		农业机械总动力（万千瓦）Total power (10000kw)	大中型农用拖拉机（混合台）Large and medium tractors (unit)	农用小型及手扶拖拉机（台）Minitractors (unit)	大中型机引农具（部）Large and medium tractor－towing farm machinery (unit)	农用排灌动力机械（台）Irrigating machinery (sets)	粮食加工机械（台）Machine of grain processing (unit)
柳河县	Liuhe	17.64	229	8043	70	3868	812
白山市	**Baishan**	**38.01**	**333**	**1689**	**366**	**7713**	**6713**
市区	District	6.3	52	291		1025	524
临江市	Linjian	5.94	69	282	9	537	3124
抚松县	Fusong	11.83	98	602	86	3816	974
靖宇县	Jingyu	3.63	25	176	185	956	313
长白县	Changbai	4.35	40	187	19	614	481
江源县	Jiangyuan	5.96	49	151	67	765	1297
松原市	**Songyuan**	**282.83**	**22880**	**119185**	**58402**	**49241**	**16180**
市区	District	32.02	1530	7982	1140	11700	823
长岭县	Changling	52.35	3347	30802	3316	4717	1435
前郭县	Qianguo	75.17	4397	34457	14072	9850	3950
乾安县	Qianan	40.19	5760	18856	20354	3319	1403
扶余县	Fuyu	83.1	7846	27088	19520	19655	8569
白城市	**Baicheng**	**243.41**	**20884**	**93854**	**41563**	**73613**	**9707**
市区	District	48.05	2853	15222	3046	17346	1357
洮南市	Taonan	71.06	3894	27845	6869	30142	2299
大安市	Daan	29.75	1636	17179	1667	5386	1232
镇赉县	Zhenlai	46.85	5109	16897	11937	12715	1432
通榆县	Tongyu	47.7	7392	16711	18044	8024	3387
延边朝鲜族自治州	**Yanbian**	**90.26**	**4101**	**47964**	**9072**	**5017**	**4508**
延吉市	Yanji	4.67	264	1424	93	886	166
图们市	Tumen	3.26	87	1051	222	240	329
敦化市	Dunhua	36.16	2066	21871	6522	1300	1359
龙井市	Longjing	12.28	309	8446	666	219	498
珲春市	Hunchun	7.63	407	4527	233	277	229
和龙市	Helong	6.6	116	4439	138	294	563
汪清县	Wangqing	12.42	360	3772	917	1443	585
安图县	Antu	7.25	492	2434	281	358	779

10－14 各市县农业现代化水平(2004)
Level of Agriultural Modernizing by Cities(2004)

市、县 City, country		机耕面积(千公顷) Area of machinery cultivated area(kha)	机播面积(千公顷) Area of achinery seeded (kha)	农村用电量(千瓦小时) Electrical consumption in agriculture (10000kha)	有效灌溉面积(千公顷) Effectively irrigated area(kha)	配套机电井(眼) Electrical machinery of well	化肥施用量(实物量)(吨) Consumption of chemical fertilizers (tons)	#氮肥 Nitrogenous fertilizers	#磷肥 Phosphate fertilizer
全　省	**Total**	**1830.0**	**2190.5**	**2618632**	**1595.19**	**104977**	**3046942**	**1629336**	**442798**
长春市	**Changchun**	**602.4**	**685.6**	**603020**	**230.14**	**11315**	**919270**	**503423**	**173578**
市　区	District	77.4	66.7	150113	32.80	2622	117264	59363	9735
九台市	Jiutai	80.0	110.0	66741	33.32	2572	142278	81321	15841
榆树市	Yushu	115.0	204.9	115642	67.14	3187	209130	127432	28765
德惠市	Dehui	130.0	123.3	134254	60.54	1201	156176	105171	15572
农安县	Nongan	200.0	180.7	136270	36.34	1733	294422	130136	103665
吉林市	**Jilin**	**261.9**	**209.1**	**441396**	**172.76**	**5658**	**396152**	**214088**	**29224**
市　区	District	67.3	45.9	178419	45.09	2023	73850	42762	6116
桦甸市	Huadian	41.3	24.5	38279	9.85	137	52450	28395	1318
蛟河市	Jiaohe	42.6	21.6	43616	15.99	204	50317	26036	4651
舒兰市	Shulan	60.0	57.0	59752	48.04	1349	73209	41027	5730
磐石市	Panshi	36.9	32.2	44329	25.89	586	84121	45355	6471
永吉县	Yongji	13.8	27.9	77001	27.90	1359	62205	30513	4938
四平市	**Siping**	**71.0**	**355.0**	**392433**	**164.55**	**8375**	**479997**	**235791**	**30572**
市　区	District	6.0	14.0	86305	1.49	147	30222	15899	1655
公主岭市	Gongzhuling	30.0	125.0	106147	57.60	448	179066	70094	9081
双辽市	Shuangliao	18.0	36.0	60423	34.97	2942	68815	35502	7528
梨树县	Lishu	7.0	133.0	77565	54.44	585	141477	82843	7960
伊通县	Yitong	10.0	47.0	61993	16.05	4253	60417	31453	4348
辽源市	**Liaoyuan**	**67.0**	**103.2**	**95146**	**26.51**	**1137**	**112894**	**67148**	**9795**
市　区	District	2.1	2.3	1650	2.24	339	4508	2390	724
东丰县	Dongfeng	49.2	59.9	69913	15.64	444	58161	37086	1618
东辽县	Dongliao	15.7	40.9	23583	8.63	354	50225	27672	7453
通化市	**Tonghua**	**101.8**	**38.6**	**256848**	**98.07**	**1427**	**203683**	**135606**	**16435**
市　区	District	0.4		30001	1.61	288	5153	4173	167
梅河口市	Meihekou	40.8	25.3	62390	45.90	254	72999	45441	6463
集安市	jian	5.7	0.3	29856	3.04	60	12523	7566	1202
通化县	Tonghua	8.9	1.1	27130	7.76	103	18283	12753	752
辉南县	Huinan	18.0	8.8	39122	21.54	246	47510	34402	2829

10－14 续表 continued

市、县 City, country	机耕面积（千公顷）Area of machinery cultivated area(kha)	机播面积（千公顷）Area of achinery seeded (kha)	农村用电量（千瓦小时）Electrical consumption in agriculture (10000kha)	有效灌溉面积（千公顷）Effectively irrigated area(kha)	配套机电井（眼）Electrical machinery of well	化肥施用量（实物量）（吨）Consumption of chemical fertilizers (tons)	#氮肥 Nitrogenous fertilizers	#磷肥 Phosphate fertilizer
柳河县 Liuhe	28.0	3.1	68349	18.22	476	47215	31271	5022
白山市 Baishan	**13.7**	**4.0**	**67605**	**4.38**	**344**	**27383**	**14135**	**1384**
市区 District	2.3	0.8	22200	1.11	28	5256	3618	54
临江市 Linjian	2.2	0.6	12378	0.36	2	5822	3275	391
抚松县 Fusong	2.3	0.7	9087	0.45	166	5007	1555	261
靖宇县 Jingyu	2.8	0.7	13404	0.96	146	5271	2163	293
长白县 Changbai	2.2	0.6	5856	0.87		1858	1010	66
江源县 Jiangyuan	1.8	0.7	4680	0.63	2	4169	2514	319
松原市 Songyuan	**329.2**	**452.0**	**300694**	**394.14**	**12958**	**543218**	**272941**	**121016**
市区 District	19.2	30.0	35946	33.83	1770	30550	16697	4797
长岭县 Changling	50.0	87.0	64930	103.32	3135	233439	120814	65802
前郭县 Qianguo	70.0	107.0	105430	133.91	3260	84130	40408	11753
乾安县 Qianan	40.0	80.0	27886	40.56	2763	51101	23940	8814
扶余县 Fuyu	150.0	148.0	66502	79.52	2030	143998	71082	29850
白城市 Baicheng	**220.0**	**224.2**	**184683**	**430.82**	**60458**	**275143**	**138430**	**50692**
市区 District	36.7	40.2	29347	90.27	15908	57108	36586	11630
洮南市 Taonan	55.0	56.0	32015	99.49	32003	66077	31040	11363
大安市 Daan	29.3	31.3	55324	57.63	4594	50561	27457	8341
镇赉县 Zhenlai	40.3	54.0	43311	69.82	3726	36464	18369	6083
通榆县 Tongyu	58.7	42.7	24686	113.61	4227	64933	24978	13275
延边朝鲜族自治州 Yanbian	**163.0**	**118.8**	**276807**	**73.82**	**3305**	**89202**	**47774**	**10102**
延吉市 Yanji	4.3	1.9	43178	2.46	337	4454	3261	354
图们市 Tumen	3.7	2.5	15128	3.59	164	4001	2586	303
敦化市 Dunhua	71.3	64.8	61120	15.45	609	21525	8934	3655
龙井市 Longjing	18.7	13.4	36103	12.65	1034	19946	10783	716
珲春市 Hunchun	17.2	7.9	28109	10.92	160	7120	4225	331
和龙市 Helong	17.2	6.2	21503	11.04	453	8862	5828	2168
汪清县 Wangqing	16.7	16.1	41532	10.07	305	12457	6561	1270
安图县 Antu	13.9	6.0	30134	7.64	243	10837	5596	1305

10－15 历年主要农业产品产量和大牲畜饲养量

Output Of Major Farm Crops Of Jilin

年份 Year	粮食产量 （万吨） Grain （10000 tons）	油料产量 （万吨） Oil－Bearing Crops （10000tons）	糖料产量 （万吨） sugr （10000tons）	水果产量 （万吨） Fruits （10000tons）	大牲畜 年底头数 （万头） arge Animal （year－end） 10000hands	猪牛羊肉 （万吨） Outpput of Pork，Beef & Mutton （10000tons）	水产品产量 （万吨） Aquatic Products （10000tons）
1949	458.95	1.13	0.15		164.80		
1950	553.90	2.17	6.73		183.30		
1951	468.30	4.18	12.76		199.20		
1952	613.20	3.89	17.61		219.60		
1953	561.45	2.18	13.08		221.40		
1954	530.95	3.53	18.38	0.33	231.80		
1955	556.53	2.58	29.39	0.87	219.50		
1956	493.64	2.78	29.76	0.95	188.10		
1957	429.35	2.42	21.71	0.40	170.90		
1958	528.84	6.91	65.72	1.14	172.80		
1959	526.60	5.76	47.60	1.82	184.10		
1960	394.70	2.19	15.35	0.83	182.30		
1961	398.55	1.04	8.96	0.97	175.20		
1962	437.10	1.05	7.39	0.82	183.40		
1963	501.60	1.59	6.51	1.39	201.90		
1964	491.80	1.95	22.92		211.40		
1965	525.10	1.76	35.72	1.86	214.20		
1966	597.60	1.68	55.67	2.04	221.10		
1967	647.74	1.77	50.78	2.24	229.90		
1968	622.15	1.72	34.23	1.84	245.80		
1969	498.70	1.50	40.28	1.76	246.70		
1970	738.80	1.30	34.58	1.80	245.30		
1971	713.05	2.27	32.18	2.69	245.00		
1972	556.90	3.46	32.47	3.04	247.20		
1973	783.00	6.18	39.11	3.62	249.90		
1974	858.15	7.78	40.01	4.19	245.20		
1975	906.50	8.69	42.55	2.74	246.40		
1976	755.50	9.77	57.56	4.71	245.10		
1977	728.35	10.87	38.33	3.25	237.70		
1978	914.70	12.29	45.13	5.65	231.62	15.64	1.03
1979	903.34	14.22	56.94	4.47	234.27	20.47	0.81
1980	859.60	26.60	117.67	4.45	236.76	24.57	0.84
1981	921.91	34.52	90.28	3.94	231.83	25.11	1.30
1982	1000.04	29.27	67.89	3.60	234.44	28.29	1.54
1983	1477.98	39.23	95.07	5.48	245.71	26.33	1.79
1984	1634.46	59.78	68.00	6.04	279.59	26.22	2.14
1985	1225.26	48.36	87.69	6.59	294.59	29.93	2.96
1986	1397.71	38.85	59.76	5.88	284.89	34.46	3.83
1987	1675.81	35.26	69.00	10.04	274.52	34.31	4.51
1988	1693.25	35.43	129.60	12.17	281.90	34.96	5.81
1989	1351.29	34.80	66.00	12.76	292.17	38.39	6.61
1990	2046.52	46.74	116.40	13.33	309.07	43.38	7.09
1991	1898.87	43.54	109.56	13.06	318.55	46.78	7.86
1992	1840.30	35.82	91.81	14.57	341.12	50.12	8.49
1993	1900.90	28.62	97.19	18.10	359.26	57.94	9.79
1994	2015.70	28.68	97.56	18.67	424.03	74.77	10.50
1995	1992.40	25.55	83.64	27.97	498.66	96.66	11.06
1996	2326.60	21.70	70.21	31.06	572.20	108.20	12.08
1997	1808.30	15.93	32.90	37.49	602.96	138.50	13.20
1998	2506.00	21.28	55.56	45.54	494.80	148.12	14.20
1999	2305.60	31.40	25.80	49.60	522.10	155.90	14.47
2000	1638.00	38.96	44.39	48.62	539.80	163.80	14.01
2001	1953.40	34.34	69.44	200.79	551.00	172.60	11.02
2002	2214.80	46.12	76.18	80.27	560.39	175.32	10.51
2003	2259.60	57.13	7.02	59.38	599.41	185.04	10.87
2004	2510.00	38.10	3.55	68.30	615.20	195.97	11.98

10－16　主要农作物播种面积和产量

Output and Area of Major Farm Crops

项目		2003			2004		
		播种面积（千公顷）Total sown area（1000 ha）	总产量（万吨）Output（10000 tons）	单产（公斤/公顷）Per unit area field（kg/ha）	播种面积（千公顷）Total sown area（1000 ha）	总产量（万吨）Output（10000 tons）	单产（公斤/公顷）perunit area filed（kg/ha）
农作物总播种面积		4717.10			4903.98		
粮食作物合计	Total of grain	4013.80	2259.60	5630	4312.08	2510.00	5821
1. 谷物	Cereal	3318.50	2015.60	6074	3562.00	2285.36	6359
# 水稻	Rice	541.00	318.20	5882	600.10	437.62	7293
小麦	Wheat	22.10	6.00	2715	11.40	3.37	2956
玉米	Corn	2627.20	1615.30	6148	2901.48	1810.00	6238
高粱	Sorghum	95.20	61.30	6439	53.60	28.07	5237
2. 豆类	Soybean	607.70	191.10	3145	633.20	166.91	2636
# 大豆	Soy	430.00	150.30	3495	525.90	152.06	2891
油料	Oil－bearin grop	301.80	57.13	3520	222.10	38.10	1716
# 葵花籽	Sunflower seeds	93.70	16.16	1726	68.40	9.38	1370
麻类	Fiber crop	1.30	0.37	2846	0.90	0.30	3280
烟叶	Tobacco crops	21.00	5.01	2386	20.20	5.40	2672
# 烤烟	Flue cured tobacco	10.70	1.94	1813	10.70	2.25	2106
园参	Ginseng	4.90	2.51	7818	3.50	2.88	8229
蔬菜	Vegetable	269.10	881.01	32703	235.60	699.89	37716
水果	Fruit	95.30	59.38	6231	74.02	68.30	9227

注：①粮食作物产量为抽样调查数

Note：Outputofgrainareobtainedfromthesamplesurvey.

10－17　各市县总播种面积和产量(2004)

Total Sown Areas and Output of Major Farm Crops by City and County(2004)

市、县 City, county		总播种面积(千公顷)	粮食 Grain crops		#水稻 Rice		#玉米 Corn	
			播种面积 Sown area (公顷)(ha)	总产量 Output (吨)(tons)	播种面积 Sown area (公顷)(ha)	总产量 Output (吨)(tons)	播种面积 Sown area (公顷)(ha)	总产量 Output (吨)(tons)
长春市	**Changchun**	**1139211**	**1012244**	**8010764**	**138808**	**1296844**	**695705**	**6046429**
市　区	District	141752	118814	910072	17178	152094	83091	695111
九台市	Jiutai	161848	144894	1031619	15767	118978	106899	838525
榆树市	Yushu	307433	289229	2325000	57198	553128	160064	1501009
德惠市	Dehui	227977	189095	1569027	43159	422350	114123	1012819
农安县	Nongan	300201	270212	2175046	5506	50294	231528	1998965
吉林市	**Jilin**	**440552**	**402691**	**3002057**	**94019**	**1007624**	**210716**	**1689964**
市　区	District	91514	78390	576453	21706	205763	53041	361423
桦甸市	Huadian	58714	53461	369003	6329	67588	30896	259778
蛟河市	Jiaohe	66165	60753	368410	8295	93663	22410	179091
舒兰市	Shulan	90847	86503	737220	30852	393257	28525	246767
磐石市	Panshi	76918	70056	553462	11585	113057	44418	400563
永吉县	Yongji	56394	53528	397509	15252	134296	31426	242342
四平市	**Siping**	**647213**	**592455**	**5754929**	**37962**	**377803**	**462444**	**5068814**
市　区	District	35062	33881	242365	2712	25871	25943	202612
公主岭市	Gongzhuling	234636	220808	2202038	11023	122534	185851	1984572
双辽市	Shuangliao	102879	85845	424026	9399	88965	57310	284143
梨树县	Lishu	183079	167138	2084000	7350	66150	131708	1933293
伊通县	Yitong	91557	84783	802500	7478	74283	61632	664194
辽源市	**Liaoyuan**	**148596**	**141853**	**1175365**	**12314**	**98650**	**105930**	**967105**
市　区	District	5314	4625	32381	329	2378	4095	29125
东丰县	Dongfeng	78957	75961	590174	10032	79418	54116	468351
东辽县	Dongliao	64325	61267	552810	1953	16854	47719	469629
通化市	**Tonghua**	**220311**	**193348**	**1443081**	**57587**	**490430**	**99998**	**831133**
市　区	District	5113	2684	13914	303	2033	1855	10622
梅河口市	Meihekou	65060	60457	501555	21832	202285	30877	258225
集安市	jian	16387	11547	53619	2414	14221	6342	32846
通化县	Tonghua	26797	21889	136566	4300	32635	11041	80889
辉南县	Huinan	47809	42197	350263	14584	136654	19749	190074

10－17　续表 1　continued

市、县 City, county		总播种面积（千公顷）	粮食 Grain crops		#水稻 Rice		#玉米 Corn	
			播种面积 Sown area（公顷）(ha)	总产量 Output（吨）(tons)	播种面积 Sown area（公顷）(ha)	总产量 Output（吨）(tons)	播种面积 Sown area（公顷）(ha)	总产量 Output（吨）(tons)
柳河县	Liuhe	59145	54574	387164	14154	102602	30134	258477
白山市	**Baishan**	**51558**	**38934**	**173903**	**1559**	**9812**	**20569**	**120817**
市区	District	6862	5123	20475	440	2736	2673	13407
临江市	Linjiang	10611	8218	40990	279	2098	4952	32535
抚松县	Fusong	13366	10231	47766	18	110	5116	31592
靖宇县	Jingyu	9714	7526	32137	330	2092	3738	21204
长白县	Changbai	5381	3863	14402	403	2155	1789	7795
江源县	Jiangyuan	5624	3973	18133	89	621	2301	14284
松原市	**Songyuan**	**777770**	**665856**	**5022080**	**52520**	**510483**	**484937**	**3993982**
市区	District	50034	45690	303707	6516	54074	33823	227436
长岭县	Changling	187226	155152	1302399	1623	15905	113927	1080411
前郭县	Qianguo	202627	180024	1255446	36394	363940	112115	784353
乾安县	Qianan	107039	91190	510500	187	1014	68143	413609
扶余县	Fuyu	230844	192800	1650028	7800	75550	156929	1488173
白城市	**Baicheng**	**576777**	**454129**	**1452135**	**49489**	**352009**	**278675**	**954469**
市区	District	87641	74611	422300	20715	144039	44092	252133
洮南市	Taonan	127947	106981	346000	5369	31427	74056	289839
大安市	Daan	86512	66579	241755	3020	14452	48164	191137
镇赉县	Zhenlai	103780	94363	290804	20385	162091	49090	109360
通榆县	Tongyu	170897	111095	151276			63273	112000
延边朝鲜族自治州	**Yanbian**	**241300**	**199903**	**732592**	**38433**	**232687**	**49352**	**280997**
延吉市	Yanji	7066	4292	16661	601	3638	1567	9822
图们市	Tumen	8277	6752	22040	1214	7795	1971	10829
敦化市	Dunhua	81877	69229	240202	3303	21700	13394	86654
龙井市	Longjing	35460	31356	152095	8409	60995	11459	74451
珲春市	Hunchun	23374	19798	94066	8020	50687	5265	32143
和龙市	Helong	24517	21536	86307	8885	47888	5017	27040
汪清县	Wangqing	33665	27046	60922	4519	22863	5756	18080
安图县	Antu	27064	19894	60299	3482	17121	4923	21978

10－17 续表 2 continued

市、县 City, county		大豆 Soybean		油料 Oilbearing crops		葵花籽 Sunflower seeds	
		播种面积 Sown area （公顷）(ha)	总产量 Output （吨）(tons)	播种面积 Sown area （公顷）(ha)	总产量 Output （吨）(tons)	播种面积 Sown area （公顷）(ha)	总产量 Output （吨）(tons)
长春市	**Changchun**	**132961**	**399505**	**17946**	**33146**	**8761**	**15935**
市区	District	16134	42887	993	2104		
九台市	Jiutai	15812	42923	134	301	10	33
榆树市	Yushu	61646	196177	1854	3753	9	15
德惠市	Dehui	21190	68398	5661	8960	1506	2299
农安县	Nongan	18179	49120	9304	18028	7236	13588
吉林市	**Jilin**	**90619**	**247743**	**3551**	**20699**	**404**	**1331**
市区	District	3458	8445	119	162		
桦甸市	Huadian	15187	37583	1453	12910	16	68
蛟河市	Jiaohe	28652	80827	679	3521	279	1080
舒兰市	Shulan	25202	74402	367	590	51	56
磐石市	Panshi	12133	30355	208	533	46	103
永吉县	Yongji	5987	16131	725	2983	12	24
四平市	**Siping**	**68833**	**195293**	**22846**	**54143**	**1353**	**2061**
市区	District	5064	13168	185	421	38	57
公主岭市	Gongzhuling	17537	48192	619	2105	21	60
双辽市	Shuangliao	11824	27317	15191	33147	1234	1806
梨树县	Lishu	21432	60010	6764	18296	60	138
伊通县	Yitong	12976	46606	87	174		
辽源市	**Liaoyuan**	**18723**	**71152**	**15**	**60**	**3**	**6**
市区	District	121	390	6	9		
东丰县	Dongfeng	9571	26632	3	6	3	6
东辽县	Dongliao	9031	44130	6	45		
通化市	**Tonghua**	**28186**	**75802**	**1193**	**2994**	**497**	**1210**
市区	District	483	1134	10	47	6	31
梅河口市	Meihekou	5400	17339	75	267	2	13
集安市	jian	1976	3729	169	321	5	9
通化县	Tonghua	5218	15721	432	1060	296	560
辉南县	Huinan	6622	17191	159	478	100	351

10－17 续表 3 continued

市、县 City, county		大豆 Soybean		油料 Oilbearing crops		葵花籽 Sunflower seeds	
		播种面积 Sown area (公顷) (ha)	总产量 Output (吨) (tons)	播种面积 Sown area (公顷) (ha)	总产量 Output (吨) (tons)	播种面积 Sown area (公顷) (ha)	总产量 Output (吨) (tons)
柳河县	Liuhe	8487	20688	348	821	88	246
白山市	**Baishan**	**14514**	**30647**	**1057**	**2367**	**718**	**1440**
市区	District	1361	2301	70	137	56	105
临江市	Linjiang	2631	4917	356	1053	254	613
抚松县	Fusong	4586	10612	331	590	215	354
靖宇县	Jingyu	3047	7138	185	356	98	165
长白自治县	Changbai	1407	2644	37	50	17	22
江源县	Jiangyuan	1482	3035	78	181	78	181
松原市	**Songyuan**	**47396**	**119805**	**84227**	**171933**	**13913**	**29589**
市区	District	2843	6739	734	1722	25	46
长岭县	Changling	10980	27450	18384	39269	8156	19574
前郭县	Qianguo	10330	25825	19928	40204	4455	7846
乾安县	Qianan	1990	5001	10613	13782	1161	1961
扶余县	Fuyu	21253	54790	34568	76956	116	162
白城市	**Baicheng**	**25217**	**22394**	**85477**	**86560**	**39308**	**35690**
市区	District	1991	4170	10085	21222	865	1205
洮南市	Taonan	5578	3493	14942	14619	4991	3019
大安市	Daan	3914	5642	9835	6977	3065	2010
镇赉县	Zhenlai	4805	3089	4980	3242	3056	1556
通榆县	Tongyu	8929	6000	45635	40500	27331	27900
延边朝鲜族自治州	**Yanbian**	**99473**	**171227**	**5803**	**9143**	**3488**	**6516**
延吉市	Yanji	1745	2434	513	521	13	21
图们市	Tumen	3352	2853	39	56	3	5
敦化市	Dunhua	46568	96837	576	1153	501	983
龙井市	Longjing	11036	15102	201	278	22	52
珲春市	Hunchun	5906	8989	360	365	4	7
和龙市	Helong	5213	10830	1153	1584	481	868
汪清县	Wangqing	15301	16766	2061	3788	1947	3691
安图县	Antu	10352	17416	900	1398	517	889

10－17　续表 4　continued

市、县 City, county		麻类 .Filber crops		甜菜 Beetroots		烟叶 Tobacco	
		播种面积 Sown area （公顷）(ha)	总产量 Output （吨）(tons)	播种面积 Sown area （公顷）(ha)	总产量 Output （吨）(tons)	播种面积 Sown area （公顷）(ha)	总产量 Output （吨）(tons)
长春市	**Changchun**	**46**	**78**			**7166**	**24760**
市　区	District					2	4
九台市	Jiutai					1386	2597
榆树市	Yushu	46	78			738	1752
德惠市	Dehui					720	1367
农安县	Nongan					4320	19040
吉林市	**Jilin**	**298**	**1269**	**9**	**107**	**741**	**1890**
市　区	District	13	13				
桦甸市	Huadian						
蛟河市	Jiaohe	260	1225	1	27	486	1403
舒兰市	Shulan	20	28	8	80	118	239
磐石市	Panshi	5	3			121	200
永吉县	Yongji					16	48
四平市	**Siping**			**10**	**200**	**41**	**71**
市　区	District						
公主岭市	Gongzhuling					26	36
双辽市	Shuangliao			10	200		
梨树县	Lishu						
伊通县	Yitong					15	35
辽源市	**Liaoyuan**					**10**	**31**
市　区	District						
东丰县	Dongfeng						
东辽县	Dongliao					10	31
通化市	**Tonghua**					**1047**	**3712**
市　区	District					1	1
梅河口市	Meihekou					89	311
集安市	jian					3	2
通化县	Tonghua					115	440
辉南县	Huinan					507	2076

10－17 续表 5 continued

市、县 City, county		麻类 Filber crops		甜菜 Beetroots		烟叶 Tobacco	
		播种面积 Sown area (公顷) (ha)	总产量 Output (吨) (tons)	播种面积 Sown area (公顷) (ha)	总产量 Output (吨) (tons)	播种面积 Sown area (公顷) (ha)	总产量 Output (吨) (tons)
柳河县	Liuhe					332	882
白山市	**Baishan**	**12**	**8**			**238**	**753**
市区	District					19	66
临江市	Linjiang	2	3			139	509
抚松县	Fusong	3	4			27	76
靖宇县	Jingyu	7	1			35	64
长白县	Changbai					3	2
江源县	Jiangyuan					15	36
松原市	**Songyuan**			**620**	**19316**	**210**	**655**
市区	District			10	300		
长岭县	Changling			50	1250	60	180
前郭县	Qianguo			66	2620		
乾安县	Qianan			494	15146		
扶余县	Fuyu					150	475
白城市	**Baicheng**			**685**	**15628**	**3478**	**7332**
市区	District			15	352	125	251
洮南市	Taonan			320	8748		
大安市	Daan			199	6142	2308	5686
镇赉县	Zhenlai					1045	1395
通榆县	Tongyu			151	386		
延边朝鲜族自治州	**Yanbian**	**568**	**1676**	**9**	**275**	**7277**	**14795**
延吉市	Yanji					315	606
图们市	Tumen					417	882
敦化市	Dunhua	32	118			2513	6512
龙井市	Longjing	390	972	7	195	1023	1804
珲春市	Hunchun	41	205			316	680
和龙市	Helong					534	890
汪清县	Wangqing	102	357	2	80	1754	2615
安图县	Antu	3	24			405	806

市、县 City, county		园参 Ginseng		蔬菜 Vegetable		水果 Fruit	
		收获面积 Sown area （公顷）（ha）	总产量 Output （吨）（tons）	播种面积 Sown area （公顷）（ha）	总产量 Output （吨）（tons）	总产量 Output （吨）（tons）	果园面积 Sown area （公顷）（ha）
长春市	**Changchun**			**74777**	**2302066**	**51522**	**6318**
市区	District			18751	641774	10515	679
九台市	Jiutai			9920	155085	3186	1243
榆树市	Yushu			13389	539760	13019	2018
德惠市	Dehui			23968	746580	6050	834
农安县	Nongan			8749	218867	18752	1544
吉林市	**Jilin**	**17**	**476**	**24660**	**1488414**	**371791**	**26083**
市区	District		1	11351	479362	59460	5731
桦甸市	Huadian		447	1281	210821	130693	4162
蛟河市	Jiaohe	17	28	2025	180341	42447	3511
舒兰市	Shulan			3326	200115	14500	2682
磐石市	Panshi			5114	267869	72248	5468
永吉县	Yongji			1563	149906	52443	4529
四平市	**Siping**			**24262**	**1121897**	**24907**	**7381**
市区	District			932	46113	1822	636
公主岭市	Gongzhuling			10507	506627	7352	1646
双辽市	Shuangliao			1094	70924	1097	137
梨树县	Lishu			6196	302935	7057	3491
伊通县	Yitong			5533	195298	7579	1471
辽源市	**Liaoyuan**			**5290**	**147445**	**13385**	**3020**
市区	District			615	31211	445	55
东丰县	Dongfeng			2266	43666	10345	2279
东辽县	Dongliao			2409	72568	2595	686
通化市	**Tonghua**	**39**	**5752**	**14190**	**462068**	**55257**	**7235**
市区	District	6	144	2115	69478	1448	421
梅河口市	Meihekou	14	27	3047	146490	10741	959
集安市	jian	19	3528	936	34459	17920	1681
通化县	Tonghua		1549	2356	42575	2592	455
辉南县	Huinan		40	3658	110045	11013	1546

10－17　续表 7　continued

市、县 City, county		园参 Ginseng 收获面积 Sown area (公顷) (ha)	园参 Ginseng 总产量 Output (吨) (tons)	蔬菜 Vegetable 播种面积 Sown area (公顷) (ha)	蔬菜 Vegetable 总产量 Output (吨) (tons)	水果 Fruit 总产量 Output (吨) (tons)	水果 Fruit 果园面积 Sown area (公顷) (ha)
柳河县	Liuhe		464	2078	59021	11543	2173
白山市	**Baishan**		**8195**	**5518**	**235878**	**23248**	**4302**
市区	District		552	1332	52813	2743	748
临江市	Linjiang		450	1280	68959	7574	863
抚松县	Fusong		3091	1037	38401	3304	1154
靖宇县	Jingyu		924	712	13152	1679	550
长白县	Changbai		3068	200	6076	462	174
江源县	Jiangyuan		110	957	56477	7486	813
松原市	**Songyuan**			**13544**	**538697**	**28171**	**5234**
市区	District			2137	80063	6413	498
长岭县	Changling			5078	162496	455	676
前郭县	Qianguo			766	30640	12535	3033
乾安县	Qianan			2614	64631	186	101
扶余县	Fuyu			2949	200867	8582	926
白城市	**Baicheng**			**12258**	**337160**	**7735**	**1259**
市区	District			2440	94834	6894	567
洮南市	Taonan			3306	48120	552	491
大安市	Daan			3171	105817	147	49
镇赉县	Zhenlai			1915	58011	61	38
通榆县	Tongyu			1426	30378	81	114
延边朝鲜族自治州	**Yanbian**		**14423**	**11071**	**365271**	**106961**	**13189**
延吉市	Yanji			1739	75000	9416	1760
图们市	Tumen		21	738	18294	3045	748
敦化市	Dunhua		9319	2754	127696	11786	1065
龙井市	Longjing			1312	35302	49695	6445
珲春市	Hunchun		1242	1595	45488	11993	907
和龙市	Helong		164	700	12223	9680	980
汪清县	Wangqing		191	1156	24743	10467	984
安图县	Antu		3486	1077	26525	879	300

10－18　林业、渔业和其他生产情况

Basic Statistics of Forestry, Fishery and Other Production

项目	Item	2003	2004
造林面积（千公顷）	Area of afforestation(1000ha)	167.92	57.19
#用材林	Commercial forest	19.78	4.97
经济林	Economic forest	4.31	1.06
防护林	Shelter forest	140.23	50.31
零星植树（万株）	Odd pieces of planting(10000)	1739	1484
年末实有育苗面积（千公顷）	Areas growing seeding(1000ha)	6.52	3.77
水产品产量（吨）	Total aquatic products(tons)	108748	119821
#养殖产量	Output artificially cultured	89450	92038
养殖面积（千公顷）	Areas of artificial culturing(1000ha)	191.32	189.61
水果总产量（吨）	Output of fruit(tons)	593805	682977
年末实有水果面积（千公顷）	Orchards at year end(1000ha)	95.30	74.02
蚕茧产量（吨）	Silkworm cocoons(tons)	1210	1370
养　蜂（万箱）	Bee(10000case)	23.47	24.41
蜂蜜产量（吨）	Honey(tons)	6321	7361
鹿茸产量（公斤）	Pilose amtler(kg)	182960	193034

注：鹿茸产量为各地区年报数。
Note: The poutput of pilose amtler is from the report of regisns.

10－19 畜牧业生产情况
Basic Statistics on Livestock

项目 Item		单位 unit	2003	2004
大牲畜年末头数	Large animals(year end)	万头 10000 heads	599.4	615.2
牛	Cattle and Buffaloes	万头 10000 heads	500.0	525.0
# 奶牛	#Cows	万头 10000 heads	11.7	13.0
马	Horses	万头 10000 heads	64.4	57.8
驴	Donkeys	万头 10000 heads	18.3	16.7
骡	Mules	万头 10000 heads	16.7	15.6
肉类总产量	Meat	万吨 10000 tons	275.0	288.0
# 猪 肉	#Prok	万吨 10000 tons	135.1	143.0
牛 肉	Beef	万吨 10000 tons	46.2	49.0
羊 肉	Mutton	万吨 10000 tons	3.8	4.0
肉猪出栏头数	Slaughtered fattend hogs	万头 10000 heads	1549.9	1750.0
猪年末头数	Hogs	万头 10000 heads	930.0	1000.0
# 能繁殖母猪	#Sow	万头 10000 head	104.5	115.9
羊年末只数	Sheep and coats(year end)	万只 10000 heads	392.0	410.10
山 羊	Coats	万只 10000 heads	60.0	62.5
绵 羊	Sheep	万只 10000 heads	332.0	347.6
鹿年末只数	Deer	万只 10000 heads	29.5	30.0
牛 奶	Cow milk	吨 ton	226804	253245
羊 奶	Goat milk	吨 ton	6037	6786
绵羊毛	Sheep wool	吨 ton	24453	24566
# 细羊毛	#Fine wool	吨 ton	19507	18876
家 禽	Poultry	万只 10000 tons	17945.1	18122.5
禽 蛋	Eggs	万吨 10000 tons	90.0	95.0

10-20 各市县畜牧业生产情况(2004)

Basic Statistics on Livestock by City and Couty(2004)

市、县 City, county		年底大牲畜头数(头) Large animals (head)	猪年末存栏(头) Hogs (head)	羊年底只数(只) Sheep and coats (head)	肉猪出栏头数(头) Slanghtere fattened hogs (head)	肉类总产量(吨) Meat (ton)				禽蛋产量(吨) Poultry eggs (ton)
							#猪 Hog	#牛 Cattle	#羊 Sheep	
长春市	**Changchun**	**2700691**	**4293491**	**921393**	**8029759**	**1578181**	**756288**	**288629**	**9271**	**352747**
市区	District	312685	553031	41512	1112888	196363	108197	48145	745	108045
九台市	Jiutai	337023	752570	46955	962422	137842	85711	22915	385	39389
榆树市	Yushu	658586	1086524	117814	2103770	314691	189876	73659	1276	90307
德惠市	Dehui	703837	805137	144179	1638732	482094	173430	60143	1175	63620
农安县	Nongan	688560	1096229	570933	2211947	447191	199074	83767	5690	51386
吉林市	**Jilin**	**1740983**	**2000779**	**407543**	**3535110**	**603185**	**285381**	**157471**	**7965**	**180505**
市区	District	285237	369832	95226	803863	144719	65606	24739	1399	41859
桦甸市	Huadian	303334	303663	138279	511406	102141	35799	46367	2891	30013
蛟河市	Jiaohe	296477	181369	54670	303388	51816	23837	21900	777	26782
舒兰市	Shulan	484583	606064	60064	793579	139055	68166	28569	1422	53915
磐石市	Panshi	263840	428239	32268	773898	120167	65394	22386	393	24136
永吉县	Yongji	107512	111612	27036	348976	45287	26579	13510	1083	3800
四平市	**Siping**	**1019714**	**1962389**	**735383**	**5109238**	**830477**	**428702**	**172973**	**17845**	**396350**
市区	District	38598	87576	54908	198149	32039	15603	1861	809	33266
公主岭市	Gongzhuling	212131	400607	135299	2338008	382176	198730	72621	4740	127156
双辽市	Shuangliao	167771	357758	303441	433897	72767	32542	19656	8005	18402
梨树县	Lishu	281991	814904	180856	1699968	227271	144497	38605	3111	104250
伊通县	Yitong	319223	301544	60879	439216	116224	37330	40230	1180	113276
辽源市	**Liaoyuan**	**524435**	**426264**	**89032**	**735463**	**167188**	**62474**	**56676**	**1124**	**49514**
市区	District	12028	36180	7218	63062	12996	5320	2597	202	7498
东丰县	Dongfeng	275990	203950	52011	317201	78760	26962	27316	529	21979
东辽县	Dongliao	236417	186134	29803	355200	75432	30192	26763	393	20037
通化市	**Tonghua**	**545173**	**703255**	**179915**	**1531749**	**334909**	**128052**	**63839**	**3014**	**53535**
市区	District	16696	47847	9485	142958	23106	11899	4549	375	14939
梅河口市	Meihekou	114517	208071	23951	749738	163881	63728	29090	953	13640
集安市	jian	46433	59657	27109	102396	14134	8701	4157	148	3208
通化县	Tonghua	42787	42855	20837	59477	7754	4966	1259	229	1495
辉南县	Huinan	131326	103487	32992	172498	53972	14388	12961	719	9650

10－20 续表 continued

市、县 City, county		年底大牲畜头数（头）Large animals (head)	猪年末存栏（头）Hogs (head)	羊年底只数（只）Sheep and coats (head)	肉猪出栏头数（头）Slanghtere fattened hogs (head)	肉类总产量（吨）Meat (ton)	#猪 Hog	#牛 Cattle	#羊 Sheep	禽蛋产量（吨）Poultry eggs (ton)
柳河县	Liuhe	193414	241338	65541	304682	72062	24370	11823	590	10603
白山市	**Baishan**	**295287**	**250372**	**184098**	**419610**	**75898**	**37307**	**27538**	**3168**	**42522**
市区	District	35888	51529	60955	121507	17755	10096	5223	939	4826
临江市	Linjian	44778	38505	23032	70735	13869	6393	5194	515	7898
抚松县	Fusong	87346	51226	33819	63354	12112	6335	3194	436	9046
靖宇县	Jingyu	62224	48952	26266	41833	9678	3556	4845	343	4318
长白县	Changbai	24619	23949	9511	47077	7133	3416	3089	209	1658
江源县	Jiangyuan	40432	36211	30515	75104	15351	7511	5993	726	14776
松原市	**Songyuan**	**618762**	**1436467**	**1719842**	**1848235**	**328644**	**151448**	**48714**	**14111**	**166395**
市区	District	46142	103429	45778	142563	17881	10692	5055	312	3209
长岭县	Changling	181418	366821	637642	348122	47437	29242	4573	3905	15501
前郭县	Qianguo	160883	290987	536572	579050	147320	43429	15105	6060	72085
乾安县	Qianan	67960	175230	329850	128500	22606	10900	1780	1885	9800
扶余县	Fuyu	162359	500000	170000	650000	93400	57185	22201	1949	65800
白城市	**Baicheng**	**467417**	**953966**	**1801082**	**1475620**	**220697**	**120434**	**23615**	**20399**	**80410**
市区	District	36913	149197	108763	311641	32629	21431	2056	2148	9106
洮南市	Taonan	53682	162097	454449	291245	40036	25350	2569	5013	8306
大安市	Daan	107209	202004	224421	282630	52017	22860	5182	4472	23046
镇赉县	Zhenlai	114068	328568	509530	321632	47996	25731	5757	3166	28752
通榆县	Tongyu	155545	112100	503919	268472	48019	25062	8051	5600	11200
延边朝鲜族自治州	**Yanbian**	**516215**	**313410**	**255389**	**465157**	**79935**	**38119**	**28517**	**3183**	**26331**
延吉市	Yanji	11930	30050	8531	32705	5657	2767	2012	172	4118
图们市	Tumen	14831	16127	8429	19706	2634	1672	617	54	1806
敦化市	Dunhua	222786	98766	146054	154563	32422	13135	12115	1767	8913
龙井市	Longjing	37484	24274	23773	72787	10019	5315	3292	508	1346
珲春市	Hunchun	47498	31824	9108	39527	5845	3356	1940	68	4399
和龙市	Helong	42293	30670	14164	52535	7973	4459	2522	278	2698
汪清县	Wangqing	79206	36664	27309	39029	7744	3067	3412	212	1511
安图县	Antu	60187	45035	18021	54305	7641	4348	2607	124	1540

10－21　农业事业机构和气象台站
Agro－institutions and Meterological of Servation Stations

单位：个　　unit：(unit)

		2003	2004
种植业技术推广机构个数	Agricultural technical market	916	893
畜牧兽医站	Veterinary station	829	826
气象台、站	Meterological obsrvatories and stations	57	57
气 象 台	Meterological observtories	9	9
气 象 站	Meterological stations	48	48

10－22　农业自然灾害受灾情况
Areas Covered and Affected

			2004
受灾面积	**Areas covered**	**万公顷 10000ha**	**130.8**
旱　　灾	Drought	万公顷 10000ha	116.1
洪 涝 灾	Flood	万公顷 10000ha	3.6
风 雹 灾	Disater caused by hail	万公顷 10000ha	11.1
绝收面积	**Areas offected**	**万公顷 10000ha**	**30.31**
旱　　灾	Drought	万公顷 10000ha	26.93
洪 涝 灾	Flood	万公顷 10000ha	0.81
风 雹 灾	Disaster caused by hail	万公顷 10000ha	2.57
受灾人口	Population disaster	万人 10000person	232.87
转移安置人口	Population arranged	人 person	7454
损坏房屋	Houses danaged	间 room	8084
其中：倒塌房屋	Houses collapsed	间 room	1211
农业直接经济损失	Lose	亿元 100million yuan	26.7

10-23 商品粮基地县基本情况(2004)

Basic Statistics for Commoditity Grain County Based(2004)

市、县 City, county		农业人口(万人) Agricltural population (ha)	耕地面积(公顷) Area of cultivated land (hectare)	农林牧渔业总产值(现价、万元) Value of FFAF, corrent prices (10000 yuan)	粮食播种面积(公顷) Grain grops sown area (ha)	粮食总产量(吨) Output of grain (ton)	每公顷粮食产量(公斤) Output of grain per hectare (kg)
总　　计	**Total**	**1091.59**	**3190146**	**9406701**	**2903704**	**22496862**	**7748**
九台市	Jiutai	63.44	157440	292094	144894	1031619	7120
榆树市	Yushu	104.29	305162	694974	289229	2325000	8039
农安县	Nongan	87.38	289301	716145	270212	2175046	8049
德惠市	Dehui	75.53	213056	660025	189095	1569027	8298
桦甸市	Huadian	24.69	76602	261160	53461	369003	6902
蛟河市	Jiaohe	28.35	63551	216796	60753	368410	6064
永吉县	Yongji	30.18	56951	128620	53528	397509	7426
舒兰市	Shulan	46.07	113840	324935	86503	737220	8522
磐石市	Panshi	36.52	73511	294824	70056	553462	7900
公主岭市	Gonzhuling	66.48	221248	838009	220808	2202038	9973
梨树县	Lishu	65.81	183977	585759	167138	2084000	12469
伊通县	Yitong	37.87	89015	307083	84783	802500	9465
双辽市	Shuangliao	26.41	101687	169779	85845	424026	4939
东丰县	Dongfeng	29.98	76220	171986	75961	590174	7769
东辽县	Dongliao	31.46	64260	166329	61267	552810	9023
梅河口市	Meihekou	35.43	63537	245080	60457	501555	8296
辉南县	Huinan	22.28	43372	116010	42197	350263	8301
通化县	Tonghua	16.63	24208	65421	21889	136566	6239
扶余县	Fuyu	68.55	229274	420311	192800	1650028	8558
洮南市	Taonan	28.31	119899	160474	106981	346000	3234
大安市	Daan	26.61	84991	142021	66579	241755	3631
镇赉县	Zhenlai	20.59	99991	149341	94863	290804	3066
长岭县	Changling	53.61	184802	363067	155152	1302399	8394
前郭县	Qianguo	43.47	202630	395000	180024	1255446	6974
敦化市	Dunhua	21.65	51621	185582	69229	240202	3470

10－24　乡镇企业基本情况
Basic Statistics on Township Enterprises

指标	Item	单位 unit	1990	1995	2000	2001	2002	2003	2004
企业单位数	Number of enterprises	个 unit	463568	657813	764616	741519	567308	591365	550970
第一产业	Primary industry	个 unit	6186	8364	3786	10169	19543	35020	42230
第二产业	Secondary industry	个 unit	186069	211046	218053	186218	117201	103754	105723
#工业	Industry	个 unit	153828	164854	175114	153816	91980	88470	910124
第三产业	Tertiary industry	个 unit	271313	438403	542777	545132	430564	452591	403017
年末从业人员	Employment	人 person	1552591	2137789	2509473	2303311	2027240	1979014	1979070
第一产业	Primary industry	人 person	73568	84123	56986	54907	94588	129785	133971
第二产业	Secondary industry	人 person	983590	1219091	1242078	1103644	877588	817507	255523
#工业	Industry	人 person	731418	896285	952935	859449	676511	693165	732665
第三产业	Tertiary industry	人 person	495433	834575	1210409	1144760	1055064	1031722	1589576
增加值	Value added	万元 10000yuan	396335	1786384	5711088	5673928	5237988	5601873	6214072
第一产业	Primary industry	万元 10000yuan	16861	72026	71263	146491	204800	343639	324347
第二产业	Secondary industry	万元 10000yuan	271716	1138898	3067558	2788800	2504308	2943409	3528540
#工业	Industry	万元 10000yuan	217675	922083	2443061	2223167	1970549	2537248	3117131
第三产业	Tertiary industry	万元 10000yuan	107758	575460	2572267	2738637	2528880	2314825	2361185
营业收入	Operatiry revenue	万元 10000yuan	1710025	5783195	19087038	18352999	15546097	16611748	17619064
利润总额	Profifs	万元 10000yuan	144560	502668	1517329	1397772	1178430	1223339	1157558
上交税金（实交）	Taxes	万元 10000yuan	61523	138254	199844	234192	359490	312474	375367
劳动者报酬	Wages	万元 10000yuan	229786	711865	961293	977621	961861	1044806	1087671
年末固定资产原值	Assets fixed	万元 10000yuan	446225	1247446	3614685	3828250	5158396	5648557	5172600

10－25　2004年全省乡镇企业主要经济指标

Main Indicators of Township and Village Enterprises and private enterprises (2004)

市、州 City, Perfecture		企业个数（个） Enterprises	从业人员（人） Employment (person)	营业收入（万元） Revenue (10000yuan	现价总产值（万元） Gress value (10000yuan)	出口交货值（万元） Exports (10000yuan)	利润总额（万元） Profits (10000yuan)	上交税金（万元） Tax payable (10000yuan)	增加值（万元） Added value (10000yuan)
全　省	**Total**	**550970**	**1979070**	**17619064**	**19505435**	**158622**	**1157558**	**375367**	**6214072**
长春市	Cuangchun	158525	652548	7198844	7938491	47042	465792	151697	2888348
吉林市	Jilin	74262	285780	3676758	4522018	9604	226151	56150	1348297
四平市	Siping	72211	246858	1953764	1993095	4997	88297	33392	535683
辽源市	Liaoyuan	19483	100881	590879	593298	18330	31310	14691	170254
通化市	Tonghua	28004	108720	616580	717062	8488	61390	30920	216703
白山市	Baishan	36192	129850	809976	941257	6108	74298	26360	317002
松原市	Songyuan	73020	242743	1300393	1302408	5500	119429	28764	343643
白城市	Baicheng	35512	72216	362606	376839	8210	18315	26760	93153
延边朝鲜族自治州	yanbian	53761	139474	1109264	1120967	50343	72576	6633	300989

10-26　2004年农民人均纯收入排序前100名乡镇

The First 100th Place Township in Net Income for Rural Households(2004)

乡镇名称	Name of township	位次 Order	人均纯收入(元) Percapita netincome (yuan)
丰满区江南乡	Jiangnan township in Fengman district	1	5836
扶余县增盛镇	Zhengsheng town in Fuyu county	2	5324
前郭县前郭镇	Qianguo town in Qiangguo county	3	5135
梨树县大房身乡	Dafangshen township in Lishu County	4	5036
公主岭市刘房子镇	Liufangzi town in Gongzhuling city	5	4983
公主岭市南崴子镇	Nanwaizi town in Gongzhuling city	6	4928
公主岭市怀德镇	Huaide town in Gingzhuling city	7	4899
公主岭市环岭乡	Huailing township in Gongzhuling city	8	4850
公主岭市双榆树乡	Shuangyushu township in Gongzhuling city	9	4820
公主岭市朝阳坡镇	Chaoyangpo town in Gongzhuling city	10	4810
龙潭区龙潭乡	Longtan township in Longtan district	11	4802
榆树市环城乡	Huancheng township in Yushu City	12	4800
公主岭市大岭镇	Daling town in Yushu city	13	4797
公主岭市秦家屯镇	Qinjiatun town in Gongzhuling city	14	4767
公主岭市范家屯镇	Fanjiatun town in Gongzuling city	15	4765
公主岭市黑林子镇	Heilinzi town Gongzhuling city	16	4758
公主岭市永发乡	Yongfu township in gongzhuling city	17	4721
公主岭市响水镇	Xiangshui town in Gongzhuling City	18	4712
南关区幸福乡	Xingfu township in Nanguan district	19	4700
通化县石湖镇	Shihu town in Tonghua county	20	4695
榆树市五棵树镇	Wanliang town in Fusong county	21	4693
梨树县十家堡镇	Shijiapu town in Lishu conty	22	4692
公主岭市育林乡	Yulin township in Gongzhuling city	23	4688
抚松县抚松镇	Fusong town in Fusong county	24	4670
榆树市刘家镇	Liujia town in Yushu city	25	4640
通化县果松镇	Guosong town in Tonghua county	26	4621
朝阳区双德乡（长春高新区）(国家级)	Shuangde township in Chaoyang	27	4600
丰满区小白山乡（丰满开发区）(省级)	Xiaobai shan township in Fengman	28	4600
朝阳区富锋镇	Fufeng town in Chaoyang	29	4598
船营区搜登站镇	Soudengzhan town in Chuanying district	30	4598
公主岭市十屋镇	Shiwu town in Gongzhuling city	31	4596
朝阳区永春镇	Yongchun town in Chaoyang	32	4587
梨树县林海镇	Linhai town in Lishu county	33	4585
昌邑区孤店子镇	Gudianzi town in Changyi district	34	4583
公主岭市桑树台镇	Sangshutai town in Gongzhuling city	35	4583
公主岭市八屋镇	Bawu town in Gong zhuling city	36	4581
柳河县姜家店朝鲜族乡	Jiangjiadain township in Liuhe county	37	4566
公主岭市双城堡镇	Shangchengpu town in Gongzhuling city	38	4546
榆树市弓棚镇	Gongpeng town in city	39	4541
通化县大安镇	Daan town in Tonghua county	40	4528
公主岭市二十家子镇	Ershijiazi town in gonzhuling city	41	4513
公主岭市陶家屯镇	Taojiatun town in Gonzhuling city	42	4512
绿园区西新镇	Xixin town in Luyuan district	43	4501
梨树县刘家馆子镇	Liujiaguanzi town in Lishu county	44	4500
梅河口市中和镇	Zhonghe town town in Meiheko city	45	4500
榆树市黑林镇	Heilin town in Yushu city	46	4496
前郭县达里巴乡	Daliba township in Qianguo county	47	4493
公主岭市大榆树镇	Dayushu town in gonzhuling city	48	4468
抚松县万良镇	Wanliang town in Fusong county	49	4457
丰满区前二道乡	Qianerdao township in Fengman district	50	4446

10－2[illegible]　续表　continued

乡镇名称	Name of township	位　次 Order	人均纯收入（元） Percapita netincome （yuan）
龙潭区江北乡	Jiangbei township in Longtan district	51	4446
公主岭市杨大城子镇	Yangdachengzi town in Gongzhuling city	52	4400
梨树县小宽镇	Xiaokuan town in Lishu county	53	4400
扶余县大林子镇	Dalinzi town in Fuyu county	54	4395
公主岭市双龙镇	Shuanglong town in Gongzhuling city	55	4380
前郭县新立乡	Xinli township in qianguo county	56	4367
梨树县梨树乡	Lishu township in Lishu County	57	4358
榆树市土桥镇	Tuqiao town in Yushu city	58	4350
通化县快大茂镇	Kuaidamao town in Tonghua county	59	4347
梨树县石岭镇	Shiling town in Lishu county	60	4320
梨树县叶赫满族镇	Yihe town in Lishu county	61	4320
德惠市布海镇	Buhai town in Dehui City	62	4305
梨树县小城子镇	Xiaochengzi town in Lishu county	63	4300
榆树市福安乡	Fuan township in Yushu city	64	4300
榆树市新立镇	Xinli township Yushu city	65	4300
九台市城子街镇	Chengzijie town in Jiutai city	66	4280
绿园区城西镇	Chengxi town Luyuandistrict	67	4280
梨树县白山乡	Xiaobai shan township in Lishu	68	4271
九台市龙家堡镇(东湖开发区)(省级)	Longjiapu town in Jiutai city	69	4260
抚松县兴参镇	Xingsen town in Fusong county	70	4251
抚松县泉阳镇	Qianyang town in Fusong county	71	4248
公主岭市毛城子镇	Maochengzi town in Gongzhuling city	72	4245
龙潭区乌拉街镇	Wulajue town in Longtan district	73	4234
扶余县榆树沟乡	Yushugou township in Fuyu County	74	4231
榆树市泗河镇	Sihe town in Yushu city	75	4230
龙潭区江密峰镇	Jiangmifeng town in Longtandistrict	76	4208
公主岭市柳杨乡	Liuyang township in Gongzhuling city	77	4206
磐石市烟筒山镇	Yangtongshan town in Panshi city	78	4203
梨树县梨树镇	Lishu town in Lishu county	79	4200
龙潭区杨木乡	Yangmitownship in Longtan district	80	4200
公主岭市龙山乡	Longshan township in gongzhulong city	81	4199
榆树市红星乡	Hongxing township in Yushu city	82	4188
梅河口市红梅镇	Hongmei town in Meihekou city	83	4180
前郭县吉拉吐乡	Jilatu township in Qianguo county	84	4180
榆树市光明乡	Guangming township in Yushu city	85	4180
长白县长白镇	Changbai town in changbai county	86	4158
梨树县郭家店镇	Guojiadian town in Lishu county	87	4155
梨树县泉眼岭乡	Quanyanling township in Lishu county	88	4150
梨树县胜利乡	Shengli township in Lishu county	89	4146
通化县二密镇	Ermi town in Tonghua county	90	4146
铁西区平西乡	Pingxi township in Tiexi district	91	4141
梨树县喇嘛甸镇	Lamadian town in Lishu county	92	4136
通化县干沟乡	Gangou township in Tonghua county	93	4136
扶余县三井子镇	Sanjingzi township Fuyu county	94	4134
抚松县新屯子镇	Xintunzi town in Fusong county	95	4121
榆树市延和朝鲜族乡	Yanhe township in Yushu city	96	4111
抚松县松江河镇	Songjianghe town in Fusong county	97	4103
梨树县孟家岭镇	Mengjialing township in Lishu county	98	4100
梨树县太平镇	Taiping town in Lishu district	99	4100
榆树市先峰乡	Xianfeng township in Yushu City	100	4100

10－27　2004年粮食总产量排序前100名乡镇

The First 100th Place Township in Output for Grain (2004)

乡镇名称	Name of township	位次 Order	总产量(吨) Output (ton)
农安县农安镇	Nongan townNongan County	1	199153
农安县开安镇	Kaian town in Nongan County	2	166738
公主岭市怀德镇	Huaide town in Gingzhuling city	3	153888
榆树市弓棚镇	Gongpeng town in city	4	142270
榆树市环城乡	Huancheng township in Yushu City	5	141409
榆树市五棵树镇	Wanliang town in Fusong county	6	139515
德惠市米沙子镇	Mishazi town in Dehui City	7	139364
梨树县林海镇	Linhai town in Lishu county	8	137119
梨树县小城子镇	Xiaochengzi town in Lishu county	9	132199
九台市苇子沟镇	Weizigou town in Jiutai city	10	120558
公主岭市杨大城子镇	Yangdachengzi town in Gongzhuling city	11	119337
公主岭市秦家屯镇	Qinjiatun town in Gongzhuling city	12	115978
公主岭市黑林子镇	Heilinzi town Gongzhuling city	13	114991
农安县合隆镇	Helong town in Nongan county	14	114559
梨树县十家堡镇	Shijiapu town in Lishu conty	15	110311
扶余县新万发镇	Xinwanfa town in Fuyu county	16	108970
德惠市岔路口镇	Calukou town in Dehui City	17	108730
农安县华家镇	Huajia town in Nongan County	18	108286
九台市沐石河镇	Mushihe town in Jiutai county	19	106575
双阳区齐家镇	Qijia town in Shuangyang district	20	105998
榆树市秀水镇	Xiushui town in Yushu city	21	105209
梨树县刘家馆子镇	Liujiaguanzi town in Lishu county	22	104059
九台市龙家堡镇（东湖开发区）(省级)	Longjiapu town in Jiutai city	23	103615
公主岭市响水镇	Xiangshui town in Gongzhuling City	24	102125
公主岭市双城堡镇	Shangchengpu town in Gongzhuling city	25	101849
扶余县永平乡	Yongping township in Fuyu county	26	101385
公主岭市范家屯镇	Fanjiatun town in Gongzuling city	27	101383
榆树市城发乡	Chengfa town in Yushu city	28	99419
农安县三盛玉镇	Sanshengyu town in Nongan county	29	98820
榆树市新庄镇	Xinzhuang town in Yushu city	30	97189
梨树县东河镇	Donghe town in Lishu county	31	95391
九台市纪家镇	Jijia town in Jiutai city	32	95264
长岭县巨宝镇	Jiubao town in Changling county	33	95000
梨树县双河乡	Shuanghe township in Lishu county	34	94822
扶余县五家站镇	Wujiazhan town in Fuyu county	35	94741
梨树县喇嘛甸镇	Lamadian town in Lishu county	36	94136
农安县杨树林乡	Yangshulin township in Nongan county	37	93180
榆树市新立镇	Xinli township Yushu city	38	92800
伊通县伊通镇	Huinan town in Huinan county	39	92478
农安县新农乡	Xinnong township in Nongan county	40	92144
梨树县郭家店镇	Guojiadian town in Lishu county	41	92095
梨树县蔡家镇	Caijiagou town in Lishu county	42	91770
榆树市大坡镇	Dapou town in Yushu city	43	91675
农安县万顺乡	Wansun township in Nongan County	44	91000
公主岭市玻璃城子镇	Buolichengzi town in Gongzhuling city	45	88929
榆树市红星乡	Hongxing township in Yushu city	46	88613
伊通县大孤山镇	Dagushan town in Yitong county	47	88603
梨树县金山乡	Jinshan township in Lishu county	48	86300
德惠市郭家镇	Guojiadian town in Dehui city	49	86061
磐石市烟筒山镇	Yangtongshan town in Panshi city	50	85998

10－27 续表 continued

乡镇名称	Name of township	位次 Order	总产量（吨） Output (ton)
德惠市大青嘴镇	Daqingzhui town in Dehui city	51	85953
农安县巴吉垒镇	Bajilei town in Nongan County	52	85680
农安县哈拉海镇	Halahai township in Nongan county	53	85308
农安县小城子乡	Xiaochengzi township in Nongan county	54	84949
德惠市朝阳乡	Xiaochengzi township in Nongan county	55	84815
德惠市大房身镇	Dafangshen town in Dehui city	56	84317
公主岭市刘房子镇	Liufangzi town in Gongzhuling city	57	84167
榆树市育民乡	Yumin township in Yushu city	58	83775
扶余县三岔河镇	Sanchahe town in Fuyu county	59	83707
长岭县三青山镇	Sanqingshan town in Changling county	60	83527
梨树县白山乡	Xiaobai shan township in Lishu	61	82944
榆树市恩育乡	Enyu township in Yushu city	62	82868
农安县万金塔乡	Wanjinta township in Nongan county	63	82600
德惠市菜园子镇	Caiyuanzi town in Dehui city	64	82427
榆树市大岭镇	Daling town in Yushu city	65	82265
公主岭市陶家屯镇	Taojiatun town in Gonzhuling city	66	81218
双阳区鹿乡镇	Luxiang town in Shangyang district	67	81127
农安县黄鱼圈乡	Huangyujuan township in nongan county	68	80978
九台市城子街镇	Chengzijie town in Jiutai city	69	80647
扶余县蔡家沟镇	Caijiagou town in Fuyu county	70	80566
榆树市先峰乡	Xianfeng township in Yushu City	71	80355
农安县永安乡	Yongan township in Nongan county	72	80142
九台市卡伦镇(东湖开发区)(省级)	Kalun fown in Jiutai city	73	80006
长岭县太平山镇	Taipingshan town in Changling county	74	80000
农安县滨河乡	Binhe township in Nongan County	75	79828
德惠市边岗乡	Biangang township in Dehui City	76	79603
榆树市太安乡	Taian townshhip in Yushu city	77	79228
榆树市青山乡	Qingshan township in Yushu City	78	79179
公主岭市大榆树镇	Dayushu town in gonzhuling city	79	78801
扶余县肖家乡	Xiaojiatownship in Fuyu county	80	78721
公主岭市朝阳坡镇	Chaoyangpo town in Gongzhuling city	81	77878
扶余县四马架乡	Simajia township in Fuyu county	82	77311
公主岭市南崴子镇	Nanwaizi town in Gongzhuling city	83	77110
前郭县王府站镇	Wangfuzhan town in Nongan county	84	76992
德惠市朱城子镇	Zhuchengzi town in Dehui City	85	76808
公主岭市双榆树乡	Shuangyushu township in Gongzhuling city	86	76806
农安县高家店镇	Gaojiadian town Nongan county	87	76697
梨树县叶赫满族镇	Yihe town in Lishu county	88	76519
榆树市闵家镇	Minjia town in Yushu city	89	76155
公主岭市大岭镇	Daling town in Yushu city	90	75600
前郭县平凤乡	Pingfeng township in Qianguo county	91	75465
双阳区太平镇	Taiping town in Shuangyang distrit	92	75304
德惠市和平乡	Heping township in Dehui county	93	75120
东辽县建安镇	Jianan town in Dongliao county	94	74835
德惠市天台镇	Tiantai town in Dehui City	95	74035
九台市其塔木镇	Qitamu town in Jiutai city	96	73966
榆树市刘家镇	Liujia town in Yushu city	97	73084
长岭县三县堡乡	Sanxianpu township in Changling county	98	72990
德惠市万宝镇	Wanbao town in Dehui City	99	72716
梨树县万发镇	Xinwanfa town in Lishu county	100	72698

10－28　2004年肉类总产量排序前100名乡镇

The Eirst 100th Place Township in Output Meat (2004)

乡镇名称 Name of township		位 次 Order	总产量（吨） Output (ton)
榆树市五棵树镇	Wanliang town in Fusong county	1	45219
公主岭市双榆树乡	Shuangyushu township in Gongzhuling city	2	43619
农安县农安镇	Nongan town in Nongan county	3	40849
农安县开安镇	Kaian town in Nongan County	4	39184
德惠市松花江镇	Songhuajiang town in Dehui City	5	32956
德惠市边岗乡	Biangang township in Dehui City	6	32508
榆树市弓棚镇	Gongpeng town in city	7	30527
德惠市五台乡	Wutai township in Dehui city	8	30045
德惠市郭家镇	Guojiadian town in Dehui city	9	28637
农安县华家镇	Huajia town in Nongan County	10	27999
德惠市米沙子镇	Mishazi town in Dehui City	11	27531
铁东区山门镇	Shangmen town in Teidong district	12	26524
农安县哈拉海镇	Halahai township in Nongan county	13	26417
德惠市同太乡	Tongtai township in Dehui City	14	26008
德惠市和平乡	Heping township in Dehui county	15	24434
公主岭市南崴子镇	Nanwaizi town in Gongzhuling city	16	24430
农安县高家店镇	Gaojiadian town Nongan county	17	24007
德惠市朱城子镇	Zhuchengzi town in Dehui City	18	23964
德惠市天台镇	Tiantai town in Dehui City	19	23459
德惠市夏家店镇	Xiajiadian town in Dehui city	20	23086
东丰县五道岗乡	Wudaogang township in Dongfeng county	21	22647
农安县滨河乡	Binhe township in Nongan County	22	22535
德惠市岔路口镇	Calukou town in Dehui City	23	22103
德惠市菜园子镇	Caiyuanzi town in Dehui city	24	21856
农安县巴吉垒镇	Bajilei town in Nongan County	25	21306
公主岭市范家屯镇	Fanjiatun town in Gongzuling city	26	21011
农安县万顺乡	Wansun township in Nongan County	27	20851
昌邑区孤店子镇	Gudianzi town in Changyi district	28	20748
德惠市布海镇	Buhai town in Dehui City	29	20446
公主岭市朝阳坡镇	Chaoyangpo town in Gongzhuling city	30	19249
农安县合隆镇	Helong town in Nongan county	31	19200
农安县万金塔乡	Wanjinta township in Nongan county	32	18069
农安县新农乡	Xinnong township in Nongan county	33	17980
舒兰市溪河镇	Xihe town in Shulian city	34	17962
农安县黄鱼圈乡	Huangyujuan township in nongan county	35	17585
磐石市富太镇	Futai town in Panshi city	36	17223
德惠市大青嘴镇	Daqingzhui town in Dehui city	37	17212
农安县靠山镇	Kaoshan town in Nongan County	38	16819
朝阳区乐山镇	Leshan town in Chaoyang district	39	16777
榆树市八号镇	Bahao town in Yushu city	40	16083
农安县青山口乡	Qingshankou township in Nongan County	41	15944
农安县前岗乡	Qiangang township in Nongan county	42	15932
德惠市达家沟镇	Dajiagou town in Dehui city	43	15898
梨树县蔡家镇	Caijiagou town in Lishu county	44	15800
磐石市明城镇	Mingcheng city in Panshi city	45	15757
德惠市朝阳乡	Xiaochengzi township in Nongan county	46	15601
梨树县胜利乡	Shengli township in Lishu county	47	15500
梨树县四棵树乡	Sikeshu township in Lishu county	48	15500
梨树县十家堡镇	Shijiapu town in Lishu conty	49	15232
农安县烧锅镇	Saoguo town in Nongan County	50	15143

10－28　续表　continued

乡镇名称	Name of township	位　次 Order	总产量（吨） Output（ton）
榆树市环城乡	Huancheng township in Yushu City	51	14503
磐石市吉昌镇	Jichang town in Panshi city	52	14263
梨树县小城子镇	Xiaochengzi town in Lishu county	53	14200
公主岭市怀德镇	Huaide town in Gingzhuling city	54	14171
磐石市烟筒山镇	Yangtongshan town in Panshi city	55	13976
农安县龙王乡	Longwang township in Nongan County	56	13808
德惠市杨树镇	Yangshu township in Dehui City	57	13579
农安县柴岗镇	Chaigang town in Nongan County	58	13504
德惠市大房身镇	Dafangshen town in Dehui city	59	13426
伊通县景台镇	Jingtai town in yi tong couty	60	13120
梨树县太平镇	Taiping town in Lishu district	61	12950
柳河县城关乡	Chengguan township in Liuhe county	62	12866
梨树县白山乡	Xiaobaishan township in Lishu	63	12807
昌邑区左家镇	Zuojia town in Changyi district	64	12602
伊通县伊通镇	Huinan town in Huinan county	65	12530
德惠市万宝镇	Wanbao town in Dehui City	66	12381
榆树市先峰乡	Xianfeng township in Yushu City	67	12333
梅河口市海龙镇	Hailong town in Meihekou city	68	12291
公主岭市大岭镇	Daling town in Yushu city	69	12279
农安县鲍家镇	Baojia town in Nongan County	70	12083
榆树市恩育乡	Enyu township in Yushu city	71	11778
双阳区鹿乡镇	Luxiang town in Shangyang district	72	11594
双阳区齐家镇	Qijia town in Shuangyang district	73	11580
农安县三岗乡	Sangang township in Nongan County	74	11546
榆树市黑林镇	Heilin town in Yushu city	75	11544
农安县三盛玉镇	Sanshengyu town in Nongan county	76	11496
榆树市土桥镇	Tuqiao town in Yushu city	77	11322
榆树市育民乡	Yumin township in Yushu city	78	11312
梨树县梨树镇	Lishu town in Lishu county	79	11300
梨树县刘家馆子镇	Liujiaguanzi town in Lishu county	80	11134
东丰县东丰镇	Dongfeng town in Dongfeng county	81	11000
榆树市城发乡	Chengfa town in Yushu city	82	10688
榆树市怀家镇	Huaijia town in Yushu City	83	10636
梨树县大房身乡	Dafangshen township in Lishu County	84	10593
绿园区合心镇	Hexin town in Luyuan distrit	85	10522
梅河口市新合镇	Xinhe town in Meihekou City	86	10394
二道区英俊镇	Yingjun township in Erdao district	87	10190
东辽县白泉镇	Baiquan town in Dongliao county	88	10064
绿园区西新镇	Xixin town in Luyuan district	89	10059
龙潭区乌拉街镇	Wulajue town in Longtan district	90	10032
扶余县三岔河镇	Sanchahe town in Fuyu county	91	9998
农安县小城子乡	Xiaochengzi township in Nongan county	92	9979
榆树市大坡镇	Dapou town in Yushu city	93	9729
宽城区奋进乡	Fenjin township in Kuanchen district	94	9612
舒兰市法特镇	Fate town in Shulan city	95	9568
榆树市红星乡	Hongxing township in Yushu city	96	9387
前郭县王府站镇	Wangfuzhan town in Nongan county	97	9382
朝阳区永春镇	Yongchun town in Chaoyang	98	9363
公主岭市响水镇	Xiangshui town in Gongzhuling City	99	9338
柳河县圣水河子镇	Shengshuihezi town in Liuhe county	100	9309

第十一篇 CHAPTER

工业 INDUSTRY

11

11－1 规模以上工业企业主要指标

单位:万元

项目	Item	企业单位数(个) Number of enterprises 2004
总计	**Total**	**2486**
一、按经济组织类型分组	**Grouped by registered type**	
国有企业	State－owned	647
集体企业	Collective －owned	229
股份合作企业	Cooperative enterprises	61
股份制企业	Share holding	1021
外商和港、澳、台商投资企业	Funded from Hongkong、Macao and Taiwan	222
其他企业	Others	306
二、在总计中：国有控股企业	**State owned**	**943**
国有控股大型企业	Large－Scale	27
国有控股中型企业	Medium－Scale	177
国有控股小型企业	Small－Scale	739
三、按轻重工业分组	**Grouped by light and heavy industry**	
轻工业	Light industry	973
重工业	Heavy industry	1513
四、按企业规模分组	**Grouped by size of enterprises**	
大型企业	Large－Scale	32
中型企业	Medium－Scale	310
小型企业	Small－Scale	2144
五、按隶属关系分组	**Grouped by adminstration**	
中央企业	Centre	87
省属企业	Province level	132
地区属企业	Prefecfure level	479
县及县以下属企业	County level	1788
六、按工业行业分组	**Grouped by sector**	
B、采矿业	Mining	187
煤炭开采和洗选业	Coal mining and processing	78

注:①规模以上工业企业统计范围为:全部国有和年产品销售收入500万元以上非国有工业企业;

②此表为快报数值。

①Industrial enterprises above desiynatied sizerefer to with and annual sdles income of over 5 million yuan.

②The data are from a bulletin.

Main Indications above Designed Size Industry Enterprise

Unit: 10000 yuan

工业现价产值 Gross output value industry		资产合计 Total assets		产品销售收入 Sales revenue		利润总额 Total profits	
2004	2003	2004	2003	2004	2003	2004	2003
32473025	**26515097**	**39813851**	**37049071**	**31908403**	**26481355**	**1787312**	**1602208**
9114867	7718151	15457843	14677035	10490285	8794701	288407	183814
1023297	731468	894087	817771	969857	679284	26552	22234
133124	114031	202878	192637	136526	95513	6910	7788
12748338	9606953	17020568	15834903	12110138	9228503	916076	565322
8601340	7781410	5600185	5041712	7446400	7184718	512695	804538
852059	563086	638291	485013	755197	498637	36672	18513
23877670	**20181616**	**31074616**	**29452007**	**24129603**	**20750812**	**1302512**	**1234882**
18470444	15518568	19719377	18348003	18530557	15888033	1248477	1272499
3924232	3422570	8022562	7869032	4237306	3765235	18646	-41812
1482994	1240478	3332677	3234971	1361740	1097543	35390	4196
6045585	4916846	8191490	7640844	5319928	4280552	261259	167790
26427440	21598252	31622362	29408227	26588475	22200803	1526054	1434417
19405609	16265787	20622269	19195762	19518024	16604000	1332243	1349480
7200259	5899410	11219224	10903194	7183168	6031039	237594	103172
5867157	4349900	7972359	6950116	5207212	3846316	217475	149556
12080440	9601218	16416573	15526683	13537203	10900534	888069	495244
2561187	1863122	3911425	3543007	2643020	1947999	133963	76969
4060987	3499203	8122177	7952837	3780312	3216806	20093	94043
13770410	11551554	11363677	10026545	11947869	10416015	745189	935952
1983099	1320217	3511212	3178870	1939372	1422303	420202	252552
378934	274608	743096	672695	333284	249031	15232	4286

11－1 续表

单位:万元

项目	Item	企业单位数(个) Number of enterprises 2004
石油和天然气开采业	Petroleum and natural gas extration	33
黑色金属矿采选业	Ferrous metals mining and processing	23
有色金属矿采选业	Ferrous metals mining and processing	26
非金属矿采选业	Nonferrous metals mining	27
C、制造业	Manufacture	2098
农副食品加工业	Food processing	207
食品制造业	Food manufacturing	80
饮料制造业	Beverage manufacturing	99
烟草制品业	Tobacco processing	6
纺织业	Textile industry	61
纺织服装、鞋、帽制造业	Garments and other fiber products	43
皮革、毛皮、羽毛(绒)及其制品业	Leather furs down and related products	5
木材加工及木、竹、藤、棕、草制品业	Timber bamboo cane palm fiber and straw product	136
家具制造业	Furniture manufacturing	19
造纸及纸制品业	Papermaking and paper products	46
印刷业、记录媒介的复制	Printing and record pressing	43
文教体育用品制造业	Stationery education and sports goods	1
石油加工、炼焦及核燃料加工业	Pertroleum processing and coking products	19
化学原料及化学制品制造业	Chemical raw materials and chemical products	161
医药制造业	Medical and pharmaceutical product	187
化学纤维制造业	Chemical fibers	5
橡胶制品业	Rubber products	18
塑料制品业	Plastic products	63
非金属矿物制品业	Nonmetal mineral products	206
黑色金属冶炼及压延加工业	Smelting and pressing of ferrous metals	40
有色金属冶炼及压延加工业	Smelting and pressing of nonferrous metals	25
金属制品业	Metal products	54
通用设备制造业	Ordinary machinery manufacturing	112
专用设备制造业	Special purpose equipment	95
交通运输设备制造业	Transportation equipment manufacturing	268
电气机械及器材制造业	Weapon and ammuntion manufacturing	55
通信设备、计算机及其他电子设备制造业	Electric equipment and machinery	18
仪器仪表及文化、办公用机械制造业	Electronic and telecommunications	14
工艺品及其他制造业	Instruments meters、cultural and official machinery	12
D、电力、燃气及水的生产和供应业	Other manufacturing	201
电力、热力的生产和供应业	Electric power, steam, hot water production and supply	135
燃气生产和供应业	Gas products and supply	12
水的生产和供应业	Tap water production and supply	54

continued

Unit:10000 yuan

工业现价产值 Gross output value industry		资产合计 Total assets		产品销售收入 Sales revenue		利润总额 Total profits	
2004	2003	2004	2003	2004	2003	2004	2003
1370480	917115	2487069	2279297	1386475	1045663	368278	242855
138240	63969	160938	119212	136335	67731	30531	3392
69675	44722	79232	70016	58431	41760	4470	1079
25771	19803	40878	37651	24848	18118	1692	942
28952458	23981144	31382765	29135443	27562543	23019323	1307672	1405743
1991484	1592601	1467891	1319818	1941877	1480390	104557	41558
235904	160430	239575	155739	205427	156232	2785	1665
525527	416950	736995	679722	485914	391976	12544	5378
298981	270471	333425	362401	305080	250033	9183	4339
306776	303909	519426	527058	237616	243902	-2887	-5202
91927	68214	89685	90890	79175	64284	2930	883
11378	6183	5376	5494	8679	5850	113	84
564924	413169	614989	617830	518674	396034	18582	8972
48793	36821	71510	56272	46547	33077	1837	1086
198029	178127	547900	685780	170339	146502	-34256	-16136
40978	39363	73843	66887	39510	36586	3613	3046
845	798	859	986	591	501		7
464749	488853	336319	297858	477329	487368	-28101	-193
4049210	2745958	4338307	4202575	4191788	2868767	284304	71634
1363004	1137896	2508314	2226502	972254	816619	134061	114779
357443	297544	627834	543598	347380	283597	29709	18009
73148	75891	155732	163397	72635	62469	-3042	-501
156667	127397	211841	200436	125998	118420	4065	5855
854424	634400	1546544	1468102	827157	654445	50575	32138
1785844	1164713	1689593	1324246	1768240	1142292	125741	115916
221547	207049	249957	259786	186679	145821	-2630	3611
124556	85363	179308	219576	113434	74540	4517	2679
294100	219393	533952	443241	250141	188685	5353	1944
284039	209334	454819	393085	258413	183123	8980	4984
14161738	12717480	12786295	11723650	13511709	12434166	613582	1021282
136508	140695	261703	278305	138122	127148	-1615	-2886
213220	160768	605156	640717	160183	120414	-42032	-33719
64886	59844	177470	163852	94120	83849	3913	3367
31828	21531	18148	17643	27533	22233	1289	1163
1537468	1213737	4919874	4734758	2406489	2039729	59439	-56088
1327433	1023957	4026005	3837256	2216428	1834668	44996	-53702
112016	88333	361536	374819	102592	113228	19728	4598
98018	101447	532333	522684	87469	91834	-5285	-6983

11－2 各市县规模以上工业企业单位数(2004)

单位:个

市、县 City, County		总计 Total	按经济组织类型分组 Grouped by scale		
			国有企业 State owned	集体企业 Collective owned	股份合作企业 Cooperative
长春市	**Changchun**	**580**	**94**	**94**	**21**
市　区	District	434	73	79	12
农安县	Nongan	56	6	5	2
九台市	Jiutai	27	4	3	2
榆树市	Yushu	29	4	2	3
德惠市	Dehui	34	7	5	2
吉林市	**Jilin**	**457**	**160**	**31**	**5**
市　区	District	263	107	19	1
永吉县	Yongji	36	10		
蛟河市	Jiaohe	55	7	1	
桦甸市	Huadian	45	13	9	4
舒兰市	Shulan	25	15	1	
磐石市	Panshi	33	8	1	
四平市	**Siping**	**277**	**82**	**31**	**2**
市　区	District	109	21	16	1
梨树县	Lishu	50	26	8	1
伊通县	Yitong	33	12	2	
公主岭市	Gongzhuling	60	12	4	
双辽市	Shuangliao	25	11	1	
辽源市	**Liaoyuan**	**180**	**46**	**19**	**4**
市　区	District	93	30	9	4
东丰县	Dongfeng	42	8	2	
东辽县	Dongliao	45	8	8	
通化市	**Tonghua**	**235**	**37**	**14**	**3**
市　区	District	61	9	6	
通化县	Tonghua	39	8	1	
辉南县	Huinan	27	5	1	
柳河县	Liuhe	27	3	1	1
梅河口市	Meihekou	55	7	3	1
集安市	jian	26	5	2	1

Number above Designated Size Industry Enterprises by City and Country(2004)

Units

按经济组织类型分组 Grouped by ownership			按轻重工业分组 Grouped by light and heavy industry		按企业规模分组 Grouped by size of enterprises		
股份制企业 Share holding	外商和港澳台商投资企业 Funded from Hongkong、Macao and Taiwan	其 他 Others	轻工业 Light	重工业 Heary	大型企业 Large	中型企业 Middle	小型企业 Small
235	**88**	**48**	**218**	**362**	**14**	**97**	**469**
170	80	20	130	304	13	88	333
27	1	15	31	25		2	54
13	1	4	12	15		2	25
18		2	22	7		5	24
7	6	7	23	11	1		33
183	**27**	**51**	**137**	**320**	**10**	**49**	**398**
105	17	14	77	186	7	30	226
23	1	2	16	20		1	35
23	1	23	14	41		3	52
10	1	8	15	30		7	38
7	2		10	15		5	20
15	5	4	5	28	3	3	27
123	**11**	**28**	**107**	**170**		**37**	**240**
59	4	8	50	59		21	88
10	2	3	17	33		5	45
9		10	8	25			33
34	5	5	20	40		9	51
11		2	12	13		2	23
59	**1**	**51**	**68**	**112**	**1**	**18**	**161**
31	1	18	35	58	1	15	77
19		13	20	22		3	39
9		20	13	32			45
145	**17**	**19**	**122**	**113**	**2**	**29**	**204**
42	3	1	25	36	2	13	46
22	4	4	22	17		5	34
19		2	14	13		6	21
19		3	14	13		2	25
30	8	6	36	19		1	54
13	2	3	11	15		2	24

11－2 续表 1

单位：个

市、县 City，County		总 计 Total	按经济组织类型分组 Grouped by ownership		
			国有企业 State owned	集体企业 Collective owned	股份合作企业 Cooperative enterprises
白山市	**Baishan**	**164**	**36**	**12**	**1**
市　区	District	58	8	4	
抚松县	Fusong	30	9	2	
靖宇县	Jingyu	11	6		
长白县	Changbai	15	5		
江源县	Jiangyuan	27	6	4	
临江市	Linjian	23	2	2	1
松原市	**Songyuan**	**157**	**50**	**5**	**13**
市　区	District	42	11	1	5
前郭县	Qianguo	42	19	2	6
长岭县	Changling	18	7	1	2
乾安县	Qianan	19	10		
扶余县	Fuyu	36	3	1	
白城市	**Baicheng**	**165**	**63**	**9**	**8**
市　区	District	54	20	3	2
镇赉县	Zhenlai	22	18	1	
通榆县	Tongyu	24	2		4
洮南市	Taonan	31	7	1	1
大安市	Daan	34	16	4	1
延边朝鲜族自治州	**Yanbian**	**278**	**83**	**14**	**4**
延吉市	Yanji	56	17	3	
图们市	Tumen	30	9	2	1
敦化市	Dunhua	55	8	4	1
珲春市	Hunchun	32	9	3	1
龙井市	Longjing	30	7		1
和龙市	Helong	22	10	1	
汪清县	Wangqing	26	12	1	
安图县	Antu	27	11		

contined

			按轻重工业分组 Grouped by light and heavy industry		按企业规模分组 Grouped by size of enterprises		
股份制企业 share holding	外商和港澳台商投资企业 Funded from Hongkong Macao and Taiwan	其　他 others	轻工业 Light industry	重工业 Heary industry	大型企业 Large	中型企业 Middle	小型企业 Small
68	**11**	**36**	**42**	**122**	**1**	**24**	**139**
34	2	10	16	42	1	9	48
11	3	5	13	17		4	26
4	1		5	6		2	9
3	1	6	3	12		2	13
7	2	8	3	24		3	24
9	2	7	2	21		4	19
43	**4**	**42**	**55**	**102**	**2**	**10**	**145**
21	2	2	10	32	2	5	35
9	1	5	15	27		3	39
1		7	8	10			18
6	1	2	12	7		2	17
6		26	10	26			36
68	**2**	**15**	**86**	**79**	**1**	**17**	**147**
23	1	5	24	30	1	11	42
2		1	12	10		1	21
17	1		17	7			24
18		4	21	10		2	29
8		5	12	22		3	31
100	**61**	**16**	**140**	**138**	**3**	**34**	**241**
19	17		32	24	1	9	46
10	8		17	13	1	3	26
29	8	5	32	23	1	8	46
5	12	2	16	16		4	28
11	8	3	14	16		2	28
6	3	2	8	14		2	20
7	3	3	9	17		2	24
13	2	1	12	15		4	23

11－2 续表 2

单位：个

市、县 City，County		按隶属关系分组 Grouped by adminstration		
		中央企业 Cerrtre	省属企业 Province	地区属企业 Profecture
长春市	**Changchun**	**18**	**32**	**162**
市　区	District	18	26	160
农安县	Nongan		1	
九台市	Jiutai		3	
榆树市	Yushu		1	
德惠市	Dehui		1	2
吉林市	**Jilin**	**44**	**43**	**74**
市　区	District	38	20	70
永吉县	Yongji		4	1
蛟河市	Jiaohe	2	3	
桦甸市	Huadian	1	6	
舒兰市	Shulan	1	3	2
磐石市	Panshi	2	7	1
四平市	**Siping**	**4**	**15**	**58**
市　区	District	2	6	53
梨树县	Lishu		3	1
伊通县	Yitong			2
公主岭市	Gongzhuling	1	6	2
双辽市	Shuangliao	1		
辽源市	**Liaoyuan**	**4**	**4**	**51**
市　区	District	3	4	50
东丰县	Dongfeng	1		1
东辽县	Dongliao			
通化市	**Tonghua**	**5**	**13**	**25**
市　区	District	2	7	23
通化县	Tonghua		2	
辉南县	Huinan	1	2	
柳河县	Liuhe	1		1
梅河口市	Meihekou		2	1
集安市	Jian	1		

continued

Unit: 10000 yuan

县及县以下属企业 below county	国有控股企业 State owned 总　计 Total	大型企业 Large	中型企业 Middle	小型企业 Small
368	**200**	**11**	**54**	**135**
230	164	11	49	104
55	8		2	6
24	9		1	8
28	6		2	4
31	13			13
296	**201**	**9**	**35**	**157**
135	138	7	22	109
31	10		1	9
50	7		1	6
38	15		5	10
19	20		5	15
23	11	2	1	8
200	**106**		**15**	**91**
48	38		9	29
46	28		2	26
31	12			12
51	17		3	14
24	11		1	10
121	**58**	**1**	**12**	**45**
36	36	1	10	25
40	13		2	11
45	9			9
192	**62**	**1**	**14**	**47**
29	19	1	5	13
37	10		1	9
24	12		6	6
25	6		1	5
52	10			10
25	5		1	4

11-2 续表 3

单位:个

市、县 City, county		按隶属关系分组 Grouped by adminstration		
		中央企业 Centre	省属企业 province	地区属企业 Profecture
白山市	**Baishan**	**2**	**15**	**25**
市区	District	2	2	25
抚松县	Fusong		6	
靖宇县	Jingyu			
长白县	Changbai			
江源县	Jiangyuan		4	
临江市	Linjian		3	
松原市	**Songyuan**	**5**	**1**	**15**
市区	District	4		15
前郭县	Qianguo	1	1	
长岭县	Changling			
乾安县	Qianan			
扶余县	Fuyu			
白城市	**Baicheng**	**3**	**8**	**29**
市区	District	2	1	26
镇赉县	Zhenlai	1	4	
通榆县	Tongyu		2	1
洮南市	Taonan		1	1
大安市	Daan	0		1
延边朝鲜族自治州	**Yanbian**	**5**	**3**	**40**
延吉市	Yanji	2		7
图们市	Tumen		1	5
敦化市	Dunhua	1	1	8
珲春市	Hunchun	1	1	3
龙井市	Longjing			3
和龙市	Helong			6
汪清县	Wangqing			5
安图县	Antu	1		3

continued

县及县以下属企业 below county	国有控股企业 State owned 总计 Total	大型企业 Large	中型企业 Middle	小型企业 Small
122	**58**	**1**	**16**	**41**
29	15	1	2	12
24	15		4	11
11	8		2	6
15	7		2	5
23	7		3	4
20	6		3	3
136	**65**	**2**	**5**	**58**
23	17	2	3	12
40	23		2	21
18	7			7
19	11			11
36	7			7
125	**87**	**1**	**10**	**76**
25	26	1	5	20
17	18		1	17
21	6			6
29	17		1	16
33	20		3	17
230	**111**	**3**	**19**	**89**
47	21	1	2	18
24	12	1	1	10
45	17	1	5	11
27	11		3	8
27	10		2	8
16	11		2	9
21	14		1	13
23	15		3	12

11－3　各市县规模以上工业企业现价总产值

单位:万元

市、县 City county		总计 Total		国有企业 state owned	
		2004年	2003年	2004年	2003年
长春市	**Changchun**	**17126789**	**15032620**	**6591705**	**5728661**
市　区	District	16427694	14450995	6488500	5640334
农安县	Nongan	152728	127907	63336	55720
九台市	Jiutai	82036	72113	1261	1070
榆树市	Yushu	94041	80391	16173	16059
德惠市	Dehui	370291	301215	22434	15478
吉林市	**Jilin**	**6415358**	**4560556**	**1342454**	**1039454**
市　区	District	5316782	3796678	1085511	815356
永吉县	Yongji	87905	43355	19967	14690
蛟河市	Jiaohe	101486	78526	27388	28228
桦甸市	Huadian	204362	134662	98157	56795
舒兰市	Shulan	92426	80604	48755	42898
磐石市	Panshi	612396	426730	62676	81487
四平市	**Siping**	**1559085**	**1253384**	**321124**	**300807**
市　区	District	781074	634943	101992	85294
梨树县	Lishu	152335	107322	37129	34203
伊通县	Yitong	57971	43312	7045	6984
公主岭市	Gongzhuling	357427	297438	41954	49281
双辽市	Shuangliao	210278	170369	133005	125045
辽源市	**Liaoyuan**	**710988**	**538477**	**266641**	**213074**
市　区	District	510108	402553	227107	184309
东丰县	Dongfeng	122896	90514	33621	23606
东辽县	Dongliao	77985	45411	5913	5159
通化市	**Tonghua**	**1929019**	**1525038**	**80778**	**62474**
市　区	District	1187828	909800	27090	14591
通化县	Tonghua	142521	128167	9450	6060
辉南县	Huinan	257845	204384	6796	9756
柳河县	Liuhe	94147	73790	1970	4810
梅河口市	Meihekou	160632	139108	11588	10357
集安市	Jian	86047	69789	23885	16901

注:①规模以上工业企业统计范围为:全部国有和年产品销售收入500万元及以上非国有工业企业;
②此表为快报数值。
①Industrial enterprises above designated size refer to with an annual sales in come of over 5 million yuan.
②The data are from a bulletin.

Gross Industrgial Output Value Aabove Designated Size Industrial Enterprises by City and County

Unit:10000 yuan

按经济组织类型分组 Grouped by ownership									
集体企业 Collection owned		股份合作企业 Cooperative		股份制企业 share holding		外商和港澳台商投资企业 Funded from Hongkong Mao and Taiwan		其他 Others	
2004	2003	2004	2003	2004	2003	2004	2003	2004	2003
513065	**355288**	**32643**	**29838**	**2218877**	**1748621**	**7676293**	**7098558**	**94206**	**71654**
450889	298250	23349	22647	2047375	1619925	7355927	6828284	61654	41556
4982	7097	2774	641	58387	43882	9152	9767	14098	10800
42253	35879	1669	1812	32479	19946	702	1105	3672	12300
5004	4946	4258	3875	67572	54209			1034	1302
9938	9116	594	864	13063	10660	310512	259402	13750	5696
108981	**72421**	**7996**	**8425**	**4640301**	**3235270**	**204038**	**133345**	**111587**	**71641**
74192	56209	710	1850	3964569	2810230	145052	86034	46748	27000
				54777	17504	11730	10116	1431	1045
569	550			38264	29834	1222	580	34043	19335
29254	11836	7286	6575	42980	30952	1177	7367	25507	21138
2739	2782			25632	24474	15300	10450		
2227	1045			514079	322277	29557	18799	3858	3123
136795	**108795**	**11522**	**5524**	**853100**	**642797**	**168176**	**128341**	**68368**	**67121**
99044	80696	1054	1339	536288	425928	20222	19314	22474	22372
19575	12232	10468	4185	50663	36083	28033	13849	6468	6771
5286	7150			25044	13608			20597	15571
10381	6891			180641	137923	119921	95178	4531	8165
2510	1826			60465	29256			14299	14242
60989	**32235**	**7236**	**5528**	**211976**	**190462**	**19730**	**9050**	**144416**	**88128**
33045	18556	7236	5528	138943	128513	19730	9050	84047	56597
5004	3815			58361	49791			25910	13302
22941	9865			14672	12158			34459	18229
29812	**27556**	**8558**	**8578**	**1688467**	**1331073**	**70027**	**59501**	**51378**	**35856**
22299	21026			1102589	840621	31189	29699	4662	3863
575	739			103422	101856	17751	14895	11323	4618
709	1057			241048	186287			9292	7285
1003	728	2858		83129	66896			5188	1356
2509	2325		2230	111576	96630	17599	11298	17360	16268
2717	1681	5700	6348	46704	38784	3488	3609	3553	2466

11－3 续表 1

单位:万元

市、县 City, County		总计 Total		国有企业 state owned	
		2004 年	2003 年	2004 年	2003 年
白山市	**Baishan**	**1031253**	**747922**	**175615**	**143463**
市区	District	397699	311540	47829	40552
抚松县	Fusong	166938	130308	44782	39722
靖宇县	Jingyu	46849	40540	16527	17427
长白县	Changbai	51795	47074	9493	6266
江源县	Jiangyuan	190609	112613	35503	26165
临江市	Linjiang	177363	105847	21482	13330
松原市	**Songyuan**	**2064292**	**1535913**	**227533**	**175886**
市区	District	1684746	1298584	68071	61164
前郭县	Qiangou	199165	132740	136159	92970
长岭县	Changling	36117	21799	4624	4904
乾安县	Qianan	75988	58984	18080	16440
扶余县	Fuyu	68277	23806	600	408
白城市	**Baicheng**	**543888**	**469665**	**119448**	**97102**
市区	District	281218	259197	35350	25318
镇赉县	Zhenglai	41408	31862	37470	29454
通榆县	Tongyu	46203	36949	761	664
洮南市	Taonan	95008	74795	20843	14967
大安市	Daan	80050	66863	25025	26700
延边朝鲜族自治州	**Yanbian**	**1461618**	**1223307**	**350822**	**321026**
延吉市	Yanji	434283	391707	192463	179351
图们市	Tumen	216918	168790	13445	12612
敦化市	Denhua	315888	254359	22726	16534
珲春市	Hunch	165631	132785	48754	42281
龙井市	Longjing	104969	86011	3356	2434
和龙市	Helong	63261	56471	23611	23696
汪清县	Wangqing	84367	67658	29331	29474
安图县	Antu	76301	65526	17136	14645

continued

Unit: 10000 yuan

按经济组织类型分组 Guouped by ownership									
集体企业 Collective owned		股份合作企业 Cooperative		股份制企业 share holding		外商和港澳台商投资企业 Funded from Hongkong Maocao and Taiwan		其他 Others	
2004	2003	2004	2003	2004	2003	2004	2003	2004	2003
92853	**55802**	**2566**		**529856**	**390283**	**50087**	**43739**	**180275**	**114635**
6936	3693			286178	224976	6250	6089	50506	36229
7170	6056			87754	67156	4604	1731	22629	15643
				21355	14852	8968	8262		
				15863	14529	2468	3735	23971	22545
65815	36761			30365	22024	3029	1579	55898	26085
12933	9293	2566		88341	46747	24769	22344	27272	14133
4962	**4016**	**43195**	**35883**	**1616997**	**1265322**	**87772**	**26525**	**83833**	**28281**
2483	2005	17079	14107	1530834	1210633	64109	9699	2170	975
1124	536	14592	8843	13209	7309	23285	14518	10795	8564
305	625	11524	12933	1319	1705			18345	1632
				49534	33509	378	2307	7997	6728
1050	850			22101	12165			44526	10383
20505	**20324**	**13889**	**13306**	**274427**	**231437**	**61025**	**71184**	**54594**	**36312**
5600	4100	7155	7800	155396	144458	60742	70600	16975	6921
444	443			1395				2100	1965
		4739	4211	40421	31490	283	584		
867	574	1100	700	49904	39392			22294	1916
13595	15207	895	595	27310	16097			13225	8265
55335	**55031**	**5519**	**6949**	**722350**	**579677**	**264191**	**211168**	**63401**	**49457**
30218	34541			115507	116254	96094	61561		
7675	6681	714	1041	170301	126957	24783	21499		
9575	6091	2110	3231	231783	185215	33516	33444	16178	9843
5465	4680	635	609	30846	12613	78699	71885	1232	717
		2060	2068	76813	64121	19446	14333	3294	3056
603	1378			14088	9091	3314	3031	21645	19275
1799	1661			27292	18155	5471	2480	20475	15889
				55720	47270	2868	2935	577	677

11－3　续表 2

单位:万元

市、县 City, county		按轻重工业分组 Grouped by light and heavy			
		轻工业 light		重工业 hevty	
		2004 年	2003 年	2004 年	2003 年
长 春 市	**Changchun**	**2171195**	**1775619**	**14955595**	**13257002**
市 区	District	1629760	1335923	14797934	13115072
农 安 县	Nongan	61631	49037	91097	78870
九 台 市	Jiutai	58013	47538	24023	24575
榆 树 市	Yushu	76857	61516	17184	18874
德 惠 市	Dehui	344934	281605	25357	19610
吉 林 市	**Jilin**	**685552**	**574495**	**5729807**	**3986060**
市 区	District	538933	452277	4777849	3344402
永 吉 县	Yongji	27225	20437	60680	22918
蛟 河 市	Jiaohe	22154	15298	79332	63229
桦 甸 市	Huadian	13088	20037	191274	114625
舒 兰 市	Shulan	47892	40445	44534	40159
磐 石 市	Panshi	36258	26001	576138	400729
四 平 市	**Siping**	**647155**	**469168**	**911930**	**784215**
市 区	District	314100	248780	466974	386163
梨 树 县	Lishu	81051	51392	71284	55929
伊 通 县	Yitogn	16897	5156	41074	38156
公主岭市	Gongzhuling	191840	143353	165587	154086
双 辽 市	Shuangliao	43267	20487	167011	149881
辽 源 市	**Liaoyuan**	**272972**	**229628**	**438016**	**308850**
市 区	District	196103	178025	314004	224528
东 丰 县	Dongfeng	53190	41032	69706	49482
东 辽 县	Dongliao	23679	10571	54306	34839
通 化 市	**Tonghua**	**760138**	**671383**	**1168881**	**853655**
市 区	District	349906	310827	837922	598973
通 化 县	Tonghua	89271	86471	53251	41697
辉 南 县	huinan	79289	72576	178556	131808
柳 河 县	Liuhe	76429	62066	17719	11724
梅河口市	Meihekou	121280	105864	39352	33244
集 安 市	Jian	43964	33579	42082	36209

continued

Unit:10000 yuan

按企业规模分组 Grouped by size of enterprises					
大型企业 Large		中型企业 Middle		小型企业 small	
2004	2003	2004	2003	2004	2003
12456191	**11386547**	**3062584**	**2361026**	**1608014**	**1285048**
12151622	11129704	2929031	2239511	1347041	1081781
		58443	55924	94286	71983
		43974	36388	38061	35724
		31136	29203	62905	51188
304570	256843			65722	44372
4578685	**3235742**	**871311**	**694414**	**965362**	**630400**
4164271	2918545	589837	498331	562675	379803
		8233	9453	79672	33902
		27919	27195	73568	51331
		121760	79065	82602	55597
		38201	34234	54225	46370
414414	317197	85362	46137	112620	63396
		899815	**712469**	**659270**	**540914**
		477182	383421	303891	251522
		55242	32974	97093	74348
				57971	43312
		229735	167323	127692	130115
		137655	128752	72623	41617
76815	**64101**	**257218**	**239053**	**376955**	**235324**
76815	64101	210825	203171	222468	135281
		46393	35882	76502	54632
				77985	45411
904089	**652235**	**555681**	**471695**	**469249**	**401109**
904089	652235	186974	181015	96765	76550
		76688	70909	65834	57258
		211350	167595	46495	36790
		19667	12164	74481	61626
		9103	8606	151529	130502
		51901	31406	34146	38383

11－3 续表 3

单位:万元

市、县 city, county		按轻重工业分组 Grouped by light and			
		轻工业 Light		重工业 Hevry	
		2004年	2003年	2004年	2003年
白山市	**Baishan**	**177222**	**131318**	**854031**	**616604**
市区	District	67367	54980	330333	256559
抚松县	Fusong	51739	34677	115199	95631
靖宇县	Jingyu	35481	27138	11369	13402
长白县	Changbai	4624	7107	47171	39967
江源县	Jiangyuan	5295	2996	185314	109616
临江市	Linjiang	12718	4419	164645	101428
松原市	**Songyuan**	**163531**	**95235**	**1900761**	**1440678**
市区	District	41041	11702	1643706	1286882
前郭县	Qiangou	36559	25104	162606	107636
长岭县	Changling	17517	10195	18600	11604
乾安县	Qianan	52674	41437	23314	17547
扶余县	Fuyu	15741	6797	52536	17009
白城市	**Baicheng**	**282907**	**215089**	**260980**	**254576**
市区	District	118473	97128	162746	162069
镇赉县	Zhenglai	22058	16173	19351	15688
通榆县	Tongyu	28455	24858	17748	12091
洮南市	Taonan	72275	56131	22734	18664
大安市	Daan	41647	20799	38403	46064
延边朝鲜族自治州	**Yanbian**	**898404**	**765997**	**563214**	**457310**
延吉市	Yanji	336666	292643	97618	99063
图们市	Tumen	130523	110896	86394	57894
敦化市	Denhua	222354	177256	93534	77103
珲春市	Hunch	72862	69045	92769	63740
龙井市	Longjing	83099	70193	21870	15819
和龙市	Helong	12647	10054	50614	46417
汪清县	Wangqing	22776	19055	61591	48603
安图县	Antu	17478	16856	58823	48671

continued

Unit: 10000 yuan

按企业规模分组 Grouped by size of enterprises					
大型企业 Large		中型企业 Middle		小型企业 small	
2004	2003	2004	2003	2004	2003
72707	**69527**	**381000**	**292598**	**577546**	**385797**
72707	69527	183067	142921	141925	99092
		69850	61662	97089	68647
		9388	11716	37461	28824
		8603	5518	43191	41557
		38068	29164	152541	83449
		72024	41617	105338	64229
1239362	**838034**	**536429**	**527453**	**288501**	**170426**
1239362	838034	346124	397182	99260	63368
		147407	95748	51758	36992
				36117	21799
		42898	34523	33090	24461
				68277	23806
48585	**40891**	**179559**	**184088**	**315744**	**244686**
48585	40891	141826	147539	90808	70767
		8863	4121	32545	27740
				46203	36949
		14211	12383	80798	62412
		14660	20044	65390	46819
333375	**298247**	**519231**	**466934**	**609011**	**458126**
159317	154677	146324	129931	128642	107099
107566	87500	54064	36974	55288	44316
66492	56070	106453	99778	142943	98511
		95214	92642	70417	40143
		52592	45605	52377	40407
		11722	11220	51539	45251
		26711	25206	57656	42452
		26152	25578	50149	39948

11－3 续表 4

单位：万元

市、县 City, county		中央企业 centre	
		2004 年	2003 年
长春市	**Changchun**	**6292562**	**5442715**
市区	District	6292562	5442715
农安县	Nongan		
九台市	Jiutai		
榆树市	Yushu		
德惠市	Dehui		
吉林市	**Jilin**	**3830971**	**2642331**
市区	District	3755335	2607242
永吉县	Yongji		
蛟河市	Jiaohe	2495	1982
桦甸市	Huadian	72314	32192
舒兰市	Shulan	413	532
磐石市	Panshi	414	383
四平市	**Siping**	**171682**	**150583**
市区	District	46512	28562
梨树县	Lishu		
伊通县	Yitogn		
公主岭市	Gongzhuling	314	7511
双辽市	Shuangliao	124857	114510
辽源市	**Liaoyuan**	**53528**	**44415**
市区	District	53528	43820
东丰县	Dongfeng		595
东辽县	Dongliao		
通化市	**Tonghua**	**72899**	**58680**
市区	District	47810	37048
通化县	Tonghua		
辉南县	huinan	1737	1897
柳河县	Liuhe	1092	3988
梅河口市	Meihekou		
集安市	Jian	22260	15747

continued

Unit:10000 yuan

按隶属关系分组 Grouped by adminstration					
省属企业 Province		地区属企业 Profecture		县及县以下属企业 below county	
2004	2003	2004	2003	2004	2003
460168	**388325**	**1969220**	**1624486**	**8404840**	**7577095**
134517	112253	1967186	1622946	8033430	7273082
5155	4567			147573	123340
4926	3801			77110	68311
11001	10861			83040	69530
304570	256843	2034	1540	63687	42832
589298	**372361**	**629648**	**613745**	**1365440**	**932119**
320922	183115	551252	520112	689273	486209
8295	9644	10639	3992	68971	29718
23268	24559			75723	51985
48864	44853			83185	57618
16765	12349	13443	13807	61805	53916
171184	97841	54314	75833	386483	252673
279132	**222861**	**194698**	**168175**	**913573**	**711765**
98820	78081	181129	154048	454613	374252
45595	36368	5890	6639	100850	64316
0		1878	2219	56094	41094
134717	108413	5802	5269	216594	176245
				85422	55859
106415	**83678**	**180732**	**173484**	**370314**	**236901**
106415	83678	164370	158998	185795	116058
		16361	14486	106534	75433
				77985	45411
874385	**614878**	**272355**	**221200**	**709382**	**630280**
706384	492573	270397	219910	163237	160269
11127	6799			131395	121369
153557	111881			102551	90606
		94	50	92962	69752
3317	3626	1863	1240	155451	134243
				63786	54042

11－3　续表　5

单位:万元

市、县	City, county	中央企业 Centre 2004年	中央企业 Centre 2003年
白山市	**Baishan**	**79508**	**76026**
市　区	District	79508	76026
抚松县	Fusong		
靖宇县	Jingyu		
长白县	Changbai		
江源县	Jiangyuan		
临江市	Linjiang		
松原市	**Songyuan**	**1564802**	**1236425**
市　区	District	1489034	1182233
前郭县	Qiangou	75768	54192
长岭县	Changling		
乾安县	Qianan		
扶余县	Fuyu		
白城市	**Baicheng**	**26422**	**17761**
市　区	District	25000	15158
镇赉县	Zhenglai	1422	2603
通榆县	Tongyu		
洮南市	Taonan		
大安市	Daan		
延边朝鲜族自治州	**Yanbian**	**219289**	**200843**
延吉市	Yanji	175406	163325
图们市	Tumen		
敦化市	Denhua	16478	12912
珲春市	Hunch	27395	24596
龙井市	Longjing		
和龙市	Helong		
汪清县	Wangqing		
安图县	Antu	11	10

continued

Unit:10000 yuan

按隶属关系分组					
省属企业 Province		地区属企业 Profecfure		县及县以下属企业 Below county	
2004	2003	2004	2003	2004	2003
200690	**150127**	**150297**	**126311**	**600759**	**395459**
70674	46232	150297	126311	97221	62971
51935	49830			115003	80478
				46849	40540
				51795	47074
40021	31239			150588	81374
38059	22825			139304	83022
48354	**27038**	**88756**	**74574**	**362380**	**197876**
		88756	74574	106956	41777
48354	27038			75043	51510
				36117	21799
				75988	58984
				68277	23806
16966	**16177**	**134795**	**127001**	**365704**	**308726**
4164	4497	129955	123347	122099	116195
3614	2966			36372	26293
8925	8438	538	431	36740	28080
263	277	2645	1803	92100	72715
		1657	1420	78393	65443
10964	**8861**	**411112**	**349083**	**820253**	**664520**
		24648	34718	234229	193664
816	703	158001	117552	58100	50535
161	105	121584	99586	177665	141755
9987	8053	9725	8388	118525	91748
		36364	30540	68605	55471
		23134	23248	40127	33222
		16430	16401	67938	51257
		21227	18649	55064	46868

11－3　续表 6

单位:万元

市、县	City, county	总计 Total 2004年	总计 Total 2003年
长春市	**Changchun**	**13852052**	**12604877**
市区	District	13696799	12478118
农安县	Nongan	76825	68120
九台市	Jiutai	21366	9494
榆树市	Yushu	19439	19828
德惠市	Dehui	37623	29318
吉林市	**Jilin**	**5231982**	**3761197**
市区	District	4753703	3392376
永吉县	Yongji	19967	14690
蛟河市	Jiaohe	27388	28228
桦甸市	Huadian	128134	82341
舒兰市	Shulan	73814	64400
磐石市	Panshi	228976	179162
四平市	**Siping**	**520408**	**463214**
市区	District	247239	207590
梨树县	Lishu	77689	63051
伊通县	Yitogn	7045	6984
公主岭市	Gongzhuling	55430	60545
双辽市	Shuangliao	133005	125045
辽源市	**Liaoyuan**	**349498**	**286059**
市区	District	279659	231953
东丰县	Dongfeng	58755	45403
东辽县	Dongliao	11083	8703
通化市	**Tonghua**	**1067234**	**793787**
市区	District	773655	549374
通化县	Tonghua	10444	8639
辉南县	huinan	224805	182633
柳河县	Liuhe	17764	21185
梅河口市	Meihekou	16681	15056
集安市	Jian	23885	16901

continued

Unit:10000 yuan

	国有控股企业 State owned					
	大型企业 Large		中型企业 Middle		小型企业 small	
	2004	2003	2004	2003	2004	2003
	12005200	**11001437**	**1415069**	**1237643**	**431783**	**365797**
	12005200	11001437	1338089	1164985	353510	311696
			58443	55924	18382	12196
			3961	2464	17404	7029
			14577	14269	4863	5558
					37623	29318
	4312171	**3048902**	**653192**	**527752**	**266619**	**184543**
	4164271	2918545	421523	359721	167909	114111
			8233	9453	11734	5237
			15160	18550	12228	9678
			117607	74085	10527	8256
			38201	34234	35613	30166
	147901	130357	52468	31710	28608	17095
			356295	**315089**	**164113**	**148126**
			182473	162875	64766	44714
			11299	11864	66390	51187
					7045	6984
			37666	25840	17764	34705
			124857	114510	8149	10535
	76815	**64101**	**209069**	**170298**	**63614**	**51661**
	76815	64101	171653	144508	31191	23344
			37416	25790	21340	19614
					11083	8703
	686429	**476965**	**310143**	**250855**	**70661**	**65967**
	686429	476965	73922	62612	13304	9797
			1520	914	8924	7725
			211350	167595	13456	15039
			1092	3988	16672	17197
					16681	15056
			22260	15747	1625	1154

11-3 续表 7

单位:万元

市、县 City, county		总计 Total 2004年	2003年
白山市	**Baishan**	**466889**	**380447**
市区	District	168422	140406
抚松县	Fusong	129325	108609
靖宇县	Jingyu	22315	26985
长白县	Changbai	26809	23572
江源县	Jiangyuan	44182	34370
临江市	Linjiang	75836	46505
松原市	**Songyuan**	**1757612**	**1384853**
市区	District	1568762	1253048
前郭县	Qiangou	146323	100844
长岭县	Changling	4624	4904
乾安县	Qianan	23093	19809
扶余县	Fuyu	14810	6248
白城市	**Baicheng**	**265264**	**234639**
市区	District	121369	104857
镇赉县	Zhenglai	37470	29454
通榆县	Tongyu	11977	11602
洮南市	Taonan	51781	42289
大安市	Daan	42668	46438
延边朝鲜族自治州	**Yanbian**	**704254**	**620495**
延吉市	Yanji	206091	193773
图们市	Tumen	123297	108541
敦化市	Denhua	156371	130100
珲春市	Hunch	63159	46038
龙井市	Longjing	58354	49838
和龙市	Helong	28016	26146
汪清县	Wangqing	33682	34303
安图县	Antu	35284	31755

continued

Unit:10000 yuan

国有控股企业 State owned					
大型企业 Large		中型企业 Middle		小型企业 small	
2004	2003	2004	2003	2004	2003
72707	**69527**	**258676**	**187718**	**135506**	**123202**
72707	69527	70674	46232	25041	24647
		69850	61662	59475	46948
		9388	11716	12927	15269
		8603	5518	18206	18054
		38068	29164	6115	5206
		62093	33427	13742	13079
1239362	**838034**	**425206**	**469403**	**93044**	**77416**
1239362	838034	301084	388173	28316	26841
		124122	81230	22201	19614
				4624	4904
				23093	19809
				14810	6248
48585	**40891**	**87406**	**78958**	**129273**	**114790**
48585	40891	57407	48239	15377	15727
		8863	4121	28606	25333
				11977	11602
		6476	6553	45305	35735
		14660	20044	28008	26393
333375	**298247**	**240002**	**211340**	**130876**	**110908**
159317	154677	20989	14710	25784	24387
107566	87500	968	6750	14763	14291
66492	56070	74401	62193	15478	11837
		46502	39945	16657	6093
		52592	45605	5762	4234
		11722	11220	16294	14926
		10204	9902	23478	24401
		22625	21015	12659	10740

11－4　各市县规模以上工业资产

单位：万元

市、县 City, county		总　计 Total		国有企业 State owned	
		2004 年	2003 年	2004 年	2003 年
长春市	**Changchun**	**17453523**	**16156681**	**9144248**	**8422320**
市区	District	16884662	15612411	9071649	8347617
农安县	Nongan	101747	97722	24688	23853
九台市	Jiutai	76608	68160	5430	4899
榆树市	Yushu	108384	88379	25609	27690
德惠市	Dehui	282123	290009	16872	18261
吉林市	**Jilin**	**8769569**	**8361969**	**2880093**	**2886156**
市区	District	7358216	7076803	2456874	2423707
永吉县	Yongji	70896	59185	16430	14043
蛟河市	Jiaohe	126186	121243	51508	51350
桦甸市	Huadian	406730	352825	198842	180086
舒兰市	Shulan	117105	147548	82053	116682
磐石市	Panshi	690436	604366	74388	100289
四平市	**Siping**	**1870839**	**1771191**	**750116**	**798958**
市区	District	884763	799840	221643	230723
梨树县	Lishu	155229	143013	47823	57154
伊通县	Yitogn	38794	24463	12235	9398
公主岭市	Gongzhuling	333383	322157	71244	75002
双辽市	Shuangliao	458670	481718	397171	426681
辽源市	**Liaoyuan**	**1265326**	**1019385**	**693444**	**614097**
市区	District	1101498	882379	642216	567759
东丰县	Dongfeng	109979	91564	44687	40166
东辽县	Dongliao	53849	45442	6540	6172
通化市	**Tonghua**	**2835726**	**2479854**	**264736**	**264029**
市区	District	1788430	1478563	152629	150891
通化县	Tonghua	412276	375120	26985	18741
辉南县	huinan	199028	190463	25644	24263
柳河县	Liuhe	95493	97217	8652	14175
梅河口市	Meihekou	193842	196934	6241	10967
集安市	Jian	146657	141557	44585	44992

注：①规模以上工业企业统计范围为：全部国有和年产品销售收入 500 万元及以上非国有工业企业；
②此表为快报数值。
①Industrial enterprises above designated size refer to with an annual sales in come of over 5 million yuan.
②The data are from a bulletin.

Industrial Assets above Designated size by city and county

Unit: 10000yuan

按经济组织类型分组 Grouped by ownership									
集体企业 Collective owned		股份合作企业 Cooperative		股份制企业 Share holding		外商和港澳台商投资企业 Funded from Hongkong、Macao and Taiwan		其他 Others	
2004	2003	2004	2003	2004	2003	2004	2003	2004	2003
371916	**301585**	**57651**	**46519**	**3543829**	**3276728**	**4270545**	**4049420**	**65335**	**60110**
335529	278162	46789	35689	3380505	3139245	4013429	3777627	36761	34071
12211	6770	1183	2447	39419	40051	18012	17814	6234	6788
12160	8952	1730	2181	42766	36478	3964	4140	10558	11510
4023	1643	5226	3423	70131	52203			3395	3419
7993	6058	2723	2778	11008	8751	235140	249840	8387	4322
140146	**128075**	**9168**	**16709**	**5228672**	**5019941**	**393593**	**209179**	**117897**	**101908**
108884	108079	526	8012	4395868	4319884	348172	175213	47892	41908
				47755	38552	6166	6189	545	401
232	174			55338	47494	315	391	18794	21834
25147	13793	8642	8697	119033	113450	7606	2356	47460	34443
2108	1829			28813	25885	4131	3152		
3775	4200			581864	474677	27202	21878	3207	3322
161668	**157815**	**12229**	**8789**	**699116**	**592569**	**185055**	**162053**	**62656**	**51007**
116888	111117	1470	1245	486274	399210	39403	38017	19086	19529
18780	20950	10759	7544	19224	18854	51847	35103	6797	3409
2099	3713			18199	7539			6262	3814
18592	16701			143306	134049	93806	88933	6436	7473
5310	5335			32113	32919			24075	16784
42474	**39260**	**5378**	**6978**	**341349**	**277778**	**41710**	**23698**	**140972**	**57574**
28755	27138	5378	6978	278197	226138	41710	23698	105242	30669
4679	4074			45696	37741			14917	9583
9039	8048			17457	13899			20813	17322
36303	**40822**	**28183**	**27573**	**2349337**	**2017482**	**125193**	**105540**	**31975**	**24408**
28155	32742			1540250	1235502	66242	58324	1155	1105
513	358			349784	329372	28945	23902	6049	2747
1485	1774			161529	153794			10370	10633
752	795	808		81088	80676			4194	1571
3207	2964	2817	2847	146757	152884	27279	21087	7540	6185
2191	2190	24558	24726	69929	65255	2727	2227	2667	2167

11－4　续表 1

单位:万元

市、县 City, County		总计 Total		国有企业 State owned	
		2004 年	2003 年	2004 年	2003 年
白 山 市	**Baishan**	**1523664**	**1520484**	**659590**	**674296**
市　　区	District	791221	797507	248676	231990
抚 松 县	Fusong	360349	374323	265553	284316
靖 宇 县	Jingyu	82609	86494	31579	37168
长 白 县	Changbai	43179	42269	27778	35188
江 源 县	Jiangyuan	95660	89491	52719	51142
临 江 市	Linjiang	150645	130401	33286	34492
松 原 市	**Songyuan**	**3450127**	**3082015**	**403958**	**385890**
市　　区	District	2797321	2586476	133378	112512
前 郭 县	Qiangou	457199	316260	230275	231873
长 岭 县	Changling	32837	29312	5362	6813
乾 安 县	Qianan	117664	103313	32215	32017
扶 余 县	Fuyu	45106	46656	2729	2675
白 城 市	**Baicheng**	**626331**	**592807**	**227716**	**215665**
市　　区	District	393456	380233	132521	131351
镇 赉 县	Zhenglai	44624	40392	37797	37731
通 榆 县	Tongyu	47843	48068	1851	1579
洮 南 市	Taonan	61145	56731	19172	16144
大 安 市	Daan	79263	67382	36375	28860
延边朝鲜族自治州	**Yanbian**	**2318953**	**2297697**	**728679**	**635413**
延 吉 市	Yanji	651510	660650	310589	324261
图 们 市	Tumen	359330	431818	71336	8509
敦 化 市	Denhua	562535	533020	57912	41297
珲 春 市	Hunch	284056	245887	169108	144332
龙 井 市	Longjing	104925	87659	6650	7798
和 龙 市	Helong	75553	82314	31774	37917
汪 清 县	Wangqing	115000	102731	34608	31472
安 图 县	Antu	166044	153618	46702	39829

continued

Unit:10000yuan

按经济组织类型分组 Grouped by owned									
集体企业 Collective owned		股份合作企业 Cooperative		股份制企业 Share holding		外商和港澳台商投资企业 Funded from Hongkong、Macao and Taiwan		其他 Others	
2004	2003	2004	2003	2004	2003	2004	2003	2004	2003
20552	**17200**	**4250**		**739154**	**744776**	**31463**	**27751**	**68654**	**56461**
9594	8329			490956	520126	4938	4925	37057	32137
1783	1836			79721	74696	4892	987	8401	12487
				40973	39862	10058	9464		
				9580	2641	1488	1071	4333	3370
7557	6154			26079	26630	763	159	8543	5406
1619	881	4250		91846	80820	9324	11146	10321	3062
10446	**10098**	**74077**	**67099**	**2644315**	**2379185**	**253965**	**187574**	**63366**	**52169**
7969	8207	28625	29097	2428644	2273370	197500	162284	1206	1006
722	157	32167	27995	115505	18865	54806	23125	23724	14245
950	1067	13285	10007	520	520			12720	10905
				68698	56032	1659	2165	15093	13100
805	667			30949	30400			10623	12914
9945	**12130**	**5240**	**4996**	**300051**	**277458**	**67521**	**67429**	**15858**	**15128**
2908	2749	3600	3600	182086	169472	66162	66162	6180	6899
427	547			4129				2271	2114
		910	872	43723	44350	1359	1267		
372	402	530	325	36403	35623			4669	4237
6240	8432	200	199	33710	28013			2738	1878
100637	**110787**	**6702**	**13975**	**1180215**	**1262207**	**231141**	**209068**	**71579**	**66248**
73425	84357			206785	202051	60711	49982		
6666	7610	525	662	254341	388982	26462	26056		
7104	6327	2264	2398	431762	424474	48197	46697	15296	11828
10833	9562	3184	10178	28324	15693	71930	65421	677	702
		729	737	83475	66214	10319	9615	3752	3295
1750	1888			14842	9648	8265	6825	18923	26036
859	1043			45843	44878	2771	1760	30919	23579
				114843	110267	2487	2714	2013	809

11－4 续表 2

单位:万元

市、县 City, County		按轻重工业分组 Grouped by light and heavy industry			
		轻工业 Light		重工业 Heary	
		2004 年	2003 年	2004 年	2003 年
长 春 市	**Changchun**	**2260877**	**2154139**	**15192646**	**14002543**
市 区	District	1813574	1726217	15071088	13886194
农 安 县	Nongan	57422	56756	44325	40966
九 台 市	Jiutai	39785	31833	36824	36327
榆 树 市	Yushu	88376	67230	20008	21149
德 惠 市	Dehui	261721	272103	20402	17907
吉 林 市	**Jilin**	**1379531**	**1299026**	**7390038**	**7062942**
市 区	District	1206527	1157079	6151690	5919724
永 吉 县	Yongji	29690	26138	41205	33047
蛟 河 市	Jiaohe	36207	28489	89979	92754
桦 甸 市	Huadian	34939	22613	371791	330212
舒 兰 市	Shulan	41381	39889	75724	107659
磐 石 市	Panshi	30787	24820	659649	579545
四 平 市	**Siping**	**523206**	**473557**	**1347633**	**1297633**
市 区	District	281180	247379	603582	552461
梨 树 县	Lishu	68399	59979	86830	83034
伊 通 县	Yitogn	12657	4270	26138	20193
公主岭市	Gongzhuling	130270	127728	203113	194429
双 辽 市	Shuangliao	30700	34202	427970	447516
辽 源 市	**Liaoyuan**	**512493**	**391062**	**752833**	**628323**
市 区	District	446442	338462	655056	543917
东 丰 县	Dongfeng	52156	40745	57823	50820
东 辽 县	Dongliao	13895	11855	39954	33587
通 化 市	**Tonghua**	**1434742**	**1325708**	**1400984**	**1154146**
市 区	District	673226	622557	1115205	856006
通 化 县	Tonghu	332537	305912	79740	69208
辉 南 县	huinan	114869	103801	84159	86663
柳 河 县	Liuhe	74992	75716	20501	21501
梅河口市	Meihekou	164296	149063	29546	47871
集 安 市	Jian	74823	68660	71834	72897

continued

Unit: 10000 yuan

按企业规模分组 Grouped by size of enterprises					
大型企业 Large		中型企业 Middle		小型企业 Small	
2004	2003	2004	2003	2004	2003
11620066	**10778388**	**3854268**	**3539151**	**1979189**	**1839143**
11395741	10535311	3767737	3460245	1721184	1616856
		31321	30866	70425	66856
		17830	10777	58779	57383
		37380	37262	71004	51117
224325	243077			57797	46932
4924210	**4739739**	**2028570**	**2055109**	**1816789**	**1567121**
4477662	4326161	1515762	1549570	1364792	1201072
		3944	4169	66951	55017
		35680	36818	90505	84425
		299361	278361	107369	74464
		63756	100382	53349	47165
446549	413578	110066	85809	133822	104978
		1229097	**1233993**	**641742**	**537198**
		539059	536124	345703	263716
		98207	89956	57023	53057
				38794	24463
		191479	185221	141905	136936
		400353	422692	58317	59027
250692	**179282**	**588953**	**536875**	**425682**	**303229**
250692	179282	558255	509321	292552	193776
		30698	27553	79281	64011
				53849	45442
1021180	**699240**	**998032**	**1016352**	**816515**	**764261**
1021180	699240	534264	549347	232987	229976
		255384	234737	156893	140383
		125546	127409	73482	63055
		9556	23921	85937	73296
		5400	18753	188442	178181
		67883	62186	78774	79371

11－4 续表 3

单位:万元

市、县 City, County		按轻重工业分组 Grouped by light and heavy industry			
		轻工业 Light		重工业 Heary	
		2004 年	2003 年	2004 年	2003 年
白 山 市	**Baishan**	**205764**	**236059**	**1317900**	**1284425**
市 区	District	70979	107165	720242	690342
抚 松 县	Fusong	48435	43583	311914	330740
靖 宇 县	Jingyu	64415	67424	18194	19070
长 白 县	Changbai	4260	3587	38919	38682
江 源 县	Jiangyuan	5990	3125	89671	86366
临 江 市	Linjiang	11685	11176	138961	119225
松 原 市	**Songyuan**	**437350**	**305007**	**3012776**	**2777008**
市 区	District	178662	181515	2618659	2404961
前 郭 县	Qiangou	148529	32548	308670	283712
长 岭 县	Changling	12491	9426	20346	19886
乾 安 县	Qianan	84215	67362	33449	35950
扶 余 县	Fuyu	13453	14157	31653	32499
白 城 市	**Baicheng**	**227199**	**190146**	**399132**	**402660**
市 区	District	114484	98174	278972	282059
镇 赉 县	Zhenglai	14402	11698	30222	28695
通 榆 县	Tongyu	20813	18370	27030	29699
洮 南 市	Taonan	49033	45145	12112	11586
大 安 市	Daan	28468	16760	50795	50622
延边朝鲜族自治州	**Yanbian**	**1232082**	**1292991**	**1086871**	**1004706**
延 吉 市	Yanji	384824	405846	266686	254804
图 们 市	Tumen	248619	324881	110711	106938
敦 化 市	Denhua	395244	381586	167291	151434
珲 春 市	Hunch	65308	61559	218748	184328
龙 井 市	Longjing	84553	67361	20372	20298
和 龙 市	Helong	11111	10278	64442	72036
汪 清 县	Wangqing	19780	18903	95220	83828
安 图 县	Antu	22644	22577	143401	131041

continued

Unit:10000 yuan

按企业规模分组 Grouped by size of enterprises					
大型企业 Large		中型企业 Middle		小型企业 Small	
2004	2003	2004	2003	2004	2003
168219	**170085**	**599513**	**655743**	**755931**	**694656**
168219	170085	361398	398314	261604	229108
		77725	78158	282624	296165
		13170	15115	69439	71379
		21711	34638	21468	7632
		58741	61131	36920	28360
		66769	68388	83876	62013
2241127	**2091255**	**691458**	**635500**	**517542**	**355261**
2241127	2091255	356694	339445	199500	155776
		266780	239535	190419	76725
				32837	29312
		67983	56520	49680	46793
				45106	46656
52202	**47854**	**325020**	**321006**	**249110**	**223947**
52202	47854	258698	262999	82556	69380
		7658	6025	36967	34368
				47843	48068
		17409	17084	43736	39647
		41255	34898	38008	32484
574289	**644936**	**963980**	**976916**	**780685**	**675845**
173359	194082	303857	303229	174295	163339
156304	215941	93278	168614	109748	47263
244626	234913	189770	179803	128140	118303
		197796	173783	86259	72104
		54879	45022	50046	42637
		17901	19629	57652	62686
		40206	32028	74795	70703
		66294	54809	99750	98809

11－4 续表 4

单位:万元

市、县 City, County		中央企业 Centre	
		2004 年	2003 年
长春市	**Changchun**	**8264984**	**7510452**
市区	District	8264984	7510452
农安县	Nongan		
九台市	Jiutai		
榆树市	Yushu		
德惠市	Dehui		
吉林市	**Jilin**	**4254488**	**4262123**
市区	District	4090948	4119708
永吉县	Yongji		
蛟河市	Jiaohe	10866	10612
桦甸市	Huadian	150320	129527
舒兰市	Shulan	855	840
磐石市	Panshi	1500	1437
四平市	**Siping**	**414286**	**446929**
市区	District	35714	37511
梨树县	Lishu		
伊通县	Yitogn		
公主岭市	Gongzhuling	2200	3510
双辽市	Shuangliao	376372	405907
辽源市	**Liaoyuan**	**197356**	**202672**
市区	District	180338	187341
东丰县	Dongfeng	17018	15331
东辽县	Dongliao		
通化市	**Tonghua**	**211373**	**218496**
市区	District	162884	163033
通化县	Tonghua		
辉南县	huinan	2044	1886
柳河县	Liuhe	5269	11541
梅河口市	Meihekou		
集安市	Jian	41175	42036

continued

Unit: 10000 yuan

按隶属关系分组 Grouped by adminstration					
省属企业 Province		地区属企业 Profecture		县及县以下属企业 below county	
2004	2003	2004	2003	2004	2003
450215	**441446**	**3780941**	**3576860**	**4957383**	**4627923**
198470	175664	3777602	3575266	4643606	4351029
4692	3679			97054	94043
12568	8892			64041	59268
10160	10133			98224	78246
224325	243077	3339	1595	54458	45338
1117040	**1048594**	**1804820**	**1909748**	**1593221**	**1141505**
695487	649606	1733116	1807178	838666	500311
4371	4598	7047	3759	59478	50828
37194	37409			78126	73222
111720	107401			144690	115897
46404	78629	6798	15063	63048	53015
221864	170950	57859	83747	409213	348231
321681	**353491**	**304161**	**268232**	**830711**	**702538**
171198	188819	277140	240555	400710	332955
31830	43615	3546	3168	119854	96230
		3619	3729	35176	20734
118653	121058	19856	20780	192674	176809
				82298	75811
303619	**229180**	**408836**	**366955**	**355515**	**220579**
303619	229180	403890	361904	213651	103954
		4946	5050	88015	71183
				53849	45442
883216	**639845**	**372981**	**297130**	**1368156**	**1324383**
816355	562673	371209	295839	437982	457018
11032	11350			401244	363770
52431	58050			144553	130528
		925	830	89299	84846
3397	7772	848	461	189597	188700
				105482	99521

11－4 续表 5

单位:万元

市、县 City, County		中央企业 Centre 2004年	2003年
白山市	**Baishan**	**254526**	**254565**
市　区	District	254526	254565
抚松县	Fusong		
靖宇县	Jingyu		
长白县	Changbai		
江源县	Jiangyuan		
临江市	Linjiang		
松原市	**Songyuan**	**2502571**	**2350489**
市　区	District	2431596	2269074
前郭县	Qiangou	70976	81414
长岭县	Changling		
乾安县	Qianan		
扶余县	Fuyu		
白城市	**Baicheng**	**92359**	**100681**
市　区	District	86814	90542
镇赉县	Zhenglai	5545	10139
通榆县	Tongyu		
洮南市	Taonan		
大安市	Daan		
延边朝鲜族自治州	**Yanbian**	**349184**	**327209**
延吉市	Yanji	259831	272509
图们市	Tumen		
敦化市	Denhua	37495	28447
珲春市	Hunch	51819	26208
龙井市	Longjing		
和龙市	Helong		
汪清县	Wangqing		
安图县	Antu	40	45

continued

Unit: 10000 yuan

按隶属关系分组 Grouped by adminstration					
省属企业 Province		地区属企业 Profecture		县及县以下属企业 below county	
2004	2003	2004	2003	2004	2003
585897	**593642**	**266715**	**304889**	**416526**	**367388**
200228	183679	266715	304889	69753	54374
278149	299648			82200	74675
				82609	86494
				43179	42269
60390	62934			35271	26557
47130	47382			103515	83019
140999	**134996**	**109207**	**103607**	**697349**	**492924**
		109207	103607	256518	213794
140999	134996			245225	99850
				32837	29312
				117664	103313
				45106	46656
46093	**47409**	**185864**	**176974**	**302015**	**267743**
18402	18436	182192	173765	106049	97491
2976	2136			36103	28117
24187	26224	1112	874	22544	20970
529	613	1098	922	59519	55196
		1463	1413	77800	65969
91314	**86370**	**863107**	**926178**	**1015348**	**957941**
		67830	69814	323850	318328
701	595	310177	381766	48452	49458
592	774	324648	321608	199800	182191
90021	85001	23546	29606	118670	105072
		38320	29600	66605	58058
		29497	35712	46057	46602
		19536	16337	95464	86394
		49555	41735	116449	111839

11－4 续表 6

单位：万元

市、县 City, County		总计 Total	
		2004年	2003年
长春市	**Changchun**	**14777054**	**13667576**
市区	District	14638406	13535380
农安县	Nongan	43009	42765
九台市	Jiutai	35882	28228
榆树市	Yushu	32547	34188
德惠市	Dehui	27210	27015
吉林市	**Jilin**	**7364113**	**7291857**
市区	District	6600122	6545844
永吉县	Yongji	16430	14043
蛟河市	Jiaohe	51508	51350
桦甸市	Huadian	279630	256313
舒兰市	Shulan	95013	131969
磐石市	Panshi	321411	292339
四平市	**Siping**	**923776**	**972335**
市区	District	364245	375330
梨树县	Lishu	61596	70946
伊通县	Yitogn	12235	9398
公主岭市	Gongzhuling	88529	89979
双辽市	Shuangliao	397171	426681
辽源市	**Liaoyuan**	**898090**	**792731**
市区	District	830857	732917
东丰县	Dongfeng	59197	51159
东辽县	Dongliao	8036	8654
通化市	**Tonghua**	**1452323**	**1225548**
市区	District	1188549	959886
通化县	Tonghua	35204	24902
辉南县	huinan	145449	148385
柳河县	Liuhe	25183	30343
梅河口市	Meihekou	13353	17041
集安市	Jian	44585	44992

continued

Unit:10000 yuan

国有控股企业 State owned					
大型企业 Large		中型企业 Middle		小型企业 Small	
2004	2003	2004	2003	2004	2003
11143950	**10276221**	**2841577**	**2648296**	**791527**	**743058**
11143950	10276221	2782518	2594662	711938	664497
		31321	30866	11688	11899
		8010	4298	27873	23930
		19728	18470	12819	15718
				27210	27015
4717035	**4544528**	**1722474**	**1778774**	**924604**	**968555**
4477662	4326161	1348708	1395719	773753	823963
		3944	4169	12485	9874
		26810	27546	24698	23804
		257061	231772	22569	24541
		63756	100382	31256	31587
239373	218367	22195	19186	59843	54786
		745977	**809791**	**177800**	**162544**
		280134	307959	84111	67371
		25569	32480	36027	38467
				12235	9398
		63901	63444	24628	26535
		376372	405907	20799	20773
250692	**179282**	**523566**	**487590**	**123832**	**125858**
250692	179282	511965	476577	68200	77058
		11601	11013	47596	40146
				8036	8654
801580	**548860**	**499189**	**526287**	**151554**	**150402**
801580	548860	311416	338131	75552	72896
		15782	7170	19423	17733
		125546	127409	19903	20976
		5269	11541	19913	18802
				13353	17041
		41175	42036	3410	2956

单位：万元

市、县	City, County	总计 Total 2004年	2003年
白山市	**Baishan**	**1107546**	**1104745**
市区	District	519935	487611
抚松县	Fusong	339428	360000
靖宇县	Jingyu	42120	51261
长白县	Changbai	37987	37499
江源县	Jiangyuan	65446	67366
临江市	Linjiang	102631	101009
松原市	**Songyuan**	**2852949**	**2677250**
市区	District	2522541	2354100
前郭县	Qiangou	253881	245475
长岭县	Changling	5362	6813
乾安县	Qianan	41206	41555
扶余县	Fuyu	29960	29307
白城市	**Baicheng**	**384544**	**367116**
市区	District	236839	231754
镇赉县	Zhenglai	37797	37731
通榆县	Tongyu	8743	8507
洮南市	Taonan	32987	29439
大安市	Daan	68178	59685
延边朝鲜族自治州	**Yanbian**	**1588881**	**1558708**
延吉市	Yanji	386915	399388
图们市	Tumen	303068	317222
敦化市	Denhua	412983	393918
珲春市	Hunch	185792	162805
龙井市	Longjing	64867	55127
和龙市	Helong	35382	39976
汪清县	Wangqing	68999	67486
安图县	Antu	130876	122787

continued

Unit:10000 yuan

国有控股企业 State owned					
大型企业 Large		中型企业 Middle		小型企业 Small	
2004	2003	2004	2003	2004	2003
168219	**170085**	**430386**	**432899**	**508941**	**501761**
168219	170085	200228	183679	151488	133848
		77725	78158	261703	281842
		13170	15115	28950	36146
		21711	34638	16276	2861
		58741	61131	6706	6234
		58812	60179	43819	40830
2241127	**2091255**	**421450**	**406009**	**190373**	**179986**
2241127	2091255	209476	189599	71938	73246
		211975	216410	41907	29065
				5362	6813
				41206	41555
				29960	29307
52202	**47854**	**209934**	**205718**	**122408**	**113544**
52202	47854	154481	158614	30156	25286
		7658	6025	30140	31707
				8743	8507
		6540	6181	26447	23258
		41255	34898	26923	24787
574289	**644936**	**662129**	**613966**	**352464**	**299806**
173359	194082	156093	147260	57463	58046
156304	215941	74557	91889	72207	9392
244626	234913	128701	117713	39656	41291
		156585	133318	29207	29487
		54879	45022	9988	10106
		17901	19629	17481	20347
		12085	9233	56914	58253
		61328	49903	69548	72884

11－5 各市县规模以上工业产品销售收入

单位：万元

市、县 City, County		总计 Total		国有企业 State owned	
		2004年	2003年	2004年	2003年
长春市	**Changchun**	**16559128**	**14852004**	**7196597**	**6135651**
市区	District	15837555	14272232	7088687	6049607
农安县	Nongan	152593	152807	68848	58699
九台市	Jiutai	78365	60650	1626	559
榆树市	Yushu	91433	82217	16098	15762
德惠市	Dehui	399182	284099	21338	11025
吉林市	**Jilin**	**6867697**	**4896349**	**1803749**	**1440725**
市区	District	5769500	4186976	1548280	1258203
永吉县	Yongji	80004	40709	18545	13106
蛟河市	Jiaohe	96303	70231	24999	24799
桦甸市	Huadian	213736	153025	105642	62123
舒兰市	Shulan	85534	70788	48089	40932
磐石市	Panshi	622620	374621	58195	41562
四平市	**Siping**	**1544714**	**1200359**	**419085**	**354539**
市区	District	788066	648203	184757	158852
梨树县	Lishu	154591	92552	37984	30565
伊通县	Yitong	54952	32597	9754	8655
公主岭市	Gongzhuling	348179	272153	39044	36182
双辽市	Shuangliao	198926	154855	147547	120286
辽源市	**Liaoyuan**	**629318**	**505995**	**250020**	**218129**
市区	District	462580	389271	218109	195119
东丰县	Dongfeng	102271	81335	27601	18783
东辽县	Dongliao	64466	35389	4310	4227
通化市	**Tonghua**	**1865779**	**1494159**	**166046**	**149893**
市区	District	1219279	936058	109382	88363
通化县	Tonghua	120191	102698	9401	7389
辉南县	Huinan	232475	200680	12381	18895
柳河县	Liuhe	77939	73293	3639	6613
梅河口市	Meihekou	146383	117602	13403	11876
集安市	Jian	69511	63828	17841	16756

注：①规模以上工业企业统计范围为：全部国有和年产品销售收入500万元及以上非国有工业企业；
②此表为快报数值。

Sale Revenue above Designated size Industrial Enterprise by city and county

Unit:10000 yuan

按经济组织类型分组 Grouped by owned									
集体企业 Collective owned		股份合作企业 Cooperative		股份制企业 Share holding		外商和港澳台商投资企业 Funded from Hongkong、Macao and Taiwan		其他 Others	
2004	2003	2004	2003	2004	2003	2004	2003	2004	2003
488187	**322140**	**46804**	**33905**	**2086870**	**1682740**	**6648363**	**6604079**	**92306**	**73488**
427830	266519	36750	21644	1926483	1536334	6295156	6348004	62649	50126
4898	7569	2180	1224	55367	64505	9094	9015	12206	11795
41118	33268	1976	1809	29647	20453	790	750	3207	3812
4901	4842	5365	8405	64365	52267			704	941
9440	9943	533	824	11008	9182	343323	246310	13540	6815
117952	**78085**	**8082**	**7827**	**4630933**	**3181888**	**204919**	**124327**	**102063**	**63499**
86196	62106	809	1448	3938811	2759903	153262	83837	42143	21480
				48834	16948	11364	9640	1261	1015
541	506			35507	26308	1160	605	34096	18013
26839	11852	7273	6379	51694	45962	1177	7123	21112	19586
2784	2297			25870	22841	8791	4718		
1593	1323			530217	309926	29164	18403	3452	3406
134244	**98248**	**10911**	**5220**	**739941**	**557329**	**175540**	**127435**	**64994**	**57587**
97830	76079	894	974	460458	374734	21316	16512	22813	21052
20891	9754	10018	4247	51353	34885	28314	11601	6031	1500
5128	4075			21547	6011			18523	13857
10102	7062			168497	122246	125911	99322	4626	7342
294	1280			38086	19453			13000	13836
48159	**28624**	**6536**	**4429**	**185552**	**170855**	**19402**	**8638**	**119649**	**75321**
25732	16653	6536	4429	125204	116368	19402	8638	67597	48065
5004	3802			48644	45691			21023	13059
17424	8169			11704	8797			31028	14197
38061	**34512**	**7633**	**6900**	**1554685**	**1215538**	**48284**	**45771**	**51070**	**41544**
29134	26634			1061372	801500	15657	15906	3735	3655
575	739			83159	75138	15570	14198	11487	5234
1759	1771			209172	169587			9164	10427
971	637	1952		66966	64550			4411	1493
3108	3143		1890	98701	70906	12925	12059	18246	17729
2513	1588	5681	5010	35315	33857	4132	3609	4028	3007

11－5　续表 1

单位:万元

市、县 City, County		总计 Total		国有企业 State owned	
		2004年	2003年	2004年	2003年
白山市	**Baishan**	**916885**	**709263**	**211632**	**181651**
市　区	District	424723	374111	93357	79481
抚松县	Fusong	139410	115988	43956	37612
靖宇县	Jingyu	40215	23534	9162	7616
长白县	Changbai	33120	25420	6784	10036
江源县	Jiangyuan	167316	103157	40179	29148
临江市	Linjiang	112101	67052	18194	17758
松原市	**Songyuan**	**2043443**	**1649365**	**209857**	**172615**
市　区	District	1700817	1440863	73823	64638
前郭县	Qiangou	172459	115423	111257	85953
长岭县	Changling	32649	11728	6460	5712
乾安县	Qianan	73468	55827	18092	15985
扶余县	Fuyu	64051	25523	226	327
白城市	**Baicheng**	**542517**	**479452**	**178309**	**155886**
市　区	District	334772	312460	109005	100844
镇赉县	Zhenglai	35070	20340	31673	18451
通榆县	Tongyu	34432	27741	1481	1414
洮南市	Taonan	61624	54785	12158	9804
大安市	Daan	76620	64126	23993	25373
延边朝鲜族自治州	**Yanbian**	**1308274**	**1047779**	**418698**	**355849**
延吉市	Yanji	450789	384466	273947	230216
图们市	Tumen	177642	127079	5287	5853
敦化市	Denhua	311141	228895	25550	21793
珲春市	Hunch	106504	91847	48795	38965
龙井市	Longjing	83907	67990	3824	3508
和龙市	Helong	44729	39097	19065	17009
汪清县	Wangqing	62184	47060	17728	17838
安图县	Antu	71379	61346	24501	20667

continued

Unit: 10000 yuan

按经济组织类型分组 Grouped by owned									
集体企业 Collective owned		股份合作企业 Collective owned		股份制企业 Share holding		外商和港澳台商投资企业 Funded from Hongkong、Macao and Taiwan		其他 Others	
2004	2003	2004	2003	2004	2003	2004	2003	2004	2003
77849	**51117**	**1292**		**458096**	**369903**	**24215**	**18765**	**143800**	**87827**
7573	4257			277396	250921	6683	5983	39714	33468
6447	5813			66678	57312	3319	1261	19010	13990
				24076	10270	6978	5648		
				9992	2502	205	524	16139	12358
53833	33671			22721	18313	1088	549	49495	21476
9996	7375	1292		57234	30585	5942	4800	19443	6535
4942	**3452**	**38352**	**22169**	**1636731**	**1399677**	**77191**	**29539**	**76370**	**21913**
2483	2005	16869	14106	1554177	1347906	52305	11409	1160	800
1114	170	14196	4163	11541	6806	23134	14814	11218	3517
295	560	7288	3900	1330	510			17276	1046
				46812	30083	1752	3316	6812	6443
1050	717			22871	14373			39904	10107
19855	**19780**	**12080**	**11413**	**208490**	**183015**	**72548**	**73197**	**51236**	**36162**
5880	3800	7445	7763	124484	120431	71992	72294	15966	7328
368	649			1354				1675	1241
		3061	2405	29335	23019	556	903		
273	551	722	660	27346	24212			21125	19558
13334	14781	852	584	25971	15353			12470	8035
40609	**43327**	**4836**	**3651**	**614484**	**450690**	**175938**	**152967**	**53710**	**41296**
26283	28680			78634	70261	71924	55309		
3141	3200	825	894	155713	106735	12677	10397		
5129	3563	1613	1333	230569	161238	31322	31220	16958	9748
3794	5050	637	616	16726	7739	36338	38576	214	900
		1761	808	61251	50551	14326	10479	2744	2644
623	1294			8435	6258	2399	1987	14207	12548
1639	1539			19615	10822	4230	2088	18973	14773
				43541	37085	2722	2912	615	682

11－5 续表 2

单位：万元

市、县 City, County		按轻重工业分组 Grouped by light and heavy industry			
		轻工业 Light		重工业 Heary	
		2004年	2003年	2004年	2003年
长 春 市	**Changchun**	**2014484**	**1617452**	**14544644**	**13234551**
市 区	District	1447186	1175165	14390369	13097067
农 安 县	Nongan	61519	67001	91074	85806
九 台 市	Jiutai	57643	45655	20722	14995
榆 树 市	Yushu	73383	64405	18050	17812
德 惠 市	Dehui	374753	265227	24429	18872
吉 林 市	**Jilin**	**636001**	**525881**	**6231696**	**4370468**
市 区	District	500060	417060	5269440	3769915
永 吉 县	Yongji	26437	20121	53567	20588
蛟 河 市	Jiaohe	20287	12045	76016	58187
桦 甸 市	Huadian	11992	19305	201744	133719
舒 兰 市	Shulan	40983	32718	44551	38071
磐 石 市	Panshi	36241	24632	586379	349989
四 平 市	**Siping**	**586714**	**436286**	**958001**	**764074**
市 区	District	293361	229460	494705	418743
梨 树 县	Lishu	80924	46046	73667	46506
伊 通 县	Yitogn	14330	4724	40622	27873
公主岭市	Gongzhuling	186034	138663	162145	133490
双 辽 市	Shuangliao	12064	17393	186862	137462
辽 源 市	**Liaoyuan**	**241518**	**208565**	**387799**	**297431**
市 区	District	180425	166142	282155	223129
东 丰 县	Dongfeng	41699	32638	60573	48697
东 辽 县	Dongliao	19395	9785	45071	25605
通 化 市	**Tonghua**	**612478**	**533171**	**1253300**	**960988**
市 区	District	298812	246635	920468	689423
通 化 县	Tonghu	67656	64850	52536	37848
辉 南 县	huinan	48410	49209	184065	151472
柳 河 县	Liuhe	60486	59836	17453	13457
梅河口市	Meihekou	105720	85675	40662	31927
集 安 市	Jian	31394	26966	38117	36862

continued

Unit:10000 yuan

按企业规模分组 Grouped by size of enterprises					
大型企业 Large		中型企业 Middle		小型企业 Small	
2004	2003	2004	2003	2004	2003
12333161	**11440086**	**2710066**	**2144679**	**1515902**	**1267238**
11995061	11195986	2577665	2024571	1264829	1051675
		59733	58198	92860	94609
		43230	34779	35135	25871
		29437	27131	61996	55086
338100	244100			61082	39999
4844373	**3417349**	**1096697**	**911150**	**926627**	**567851**
4417674	3147644	813677	707303	538149	332029
		8233	8384	71771	32325
		24932	25122	71371	45109
		130789	95165	82947	57859
		36226	32555	49308	38233
426699	269705	82840	42621	113081	62295
		951907	**731735**	**592808**	**468624**
		514296	408225	273770	239978
		57305	29649	97286	62903
				54952	32597
		225995	165903	122184	106250
		154311	127959	44615	26896
61541	**58676**	**262100**	**252390**	**305677**	**194930**
61541	58676	228100	221595	172939	109000
		34000	30795	68272	50540
				64466	35389
880714	**648255**	**573370**	**506391**	**411695**	**339512**
880714	648255	251896	228738	86670	59065
		67640	60483	52551	42214
		194151	163612	38325	37069
		17714	20680	60226	52613
		8387	5039	137995	112563
		33582	27839	35929	35989

11－5 续表 3

单位:万元

市、县 City, County		按轻重工业分组 Grouped by light and heavy industry			
		轻工业 Light		重工业 Heary	
		2004 年	2003 年	2004 年	2003 年
白 山 市	**Baishan**	**125022**	**91975**	**791862**	**617289**
市　区	District	51960	44978	372763	329133
抚 松 县	Fusong	33091	22797	106319	93191
靖 宇 县	Jingyu	26566	14227	13649	9307
长 白 县	Changbai	1266	1525	31854	23895
江 源 县	Jiangyuan	5231	2966	162085	100192
临 江 市	Linjiang	6908	5481	105192	61571
松 原 市	**Songyuan**	**148777**	**80882**	**1894666**	**1568482**
市　区	District	34621	8028	1666196	1432836
前 郭 县	Qiangou	36677	23778	135783	91645
长 岭 县	Changling	11378	3916	21271	7812
乾 安 县	Qianan	51473	38157	21995	17670
扶 余 县	Fuyu	14629	7003	49422	18520
白 城 市	**Baicheng**	**221033**	**168759**	**321484**	**310693**
市　区	District	99212	87949	235560	224511
镇 赉 县	Zhenglai	17542	6535	17528	13806
通 榆 县	Tongyu	20266	17029	14167	10712
洮 南 市	Taonan	44896	37553	16727	17231
大 安 市	Daan	39118	19693	37502	44433
延边朝鲜族自治州	**Yanbian**	**744962**	**604087**	**563313**	**443693**
延 吉 市	Yanji	293070	248517	157719	135950
图 们 市	Tumen	108873	87269	68769	39810
敦 化 市	Denhua	218216	152826	92925	76070
珲 春 市	Hunch	29146	32193	77358	59655
龙 井 市	Longjing	66672	54297	17234	13692
和 龙 市	Helong	7635	6831	37094	32266
汪 清 县	Wangqing	11422	9132	50762	37928
安 图 县	Antu	9928	13023	61451	48323

continued

Unit: 10000 yuan

按企业规模分组 Grouped by size of enterprises					
大型企业 Large		中型企业 Middle		小型企业 Small	
2004	2003	2004	2003	2004	2003
78188	**77099**	**346532**	**304124**	**492165**	**328040**
78188	77099	176177	155157	170358	141855
		65072	63884	74338	52104
		9133	8292	31082	15242
		5186	9769	27934	15651
		38166	29998	129151	73160
		52799	37024	59302	30028
1275447	**981010**	**504229**	**519228**	**263767**	**149126**
1275447	981010	343651	401323	81719	58530
		120156	87233	52303	28190
				32649	11728
		40423	30673	33045	25155
				64051	25523
35000	**34993**	**247752**	**245661**	**259765**	**198798**
35000	34993	215659	212792	84113	64675
		6933	3640	28137	16700
				34432	27741
		10921	10105	50703	44680
		14240	19124	62380	45002
333307	**258835**	**533665**	**454818**	**441303**	**334126**
165377	135841	191625	173606	93787	75019
92699	73199	55264	30774	29679	23106
75231	49796	106398	94033	129512	85066
		63862	55468	42642	36379
		48126	39398	35780	28592
		12404	10112	32325	28985
		22329	20272	39855	26787
		33656	31154	37723	30192

11－5 续表 4

单位：万元

市、县	City, County	中央企业 Centre 2004年	2003年
长春市	**Changchun**	**6946402**	**5896179**
市区	District	6946402	5896179
农安县	Nongan		
九台市	Jiutai		
榆树市	Yushu		
德惠市	Dehui		
吉林市	**Jilin**	**4286301**	**3073853**
市区	District	4210415	3038793
永吉县	Yongji		
蛟河市	Jiaohe	2557	1982
桦甸市	Huadian	72314	32192
舒兰市	Shulan	410	539
磐石市	Panshi	606	346
四平市	**Siping**	**188580**	**149458**
市区	District	45841	28509
梨树县	Lishu		
伊通县	Yitogn		
公主岭市	Gongzhuling	628	6827
双辽市	Shuangliao	142111	114123
辽源市	**Liaoyuan**	**78443**	**68132**
市区	District	78443	68082
东丰县	Dongfeng		50
东辽县	Dongliao		
通化市	**Tonghua**	**153355**	**133106**
市区	District	135182	112070
通化县	Tonghu		
辉南县	huinan	779	1086
柳河县	Liuhe	1034	4300
梅河口市	Meihekou		
集安市	Jian	16359	15651

continued

Unit: 10000 yuan

按隶属关系分组 Grouped by adminstration					
省属企业 Province		地区属企业 Profecture		县及以下属企业 below county	
2004	2003	2004	2003	2004	2003
462476	**354427**	**1834460**	**1494946**	**7315790**	**7106452**
99953	90655	1832543	1492631	6958657	6792768
8600	4422			143994	148385
4823	3917			73542	56733
11001	11334			80432	70883
338100	244100	1917	2316	59165	37683
635423	**402176**	**598280**	**551796**	**1347692**	**868524**
360927	206553	525999	498068	672159	443562
8372	8556	9491	3892	62140	28261
21129	21883			72617	46366
63930	56542			77493	64290
16510	11995	13465	13827	55148	44428
164554	96647	49324	36011	408135	241617
344500	**296748**	**184128**	**142824**	**827507**	**611329**
159592	149863	167905	127583	414728	342248
44209	34788	5890	5963	104492	51801
		4485	3962	50468	28635
140698	112097	5848	5316	201004	147913
				56815	40732
86126	**75873**	**157008**	**163346**	**307741**	**198645**
86126	75873	145201	148294	152811	97022
		11808	15052	90464	66233
				64466	35389
863724	**636059**	**267810**	**215090**	**580890**	**509904**
691421	500780	265857	213991	126819	109218
9076	6155			111115	96542
159328	124426			72368	75169
		91	33	76815	68961
3899	4699	1862	1066	140622	111838
				53151	48177

11－5　续表 5

单位:万元

市、县	City, County	中央企业 Centre 2004 年	中央企业 Centre 2003 年
白山市	**Baishan**	**128765**	**125797**
市　区	District	128765	125797
抚松县	Fusong		
靖宇县	Jingyu		
长白县	Changbai		
江源县	Jiangyuan		
临江市	Linjiang		
松原市	**Songyuan**	**1580745**	**1378012**
市　区	District	1528406	1331526
前郭县	Qiangou	52339	46486
长岭县	Changling		
乾安县	Qianan		
扶余县	Fuyu		
白城市	**Baicheng**	**103728**	**96006**
市　区	District	101334	92600
镇赉县	Zhenglai	2394	3406
通榆县	Tongyu		
洮南市	Taonan		
大安市	Daan		
延边朝鲜族自治州	**Yanbian**	**304688**	**254311**
延吉市	Yanji	257885	215947
图们市	Tumen		
敦化市	Denhua	19396	16354
珲春市	Hunch	27397	22002
龙井市	Longjing		
和龙市	Helong		
汪清县	Wangqing		
安图县	Antu	10	8

continued

Unit: 10000 yuan

按隶属关系分组 Grouped by adminstration					
省属企业 Province		地区属企业 Profecture		县及以下属企业 below county	
2004	2003	2004	2003	2004	2003
206527	**157790**	**135795**	**138968**	**445798**	**286709**
76305	46315	135795	138968	83858	63032
56401	51761			83009	64228
				40215	23534
				33120	25420
40160	32051			127157	71107
33662	27665			78439	39388
44683	**25932**	**79725**	**67738**	**338290**	**177682**
		79725	67738	92686	41600
44683	25932			75438	43004
				32649	11728
				73468	55827
				64051	25523
15505	**13699**	**104745**	**106573**	**318539**	**263175**
3595	3709	99916	102430	129927	113721
3829	2752			28847	14182
7880	6997	1258	1181	25295	19563
202	241	1914	1541	59508	53003
		1657	1420	74963	62706
9110	**7164**	**405910**	**301392**	**588567**	**484913**
		21626	19886	171277	148634
819	703	147360	101633	29463	24743
13	62	130661	92091	161071	120388
8277	6399	11655	9338	59175	54108
		37726	27282	46181	40707
		19028	16949	25701	22148
		10668	10238	51517	36822
		27186	23975	44183	37363

11－5 续表 6

单位：万元

市、县 City, County		总计 Total 2004年	总计 Total 2003年
长春市	**Changchun**	**13467925**	**12493518**
市区	District	13315171	12373463
农安县	Nongan	81625	70177
九台市	Jiutai	16912	9032
榆树市	Yushu	19992	17760
德惠市	Dehui	34225	23086
吉林市	**Jilin**	**5703189**	**4152177**
市区	District	5224729	3819970
永吉县	Yongji	18545	13106
蛟河市	Jiaohe	24999	24799
桦甸市	Huadian	143907	94490
舒兰市	Shulan	73066	62521
磐石市	Panshi	217943	137292
四平市	**Siping**	**591687**	**498228**
市区	District	303007	264787
梨树县	Lishu	76449	57677
伊通县	Yitogn	9754	8655
公主岭市	Gongzhuling	54932	46824
双辽市	Shuangliao	147547	120286
辽源市	**Liaoyuan**	**330946**	**295013**
市区	District	275277	244938
东丰县	Dongfeng	48006	42364
东辽县	Dongliao	7663	7710
通化市	**Tonghua**	**1117228**	**867943**
市区	District	846576	628865
通化县	Tonghu	11361	10529
辉南县	huinan	203020	174414
柳河县	Liuhe	19310	19035
梅河口市	Meihekou	19120	18343
集安市	Jian	17841	16756

continued

Unit: 10000 yuan

按企业规模分组 Grouped by size of enterprises					
大型企业 Large		中型企业 Middle		小型企业 Small	
2004	2003	2004	2003	2004	2003
11846909	**11073574**	**1238723**	**1079896**	**382293**	**340048**
11846909	11073574	1160546	1004014	307716	295875
		59733	58198	21891	11979
		3929	3074	12983	5959
		14515	14610	5478	3150
				34225	23086
4553758	**3236241**	**879766**	**743926**	**269664**	**172011**
4417674	3147644	642057	571302	164999	101025
		8233	8384	10312	4722
		13300	16842	11699	7957
		128102	82299	15805	12190
		36226	32555	36840	29966
136084	88597	51849	32543	30010	16152
		437371	**376831**	**154317**	**121397**
		246203	225308	56803	39479
		12195	12338	64254	45339
				9754	8655
		36861	25062	18071	21761
		142111	114123	5435	6163
61541	**58676**	**224163**	**194874**	**45242**	**41463**
61541	58676	195849	169732	17886	16530
		28314	25142	19693	17223
				7663	7710
670114	**479909**	**378652**	**325705**	**68462**	**62328**
670114	479909	163120	139077	13342	9878
		3988	3066	7373	7463
		194151	163612	8869	10802
		1034	4300	18276	14736
				19120	18343
		16359	15651	1482	1106

11－5　续表　7

单位:万元

市、县	City, County	总　计 Total 2004年	2003年
白山市	**Baishan**	**470744**	**384881**
市　区	District	223279	188150
抚松县	Fusong	107930	96185
靖宇县	Jingyu	14679	12338
长白县	Changbai	16390	12041
江源县	Jiangyuan	48946	37204
临江市	Linjiang	59521	38962
松原市	**Songyuan**	**1772887**	**1521186**
市　区	District	1605016	1397987
前郭县	Qiangou	121839	88940
长岭县	Changling	6460	5712
乾安县	Qianan	22377	19354
扶余县	Fuyu	17196	9193
白城市	**Baicheng**	**284847**	**262667**
市　区	District	171039	162078
镇赉县	Zhenglai	31673	18451
通榆县	Tongyu	9752	10027
洮南市	Taonan	31155	27733
大安市	Daan	41228	44378
延边朝鲜族自治州	**Yanbian**	**747048**	**616606**
延吉市	Yanji	285265	241425
图们市	Tumen	100358	85595
敦化市	Denhua	167215	125060
珲春市	Hunch	57980	41518
龙井市	Longjing	54010	44699
和龙市	Helong	20099	17911
汪清县	Wangqing	20847	23015
安图县	Antu	41274	37382

continued

Unit：10000 yuan

按企业规模分组 Grouped by size of enterprises					
大型企业 Large		中型企业 Middle		小型企业 Small	
2004	2003	2004	2003	2004	2003
78188	**77099**	**240538**	**191840**	**152019**	**115942**
78188	77099	76305	46315	68786	64736
		65072	63884	42858	32301
		9133	8292	5546	4046
		5186	9769	11205	2272
		38166	29998	10780	7206
		46676	33583	12844	5379
1275447	**981010**	**401367**	**465996**	**96074**	**74180**
1275447	981010	304345	393577	25224	23400
		97022	72419	24817	16521
				6460	5712
				22377	19354
				17196	9193
35000	**34993**	**149510**	**142223**	**100337**	**85452**
35000	34993	122743	114035	13296	13050
		6933	3640	24740	14811
				9752	10027
		5595	5424	25561	22309
		14240	19124	26988	25254
333307	**258835**	**317914**	**271117**	**95828**	**86654**
165377	135841	94969	83454	24919	22130
92699	73199	1185	5261	6475	7136
75231	49796	78670	63726	13313	11539
		45908	36034	12072	5483
		48126	39398	5883	5302
		12404	10112	7696	7799
		6500	6091	14347	16924
		30152	27041	11123	10341

11-6 各市县规模以上工业利润

单位:万元

市、县	City, County	总计 Total		国有企业 State owned	
		2004年	2003年	2004年	2003年
长春市	**Changchun**	**721708**	**1054958**	**223874**	**213060**
市区	District	717078	1052027	224247	213719
农安县	Nongan	2321	3854	365	145
九台市	Jiutai	384	326	-227	-31
榆树市	Yushu	-1067	-294	-249	-222
德惠市	Dehui	2994	-954	-262	-552
吉林市	**Jilin**	**441372**	**146155**	**108228**	**60794**
市区	District	302804	78262	66165	55832
永吉县	Yongji	2203	-364	520	353
蛟河市	Jiaohe	5698	4113	-1331	114
桦甸市	Huadian	65546	12663	50570	3695
舒兰市	Shulan	906	2303	515	1120
磐石市	Panshi	64215	49178	-8211	-320
四平市	**Siping**	**40456**	**7389**	**2525**	**-19509**
市区	District	21398	14798	1078	-1937
梨树县	Lishu	4239	2508	493	567
伊通县	Yitogn	980	777	-127	-46
公主岭市	Gongzhuling	8520	5314	-1573	-26
双辽市	Shuangliao	5320	-16008	2654	-18068
辽源市	**Liaoyuan**	**-44**	**-10001**	**-14824**	**-19990**
市区	District	-4671	-13657	-15475	-19938
东丰县	Dongfeng	3018	2773	714	-160
东辽县	Dongliao	1609	883	-63	108
通化市	**Tonghua**	**159983**	**142413**	**-2015**	**-11866**
市区	District	98236	93051	-5628	-12949
通化县	Tonghu	15900	13083	935	120
辉南县	huinan	25278	20473	218	186
柳河县	Liuhe	5746	6193	-756	90
梅河口市	Meihekou	5933	3888	72	32
集安市	Jian	8891	5726	3144	655

注:①规模以上工业企业统计范围为:全部国有和年产品销售收入500万元及以上非国有工业企业;
②此表为快报数值。

Profits above Designated size Industrial Enterprise by city and county

Unit:10000 yuan

按经济组织类型分组 Grouped by owned									
集体企业 Collective owned		股份合作企业 Cooperative		股份制企业 Share holding		外商和港澳台商投资企业 Funded from Hongkong、Macao and Taiwan		其他 Others	
2004	2003	2004	2003	2004	2003	2004	2003	2004	2003
7717	**9814**	**-180**	**1526**	**42486**	**49193**	**445485**	**778881**	**2326**	**2485**
5672	7981	44	1506	40864	46456	445167	780644	1084	1721
1046	501	22	22	1301	2573	-887	-177	474	791
-298	462	-39	-5	882	34	30	43	36	-177
438	385	-44	147	-1198	-628			-14	24
859	486	-163	-143	638	758	1175	-1629	746	126
6019	**1110**	**654**	**722**	**307147**	**76263**	**12647**	**5796**	**6677**	**1470**
616	572	-5	-32	231791	22176	3649	2052	589	-2338
				1550	-655	87	-56	45	-7
23	20			-344	1357	23	19	7326	2602
5286	452	659	754	10599	6931	-312	321	-1256	510
126	126			-35	1007	300	50		
-32	-60			63585	45446	8900	3410	-27	702
4459	**5331**	**780**	**294**	**19306**	**13610**	**9101**	**5337**	**4284**	**2326**
3350	4032	248	262	14371	10096	2712	2471	-361	-125
559	1059	532	32	800	805	52	45	1803	
26	76			544	282			537	464
525	163			3341	2280	6337	2822	-110	74
				251	147			2415	1913
1650	**1206**	**-78**	**-9**	**5338**	**5448**	**5813**	**2260**	**2057**	**1084**
497	212	-78	-9	3913	3507	5813	2260	660	312
909	843			1159	1874			236	216
244	152			266	67			1161	556
1416	**1281**	**258**	**188**	**148830**	**144605**	**8316**	**6231**	**3177**	**1975**
1042	1055			99534	102626	3316	2367	-29	-49
5				9375	8007	3250	4008	2335	948
	-18			24273	19259			787	1047
65	34	108		6044	6080			285	-11
267	227		16	4123	3908	1651	-263	-180	-32
37	-17	150	172	5481	4726	99	120	-21	71

11－6 续表 1

单位:万元

市、县 City, County		总计 Total 2004 年	总计 Total 2003 年	国有企业 State owned 2004 年	国有企业 State owned 2003 年
白山市	**Baishan**	**42733**	**17683**	**－2605**	**－7454**
市区	District	15062	10279	－6632	－5912
抚松县	Fusong	5437	－1170	－32	－3770
靖宇县	Jingyu	2721	1302	361	530
长白县	Changbai	959	727	565	349
江源县	Jiangyuan	11553	4857	2866	1102
临江市	Linjiang	7001	1689	267	249
松原市	**Songyuan**	**340990**	**209497**	**－6483**	**－8212**
市区	District	331288	210519	－5925	－763
前郭县	Qiangou	3316	－4443	－1115	－7940
长岭县	Changling	602	331	－35	117
乾安县	Qianan	3622	2730	723	609
扶余县	Fuyu	2162	360	－131	－235
白城市	**Baicheng**	**21589**	**19418**	**－3151**	**－10117**
市区	District	16232	15523	－4048	－10494
镇赉县	Zhenglai	247	165	247	118
通榆县	Tongyu	1300	640	2	－213
洮南市	Taonan	3161	2499	532	374
大安市	Daan	650	592	117	98
延边朝鲜族自治州	**Yanbian**	**56352**	**28176**	**23153**	**3135**
延吉市	Yanji	26553	10967	21119	5825
图们市	Tumen	－3095	548	82	－139
敦化市	Denhua	17842	14159	398	568
珲春市	Hunch	3146	－4382	540	－3359
龙井市	Longjing	5091	3019	－21	－23
和龙市	Helong	2270	1208	818	97
汪清县	Wangqing	865	843	－260	－325
安图县	Antu	3679	1815	478	491

continued

Unit:10000 yuan

按经济组织类型分组 Grouped by owned									
集体企业 Collective owned		股份合作企业 Cooperative		股份制企业 Share holding		外商和港澳台商投资企业 Funded from Hongkong、Macao and Taiwan		其他 Others	
2004	2003	2004	2003	2004	2003	2004	2003	2004	2003
4602	**2157**	**-599**		**32509**	**17215**	**1854**	**1547**	**6971**	**4218**
797	178			18866	13198	107	87	1925	2728
305	158			4364	2083	34	7	766	351
				834	-431	1525	1204		
				9	50	-27	12	411	316
3174	1550			2982	1825	90	56	2441	324
327	272	-599		5454	489	124	181	1428	498
382	**15**	**5932**	**4810**	**333972**	**233037**	**1840**	**-21471**	**5348**	**1317**
89	13	4879	4142	331274	229627	860	-22545	110	45
217	2	945	568	316	1621	1087	782	1867	524
8		108	100		28			521	86
				3016	1819	-107	292	-9	10
68				-634	-57			2859	652
321	**453**	**235**	**147**	**1078**	**4368**	**21231**	**23817**	**1875**	**750**
211	220	168	150	-2340	1722	21306	23899	934	26
12	35			-16				3	12
		15	-45	1359	980	-75	-82		
-20	-39	47	37	1685	1444			917	682
117	237	5	5	390	221			20	30
-15	**867**	**-92**	**111**	**22940**	**19035**	**6409**	**2140**	**3956**	**2889**
657	774			-1038	1737	5815	2631		
87	28	6	25	-3154	645	-117	-12		
-181	112	-86	82	15679	12382	381	580	1651	435
-576	-50	-38	4	2922	168	328	-1104	-29	-41
		26		4813	2654	96	204	177	184
-3	3			314	38	-126	-172	1267	1242
1				84	90	75	8	966	1070
				3321	1322	-43	5	-76	-2

11－6 续表 2

单位:万元

市、县 City, County		按轻重工业分组 Grouped by light and heavy industry			
		轻工业 Light		重工业 Heary	
		2004 年	2003 年	2004 年	2003 年
长 春 市	**Changchun**	**117329**	**76240**	**604380**	**978719**
市 区	District	116036	74852	601042	977175
农 安 县	Nongan	608	1975	1713	1879
九 台 市	Jiutai	－280	601	664	－276
榆 树 市	Yushu	－794	340	－274	－635
德 惠 市	Dehui	1758	－1529	1236	575
吉 林 市	**Jilin**	**－3539**	**－3733**	**444912**	**149888**
市 区	District	－11823	－9238	314627	87500
永 吉 县	Yongji	－753	－743	2956	378
蛟 河 市	Jiaohe	－488	485	6186	3628
桦 甸 市	Huadian	－452	940	65998	11724
舒 兰 市	Shulan	287	460	619	1842
磐 石 市	Panshi	9689	4362	54526	44816
四 平 市	**Siping**	**17144**	**10913**	**23313**	**－3525**
市 区	District	6828	4743	14570	10055
梨 树 县	Lishu	439	846	3800	1662
伊 通 县	Yitogn	352	164	628	612
公主岭市	Gongzhuling	9470	5026	－950	288
双 辽 市	Shuangliao	56	133	5264	－16141
辽 源 市	**Liaoyuan**	**6429**	**5106**	**－6473**	**－15107**
市 区	District	4125	2597	－8795	－16254
东 丰 县	Dongfeng	2113	2428	904	344
东 辽 县	Dongliao	191	80	1418	803
通 化 市	**Tonghua**	**73810**	**70397**	**86174**	**72016**
市 区	District	43417	39801	54819	53250
通 化 县	Tonghu	7846	10330	8054	2753
辉 南 县	huinan	7118	7015	18160	13458
柳 河 县	Liuhe	6001	5831	－255	362
梅河口市	Meihekou	4142	2930	1791	958
集 安 市	Jian	5286	4490	3605	1236

continued

Unit:10000 yuan

按企业规模分组 Grouped by size of enterprises					
大型企业 Large		中型企业 Middle		小型企业 Small	
2004	2003	2004	2003	2004	2003
541284	**877731**	**98173**	**92620**	**82252**	**84608**
540484	877371	99877	93216	76717	81440
		– 822	– 129	3143	3982
		– 109	303	493	23
		– 772	– 771	– 295	477
800	360			2194	– 1314
340538	**128340**	**61835**	**2770**	**38999**	**15045**
301952	88768	– 9059	– 10135	9910	– 372
		14	6	2189	– 370
		634	1061	5064	3052
		59177	9315	6369	3348
		451	1004	455	1299
38586	39572	10618	1519	15012	8087
		23702	**– 6441**	**16754**	**13829**
		8634	4096	12764	10702
		1048	1125	3191	1383
				980	777
		8961	3901	– 441	1413
		5060	– 15563	260	– 445
29	**78**	**– 9685**	**– 14758**	**9612**	**4679**
29	78	– 10978	– 16156	6278	2422
		1292	1398	1726	1375
				1609	883
94730	**99656**	**42519**	**31264**	**22734**	**11494**
94730	99656	3044	– 608	462	– 5997
		8782	8972	7117	4111
		22182	17628	3095	2845
		– 259	314	6005	5880
		759	145	5174	3743
		8011	4813	880	913

11－6 续表 3

单位：万元

市、县 City, County		按轻重工业分组 Grouped by light and heavy industry			
		轻工业 Light		重工业 Heary	
		2004 年	2003 年	2004 年	2003 年
白山市	**Baishan**	**6720**	**1929**	**36013**	**15754**
市区	District	2483	1331	12580	8948
抚松县	Fusong	1865	－729	3572	－441
靖宇县	Jingyu	2115	1477	606	－175
长白县	Changbai	－26	46	985	681
江源县	Jiangyuan	243	44	11310	4813
临江市	Linjiang	41	－240	6961	1928
松原市	**Songyuan**	**－301**	**－24760**	**341290**	**234257**
市区	District	－3479	－26907	334767	237425
前郭县	Qiangou	1568	1084	1749	－5527
长岭县	Changling	1	－29	601	360
乾安县	Qianan	1422	1264	2200	1466
扶余县	Fuyu	187	－173	1974	533
白城市	**Baicheng**	**2914**	**2243**	**18675**	**17175**
市区	District	－267	677	16499	14846
镇赉县	Zhenglai	33	－428	214	593
通榆县	Tongyu	287	－194	1013	834
洮南市	Taonan	2523	2054	638	444
大安市	Daan	338	134	312	457
延边朝鲜族自治州	**Yanbian**	**40759**	**27518**	**15592**	**659**
延吉市	Yanji	19799	10945	6754	22
图们市	Tumen	－471	923	－2624	－376
敦化市	Denhua	17225	14178	618	－20
珲春市	Hunch	315	－891	2831	－3491
龙井市	Longjing	4533	2653	558	366
和龙市	Helong	308	49	1963	1160
汪清县	Wangqing	12	190	853	653
安图县	Antu	－961	－530	4641	2345

continued

Unit: 10000 yuan

按企业规模分组 Grouped by size of enterprises					
大型企业 Large		中型企业 Middle		小型企业 Small	
2004	2003	2004	2003	2004	2003
4000	**10842**	**26791**	**8769**	**11942**	**– 1928**
4000	10842	11880	1155	– 817	
		4694	3165	743	– 4335
		84	– 131	2637	1433
		526	326	433	401
		5583	3550	5970	1307
		4025	705	2976	984
348773	**225714**	**– 28333**	**– 33693**	**20550**	**17476**
348773	225714	– 29854	– 27582	12369	12388
		– 498	– 7315	3815	2873
				602	331
		2019	1204	1603	1525
				2162	360
9	**1100**	**18182**	**16381**	**3398**	**1937**
9	1100	16532	14605	– 309	– 183
		6	124	240	41
				1300	640
		1516	1509	1645	990
		128	143	522	449
29682	**22155**	**16765**	**3922**	**9905**	**2099**
12495	6006	12271	4508	1787	453
2963	3700	– 6507	– 3404	449	252
14224	12450	2596	445	1022	1264
		1005	– 3144	2142	– 1238
		4950	3044	141	– 25
		1069	265	1201	944
		1197	1091	– 332	– 249
		184	1117	3496	699

11－6　续表　4

单位:万元

市、县	City, County	中央企业 Centre 2004年	中央企业 Centre 2003年
长春市	**Changchun**	**248742**	**249764**
市区	District	248742	249764
农安县	Nongan		
九台市	Jiutai		
榆树市	Yushu		
德惠市	Dehui		
吉林市	**Jilin**	**336502**	**60952**
市区	District	285467	56009
永吉县	Yongji		
蛟河市	Jiaohe	－1328	－316
桦甸市	Huadian	52432	5365
舒兰市	Shulan		1
磐石市	Panshi	－70	－106
四平市	**Siping**	**1894**	**－17439**
市区	District	234	26
梨树县	Lishu		
伊通县	Yitogn		
公主岭市	Gongzhuling	－990	11
双辽市	Shuangliao	2650	－17476
辽源市	**Liaoyuan**	**－15242**	**－19095**
市区	District	－15242	－19083
东丰县	Dongfeng		－12
东辽县	Dongliao		
通化市	**Tonghua**	**－5053**	**－7105**
市区	District	－7216	－7730
通化县	Tonghu		
辉南县	huinan	－79	3
柳河县	Liuhe	－768	58
梅河口市	Meihekou		
集安市	Jian	3010	565

continued

Unit: 10000 yuan

按隶属关系分组 Grouped by adminstration					
省属企业 Province		地区属企业 Profecture		县及以下属企业 below county	
2004	2003	2004	2003	2004	2003
6228	**5173**	**-20498**	**33371**	**487236**	**766651**
4783	4520	-20765	33015	484317	764729
306	215			2014	3639
333	77			51	249
6	2			-1073	-296
800	360	267	356	1927	-1670
25066	**3830**	**-34855**	**-5004**	**114660**	**86377**
4758	-4450	-27519	-5778	40099	32481
37	31	1059	587	1107	-982
27	518			6999	3911
8715	4529			4399	2770
-297	165	-200	187	1403	1950
11826	3038	-8194		60653	46247
5722	**-218**	**10016**	**10523**	**22825**	**14524**
-1216	-4764	9704	10120	12676	9417
668	1200	285	245	3286	1064
		59	134	922	643
6270	3347	-31	24	3271	1932
				2671	1468
229	**-820**	**2737**	**2715**	**12232**	**7199**
229	-820	2859	2614	7484	3633
		-122	101	3140	2683
				1609	883
74355	**74149**	**44361**	**28189**	**46321**	**47181**
55315	61884	44341	28182	5796	10716
2393	199			13507	12884
16577	11731			8780	8740
		10	3	6505	6132
71	336	10	4	5852	3548
				5881	5161

11－6　续表　5

单位:万元

市、县	City, County	中央企业 Centre 2004年	中央企业 Centre 2003年
白山市	**Baishan**	**－2000**	**4743**
市区	District	－2000	4743
抚松县	Fusong		
靖宇县	Jingyu		
长白县	Changbai		
江源县	Jiangyuan		
临江市	Linjiang		
松原市	**Songyuan**	**320554**	**224409**
市区	District	320554	224409
前郭县	Qiangou		
长岭县	Changling		
乾安县	Qianan		
扶余县	Fuyu		
白城市	**Baicheng**	**－4674**	**－11360**
市区	District	－4318	－11366
镇赉县	Zhenglai	－356	6
通榆县	Tongyu		
洮南市	Taonan		
大安市	Daan		
延边朝鲜族自治州	**Yanbian**	**21971**	**7068**
延吉市	Yanji	21140	6399
图们市	Tumen		
敦化市	Denhua	827	668
珲春市	Hunch	10	10
龙井市	Longjing		
和龙市	Helong		
汪清县	Wangqing		
安图县	Antu	－7	－9

continued

Unit:10000 yuan

按隶属关系分组 Grouped by adminstration					
省属企业 Province		地区属企业 Profecture		县及以下属企业 below county	
2004	2003	2004	2003	2004	2003
21730	**1980**	**1820**	**1527**	**21183**	**9433**
10805	268	1820	1527	4437	3740
1608	– 2250			3829	1080
				2721	1302
				959	727
5167	3108			6386	1749
4150	854			2851	835
– 1585	**– 8098**	**1162**	**2180**	**20859**	**– 8995**
		1162	2180	9572	– 16070
– 1585	– 8098			4901	3655
				602	331
				3622	2730
				2162	360
1417	**1433**	**– 1251**	**2384**	**26097**	**26961**
– 296	8	– 1277	2371	22123	24509
545	420			57	– 261
1167	1004	3	2	130	– 365
1	1	2	3	3157	2495
		21	8	629	584
40	**– 3500**	**14825**	**14911**	**19516**	**9697**
		– 2355	– 606	7767	5173
3	– 111	– 3316	499	219	159
– 34	85	13721	11450	3329	1956
71	– 3474	529	165	2537	– 1082
		4856	2626	235	393
		823	112	1447	1096
		– 102	– 322	967	1164
		670	986	3016	838

11－6 续表 6

单位：万元

市、县	City, County	总计 Total 2004年	总计 Total 2003年
长春市	**Changchun**	**507888**	**884433**
市区	District	508632	885457
农安县	Nongan	－509	143
九台市	Jiutai	686	－14
榆树市	Yushu	－1013	－536
德惠市	Dehui	91	－617
吉林市	**Jilin**	**369141**	**91379**
市区	District	299660	73755
永吉县	Yongji	520	353
蛟河市	Jiaohe	－1331	114
桦甸市	Huadian	61114	10280
舒兰市	Shulan	636	2064
磐石市	Panshi	8541	4813
四平市	**Siping**	**1886**	**－20744**
市区	District	642	－2966
梨树县	Lishu	781	1324
伊通县	Yitogn	－127	－46
公主岭市	Gongzhuling	－2064	－988
双辽市	Shuangliao	2654	－18068
辽源市	**Liaoyuan**	**－11282**	**－16806**
市区	District	－11899	－16932
东丰县	Dongfeng	710	18
东辽县	Dongliao	－93	108
通化市	**Tonghua**	**74585**	**60005**
市区	District	48248	40528
通化县	Tonghu	914	－187
辉南县	huinan	22677	18313
柳河县	Liuhe	－551	188
梅河口市	Meihekou	153	508
集安市	Jian	3144	655

continued

Unit: 10000 yuan

国有控股企业 State owned					
大型企业 Large		中型企业 Middle		小型企业 Small	
2004	2003	2004	2003	2004	2003
536189	**875532**	**-43157**	**-6943**	**14856**	**15844**
536189	875532	-42713	-6861	15156	16786
		-822	-129	314	271
		302	28	385	-42
		76	19	-1089	-555
				91	-617
301867	**91243**	**54891**	**1676**	**12383**	**-1539**
301952	88768	-10369	-9739	8077	-5275
		14	6	506	348
		384	508	-1715	-394
		60876	9769	238	511
		451	1004	185	1060
-86	2475	3536	128	5092	2210
		4346	**-17904**	**-2460**	**-2840**
		1767	-140	-1124	-2826
		378	358	403	966
				-127	-46
		-448	-646	-1616	-342
		2650	-17476	5	-592
29	**78**	**-11064**	**-16954**	**-247**	**70**
29	78	-11300	-16890	-628	-120
		236	-64	474	83
				-93	108
54730	**61970**	**17828**	**4108**	**2027**	**-6073**
54730	61970	-6599	-14142	118	-7300
		3		911	-187
		22182	17628	494	685
		-768	58	218	130
				153	508
		3010	565	134	90

11-6 续表 7

单位:万元

市、县	City, County	中央企业 Centre 2004年	2003年
白 山 市	**Baishan**	**23459**	**8150**
市 区	District	8168	5046
抚 松 县	Fusong	4169	-1680
靖 宇 县	Jingyu	443	500
长 白 县	Changbai	548	370
江 源 县	Jiangyuan	5223	3107
临 江 市	Linjiang	4909	807
松 原 市	**Songyuan**	**329323**	**225015**
市 区	District	327440	231527
前 郭 县	Qiangou	874	-7416
长 岭 县	Changling	-35	117
乾 安 县	Qianan	1880	1142
扶 余 县	Fuyu	-835	-355
白 城 市	**Baicheng**	**-4024**	**-7681**
市 区	District	-5883	-8942
镇 赉 县	Zhenglai	247	118
通 榆 县	Tongyu	131	-27
洮 南 市	Taonan	1212	891
大 安 市	Daan	269	278
延边朝鲜族自治州	**Yanbian**	**47753**	**22387**
延 吉 市	Yanji	21250	6133
图 们 市	Tumen	-577	633
敦 化 市	Denhua	14207	12214
珲 春 市	Hunch	3506	-3286
龙 井 市	Longjing	5265	3163
和 龙 市	Helong	923	176
汪 清 县	Wangqing	-289	-241
安 图 县	Antu	3469	3596

continued

Unit: 10000 yuan

国有控股企业 State owned					
大型企业 Large		中型企业 Middle		小型企业 Small	
2004	2003	2004	2003	2004	2003
4000	**10842**	**26269**	**7982**	**-6809**	**-10674**
4000	10842	10805	268	-6637	-6064
		4694	3165	-525	-4845
		84	-131	359	631
		526	326	22	44
		5583	3550	-360	-443
		4577	804	332	3
348773	**225714**	**-29804**	**-9397**	**10354**	**8698**
348773	225714	-28219	-1299	6886	7113
		-1585	-8098	2459	682
				-35	117
				1880	1142
				-835	-355
9	**1100**	**-4212**	**-9143**	**179**	**361**
9	1100	-4784	-9844	-1108	-198
		6	124	241	-6
				131	-27
		438	435	774	456
		128	143	142	135
29682	**22155**	**14293**	**200**	**3778**	**32**
12495	6006	8614	369	140	-242
2963	3700	-3621	-2930	82	-137
14224	12450	1466	1259	-1484	-1495
		608	-3249	2898	-37
		4950	3044	315	119
		1069	265	-147	-89
		157	22	-446	-263
		1049	1420	2419	2176

11－7 主要工业产品产量
Output of Major Industrial products

项 目 Item		单位 unit	2003	2004
原煤	Coal	万吨 10000tons	2037.63	2396.51
天然原油	Crude petroleum oil	万吨 10000tons	455.72	478.89
天然气	Natural gas	亿立方米 100million cu.m		3.66
发电量	Electricity	亿千瓦小时 100millionkwh	311.05	374.06
火电	Termal power	亿千瓦小时 100millionkwh	274.34	318.99
水电	Hydropower	亿千瓦小时 100millionkwh	35.99	54.30
配混合饲料	Forage	万吨 10000tons	134.38	174.23
乳制品	Dair prodycts	万吨 10000tons	0.09	4.17
发酵酒精（折96度，商品量）	Ethyl alcohol	万升 10000litres	20.36	33.11
饮料酒	Alcohol	万升 10000litres	97.78	102.35
白酒（折65度，商品量）	Liquor	万升 10000litres	11.46	12.80
啤酒	Beer	万升 10000litres	81.54	86.65
葡萄酒	Wine	万升 10000litres	4.78	2.24
软饮料	soft drink	万吨 10000litres	57.95	81.62
碳酸饮料	Carbonic acid drink	万吨 10000tons	16.32	26.68
果汁及果汁饮料	Fruit juice	万吨 10000tons	2.91	2.36
瓶（罐）装饮用水	Water	万吨 10000tons	38.72	50.53
卷烟	Cigarettes	万箱 10000box	58.57	59.30
化学纤维	Chemical fiber	万吨 10000tons	18.68	18.94
粘胶纤维	Chemical fiber	万吨 10000tons	7.47	7.97
合成纤维	Synthetic fiber	万吨 10000tons	11.20	10.97
纱	Yarn	万吨 10000tons	6.29	6.01
布	Cloth	万米 10000m	9836.00	9503.30
棉布	cotton cloth	万米 10000m	2875.00	2433.10
绒线（毛线）	Knitting wool	吨 ton	671.00	786
呢绒	Woolen piece goods	万米 10000m	286.30	349.60
麻袋（混合数）	Gunny bag	万条 10000piece	403.00	323.00
服装	Clothing	万件 10000piece	5721.09	6090.24
人造板	Man－make board	万立方米 1000cu.m	63.10	126.61
机制纸	Maker paper	万吨 10000tons	25.97	28.71
新闻纸	News paper	万吨 10000tons	15.04	17.34
机制纸板	Maker paper board	万吨 10000tons	12.83	15.18
原油加工量	Crude oil processing	万吨 10000tons	767.15	796.49
汽油	Gasoline	万吨 10000tons	172.93	155.48
煤油	Kerosene	万吨 10000tons	0.31	
柴油	Diesel oil	万吨 10000tons	290.52	332.47
润滑油	Lubricatin oil	万吨 10000tons	0.67	0.73
燃料油	Fuel oil	万吨 10000tons	47.42	26.02
焦炭	Coke	万吨 10000tons	177.76	217.50
硫酸（折100%）	Sulphuic scid	万吨 10000tons	6.03	5.51
浓硝酸（折100%）	Concentrate nitril acid	万吨 10000tons	10.03	10.47
氢氧化钠（烧碱）（折100%）	Caustic soda	万吨 10000tons	7.57	8.51
合成氨	Synthetic ammonyia	万吨 10000tons	28.37	55.33
农用氮、磷、钾化学肥料总计（折纯）	Chemical fertilizers	万吨 10000tons	9.63	17.03

11－7　续表　continued

项　目	Project	单位	2003	2004
化学农药	Chemical pesticide	吨 ton	6126.00	8154.40
乙烯	Ethylene	万吨 10000tons	57.48	58.05
纯苯	Benzene	万吨 10000tons	21.38	22.82
冰醋酸	Glacial acetic acid	万吨 10000tons	18.71	12.67
塑料树脂及共聚物	Plastics	万吨 10000tons	51.33	58.35
合成橡胶	Synthetic rubber	万吨 10000tons	12.99	16.41
合成纤维单体	Sytheic fiber	万吨 10000tons	11.90	38.58
合成洗涤剂	Synthetic detergent	万吨 10000tons	4.33	5.82
化学原料药	Chemical pharmaceutcals	万吨 10000tons	0.99	1.01
轮胎外胎	Tires cover	万条 10000pcs	162.37	186.74
塑料制品	Plastics products	万吨 10000tons	7.28	8.03
农用薄膜	Plastics fulm	万吨 10000tons	4.30	3.90
水泥	Cement	万吨 10000tons	1104.16	1376.31
平板玻璃	Plain glass	万重量箱 10000cu.m	339.34	268.21
生铁	Pig iron	万吨 10000tons	318.74	330.24
粗钢	Coarse steel	万吨 10000tons	359.52	406.76
钢材	Steel products	万吨 10000tons	368.45	430.93
大型型钢	Ordinary rolled－steel, large	万吨 10000tons	0.11	12.97
中小型型钢	Ordinary rolled－steel, medium	万吨 10000tons	152.28	90.72
盘条（线材）	Wire rod	万吨 10000tons	77.91	82.92
无缝钢管	Seamless steel pipe	万吨 10000tons	9.98	12.33
焊接钢管	Weided steel pipe	万吨 10000tons	0.74	3.92
铁合金	Feroaly	万吨 10000tons	30.05	40.42
铝	Aluminium	万吨 10000tons	9.99	7.27
铝材	Aluminum products	万吨 10000tons	1.13	1.47
工业锅炉	Industrial boiler	蒸发量吨 ton	1702.00	1684.00
内燃机	Internal combustion engines	万千瓦 10000kw	2976.00	3728.00
金属切削机床	Metal－cutting machine tools	台 unit	306.00	274.00
化工设备	Equipment for nemical industry	吨 ton	3579.00	4344.00
铁路客车	Railway passenger coasches	辆 coach	770.00	780.00
汽车	Motor vehicles	万辆 10000ucoach	64.06	64.59
载货汽车	Trucks	万辆 10000ucoach	18.28	23.01
公路客车	Buses	万辆 10000ucoach	10.71	7.91
轿车	Cars	万辆 10000ucoach	35.07	33.68
改装汽车	Vehicles	万辆 10000ucoach	2.48	2.82
摩托车	Motorcycles	万辆 10000ucoach	3.39	12.71
家用洗衣机	Washing machines	万台 1000unit	3.92	1.18
家用电冰箱	Refrigeration	万台 1000unit	5.35	14.38
房间空调器	Air conditioners	万台 1000unit	1.61	0.50
程控交换机	Communcation equipment	万线 10000	3.34	1.21
电话单机	Telephone sets	万部 10000	1.32	5.61
彩色电视机	Color TV sets	万部 10000	78.55	82.90
录放音机	Hi－Fistereo component players	万部 10000	2.53	1.74
自动化仪表及系统	Automatic meter	万台(套)10000set	3.24	3.08
汽车仪器仪表	Venicle meter	万台 10000unit	86.28	61.49

11-8 各市州主要工业产品产量(2004)

Output of Major Industrial Products by Cities(2004)

市、州 Cities, perfecture		卷烟(亿支) Yarn (ton)	纱(吨) Yarn (ton)	布(万米) Cloth (10000m)	机制纸(吨) Machine made paper (ton)	机制纸板(吨) Paper board (ton)	化学纤维(万吨) Chemical fibers (10000ton)	原煤(万吨) Coal (10000ton)
长春市	Changchun	92.5	3839	1203	25533	7640		194.68
吉林市	Jilin		3859		2959	7459	15.83	237.24
四平市	Siping	54	8132.5	1177.4	9443	33775	0.87	46.09
辽源市	Liaoyuan		6088	2836.3		4461	2.24	767.51
通化市	Tonghua		3246	430		54808		62.4
白山市	Baishan		6313.7	1648.2		39692		728.5
松原市	Songyuan		1680					
白城市	Baicheng		18277	1614	24104			31.54
延边朝鲜族自治州	Yanbian	150	8665.8	594	225031	3974		328.56

市、州 Cities, perfecture		天然原油(万吨) oil (10000ton)	发电量(亿千瓦小时) Electricity products (hour)	汽油(万吨) Ferro alloys (ton)	煤油(吨) Coke (ton)	柴油(万吨) Coke (10000ton)	燃料油(万吨) Sulfuric acid (ton)	焦炭(万吨) Coke (ton)
长春市	Changchun		82.28	6.75		7.93		62.04
吉林市	Jilin		116.18	103.75		272.01	24.39	17.67
四平市	Siping		74.18					
辽源市	Liaoyuan		11.2					
通化市	Tonghua		28.62					103.21
白山市	Baishan		45.07					34.58
松原市	Songyuan	478.23	42.04	37.35	1	46.01	1.64	
白城市	Baicheng	0.66	3.72					
延边朝鲜族自治州	Yanbian		21.62	7.63		6.51		

11－8 续表 continued

市、州 Cities, perfecture		家用洗衣机（台）Washer（unit）	家用电冰箱（万台）Ice freige（10000unit）	房间空调器（台）Air Condictioner（sets）	电话单机（部）Telephone（sets）	彩色电视机（万部）TV（10000unit）	硫酸（吨）Sulfuric acid（ton）	合成氨（万吨）Synthetic ammonia（10000ton）
长春市	Changchun	11818		5035	56075	82.31		0.34
吉林市	Jilin		14.38			0.59	28090	33.51
四平市	Siping						26987	
辽源市	Liaoyuan							
通化市	Tonghua							7.6
白山市	Baishan							
松原市	Songyuan							13.89
白城市	Baicheng							
延边朝鲜族自治州	Yanbian							

市、州 Cities, perfecture		农用化肥（吨）Chemical ferilizers（ton）	粗钢（万吨）Steel products（10000ton）	钢材（万吨）Steel products（10000ton）	铁合金（万吨）Ferro alloy（10000ton）	水泥（万吨）Coke（10000ton）	汽车（万辆）Aotocar（10000unit）	摩托车（万辆）Motorbick（10000unit）
长春市	Changchun	1716	12.32	12.26		444.2	55.73	12.71
吉林市	Jilin	11969	124.88	130.77	35.71	273.46	8.86	
四平市	Siping		16.78	51.46		194.14		
辽源市	Liaoyuan		0.3		2.93	46.06		
通化市	Tonghua	47369	252.38	235.28	0.51	99.33		
白山市	Baishan		0.1		0.62	115.86		
松原市	Songyuan	109300		1.16		53.43		
白城市	Baicheng				0.66	18.18		
延边朝鲜族自治州	Yanbian					131.65		

11－9　规模以上工业企业生产和经济指标

单位:万元

项目	Item	企业单位数(个) Entepriscs	亏损企业 Loss enterpriese	
		2004	2004	2003
总计	**Total**	**2486**	**644**	**595**
一、按经济组织类型分组	Grouped by registered type			
国有企业	Collective owned	647	223	233
集体企业	State－owned	229	44	39
股份合作企业	Cooperative enterprises	61	17	11
股份制企业	Share holding	1021	256	216
外商和港、澳、台商投资企业	Funded from Hongkong、Macao and Taiwan	222	66	62
其他企业	Others	306	38	34
二、在总计中:国有控股企业	**Grouped by State owned**	**943**	**322**	**324**
国有控股大型企业	Large－Scale	27	4	4
国有控股中型企业	Medium－Scale	177	54	54
国有控股小型企业	Small－Scale	739	264	266
三、按轻重工业分组	**Grouped by light and heavy industry**			
轻工业	Light industry	973	292	279
重工业	Heavy industry	1513	352	316
四、按企业规模分组	**Grouped by size of enterprises**			
大型企业	Large－Scale	32	4	4
中型企业	Medium－Scale	310	85	80
小型企业	Small－Scale	2144	555	511
五、按隶属关系分组	**Grouped by adminstration**			
中央企业	Centre	87	30	33
省属企业	Province	132	31	33
地区属企业	Profecture	479	186	183
县及县以下属企业	Below county	1788	397	346
六、按工业行业分组	**Grouped by sector**			
B、采矿业	mining	187	31	25
煤炭开采和洗选业	Coal mining and processing	78	11	11

注:①规模以上工业企业统计范围为:全部国有和年产品销售收入500万元以上非国有工业企业;

②此表为快报数值。

①Industrial enterprises above desiynatied sizerefer to with and annual sdles income of over 5 million yuan.

②The data are from a bulletin.

Main Indicators above Designated size Industrial Enterprises

Unit: 10000 yuan

工业现价产值 Gross oupput value		新产品产值 New products		销售产值 Sales revenue		出口交货值 Exports	
2004	2003	2004	2003	2004	2003	2004	2003
32473025	**26515097**	**9956409**	**8625832**	**32227483**	**25897256**	**927605**	**621202**
9114867	7718151	3329511	2635655	9171172	7702913	143524	105989
1023297	731468	11961	6975	1004668	714625	22919	10211
133124	114031	2110	282	131988	105487	72	
12748338	9606953	854542	571527	12480435	9318139	366879	247002
8601340	7781410	5730692	5402227	8603128	7507682	374338	247715
852059	563086	27593	9166	836092	548410	19874	10286
23877670	**20181616**	**9316639**	**8327999**	**23951544**	**19829777**	**500836**	**312332**
18470444	15518568	9097057	8080393	18694351	15280472	291977	175594
3924232	3422570	155140	158959	3812862	3367056	190509	112577
1482994	1240478	64443	88647	1444330	1182249	18351	24160
6045585	4916846	471113	378178	5716430	4631007	364784	276479
26427440	21598252	9485296	8247654	26511053	21266249	562821	344724
19405609	16265787	9134671	8111307	19589244	15992454	322125	208570
7200259	5899410	361359	256872	6990603	5743801	382060	251579
5867157	4349900	460379	257653	5647636	4161001	223419	161054
12080440	9601218	3298194	2606556	12167666	9587521	115311	70417
2561187	1863122	200576	102975	2483286	1843325	187099	109914
4060987	3499203	381814	355252	3980303	3350505	149747	129471
13770410	11551554	6075825	5561049	13596229	11115905	475448	311401
1983099	1320217	13070		1973792	1279327	2925	3257
378934	274608	2855		380318	261568		

11－9 续表 1

单位:万元

项目	Item	企业单位数(个) Enteprises 2004	亏损企业 Loss enterpriese 2004	2003
石油和天然气开采业	Petroleum and natural gas extration	33	5	2
黑色金属矿采选业	Ferrous metals mining and processing	23		1
有色金属矿采选业	Nonferrous metals mining	26	7	5
非金属矿采选业	Non metal minerals mining and processing	27	8	6
C、制造业	Manufecture	2098	520	486
农副食品加工业	Food processing	207	48	52
食品制造业	Food manufacturing	80	20	19
饮料制造业	Beverage manufacturing	99	34	32
烟草制品业	Tobacco processing	6	2	1
纺织业	Textile industry	61	22	19
纺织服装、鞋、帽制造业	Garments and other fiber products	43	13	14
皮革、毛皮、羽毛(绒)及其制品业	Leather furs down and related products	5		
木材加工及木、竹藤、棕、草制品业	Timber bamboo cane palm fiber and straw product	136	25	23
家具制造业	Furniture manufacturing	19	2	3
造纸及纸制品业	Papermaking and paper products	46	17	16
印刷业、记录媒介的复制	Printing and record pressing	43	10	13
文教体育用品制造业	Stationery education and sports goods	1		
石油加工、炼焦及核燃料加工业	Pertroleum processing and coking products	19	5	3
化学原料及化学制品制造业	Chemical raw materials and chemical products	161	29	25
医药制造业	Medical and pharmaceutical product	187	51	51
化学纤维制造业	Chemical fibers	5	1	
橡胶制品业	Rubber products	18	3	3
塑料制品业	Plastic products	63	16	15
非金属矿物制品业	Nonmetal mineral products	206	44	43
黑色金属冶炼及压延加工业	Smelting and pressing of ferrous metals	40	9	10
有色金属冶炼及压延加工业	Smelting and pressing of nonferrous metals	25	8	6
金属制品业	Metal products	54	12	15
通用设备制造业	Ordinary machinery	112	27	24
专用设备制造业	Special purpose equipment	95	20	20
交通运输设备制造业	Transportation equipment manufacturing	268	74	59
电气机械及器材制造业	Electric equipment and machinery	55	15	11
通信设备、计算机及其他电子设备制造业	Electronic and telecommunications	18	10	7
仪器仪表及文化、办公用机械制造业	Instruments meters、cultural and official machinery	14	2	2
工艺品及其他制造业造业	Other manufacturing	12	1	
D、电力、燃气及水的生产和供应业	Electric power, steam, hot water production and supply	201	93	84
电力、热力的生产和供应业	Electric power, steam, hot water production and supply	135	43	41
燃气生产和供应业	Gas products and supply	12	7	6
水的生产和供应业	Tap water production and supply	54	43	37

continued

Unit:10000 yuan

工业现价产值 Gross oupput value		新产品产值 New products		销售产值 Sales revenue		出口交货值 Exports	
2004	2003	2004	2003	2004	2003	2004	2003
1370480	917115	7626		1367854	889849		
138240	63969			135392	64136		
69675	44722			64210	44359		
25771	19803	2589		26019	19415	2925	3257
28952458	23981144	9943338	8625832	28731052	23411211	912182	611953
1991484	1592601	5268	17554	1911091	1528220	132179	53398
235904	160430	4849	6838	224119	154503	4558	1461
525527	416950	19830	21697	518383	402483	95	21337
298981	270471	34942	53652	299910	269241	500	1901
306776	303909	33872	30571	296060	297993	74887	90106
91927	68214	8707	829	89872	66368	25529	20267
11378	6183	632	799	10697	6007	3353	3100
564924	413169	25677	18036	556655	399507	132979	96059
48793	36821	4665	2028	47531	36382	29529	17972
198029	178127			194078	154314	5382	2842
40978	39363	210	284	39980	38039		
845	798	130	472	723	698		
464749	488853	587		458120	498856		
4049210	2745958	76729	54282	3990074	2710349	51132	16541
1363004	1137896	197147	118230	1183942	998891	32731	32663
357443	297544	145245	111023	343866	286151	17315	17851
73148	75891	2427	614	75604	73486	14	2544
156667	127397	7853	6896	155566	124356	3875	1045
854424	634400	33435	32557	835624	623413	58214	48053
1785844	1164713	118137	35332	1761403	1189056	97824	33019
221547	207049	27753	13122	220482	185872	18963	9296
124556	85363	4913	3037	114148	82136	834	195
294100	219393	14306	11983	274754	197073	4132	3162
284039	209334	31091	27792	277891	204240	1561	292
14161738	12717480	9105286	7992870	14430160	12512407	143791	123157
136508	140695	2454	7247	131291	135769	1823	1320
213220	160768	14690	34749	199195	156391	67688	12291
64886	59844	22505	23337	60558	58158	1934	1170
31828	21531			29277	20854	1362	913
1537468	1213737			1522639	1206718	12497	5993
1327433	1023957			1327945	1019751	17	14
112016	88333			101963	90586	12480	5979
98018	101447			92732	96381		

11－9 续表 2

单位：万元

项目		应收帐款净额 Account receivable	
		2004 年	2003 年
总计	**Total**	**3934032**	**3306874**
一、按经济组织类型分组	**Grouped by registered type**		
国有企业	State owned	1311935	1095331
集体企业	State－owned	186188	177725
股份合作企业	Cooperative enterprises	20196	20266
股份制企业	Share holding	1321801	1255483
外商和港、澳、台商投资企业	Funded from Hongkong、Macao and Taiwan	1028976	693375
其他企业	Others	64937	64694
二、在总计中：国有控股企业	**Grouped by State owned**	**2855947**	**2351372**
国有控股大型企业	Large－Scale	1949341	1304295
国有控股中型企业	Medium－Scale	586973	693149
国有控股小型企业	Small－Scale	319634	353928
三、按轻重工业分组	**Grouped by light and heavy industry**		
轻工业	Light industry	772566	736081
重工业	Heavy industry	3161466	2570793
四、按企业规模分组	**Grouped by size of enterprises**		
大型企业	Large－Scale	2037783	1361628
中型企业	Medium－Scale	979242	1068738
小型企业	Small－Scale	917007	876508
五、按隶属关系分组	**Grouped by adminstration**		
中央企业	Centre	1191648	860375
省属企业	Province	296505	273587
地区属企业	Profecture	731111	768029
县及县以下属企业	Below county	1714768	1404882
六、按工业行业分组	**Grouped by sector**		
B、采矿业	mining	266377	183171
煤炭开采和洗选业	Coal mining and processing	59653	62984

continued

Unit:10000 yuan

产成品 Products		流动资产年平均余额 Circulating fund		固定资产净值年平均余额 Fixed assets		资产合计 Total asstts	
2004	2003	2004	2003	2004	2003	2004	2003
1691652	**1642433**	**15968057**	**14667675**	**16532431**	**15259277**	**39813851**	**37049071**
489275	478210	6337203	6091459	5596560	5454435	15457843	14677035
92706	76458	484742	435918	306969	293722	894087	817771
18260	14511	84788	66345	79987	85545	202878	192637
764150	798348	5824982	5388675	8341418	7610327	17020568	15834903
277109	240470	2988533	2495915	1938450	1608157	5600185	5041712
50153	34436	247810	189364	269046	207091	638291	485013
1002905	**1091826**	**11992523**	**11350970**	**13026939**	**12342073**	**31074616**	**29452007**
532696	615532	8045376	7408948	7340914	6866078	19719377	18348003
277405	282031	2778484	2755853	3915081	3867261	8022562	7869032
192804	194264	1168663	1186169	1770945	1608734	3332677	3234971
580754	475160	3330845	2969412	3355735	3147887	8191490	7640844
1110899	1167273	12637212	11698262	13176696	12111390	31622362	29408227
578029	675544	8519348	7780823	7685070	7161003	20622269	19195762
548640	473163	4214501	3971211	5263091	5149396	11219224	10903194
564984	493727	3234207	2915641	3584270	2948878	7972359	6950116
390530	362160	5941857	5665070	6962588	6692003	16416573	15526683
190479	179145	1494336	1482415	1676627	1647048	3911425	3543007
474129	560458	3029482	2886847	3581986	3376457	8122177	7952837
636514	540670	5502382	4633342	4311229	3543770	11363677	10026545
46440	34902	858229	807438	2240523	2148838	3511212	3178870
15034	15953	290949	342980	330338	314525	743096	672695

11－9 续表 3

单位:万元

项目		应收帐款净额 Account receivable	
		2004年	2003年
石油和天然气开采业	Petroleum and natural gas extration	171533	96970
黑色金属矿采选业	Ferrous metals mining and processing	20743	10463
有色金属矿采选业	Nonferrous metals mining	4056	3935
非金属矿采选业	Non metal minerals mining and processing	10392	8819
C、制造业	Manufecture	3400401	2830503
农副食品加工业	Food processing	105603	89860
食品制造业	Food manufacturing	18060	12914
饮料制造业	Beverage manufacturing	47817	49931
烟草制品业	Tobacco processing	38162	29475
纺织业	Textile industry	29877	43151
纺织服装、鞋、帽制造业	Garments and other fiber products	7412	8985
皮革、毛皮、羽毛(绒)及其制品业	Leather furs down and related products	1936	1687
木材加工及木、竹、藤、棕、草制品业	Timber bamboo cane palm fiber and straw product	45428	46192
家具制造业	Furniture manufacturing	6140	4686
造纸及纸制品业	Papermaking and paper products	31715	45122
印刷业、记录媒介的复制	Printing and record pressing	7342	12223
文教体育用品制造业	Stationery education and sports goods	173	221
石油加工、炼焦及核燃料加工业	Pertroleum processing and coking products	12095	12266
化学原料及化学制品制造业	Chemical raw materials and chemical products	164484	168372
医药制造业	Medical and pharmaceutical product	372205	339812
化学纤维制造业	Chemical fibers	18533	17036
橡胶制品业	Rubber products	18513	25603
塑料制品业	Plastic products	28056	30486
非金属矿物制品业	Nonmetal mineral products	188438	199678
黑色金属冶炼及压延加工业	Smelting and pressing of ferrous metals	114926	86665
有色金属冶炼及压延加工业	Smelting and pressing of nonferrous metals	21410	19856
金属制品业	Metal products	29724	40676
通用设备制造业	Ordinary machinery manufacturing	97925	74915
专用设备制造业	Special purpose equipment	61500	54449
交通运输设备制造业	Transportation equipment manufacturing	1817195	1297508
电气机械及器材制造业	Electric equipment and machinery	39862	45901
通信设备、计算机及其他电子设备制造业	Electronic and telecommunications	41502	44001
仪器仪表及文化、办公用机械制造业	Instruments meterscultural and official machinery	31752	26802
工艺品及其他制造业造业	Other manufacturing	2615	2035
D、电力、燃气及水的生产和供应业	Electric powersteam hotwater production and supply	267254	293200
电力、热力的生产和供应业	Electric powersteam hotwater production and supply	216777	238962
燃气生产和供应业	Gas products and supply	20226	19958
水的生产和供应业	Tap water production and supply	30251	34280

continued

Unit:10000 yuan

产成品 Products		流动资产年平均余额 Circulating fund		固定资产净值年平均余额 Fixed assets		资产合计 Total asstts	
2004	2003	2004	2003	2004	2003	2004	2003
21059	11466	453674	391709	1761059	1705163	2487069	2279297
4108	2105	63770	30422	91383	79732	160938	119212
2423	1397	27553	22073	42479	35059	79232	70016
3816	3981	22283	20254	15264	14360	40878	37651
1629403	1593742	14110598	12921605	10787776	9759638	31382765	29135443
131307	97703	583595	457849	618123	611542	1467891	1319818
16204	16691	93768	60134	103938	77121	239575	155739
27728	24983	279147	250036	380761	343943	736995	679722
6980	5815	203590	227709	112508	97954	333425	362401
88674	77188	240252	231035	233731	231331	519426	527058
11969	9124	42006	45764	32319	31423	89685	90890
313	203	3973	3509	996	1148	5376	5494
48882	52353	255826	236617	304220	317398	614989	617830
11362	7297	33153	26090	34568	26061	71510	56272
17802	14633	123904	143529	268325	282287	547900	685780
6421	4275	31201	32180	32948	28925	73843	66887
225	198	765	725	189	181	859	986
4033	9670	98113	131070	159813	149812	336319	297858
167957	125369	1097828	1154899	2681364	2503830	4338307	4202575
167879	154256	1235798	1100277	672469	565227	2508314	2226502
42956	22728	173580	141083	294811	297516	627834	543598
6599	11552	91290	94275	56318	41564	155732	163397
21101	26879	109734	108173	83563	73150	211841	200436
99022	82348	625964	628724	674981	573459	1546544	1468102
61585	58216	679904	535220	618617	513517	1689593	1324246
12264	16544	91411	98915	112797	111622	249957	259786
30220	22770	82747	105173	68758	90331	179308	219576
37586	36566	303629	247363	146481	137348	533952	443241
50138	53807	231384	221332	163637	123929	454819	393085
476527	580729	6919500	6165770	2489479	2094066	12786295	11723650
25366	27701	143326	149911	78544	81281	261703	278305
42183	37678	231886	231865	281552	272171	605156	640717
13309	13428	96277	82668	74034	74421	177470	163852
2812	3039	7050	9710	7934	7081	18148	17643
15809	13790	999230	938632	3504132	3350801	4919874	4734758
14309	10836	839250	783383	2882880	2715273	4026005	3837256
1476	2906	76313	80637	214077	227142	361536	374819
25	48	83666	74612	407175	408387	532333	522684

11－9　续表 4

单位:万元

项目		负债合计 Total Liabilities	
		2004 年	2003 年
总计	**Total**	**24032736**	**22708501**
一、按经济组织类型分组	**Grouped by registered type**		
国有企业	State owned	11040097	10740935
集体企业	Collective owned	556039	519393
股份合作企业	Cooperative enterprises	112557	109111
股份制企业	Share holding	9290372	8540067
外商和港、澳、台商投资企业	Funded from Hongkong、Macao and Taiwan	2669083	2527296
其他企业	Others	364588	271699
二、在总计中：国有控股企业	**Grouped by State owned**	**19238831**	**18272230**
国有控股大型企业	Large – Scale	11004482	10349386
国有控股中型企业	Medium – Scale	5876909	5539329
国有控股小型企业	Small – Scale	2357440	2383515
三、按轻重工业分组	**Grouped by light and heavy industry**		
轻工业	Light industry	4551181	4473559
重工业	Heavy industry	19481556	18234941
四、按企业规模分组	**Grouped by size of enterprises**		
大型企业	Large – Scale	11564983	10929320
中型企业	Medium – Scale	7610040	7341685
小型企业	Small – Scale	4857713	4437496
五、按隶属关系分组	**Grouped by sector**		
中央企业	Centre	10246551	9934034
省属企业	Province	2718582	2362544
地区属企业	Profecture	5191788	4924579
县及县以下属企业	Below county	5875815	5487343
六、按工业行业分组	**Grouped by sector**		
B、采矿业	mining	1792416	1589601
煤炭开采和洗选业	Coal mining and processing	467033	398696

continued

Unit: 10000 yuan

产品销售收入 Sales revenue		销售成本 Sales coat		销售费用 Sales expenses		销售税金及附加	
2004	2003	2004	2003	2004	2003	2004	2003
31908403	**26481355**	**26459284**	**21522876**	**827257**	**782853**	**679558**	**678929**
10490285	8794701	9089705	7574132	205539	218773	222490	211942
969857	679284	836629	566377	20416	18646	8698	10571
136526	95513	112224	75890	3624	2844	1012	930
12110138	9228503	9569355	7229657	377967	296218	167614	155060
7446400	7184718	6212021	5653445	194977	232542	271651	294180
755197	498637	639349	423375	24735	13831	8092	6246
24129603	**20750812**	**20154381**	**16996055**	**463453**	**506026**	**619311**	**624899**
18530557	15888033	15454483	12890307	306735	363721	518551	522319
4237306	3765235	3574535	3210026	104912	100484	91953	94229
1361740	1097543	1125363	895722	51806	41820	8807	8351
5319928	4280552	4037189	3224477	375380	304146	151592	133798
26588475	22200803	22422094	18298399	451877	478708	527966	545131
19518024	16604000	16266787	13450950	367433	410720	521896	524652
7183168	6031039	5894348	4981299	250030	218943	122756	122374
5207212	3846316	4298149	3090627	209794	153190	34907	31902
13537203	10900534	11255151	9164966	172901	184928	316427	298444
2643020	1947999	2247894	1631135	67720	55157	14408	15254
3780312	3216806	3046976	2505457	206120	176313	32257	32607
11947869	10416015	9909262	8221318	380517	366456	316465	332623
1939372	1422303	1179809	942822	28857	20933	27928	19609
333284	249031	269868	210675	13620	10240	3066	2529

11－9　续表　5

单位:万元

项目		负债合计 Total Liabilities	
		2004 年	2003 年
石油和天然气开采业	Petroleum and natural gas extration	1182945	1070481
黑色金属矿采选业	Ferrous metals mining and processing	51842	37195
有色金属矿采选业	Nonferrous metals mining	58682	53609
非金属矿采选业	Non metal minerals mining and processing	31914	29621
C、制造业	Manufecture	18402647	17495897
农副食品加工业	Food processing	813461	928136
食品制造业	Food manufacturing	147231	95402
饮料制造业	Beverage manufacturing	439645	385517
烟草制品业	Tobacco processing	258783	323701
纺织业	Textile industry	360540	372898
纺织服装、鞋、帽制造业	Garments and other fiber products	64764	56069
皮革、毛皮、羽毛(绒)及其制品业	Leather furs down and related products	4647	4745
木材加工及木、竹、藤、棕、草制品业	Timber bamboo cane palm fiber and straw product	339924	355057
家具制造业	Furniture manufacturing	43206	35491
造纸及纸制品业	Papermaking and paper products	443234	461754
印刷业、记录媒介的复制	Printing and record pressing	45864	44575
文教体育用品制造业	Stationery education and sports goods	1038	1167
石油加工、炼焦及核燃料加工业	Pertroleum processing and coking products	92295	122553
化学原料及化学制品制造业	Chemical raw materials and chemical products	2145426	2093991
医药制造业	Medical and pharmaceutical product	1105321	1014888
化学纤维制造业	Chemical fibers	345417	308592
橡胶制品业	Rubber products	120580	135158
塑料制品业	Plastic products	125605	122460
非金属矿物制品业	Nonmetal mineral products	1015453	912497
黑色金属冶炼及压延加工业	Smelting and pressing of ferrous metals	1124796	823936
有色金属冶炼及压延加工业	Smelting and pressing of nonferrous metals	190099	196770
金属制品业	Metal products	110681	153012
通用设备制造业	Ordinary machinery manufacturing	264473	322526
专用设备制造业	Special purpose equipment	308280	281411
交通运输设备制造业	Transportation equipment manufacturing	7757032	7266038
电气机械及器材制造业	Electric equipment and machinery	164287	186344
通信设备、计算机及其他电子设备制造业	Electronic and telecommunications	468227	392437
仪器仪表及文化、办公用机械制造业	Instruments meterscultural and official machinery	91580	86337
工艺品及其他制造业造业	Other manufacturing	10759	12434
D、电力、燃气及水的生产和供应业	Electric powersteam hotwater production and supply	3837674	3623002
电力、热力的生产和供应业	Electric powersteam hotwater production and supply	3439325	3203611
燃气生产和供应业	Gas products and supply	199778	227260
水的生产和供应业	Tap water production and supply	198571	192131

continued

Unit:10000 yuan

产品销售收入 Sales revenue		销售成本 Sales coat		销售费用 Sales expenses		销售税金及附加 Salestax and extra charges	
2004	2003	2004	2003	2004	2003	2004	2003
1386475	1045663	772525	641294	10837	7249	20798	14507
136335	67731	70659	46638	1838	1436	3315	2167
58431	41760	49056	31543	975	618	271	152
24848	18118	17702	12671	1587	1391	479	254
27562543	23019323	23169975	18757038	776511	742702	638043	646440
1941877	1480390	1680350	1311537	43294	34479	2971	3897
205427	156232	180397	134009	10632	8919	897	756
485914	391976	351190	261680	56883	45775	30422	29239
305080	250033	147355	117459	10019	10582	105806	89183
237616	243902	217074	219344	5257	5567	636	696
79175	64284	65762	54416	1940	2324	319	238
8679	5850	7796	5276	87	53	5	3
518674	396034	425523	329926	25479	17755	2650	4428
46547	33077	38585	27981	2490	1613	252	186
170339	146502	144993	128036	6589	4302	768	560
39510	36586	27226	27462	1269	1164	284	241
591	501	520	401		17	2	3
477329	487368	452629	437014	3151	2344	24951	32070
4191788	2868767	3501334	2447948	43228	27244	85295	77801
972254	816619	504629	412771	199029	162732	5207	4805
347380	283597	266842	220547	13986	11799	1185	1134
72635	62469	66504	53645	757	1074	4434	3572
125998	118420	106495	97588	3532	3183	472	232
827157	654445	653707	516878	35631	28556	7409	5341
1768240	1142292	1550718	935339	18812	10776	8064	6545
186679	145821	169014	123353	3351	3717	425	417
113434	74540	97214	61061	2230	2338	593	407
250141	188685	191675	147929	13541	9009	1599	969
258413	183123	206667	144390	8605	6840	1133	1345
13511709	12434166	11773230	10260046	250970	326209	350133	380346
138122	127148	114639	104502	5489	4836	525	706
160183	120414	136078	96693	5774	4917	945	640
94120	83849	67870	61162	4096	4048	504	494
27533	22233	23957	18648	391	533	159	189
2406489	2039729	2109499	1823015	21890	19218	13587	12880
2216428	1834668	1970751	1695630	8901	6331	11898	11299
102592	113228	70837	60077	6792	6991	818	850
87469	91834	67912	67308	6197	5896	871	731

11－9 续表 6

单位：万元

项目		管理费用 Management expenses	
		2004 年	2003 年
总计	**Total**	**1862522**	**1776866**
一、按经济组织类型分组	**Grouped by registered type**		
国有企业	State owned	815934	860303
集体企业	Collective owned	55060	53945
股份合作企业	Cooperative enterprises	7550	6892
股份制企业	Share holding	734968	616470
外商和港、澳、台商投资企业	Funded from Hongkong、Macao and Taiwan	221880	217191
其他企业	Others	27131	22064
二、在总计中：国有控股企业	**Grouped by State owned**	**1502259**	**1447394**
国有控股大型企业	Large－Scale	1054556	1040070
国有控股中型企业	Medium－Scale	328652	288854
国有控股小型企业	Small－Scale	119051	118470
三、按轻重工业分组	**Grouped by light and heavy industry**		
轻工业	Light industry	323717	300837
重工业	Heavy industry	1538805	1476029
四、按企业规模分组	**Grouped by size of enterprises**		
大型企业	Large－Scale	1088055	1067634
中型企业	Medium－Scale	467001	423500
小型企业	Small－Scale	307466	285733
五、按隶属关系分组	**Grouped by sector**		
中央企业	Centre	890140	874059
省属企业	Province	163942	157918
地区属企业	Profecture	359734	319904
县及县以下属企业	Below ccunty	448706	424986
六、按工业行业分组	**Grouped by sector**		
B、采矿业	mining	122651	114921
煤炭开采和洗选业	Coal mining and processing	38357	37890

continued

Unit: 10000 yuan

财务费用 Finanial expenses		利息支出 Interseting expenditure		利润总额 total profits		亏损企业亏损额 Total loss	
2004	2003	2004	2003	2004	2003	2004	2003
432439	**431711**	**380671**	**363782**	**1787312**	**1602208**	**377109**	**345981**
126552	167213	119973	151322	288407	183814	113752	167035
6784	6814	5492	6122	26552	22234	7356	3708
2383	1882	2335	1781	6910	7788	3304	654
210448	186962	198268	176560	916076	565322	197244	111036
77300	63005	47123	22611	512695	804538	50656	58425
8972	5835	7480	5386	36672	18513	4798	5123
334125	**329552**	**299564**	**295237**	**1302512**	**1234882**	**305275**	**268426**
171428	166524	145479	137584	1248477	1272499	19820	12000
131767	129385	124995	125975	18646	−41812	238736	193447
30930	33643	29090	31678	35390	4196	46720	62979
101389	120137	98468	94842	261259	167790	101854	114870
331050	311574	282203	268940	1526054	1434417	275255	231111
183317	178702	153539	147972	1332243	1349480	19820	12000
171178	182188	164294	152764	237594	103172	264513	236812
77944	70821	62838	63047	217475	149556	92777	97169
134701	168709	130333	151086	888069	495244	76200	91145
52241	52729	50554	50185	133963	76969	17847	31158
108631	99475	103125	96838	20093	94043	222157	139958
136866	110797	96660	65673	745189	935952	60906	83720
21837	20653	20749	20234	420202	252552	4265	5446
3633	4195	3431	3985	15232	4286	1600	4277

11-9 续表 7

单位:万元

项目		管理费用 Management expenses	
		2004年	2003年
石油和天然气开采业	Petroleum and natural gas extration	57218	55508
黑色金属矿采选业	Ferrous metals mining and processing	12888	10872
有色金属矿采选业	Nonferrous metals mining	11332	8068
非金属矿采选业	Non metal minerals mining and processing	2855	2583
C、制造业	Manufecture	1672534	1586936
农副食品加工业	Food processing	48917	41797
食品制造业	Food manufacturing	8031	7283
饮料制造业	Beverage manufacturing	27602	26986
烟草制品业	Tobacco processing	29505	21827
纺织业	Textile industry	10758	14806
纺织服装、鞋、帽制造业	Garments and other fiber products	5807	5755
皮革、毛皮、羽毛(绒)及其制品业	Leather furs down and related products	465	362
木材加工及木、竹、藤、棕、草制品业	Timber bamboo cane palm fiber and straw product	28366	27173
家具制造业	Furniture manufacturing	2324	1636
造纸及纸制品业	Papermaking and paper products	12196	11997
印刷业、记录媒介的复制	Printing and record pressing	5062	4941
文教体育用品制造业	Stationery education and sports goods	55	49
石油加工、炼焦及核燃料加工业	Pertroleum processing and coking products	19444	15707
化学原料及化学制品制造业	Chemical raw materials and chemical products	262470	208832
医药制造业	Medical and pharmaceutical product	104820	102015
化学纤维制造业	Chemical fibers	23820	20308
橡胶制品业	Rubber products	2404	2805
塑料制品业	Plastic products	6289	6990
非金属矿物制品业	Nonmetal mineral products	56893	48605
黑色金属冶炼及压延加工业	Smelting and pressing of ferrous metals	59286	57871
有色金属冶炼及压延加工业	Smelting and pressing of nonferrous metals	9338	10516
金属制品业	Metal products	7214	8170
通用设备制造业	Ordinary machinery manufacturing	23108	22149
专用设备制造业	Special purpose equipment	27962	23641
交通运输设备制造业	Transportation equipment manufacturing	814548	824264
电气机械及器材制造业	Electric equipment and machinery	12790	15437
通信设备计算机及其他电子设备制造业	Electronic and telecommunications	45671	39125
仪器仪表及文化办公用机械制造业	Instruments meterscultural and official machinery	16428	14673
工艺品及其他制造业造业	Other manufacturing	966	1219
D、电力、燃气及水的生产和供应业	Electric powersteam hotwater production and supply	67337	75010
电力、热力的生产和供应业	Electric powersteam hotwater production and supply	37141	41990
燃气生产和供应业	Gas products and supply	10380	13271
水的生产和供应业	Tap water production and supply	19816	19749

continued

Unit:10000 yuan

财务费用 Finanial expenses		利息支出 Interseting expenditure		利润总额 total profits		亏损企业亏损额 total profits	
2004	2003	2004	2003	2004	2003	2004	2003
16326	15010	15817	14992	368278	242855	996	186
1365	689	1059	524	30531	3392		67
292	349	235	345	4470	1079	1419	728
220	411	206	389	1692	942	250	188
327839	317083	291444	251617	1307672	1405743	296283	212073
20086	39273	22658	15882	104557	41558	7750	37306
2700	1585	1699	1162	2785	1665	1835	1521
6028	5546	4957	5279	12544	5378	14144	12453
3862	7334	3872	7332	9183	4339	3530	1944
4591	8958	4269	8990	-2887	-5202	4147	7637
856	675	735	612	2930	883	396	1083
8	4		4	113	84		
7741	6292	6870	5824	18582	8972	7501	8425
1075	791	651	784	1837	1086	40	65
19817	12373	19774	12368	-34256	-16136	39126	21169
542	659	542	651	3613	3046	284	400
29	28	29	28		7		
1237	1579	1105	1472	-28101	-193	31016	2811
53359	55059	51152	48504	284304	71634	9470	15131
22922	22637	21860	22019	134061	114779	13982	10985
11444	10897	11443	11084	29709	18009	56	
1607	1646	1605	1630	-3042	-501	4066	1719
2227	2281	2105	2046	4065	5855	1720	1484
25504	18747	24169	17789	50575	32138	14504	9797
21215	16499	21599	17192	125741	115916	3737	1039
3038	4046	2613	3295	-2630	3611	9181	495
1155	1262	962	951	4517	2679	1263	1117
3423	4092	3165	3939	5353	1944	3278	6122
4202	4617	3980	4262	8980	4984	1871	3712
88857	77447	62115	46111	613582	1021282	73656	21726
4105	2764	2425	2668	-1615	-2886	3904	6688
15573	8277	14435	7941	-42032	-33719	45437	36685
423	1620	558	1711	3913	3367	350	559
214	98	101	88	1289	1163	44	
82763	93974	68479	91931	59439	-56088	76561	128463
76519	84294	62496	82525	44996	-53702	67674	103737
2690	3856	2512	3856	19728	4598	3386	12780
3554	5825	3471	5551	-5285	-6983	5502	11947

11－9 续表 8

单位：万元

项目	Item	利税总额 Pro－tax profits 2004年	2003年
总计	**Total**	**3731627**	**3389443**
一、按经济组织类型分组	**Grouped by registered type**		
国有企业	State－owned	955324	784257
集体企业	Collective owned	61756	58945
股份合作企业	Cooperative enterprises	14477	13575
股份制企业	Share holding	1622481	1162012
外商和港、澳、台商投资企业	Funded from Hongkong、Macao and Taiwan	1013146	1329868
其他企业	Others	64442	40787
二、在总计中：国有控股企业	**Grouped by state owned**	**2968669**	**2782599**
国有控股大型企业	Large－Scale	2537269	2456441
国有控股中型企业	Medium－Scale	333121	264725
国有控股小型企业	Small－Scale	98280	61432
三、按轻重工业分组	**Grouped by light and heavy industry**		
轻工业	Light industry	586758	459117
重工业	Heavy industry	3144868	2930326
四、按企业规模分组	**Grouped by size of enterprises**		
大型企业	Large－Scale	2648582	2553967
中型企业	Medium－Scale	670701	514006
小型企业	Small－Scale	412345	321470
五、按隶属关系分组	**Grouped by sector**		
中央企业	Centre	1795399	1285879
省属企业	Province	284174	207823
地区属企业	Profecture	209046	275491
县及县以下属企业	Below county	1443008	1620251
六、按工业行业分组	**Grouped by sector**		
B、采矿业	mining	609702	373631
煤炭开采和洗选业	Coal mining and processing	40527	22829

continued

Unit: 10000 yuan

应交增值税 Value added tax payable		从业人员 Employment	
2004	2003	2004	2003
1264757	**1108307**	**1003656**	**1009629**
444427	388501	390923	419168
26506	26140	66507	65006
6555	4858	8225	7810
538791	441630	417871	407872
228800	231149	71210	66613
19679	16029	48920	43160
1046847	**922818**	**669903**	**697237**
770241	661624	277564	285230
222523	212308	239517	259976
54083	48886	152822	152031
173908	157530	253521	246911
1090849	950777	750135	762718
794443	679835	301530	309954
310350	288460	333811	352448
159964	140012	368315	347227
590903	492190	227186	230962
135803	115600	172729	189577
156696	148841	248365	255647
381354	351676	355376	333443
161572	101470	144313	151205
22230	16015	81960	91005

11－9　续表　9

单位:万元

项目		利税总额 Pro－tax profits	
		2004年	2003年
石油和天然气开采业	Petroleum and natural gas extration	515736	336643
黑色金属矿采选业	Ferrous metals mining and processing	43026	9621
有色金属矿采选业	Nonferrous metals mining	6939	2240
非金属矿采选业	Non metal minerals mining and processing	3473	2299
C、制造业	Manufecture	2897731	2919471
农副食品加工业	Food processing	115998	57162
食品制造业	Food manufacturing	7115	6103
饮料制造业	Beverage manufacturing	65079	54137
烟草制品业	Tobacco processing	143574	117008
纺织业	Textile industry	3325	1558
纺织服装、鞋、帽制造业	Garments and other fiber products	4136	2416
皮革、毛皮、羽毛(绒)及其制品业	Leather furs down and related products	194	128
木材加工及木、竹、藤、棕、草制品业	Timber bambco cane palm fiber and straw product	34865	25966
家具制造业	Furniture manufacturing	2777	1601
造纸及纸制品业	Papermaking and paper products	－25148	－9527
印刷业、记录媒介的复制	Printing and record pressing	6242	5638
文教体育用品制造业	Stationery education and sports goods	26	40
石油加工、炼焦及核燃料加工业	Pertroleum processing and coking products	2612	44515
化学原料及化学制品制造业	Chemical raw materials and chemical products	510260	264955
医药制造业	Medical and pharmaceutical product	203457	173624
化学纤维制造业	Chemical fibers	47990	33632
橡胶制品业	Rubber products	3983	5029
塑料制品业	Plastic products	7271	8993
非金属矿物制品业	Nonmetal mineral products	108342	75398
黑色金属冶炼及压延加工业	Smelting and pressing of ferrous metals	213080	189150
有色金属冶炼及压延加工业	Smelting and pressing of nonferrous metals	2216	8143
金属制品业	Metal produets	8112	5779
通用设备制造业	Ordinary machinery manufacturing	16053	11262
专用设备制造业	Special purpose equipment	18900	13886
交通运输设备制造业	Transportation equipment manufacturing	1420454	1836013
电气机械及器材制造业	Electric equipment and machinery	3155	2566
通信设备、计算机及其他电子设备制造业	Electronic and telecommunications	－37604	－28879
仪器仪表及文化、办公用机械制造业	Instruments meterscultural and official machinery	9442	11068
工艺品及其他制造业造业	Other manufacturing	1825	2107
D、电力、燃气及水的生产和供应业	Electric powersteam hotwater production and supply	224194	96340
电力、热力的生产和供应业	Electric powersteam hotwater production and supply	195217	83527
燃气生产和供应业	Gas products and supply	28174	13872
水的生产和供应业	Tap water production and supply	803	－1059

continued

Unit: 10000 yuan

应交增值税 Value added tax payable		从业人员 Employment	
2004	2003	2004	2003
126660	79281	36915	36271
9180	4062	9810	9152
2198	1009	9757	9004
1303	1103	5871	5773
952016	867289	773904	775493
8470	11707	44785	41573
3434	3682	12057	10155
22113	19520	25539	26048
28585	23487	4400	4934
5576	6063	33970	35334
888	1295	10814	11713
76	41	828	793
13633	12567	73953	72984
688	330	4597	3819
8340	6049	13730	13859
2346	2351	5086	5277
24	31	98	110
5761	12638	8393	7601
140661	115520	81833	79546
64189	54039	45772	43707
17096	14489	13129	13589
2590	1958	4294	4886
2734	2906	7223	7729
50358	37919	55509	58148
79274	66689	43172	42012
4420	4116	8839	8490
3003	2694	7458	7567
9101	8350	25490	26025
8787	7557	28414	30635
456739	434385	184263	188591
4245	4745	12269	12104
3482	4200	10155	10051
5026	7208	5909	6291
377	755	1925	1922
151169	139548	85439	82931
138324	125931	61595	60115
7628	8425	7615	7302
5216	5193	16229	15514

11－10　各市县规模以上工业企业生产和经济指标

单位:万元

市、县	City, County	企业单位数(个) Enteprises	亏损企业 Loss enterpriese		工业现价产值 Gross ouppput value	
		2004	2004	2003	2004	2003
长春市	**Changchun**	**580**	**169**	**140**	**17126789**	**15032620**
市　区	District	434	129	104	16427694	14450995
农安县	Nongan	56	8	5	152728	127907
九台市	Jiutai	27	12	11	82036	72113
榆树市	Yushu	29	13	8	94041	80391
德惠市	Dehui	34	7	12	370291	301215
吉林市	**Jilin**	**457**	**125**	**112**	**6415358**	**4560556**
市　区	District	263	66	70	5316782	3796678
永吉县	Yongji	36	18	16	87905	43355
蛟河市	Jiaohe	55	11	6	101486	78526
桦甸市	Huadian	45	12	6	204362	134662
舒兰市	Shulan	25	5	2	92426	80604
磐石市	Panshi	33	13	12	612396	426730
四平市	**Siping**	**277**	**78**	**85**	**1559085**	**1253384**
市　区	District	109	27	38	781074	634943
梨树县	Lishu	50	10	4	152335	107322
伊通县	Yitong	33	13	12	57971	43312
公主岭市	Gongzhuling	60	23	20	357427	297438
双辽市	Shuangliao	25	5	11	210278	170369
辽源市	**Liaoyuan**	**180**	**33**	**30**	**710988**	**538477**
市　区	District	93	25	20	510108	402553
东丰县	Dongfeng	42	5	10	122896	90514
东辽县	Dongliao	45	3		77985	45411
通化市	**Tonghua**	**235**	**37**	**38**	**1929019**	**1525038**
市　区	District	51	13	15	1187828	909800
通化县	Tonghua	39	5	5	142521	128167
辉南县	Huinan	27	1	3	257845	204384
柳河县	Liuhe	27	2	2	94147	73790
梅河口市	Meihekou	55	9	10	160632	139108
集安市	Jian	26	7	3	86047	69789

Main Indicators above Designated size Industrial Enterprises by city and county

Unit:10000 yuan

新产品产值 New products		销售产值 Sales revenue		出口交货值 Exports		应收帐款净额 Account receivable	
2004	2003	2004	2003	2004	2003	2004	2003
9136382	**8077917**	**17226731**	**14689086**	**328774**	**209501**	**2218057**	**1688395**
9136382	8075649	16557212	14138231	298605	180917	2157442	1642970
		147086	133092			12704	7086
		79957	64993			9121	6090
		95859	77992	454	560	17223	7511
	2269	346618	274778	29715	28024	21568	24738
272048	**201526**	**6315679**	**4481321**	**219953**	**128148**	**511121**	**501559**
210001	166645	5225204	3756057	192969	104511	418703	429130
		84295	41517	613	510	9710	6702
		101044	74082	3075	1990	10386	9336
		209152	131660			16508	15197
2430	2852	91338	78651	17532	15956	11589	14859
59616	32029	604646	399353	5763	5180	44226	26335
103398	**93276**	**1531970**	**1217468**	**24267**	**20472**	**202323**	**188197**
90722	63029	768669	615139	10756	7491	94448	101684
	4245	150085	104793	526	829	22470	24933
7734	4542	56402	42106	975	688	6984	6162
4942	4801	351909	290083	12011	11465	49534	45940
	16659	204906	165347			28887	9479
60559	**38571**	**681623**	**519300**	**26503**	**15900**	**95518**	**96814**
60559	38571	492330	388122	24656	14947	75886	78468
		114268	87576	1371		11446	12689
		75025	43602	476	953	8186	5657
222332	**91622**	**1862339**	**1496071**	**41593**	**20585**	**312843**	**305196**
182117	63169	1146438	904684	32559	9304	154528	139862
7095	13266	131372	118922	7027	9102	65684	56817
7798	8033	254934	198343	679	779	36342	52584
6186		88641	68913	200		16600	15057
11082		154450	135782			17481	16719
8054	7153	86505	69427	1127	1399	22208	24157

11－10 续表 1

单位:万元

市、县 City, County		企业单位数(个) Enteprises	亏损企业 Loss enterpriese		工业现价产值 Gross oupput value	
		2004	2004	2003	2004	2003
白 山 市	**Baishan**	**164**	**25**	**30**	**1031253**	**747922**
市 区	District	58	15	13	397699	311540
抚 松 县	Fusong	30	3	4	166938	130308
靖 宇 县	Jingyu	11	1	5	46849	40540
长 白 县	Changbai	15	1		51795	47074
江 源 县	Jiangyuan	27	1	4	190609	112613
临 江 市	Linjiang	23	4	4	177363	105847
松 原 市	**Songyuan**	**157**	**32**	**24**	**2064292**	**1535913**
市 区	District	42	10	10	1684746	1298584
前 郭 县	Qiangou	42	5	1	199165	132740
长 岭 县	Changling	18	3	3	36117	21799
乾 安 县	Qianan	19	8	6	75988	58984
扶 余 县	Fuyu	36	6	4	68277	23806
白 城 市	**Baicheng**	**165**	**47**	**54**	**543888**	**469665**
市 区	District	54	19	18	281218	259197
镇 赉 县	Zhenglai	22	8	8	41408	31862
通 榆 县	Tongyu	24	6	7	46203	36949
洮 南 市	Taonan	31	9	17	95008	74795
大 安 市	Daan	34	5	4	80050	66863
延边朝鲜族自治州	**Yanbian**	**278**	**101**	**87**	**1461618**	**1223307**
延 吉 市	Yanji	56	27	19	434283	391707
图 们 市	Tumen	30	6	7	216918	168790
敦 化 市	Denhua	55	17	13	315888	254359
珲 春 市	Hunch	32	12	14	165631	132785
龙 井 市	Longjing	30	8	11	104969	86011
和 龙 市	Helong	22	9	8	63261	56471
汪 清 县	Wangqing	26	10	6	84367	67658
安 图 县	Antu	27	12	9	76301	65526

continued

Unit: 10000 yuan

新产品产值 New products		销售产值 Sales revenue				应收帐款净额 Account receivable	
				出口交货值 Sales revenue			
2004	2003	2004	2003	2004	2003	2004	2003
61745	**47607**	**992716**	**727291**	**78161**	**61379**	**105371**	**102955**
32097	25584	383344	304434	9115	8037	60746	57048
10711	6791	166145	126492	38049	30925	13338	15965
		42400	38437	179		4805	7460
1113	1759	45754	41634	100	45	9306	8549
11045	6266	189709	112121	14263	8229	5865	7158
6779	7207	165364	104172	16455	14143	11312	6777
9868	**4747**	**2032547**	**1511663**	**17364**	**7263**	**231314**	**142600**
2242	4747	1673564	1286318	5239	2284	184876	102621
		183686	129526	10335	4979	36494	29427
7626		34760	21259	1790		1732	1988
		75274	51603			5738	5646
		65264	22957			2473	2918
16535	**17283**	**529363**	**457052**	**6986**	**11234**	**75849**	**71673**
10333	5234	275345	254495	672	5160	48963	49383
		39718	30534			4185	6883
278		45218	35930	1773	307	2052	1365
1006	3347	92174	71902	4542	5768	8800	6953
4919	8702	76909	64192			11849	7088
84566	**65138**	**1427839**	**1177338**	**185000**	**147227**	**191438**	**230453**
25719	45260	429628	383755	27710	27617	48140	44575
13901	4702	215795	151123	12482	11339	27901	50074
18884	5084	299964	250217	44414	24573	50506	65425
10981		162453	130068	73403	66000	22663	18002
7111	4830	101848	80529	12378	10402	18240	15821
7970	5263	61891	53788	5931	2038	7339	11836
		82785	64833	6267	3180	7248	11524
		73476	63026	2415	2079	9402	13194

11－10 续表 2

单位:万元

市、县	City, County	产成品 Products 2004	产成品 Products 2003	流动资产年平均余额 Circulating fund 2004	流动资产年平均余额 Circulating fund 2003	固定资产值年平均余额 Fixed assets 2004	固定资产值年平均余额 Fixed assets 2003
长春市	**Changchun**	**747051**	**829786**	**8618446**	**7576842**	**4797957**	**4305461**
市区	District	699387	783425	8358382	7331470	4563636	4075206
农安县	Nongan	9183	5115	43810	44324	42552	47138
九台市	Jiutai	7092	8358	32375	31300	32988	28627
榆树市	Yushu	3774	8599	48964	33804	52820	51760
德惠市	Dehui	27616	24289	134915	135944	105960	102731
吉林市	**Jilin**	**372838**	**326506**	**2757145**	**2721975**	**4955891**	**4393051**
市区	District	315592	243741	2206383	2254307	4269780	3797536
永吉县	Yongji	2761	3058	28699	22248	36231	31594
蛟河市	Jiaohe	9632	15240	45854	48236	68565	68904
桦甸市	Huadian	11446	7401	113016	91125	227402	220442
舒兰市	Shulan	9798	8941	52171	83925	54855	50331
磐石市	Panshi	23610	48125	311022	222135	299059	224244
四平市	**Siping**	**93993**	**108644**	**735408**	**703389**	**991685**	**937104**
市区	District	47359	49209	371238	347922	437094	391940
梨树县	Lishu	9190	10604	63697	58608	72487	73308
伊通县	Yitong	2739	2881	19966	13688	17305	8484
公主岭市	Gongzhuling	29416	37735	162706	157130	140359	133018
双辽市	Shuangliao	5279	8216	117802	126042	324441	330353
辽源市	**Liaoyuan**	**65608**	**52153**	**423718**	**367358**	**583504**	**521570**
市区	District	52448	42991	364532	308414	522479	466258
东丰县	Dongfeng	7313	5389	35586	38623	35776	34061
东辽县	Dongliao	5847	3773	23601	20322	25250	21250
通化市	**Tonghua**	**135475**	**116564**	**1210355**	**1108874**	**968974**	**902617**
市区	District	54372	54736	697093	615305	614065	576881
通化县	Tonghua	19655	14821	196736	186899	149295	122373
辉南县	Huinan	14351	13387	116678	119166	54538	49660
柳河县	Liuhe	10560	6283	42254	41197	41243	47284
梅河口市	Meihekou	24948	16483	82117	76897	59164	59655
集安市	Jian	11589	10855	75478	69410	50669	46765

continued

Unit:10000 yuan

资产合计 Total assets		负债合计 Total Liabilities		产品销售收入 Sales revenue		销售成本 Sales coat	
2004	2003	2004	2003	2004	2003	2004	2003
17453523	**16156681**	**10647315**	**10061132**	**16559128**	**14852004**	**14199670**	**12221747**
16884662	15612411	10275511	9679684	15837555	14272232	13535490	11709724
101747	97722	58366	66495	152593	152807	143096	125426
76608	68160	47347	34694	78365	60650	68772	52879
108384	88379	51769	45284	91433	82217	80709	68930
282123	290009	214322	234976	399182	284099	371603	264789
8769569	**8361969**	**5343357**	**4982128**	**6867697**	**4896349**	**5711417**	**4129631**
7358216	7076803	4428980	4145985	5769500	4186976	4856889	3570519
70896	59185	39608	32380	80004	40709	68833	34834
126186	121243	76973	71425	96303	70231	76103	57445
406730	352825	277608	241501	213736	153025	129366	117264
117105	147548	82625	82537	85534	70788	73135	62086
690436	604366	437563	408300	622620	374621	507091	287483
1870839	**1771191**	**1465278**	**1418512**	**1544714**	**1200359**	**1273397**	**978074**
884763	799840	613499	554679	788066	648203	630649	502805
155229	143013	95945	101922	154591	92552	136891	79123
38794	24463	24038	18930	54952	32597	46808	29803
333383	322157	198911	204109	348179	272153	301317	236177
458670	481718	532886	538872	198926	154855	157733	130166
1265326	**1019385**	**916826**	**760543**	**629318**	**505995**	**547788**	**445229**
1101498	882379	819797	648585	462580	389271	403319	345592
109979	91564	59912	77038	102271	81335	88993	69080
53849	45442	37118	34920	64466	35389	55476	30557
2835726	**2479854**	**1544297**	**1270735**	**1865779**	**1494159**	**1444228**	**1070995**
1788430	1478563	1088671	830422	1219279	936058	969378	690584
412276	375120	149525	137162	120191	102698	71625	45415
199028	190463	79419	67060	232475	200680	185234	154053
95493	97217	67619	60221	77939	73293	53529	38583
193842	196934	105091	111963	146383	117602	118842	96139
146657	141557	53972	63907	69511	63828	45621	46221

11－10　续表　3

Unit:10000　yuan

市、县 City、County		产成品 Products		流动资产年平均余额 Circulating fund		固定资产净值年平均余额 Fixed assets	
		2004	2003	2004	2003	2004	2003
白 山 市	**Baishan**	**82230**	**58208**	**537565**	**542138**	**823616**	**804071**
市　　区	District	51597	34394	348363	337056	377453	388879
抚 松 县	Fusong	8291	6671	70262	75383	267302	267732
靖 宇 县	Jingyu	2768	4434	19221	34031	43019	30490
长 白 县	Changbai	2899	1048	17109	13742	15815	15439
江 源 县	Jiangyuan	7421	6818	28802	34651	59227	59972
临 江 市	Linjiang	9255	4844	53809	47275	60800	41559
松 原 市	**Songyuan**	**56230**	**43477**	**715331**	**653359**	**2205032**	**2162400**
市　　区	District	21802	23795	537439	501395	1926368	1911189
前 郭 县	Qiangou	20176	8907	113378	96420	161702	142988
长 岭 县	Changling	1885	3085	14117	6516	18308	18874
乾 安 县	Qianan	9544	6438	35451	34069	74740	63811
扶 余 县	Fuyu	2823	1252	14946	14960	23914	25538
白 城 市	**Baicheng**	**52966**	**39999**	**266637**	**263389**	**310015**	**287413**
市　　区	District	29298	18437	172130	169512	205338	185203
镇 赉 县	Zhenglai	7551	7090	21705	22588	17899	15591
通 榆 县	Tongyu	2791	2621	10109	8308	35646	37414
洮 南 市	Taonan	5091	5794	32559	26537	23187	21624
大 安 市	Daan	8236	6058	30135	36445	27945	27581
延边朝鲜族自治州	**Yanbian**	**108935**	**95926**	**831214**	**863797**	**1074831**	**1010201**
延 吉 市	Yanji	26821	23225	252850	254791	290459	281860
图 们 市	Tumen	13103	10991	98626	115160	243290	199850
敦 化 市	Denhua	27350	29672	215094	221415	181517	179557
珲 春 市	Hunch	13748	10042	107524	128409	100629	114398
龙 井 市	Longjing	12776	9436	48318	41560	39217	32620
和 龙 市	Helong	4530	2645	30876	34605	39981	32850
汪 清 县	Wangqing	5146	5437	35769	24636	69327	65626
安 图 县	Antu	5461	4477	42157	43222	110412	103441

continued

Unit:10000 yuan

资产合计 Total assets		负债合计 Total Liabilities		产品销售收入 Sales revenue		销售成本 Sales coat	
2004	2003	2004	2003	2004	2003	2004	2003
1523664	**1520484**	**927727**	**940563**	**916885**	**709263**	**752362**	**597982**
791221	797507	417058	427649	424723	374111	355216	325761
360349	374323	321683	341683	139410	115988	112146	96363
82609	86494	50825	49659	40215	23534	29272	17183
43179	42269	19340	22974	33120	25420	24371	18943
95660	89491	41870	31844	167316	103157	146849	87780
150645	130401	76951	66753	112101	67052	84509	51952
3450127	**3082015**	**1684114**	**1649980**	**2043443**	**1649365**	**1403669**	**1191882**
2797321	2586476	1252764	1286794	1700817	1440863	1084855	1004635
457199	316260	301590	240367	172459	115423	173933	109328
32837	29312	5522	8422	32649	11728	28634	9487
117664	103313	81241	68922	73468	55827	60353	45646
45106	46656	42997	45476	64051	25523	55894	22786
626331	**592807**	**433493**	**428611**	**542517**	**479452**	**456209**	**393225**
393456	380233	289308	279821	334772	312460	286575	254754
44624	40392	30488	27144	35070	20340	31363	17810
47843	48068	35950	40998	34432	27741	29360	22574
61145	56731	30865	27824	61624	54785	46477	40451
79263	67382	46882	52824	76620	64126	62433	57638
2318953	**2297697**	**1389126**	**1446430**	**1308274**	**1047779**	**987457**	**794398**
651510	660650	450463	466958	450789	384466	313692	276231
359330	431818	245121	287073	177642	127079	153248	107886
562535	533020	216662	231894	311141	228895	215916	153880
284056	245887	189813	187253	106504	91847	92486	87012
104925	87659	54288	49950	83907	67990	66496	54104
75553	82314	57493	54077	44729	39097	35853	31492
115000	102731	77252	73162	62184	47060	51864	35983
166044	153618	98033	96065	71379	61346	57901	47810

11－10 续表 4

Unit:10000 yuan

市、县 City、County		销售费用 Sales expenses		销售税金及附加 Salestax and extra charges		管理费用 Management expenses	
		2004	2003	2004	2003	2004	2003
长春市	**Changchun**	**353683**	**415722**	**405908**	**430468**	**980409**	**980174**
市 区	District	330485	397259	395935	420600	955657	956373
农安县	Nongan	5159	3556	5606	6081	5570	6613
九台市	Jiutai	2947	3813	172	436	3962	2687
榆树市	Yushu	3414	2314	2853	2836	4877	3261
德惠市	Dehui	11678	8780	1342	515	10344	11241
吉林市	**Jilin**	**118146**	**93285**	**109196**	**103428**	**409429**	**348941**
市 区	District	95976	77388	102324	96574	346570	295766
永吉县	Yongji	2686	1297	1064	887	4681	3838
蛟河市	Jiaohe	2097	2206	674	1262	7274	6496
桦甸市	Huadian	3117	2593	1188	2100	13872	12287
舒兰市	Shulan	2427	2285	257	297	6197	8064
磐石市	Panshi	11844	7517	3690	2308	30836	22490
四平市	**Siping**	**67192**	**53809**	**27146**	**22708**	**71870**	**59327**
市 区	District	40799	35105	21164	18722	47358	37590
梨树县	Lishu	3772	2764	1431	852	5101	5285
伊通县	Yitong	1338	542	323	103	1688	1241
公主岭市	Gongzhuling	16275	12656	2408	1586	16518	12758
双辽市	Shuangliao	5009	2743	1821	1444	1205	2453
辽源市	**Liaoyuan**	**19651**	**18646**	**3951**	**3417**	**40306**	**41544**
市 区	District	14649	14386	2501	2593	31315	34822
东丰县	Dongfeng	4583	3955	918	661	3365	3695
东辽县	Dongliao	419	305	532	163	5625	3026
通化市	**Tonghua**	**130876**	**102914**	**13691**	**12924**	**112630**	**112097**
市 区	District	80611	59497	8249	8205	64084	58892
通化县	Tonghua	16262	11798	1027	1024	18720	18434
辉南县	Huinan	10774	10790	684	768	10955	16659
柳河县	Liuhe	8099	9291	833	327	5265	6979
梅河口市	Meihekou	6993	6879	2422	2178	8275	6821
集安市	Jian	8137	4658	475	422	5332	4312

continued

Unit: 10000 yuan

财务费用 Finanial expenses		利息支出 Interseting expenditure		利润总额 total profits		亏损企业亏损额 Total loss	
2004	2003	2004	2003	2004	2003	2004	2003
150312	**130321**	**112826**	**92973**	**721708**	**1054958**	**162617**	**115888**
141468	119081	105288	82461	717078	1052027	156695	109724
1107	1022	757	983	2321	3854	1351	347
348	432	347	431	384	326	1038	606
804	652	331	341	– 1067	– 294	2684	2177
6585	9134	6104	8757	2994	– 954	849	3034
122314	**104143**	**111705**	**97284**	**441372**	**146155**	**92066**	**65819**
108955	92629	97581	87048	302804	78262	71901	59637
439	267	397	176	2203	– 364	2050	1285
1221	1240	1217	1031	5698	4113	2799	604
1898	1738	1803	1735	65546	12663	5363	3140
1011	1451	1005	1451	906	2303	718	210
8791	6819	9702	5844	64215	49178	9235	942
40774	**41613**	**40291**	**41115**	**40456**	**7389**	**12092**	**33828**
10118	10985	9886	10593	21398	14798	7737	11605
1633	1306	1617	1297	4239	2508	396	123
429	346	420	371	980	777	383	372
4616	4033	4529	3945	8520	5314	3373	3428
23978	24944	23839	24908	5320	– 16008	203	18301
18014	**18602**	**16517**	**15995**	**– 44**	**– 10001**	**17524**	**21704**
16367	16937	15376	14527	– 4671	– 13657	17176	20998
1234	1313	1009	1231	3018	2773	241	706
413	352	131	237	1609	883	107	
31036	**34693**	**29814**	**34153**	**159983**	**142413**	**21373**	**26192**
21322	26532	20944	27035	98236	93051	15893	23936
2609	2041	2583	1868	15900	13083	178	537
2188	1801	2166	1785	25278	20473	79	57
702	738	590	706	5746	6193	1080	83
2850	2111	2204	1322	5933	3888	3991	1309
1365	1469	1327	1436	8891	5726	152	270

11－10　续表　5

单位:万元

市、县 City, County		销售费用 Sales expenses		销售税金及附加 Salestax and extra charges		管理费用 Management expenses	
		2004	2003	2004	2003	2004	2003
白山市	**Baishan**	**41455**	**27367**	**8892**	**8683**	**53912**	**49864**
市　区	District	14218	9303	4894	4527	29432	30584
抚松县	Fusong	5857	5176	1660	1950	6750	5905
靖宇县	Jingyu	4293	1942	129	145	2265	2227
长白县	Changbai	2727	1638	480	651	2588	1730
江源县	Jiangyuan	5571	3094	1016	963	3406	2223
临江市	Linjiang	8788	6214	714	448	9472	7195
松原市	**Songyuan**	**21451**	**13306**	**41641**	**43393**	**93217**	**86663**
市　区	District	9800	7199	38048	41057	81366	76785
前郭县	Qiangou	2548	1879	976	719	7106	5324
长岭县	Changling	2934	374	362	165	571	1148
乾安县	Qianan	4052	3092	1901	1207	2648	2158
扶余县	Fuyu	2116	763	354	244	1525	1248
白城市	**Baicheng**	**14218**	**13242**	**5109**	**4505**	**24215**	**26007**
市　区	District	5628	4836	2036	1858	13951	16534
镇赉县	Zhenglai	522	456	328	158	1877	1472
通榆县	Tongyu	815	1087	840	837	1512	1437
洮南市	Taonan	6154	5827	1213	993	4024	4033
大安市	Daan	1099	1037	691	659	2852	2530
延边朝鲜族自治州	**Yanbian**	**77060**	**63571**	**70867**	**58854**	**89455**	**87175**
延吉市	Yanji	14476	13863	62128	52254	29671	23771
图们市	Tumen	4413	2688	4084	2180	9197	8772
敦化市	Denhua	42672	31645	1813	1170	21451	27849
珲春市	Hunch	3464	3103	542	373	8056	6920
龙井市	Longjing	4260	3782	753	1118	5984	5810
和龙市	Helong	2531	1585	427	661	5023	4209
汪清县	Wangqing	2849	2873	519	531	4446	3755
安图县	Antu	2396	4033	602	569	5627	6090

continued

Unit:10000 yuan

财务费用 Finanial expenses		利息支出 Interseting expenditure		利润总额 total profits		亏损企业亏损额 Total loss	
2004	2003	2004	2003	2004	2003	2004	2003
14921	**14829**	**13707**	**14218**	**42733**	**17683**	**12421**	**14860**
4151	4636	3525	4299	15062	10279	8129	7283
7003	7260	6994	7256	5437	-1170	2350	5672
787	846	787	842	2721	1302	13	619
437	158	398	104	959	727	27	
930	709	825	637	11553	4857	416	878
1613	1220	1178	1079	7001	1689	1487	408
20312	**39232**	**23239**	**20855**	**340990**	**209497**	**36338**	**38484**
13195	32300	17034	15265	331288	210519	33029	29486
5249	5452	5335	4225	3316	-4443	1705	8098
252	236	222	236	602	331	111	57
1188	905	376	904	3622	2730	655	488
428	340	272	226	2162	360	838	355
9309	**13318**	**8560**	**12577**	**21589**	**19418**	**8746**	**14734**
4479	8080	3772	7405	16232	15523	7541	12865
388	592	359	583	247	165	620	555
989	1142	990	1139	1300	640	324	760
1580	1652	1574	1623	3161	2499	174	437
1872	1852	1865	1827	650	592	87	117
30011	**36287**	**28662**	**36036**	**56352**	**28176**	**19987**	**20820**
8017	11525	7480	11553	26553	10967	3816	2939
9647	8668	9464	8589	-3095	548	6638	3693
2917	5013	2934	4924	17842	14159	4824	4610
1839	1919	1616	1906	3146	-4382	1182	4950
1513	1646	1489	1629	5091	3019	827	801
1537	1275	1313	1271	2270	1208	428	766
2100	3068	2036	3026	865	843	741	924
2442	3174	2331	3139	3679	1815	1531	2136

11－10　续表 6

单位：万元

市、县 City, County		利税总额 Pro－tax profits		应交增值税 Value added tax payable		从业人员 Value added tax payable	
		2004	2003	2004	2003	2004	2003
长春市	**Changchun**	**1662627**	**1994119**	**535011**	**508693**	**300781**	**303374**
市　区	District	1639111	1971705	526098	499078	260129	263460
农安县	Nongan	10862	13810	2935	3875	8198	8902
九台市	Jiutai	2549	2284	1994	1523	5697	5381
榆树市	Yushu	4806	5450	3020	2909	6280	6706
德惠市	Dehui	5299	869	964	1308	20477	18925
吉林市	**Jilin**	**816684**	**464209**	**266116**	**214626**	**204965**	**219905**
市　区	District	616380	354088	211252	179252	144969	148750
永吉县	Yongji	5691	2063	2424	1541	3790	3115
蛟河市	Jiaohe	8931	8020	2559	2645	11875	14092
桦甸市	Huadian	77258	19349	10524	4585	18933	19561
舒兰市	Shulan	3892	6037	2730	3438	9237	17317
磐石市	Panshi	104531	74652	36626	23166	16161	17070
四平市	**Siping**	**142793**	**92958**	**75191**	**62862**	**70918**	**66361**
市　区	District	82843	69145	40282	35625	35981	32490
梨树县	Lishu	9059	5821	3389	2461	9407	8797
伊通县	Yitong	2338	1962	1035	1082	3561	3361
公主岭市	Gongzhuling	23101	16417	12173	9518	16757	17018
双辽市	Shuangliao	25452	－388	18311	14176	5212	4695
辽源市	**Liaoyuan**	**33317**	**18716**	**29410**	**25300**	**67831**	**69453**
市　区	District	22109	9910	24278	20974	52281	55522
东丰县	Dongfeng	6696	6186	2761	2752	7277	6988
东辽县	Dongliao	4512	2620	2371	1574	8273	6943
通化市	**Tonghua**	**273480**	**247826**	**99806**	**92489**	**83446**	**83302**
市　区	District	175076	164967	68592	63712	41113	41015
通化县	Tonghua	27461	23168	10534	9061	9672	9944
辉南县	Huinan	33931	30231	7969	8990	10675	11249
柳河县	Liuhe	10510	10633	3931	4113	6271	5453
梅河口市	Meihekou	13166	9509	4811	3444	10291	10203
集安市	Jian	13335	9318	3969	3170	5424	5438

continued

Unit:10000 yuan

市、县 City, County		利税总额 Pro – tax profits		应交增值税 Value added tax payable		从业人员 Value added tax payable	
		2004	2003	2004	2003	2004	2003
白山市	**Baishan**	**94659**	**61516**	**43034**	**35149**	**80131**	**76483**
市　区	District	42410	34946	22454	20140	39428	38805
抚松县	Fusong	13157	5971	6060	5191	12810	10346
靖宇县	Jingyu	4539	2490	1690	1043	2878	2619
长白县	Changbai	2342	2204	903	827	2518	3709
江源县	Jiangyuan	18214	9943	5645	4122	9027	7802
临江市	Linjiang	13996	5962	6281	3826	13470	13202
松原市	**Songyuan**	**522979**	**346526**	**140348**	**93637**	**63321**	**61127**
市　区	District	495242	340648	125906	89072	44500	43658
前郭县	Qiangou	13814	– 2168	9522	1555	8032	7486
长岭县	Changling	1276	735	312	239	2674	2540
乾安县	Qianan	9517	6233	3994	2296	4336	4099
扶余县	Fuyu	3130	1078	614	474	3779	3344
白城市	**Baicheng**	**50908**	**47519**	**24211**	**23596**	**42401**	**43108**
市　区	District	35661	34625	17393	17244	22215	22953
镇赉县	Zhenglai	1675	1372	1100	1050	3444	3287
通榆县	Tongyu	2532	1937	393	460	2865	2714
洮南市	Taonan	7271	6129	2897	2637	7328	7474
大安市	Daan	3770	3456	2428	2206	6549	6680
延边朝鲜族自治州	**Yanbian**	**194463**	**156477**	**67244**	**69447**	**98833**	**96011**
延吉市	Yanji	114102	97243	25421	34022	15437	15950
图们市	Tumen	9192	7355	8203	4628	7185	7727
敦化市	Denhua	33837	28550	14182	13222	26173	25015
珲春市	Hunch	8235	221	4547	4230	12301	11082
龙井市	Longjing	10466	8068	4622	3931	6040	5398
和龙市	Helong	5681	4663	2984	2794	11213	10585
汪清县	Wangqing	4361	4209	2977	2836	10201	9799
安图县	Antu	8588	6169	4307	3785	10283	10455

11－11　规模以上工业企业主要经济分析指标

单位：%

项目	Item	企业亏损面 Proportion of loss enterprises 2004年	2003年
总计	**Total**	**25.91**	**23.93**
一、按经济组织类型分组	**Grouped by registered type**		
国有企业	State－owned	34.47	36.01
集体企业	Collective owned	19.21	17.03
股份合作企业	Cooperative enterprises	27.87	18.03
股份制企业	Share holding	25.07	21.16
外商和港、澳、台商投资企业	Funded from Hongkong、Macao and Taiwan	29.73	27.93
其他企业	Others	12.42	11.11
二、在总计中：国有控股企业	**Grouped by state onwed**	**34.15**	**34.36**
国有控股大型企业	Large－Scale	14.81	14.81
国有控股中型企业	Medium－Scale	30.51	30.51
国有控股小型企业	Small－Scale	35.72	35.99
三、按轻重工业分组	**Grouped by light and heavy industry**		
轻工业	Light industry	30.01	28.67
重工业	Heavy industry	23.27	20.89
四、按企业规模分组	**Grouped by size of enterprises**		
大型企业	Large－Scale	12.50	12.50
中型企业	Medium－Scale	27.42	25.81
小型企业	Small－Scale	25.89	23.83
五、按隶属关系分组	**Grouped by sector**		
中央企业	Centre	34.48	37.93
省属企业	Province	23.48	25.00
地区属企业	Profecture	38.83	38.20
县及县以下属企业	Below county	22.20	19.35
六、按工业行业分组	**Grouped by sector**		
B、采矿业	Mining	16.58	13.37
煤炭开采和洗选业	Coal mining and processing	14.10	14.10

Main Economic Indicators above Designated size Industrial Enterprises

unit: %

销售收入利税率 Revenue – profits ratio		总资产贡献率 Total assets – Liability ratio		资产负债率 Assets – Liability ratio	
2004	2003	2004	2003	2004	2003
11.69	**12.80**	**10.88**	**10.31**	**60.36**	**61.29**
9.11	8.92	7.17	6.40	71.42	73.18
6.37	8.68	7.97	8.08	62.19	63.51
10.60	14.21	9.17	8.62	55.48	56.64
13.40	12.59	11.38	8.69	54.58	53.93
13.61	18.51	20.26	27.30	47.66	50.13
8.53	8.18	13.38	10.02	57.12	56.02
12.30	**13.41**	**10.98**	**10.63**	**61.91**	**62.04**
13.69	15.46	14.23	14.28	55.81	56.41
7.86	7.03	5.86	5.04	73.25	70.39
7.22	5.60	4.10	3.04	70.74	73.68
11.03	10.73	8.68	7.27	55.56	58.55
11.83	13.20	11.46	11.11	61.61	62.01
13.57	15.38	14.20	14.21	56.08	56.94
9.34	8.52	7.68	6.22	67.83	67.34
7.92	8.36	6.61	5.75	60.93	63.85
13.26	11.80	12.31	9.45	62.42	63.98
10.75	10.67	8.88	7.20	69.50	66.68
5.53	8.56	3.95	4.76	63.92	61.92
12.08	15.56	14.70	17.19	51.71	54.73
31.44	26.27	19.46	12.82	51.05	50.01
12.16	9.17	6.42	4.13	62.85	59.27

11－11 续表 1

单位:%

项目	Item	企业亏损额面 Proportion of loss	
		2004 年	2003 年
石油和天然气开采业	Petroleum and natural gas extraction	15.15	6.06
黑色金属矿采选业	Ferrous metals mining and processing		4.35
有色金属矿采选业	Nonferrous metals mining	26.92	19.23
非金属矿采选业	Non metal minerals mining and processing	29.63	22.22
C、制造业	Manufecture	24.79	23.16
农副食品加工业	Food processing	23.19	25.12
食品制造业	Food manufacturing	25.00	23.75
饮料制造业	Beverage manufacturing	34.34	32.32
烟草制品业	Tobacco processing	33.33	16.67
纺织业	Textile industry	36.07	31.15
纺织服装、鞋、帽制造业	Garments and other fiber products	30.23	32.56
皮革、毛皮、羽毛(绒)及其制品业	Leather furs down and related products		
木材加工及木、竹、藤、棕、草制品业	Timber bamboo cane palm fiber and straw product	18.38	16.91
家具制造业	Furniture manufacturing	10.53	15.79
造纸及纸制品业	Papermaking and paper products	36.96	34.78
印刷业、记录媒介的复制	Printing and record pressing	23.26	30.23
文教体育用品制造业	Stationery education and sports goods		
石油加工、炼焦及核燃料加工业	Pertroleum processing and coking products	26.32	15.79
化学原料及化学制品制造业	Chemical raw materials and chemical products	18.01	15.53
医药制造业	Medical and pharmaceutical product	27.27	27.27
化学纤维制造业	Chemical fibers	20.00	
橡胶制品业	Rubber products	16.67	16.67
塑料制品业	Plastic products	25.40	23.81
非金属矿物制品业	Nonmetal mineral products	21.36	20.87
黑色金属冶炼及压延加工业	Smelting and pressing of ferrous metals	22.50	25.00
有色金属冶炼及压延加工业	Smelting and pressing of nonferrous metals	32.00	24.00
金属制品业	Metal products	22.22	27.78
通用设备制造业	Ordinary machinery manufacturing	24.11	21.43
专用设备制造业	Special purpose equipment	21.05	21.05
交通运输设备制造业	Transportation equipment manufacturing	27.61	22.01
电气机械及器材制造业	Electric equipment and machinery	27.27	20.00
通信设备、计算机及其他电子设备制造业	Electronic and telecommunications	55.56	38.89
仪器仪表及文化、办公用机械制造业	Instruments metersultural and official machinery	14.29	14.29
工艺品及其他制造业造业	Other manufacturing	8.33	
D、电力、燃气及水的生产和供应业	Electric powersteam hotwater production and supply	46.27	41.79
电力、热力的生产和供应业	Electric powersteam hotwater production and supply	31.85	30.37
燃气生产和供应业	Gas products and supply	58.33	50.00
水的生产和供应业	Tap water production and supply	79.63	68.52

continued

unit: %

销售收入利税率 Revenue - profits ratio		总资产贡献率 Total assets - Liability ratio		资产负债率 Assets - Liability ratio	
2004	2003	2004	2003	2004	2003
60.19	54.28	23.11	16.01	47.56	46.97
49.60	26.64	31.32	8.46	32.21	31.20
11.25	8.74	9.55	3.67	74.06	76.57
15.53	15.97	9.55	7.28	78.07	78.67
11.17	14.00	10.66	11.01	58.64	60.05
6.47	3.71	10.05	5.59	55.42	70.32
3.53	3.95	4.50	4.72	61.46	61.26
14.73	17.03	10.01	8.86	59.65	56.72
75.27	88.25	41.33	33.49	77.61	89.32
1.40	0.41	1.47	2.03	69.41	70.75
5.56	3.31	5.59	3.45	72.21	61.69
2.32	2.88	3.64	2.45	86.44	86.37
7.16	6.63	6.85	5.21	55.27	57.47
6.24	6.33	5.47	4.34	60.42	63.07
- 13.70	- 4.48	- 0.90	0.43	80.90	67.33
18.31	16.58	9.22	8.97	62.11	66.64
4.37	6.74	6.30	7.22	120.76	118.42
0.55	6.68	1.54	20.71	27.44	41.14
13.22	10.86	13.66	7.76	49.45	49.83
24.47	26.30	9.36	8.63	44.07	45.58
15.18	13.77	10.31	8.37	55.02	56.77
5.59	11.03	3.67	4.26	77.43	82.72
6.13	8.23	4.66	5.65	59.29	61.10
14.04	14.67	8.80	6.35	65.66	62.15
12.91	19.92	15.17	15.13	66.57	62.22
1.20	5.97	1.90	4.43	76.05	75.74
7.52	8.61	4.61	3.10	61.73	69.68
6.93	6.90	3.81	3.31	49.53	72.77
7.64	8.30	5.44	4.65	67.78	71.59
10.99	15.91	12.19	16.18	60.67	61.98
2.30	1.48	2.09	1.90	62.78	66.96
- 18.52	- 19.66	- 3.86	- 3.39	77.37	61.25
10.63	10.92	5.85	7.79	51.60	52.69
7.15	8.29	11.72	13.57	59.28	70.48
9.83	5.40	6.30	4.14	78.00	76.52
9.33	5.28	6.84	4.52	85.43	83.49
31.06	15.49	8.79	4.98	55.26	60.63
0.82	- 0.91	0.82	0.87	37.30	36.76

11－11　续表 2

单位：%

项目	Item	流动资产周转率(次) Times of turnover of circulating funds 2004年	2003年
总计	**Total**	**2.00**	**1.81**
一、按经济组织类型分组	**Grouped by registered type**		
国有企业	State－owned	1.66	1.44
集体企业	Collective owned	2.00	1.56
股份合作企业	Cooperative enterprises	1.61	1.44
股份制企业	Share holding	2.08	1.71
外商和港、澳、台商投资企业	Funded from Hongkong、Macao and Taiwan	2.49	2.88
其他企业	Others	3.05	2.63
二、在总计中：国有控股企业	**Grouped by State－owned**	**2.01**	**1.83**
国有控股大型企业	Large－Scale	2.30	2.14
国有控股中型企业	Medium－Scale	1.53	1.37
国有控股小型企业	Small－Scale	1.17	0.93
三、按轻重工业分组	**Grouped by light and heavy industry**		
轻工业	Light industry	1.60	1.44
重工业	Heavy industry	2.10	1.90
四、按企业规模分组	**Grouped by size of enterprises**		
大型企业	Large－Scale	2.29	2.13
中型企业	Medium－Scale	1.70	1.52
小型企业	Small－Scale	1.61	1.32
五、按隶属关系分组	**Grouped by sector**		
中央企业	Centre	2.28	1.92
省属企业	Province	1.77	1.31
地区属企业	Profecture	1.25	1.11
县及县以下属企业	Below county	2.17	2.25
六、按工业行业分组	**Grouped by sector**		
B、采矿业	Mining	2.26	1.76
煤炭开采和洗选业	Coal mining and processing	1.15	0.73

continued

Unit: 10000 yuan

销售收入利润率 Revenue - profits ratio		成本费用利润率 Cost - profits ratio		产品销售率 Products sold ratio	
2004	2003	2004	2003	2004	2003
5.60	**6.05**	**6.04**	**6.54**	**99.24**	**97.67**
2.75	2.09	2.82	2.08	100.62	99.80
2.74	3.27	2.89	3.44	98.18	97.70
5.06	8.15	5.49	8.90	99.15	92.51
7.56	6.13	8.41	6.79	97.90	96.99
6.89	11.20	7.65	13.05	100.02	96.48
4.86	3.71	5.24	3.98	98.13	97.39
5.40	**5.95**	**5.80**	**6.41**	**100.31**	**98.26**
6.74	8.01	7.35	8.80	101.21	98.47
0.44	-1.11	0.45	-1.12	97.16	98.38
2.60	0.38	2.67	0.39	97.39	95.31
4.91	3.92	5.40	4.25	94.56	94.19
5.74	6.46	6.17	6.98	100.32	98.46
6.83	8.13	7.44	8.93	100.95	98.32
3.31	1.71	3.50	1.78	97.09	97.36
4.18	3.89	4.44	4.15	96.26	95.66
6.56	4.54	7.13	4.77	100.72	99.86
5.07	3.95	5.29	4.06	96.96	98.94
0.53	2.92	0.54	3.03	98.01	95.75
6.24	8.99	6.85	10.26	98.74	96.23
21.67	17.76	31.05	22.97	99.53	96.90
4.57	1.72	4.68	1.63	100.37	95.25

11－11　续表　3

单位：%

项目 Item		流动资产周转率(次) Times of turnover of circulating funds	
		2004年	2003年
石油和天然气开采业	Petroleum and natural gas extration	3.06	2.67
黑色金属矿采选业	Ferrous metals mining and processing	2.14	2.23
有色金属矿采选业	Nonferrous metals mining	2.12	1.89
非金属矿采选业	Non metal minerals mining and processing	1.12	0.89
C、制造业	Manufecture	1.95	1.78
农副食品加工业	Food processing	3.33	3.23
食品制造业	Food manufacturing	2.19	2.60
饮料制造业	Beverage manufacturing	1.74	1.57
烟草制品业	Tobacco processing	1.50	1.10
纺织业	Textile industry	0.99	1.06
纺织服装、鞋、帽制造业	Garments and other fiber products	1.88	1.40
皮革、毛皮、羽毛(绒)及其制品业	Leather furs down and related products	2.18	1.67
木材加工及木、竹、藤、棕、草制品业	Timber bamboo cane palm fiber and straw product	2.03	1.67
家具制造业	Furniture manufacturing	1.40	1.27
造纸及纸制品业	Papermaking and paper products	1.37	1.02
印刷业、记录媒介的复制	Printing and record pressing	1.27	1.14
文教体育用品制造业	Stationery education and sports goods	0.77	0.69
石油加工、炼焦及核燃料加工业	Pertroleum processing and coking products	4.87	3.72
化学原料及化学制品制造业	Chemical raw materials and chemical products	3.82	2.48
医药制造业	Medical and pharmaceutical product	0.79	0.74
化学纤维制造业	Chemical fibers	2.00	2.01
橡胶制品业	Rubber products	0.80	0.66
塑料制品业	Plastic products	1.15	1.09
非金属矿物制品业	Nonmetal mineral products	1.32	1.04
黑色金属冶炼及压延加工业	Smelting and pressing of ferrous metals	2.60	2.13
有色金属冶炼及压延加工业	Smelting and pressing of nonferrous metals	2.04	1.47
金属制品业	Metal products	1.37	0.71
通用设备制造业	Ordinary machinery manufacturing	0.82	0.76
专用设备制造业	Special purpose equipment	1.12	0.83
交通运输设备制造业	Transportation equipment manufacturing	1.95	2.02
电气机械及器材制造业	Electric equipment and machinery	0.96	0.85
通信设备、计算机及其他电子设备制造业	Electronic and telecommunications	0.69	0.52
仪器仪表及文化、办公用机械制造业	Instruments meterscultural and official machinery	0.98	1.01
工艺品及其他制造业造业	Other manufacturing	3.91	2.29
D、电力、燃气及水的生产和供应业	Electric powersteam hotwater production and supply	2.41	2.17
电力、热力的生产和供应业	Electric powersteam hotwater production and supply	2.64	2.34
燃气生产和供应业	Gas products and supply	1.34	1.40
水的生产和供应业	Tap water production and supply	1.05	1.23

continued

销售收入利润率 Revenue - profits ratio		成本费用利润率 Cost - profits ratio		产品销售率 Products sold ratio	
2004	2003	2004	2003	2004	2003
26.56	23.22	42.98	33.77	99.81	97.03
22.39	5.01	35.19	5.69	97.94	100.26
7.65	2.58	7.25	2.66	92.16	99.19
6.81	5.20	7.56	5.52	100.96	98.04
4.74	6.11	5.04	6.57	99.24	97.62
5.38	2.81	5.83	2.91	95.96	95.96
1.36	1.07	1.38	1.10	95.00	96.31
2.58	1.37	2.84	1.58	98.64	96.53
3.01	1.74	4.81	2.76	100.31	99.55
-1.21	-2.13	-1.21	-2.09	96.51	98.05
3.70	1.37	3.94	1.40	97.76	97.29
1.30	1.43	1.35	1.47	94.02	97.14
3.58	2.27	3.81	2.35	98.54	96.69
3.95	3.28	4.13	3.39	97.41	98.81
-20.11	-11.01	-18.66	-10.30	98.00	86.63
9.14	8.33	10.60	8.90	97.56	96.64
0.02	1.40	0.02	1.42	85.48	87.39
-5.89	-0.04	-5.90	-0.04	98.57	102.05
6.78	2.50	7.36	2.62	98.54	98.70
13.79	14.06	16.12	16.39	86.86	87.78
8.55	6.35	9.40	6.83	96.20	96.17
-4.19	-0.80	-4.27	-0.85	103.36	96.83
3.23	4.94	3.43	5.32	99.30	97.61
6.11	4.91	6.55	5.24	97.80	98.27
7.11	10.15	7.62	11.36	98.63	102.09
-1.41	2.48	-1.42	2.55	99.52	89.77
3.98	3.59	4.19	3.68	91.64	96.22
2.14	1.03	2.31	1.06	93.42	89.83
3.48	2.72	3.63	2.78	97.84	97.57
4.54	8.21	4.75	8.89	101.90	98.39
-1.17	-2.27	-1.18	-2.26	96.18	96.50
-26.24	-28.00	-20.70	-22.63	93.42	97.28
4.16	4.01	4.41	4.13	93.33	97.18
4.68	5.23	5.05	5.68	91.98	96.86
2.47	-2.75	2.61	-2.79	99.04	99.42
2.03	-2.93	2.15	-2.94	100.04	99.59
19.23	4.06	21.75	5.46	91.02	102.55
-6.04	-7.60	-5.42	-7.07	94.61	95.01

11－12　各市县规模以上工业企业主要经济分析指标

单位：%

市、县 City, County		企业亏损面 Proportion of loss enterprises		销售收入利税率 Revenue－profits ratio	
		2004	2003	2004	2003
长春市	**Changchun**	**29.14**	**24.14**	**10.04**	**13.43**
市　区	District	29.72	23.96	10.35	13.81
农安县	Nongan	14.29	8.93	7.12	9.04
九台市	Jiutai	44.44	40.74	3.25	3.77
榆树市	Yushu	44.83	27.59	5.26	6.63
德惠市	Dehui	20.59	35.29	1.33	0.31
吉林市	**Jilin**	**27.35**	**24.51**	**11.89**	**9.48**
市　区	District	25.10	26.62	10.68	8.46
永吉县	Yongji	50.00	44.44	7.11	5.07
蛟河市	Jiaohe	20.00	10.91	9.27	11.42
桦甸市	Huadian	26.67	13.33	36.15	12.64
舒兰市	Shulan	20.00	8.00	4.55	8.53
磐石市	Panshi	39.39	36.36	16.79	19.93
四平市	**Siping**	**28.16**	**30.69**	**9.24**	**7.74**
市　区	District	24.77	34.86	10.51	10.67
梨树县	Lishu	20.00	8.00	5.86	6.29
伊通县	Yitong	39.39	36.36	4.25	6.02
公主岭市	Gongzhuling	38.33	33.33	6.63	6.03
双辽市	Shuangliao	20.00	44.00	12.79	－0.25
辽源市	**Liaoyuan**	**18.33**	**16.67**	**5.29**	**3.70**
市　区	District	26.88	21.51	4.78	2.55
东丰县	Dongfeng	11.90	23.81	6.55	7.61
东辽县	Dongliao	6.67		7.00	7.40
通化市	**Tonghua**	**15.74**	**16.17**	**14.66**	**16.59**
市　区	District	21.31	24.59	14.36	17.62
通化县	Tonghua	12.82	12.82	22.85	22.56
辉南县	Huinan	3.70	11.11	14.60	15.06
柳河县	Liuhe	7.41	7.41	13.48	14.51
梅河口市	Meihekou	16.36	18.18	8.99	8.09
集安市	Jian	26.92	11.54	19.18	14.60

注：①规模以上工业企业统计范围为：全部国有和年产品销售收入500万元及以上非国有工业企业；
②此表为快报数值。
①Industrial enterprises above designated size refer to all state ouned industrial enterprises and thenone－state ouned industrial cnterprises with annual sales income of over 5 million yuan.
②The table is from quikly reports.

Main Economic Indicators above Desighated size Industrial Enterprises

总资产贡献率 Total assets - Liability ratio		资产负债率 Assets - Liability ratio		流动资产周转率(次) Times of turnover of circulating funds		销售收入利润率 Revenue - profits ratio	
2004	2003	2004	2003	2004	2003	2004	2003
10.63	**13.00**	**61.00**	**62.27**	**1.92**	**1.96**	**4.36**	**7.10**
10.80	13.24	60.86	62.00	1.89	1.95	4.53	7.37
12.20	15.87	57.36	68.04	3.48	3.45	1.52	2.52
4.18	4.18	61.80	50.90	2.42	1.94	0.49	0.54
5.01	6.26	47.76	51.24	1.87	2.43	-1.17	-0.36
3.99	3.32	75.97	81.02	2.96	2.09	0.75	-0.34
10.98	**6.80**	**60.93**	**59.58**	**2.49**	**1.80**	**6.43**	**2.98**
10.03	6.32	60.19	58.59	2.61	1.86	5.25	1.87
8.96	3.61	55.87	54.71	2.79	1.83	2.75	-0.89
8.38	7.63	61.00	58.91	2.10	1.46	5.92	5.86
20.89	6.00	68.25	68.45	1.89	1.68	30.67	8.28
4.16	5.63	70.56	55.94	1.64	0.84	1.06	3.25
17.45	13.16	63.37	67.56	2.00	1.69	10.31	13.13
10.20	**7.68**	**78.32**	**80.09**	**2.10**	**1.71**	**2.62**	**0.62**
11.26	10.21	69.34	69.35	2.12	1.86	2.72	2.28
7.02	4.88	61.81	71.27	2.43	1.58	2.74	2.71
8.09	8.67	61.96	77.38	2.75	2.38	1.78	2.38
8.46	6.35	59.66	63.36	2.14	1.73	2.45	1.95
10.74	5.21	116.18	111.86	1.69	1.23	2.67	-10.34
4.42	**3.46**	**72.46**	**74.61**	**1.49**	**1.38**	**-0.01**	**-1.98**
3.79	2.78	74.43	73.50	1.27	1.26	-1.01	-3.51
8.57	9.19	54.48	84.14	2.87	2.11	2.95	3.41
9.41	6.33	68.93	76.85	2.73	1.74	2.50	2.49
11.27	**11.22**	**54.46**	**51.24**	**1.54**	**1.35**	**8.57**	**9.53**
11.59	12.50	60.87	56.16	1.75	1.52	8.06	9.94
7.57	6.62	36.27	36.56	0.61	0.55	13.23	12.74
19.78	17.97	39.90	35.21	1.99	1.68	10.87	10.20
11.70	11.84	70.81	61.94	1.84	1.78	7.37	8.45
8.36	5.84	54.21	56.85	1.78	1.53	4.05	3.31
10.23	7.64	36.80	45.15	0.92	0.92	12.79	8.97

11－12　续表 1

单位：%

市、县 City, County		企业亏损面 Proportion of loss enterprises		销售收入利税率 Revenue－profits ratio	
		2004	2003	2004	2003
白 山 市	**Baishan**	**15.24**	**18.29**	**10.32**	**8.67**
市　　区	District	25.86	22.41	9.99	9.34
抚 松 县	Fusong	10.00	13.33	9.44	5.15
靖 宇 县	Jingyu	9.09	45.45	11.29	10.58
长 白 县	Changbai	6.67		7.07	8.67
江 源 县	Jiangyuan	3.70	14.81	10.89	9.64
临 江 市	Linjiang	17.39	17.39	12.49	8.89
松 原 市	**Songyuan**	**20.38**	**15.29**	**25.59**	**21.01**
市　　区	District	23.81	23.81	29.12	23.64
前 郭 县	Qiangou	11.90	2.38	8.01	－1.88
长 岭 县	Changling	16.67	16.67	3.91	6.27
乾 安 县	Qianan	42.11	31.58	12.95	11.16
扶 余 县	Fuyu	16.67	11.11	4.89	4.22
白 城 市	**Baicheng**	**28.48**	**32.73**	**9.38**	**9.91**
市　　区	District	35.19	33.33	10.65	11.08
镇 赉 县	Zhenglai	36.36	36.36	4.78	6.75
通 榆 县	Tongyu	25.00	29.17	7.35	6.98
洮 南 市	Taonan	29.03	54.84	11.80	11.19
大 安 市	Daan	14.71	11.76	4.92	5.39
延边朝鲜族自治州	**Yanbian**	**36.33**	**31.29**	**14.86**	**14.93**
延 吉 市	Yanji	48.21	33.93	25.31	25.29
图 们 市	Tumen	20.00	23.33	5.17	5.79
敦 化 市	Denhua	30.91	23.64	10.88	12.47
珲 春 市	Hunch	37.50	43.75	7.73	0.24
龙 井 市	Longjing	26.67	36.67	12.47	11.87
和 龙 市	Helong	40.91	36.36	12.70	11.93
汪 清 县	Wangqing	38.46	23.08	7.01	8.94
安 图 县	Antu	44.44	33.33	12.03	10.06

continued

unit: %

总资产贡献率 Total assets – Liability ratio		资产负债率 Assets – Liability ratio		流动资产周转率(次) Times of turnover of circulating funds		销售收入利润率 Revenue – profits ratio	
2004	2003	2004	2003	2004	2003	2004	2003
7.71	**5.39**	**60.89**	**61.86**	**1.71**	**1.31**	**4.66**	**2.49**
6.61	5.63	52.71	53.62	1.22	1.11	3.55	2.75
5.46	3.52	89.27	91.28	1.98	1.54	3.90	-1.01
6.63	4.05	61.52	57.41	2.09	0.69	6.77	5.53
8.06	6.89	44.79	54.35	1.94	1.85	2.89	2.86
21.03	12.10	43.77	35.58	5.81	2.98	6.90	4.71
11.05	5.54	51.08	51.19	2.08	1.42	6.25	2.52
17.77	**12.71**	**48.81**	**53.54**	**2.86**	**2.52**	**16.69**	**12.70**
20.01	14.50	44.78	49.75	3.16	2.87	19.48	14.61
5.48	0.74	65.96	76.00	1.52	1.20	1.92	-3.85
6.03	4.21	16.82	28.73	2.31	1.80	1.84	2.82
9.47	7.33	69.05	66.71	2.07	1.64	4.93	4.89
9.74	3.65	95.32	97.47	4.29	1.71	3.38	1.41
10.20	**10.61**	**69.21**	**72.30**	**2.03**	**1.82**	**3.98**	**4.05**
10.81	11.73	73.53	73.59	1.94	1.84	4.85	4.97
4.82	4.88	68.32	67.20	1.62	0.90	0.70	0.81
7.42	6.47	75.14	85.29	3.41	3.34	3.77	2.31
15.13	13.78	50.48	49.05	1.89	2.06	5.13	4.56
8.02	8.22	59.15	78.40	2.54	1.76	0.85	0.92
9.75	**8.45**	**59.90**	**62.95**	**1.57**	**1.21**	**4.31**	**2.69**
18.40	16.35	69.14	70.68	1.78	1.51	5.89	2.85
5.15	4.00	68.22	66.48	1.80	1.10	-1.74	0.43
6.69	6.26	38.52	43.51	1.45	1.03	5.73	6.19
3.69	0.86	66.82	76.15	0.99	0.72	2.95	-4.77
12.34	10.99	51.74	56.98	1.74	1.64	6.07	4.44
9.09	7.39	76.10	65.70	1.45	1.13	5.08	3.09
5.96	7.15	67.18	71.22	1.74	1.91	1.39	1.79
6.48	5.74	59.04	62.53	1.69	1.42	5.15	2.96

11－12 续表 2

单位：%　　　　　　　　　　　　　　　　　　　　　　　　　　　　　　unit：%

市、县 City, County		成本费用利润率 Cost－profits ratio		产品销售率 Products sold ratio	
		2004	2003	2004	2003
长春市	**Changchun**	**4.60**	**7.67**	**100.58**	**97.71**
市　区	District	4.79	7.98	100.79	97.84
农安县	Nongan	1.50	2.82	96.31	104.05
九台市	Jiutai	0.50	0.54	97.47	90.13
榆树市	Yushu	－1.19	－0.39	101.93	97.02
德惠市	Dehui	0.75	－0.32	93.61	91.22
吉林市	**Jilin**	**6.94**	**3.13**	**98.45**	**98.26**
市　区	District	5.60	1.94	98.28	98.93
永吉县	Yongji	2.87	－0.91	95.89	95.76
蛟河市	Jiaohe	6.57	6.10	99.56	94.34
桦甸市	Huadian	44.21	9.46	102.34	97.77
舒兰市	Shulan	1.09	3.12	98.82	97.58
磐石市	Panshi	11.50	15.16	98.73	93.58
四平市	**Siping**	**2.78**	**0.65**	**98.26**	**97.13**
市　区	District	2.94	2.52	98.41	96.88
梨树县	Lishu	2.88	2.83	98.52	97.64
伊通县	Yitong	1.95	2.43	97.29	97.21
公主岭市	Gongzhuling	2.52	2.00	98.46	97.53
双辽市	Shuangliao	2.83	－9.99	97.45	97.05
辽源市	**Liaoyuan**	**－0.01**	**－1.91**	**95.87**	**96.44**
市　区	District	－1.00	－3.32	96.51	96.42
东丰县	Dongfeng	3.07	3.55	92.98	96.75
东辽县	Dongliao	2.60	2.58	96.20	96.02
通化市	**Tonghua**	**9.31**	**10.78**	**96.54**	**98.10**
市　区	District	8.65	11.14	96.52	99.44
通化县	Tonghua	14.56	16.84	92.18	92.79
辉南县	Huinan	12.09	11.17	98.87	97.04
柳河县	Liuhe	8.50	11.14	94.15	93.39
梅河口市	Meihekou	4.33	3.47	96.15	97.61
集安市	Jian	14.71	10.11	100.53	99.48

11 - 12 续表 3

单位:%

市、县 City, County		成本费用利润率 Cost - profits ratio		产品销售率 Products sold ratio	
		2004	2003	2004	2003
白 山 市	**Baishan**	**4.95**	**2.56**	**96.26**	**97.24**
市　　区	District	3.74	2.78	96.39	97.72
抚 松 县	Fusong	4.13	-1.02	99.52	97.07
靖 宇 县	Jingyu	7.43	5.87	90.50	94.81
长 白 县	Changbai	3.18	3.23	88.34	88.44
江 源 县	Jiangyuan	7.37	5.18	99.53	99.56
临 江 市	Linjiang	6.71	2.54	93.23	98.42
松 原 市	**Songyuan**	**22.16**	**15.74**	**98.46**	**98.42**
市　　区	District	27.86	18.78	99.34	99.06
前 郭 县	Qiangou	1.76	-3.64	92.23	97.58
长 岭 县	Changling	1.86	2.94	96.24	97.52
乾 安 县	Qianan	5.31	5.27	99.06	87.49
扶 余 县	Fuyu	3.61	1.43	95.59	96.43
白 城 市	**Baicheng**	**4.28**	**4.36**	**97.33**	**97.31**
市　　区	District	5.23	5.46	97.91	98.19
镇 赉 县	Zhenglai	0.72	0.81	95.92	95.83
通 榆 县	Tongyu	3.98	2.44	97.87	97.24
洮 南 市	Taonan	5.43	4.81	97.02	96.13
大 安 市	Daan	0.95	0.94	96.08	96.00
延边朝鲜族自治州	**Yanbian**	**4.76**	**2.87**	**97.69**	**96.24**
延 吉 市	Yanji	7.26	3.37	98.93	97.97
图 们 市	Tumen	-1.75	0.43	99.48	89.53
敦 化 市	Denhua	6.31	6.48	94.96	98.37
珲 春 市	Hunch	2.97	-4.43	98.08	97.95
龙 井 市	Longjing	6.51	4.62	97.03	93.63
和 龙 市	Helong	5.05	3.13	97.83	95.25
汪 清 县	Wangqing	1.41	1.84	98.12	95.82
安 图 县	Antu	5.38	2.97	96.30	96.18

第十二篇 CHAPTER

交通运输和邮电通信业

TRANSPORTATION, POSTAL AND TELECOMMUNICATIONS SERVICES

12

12－1　历年交通运输基本情况

Transportation of Jinlin

年份 Year	铁路里程（公里）Length of Railways（km）	公路里程（公里）Length of Highways（km）	客运量（万人）Passenger Traffic（10000 persons）	#铁路 Railway	#公路 Highway	#水运 Waterway	货运量（万吨）Freight Traffic（10000 tons）	#铁路 Railway	#公路 Highway	#水运 Waterway
1949	2364	3567	601	567	34	0.1	627	616	5	7
1950	2420	4114	955	901	54	0.1	1045	862	153	31
1951	2420	5580	930	843	87	0.1	1482	990	478	15
1952	2419	5505	1141	1000	142	0.1	2138	1138	992	8
1953	2418	6106	1613	1404	209	0.1	3353	1671	1676	5
1954	2418	6746	1675	1385	289	2	3965	1835	2123	8
1955	2418	7437	1461	1150	309	2	3150	1494	1647	9
1956	2418	9574	2273	1894	376	3	3572	1856	1703	13
1957	2435	10248	2633	2178	451	4	3663	1889	1763	11
1958	2446	11129	3059	2382	673	4	5079	2340	2728	11
1959	2469	11291	3615	3016	594	4	7431	3122	4284	26
1960	2471	12473	4335	3750	567	18	8075	3695	4333	47
1961	2471	12539	5257	4758	493	5	4854	2639	2194	22
1962	2471	12606	5302	4699	595	9	3893	2098	1778	17
1963	2885	12954	4242	3548	688	5	3988	2194	1781	13
1964	2912	13184	4149	3281	864	4	4649	2395	2244	10
1965	2967	14256	4097	3057	1037	3	5098	2716	2373	9
1966	3384	15158	4615	3224	1376	15	5494	3025	2452	17
1967	3408	15785	4949	3479	1454	16	4672	2331	2325	16
1968	3399	16059	5412	4027	1367	18	4372	2191	2164	16
1969	3308	16861	6058	4277	1762	19	5366	2720	2629	17
1970	3389	17932	6269	4349	1892	27	6091	3255	2817	20
1971	3399	18063	7084	4774	2279	30	6909	3657	3232	20
1972	3463	18112	7926	5282	2625	19	7647	3813	3813	20
1973	3463	18493	8344	5531	2793	20	8042	3997	4021	25
1974	3492	18966	8946	5828	3115	3	8256	4068	4174	14
1975	3492	19539	9859	6436	3418	4	8869	4331	4520	18
1976	3575	20343	10301	6766	3532	3	8728	4450	4264	14
1977	3646	23406	11497	7734	3758	3	9914	4616	5284	15
1978	3720	23836	11876	7790	4080	3	10666	5048	5602	16
1979	3720	23545	12476	8080	4390	4	11480	6235	5228	17
1980	3719	23545	13205	8380	4819	5	9249	5169	4071	92
1981	3721	24026	14216	8959	5250	5	9023	5191	3821	11
1982	3730	24047	15539	9583	5948	7	9913	5436	4464	13
1983	3730	24115	16530	9917	6605	7	10167	5645	4511	11
1984	3781	24271	17869	10203	7657	7	10812	5459	5339	14
1985	3489	24271	17181	9432	7744	4	11680	5762	5902	16
1986	3482	24625	19299	9145	10142	5	18047	5662	12369	16
1987	3482	24688	21783	9399	12369	6	21172	5842	15311	19
1988	3488	24966	26641	10139	16483	7	22218	6213	15980	25
1989	3488	25326	21403	9421	11956	14	20589	6493	14076	20
1990	3472	26468	18731	7810	10889	17	23148	6122	17005	21
1991	3473	27110	19259	7408	11810	20	23591	6317	17253	21
1992	3473	27192	20135	7630	12458	22	24055	6516	17519	20
1993	3473	28374	18667	7973	10656	13	23497	6844	16629	24
1994	3487	29581	20716	8305	12310	64	26285	6531	19333	421
1995	3480	31321	21367	7894	13371	48	26655	6123	20477	55
1996	3479	32098	20620	6781	13728	52	27604	6154	21394	56
1997	3479	33075	21124	6200	14821	47	27582	6483	21020	79
1998	3474	33812	22376	5849	16431	46	28039	5751	22221	67
1999	3549	34516	23366	5897	17352	60	32435	6058	22261	58
2000	3568	35216	24084	5785	18170	62	33323	5766	23640	46
2001	3568	39747	24492	5346	19001	70	33059	5671	23649	60
2002	3564	41095	25027	4962	19904	78	34291	5781	24777	79
2003	3562	44008	24513	4232	20112	87	34804	6044	25211	72
2004	3555	47255	27192	4687	22293	108	36683	6552	26659	75

12-2 历年旅客周转量和货物周转量

Turnover Volume of Passenger Traffic and Freight Traffic of Jinlin

年份 Year	旅客周转量 (百万人公里) Turnover Volume of Passenger Traffic (million km)	#铁路 Railway	#公路 Highway	#水运 Waterway	货物周转量 (百万吨公里) Turnover Volume of Freight Traffic (million tn.km)	#铁路 Railway	#公路 Highway	#水运 Waterway
1949			17.61	0.07			1.99	10.17
1950			27.49	0.07			13.45	34.20
1951			42.34	0.12			33.03	20.63
1952	235	166	69.04	0.06	434	356	69.50	8.38
1953			94.25	0.06			116.92	5.86
1954			109.00	0.98			124.90	11.50
1955			112.70	1.04			98.83	10.41
1956			131.44	1.43			110.23	17.03
1957	533	390	140.64	2.16	771	642	112.13	16.64
1958			169.08	2.05			179.05	8.56
1959			203.85	2.48			344.48	17.97
1960			202.39	5.43			362.49	29.46
1961			176.19	4.36			193.75	18.58
1962	1550	1318	226.50	5.14	2654	2466	168.68	19.26
1963			245.19	2.76			136.96	13.43
1964			275.37	2.34			157.04	11.65
1965	2612	2287	323.68	1.57	3428	3241	175.59	11.19
1966			408.65	2.15			204.83	20.12
1967			424.99	2.39			196.43	15.08
1968			437.13	2.48			204.33	13.89
1969			551.67	3.24			274.35	15.93
1970	4592	3985	603.93	3.13	11119	10811	290.92	17.55
1971			695.41	3.47			334.56	24.13
1972			802.07	3.72			388.95	30.82
1973			867.81	3.84			443.60	31.27
1974			974.39	2.09			462.18	28.81
1975	6346	5265	1078.10	2.19	17108	16531	541.30	35.98
1976			1103.75	1.40			532.63	36.10
1977			1197.65	1.90			644.51	49.88
1978	7802	6514	1286.05	1.77	25782	25042	686.93	53.36
1979	8181	6812	1366.49	2.43			655.33	54.30
1980	8429	6946	1479.61	3.12	24558	23967	562.16	28.98
1981	9169	7555	1610.53	3.28	24663	24009	612.67	41.61
1982	9947	8085	1859.27	3.19	28038	27212	778.44	48.10
1983	10931	8857	2070.72	3.14	31576	30747	790.08	39.08
1984	12392	9817	2571.86	2.99	31882	30726	1095.33	60.46
1985	13464	10671	2790.82	2.28	34316	33077	1160.29	78.89
1986	15113	11209	3901.27	2.55	38130	33556	4491.42	82.58
1987	16753	12259	4491.42	2.68	42257	35992	6162.00	103.01
1988	18773	13976	4794.45	2.90	43373	36865	6369.83	137.89
1989	17649	12968	4674.81	5.94	46623	39838	6657.56	127.22
1990	14788	10430	4350.39	7.49	43471	37858	5479.90	132.74
1991	15511	10625	4877.85	8.32	45028	38760	6148.22	119.96
1992	17221	11721	5491.90	8.56	46776	40599	6086.88	90.05
1993	17171	12812	4352.44	6.85	47980	41146	6731.47	102.76
1994	17809	13059	4733.48	16.29	49564	41350	8002.55	211.80
1995	17711	12552	5148.28	10.52	49731	42023	7600.25	107.26
1996	16821	11398	5411.21	11.44	50188	42230	7850.21	107.66
1997	17609	11717	5881.67	10.28	52070	44132	7827.38	110.64
1998	18409	11616	6785.78	7.25	59094	38543	7872.19	69.12
1999	19683	12347	7329.05	7.09	61781	40971	8127.69	70.68
2000	20667	12952	7679.26	5.89	61204	40621	8564.35	26.57
2001	21223	13263	7951.00	9.12	61394	41372	8601.00	35.81
2002	23232	13274	8416.54	7.00	61552	40916	9293.52	30.00
2003	21649	11505	8841.82	8.11	62017	42255	9056.59	21.29
2004	25615	14680	9002.10	11.79	69917	49986	9592.91	13.00

12－3　历年运输邮电业基本情况

Transportation, Postal and Telecommunication Services of Jinlin

年份 Year	民用汽车拥有量（辆） Number of Civil Motor Vehicles Owned	邮电业务总量（万元） Business volume of Post and Telecommunications (10000yuan)	函件（万件） Number of Letters (10000pcs)	市内电话户数（户） Number of Loans Urban Telephone Subscribers (subscriber)	电话机拥有量（部） Number of Telephone Sets
1949	1342	475	1648	9533	12022
1950	1224	558	1986	10479	13758
1951	1528	712	2097	10376	12837
1952	1640	770	2210	11426	14162
1953	2022	913	3010	12328	15229
1954	2004	966	3500	13507	16393
1955	2502	1034	3899	14040	17319
1956	2903	1089	4316	16737	20749
1957	3022	1090	4836	17339	22366
1958	3866	1361	5191	18663	33798
1959	4997	1817	5756	21248	39493
1960	5568	2376	7023	23602	51488
1961	6503	2251	6790	25293	52900
1962	7124	1965	5644	26105	51400
1963	7727	1892	4760	27529	52338
1964	8255	1991	4610	29081	51983
1965	8462	2016	4735	30113	53704
1966	9072	2306	4365	31362	60411
1967	8841	2017	3997	31825	61064
1968	8936	1909	4148	30979	60493
1969	10035	2130	5101	30829	68197
1970	11977	2501	5717	31874	68249
1971	13564	2098	6031	31049	63031
1972	17014	2275	6303	32771	66599
1973	20152	2465	6443	34707	70775
1974	24781	2620	6949	36661	76272
1975	29293	3466	7265	38208	82665
1976	35281	3490	7351	40297	84622
1977	38518	3685	7597	42239	88427
1978	42478	3853	7478	44440	89604
1979	47761	3999	8167	47750	93882
1980	54914	4055	8333	50458	98874
1981	63187	6057	8309	54074	103976
1982	70038	6293	8237	58546	111134
1983	84144	6779	8646	63532	118238
1984	81458	7517	9953	71995	127724
1985	94444	8886	12114	81087	216794
1986	111242	9503	13278	92875	242706
1987	118871	10540	13933	107315	273593
1988	143784	13539	16269	132803	320495
1989	159830	17046	16545	167924	373684
1990	162738	41556	15805	203172	421494
1991	157714	51394	13151	250396	491839
1992	187978	70063	12369	330210	603308
1993	218706	106797	13831	498711	825665
1994	233085	155114	15416	759064	1146885
1995	236147	212153	15333	1078226	1584077
1996	267955	290041	14045	1375941	1986799
1997	331436	375102	11518	1644953	1986799
1998	337106	538459	10405	1925546	2774147
1999	342835	839500	9838	2230000	3329542
2000	404172	1163500	9500	2600000	3940000
2001	434844	929500	10900	2940000	4640000
2002	475650	1122300	16086	3250000	4780000
2003	530728	1582900	17200	4213000	5990000
2004	573132	2113800	7154	4733000	6670000

注：邮电业务总量 1990 年以后为 1990 年不变价。
a：Since1990, the business volume of post and telecommunications is calculated at constant prices.

12－4　交通运输里程
Length of Transportation Route

单位：公里　　unit：km

项目	Item	2003	2004
一、铁路	Railway		
正线延展里程	Extention length of the trunk lines	4203	4173
营业里程	Length of railways in operation	3562	3555
二、公路通车里程	Length of highways	44008	47255
等级路	Paved highways	41587	45148
高速公路	Express highways	543	543
一级	First class	1258	1364
二级	Second class	5625	6319
三级	Third class	12024	12253
四级	Fourth class	22137	24669
等外路	Highway below class Iv	2421	2107
三、内河通航里程	Length of navigable inland waterways	1609	1609
四、民航	Civil aviation	128996	127720

12－5　客运量及旅客周转量
Passenger Traffic and Kilometers

项目	Item	客运量(万人) Passengers (10000 person)		旅客周转量(万人公里) Passenger－kilometer (10000 person－km)	
		2003	2004	2003	2004
全社会总计	**Total**	**24513**	**27192**	**2164939**	**2561500**
铁　路	Railways	4232	4687	1150475	1468000
公　路	Highways	20112	22293	884182	900210
水　运	Waterways	87	108	811	1179
民　航	Civil aviation	82	104	169471	192111

12-6 货运量及货物周转量
Freight Traffic and Ton-Kilometers

项目 Item		货运量(万吨) Freight traffic (10000 ton)		货物周转量(万吨公里) Freight Ton-kilometeters (10000 ton-km)	
		2003	2004	2003	2004
全社会总计	**Total**	**34804**	**36683**	**6201711**	**6991700**
铁路	Railways	6044	6552	4225503	4998600
# 地方铁路	Local railways	134	167	2621	5200
公路	Highways	25211	26659	905659	959291
民航	Air transport		1	2905	2500
管道	Pipelines	3476	3396	1065515	1030009
水运	Waterways	72	75	2129	1300

12-7 旅客运输平均运距
Average Transport Distance of Passengers

单位:公里　　unit:km

项目 Item		2003	2004
全社会总计	**Total**	**88.32**	**94.20**
铁路	Railways	271.85	313.21
公路	Highways	41.97	40.38
水运	Waterways	9.32	11.11

12-8 货物运输平均运距
Average Transport Distance of Freight

单位:公里　　unit:km

项目 Item		2003	2004
全社会总计	**Total**	**178.19**	**190.60**
铁路	Railways	699.12	762.91
公路	Highways	35.92	35.98
水运	Waterways	29.57	17.33

12－9 各市州公路客货运输量(2004)
Passengers and Freight Traffic by Region(2004)

市、州 Cities, Prefecture	客运量(万人) Passengers (10000 person)	旅客周转量(万人公里) Passenger－kilometers (10000 person－km)	货运量(万吨) Freight traffic (10000 ton)	货物周转量(万吨公里) Fright ton－kilometers (10000 ton－km)
全　省　Total	**22293**	**900210**	**26659**	**959291**
长春市　Changchun	4846	251970	9369	348443
吉林市　Jilin	3476	134197	3490	79986
四平市　Siping	2686	97988	2605	98272
辽源市　Liaoyuan	1737	46323	1644	32264
通化市　Tonghua	2301	81016	3250	101351
白山市　Baishan	1465	49385	1715	96601
松原市　Songyuan	1940	89845	1181	57228
白城市　Baicheng	501	32371	511	30576
延边朝鲜族自治州　Yanbian	3241	117115	2894	114570

12－10 民用汽车拥有量
Number of Civil Motor Vehicles Owned

单位:辆　　unit: coach

项目	Item	2003	2004
民用汽车合计	**Total**	**530728**	**573132**
载客汽车	Buses and cars	349057	394372
# 大型	Large	16383	17595
小轿车	Car	190203	220187
载货汽车	Trucks	176281	172113
# 普通载货汽车	Ordinary truck	153043	143565
其他专用汽车	Special purpose vehicles		
其他汽车	Others	5390	6647
在合计中	**In total**		
私人汽车	**Private**	**244576**	**291269**
载客汽车	Buses and cars	188337	230219
# 大型	Large	1966	2308
小轿车	Car	115829	145429
载货汽车	Trucks	55717	60096
# 普通载货汽车	Ordinary truck	49538	49804
专用载货汽车	special Trucks		
其他专用汽车	Other Special purpose vehicles	522	954

注:全省民用汽车拥有量中不包括三轮汽车和低速货车。

12－11 民用其他车辆拥有量

Number of Civil Motor Vehicles Owned

单位:辆　　　　unit:coach

项目	Item	2003	2004
民用其他车辆	**Other civil motor vehicles**		
轮胎式拖拉机	Tractors(rubber whells)	514572	563802
# 手扶拖拉机	#Mini－tractors		
摩托车	Motorcycles	1017312	1174055
# 两轮摩托车	#Motorcycles(two whells)		
其他机动车	Other vehicles		
载货挂车	Trucks	8317	6953
在民用其他车辆中私人其他车辆	**Private－owned**		
轮胎式拖拉机	Tractors(rubber whells)	514086	557805
# 手扶拖拉机	# Mini－tractors		
摩托车	Motorcycles	965206	1122849
# 两轮摩托车	# Motorcycles(two whells)		
其他机动车	Other vehicles		
载货挂车	Trucks	1151	1299

12－12 各市州民用汽车拥有量(2004)

Number of Civil Motor Vehicles Owned by Region(2004)

单位:辆　　　　unit:coach

市、州 Cities,Prefecture		民用汽车 Civil motor	#私人 Private	民用载客汽车 Passenger Vehicles	#私人 Private	普通载货汽车 Trucks	#私人 Private
长春市	Changchun	221214	99583	153540	87325	35981	9846
吉林市	Jilin	103869	56337	67804	45303	31666	9700
四平市	Siping	45664	25774	29772	17545	12441	6604
辽源市	Liaoyuan	29642	19402	9899	5057	5488	1792
通化市	Tonghua	39955	21355	25980	16286	10851	3868
白山市	Baishan	35048	16737	16037	8978	9955	3295
松原市	Songyuan	36515	18352	23157	13165	8850	
白城市	Baicheng	49444	32407	19625	10343	9427	3693
延边朝鲜族自治州	Yanbian	65682	39534	37976	24882	16710	6810

注:各市、州民用汽车拥有量中包含三轮汽车和低速货车。

12－13　邮电业务总量
Postal and Telecommunication Services

项目 Item		单位 unit	2003	2004
邮电业务总量	**Business volume**	**亿元 100 millionYuan**	**158.29**	**211.38**
邮政	Post	亿元 100 millionYuan	11.29	11.28
电信	Telecommunications	亿元 100 millionYuan	147.00	200.10
函件	letters	亿件 100 millionPcs	1.72	0.72
包件	parcels	万件 10000Pcs	279	234
订销报纸期发数	Number of newspapers	万份 10000Pcs	122	148
订销杂志期发数	Number of megazines	万份 10000Pcs	85	112
特快专递	Express mail services	万件 10000Pcs	330	323
邮政储蓄平均余额	Postal deposits babance	亿元 100 millionYuan	192	225
集邮业务	Philately	万枚 10000Pcs	2792	1789
本地电话用户	Local telephone subscribers	万户 100000Sub	599	667
# 住宅电话用户	Residential telephone	万户 100000Sub	525	559
无线寻呼用户	Subsoribers of pageing	万户 100000Sub	30	
移动电话用户	Mobile telephone subscribers	万户 100000Sub	633	763

12－14　邮电通信网及主要设备
Telecommunications Facilities

项目 Item		单位 unit	2003	2004
邮电局、所	Post and telecommunications	处 office	2100	
邮政局、所	Post and telecommunications	处 office	1374	1382
# 在农村的	#Rural	处 office	891	887
邮路长度	Length of postal routes	公里 km	69201	67671
# 铁路邮路	#Railway routes	公里 km	7687	7696
航空邮路	Air routes	公里 km	36834	36105
汽车邮路	Highway routes	公里 km	20720	23131
长话电路	Long distance telephone circuiets	路 lines	96816	96750
长途光缆线路长度	Length circuits of optical cable	公里 km	16044	18668
本地网中继光缆线路长度	Length circuits of optical cable	公里 km	47854	56096
局用交换机容量	Capacity of office telephone exchanges	万门 10000lines	841	995
火车邮箱	Railway postal	辆 coach	15	14
邮政汽车	Highway postal	辆 coach	1029	1095

第十三篇 CHAPTER

批发、零售贸易和餐饮业

WHOLESALE, RETAILTRADE AND CATERING SERVICE

13

13－1 历年社会消费品零售总额
Total Retailsales of Consumer Goods by Time

单位:万元 unit:10000 yuan

年份 Year	社会消费品零售总额 Total	按城乡分 Grouped by urban and rural		按行业分 Grouped by sector		
		城镇 Urban	乡村 Rural	批发零售贸易业 Wholesale and retailsales trade	餐饮业 Catering trade	其他行业 Others
1978	385620	291514	94106	346032	15854	23734
1979	453079	316707	136372	388943	18937	45199
1980	528330	377198	151132	438715	24509	65106
1981	592590	430405	162185	481611	29934	81045
1982	670226	490219	180007	531540	38307	100379
1983	755406	555884	199522	589343	46380	119683
1984	914002	662759	251243	711368	52394	150240
1985	1119958	843468	276490	862671	65462	191825
1986	1278126	979384	298742	972965	71948	233213
1987	1454974	1131042	323932	1086680	81881	286413
1988	1808111	1441649	366462	1344761	104819	358531
1989	1982953	1592980	389973	1479969	112779	390205
1990	1989470	1607039	382431	1478528	108295	402647
1991	2236919	1840771	396148	1666612	117840	452467
1992	2614745	2199504	415241	1924394	143653	546698
1993	3254677	2787690	466987	2359630	200252	694795
1994	3966935	3395695	571240	2750725	303050	913160
1995	4815374	4176082	639292	3262315	382543	1170516
1996	5555705	4720044	835661	3602594	573122	1379989
1997	6196934	5298436	898498	3943234	567372	1651420
1998	6804376	5908433	895943	4263376	620066	1920934
1999	7339531	5818680	1520851	6293423	729771	316336
2000	8109458	6520738	1588720	6746383	987569	375506
2001	9067589	7399810	1667779	7572956	1197180	29745
2002	10081492	8408000	1673492	8394421	1418952	268119
2003	11102766	9349998	1752768	9516423	1530264	56079
2004	12526238	10632355	1893883	10649975	1826042	50221

13－2　各市县社会消费品零售总额(2004)

单位:万元

市、县	City,county	社会消费品零售总额 Total	按销售地区分 Gouped by ur 市 City	县 County
全　　省	**Total**	**12526238**	**9763104**	**869251**
长 春 市	**Changchun**	**4953384**	**4643648**	**97187**
市　　区	District	4152874	4132533	7060
九 台 市	Jiutai	154883	136691	
榆 树 市	Yushu	222860	211643	
德 惠 市	Dehui	199108	162781	
农 安 县	Nongan	223659		90127
吉 林 市	**Jilin**	**2853069**	**2368829**	**51903**
市　　区	District	2033436	1912382	20171
桦 甸 市	Huadian	185863	131358	
蛟 河 市	Jiaohe	155951	98773	
舒 兰 市	Shulan	191174	108542	
磐 石 市	Panshi	188205	104174	
永 吉 县	Yongji	98440	11400	27932
四 平 市	**Siping**	**869182**	**510551**	**91474**
市　　区	District	235576	234471	
公主岭市	Gongzhuling	292139	172002	
双 辽 市	Shuangliao	126306	77563	
梨 树 县	Lishu	118747		37558
伊 通 县	Yitong	96414		51786
辽 源 市	**Liaoyuan**	**308920**	**178608**	**49723**
市　　区	District	178608	178608	
东 丰 县	Dongfeng	59684		35686
东 辽 县	Dongliao	35211		10938
通 化 市	**Tonghua**	**815739**	**496318**	**92430**
市　　区	District	287881	287496	
梅河口市	Meihekou	240579	156383	
集 安 市	jian	63631	38210	
通 化 县	Tonghua	47856		22104
辉 南 县	Huinan	85047		49594

注:市区、县、市相加不等于市、州总计。

Note:The sum of cities figures do not add up to the total.

Total Retail Sales of Consumer Goods by Region(2004)

unit: 10000 yuan

ban and rural	按行业分 Grouped by sector		
县以下 Below county	批发零售贸易业 Wholesales and retail sales trade	餐饮业 Catering trade	其他行业 Others
1893883	**10649975**	**1826042**	**50221**
212549	**4277575**	**670877**	**4932**
13281	3671372	481502	
18192	134676	19819	388
11217	174376	48072	412
36327	135841	63210	57
133532	161310	58274	4075
432337	**2344500**	**504912**	**3657**
100883	1627196	406217	23
54505	167494	17451	918
57178	132169	23624	158
82632	170581	19702	891
84031	164154	23469	582
59108	82936	14449	1055
267157	**770622**	**98560**	
1105	217993	17583	
120137	271554	20585	
48743	108119	18187	
81189	92742	26005	
44628	86674	9740	
80589	**271248**	**33324**	**4348**
	157089	18198	3321
23998	52133	6525	1026
24273	29611	5600	
226991	**614846**	**196817**	**4076**
385	207977	78624	1280
84196	390	80251	390
25421	54077	8979	575
25752	34237	13269	350
35453	75779	8335	933

13－2　续表

单位:万元

市、县 City, county		社会消费品零售总额 Total	按销售地区分 Gouped by ur	
			市 City	县 County
柳河县	Liuhe	90745		34958
白山市	**Baishan**	**496649**	**213381**	**95275**
市　区	District	113460	113460	
临江市	Linjian	83895	48345	
抚松县	Fusong	120543		58471
靖宇县	Jingyu	37405		34462
长白县	Changbai	27962		17497
江源县	Jiangyuan	113382		28561
松原市	**Songyuan**	**780485**	**238455**	**248414**
市　区	District	59360	48598	
长岭县	Changling	145011		79458
前郭县	Qianguo	226104		116265
乾安县	Qianan	45010		27490
扶余县	Fuyu	138200		42842
白城市	**Baicheng**	**647614**	**440024**	**92852**
市　区	District	307680	285060	
洮南市	Taonan	96083	71842	
大安市	Daan	101714	86123	
镇赉县	Zhenlai	66343		44006
通榆县	Tongyu	84793		53845
延边朝鲜族自治州	**Yanbian**	**801196**	**673290**	**49993**
延吉市	Yanji	330243	327402	
图们市	Tumen	44092	42791	
敦化市	Dunhua	201470	164336	
龙井市	Longjing	44077	33075	
珲春市	Hunchun	59576	56585	
和龙市	Helong	33854	28554	
汪清县	Wangqing	42051		30292
安图县	Antu	35019		21081

continued

unit:10000 yuan

ban and rural	按行业分 Grouped by sector		
县以下 Below county	批发零售 贸易业 Wholesales and retail sales trade	餐饮业 Catering trade	其他行业 Others
55787	82837	7359	549
187993	**415930**	**80719**	
	102650	10810	
35550	63272	20623	
62072	100273	20270	
2943	32925	4480	
10465	22500	5462	
84821	94310	19072	
293616	**656289**	**91611**	**32585**
10762	36089	14512	8759
65553	108240	33184	3587
109839	175535	15175	35394
17520	35385	3450	6175
95358	100886	16584	20730
114738	**595929**	**51685**	
22620	277111	30569	
24241	89104	6979	
15591	95948	5766	
22337	62708	3635	
30948	78058	6735	
77913	**703036**	**97537**	**623**
2841	293070	36871	302
1301	33624	10468	
37134	180562	20908	
11002	36073	8004	
2991	55454	4122	
5300	29637	4217	
11759	36565	5486	
13938	27759	6779	481

13－3 各地区社会消费零售总额
Catering Trade

单位:亿元 unit:10000 yuan

地区		1997	1998	1999	2000	2002	2003	2004
长春市	Changchun	204.49	237.94	265.00	311.24	401.70	438.32	495.34
吉林市	Jilin	129.94	143.79	157.48	171.50	220.31	250.02	285.31
四平市	Siping	56.02	58.51	58.62	58.85	68.72	76.49	86.92
辽源市	Liaoyuan	20.15	21.34	22.01	22.86	26.02	27.58	30.89
通化市	Tonghua	44.43	46.68	49.50	54.94	67.26	74.06	81.57
白山市	Baishan	30.05	32.11	34.39	38.01	42.59	45.60	49.66
松原市	Songyuan	34.06	37.59	42.13	46.23	55.95	65.02	78.05
白城市	Baicheng	36.95	37.78	38.74	40.44	49.75	56.59	64.76
延边朝鲜族自治州	Yanbian	62.99	64.68	66.09	66.87	75.86	76.59	80.12

13－4 社会消费品零售总额
Total Retailsales of Consumer Goods

单位:万元 unit:10000 yuan

项目	Item	2003	2004
社会消费品零售总额	**Total**	**11102766**	**12526238**
一、按销售地区分	Grouped by region		
市的零售额	City	8581845	9763104
县的零售额	County	768153	869251
县以下的零售额	Below county	1752768	1893883
二、按行业分	Grouped by sector		
批发、零售贸易业	Wholesales and retail sales trade	9516423	10649975
限额以上	Aboue desingnated size	1965002	2389821
限额以下及个体户	Under desingnated size	7551421	8260154
# 市场内	In market	4465643	4796047
# 市场外	Outside market	3085778	3464107
餐饮业	Catering trade	1530264	1826042
其他	Others	56079	50221

第十四篇 CHAPTER

对外经济贸易和旅游业

FOREIGN ECONOMY TRADE AND INTERNATIONAL TOURISM

14

14－1 历年进出口贸易总额
Total Imports and Exports

年 份 Year	进出口总额（万美元） Total（USD10000）	出口总额 Exports	进口总额 Imports	进出口总额（万元） Total（10000yuan）	出口总额 Export	进口总额 Import
1957	1106	1106		2881	2881	
1962	849	829	20	2091	2042	49
1965	3021	2888	133	7436	7109	327
1970	495	93	402	1218	228	990
1975	2623	1886	737	5164	3713	1451
1978	3704	2357	1347	6372	4055	2317
1979	6067	4413	1654	9683	6840	2843
1980	11108	6625	4483	16024	9344	6680
1981	17196	12896	4300	30093	22568	7525
1982	17753	13207	4546	34172	25422	8750
1983	21884	16661	5223	42833	32610	10223
1984	34046	24972	9074	75048	55046	20002
1985	55072	42712	12360	176295	136731	39564
1986	71716	52515	19201	266855	195408	71447
1987	63946	46766	17180	237981	174044	63937
1988	70766	53214	17552	263363	198041	65322
1989	94459	68447	26012	351538	254732	96806
1990	95272	75172	20100	449821	354920	94901
1991	134933	102707	32226	716204	545154	171050
1992	192278	130678	61600	1095985	744865	351120
1993	298100	161649	136451	2592173	1405643	1186530
1994	361209	202247	158962	3052216	1708987	1343229
1995	271474	141932	129542	2266997	1185231	1081766
1996	283725	150440	133285	2354918	1248652	1106266
1997	185442	93293	92149	1535460	772466	762994
1998	165282	74904	90378	1368204	620055	748149
1999	221698	101956	119742	1835549	844145	991404
2000	255396	124164	131232	2114168	1027830	1086338
2001	313330	146343	166987	2593307	1211222	1382085
2002	370724	176815	193909	3068394	1463351	1605043
2003	617230	216199	401031	5108627	1789414	3319213
2004	679326	171504	507822	5622442	1419453	4202989

注：本表 1978 年－1996 年为外贸部门统计数，进出口总额中未包括口岸代理进口数。从 1997 年开始为海关统计数。

Data Were Obtained from the Minstry of Foreign Trade during 1978－1996，and data of customs since 1997

14－2　海关进出口贸易总额

Total Imports and Exports (Customs Statistics)

项目 Item	2003 按美元计算（万美元）(USD 10000)	2003 按人民币计算（万元）(10000 yuan)	2004 按美元计算（万美元）(USD 10000)	2004 按人民币计算（万元）(10000 yuan)
进出口总值 Total	**617230**	**5108627**	**679326**	**5622442**
出口 Exports	216199	1789414	171504	1419453
进口 Imports	401031	3319213	507822	4202989

14－3　海关主要商品进出口总额

Valume of Main Export Commodities (Customs Statisics)

单位：万美元　　　　unit: $ 10000

项目	Item	2003	2004
一、出口总额			
冻鸡	Frozen chicken	3155	6260
水海产品	Aquatic products	1998	1764
大米	Rice	4516	2660
玉米	Corn	105928	19202
干豆	Bean	2112	2048
纺织纱线、织物及制品	Clothing	6579	6659
钢材	Steel	1636	6043
汽车和汽车底盘	Notor vehicles	2311	5302
家具	Furnitures	2188	4177
服装及衣着附件	Garment	15365	16987
二、进口总额			
铁矿砂	Iron ore	5596	14933
钢材	Steel	6824	8547
活塞式内燃机的零件	Engine parts	29165	29755
机械提升搬运装卸设备及零件	Load and unload equipment	2617	6213
金属加工机床	Metal－cutting machine tools	5818	11330
通断及保护电路装置及零件	Electrical apparatus	2636	3005
电线和电缆	Wire and cable	2424	1911
汽车和汽车底盘	Motor vehicles	34877	23788
汽车零件	Parts of motor vehicles	127717	141703
计量检测分析自控仪器及器具	Instruments	20042	27194

14－4　实际利用外资情况
Utilization of Foreign Capital

单位:万美元　　　　unit: $ 10000

		2003	2004
签订合同数（个）	**Number of signed contracts**	**340**	**306**
签订利用外资协议合同额	**Total value of foreign capital through signed contracts agreements**	**72591**	**158717**
对外借款	Foreign loans		
外商直接投资	Direct foreign investments	72591	158717
外商其他投资	Other foreign investments		
实际利用外资额	**Total amount of foreign capital used**	**50608**	**57000**
对外借款	Foreign loans	16400	11734
外商直接投资	Direct foreign investments	31808	45266
外商其他投资	Other foreign investments	2400	

14－5　国外经济合作情况
Economic cooperation with Foreign countries or Territories

		新签合同(万美元) Contracted (Value $ 10000)		实际完成(万美元) Value of business fulfilled (Value $ 10000)	
		2003	2004	2003	2004
合计	Total	23787	26824	23356	22227
对外承包工程	Contracted projects	7945	13218	10113	7000
对外劳务工程	Labor cooperation	15842	12885	13243	14912
对外设计咨询	Design consultation		721		315
对外生产合作	Cooperative business				
其他	Others				

14－6　旅游事业发展情况
Development of Tourism

		单位 unit	2003	2004
入境国际旅游者人数	Number of international tourists	人次 person－times	211699	323981
外 国 人	Foreigners	人次 person－times	185247	276654
港澳同胞	Compatriots from HongKong and Macao	人次 person－times	13481	23410
台湾同胞	Compatriots from Taiwan	人次 person－times	12971	23917
海外旅游者人天数	International tourists	人天 person－days	415537	600431
外 国 人	Foreigners	人天 person－days	366307	511239
港澳同胞	Compatriots from HongKong and Macao	人天 person－days	24941	46976
台湾同胞	Compatriots from Taiwan	人天 person－days	24289	42216
国际旅游外汇收入	Income of tourism	万美元 $10000	6638	9600
国内旅游人数	Number from domestic tourism	万人次 10000 person time	2331	2587.58
国内旅游收入	Income of tourism	亿元 100 million yuan	136.22	175.92
旅游业总人数	Total number of tourists	万人次 10000 person time	2352.33	2619.98
旅游业总收入	Total in come of tourism	亿元 100 million yuan	141.73	184.00

注：海外旅游者人数及人天数中的外国人包括华侨数。
Note: The data of tourists in 2001 include overseas chinese

14－7　旅游部门接待能力
Basic Stasistics for Tourist Hotels

		单位 unit	2003	2004
优秀旅游城市	Number of unit for tourism	个 unit	2	4
星级饭店	# Star grade hotels	个 unit	182	176
旅行社	Hotol	个 unit	248	305
客房数	Number of room	间 room	15822	16028
客房床位数	Beds	张 bed	27097	31556

注：此表为省旅游局提供数据。
Note: Data were obtained from tourism bureau.

14-8 各市州实际利用外商直接投资(2004)

Actually used Foreign Direct Investment by Region(2004)

单位:万美元

		签订合同数(个) Contract	签订利用外资协议合同额 Value	#外商直接投资 Direct foreign Investment	外商直接投资 Direct ofreign investment
长春市	Changchun	137	132982	132982	28737
吉林市	Jilin	24	5675	5675	6641
四平市	Siping	14	3779	3779	1109
辽源市	Liaoyuan	5	1522	1522	666
通化市	Tonghua	12	1745	1745	1138
白山市	Baishan	6	1825	1825	817
松原市	Songyuan	5	600	600	1028
白城市	Baicheng	4	97	97	101
延边州	Yanbian	99	10492	10492	5029

14-9 各市州旅游情况(2004)

Development of Tourism by Region(2004)

地 区		星级饭店数(个) Hotal	入境国际旅游者人数(人次) Tourists	#外国人 Foreigners	国际旅游外汇收入(万美元) Receipts $ 10000	国内旅游人数(万人次) Domestic toarists	国内旅游收入(亿元) Receipts 100 million yuan
长春市	Changchun	44	87201	70249	4295.45	1100.78	93.21
吉林市	Jilin	34	31248	11399	758.28	757.53	41.07
四平市	Siping	9	982	687	95.98	52.19	3.08
辽源市	Liaoyuan	2				40.50	2.25
通化市	Tonghua	11	14310	10113	458.08	138.27	7.05
白山市	Baishan	15	13432	9878	425.44	133.80	6.14
松原市	Songyuan	9				60.49	3.05
白城市	Baicheng	11				60.89	3.45
延边州	Yanbian	41	167542	163872	3517.98	243.13	16.62

第十五篇 CHAPTER

教育、科技和文化事业

EDUCATION, SCIENCE AND CULTURE

15

15－1 历年教育基本情况

Basic Statistics For education of Jinlin

年份 Year	在校学生数(万人) Stundent Enrollment (10000 persons)				小学毕业生升学率(%) Percentage of Graduates of Primary Schools Entering Secondary	学龄儿童入学率(%) Percentage of School－Aged Children Enrolled	专任教师数(人) Number of Full－time Teachers (person)			
	普通高等学校 Institutions of Higher Education	中学学校 Secondary Schools	#普通中学 Regular Secondary Schools	小学 Primary Schools			普通高等学校 Institutions of Higher Education	中学学校 Secondary Schools	#普通中学 Regular Secondary Schools	小学 Primary Schools
1949	0.37	3.92	3.49	90.37			255	1705	1510	22206
1950	0.37	4.75	3.97	109.43			434	2352	1887	25985
1951	0.38	6.57	5.22	125.77			523	2808	2095	29345
1952	0.67	11.27	8.59	119.09			768	4762	3284	30746
1953	0.81	13.88	10.99	143.38			1203	6056	4262	35417
1954	0.93	17.11	14.12	125.87			1315	7402	5437	34514
1955	1.18	17.35	14.80	115.29			1584	7696	6054	33483
1956	1.69	20.37	17.22	131.95			2356	8293	6192	34189
1957	1.82	21.46	18.76	142.15			2762	8910	6744	38188
1958	2.86	37.80	22.58	179.59			3779	13856	8404	49980
1959	3.27	34.53	24.13	196.52			4302	15887	9509	54040
1960	3.91	37.92	26.32	235.60			5781	18473	11178	67499
1961	3.82	34.67	24.59	223.79			6852	19236	11500	73082
1962	3.49	34.30	26.23	230.17			5800	18697	12896	76457
1963	3.21	35.13	28.85	229.28			5612	18801	13928	79327
1964	2.87	43.30	33.89	269.08			5228	21730	15781	89052
1965	2.60	59.67	35.87	303.20			5187	28085	16158	93203
1966	2.60	61.95	56.74	282.06			5289	30049	25618	88662
1967	1.57	63.30	60.41	295.95			5324	31241	26810	90566
1968	0.98	66.69	65.84	299.41			5377	36287	31856	96699
1969	0.46		66.35	309.55			4695	35358	32304	101427
1970	0.30		77.14	307.17			2110	34694	32851	101272
1971	0.30	97.82	95.37	331.55			2447	44984	42875	106298
1972	0.70	128.57	125.82	342.65			3476	57544	55009	115765
1973	1.18	130.66	128.61	344.49			4198	61789	58018	121146
1974	1.70	142.87	140.01	346.34			4521	65420	61612	119453
1975	2.21	164.83	161.42	346.92			4636	76778	72901	121020
1976	2.30	202.54	199.28	342.09			5258	94276	89910	121826
1977	2.35	213.35	210.52	335.90			6182	100547	96336	122325
1978	3.00	209.10	205.95	342.97	98.7	97.7	7221	101705	96732	124978
1979	3.57	196.57	192.26	350.41	92.4	95.3	7931	106588	100814	133875
1980	3.80	189.29	183.14	355.29	91.0	98.0	8468	103427	96189	133402
1981	4.65	173.87	169.21	349.30	88.1	96.5	8641	100443	93508	134664
1982	4.14	165.14	156.42	330.98	85.5	96.5	9670	98244	89129	133796
1983	4.54	156.39	143.60	306.12	80.6	97.0	10570	95818	84399	129288
1984	5.10	158.24	141.89	300.88	89.7	97.8	10956	94443	81494	132786
1985	5.95	158.47	138.70	299.81	89.6	97.7	12443	96294	82201	134515
1986	6.55	154.42	133.77	306.90	95.3	98.0	13580	97188	82108	137499
1987	6.87	154.49	133.45	299.39	85.4	98.3	13752	99868	83609	142040
1988	7.29	152.31	129.77	291.02	86.2	98.5	14707	102334	84897	144864
1989	7.31	141.80	120.18	283.42	85.6	98.6	14726	102626	85211	147118
1990	7.28	140.41	119.57	276.12	86.0	98.9	14791	101692	84492	145952
1991	7.25	145.32	124.02	267.24	90.1	98.8	14664	104064	86460	147729
1992	7.57	152.36	129.80	259.95	91.3	98.5	14706	104489	86962	146337
1993	8.63	152.95	129.46	257.35	91.1	99.3	14864	105149	87622	147678
1994	9.52	151.47	126.64	264.19	94.6	99.6	14956	106326	88238	150242
1995	10.08	155.18	128.74	269.03	96.2	99.7	15024	107533	88908	152734
1996	10.50	156.82	128.71	274.91	94.8	99.7	15497	109883	91241	153537
1997	11.02	158.49	129.00	280.07		99.6	15610	110514	92019	149396
1998	11.79	158.35	127.89	274.27		99.8	15531	110651	92482	151758
1999	13.96	162.14	133.68	260.38		99.8	15166	108245	90943	152052
2000	17.53	167.75	143.12	241.59		99.8	17476	106110	90007	150291
2001	21.78	169.18	148.81	221.01		97.4	18194	103631	88921	145092
2002	26.47	173.36	155.20	202.22		97.6	19975	104834	91291	144586
2003	31.95	177.38	157.76	183.31		95.7	21824	109079	92338	141363
2004	36.22	180.51	159.96	174.14		99.4	25011	110318	93056	140904

15-2 各级各类教育基本情况（2004年）
Basic Statistics for Education by Level and Type（2004）

学校类别	Item	学校数（所）Number of schools	教职工数（人）Staff and workers 合计 Total	其中：专任教师 Fill time teacher
一、高等教育	Higher education			
（一）研究生培养机构	Institution	17		
（二）普通高等教育	Regular institution	43	49859	25011
（三）成人高等教育	Higher education for aduits	22	5331	2865
二、中等教育	Secondary schools			
（一）高中阶段教育	Senior secondary schools			
1、普通高中教育	Senior secondarg schools	296		22302
2、中等职业教育	Specialized secondary schools	390	25824	15759
（1）普通中等专业学校	Specialized secondary schools	55	7134	4005
A、中等技术学校	Technical secondary schools	53	7068	3943
B、中等师范学校	Teather secondary schools	2	66	62
（2）成人中等专业学校	Specialized secoindary schools for adults	96	6732	4341
（3）职业高中	Vocational secondary schools	116	7758	4971
（4）其他机构	Other	123	4200	2442
（二）初等阶段教育	Junior secondary schools			
1、普通初中	Janior secondary schools	1367		70754
2、职业初中	Vocational junior secondary schools	33	1900	1503
三、小学教育	Primary secondary schools	7781	165872	140904
四、特殊教育学校	Special schools	48	1744	1203
五、幼儿园	Kinder garten	2691	18585	11264

学校类别	Item	毕业生数 Graduates	招生数 New studend enrollment	在校学生数 Student enrollment
一、高等教育	Higher education			
（一）研究生培养机构	Institution	5888	11983	29586
（二）普通高等教育	Regular institution	65011	111162	362191
（三）成人高等教育	Higher education for aduits	53991	71809	121689
二、中等教育	Secondary schools			
（一）高中阶段教育	Senior secondary schools			
1、普通高中教育	Senior secondarg schools	101107	169907	451637
2、中等职业教育	Specialized secondary schools	46695	61408	164170
（1）普通中等专业学校	Specialized secondary schools	12390	18173	52695
A、中等技术学校	Technical secondary schools	12210	17642	51516
B、中等师范学校	Teather secondary schools	180	531	1179
（2）成人中等专业学校	Specialized secoindary schools for adults	2628	1926	4656
（3）职业高中	Vocational secondary schools	15697	26240	61469
（4）其他机构	Other	15980	15069	45350
（二）初等阶段教育	Junior secondary schools			
1、普通初中	Janior secondary schools	368638	346009	1148001
2、职业初中	Vocational junior secondary schools	11565	8500	41310
三、小学教育	Primary secondary schools	355449	248558	1741380
四、特殊教育学校	Special schools	613	914	5555
五、幼儿园	Kinder garten	156573	214053	289838

15－3 各市县各级各类教育基本情况(2004)

Basic Statistics for Education by Type and Cities(2004)

市,县 City, County		普通中学 Secondary schools				
		学校数(所) Number of schools	毕业生(人) Graduates	招生数(人) New student envollment	在校学生数(人) Student enrollment	专任教师数(人) Number of full time teachers
吉林省	**Total**	**1663**	**469745**	**515916**	**1599638**	**93056**
长春市	**Changchun**	**377**	**126775**	**146779**	**466177**	**24876**
市区	District	158	56746	55972	177720	11350
农安县	Nongan	73	20970	26713	94884	4063
九台市	Jiutai	37	16342	20508	65212	3240
榆树市	Yushu	60	15339	23964	66450	3265
德惠市	Dehui	49	17378	19622	61911	2958
吉林市	**Jilin**	**234**	**85363**	**86574**	**267913**	**13952**
市区	District	91	33427	34111	106062	6281
永吉县	Yongji	20	9313	9293	28876	1315
蛟河市	Jiaohe	29	9190	9276	27947	1484
桦甸市	Huadian	27	10461	11016	33493	1436
舒兰市	Shulan	40	12547	11436	36221	1884
磐石市	Panshi	27	10425	11442	35314	1552
四平市	**Siping**	**216**	**49296**	**63665**	**184612**	**10743**
市区	District	45	10639	15369	43251	2835
梨树县	Lishu	46	9605	11794	34672	2315
伊通县	Yitong	29	5640	7008	21831	1329
公主岭市	Gongzhuling	61	19456	24208	67921	3113
双辽市	Shuangliao	35	4956	5276	16937	1151
辽源市	**Liaoyuan**	**73**	**20332**	**21640**	**65668**	**4050**
市区	District	22	7674	7512	23468	1317
东丰县	Dongfeng	30	6515	7243	21758	1506
东辽县	Dongliao	21	6143	6885	20442	1227
通化市	**Tonghua**	**172**	**46086**	**39310**	**135273**	**8451**
市区	District	28	9645	5101	27179	1954
通化县	Tonghua	28	5322	4792	15217	999
辉南县	Huinan	25	7120	5839	18681	1172
柳河县	Liuhe	31	7969	7658	23010	1226
梅河口市	Meihekou	41	12732	12030	39065	2199

15－3 续表 1 continued

市,县 City, County		普通中学 Secondary schools 学校数(所) Number of schools	毕业生(人) Graduates	招生数(人) New student enrollment	在校学生数(人) Student enrollment	专任教师数(人) Number of full time teachers
集安市	Jian	19	4298	3890	12121	901
白山市	**Baishan**	**124**	**22284**	**24918**	**76732**	**5419**
市 区	District	23	6399	6352	19962	1312
抚松县	Fusong	34	5732	7186	21525	1557
靖宇县	Jingyu	16	2544	2629	8756	633
长白县	Changbai	13	1405	1433	4679	475
江源县	Jiangyuan	18	3208	3761	11387	783
临江市	Linjiang	20	2996	3557	10423	659
松原市	**Songyuan**	**149**	**44183**	**54925**	**161058**	**8665**
市 区	District	27	10232	13563	43946	2628
前郭县	Qianguo	34	9886	11565	33620	1694
长岭县	Changling	39	12010	13419	39435	1673
乾安县	Qianan	21	5400	6013	17498	1032
扶余县	Fuyu	28	6655	10365	26559	1638
白城市	**Baicheng**	**137**	**32653**	**35221**	**107005**	**6958**
市 区	District	34	9326	10727	32286	1862
镇赉县	Zhenlai	23	4961	4833	15451	1333
通榆县	Tongyu	22	4553	6198	17126	1051
洮南市	Taonan	29	7572	7006	22485	1338
大安市	Daan	29	6241	6457	19657	1374
延边朝鲜族自治州	**Yanbian**	**181**	**42773**	**42894**	**135200**	**9942**
延吉市	Yanji	24	9988	10689	33044	2347
图们市	Tumen	11	2718	2465	7896	543
敦化市	Dunhua	31	8992	9834	30157	1827
珲春市	Hunchun	19	4835	4640	14491	1030
龙井市	Longjing	19	4112	3635	11681	924
和龙市	Helong	22	3887	3599	11425	953
汪清县	Wangqing	32	4517	4169	13775	1266
安图县	Antu	23	3724	3863	12731	1052

市，县 City, County		中等职业教育 Secondary schools 学校数(所) Number of schools	毕业生(人) Graduates	招生数(人) New student envollment	在校学生数(人) Student enrollment	专任教师数(人) Number of full time teachers
吉林省	**Total**	**390**	**46695**	**61408**	**164170**	**15759**
长春市	**Changchun**	**138**	**19216**	**20671**	**52783**	**3798**
市区	District	79	13980	14959	41111	2853
农安县	Nongan	4	395	530	1140	201
九台市	Jiutai	32	2831	1818	5125	287
榆树市	Yushu	6	600	1902	2682	208
德惠市	Dehui	17	1410	1462	2725	249
吉林市	**Jilin**	**45**	**10987**	**15746**	**45230**	**2565**
市区	District	30	8987	13038	39565	1991
永吉县	Yongji	4	250	337	901	92
蛟河市	Jiaohe	4	502	224	641	119
桦甸市	Huadian	3	84	1007	1265	168
舒兰市	Shulan	2	299	280	560	90
磐石市	Panshi	2	865	860	2298	105
四平市	**Siping**	**38**	**3680**	**6506**	**17226**	**1896**
市区	District	18	2057	3095	8560	959
梨树县	Lishu	5	354	742	1318	207
伊通县	Yitong	4	42	60	153	128
公主岭市	Gongzhuling	8	738	1633	4978	398
双辽市	Shuangliao	3	417	996	2217	204
辽源市	**Liaoyuan**	**17**	**1206**	**1619**	**4170**	**664**
市区	District	12	1094	1356	3594	517
东丰县	Dongfeng	3	38	97	142	78
东辽县	Dongliao	2	74	166	434	69
通化市	**Tonghua**	**37**	**3473**	**3628**	**9251**	**1955**
市区	District	15	2070	2389	6139	1235
通化县	Tonghua	2	125	165	334	58
辉南县	Huinan	3	189	369	816	136
柳河县	Liuhe	5	381	304	708	137
梅河口市	Meihekou	8	279	178	754	274

15－3 续表 3 continued

市,县 City, County		中等职业教育 Secondary schools				
		学校数(所) Number of schools	毕业生(人) Graduates	招生数(人) New student envollment	在校学生数(人) Student enrollment	专任教师数(人) Number of full time teachers
集安市	Jian	4	429	223	500	115
白山市	**Baishan**	**38**	**2045**	**2267**	**6634**	**1020**
市区	District	13	1587	1762	4967	558
抚松县	Fusong	5	173	135	806	182
靖宇县	Jingyu	3	61	155	304	68
长白县	Changbai	2	65	54	169	62
江原县	Jiutai	10		70	176	26
临江市	Linjiang	5	159	91	212	124
松原市	**Songyuan**	**18**	**1000**	**2016**	**4789**	**865**
市区	District	6	102	65	418	318
前郭县	Qianguo	5	562	1330	3276	309
长岭县	Changling	2	200	380	500	62
乾安县	Qianan	2	89	106	335	76
扶余县	Fuyu	3	47	135	260	100
白城市	**Baicheng**	**30**	**2050**	**3314**	**9526**	**1463**
市区	District	10	1499	1714	6595	784
镇赉县	Zhenlai	4			110	
通榆县	Tongyu	5	281	930	1332	154
洮南市	Taonan	8	245	534	1242	266
大安市	Daan	3	25	136	357	149
延边朝鲜族自治州	**Yanbian**	**29**	**3110**	**5621**	**14561**	**1533**
延吉市	Yanji	13	2173	3640	9595	757
图们市	Tumen	2	159	184	692	84
敦化市	Dunhua	3	268	648	1315	139
珲春市	Hunchun	2	79	166	375	121
龙井市	Longjing	2	31	202	628	102
和龙市	Helong	2	63	124	338	110
汪清县	Wangqing	3	224	419	1139	127
安图县	Antu	2	113	238	497	93

15－3 续表 4 continued

市,县 City, County		小学 primary schools				
		学校数(所) Number of schools	毕业生(人) Graduates	招生数(人) New student envollment	在校学生数(人) Student enrollment	专任教师数(人) Number of full time teachers
吉林省	**Total**	**7781**	**355449**	**248558**	**1741380**	**140904**
长春市	**Changchun**	**1772**	**97353**	**75715**	**505095**	**38483**
市　区	District	410	33483	32510	196330	13819
农安县	Nongan	386	18562	14360	95274	6312
九台市	Jiutai	298	12184	6946	51568	7032
榆树市	Yushu	381	17958	12573	83922	6467
德惠市	Dehui	297	15139	9326	78001	4853
吉林市	**Jilin**	**1062**	**59728**	**41453**	**274517**	**20118**
市　区	District	275	21832	17003	114453	7026
永吉县	Yongji	95	6070	3988	23070	1587
蛟河市	Jiaohe	176	6895	5952	32032	2942
桦甸市	Huadian	132	7756	4740	31301	2390
舒兰市	Shulan	222	9006	5591	40008	3362
磐石市	Panshi	162	8169	4179	33653	2811
四平市	**Siping**	**1156**	**42970**	**27559**	**208252**	**17524**
市　区	District	100	6629	5723	42969	3371
梨树县	Lishu	311	10206	7202	46569	3993
伊通县	Yitong	203	4433	3729	29723	2869
公主岭市	Gongzhuling	374	17513	6881	60125	5050
双辽市	Shuangliao	168	4189	4024	28866	2241
辽源市	**Liaoyuan**	**506**	**15401**	**10438**	**80780**	**6892**
市　区	District	50	4963	3266	26781	1686
东丰县	Dongfeng	219	5467	3758	28033	2507
东辽县	Dongliao	237	4971	3414	25966	2699
通化市	**Tonghua**	**647**	**26533**	**18388**	**139662**	**11251**
市　区	District	62	1188	3594	27361	1714
通化县	Tonghua	86	3362	1824	15003	1499
辉南县	Huinan	95	4371	3065	21065	1581
柳河县	Liuhe	136	6257	2852	22892	1948
梅河口市	Meihekou	192	8621	5205	40022	3150

15-3 续表 5 continued

市,县 City, County		小学 primary schools				
		学校数(所) Number of schools	毕业生(人) Graduates	招生数(人) New student envollment	在校学生数(人) Student enrollment	专任教师数(人) Number of full time teachers
集安市	Jian	76	2634	1848	13319	1359
白山市	**Baishan**	**416**	**16733**	**10611**	**78891**	**7879**
市区	District	69	4632	3023	22921	2024
抚松县	Fusong	59	4418	2851	19779	1873
靖宇县	Jingyu	95	1777	985	7321	968
长白县	Changbai	43	967	688	5100	713
江源县	Jiangyuan	61	2538	1667	13024	1213
临江市	Linjiang	89	2401	1397	10746	1088
松原市	**Songyuan**	**941**	**43222**	**25749**	**191087**	**15261**
市区	District	107	6360	5610	37493	2643
前郭县	Qianguo	201	10571	5529	38608	3944
长岭县	Changling	249	11496	4950	46050	3283
乾安县	Qianan	67	5265	2593	16640	1502
扶余县	Fuyu	317	10530	7067	52296	3889
白城市	**Baicheng**	**874**	**26546**	**21662**	**135585**	**12608**
市区	District	139	5643	4805	31808	2217
镇赉县	Zhenlai	151	3300	3051	18893	2318
通榆县	Tongyu	172	6318	5465	31513	2597
洮南市	Taonan	217	5491	3790	24892	2293
大安市	Daan	195	5794	4551	28479	3183
延边朝鲜族自治州	**Yanbian**	**407**	**26963**	**16983**	**127511**	**10888**
延吉市	Yanji	34	5156	3988	27179	1936
图们市	Tumen	17	1706	789	7066	529
敦化市	Dunhua	161	6390	3704	30250	2568
珲春市	Hunchun	30	2959	1878	14158	1263
龙井市	Longjing	29	2568	1242	10653	925
和龙市	Helong	42	2503	1870	11909	1153
汪清县	Wangqing	50	2824	1852	13497	1334
安图县	Antu	44	2857	1660	12799	1180

15－3 续表 6 continued

市,县 City, County		幼儿园 Kindergartems				
		学校数(所) Number of schools	招生数(人) New student envollment	在校学生数(人) Student enrollment	毕业生数(人) Graduates	专任教师数(人) Number of full time teachers
吉林省	**Total**	**2691**	**214053**	**289838**	**156573**	**11264**
长春市	**Changchun**	**710**	**69649**	**94854**	**45477**	**3731**
市　区	District	382	29585	47064	17977	2602
农安县	Nongan	31	12498	12611	6812	163
九台市	Jiutai	69	6664	7646	5392	274
榆树市	Yushu	132	15599	19519	6051	408
德惠市	Dehui	96	5299	8014	9245	284
吉林市	**Jilin**	**572**	**46020**	**51673**	**45076**	**2371**
市　区	District	327	22525	22955	20944	1350
永吉县	Yongji	18	4020	4095	4137	177
蛟河市	Jiaohe	78	4241	4241	4379	233
桦甸市	Huadian	6	4628	6800	3789	157
舒兰市	Shulan	56	6356	7514	5502	211
磐石市	Panshi	87	4250	6068	6325	243
四平市	**Siping**	**251**	**17669**	**21364**	**6962**	**875**
市　区	District	90	3612	5946	1576	418
梨树县	Lishu	27	4171	4355	1912	101
伊通县	Yitong	40	3859	3871	1062	103
公主岭市	Gongzhuling	67	2110	2474	514	152
双辽市	Shuangliao	27	3917	4718	1898	101
辽源市	**Liaoyuan**	**152**	**9092**	**13511**	**8314**	**439**
市　区	District	87	1830	3981	1466	209
东丰县	Dongfeng	43	4112	5369	3824	165
东辽县	Dongliao	22	3150	4161	3024	65
通化市	**Tonghua**	**274**	**12784**	**21245**	**10036**	**1025**
市　区	District	45	2700	4447	1288	249
通化县	Tonghua	22	961	1954	541	127
辉南县	Huinan	48	2751	2836	728	150
柳河县	Liuhe	15	1961	2903	1696	85
梅河口市	Meihekou	118	2788	5708	4192	263

15－3 续表 7 continued

市,县 City, County		幼儿园 Kindergartems				
		学校数(所) Number of schools	招生数(人) New student envollment	在校学生数(人) Student enrollment	毕业生(人) Graduates	专任教师数(人) Number of full time teachers
集安市	Jian	26	1803	3397	1654	151
白山市	**Baishan**	**85**	**6337**	**8841**	**3749**	**429**
市区	District	12	696	1233	150	102
抚松县	Fusong	20	1903	2216	1869	104
靖宇县	Jingyu	8	829	1115	344	37
长白县	Changbai	1	555	1165	447	51
江源县	Jiangyuan	29	1299	1615	426	72
临江市	Linjiang	15	1055	1497	513	63
松原市	**Songyuan**	**77**	**18127**	**22937**	**11761**	**648**
市区	District	29	3437	5801	2056	277
前郭县	Qianguo	16	4508	5636	1073	182
长岭县	Changling	16	3376	3368	2325	84
乾安县	Qianan	1	1894	2281	1727	20
扶余县	Fuyu	15	4912	5551	4580	85
白城市	**Baicheng**	**115**	**15788**	**20441**	**11502**	**569**
市区	District	69	3898	5552	1747	244
镇赉县	Zhenlai	12	1681	2030	1402	56
通榆县	Tongyu	14	1826	2669	1507	56
洮南市	Taonan	10	5441	5597	3986	130
大安市	Daan	10	4042	4593	2410	83
延边朝鲜族自治州	**Yanbian**	**455**	**18587**	**34972**	**14146**	**1177**
延吉市	Yanji	125	6973	12560	4333	152
图们市	Tumen	19	716	1464	455	117
敦化市	Dunhua	105	3780	6126	3547	294
珲春市	Hunchun	76	2155	3863	1591	147
龙井市	Longjing	39	1537	2823	1180	53
和龙市	Helong	34	607	2472	565	91
汪清县	Wangqing	25	1421	3032	1521	173
安图县	Antu	32	1398	2632	954	150

15－4 普通高等教育基本情况(2004)

单位:人

项目	Item	本专科毕业生数 Graduates for university and college	本专科招生数 New students in university and college
总计	**Total**	**65011**	**111162**
吉林大学	Jilin university	12196	9213
东北师范大学	Northeast teacher university	3003	4000
延边大学	Yanbian university	2867	4512
长春大学	Changchun university	2382	3010
北华大学	Beihua university	4891	5918
长春理工大学	Changchun science and engineeaing universiey	2714	3986
长春工业大学	Changchun indusrtial uniuersity	2323	4542
吉林农业大学	Jilin agriculture university	2483	4253
吉林师范大学	JiLin teaching universiey	3150	5493
东北电力学院	Northeast electric power college	1700	3698
吉林建筑工程学院	Jilin construction college	1585	2254
吉林化工学院	JiLin chemical university	412	1780
长春工程学院	Changchun engineering college	3013	3774
吉林农业科技学院	Jilin agriculture college	984	2206
长春中医学院	Changchun chinese medicine college	972	2210
吉林医药学院	Jilin Medicine college		
长春师范学院	Changchun teaching college	1541	3979
通化师范学院	Tonghua teaching college	1241	2975
吉林工程技术师范学院	Jilin engineering technology college	1091	2134
白城师范学院	Baicheny teaching college	989	2614
长春税务学院	Changchun tax college	1429	1784
吉林艺术学院	Jilin art college	569	1978
吉林体育学院	Jilin physical cuture college	509	1286
吉林华侨外国语学院	Jilin HuaQiao Foreign Language college	421	1724
长春汽车工业高等专科学校	ChangChun vihicle Higher specialized School	932	1533
吉林粮食高等专科学校	JiLin grain Higher specialized Shool	998	1270
长春医学高等专科学校	ChangChun Medicine Higher specialized School	1221	2289
白城医学高等专科学校	BaiCheng Medicine Higher specizlized School		700
长春金融高等专科学校	ChangChun banking Hger specizlized School	482	1350
吉林财税高等专科学校	Jilin Finane and Tax Higher Specialized school	924	1259

Basic Statistics for Institutions of Higher Education(2004)

unit: person

本专科在校学生数 Students enrollment in university and college	预计毕业生数 Forcast Graduates in university and col-lege	教职工数 Staff and workers	#专任教师 Full time teachers			
				#正高级 Prof.	#副高级 Asso Prof.	#中级 Lecturers
362191	**85824**	**49859**	**25011**	**2875**	**7237**	**7851**
44542	12216	9994	4189	878	1143	1300
15811	3571	2844	1306	298	399	351
14947	3146	3135	1438	131	381	529
10718	2671	1321	673	72	164	211
21250	5259	2934	1436	121	454	466
15110	3874	1792	907	98	224	247
14649	2881	1887	802	85	293	332
13706	3100	1586	850	104	191	267
17730	4682	1966	1110	112	330	420
12347	2596	1434	715	103	226	184
7866	1722	955	468	35	139	160
5307	807	706	356	38	127	116
13555	3334	1556	799	45	305	224
4660	1178	742	431	21	116	169
6843	1461	832	408	77	144	105
				15	45	72
15085	3698	1179	834	63	250	272
8427	2177	1162	717	19	207	248
6280	1412	775	418	15	117	117
7622	1613	687	370	16	101	175
7042	1610	842	424	50	116	110
6183	1398	774	481	29	131	135
4013	681	375	233	14	83	72
4719	782	434	234	25	23	30
4816	1907	425	301	8	153	97
3407	807	377	199	4	57	79
5151	1595	412	240	10	78	57
1078		340	143		50	59
4275	1450	328	220	5	58	72
4228	1597	334	189	6	54	71

15-4 续表

单位:人

项目 Item		本专科毕业生数 Graduates for university and college	本专科招生数 New students in university and college
吉林商业高等专科学校	Jilin commerce higher specialized school	836	1210
吉林公安高等专科学校	Jilin public security higher speciailzed school	583	692
四平职业大学	Siping occupation college		
吉林交通职业技术学院	Jilin traffic occupation technical school	715	1448
辽源职业技术学院	Liaoyuan occupation technical school	305	130
吉林电子信息职业技术学院	Jilin electronic information college	376	1202
吉林工业职业技术学院	Jilin industrial occupation college	359	959
吉林司法警官高等职业学院	Jilin police occupalion college		300
吉林农业工程职业技术学院	Jilin agricultural engeering college		251
长春职业技术学院	Changchun occupation college		1119
吉林经济职业技术学院	Jilin econmic occupation college	507	1267
吉林对外经贸职业学院	Jilin economic and trade occupation college	396	110
长春东方职业学院	Changchun Dongfan occupation college	153	170
东北师范人文学院	Northeast teaching college		2089
长春大学光华学院	GuangHua in Changchun College	459	1036
长春大学旅游学院	Traving in Changchun College	225	267
长春理工大学光电信息学院	Electric information in Changchun science and engineeaing universiey		1063
长春工业大学人文信息学院	RenWen information in Changchun Indstry universiey	532	886
吉林农业大学发展学院	JiIin agrculture Devolep college	419	1856
吉林师范大学博达学院	Jilin construction college	411	445
吉林建筑工程学院城建学院	JinLin Counstrcation projet in City university	464	1784
吉林建筑工程学院建筑装饰学院	JinLin Counstrcation projet in City university	211	1513
长春税务学院信息经济学院	Information and ecnomic ChangChun tax college	544	1199
长春艺术学院动画学院	ChangChun art Falsh college	184	1992
吉林省教育学院	Jilin education college	248	247
吉林省广播电视大学	Jilin radio and televison university	11	152
长春市广播电视大学	Changchun radio and television university	41	51

注:吉林省教育学院、长春市广播电视大学、吉林省广播电视大学的教职工数等已包含在成人教育中。
Note: Data in Jilin education college, changchun TV university, Jilin university included in aduit education.

continued

unit: person

本专科在校学生数 Students enrollment in university and college	预计毕业生数 Forcast graduates for university and college	教职工数 Staff and workers	#专任教师 Full time teachers	#正高级 Prof.	#副高级 Asso Prof.	#中级 Lecturers
3966	1507	335	189	6	50	74
2256	854	387	187	12	72	57
		242	162	2	39	63
4100	1322	416	221	5	60	79
530	288	292	162	2	61	78
2404	565	303	138	1	46	43
2518	711	260	158	3	62	58
1086	286	219	113	1	41	40
500	31	260	106	1	49	22
2155	307	923	476		155	189
3740	998	558	210	10	60	70
669	226	384	137	32	22	31
559	196	191	126	86	36	3
2089		384	137	32	22	31
3044	465	246	128	25	51	26
1413	271	90	26	6	4	2
3726	514	328	270	34	64	77
3425	534	283	152	16	15	5
4162	579	199	118	15	20	28
1847	345	151	122	28	33	24
4728	833	302	235	19	66	49
3587	490	100	79	10	10	4
2767	461	244	54	6	12	18
4537	559	330	256	26	28	33
757	227					
175	23					
83	7					

15－5　各高等学校、科研机构培养研究生情况(2004)

单位：人

项目	Item	在校研究生 Students enrollment
总计	**Total**	**29586**
一、普通高校总计	Regular institutions of higher education	28174
1. 国家教育部所属院校	University under state education ministry	21377
吉林大学	Jilin university	16743
东北师范大学	Northeast teacher university	4634
2. 省教育厅所属院校	Belong to education burean	6797
延边大学	Yanbian university	1807
长春理工大学	Changchun science and engineerig univer tiey	13879
东北电力学院	Northeast electric power college	623
长春工业大学	Changchun indnstrial university	742
吉林农业大学	Jilin agriculture university	736
北华大学	Beihua university	394
长春中医学院	Changchun chinese medicine college	396
吉林师范大学	Jilin teaching university	237
长春税务学院	Changchun tax college	295
吉林艺术学院	Jilin art college	129
吉林建筑工程学院	JiLin	49
二、科研机构	Institutions of science and research	1412
中国科学院东北地理与农业生态研究所	Changchun Norther geographical and agriculture institute	150
中国科学院长春光学精密机械与物理研究所	Changchun Guangji institute	660
长春生物制品研究所	Changchun biological product institute	29
中国科学院长春应用化学研究所	Chang applied chemistry institute	573

Basic Statistics for Postgraduates in Institutions of Higher Education(2004)

unit: person

		毕业生数 Graduates		
博士学位 Doctor	硕士学位 Master		博士学位 Doctor	硕士学位 Master
5626	**23960**	**5888**	**1128**	**4760**
4868	23306	5685	1009	4676
4587	16790	4620	991	3629
3874	12869	3608	879	2729
713	3921	1012	112	900
281	6516	1065	18	1047
79	1728	308	5	303
123	1266	202	7	195
	623	108		108
	742	120		120
68	668	110	6	104
	394	54		54
11	385	80		80
	237	18		18
	295	46		46
	129	19		19
	49			
758	654	203	119	84
97	53	24	14	10
306	354	95	51	44
	29	9		9
355	218	75	54	21

15－6　高等学校研究生情况
Basic Statistics for Postgraduates in University

单位：人　　unit: person

		研究生合计 Total postgraduates		博士学位 Doctor		硕士学位 Master	
		2003	2004	2003	2004	2003	2004
毕业生数	Graduates	4227	5888	1034	1128	3193	4760
招生数	New student enrollment	9590	11983	1755	2097	7835	9886
在学研究生数	Students enrollment	22472	29586	4030	5626	18442	23960
毕业班学生数	Students in graduating galss	5737	7301	1038	1543	4699	5758

15－7　高等学校分学科研究生情况
Basic Statistics for Postgraduates in Institution of Higher Education by Field of Study

单位：人　　unit: person

		研究生合计 Total postgraduates		博士学位 Doctor		硕士学位 Master	
		2003	2004	2003	2004	2003	2004
招生数	**New students enrollment**						
总计	**Total**	**9590**	**11983**	**1755**	**2097**	**7835**	**9886**
# 女	Female	4916	6108	725	894	4191	5214
哲学	Philosophy	133	140	55	45	78	95
经济学	Economic	535	630	139	162	396	468
法学	Law	1127	1201	199	204	928	997
教育学	Education	342	526	38	53	304	473
文学	Literature	881	1180	62	89	819	1091
历史学	History	348	395	89	90	259	305
理学	Science	1465	2051	397	558	1068	1493
工学	Engineering	2562	3251	399	492	2163	2759
农学	Agriculture	244	308	19	27	225	281
医学	Medicine	1225	1387	275	275	950	1112
管理学	Mangagement	728	914	83	102	645	812
在校学生数	**Students enrollment**						
总计	**Total**	**22472**	**29586**	**4030**	**5626**	**18442**	**23960**
# 女	Female	11099	14722	1606	2320	9493	12402
哲学	Philosophy	382	398	165	157	217	241
经济学	Economic	1277	1566	322	403	955	1153
法学	Law	2649	3191	458	547	2191	2644
教育学	Education	856	1090	65	108	791	982
文学	Literature	1977	2664	121	187	1856	2477
历史学	History	863	1019	198	243	665	776
理学	Science	3532	5202	921	1581	2611	3621
工学	Engineering	5965	8091	968	1384	4997	6707
农学	Agriculture	499	696	35	56	464	640
医学	Medicine	2901	3581	606	716	2295	2865
管理学	Mamgemen	1571	2098	171	244	1400	1854

15－8 中等专业学校基本情况

Basic Statistics for Specialized Secondary Schools

		学校数(所) Number of school		招生数(人) New students enrollment		在校学生数(人) Students enrollment	
		2003	2004	2003	2004	2003	2004
合计	**Total**	**57**	**55**	**20182**	**18173**	**51613**	**52695**
工科	Engineering	8	8	3383	3612	7491	8962
农林	Agriculture and forestry	7	8	2875	2403	6325	7743
医药	Health	1	8	298	4127	660	11489
财经	Economy and finance	9	7	4663	2479	12385	8619
政法	Polilics and law	7		3400		9144	
体育	Physical culture	6	6	807	636	2331	2169
艺术	Art	1	1	233	293	609	765
师范	Teacher training	2	2	355	531	844	1179
# 幼师	#Preschool teacher	1	1	287	459	622	944
其他	Others	16	15	4168	4092	11824	11769

		毕业生数(人) Graduates		教职工数(人) Staff and worker		#专任教师数 Number off full－time teacher	
		2003	2004	2003	2004	2003	2004
合计	**Total**	**14776**	**12390**	**7558**	**7134**	**3966**	**4005**
工科	Engineering	1744	1118	1129	1007	580	553
农林	Agriculture and forestry	1263	1459	1209	1576	597	828
医药	Health	325	2543	89	1029	42	583
财经	Economy and finance	4928	2565	1646	1193	727	619
体育	Physical culture	790	421	518	505	318	326
艺术	Art	110	120	9	9	9	9
师范	Teacher training	201	180	59	66	54	62
# 幼师	#Preschool teacher	157	104	27	33	22	29
其他	Others	5415	3984	2899	1749	1639	1025

15－9　各级各类成人学校基本情况

单位:人

项目 Item		招生数 New stu 2003
一、成人高等学校	**Adult education college**	**20451**
广播电视大学	Radio and TV universities	8246
职工大学	Schools of higher education for staff and workers	6767
农民大学	Schools of higher education for peasants	2053
管理干部学院	College for management	806
教育学院	Pedagogical colleges	2579
二、成人中等学校	**Specialized secondary schools for adults**	**2365**
职工中等专业学校	Specialized secondary schools for staff and workers	2010
农民中等专业学校	Specialized secondary schools for peasants	355
教师进修学校	Teacher training schools	
广播电视和函授中等专业学校	Radio TV and corrspondence specialized secondary schools	
三、成人初高中学校	**Middle schools for adults**	
四、成人技术培训学校	**Technical training schools for adults**	
五、成人初等学校	**Primary schools for adults**	
职工初等学校	Primary schools for staff and worker	
农民初等学校	Primary schools for peasents	
小学班	Primary schools for courses	
扫盲班	Literacy sourses	

Basic Statistics for Adult Schools by Level and Type

unit: person

udents enrollment	在校生数 Student enrollment		毕业生数 Graduates	
2004	2003	2004	2003	2004
20451	**43208**	**28318**	**15101**	**14238**
8246	15202	8319	6884	6883
6767	15500	11390	4265	3873
2053	2633	2136	552	474
806	1510	806	704	704
2579	8363	5667	2696	2304
1926	**7090**	**4656**	**3744**	**2628**
732	6430	2402	3155	1011
440	660	632	589	196
754		1622		1421
		19060		**16260**
		761357		**714639**
	70188	**85045**	**68257**	**92973**
			230	
	70188	85045	68027	92973
	16757	4150	15276	13657
	53431	80895	52751	79316

15－10 技工学校分办别基本情况(2004)

Statistics on Technical Schools by Department(2004)

		学校数(所) Schools	招生数(人) New students	在校学生数(人) Students
总计	**Total**	**117**	**18002**	**31395**
地方劳动保障部门办校	Schools run by labour security department	17	2487	3221
地方国有经济单位办校	Schools run by local state owned units	89	12392	22607
行业办校	By sectors	53	9536	17662
企业办校	By enterprises	36	2856	4945
国务院部委办校	Schools run by departments under state Council	4	2587	4670
其他	Others	7	536	897

		毕业生数(人) Graduates(person)	文化技术理论课教师(人) Classroom Teachers	生产实习指导教师(人) Practical training Teachers
总计	**Total**	**6610**	**3296**	**898**
地方劳动保障部门办校	Schools run by labour security department	653	469	79
地方国有经济单位办校	Schools run by local state owned units	4626	2561	684
行业办校	By sectors	3630	1873	523
企业办校	By enterprises	996	688	161
国务院部委办校	Schools run by departments under state Council	1161	148	72
其他	Others	170	118	63

15-11　幼儿园基本情况
Basic Statistics for Kindergartens

		单位 Unit	2003	2004
园数	Number of kindergartens	所 unit	2404	2691
在园幼儿数	Students enrollment	万人 10000 person	25.92	28.98
教职工数	Staff and workers	人 person	16994	18585
# 专任教师数	Teacher	人 person	10107	11264

15-12　特殊教育基本情况
Basic Statistics for the Blind Deaf and Deafmutes

		单位 Unit	2003	2004
学校数	Number of schools	所 unit	45	48
招生数	New students enrollment	人 person	477	914
在校学生数	Students enrollment	人 person	4748	5555
毕业生数	Graduates	人 person	466	613
教职工数	Staff and workers	人 person	1775	1744
# 专任教师数	Number fulltime teachers	人 person	1237	1203

15-13　小学学龄儿童入学率
Percentage of School Age Children Enrolled

		单位 Unit	全省 General index	
			20003	2004
学龄儿童数	School age children	万人 10000 person	179.39	162.77
入学儿童数	School age children enrolled	万人 10000 person	171.73	161.74
学龄儿童入学率	Enrollment rate	%	95.73	99.37
# 女儿童	Female children	%	95.57	99.37

15－14　高等学校分科在校学生数(2004)
Students Enrollment Institutions of Higher Education by Field of Study(2004)

单位:人　　unit:person

项目 Item		招生 New student enrollment		在校生 Student enrallment		毕业生 Graduates	
		本科 Under graduate	专科 College for professional training	本科 Under graduate	专科 College for professional training	本科 Under graduate	专科 College for professional tranining
总计	**Total**	**77879**	**33283**	**268447**	**93744**	**46039**	**18972**
# 师范	Teacher training	13498	4069	50158	11146	8768	1628
哲学	Philosophy	71		184		37	
经济学	Economics	3343	1614	13048	6252	2139	974
法学	Law	2782	1252	10170	4259	2133	788
教育学	Education	4128	4157	14053	10592	1929	1657
文学	Literature	18840	3853	58314	12202	7827	2613
历史学	History	625	163	2192	432	469	28
理学	Science	8959	1094	31158	3298	5445	660
工学	Engineering	24509	9744	88073	25680	17055	5690
农学	Agriculture	1708	829	4795	2301	997	672
医学	Medicine	3020	4542	13370	10835	2563	2212
管理学	Management	9894	6035	33090	17893	5445	3678

15－15　高等学校分科专任教师数(2004)
Numbers of Full Time Teacher by Field of Study Regular Higher Educational Institutions(2004)

单位:人　　unit:person

项目 Item		合计 Total	正高级 Professor	副高级 Asso－prof	中级 Lecturers	初级 Assistants	无职称 Instructors
总计	**Total**	**25011**	**2875**	**7237**	**7851**	**5358**	**1690**
其中：女	Female	11973	729	3314	3929	3081	920
哲学	Philosophy	711	116	222	252	108	13
经济学	Economics	1351	135	422	438	282	74
法学	Law	970	96	282	307	207	78
教育学	Education	2517	143	809	808	587	170
其中：体育	Sports	1402	73	464	457	318	90
文学	Literature	5861	440	1329	1773	1604	715
其中：外语	Foreign language	2940	204	620	863	885	368
艺术	Art	1704	138	391	468	461	246
历史学	History	421	93	115	153	46	14
理学	Science	3460	613	1150	996	575	126
工学	Engineering	5975	675	1883	1868	1240	309
其中:计算机	Compter	1492	98	330	473	469	122
农学	Agriculture	1101	128	289	387	215	82
其中：林学	Forestry	99	12	28	32	22	5
医学	Medicine	1565	294	438	484	302	47
管理学	Management	1079	142	298	385	192	62

15－16　各级学校教师负担学生数
Student, Teacher Ratio by Level of schools

单位:人　　unit: person

		2003	2004
高等学校	**Institutions of higher educution**		
教师数	Number of teachers	21824	25011
每个教师负担学生	Student teacher ratio	14.64	14.48
中等学校	**Secondary school**		
教师数	Number of teachers	102535	105977
每个教师负担学生	Student teacher ratio	16.79	16.99
小学	**Primary school**		
教师数	Number of teachers	141363	140904
每个教师负担学生	Student teacher ratio	12.97	12.36

15－17　平均每万人口在校学生数
Student Enrollment Per 10000 Population

		单位 unit	2003	2004
各级学校在校生数占全省人口比重	Students as percentage of total population	%	15.3	15.2
平均每万人口中	Per 10000 Population			
高等学校	High education	人 person	183.9	178.7
高中阶段	Secondary school students	人 person	198.3	227.4
初中阶段	Primary school students	人 person	457.8	439.1
小　学	Students as percentage of total student	人 person	678.0	642.9
幼儿园	University students	人 person	95.0	107.0

15－18 规模以上工业企业科技活动情况(2004)

单位:千元

单　　位		有科技活动的企业(个) Number of enterprise with institutions for technical development
总计	Total	**302**
一、按登记注册类型分组	Grouped by status of registration	
内资企业	Domestic funds	279
国有	State owned	75
集体	Collective owned	11
股份合作	Cooperative	2
联营企业	Cooperation	
国有联营	State－joint	
集体联营	Collective owned	
国有与集体联营	State and collective－joint	
其他联营	Other joint	
有限责任公司	Limited company	78
国有独资公司	State owned	17
其他有限责任公司	Others	61
股份有限公司	Share holding	63
私营企业	Private	49
私营独资	Private	11
私营合伙	Private partner	1
私营有限责任公司	Private limited company	35
私营股份有限公司	Private share holding	2
其他企业	Others	1
港澳台商投资	Funded from Hongkong, Macao and Taiwan	7
合资经营企业（港或澳、台资）	Joint venture	6
合作经营企业（港澳、台资）	Cooperative	
港澳台商独资企业	Sole funds	1
港澳台商投资股份有限公司	Share holding	
外商投资企业	Foreign funds	16
中外合资经营	Joint venture	12
中外合作经营	Cooperative	
外资企业	Sole funds	4
外商投资股份有限公司	Foreign funds	
二、按工业行业大类分组	Grouped by size of enterprises	
采矿业	Exavation	12
煤炭开采和洗选业	Coal mining and processing	3
石油和天然气开采业	Perrovlenm and natural gas extraction	5

Basic Statistics on Large and Medium-Sized Industrial Enterprises(2004)

科技活动人员（人）personnel engaged in s & T	R&D 人员折合全时当量（人年）Full-time equivation of R & D personnel (man-year)	科技活动经费筹集总额 Expenditure (10000 yuan)	科技活动经费内部支出 Internal expenditure	企业办科技机构（个）Institution of enterprises	科技项目数（项）Projects	#新产品项目 New projects
20409	**4281.05**	**2308890**	**2926125**	**206**	**1082**	**824**
19579	4122.70	2227202	2837591	192	1044	787
7356	1416.03	1001944	1552969	51	407	308
483	3.68	35388	34512	1	53	52
37	2.90	2306	2429	1	17	17
5472	1429.73	443418	475184	69	264	182
2274	903.48	201851	199266	16	92	60
3198	526.25	241567	275918	53	172	122
5196	1091.41	667668	677367	56	238	169
891	118.47	68136	86788	14	64	58
102	9.34	3524	5309		16	16
748	98.63	59512	78869	13	46	40
41	10.50	5100	2585	1	2	2
144	60.48	8342	8342		1	1
120	46.36	16521	13868	4	8	8
118	46.36	15900	13747	3	8	8
2		621	121	1		
710	111.99	65167	74666	10	30	29
696	111.99	60067	57288	10	28	27
14		5100	17378		2	2
1216	298.55	107795	151989	13	44	11
195		1338	5628	2	11	3
913	298.55	86030	125364	3	27	6

15－18 续表

单位：千元

单 位		有科技活动的企业（个）Number of enterprise with institutions for technical development
黑色金属矿采选业	Ferrous metals mining and dressing	2
有色金属矿采选业	Nonferrons metals mining and dressing	1
非金属矿采选业	Nonmetal minerals mining and dressing	1
制造业	ProdutionOther minerals mining and dressing	280
农副食品加工业	Food prodessing	7
食品制造业	Food productions	6
饮料制造业	Beverage production	6
烟草制品业	Tobacco processing	4
纺织业	Textile industry	2
纺织服装、鞋、帽制造业	Garments shoes and caps	1
皮革、毛皮、羽毛绒及其制品业	Leather, furs, down and related products	
木材加工及木、竹、藤、棕、草制品业	Timber processing bamboo came planfiber and straw products	11
家具制造业	Furninture	1
造纸及纸制品业	Paper making and peaper products	2
印刷业、记录媒介的复制	Print and record medium reproduction	1
文教体育用品制造业	aliturd education and sport goods	
石油加工炼焦及核燃料加工业	Petroleum refining and coking and nuclear	1
化学原料及化学制品制造业	Raw chenical material and chemical products	24
医药制造业	Medical and pharmacentical products	60
化学纤维制造业	Chemical fiber	4
橡胶制品业	Rubber products	1
塑料制品业	Plastic products	9
非金属矿物制品业	Nonmetal mineral prodcuts	8
黑色金属冶炼及压延加工业	Smelting and pressing of ferrous metals	5
有色金属冶炼及压延加工业	Smelting and pressing of nonferrous metals	2
金属制品业	Metal products	2
通用设备制造业	Ordimary machinery	14
专用设备制造业	Special purposes eqnipment	18
交通运输设备制造业	Transport eqnipmanlt	59
电气机械及器材制造业	Electric equipment and machinery	13
通信设备、计算机及其他电子设备制造业	Electronic and telecommnication	8
仪器仪表及文化、办公用机械制造业	Instruments meters, culturaland official machimery	10
工艺品及其他制造业	Other manufalturing	1
废弃资源和废旧材料回收加工业	Discard resources and material processing	
电力、燃气及水的生产和供应业	Production supply of power gas and water	10
电力、热力的生产和供应业	Production supply of power and heat power	9
煤气生产和供应业	produdtron and suppty of gas	
水的生产和供应业	Production and suppty of tap water	1

continued

科技活动人员（人）personnel engaged in s & T	R&D 人员折合全时当量（人年）Full－time equivation of R & D personnel（man－year）	科技活动经费筹集总额 Expenditure（10000 yuan）	科技活动经费内部支出 Internal expenditure	企业办科技机构（个）Institution of enterprises	科技项目数（项）Projects	# 新产品项目 New projects
46		347	347	6	4	1
50		20000	19850	1	1	
12		80	800	1	1	1
18449	3532.76	2104275	2661009	186	993	812
129		23039	27114	1	5	3
83	34.17	3071	19291	2	10	9
454	23.72	7440	8899	8	7	6
100	7.66	5002	5154	3	7	5
135		510	1024	8	12	11
			17			
456	92.15	6677	5059	7	42	19
168	13.44	4200	4200	6	1	1
187	30.45	13100	6715	3	3	2
24	15.00	8800	1890		1	1
21		2050	3950	1	1	
1118	215.02	90128	124858	14	64	41
3100	591.18	315191	290140	42	161	143
717	94.8	62880	67925	2	14	8
14	1.32	578	578	1	2	
89	34.37	2596	2434	1	13	8
512	79.8	64900	74339	2	17	9
573		137842	134208	2	25	11
65		6442	7042		5	5
42	5.76	1250	1110	1	5	5
711	205.97	20184	56005	7	62	53
785	103.39	50164	58215	12	65	48
6881	1714.25	1143270	1630744	38	391	352
853	31.36	60879	61851	12	36	30
581	104.24	27954	23318	4	15	14
643	134.71	45628	44429	9	28	27
8		500	500		1	1
744	449.74	96820	113127	7	45	1
744	449.74	96820	113076	7	45	1

15－18 续表 1

单位		项目经费 Funds	新产品产值 Output value of new products
总计	Total	**1749245**	**15676938**
一、按登记注册类型分组	Grouped by status of registration		
内资企业	Domestic funds	1721591	15059954
国有	State owned	856886	1956800
集体	Collective owned	20352	133256
股份合作	Cooperative	2229	1985
联营企业	Cooperation		
国有联营	State－joint		
集体联营	Collective owned		
国有与集体联营	State and collective－joint		
其他联营	Other joint		
有限责任公司	Limited company	382554	7842486
国有独资公司	State owned	162480	6755584
其他有限责任公司	Others	220074	1086902
股份有限公司	Share holding	400869	4669648
私营企业	Private	50359	451326
私营独资	Private	3868	155489
私营合伙	Private partner		7000
私营有限责任公司	Private limited company	44091	187988
私营股份有限公司	Private share holding	2400	100849
其他企业	Others	8342	4453
港澳台商投资	Funded from Hongkong, Macao and Taiwan	7820	27418
合资经营企业（港或澳、台资）	Joint venture	7820	27418
合作经营企业（港澳、台资）	Cooperative		
港、澳、台商独资企业	Sole funds		
港澳台商投资股份有限公司	Share holding		
外商投资企业	Foreign funds	19834	589566
中外合资经营	Joint venture	18134	569192
中外合作经营	Cooperative		20374
外资企业	Sole funds	1700	
外商投资股份有限公司	Foreign funds		
二、按工业行业大类分组	Grouped by size of enterprises		
采矿业	Exavation	46387	147321
煤炭开采和洗选业	Coal mining and processing	2353	6000
石油和天然气开采业	Perrovlenm and natural gas extraction	23077	134261

continued

专利申请数（件）Patent (Item)	# 发明专利 Invention	技术改造经费支出 Innovation	技术引进经费支出 Technalogy Funds	消化吸收经费支出 Expenditure of input	购买国内技术经费支出 National expenditure
487	**103**	**4255044**	**855575**	**49398**	**96057**
479	103	4122850	851962	37598	90827
114	34	2642420	785789	2490	923
1		8005		8	400
2		140010		10	3000
		600			
		600			
251	21	494496	28657	1835	5515
26	1	297563	20216	500	2700
225	20	196933	8441	1335	2815
75	35	695510	22071	10795	21845
36	13	134721		22460	59144
2	2	34530		60	140
		280			
34	11	99911		22400	59004
		7088	15445		
		26498			3780
		24498			3780
		2000			
8		105696	3613	11800	1450
7		97696	3613	11800	1150
1		8000			300
20		81901			50
		50834			50
20		350			

15－18　续表　1

单位:千元

单　位 Item		项目经费 Funds	新产品产值 Output value of new products
黑色金属矿采选业	Ferrous metals mining and dressing	307	1260
有色金属矿采选业	Nonferrons metals mining and dressing	19850	
非金属矿采选业	Nonmetal minerals mining and dressing	800	5800
制造业	ProdutionOther minerals mining and dressing	1613937	15529617
农副食品加工业	Food prodessing	11079	20810
食品制造业	Food productions	2591	22085
饮料制造业	Beverage production	3842	76753
烟草制品业	Tobacco processing	2204	349455
纺织业	Textile industry	41	231905
纺织服装、鞋、帽制造业	Garments, shoes and caps		
皮革、毛皮、羽毛绒及其制品业	Leather, furs, down and related products		6320
木材加工及木、竹、藤、棕、草制品业	Timber processing bamboo came planfiber and straw products	2980	29090
家具制造业	Furninture	2000	51
造纸及纸制品业	Paper making and peaper products	3580	400
印刷业、记录媒介的复制	Print and record medium reproduction	1890	126168
文教体育用品制造业	alitурd education and sport goods		
石油加工炼焦及核燃料加工业	Petroleum refining and coking and nuclear	1950	
化学原料及化学制品制造业	Raw chenical material and chemical products	55204	181286
医药制造业	Medical and pharmacentical products	211294	1114551
化学纤维制造业	Chemical fiber	17058	29413
橡胶制品业	Rubber products	578	3350
塑料制品业	Plastic products	1510	3750
非金属矿物制品业	Nonmetal mineral prodcuts	60770	190426
黑色金属冶炼及压延加工业	Smelting and pressing of ferrous metals	101700	1050987
有色金属冶炼及压延加工业	Smelting and pressing of nonferrous metals	4642	650
金属制品业	Metal products	600	13000
通用设备制造业	Ordimary machinery	13009	144531
专用设备制造业	Special purposes eqnipment	43010	262125
交通运输设备制造业	Transport eqnipmanlt	982288	10512985
电气机械及器材制造业	Electric equipment and machinery	43034	299257
通信设备、计算机及其他电子设备制造业	Electronic and telecommnication	21731	563257
仪器仪表及文化、办公用机械制造业	Instruments meters, culturaland official machimery	24902	196246
工艺品及其他制造业	Other manufalturing	450	100766
废弃资源和废旧材料回收加工业	Discard resources and material processing		
电力、燃气及水的生产和供应业	Production supply of power gas and water	88921	
电力、热力的生产和供应业	Production supply of power and heat power	88921	
煤气生产和供应业	produdtron and suppty of gas		
水的生产和供应业	Production and suppty of tap water		

continued

unit:1000yuan

专利申请数（件）Patent (Item)	# 发明专利 Invention	技术改造经费支出 Innovation	技术引进经费支出 Technalogy Funds	消化吸收经费支出 Expenditure of input	购买国内技术经费支出 National expenditure
		30717			
464	103	4020846	836009	49298	94549
		6332		210	
7	7	3028			
12	4	30290			
		232			
		200			
		3541		100	
5	1	11			50
		67000	1500	3000	10000
		34			
		1950			
23	14	2011538	466550	2398	4740
85	48	163998	8876	21867	58259
5		41420			
		16330			
2	1	5000	100		
3		127781	15445	68	135
1	1	274390		6020	
2		1353			
3	3		470		
2		109112	650	400	800
33	10	168818	100	1200	19700
90	9	929475	342318	13490	600
35		28419		490	100
12	2	29809			
144	3	785		55	165
3		152297	19566	100	1458
3		152285	19566	100	1450
		12			8

15－19　大中型工业企业科技活动情况(2004)

单位:千元

		有科技活动 Number of enterprise with institutions for technical development
总计	Total	**127**
一、按登记注册类型分组	Grouped by status of registration	
内资企业	Domestic funds	121
国有	State owned	36
集体	Collective owned	4
股份合作	Cooperative	1
有限责任公司	Limited company	37
国有独资公司	State owned	15
其他有限责任公司	Others	22
股份有限公司	Share holding	38
私营企业	Private	4
私营独资	Private	
私营有限责任公司	Private limited company	4
私营股份有限公司	Private share holding	
其他企业	Others	1
港澳台商投资企业	Funded from Hongkong, Macao and Taiwan	3
合资经营企业（港或澳、台资）	Joint venture	2
港澳台商独资企业	Sole funds	1
港澳台商投投资股份有限公司	Share holding	
外商投资企业	Foreign funds	3
中外合资经营	Joint venture	2
外资企业	Sole funds	1
二、按工业行业大类分组	Grouped by size of enterprises	
采矿业	Exavation	8
煤炭开采和洗选业	Coal mining and processing	3
石油和天然气开采业	Perrovlenm and natural gas extraction	2
黑色金属矿采选业	Ferrous metals mining and dressing	2
有色金属矿采选业	Nonferrons metals mining and dressing	1
制造业	ProdutionOther minerals mining and dressing	112
农副食品加工业	Food prodessing	1

Personnel in Scientific and Technical Development of Large and Medium－Sized Industrial Enterprises(2004)

unit:person

科技活动人员（人）personnel engaged in s & T	R&D人员折合全时当量（人年）Full－time equivation of R & D personnel (man－year)	科技活动经费筹集总额 Expenditure (10000 yuan)	科技活动经费内部支出 Internal expenditure	企业办科技机构（个）Institution of enterprises	科技项目数（项）Projects	# 新产品项目 New projects
16459	**3482.62**	**2008143**	**2583976**	**137**	**747**	**550**
15937	3386.36	1990357	2564905	130	741	544
6636	1270.05	977195	1500643	36	337	265
197	3.68	17868	16833	1	20	20
5	2.90	430	630	1	2	2
4203	1114.93	381989	398068	47	195	137
2034	803.48	198939	196494	15	89	57
2169	311.45	183050	201574	32	106	80
4538	921.12	587450	624818	43	180	114
214	13.20	17083	15571	2	6	5
214	13.20	17083	15571	2	6	5
144	60.48	8342	8342		1	1
51	20.54	3591	2698	2	3	3
49	20.54	2970	2577	1	3	3
2		621	121	1		
471	75.72	14195	16373	5	3	3
471	75.72	14195	14195	5	3	3
			2178			
1204	298.55	107715	150785	12	43	10
195		1338	5628	2	11	3
913	298.55	86030	124960	3	27	6
46		347	347	6	4	1
50		20000	19850	1	1	
14511	2734.33	1803608	2342594	118	659	539
			24			

15－19 续表

单位:千元

		有科技活动 Number of enterprise with institutions for technical development
食品制造业	Food productions	
饮料制造业	Beverage production	2
烟草制品业	Tobacco processing	3
纺织业	Textile industry	2
纺织服装、鞋、帽制造业	Garments ,shoes and caps	
木材加工及木、竹、藤、棕、草制品业	Timber processing bamboo cane planfiber and straw products	6
家具制造业	Furninture	1
造纸及纸制品业	Paper making and peaper products	2
印刷业、记录媒介的复制	Print and recrd medium reproduction	
石油加工、炼焦业及核燃料加工业	Petroleum refining and coking and nuclear	1
化学原料及化学制品制造业	Raw chenical material and chemical products	7
医药制造业	Medical and pharmacentical products	23
化学纤维制造业	Chemical fiber	4
橡胶制品业	Rubber products	
塑料制品业	Plastic products	1
非金属矿物制品业	Nonmetal mineral prodcuts	5
黑色金属冶炼及压延加工业	Smelting and pressing of ferrous metals	4
有色金属冶炼及压延加工业	Smelting and pressing of nonferrous metals	2
金属制品业	Metal products	1
通用设备制造业	Ordimary machinery	4
专用设备制造业	Special purposes eqnipment	5
交通运输设备制造业	Transport eqnipmanlt	26
电气机械及器材制造业	Electric equipment and machinery	6
通信设备、计算机及其他电子设备制造业	Electronic and telecommnication	3
仪器仪表及文化、办公用机械制造业	Instruments meters,culturaland official machimery	3
电力、燃气及水的生产和供应业	Production supply of power gas and water	7
电力、热力的生产和供应业	Production supply of power and heat power	7
煤气生产和供应业	produdtron and suppty of gas	
水的生产和供应业	Production and suppty of tap water	

continued

科技活动人员（人）personnel engaged in s & T	R&D人员折合全时当量（人年）Full - time equivation of R & D personnel (man - year)	科技活动经费筹集总额 Expenditure (10000 yuan)	科技活动经费内部支出 Internal expenditure	企业办科技机构（个）Institution of enterprises	科技项目数（项）Projects	# 新产品项目 New projects
371	0.72	4195	4649	5	2	2
94	4.84	4850	4850	3	4	4
135		510	1024	8	12	11
382	58.69	3407	3418	3	31	17
168	13.44	4200	4200	6	1	1
187	30.45	13100	6715	3	3	2
21		1950	3950	1	1	
806	185.93	71190	102660	6	42	25
2276	360.16	212799	204421	26	96	81
717	94.80	62880	67925	2	14	8
42	27.69	1500	1350	1	4	4
512	79.80	64900	74000	2	17	9
573		137842	134048	2	25	11
65		6442	7042		5	5
22		700	560	1	4	4
143	36.04	8740	29337	2	38	38
542	55.74	35693	37650	8	33	23
5914	1558.35	1056417	1547919	24	290	262
696	7.56	58429	57651	9	23	18
497	96.60	23993	20270	2	9	9
348	123.52	29871	28931	4	5	5
744	449.74	96820	90597	7	45	1
744	449.74	96820	90597	7	45	1

15－19 续表 1

单位:千元

单 位		项目经费 Funds	新产品产 值 Output value of new products
总计	**Total**	**1589025**	**14452154**
一、按登记注册类型分组	Grouped by status of registration		
内资企业	Domestic funds	1578293	13952435
国有	State owned	842724	1884867
集体	Collective owned	9384	79467
股份合作	Cooperative	430	
有限责任公司	Limited company	333188	7436487
国有独资公司	State owned	160974	6707453
其他有限责任公司	Others	172214	729034
股份有限公司	Share holding	370026	4494509
私营企业	Private	14199	52652
私营独资	Private		
私营有限责任公司	Private limited company	14199	52652
私营股份有限公司	Private share holding		
其他企业	Others	8342	4453
港澳台商投资	Funded from Hongkong, Macao and Taiwan	1520	19689
合资经营企业（港或澳、台资）	Joint venture	1520	19689
港、澳、台商独资企业	Sole funds		
港澳台商投资股份有限公司	Share holding		
外商投资企业	Foreign funds	9212	480030
中外合资经营	Joint venture	9212	480030
外资企业	Sole funds		
二、按工业行业大类分组	Grouped by size of enterprises		
采矿业	Exavation	45587	65260
煤炭开采和洗选业	Coal mining and processing	2353	6000
石油和天然气开采业	Perrovlenm and natural gas extraction	23077	58000
黑色金属矿采选业	Ferrous metals mining and dressing	307	1260
有色金属矿采选业	Nonferrons metals mining and dressing	19850	
制造业	ProdutionOther minerals mining and dressing	1454517	14386894
农副食品加工业	Food prodessing		

continued

unit: person

专利申请数(件) Patent (Item)	# 发明专利 Invention	技术改造经费支出 Non - full time	技术引进经费支出 Scientists and engineers	消化吸收经费支出 Technical personel (graduates) for university	购买国内技术经费支出 Personnel engaged in research and development
378	**69**	**3865581**	**844931**	**14150**	**26950**
374	69	3830998	844931	14150	26950
96	34	2633362	785789	2360	900
		6800			400
2		140000			3000
207	11	390526	21626	100	4500
24	1	293708	19566	100	1950
183	10	96818	2060		2550
58	22	650058	22071	10490	18150
11	2	3164		1200	
11	2	3164		1200	
		7088	15445		
		3740			
		1740			
		2000			
4		30843			
3		30843			
1					
20		51051			50
		50834			50
20					
		217			
355	69	3662260	825365	14050	25450

15－19 续表 2

单位:千元

单 位		项目经费 Funds	新产品产值 Output value of new products
食品制造业	Food productions		
饮料制造业	Beverage production	212	54827
烟草制品业	Tobacco processing	2052	349422
纺织业	Textile industry	41	226682
纺织服装、鞋、帽制造业	Garments, shoes and caps		
木材加工及木、竹、藤、棕、草制品业	Timber processing bamboo came plamfiber and straw products	2775	10480
家具制造业	Furninture	2000	51
造纸及纸制品业	Paper making and peaper products	3580	400
印刷业、记录媒介的复制	Print and record medium reproduction		
石油加工、炼焦业及核燃料加工业	Petroleum refining and coking and nuclear	1950	
化学原料及化学制品制造业	Raw chenical material and chemical products	40413	146807
医药制造业	Medical and pharmacentical products	163949	843091
化学纤维制造业	Chemical fiber	17058	29413
橡胶制品业	Rubber products		
塑料制品业	Plastic products	650	2500
非金属矿物制品业	Nonmetal mineral prodcuts	60770	160870
黑色金属冶炼及压延加工业	Smelting and pressing of ferrous metals	101700	1050987
有色金属冶炼及压延加工业	Smelting and pressing of nonferrous metals	4642	650
金属制品业	Metal products	540	13000
通用设备制造业	Ordimary machinery	5395	63861
专用设备制造业	Special purposes eqnipment	33080	203633
交通运输设备制造业	Transport eqnipmanlt	937539	10228276
电气机械及器材制造业	Electric equipment and machinery	39386	286067
通信设备、计算机及其他电子设备制造业	Electronic and telecommnication	19250	546957
仪器仪表及文化、办公用机械制造业	Instruments meters, culturaland official machimery	17535	168920
电力、燃气及水的生产和供应业	Production supply of power gas and water	88921	
电力、热力的生产和供应业	Production supply of power and heat power	88921	
煤气生产和供应业	produdtron and suppty of gas		
水的生产和供应业	Production and suppty of tap water		

continued

unit: person

专利申请数（件）Patent (Item)	# 发明专利 Invention	技术改造经费支出 Non－full time	技术引进经费支出 Scientists and engineers	消化吸收经费支出 Technical personel(graduates) for university	购买国内技术经费支出 Personnel engaged in research and development
		30140			
		80			
		200			
		3126			
5	1	11			50
		67000	1500	3000	10000
		1950			
19	11	1992930	466550	2360	4700
64	34	55437	8471	1000	10200
5		41420			
1	1	5000	100		
3		117736	15445		
1	1	274390		6020	
2		1353			
3	3		470		
1		88000			50
6	6	135913	100		50
82	8	790384	332729	1200	300
34		26889		470	100
5	1	29809			
124	3	492			
3		152270	19566	100	1450
3		152270	19566	100	1450

15－20 小型工业企业科技活动情况(2004)

单位:千元

单位		有科技活动 Number of enterprise with institutions for technical development
总计	Total	**175**
一、按登记注册类型分组	Grouped by status of registration	
内资企业	Domestic funds	158
国有	State owned	39
集体	Collective owned	7
股份合作	Cooperative	1
联营企业	Cooperation	
国有联营	State－joint	
集体联营	Collective owned	
国有与集体联营	State and collective－joint	
其他联营	Other joint	
有限责任公司	Limited company	41
国有独资公司	State owned	2
其他有限责任公司	Others	39
股份有限公司	Share holding	25
私营企业	Private	45
私营独资	Private	11
私营合伙	Private partner	1
私营有限责任公司	Private limited company	31
私营股份有限公司	Private share holding	2
其他企业	Others	
港澳台商投资	Funded from Hongkong, Macao and Taiwan	4
合资经营企业（港或澳、台资）	Joint venture	4
合作经营企业（港澳、台资）	Cooperative	
港、澳、台商独资企业	Sole funds	
港澳台商投资股份有限公司	Share holding	
外商投资企业	Foreign funds	13
中外合资经营	Joint venture	10
中外合作经营	Cooperative	
外资企业	Sole funds	3
外商投资股份有限公司	Foreign funds	
二、按工业行业大类分组	Grouped by size of enterprises	
采矿业	Exavation	4
煤炭开采和洗选业	Coal mining and processing	
石油和天然气开采业	Perrovlenm and natural gas extraction	3

Funds of Scientific and Technical Development of Large and Medium – Sized Industrial Enterprises (2004)

unit: 10000yuan

科技活动人员（人）personnel engaged in s & T	R&D 人员折合全时当量（人年）Full – time equivation of R & D personnel (man – year)	科技活动经费筹集总额 Expenditure (10000 yuan)	科技活动经费内部支出 Internal expenditure	企业办科技机构（个）Institution of enterprises	科技项目数（项）Projects	# 新产品项目 New projects
3950	**798.43**	**300747**	**342149**	**69**	**335**	**274**
3642	736.34	236845	272686	62	303	243
720	145.98	24749	52326	15	70	43
286		17520	17679		33	32
32		1876	1799		15	15
1269	314.80	61429	77116	22	69	45
240	100	2912	2772	1	3	3
1029	214.80	58517	74344	21	66	42
658	170.29	80218	52549	13	58	55
677	105.27	51053	71217	12	58	53
102	9.34	3524	5309		16	16
			25			
534	85.43	42429	63298	11	40	35
41	10.5	5100	2585	1	2	2
69	25.82	12930	11170	2	5	5
69	25.82	12930	11170	2	5	5
239	36.27	50972	58293	5	27	26
225	36.27	45872	43093	5	25	24
14		5100	15200		2	2
12		80	1204	1	1	1

15－20　续表

单位:千元

		有科技活动 Number of enterprise with institutions for technical development
黑色金属矿采选业	Ferrous metals mining and dressing	
有色金属矿采选业	Nonferrons metals mining and dressing	
非金属矿采选业	Nonmetal minerals mining and dressing	1
制造业	ProdutionOther minerals mining and dressing	168
农副食品加工业	Food prodessing	6
食品制造业	Food productions	6
饮料制造业	Beverage production	4
烟草制品业	Tobacco processing	1
纺织业	Textile incustry	
纺织服装、鞋、帽制造业	Garments, shoes and caps	1
皮革、毛皮、羽毛绒及其制品业	Leather, furs, down and related products	
木材加工及木、竹、藤、棕、草制品业	Timber processing bamboo came plamfiber and straw products	5
家具制造业	Furninture	
造纸及纸制品业	Paper making and peaper products	
印刷业、记录媒介的复制	Print and record medium reproduction	1
文教体育用品制造业	aliturd education and sport goods	
石油加工炼焦及核燃料加工业	Petroleum refining and coking and nuclear	
化学原料及化学制品制造业	Raw chenical material and chemical products	17
医药制造业	Medical and pharmacentical products	37
化学纤维制造业	Chemical fiber	
橡胶制品业	Rubber products	1
塑料制品业	Plastic products	8
非金属矿物制品业	Nonmetal mineral prodcuts	3
黑色金属冶炼及压延加工业	Smelting and pressing of ferrous metals	1
有色金属冶炼及压延加工业	Smelting and pressing of nonferrous metals	
金属制品业	Metal products	1
通用设备制造业	Ordimary machinery	10
专用设备制造业	Special purposes eqnipment	13
交通运输设备制造业	Transport eqnipmanlt	33
电气机械及器材制造业	Electric equipment and machinery	7
通信设备、计算机及其他电子设备制造业	Electronic and telecommnication	5
仪器仪表及文化、办公用机械制造业	Instruments meters, culturaland official machimery	7
工艺品及其他制造业	Other manufaturing	1
废弃资源和废旧材料回收加工业	Discard resources and material processing	
电力、燃气及水的生产和供应业	Production supply of power gas and water	3
电力、热力的生产和供应业	Production supply of power and heat power	2
煤气生产和供应业	produdtron and suppty of gas	
水的生产和供应业	Production and suppty of tap water	1

continued

unit:10000yuan

科技活动人员（人） personnel engaged in s & T	R&D 人员折合全时当量（人年） Full – time equivation of R & D personnel（man – year）	科技活动经费筹集总额 Expenditure（10000 yuan）	科技活动经费内部支出 Internal expenditure	企业办科技机构（个） Institution of enterprises	科技项目数（项） Projects	# 新产品项目 New projects
12		80	800	1	1	1
3938	798.43	300667	318415	68	334	273
129		23039	27090	1	5	3
83	34.17	3071	19291	2	10	9
83	23.00	3245	4250	3	5	4
6	2.82	152	304		3	1
			17			
74	33.46	3270	1641	4	11	2
24	15.00	8800	1890		1	1
		100				
312	29.09	18938	22198	8	22	16
824	231.02	102392	85719	16	65	62
14	1.32	578	578	1	2	
47	6.68	1096	1084		9	4
			339			
			160			
20	5.76	550	550		1	1
568	169.93	11444	26668	5	24	15
243	47.65	14471	20565	4	32	25
967	155.90	86853	82825	14	101	90
157	23.80	2450	4200	3	13	12
84	7.64	3961	3048	2	6	5
295	11.19	15757	15498	5	23	22
8		500	500		1	1
			22530			
			22479			
			51			

15－20　续表　1

单位:千元

		项目经费 Funds	新产品 产值 Output value of new products
总计	Total	**160220**	**1224784**
一、按登记注册类型分组	Grouped by status of registration		
内资企业	Domestic funds	143298	1107519
国有	State owned	14162	71933
集体企业	Collective owned	10968	53789
股份合作	Cooperative	1799	1985
联营企业	Cooperation		
国有联营	State－joint		
集体联营	Collective owned		
国有与集体联营	State and collective－joint		
其他联营	Other joint		
有限责任公司	Limited company	49366	405999
国有独资公司	State owned	1506	48131
其他有限责任公司	Others	47860	357868
股份有限公司	Share holding	30843	175139
私营企业	Private	36160	398674
私营独资	Private	3868	155489
私营合伙	Private partner		7000
私营有限责任公司	Private limited company	29892	135336
私营股份有限公司	Private share holding	2400	100849
其他企业	Others		
港澳台商投资	Funded from Hongkong, Macao and Taiwan	6300	7729
合资经营企业（港或澳、台资）	Joint venture	6300	7729
合作经营企业（港澳、台资）	Cooperative		
港、澳、台商独资企业	Sole funds		
港澳台商投资股份有限公司	Share holding		
外商投资企业	Foreign funds	10622	109536
中外合资经营	Joint venture	8922	89162
中外合作经营	Cooperative		20374
外资企业	Sole funds	1700	
外商投资股份有限公司	Foreign funds		
二、按工业行业大类分组	Grouped by size of enterprises		
采矿业	Exavation	800	82061
煤炭开采和洗选业	Coal mining and processing		
石油和天然气开采业	Perrovlenm and natural gas extraction		76261

continued

unit: 10000yuan

专利申请数（件）Patent (Item)	# 发明专利 Invention	技术改造经费支出 Innovation	技术引进经费支出 Technology Funds	消化吸收经费支出 Expenditure of input	购买国内技术经费支出 National expenditure
109	**34**	**389463**	**10644**	**35248**	**69107**
105	34	291852	7031	23448	63877
18		9058		130	23
1		1205		8	
		10		10	
		600			
		600			
44	10	103970	7031	1735	1015
2		3855	650	400	750
42	10	100115	6381	1335	265
17	13	45452		305	3695
25	11	131557		21260	59144
2	2	34530		60	140
		280			
23	9	96747		21200	59004
		22758			3780
		22758			3780
4		74853	3613	11800	1450
4		66853	3613	11800	1150
		8000			300
		30850			
		350			

15－20　续表　2

单位:万元

单位		项目经费	新产品产值
黑色金属矿采选业	Ferrous metals mining and dressing		
有色金属矿采选业	Nonferrons metals mining and dressing		
非金属矿采选业	Nonmetal minerals mining and dressing	800	5800
制造业	ProdutionOther minerals mining and dressing	159420	1142723
农副食品加工业	Food processing	11079	20810
食品制造业	Food procuctions	2591	22085
饮料制造业	Beverage production	3630	21926
烟草制品业	Tobacco processing	152	33
纺织业	Textile industry		5223
纺织、服装、鞋、帽制造业	Garments, shoes and caps		
皮革、毛皮、羽毛绒及其制品业	Leather, furs, down and related products		6320
木材加工及木、竹、藤、棕、草制品业	Timber processing bamboo came plamfiber and straw products	205	18610
家具制造业	Furninture		
造纸及纸制品业	Paper making and peaper products		
印刷业、记录媒介的复制	Print and record medium reproduction	1890	126168
文教体育用品制造业	aliturd education and sport goods		
石油加工、炼焦及核燃料加工业	Petroleum refining and coking and nuclear		
化学原料及化学制品制造业	Raw chenical material and chemical products	14791	34479
医药制造业	Medical and pharmacentical products	47345	271460
化学纤维制造业	Chemical fiber		
橡胶制品业	Rubber procucts	578	3350
塑料制品业	Plastic products	860	1250
非金属矿物制品业	Nonmetal mineral prodcuts		29556
黑色金属冶炼及压延加工业	Smelting anc pressing of ferrous metals		
有色金属冶炼及压延加工业	Smelting and pressing of nonferrous metals		
金属制品业	Metal products	60	
通用设备制造业	Ordimary machinery	7614	80670
专用设备制造业	Special purposes eqnipment	9930	58492
交通运输设备制造业	Transport eqripmanlt	44749	284709
电气机械及器材制造业	Electric equipment and machinery	3648	13190
通信设备、计算机及其他电子设备制造业	Electronic and telecommnication	2481	16300
仪器仪表及文化、办公用机械制造业	Instruments meters, culturaland official machimery	7367	27326
工艺品及其他制造业	Other manufalturing	450	100766
废弃资源和废旧材料回收加工业	Discard resources and material processing		
电力、燃气及水的生产和供应业	Production supply of power gas and water		
电力、热力的生产和供应业	Production supply of power and heat power		
煤气生产和供应业	produdtron and suppty of gas		
水的生产和供应业	Production and suppty of tap water		

continued

unit:10000yuan

专利申请数 Patent (Item)	# 发明专利 Invention	技术改造经费支出 Innovation	技术引进经费支出 Technalogy Funds	消化吸收经费支出 Expenditure of input	购买国内技术经费支出 Expenditure of input
		30500			
109	34	358586	10644	35248	69099
		6332		210	
7	7	3028			
12	4	150			
		152			
		415		100	
		34			
4	3	18608		38	40
21	14	108561	405	20867	48059
		16330			
1					
		10045		68	135
1		21112	650	400	750
27	4	32905		1200	19650
8	1	139091	9589	12290	300
1		1530		20	
7	1				
20		293		55	165
		27			8
		15			
		12			8

15 - 21 科技人员情况(2004)

Persons Engaged in Scientific and TechnoLogical Activities(2004)

		#有科技活动的单位数 Institutions in S&T	科技活动人员(人) S&T Persons	#科学家和工程师 Scientists and engineers
总 计	**Total**	**1111**	**67629**	**48620**
一、按数据来源分组	Grouped by source of data			
1、科技部	Ministry of S &c T	164	11839	8162
科研机构	Institute	131	9231	6308
转制企业	Enterprises changd system	14	2384	1761
其中：转制工业企业	Enterprises changd system	8	2088	1491
综合技术服务机构	Service depantments	19	224	93
2、国防科工委	National defence council	1	426	257
3、教育部	Miinstry of education	55	15281	12429
理工农医院校	Science and engineering	35	10909	8087
人文社科院校	Social science	20	4372	4342
4、规模以上工业企业	Large enterprises	302	20409	14000
其中：大中型工业企业	Software developmant	127	16459	11519
5、软件开发单位	Soft fare	47	1949	1734
6、其他	Others	542	17725	12038
其中：企业	Enterprises	401	12629	8385
二、按执行部门分组	Grouped by sector			
1、科研机构	Instiatute	132	9657	6565
2、高等院校	Higher education	55	15281	12429
3、企业	Entorprises	764	37371	25880
其中：工业企业	Industrial enterprises	660	33177	22519
4、其他	Others	160	5320	3746
三、按隶属关系分组	Groupedhy adminstative			
中央	Centre	89	24109	17739
地方	Local	1022	43520	30881
四、按地区分组	Grouped by region			
长春市	Changchun	467	42220	31294
吉林市	Jilin	258	12394	8072
四平市	Siping	67	2951	2097
辽源市	Liaoyuan	45	1221	795
通化市	Tonghua	75	2371	1433
白山市	Baishan	40	1044	660
松原市	Songyuan	16	937	718
白城市	Baicheng	54	1516	1103
延边州	Yanbian	89	2975	2448

15－22 科技活动经费筹集情况（2004）

Funds for Scientific and Technological Activities（2004）

单位：万元　　　　（10000 yuan）

		合计 Total	政府资金 Appropriations	企业资金 Funded from enterprises	事业单位资金 Funded from institution	金融机构贷款 Bank loans	国外资金 Forgign funds	其他资金 Others
总　计	**Total**	**644362**	**163082**	**393734**	**22059**	**41739**	**3607**	**20141**
一、按数据来源分组	Grouped by source of data							
1、科技部	Ministry of S &c T	234043	113734	72880	11451	25870	314	9794
科研机构	Institute	152939	109067	4266	11445	25870	314	1977
转制企业	Enter prises changed system	80455	4027	68612				7816
其中：转制工业企业		79691	3934	68070				7687
综合技术服务机构	Service depantments	649	640	2	6			1
2、国防科工委	Miinstry of education	723	254		11			458
3、教育部	Miinstry of education	63806	34640	24715	3522		378	551
理工农医院校	Science and engineering	63377	34305	24688	3497		363	524
人文社科院校	Social science	429	335	27	25		15	27
4、规模以上工业企业	Large enterprises	230887	5338	217614		5369	2566	
其中：大中型工业企业	Large enterprises	200814	2953	192223		3335	2303	
5、软件开发单位	Software developmant	11962	401	10234	20	1	60	1246
6、其他	Others	102941	8715	68291	7055	10499	289	8092
其中：企业	Enterprises	84864	6477	60313	409	9526	289	7850
二、按执行部门分组	Groupedly sector							
1、科研机构	Institute	153662	109321	4266	11456	25870	314	2435
2、高等院校	Higher education	63806	34640	24715	3522		378	551
3、企业	Entorprises	408168	16243	356773	429	14896	2915	16912
其中：工业企业	Industrial enterprises	380558	15252	337132	220	13535	2775	11644
4、其他	Other	18726	2878	7980	6652	973		243
三、按隶属关系分组	Groupedhy adminstrative							
中央	Centre	334654	90407	194963	11381	26201	1438	10264
地方	Local	309708	72675	198771	10678	15538	2169	9877
四、按地区分组	Grouped by region							
长春市	Changchun	396688	90629	247555	13913	31369	1330	11892
吉林市	Jilin	120418	30492	76918	5556	1754	575	5123
四平市	Siping	24583	10801	10437	1810	534	40	961
辽源市	Liaoyuan	4369	194	3125	49	901		100
通化市	Tonghua	38419	7565	27287	33	2750		784
白山市	Baishan	3930	545	2106	6	880	390	3
松原市	Songyuan	12565	40	11000	46	895	530	54
白城市	Baicheng	6676	2739	2590	175	1133	5	34
延边州	Yanbian	36714	20077	12716	471	1523	737	1190

15－23　研究与实验发展（R & D）情况（2004）

单元：万元　　　　(10000 yuan)

		有R&D活动的单位数（个）Institution in S&T	R&D人员折合全时人员（人年）Full－time equivation of R & D personnel (man－year)	#科学家和工程师 Scientists and engineers	#全时人员 Full－time person	其中：in which 1、基础研究 Basic research	2、应用研究 Applied research	3、实验发展 Experimental development
总　计	**Total**	**723**	**22685**	**19045**	**13690**	**4668**	**7271**	**10746**
一、按数据来源分组	Grouped by source of data							
1、科技部	Ministry of S &c T	80	5326	3791	4331	418	1887	3021
科研机构	Institute	73	4003	3111	3286	416	1809	1778
转制企业	Enter prises changed system	6	1310	668	1037		69	1241
其中:转制工业企业		4	1274	632	1026		69	1205
综合技术服务机构	Service depantments	1	13	12	8	2	9	2
2、国防科工委	Miinstry of education	1	383	257	383	38	345	
3、教育部	Miinstry of education	55	8215	7502	2968	3910	3426	879
理工农医院校	Science and engineering	35	5962	5512	2341	2657	2926	379
人文社科院校	Social science	20	2253	1990	627	1253	500	500
4、规模以上工业企业	Large enterprises	154	4281	3627	2748	111	1007	3163
其中:大中型工业企业	Large enterprises	75	3482	3053	2157	92	841	2549
5、软件开发单位	Software developmant	21	632	588	537	3	41	588
6、其他	Others	412	3848	3280	2723	188	565	3095
其中：企业	Enterprises	317	2672	2193	1899		91	2581
二、按执行部门分组	Groupedly sector							
1、科研机构	Institute	74	4386	3368	3669	454	2154	1778
2、高等院校	Higher education	55	8215	7502	2968	3910	3426	879
3、企业	Entorprises	498	8895	7076	6221	114	1208	7573
其中：工业企业	Industrial enterprises	428	7716	6105	5359	111	1161	6445
4、其他	Other	96	1189	1099	832	190	483	516
三、按隶属关系分组	Groupedhy adminstrative							
中央	Centre	67	10543	8663	6001	2722	3742	4081
地方	Local	656	12142	10383	7688	1946	3529	6665
四、按地区分组	Grouped by region							
长春市	Changchun	310	16833	14253	10187	3699	5355	7778
吉林市	Jilin	216	2150	1929	1170	222	718	1208
四平市	Siping	9	792	562	540	156	306	329
辽源市	Liaoyuan	24	248	165	186	8	143	97
通化市	Tonghua	32	491	344	375	59	48	384
白山市	Baishan	24	132	109	69	13	69	50
松原市	Songyuan	6	308	243	185	27	92	189
白城市	Baicheng	38	510	392	300	58	195	257
延边州	Yanbian	64	1226	1046	678	424	344	452

Basic Statistic on R & D (2004)

R&D 经费内部支出（万元）expediutre	其中：1、经常费支出 Internal expenditure	# 人员劳动费 Wages	其中：（1）基础研究 Basic research	（2）应用研究 Applied research	（3）实验发展 Experimental development	2. 科技基建支出 Expenditure of S & T	# 固定资产购建 Fixed assets	# 设备购置 Equipment	R&D 经费外部支出（万元）Outside expenditures for R&D (10000 yuan)
364589	345399	65346	20512	85117	239770	19190	38855	30472	9805
155381	142425	22347	9150	44665	88610	12956	24898	16662	28
83794	70842	14876	9145	41919	19778	12952	24030	15794	26
71485	71481	7443		2713	68768	4	865	865	2
71213	71209	7294		2713	68496	4	865	865	2
102	102	28	5	33	65		3	3	
1285	1285	352	64	1221			11	11	
30430	27887	4870	8837	14435	4615	2543	3885	3851	1211
27574	25031	4675	8116	14134	2781	2543	3830	3830	1208
2856	2856	195	721	301	1834		55	20	3
124849	121505	25193	1240	18991	101274	3344	3269	3269	4838
172996	115433	22745	1102	17694	96637	57563	34105	31189	3502
5291	5131	2949	101	454	4576	160	1556	1556	12
47353	47166	9635	1120	5351	40695	187	5236	5123	3716
39308	39129	6656		1324	37806	178	2758	2652	3563
85079	72127	15228	9209	43140	19778	12952	24041	15805	26
30430	27887	4870	8837	14435	4615	2543	3885	3851	1211
240933	237246	42241	1341	23482	212424	3687	8448	8342	8415
227916	224403	36900	1240	23016	200147	3513	6706	6612	8312
8147	8139	3007	1125	4060	2954	9	2481	2474	153
247237	242109	33939	20292	35146	156671	10128	19197	16711	5511
117352	103290	31407	220	49971	83099	9062	19658	13761	4294
255532	245689	39321	10791	62169	172729	9843	22923	14875	4772
70455	62618	13824	5071	13617	43930	7837	12171	12131	1984
6642	6484	1596	665	1879	3940	158	287	166	6
1632	1536	611		553	983	96	22	22	48
6786	5756	2172	182	885	4689	1030	1573	1558	1864
1148	1097	430	22	243	832	51	112	72	68
3481	3481	1616	199	1435	1847		11	11	217
2607	2569	1085	35	756	1778	38	547	539	101
16306	16169	4691	3547	3580	9042	137	1209	1098	745

15－24 科技活动经费支出情况（2004）

Expenditures on Scientific and Technological Activities（2004）

单位：万元

		合计 Total	内部支出 Intemt expenditure	# in which 1. 经常费支出 Running expenses	人员劳务费 Wages	2. 科研基建 Construction	# 固定资产购建 Fixed assets	设备购置 Equipment	外部支出 Outside expenditures
总　计	**Total**	**684205**	**668458**	**566010**	**205069**	**102449**	**64903**	**51806**	**15747**
一、按数据来源分组	Grouped by source of data								
1、科技部	Ministry of S &c T	222655	222276	206575	54870	15702	34905	25279	379
科研机构	Institute	138811	138624	123001	42467	15623	29977	20354	187
转制企业	Enter prises changed system	83197	83005	82938	12046	67	4909	4907	192
其中:转制工业企业	81462	81272	81214	10792	58	4857	4857	190	
综合技术服务机构	Service depantments	647	647	636	357	12	19	18	
2、国防科工委	Miinstry of education	1285	1285	1285	352		11	11	
3、教育部	Miinstry of education	58791	56341	54757	8313	1584	5918	5883	2450
理工农医院校	Science and engineering	58475	56028	54444	8117	1584	5862	5862	2447
人文社科院校	Social science	316	313	313	195		55	20	3
4、规模以上工业企业	Large enterprises	305811	300973	223532	122637	77441	3269	3269	4838
其中:大中型工业企业	Large enterprises	261899	258397	200834	104506	57563	34105	31189	3502
5、软件开发单位	Software developmant	10104	10034	8398	4327	1636	3396	3368	70
6、其他	Others	85559	77549	71463	14570	6086	17404	13996	8010
其中：企业	Enterprises	70613	63019	57457	9111	5562	11784	8730	7594
二、按执行部门分组	Groupedly sector								
1、科研机构	Institute	140096	139909	124286	42819	15623	29988	20365	187
2、高等院校	Higher education	58791	56341	54757	8313	1584	5918	5883	2450
3、企业	Entorprises	469725	457031	372325	148121	84706	23358	20274	12694
其中：工业企业	Industrial enterprises	448287	435795	352875	140167	82921	19498	16573	12492
4、其他	Other	15593	15177	14642	5816	536	5639	5284	416
三、按隶属关系分组	Groupedhy adminstrative								
中央	Centre	433419	425346	369868	111496	55478	33068	24806	8073
地方	Local	250786	243112	196141	93573	46971	31835	27000	7674
四、按地区分组	Grouped by region								
长春市	Changchun	430479	423958	359342	131327	64616	32425	22828	6521
吉林市	Jilin	117090	114959	99313	29189	15646	17195	16663	2131
四平市	Siping	23844	23780	21412	6781	2368	1998	1432	64
辽源市	Liaoyuan	7468	7385	4717	3725	2668	315	198	83
通化市	Tonghua	40878	35142	24140	11038	11002	6693	5113	5736
白山市	Baishan	4727	4659	3887	1563	772	825	417	68
松原市	Songyuan	17886	17669	15817	7232	1852	1613	1613	217
白城市	Baicheng	6657	6554	5924	2651	630	1275	1147	103
延边州	Yanbian	35176	34352	31457	11563	2895	2564	2395	824

15－25　科技成果情况（2004）
Expenditureson Scientific and Technological Activities（2004）

		专利申请数（个）Patent（unit）	#发明专利申请数 Invention	拥有发明专利数（件）Patent	发表科技论文（篇）Thesis	出版科技著作（种）Works
总　计	Total	1378	654	1225	26310	1139
一、按数据来源分组	Grouped by source of data					
1、科技部	Ministry of S &c T	374	262	417	2885	65
科研机构	Institute	312	249	374	2766	63
转制企业	Enter prises changed system	62	13	43	103	2
其中:转制工业企业		62	13	39	20	
综合技术服务机构	Service depantments				16	
2、国防科工委	Miinstry of education	6	5		18	2
3、教育部	Miinstry of education	257	177	470	21139	984
理工农医院校	Science and engineering	257	177	470	15045	227
人文社科院校	Social science				6094	757
4、规模以上工业企业	Large enterprises	487	103	204		
其中：大中型工业企业	Large enterprises	378	69	139		
5、软件开发单位	Software developmant	27	10	25		
6、其他	Others	227	97	109	2268	88
其中：企业	Enterprises	183	79	89		
二、按执行部门分组	Groupedly sector					
1、科研机构	Institute	318	254	374	2784	65
2、高等院校	Higher education	257	177	470	21139	984
3、企业	Entorprises	759	205	361	103	2
其中：工业企业	Industrial enterprises	721	188	323	20	
4、其他	Other	44	18	20	2284	88
四、按地区分组	Grouped by region					
长春市	Changchun	1027	523	980	18984	871
吉林市	Jilin	154	54	121	3360	72
四平市	Siping	49	11	22	820	69
辽源市	Liaoyuan	19	4	8	54	
通化市	Tonghua	41	23	47	434	29
白山市	Baishan	9	6	8	50	6
松原市	Songyuan	21			15	
白城市	Baicheng	11	9	10	300	2
延边州	Yanbian	47	24	29	2293	90

15－26　科技项目（课题）情况（2004）

Scientific and Technological Projects（2004）

项目 Item		项目（课题）数（项） Projects	项目（课题）参加人员折合全时当量（人年） Full－time equivation of R&D personnal（man－year）	# 科学家和工程师 Scientists and engineers	项目（课题）实际经费支出（万元） Expernditure（10000yuan）
总　　计	**Total**	**9769**	**25588**	**21446**	**332707**
一、按数据来源分组	Grouped by source of data				
1、科技部	Ministry of S &c T	1653	5110	3677	98561
科研机构	Institute	1415	3774	2921	43186
转制企业	Enterprises changd system	191	1275	718	55262
其中：转制工业企业	Enterprises changd system	174	1251	694	55050
综合技术服务机构	Service depantments	47	61	38	113
2、国防科工委	National defence council	27	383	257	1285
3、教育部	Education department	5892	8494	8008	3700
理工农医院校	Science and engineering	3911	6648	6175	3597
人文社科院校	Social science	1981	1846	1833	103
4、规模以上工业企业	Industry enterprises	1082	6469	5358	174920
其中：大中型工业企业	Software developmant	747	4812	4124	158902
5、软件开发单位	Soft fare	111	851	766	6593
6、其他	Others	1004	4281	3380	47648
其中：企业	Enterprises	629	3187	2452	43767
二、按执行部门分组	Grouped by sector				
1、科研机构	Instiatute	1442	4157	3178	44471
2、高等院校	University	5892	8494	8008	3700
3、企业	Entorprises	2013	11782	9294	280542
其中：工业企业	Industry enterprises	1794	10408	8157	268070
4、其他	Others	422	1155	966	3994
三、按地区分组	Grouped by region				
长春市	Changchun	6856	18317	15708	236938
吉林市	Jilin	1001	2306	1988	41619
四平市	Siping	497	1104	862	14451
辽源市	Liaoyuan	63	586	341	3115
通化市	Tonghua	212	883	626	17386
白山市	Baishan	70	250	169	2842
松原市	Songyuan	59	217	168	3213
白城市	Baicheng	186	563	403	3556
延边朝鲜族自治州	Yanbian	825	1358	1178	9587

15－27　科技活动机构情况（2004）

Scientific and Technological Intitutions（2004）

		机构数（个）Unit	机构从事科技活动人员（人）Persons engaged	# 科学家和工程师 Seientisits and engineers	机构科技经费内部支出（万元）Expenditunds	# R&D 经费 R&D funds	机构年末固定资产原价（万元）Fixed assets	# 仪器设备 Eqmipmants
总　　计	**Total**	**685**	**28842**	**19842**	**374812**	**175366**	**1310058**	**848662**
一、按数据来源分组	Grouped by source of data							
1、科技部	Ministry of S &c T	164	11839	8162	222276	155381	255102	46990
科研机构	Institute	131	9231	6308	138624	83794	147783	45179
转制企业	Enterprises changd system	14	2384	1761	83005	71485	106892	1607
其中：转制工业企业	Enterprises changd system	8	2088	1491	81271	71213	104731	1364
综合技术服务机构	Service depantments	19	224	93	647	102	427	204
2、国防科工委	National defence council	1	426	257	1285	1285	4018	1512
3、教育部	Education department	121	3011	1826	999	552	7133	4619
理工农医院校	Science and engineering	86	2703	1588	945	519	7073	4591
人文社科院校	Social science	35	308	238	54	33	60	28
4、规模以上工业企业	Industry enterprises	206	9312	6930	118602		663151	663151
其中:大中型工业企业	Software developmant	137	8351	6293	118657		59773	59773
5、软件开发单位	Soft fare							
6、其他	Others	193	4254	2667	31650	18148	380654	132390
其中：企业	Enterprises	162	3913	2457	30884	18002	374676	131217
二、按执行部门分组	Grouped by sector							
1、科研机构	Instiatute	132	9657	6565	139909	85079	151801	46691
2、高等院校	University	121	3011	1826	999	552	7133	4619
3、企业	Entorprises	382	15609	11148	232491	89487	1144719	795975
其中：工业企业	Industrial enterprises	356	14474	10563	228432	87275	1137496	792065
4、其他	Others	50	565	303	1413	248	6405	1377
三、按地区分组	Grouped by region							
长春市	Changchun	275	17152	12195	278356	150915	641904	459761
吉林市	Jilin	269	7336	5311	71910	16863	574641	361470
四平市	Siping	21	1262	742	10480	5387	11058	3350
辽源市	Liaoyuan	20	471	272	770	71	8818	1254
通化市	Tonghua	29	747	401	7856	304	19203	7434
白山市	Baishan	12	198	114	676	61	3264	1401
松原市	Songyuan	10	172	124	256	63	1711	614
白城市	Baicheng	16	650	377	2683	879	23165	1153
延边朝鲜族自治州	Yanbian	33	854	306	1825	823	26294	12225

15－28 群众文化事业基本情况
Basic Statistics for Mass Culture

		2003	2004
机构数（个）	**Institutions(unit)**	**826**	**836**
群众艺术馆	Mass art centers	13	13
文化馆	Cultural centers	62	67
文化站	Cultural stations	751	756
从业人员数（人）	**Personnel(person)**	**3264**	**3383**
文化活动情况	**Cultural activities**		
举办展览（次）	Number of exhibitions(unit)	1103	1104
组织文艺活动（次）	Art perfermances(time)	3140	4616
举办训练班（班）	Training courses(closs)	1159	2924
放映录像（场）	Show video corder(time)	7369	

15－29 公共图书馆、博物馆和文物保护单位基本情况
Basic Statistics for Public Libraries Museums and Cultural Relic Agencies

		单位 unit	2003	2004
公共图书馆	**Public libraries**			
单位数	Institutions	个 unit	62	63
从业人员数	Personnel	人 person	1801	1788
藏书	Callection books	万册/件 10000volume/pcs	1090	1118
阅览室座席	Seating capacity of reading room	千个 1000	13	12
建筑面积	Floor space of building	千平方米 1000sq.m	127	135
# 阅览室	Reading room	千平方米 1000sq.m	39	36
书库	Stock rooms	千平方米 1000sq.m	31	33
借阅人次	Total number of circulation	万人次 10000person－time	268	196
借阅册次	Number of books borrowed by the readers	万册次 10000volume－times	466	375
博物馆	**Museums**			
单位数	Institutions	个 unit	22	18
从业人员数	Personnel	人 person	654	634
文物藏品	Number of callection	万件 10000	14	17
举办陈列	Number of desplay	次 time	15	
举办展览	Number of exhibitions	次 time	49	65
参观人次	Number of visitors	千人次 1000person－times	510	676
文物保护单位	**Cultural relic agencies**			
单位数	Institutions	个 unit	47	47
从业人员	Personnel	人 person	292	286
藏品	Number of collection	万件 10000	1.5	1.8

15－30 文化事业活动单位机构和人员(2004)

Number of Institutions and Personnel in Culture(2004)

单位:个、人

unit:person

		总计 Total		文化部门 Cultural departments		其他部门 Other departments	
		机构数 Institutions	人数 Persons	机构数 Institutions	人数 Persons	机构数 Institutions	人数 Perons
总　计	Total	13000	47542	652	12832	11356	30925
艺术事业	Art	161	6049	161	6049		
图书馆事业	Libraries	63	1788	63	1788		
群众文化事业	Mass culture	836	3383	108	2305	728	1078
文化动场	Recreotion	10740	30387	113	540	10627	29847
文艺科研	Culture and art reseach	9	110	9	110		
其他文化产业及非文化产业	No－culture industry	130	972	129	972	1	
文物事业	Cultural relics	69	1068	69	1068		
电影事业	Film	992	3785				

15－31 电影事业基本情况

Basic Statistics for Film Production

		2003	2004
电影制片厂（个）	Number of film studios (unit)	1	1
电影发行放映管理机构（个）	Film renting units (unit)	54	52
电影放映单位（个）	Cinema and theatre (unit)	825	940
电影院和影剧院	Auditorium	54	54
开放礼堂俱乐部和电影放映队	Film projection team	771	886
电影从业人员（人）	Personnel for film(person)	3923	3785
放映场次合计（场）	Number of shows(time)	39764	48700
观众人次（千人次）	Number of spectators(1000 person time)	7372	13118

15－32 艺术事业基本情况
Basic Statistics for Art Troupes

		2003	2004
艺术表演团体（个）	**Art performance**	**65**	**60**
话剧团、儿童剧团、滑稽剧团	Drama children play troups	4	9
歌舞剧团、轻音乐团	Opera and dance troupes	11	18
戏曲剧团、乐队、文工队	Local opera troups	46	21
# 京剧	Local Beijing opera trcups	1	1
曲剧团综合性艺术表演团体	Reciation and balled aerobatics and puppet troupes	4	1
综合性艺术表演团体	Overall troup		11
从业人员（人）	Personnel(person)	4315	4246
演出场次（千场次）	Number of performance(1000 time)	7	6
# 到农村演出	Performance to rural	2	2
观众人次（千人次）	Number of spectators(1000 person time)	5472	4534
艺术表演场所（个）	**Art centers**	**48**	**42**
剧场音乐厅	Concert halls	48	42
从业人员（人）	Personel(person)	1437	1327
演出场次（千场）	Number of performance(1000 time)	12	6
观众人次（千人次）	Number of spectators(1000 person time)	1380	1083

15－33　图书出版
Composition of Books Published

		种类(种) Number of pubications(kind)		总印数(万册) Printed copies(10000 copies)	
		2003	2004	2003	2004
总计	**Total**	**3826**	**4699**	**13851**	**12267**
书籍	Books	3826	4699	13851	12267
# 课本	Textbook	507	587	8152	5132

15－34　杂志出版
Number of Magazines Publisheds

		种类(种) Number of newspaper pubications(kind)		总印数(万册) Total printed copies (10000 copies)		总印张(万印张) Printed sheets (10000 sheetons)	
		2003	2004	2003	2004	2003	2004
总计	**Total**	**234**	**234**	**3285**	**6856**	**9777**	**29359**
综合	General books	38	38	1189	2685	3588	10589
哲学、社会科学	Philosophy and social science	50	50	356	576	1231	2690
自然科学、技术	Natural science and technoloty	96	96	243	588	831	3553
文化、教育	Culture and education	26	26	1252	2183	3201	8550
文学、艺术	Lierature and arts	23	23	242	821	920	3969
# 少年儿童读物	Children books	5	5	208	297	362	1163
画刊	Picturial	1	1	3	3	8	8

15－35　报纸出版
Number of Magzines Publisheds

		种类(种) Number of newspaper pubications(kind)		总印数(万份) Total printed copies (10000 copies)		总印张(万印张) Printed sheets (10000 sheetons)	
		2003	2004	2003	2004	2003	2004
总计	**Total**	**70**	**79**	**66757**	**99646**	**123079**	**183715**
综合报	General newspaper	37	46	33582	57895	49811	106526
专业报	Specialized newspaper	33	33	33175	41751	73268	77189
省级报纸合计	Total newspoper of provincial level	37	37	42677	53419	77248	93589
综合报	General newspaper	14	14	12319	15696	10813	23598
专业报	Specialized newspaper	23	23	30358	37723	66435	69991
市级报纸合计	Total newspoper of municapal level	28	37	23136	45075	45316	89497
综合报	General newspaper	18	27	20319	41047	38483	82299
专业报	Specialized newspaper	10	10	2817	4028	6833	7198
县级报纸合计	Total new spoper of county level	5	5	943	1152	515	629
综合报	General newspaper	5	5	943	1152	515	629

15-36 广播电台情况
Basic Statistics for Broadcasting Stations

		单位 unit	2003	2004
广播电台和广播情况	**Broadcasting station and program**			
广播电台	Number of broadcasting station	座 set	10	10
发射台	Transmitters	座 set	114	113
发射机功率	Power of transmitters	千瓦 kw	855	909
节目套数	Number of program	套 set	64	67
平均每日播音时间	Broadcasting hours per day	时:分 hour	787:49	796:01
广播覆盖率	Production of TV programs	%	96.1	96.5
广播节目制作情况	**Programme made**			
合计	Total	小时 hour	187674	168312
新闻	News program	小时 hour	16960	16271
文艺	Entertainment program	小时 hour	83028	73923
专题	Special news	小时 hour	28652	39727
教育（广播剧类）	Education program	小时 hour	5230	1903
服务性及其他	Services program	小时 hour	53804	36488
县级广播电台	**Station of county level**	**座 set**	**41**	**41**

15-37 电视台情况
Basic Statistics on Television Stations

		单位 unit	20003	2004
基本情况	**General**			
电 视 台	Television station	座 set	10	10
发 射 台	Transmitters	座 set	217	199
发射机功率	Power of transmitters	千瓦 kw	237.14	237.33
节 目 套 数	Number of program	套 set	68	70
平均每周播出时间	Broadcasting hours per week	时:分 hour	5732:44	6637:21
电视覆盖率	Viewer rating	%	97.26	97.69
有线电视入户率	Cable television rating	%	25.79	29.57
电视节目制作情况	**Production of TV program**			
合 计	Total	小时/年 hour	49568	49696
新 闻	News program	小时/年 hour	6343	6784
专 题	Special program	小时/年 hour	9214	9789
教育（影视类电视节目）	Education program	小时/年 hour	659	139
文 艺	Art program	小时/年 hour	15886	8487
服务性及其他	Services program	小时/年 hour	17466	24497

15－38　工会基本情况

Basic Statistics On Labour Union

指　标	Item	2003	2004
工会基本情况	**Basic statistics on labour union**		
基层工会组织数（个）	Organizations	21000	21132
职工人数（万人）	Staff and workers	369	385
#女职工人数	Famale	136	136
会员人数（万人）	Remember	347	366
#女会员人数	Famale	128	129
女职工工作委员会（个）	Women committee	8151	8583
建立工会经费审查组织（个）	Labour union unit	6299	6131
建立职工代表大会制度的单位(个)	Control commission	5642	7755
实行厂务公开的单位（个）	Opening service unit	7598	6615
建立工会劳动保护监督检查委员会(个)	Supervise unit	2528	3215
建立工会劳动法律监督组织（个）	Supervise unit	2070	2627
建立劳动争议调解委员会的单位（个）	Mediating Commission	2439	2522
建有职工技协组织（个）	Organization for staff and workes	624	756

第十六篇 CHAPTER

体育、卫生和其它事业

SPORTS, HEALTH CARE AND OTHERS

16

16-1 体育场地情况(2004)
Basic Statistics on Stadiums and Gymnasiums(2004)

单位:个

项目 Item		标准体育场地 Stand Standiums							
		合计 Total	#体育场 Stadiums	#体育馆 Gymnasiums	#游泳馆 Swimming pools	#有看台的灯光球场 Illuminated field with fixed seating	#小运动场 Small sports ground	#足球场 Stadium	#乒乓球房馆 Stadium
全省	**Total**	**13264**	**47**	**42**	**39**	**8**	**2303**	**107**	**159**
# 体委系统	Sport commissions	323	21	16	1	3	7	9	11

16-2 体委系统体育工作者
Personnel of Physical Culture and Sports Ocmmissions

单位:人 unit: person

项目 Item		2003	2004
合计	**Total**	**4048**	**3973**
专职教练员	Full time coaches	826	828
运动员	Athletes	540	698
管理干部	Administrative staff	945	1128
文化教师	Full time teacher	180	236
科技人员	Scientific and technical personnel	63	34
医务人员	Medical personnel	27	30
公务员	Orderly		333
其他	Workers and other	1467	686

16-3 举办运动会及"达标"情况
Mass Sports Activities

项目 Item		2003	2004
举办运动会(体委系统)	Sports meets held(sports commission)		
次数(次)	Number of sports meets held(time)	93	51
参加人数(人)	Athletes attending(persons)	140335	1788564
达标人数合计(人)	Training program standards(persons)	3458393	3074913
# 中学	#Secondary school	1385511	1149634
小学	Primary school	2072882	1925279
达标率(%)	Standard rate(%)		
# 中学	#Secondary school	96.7	95.2
小学	Primary school	98.5	97.8

16－4　等级教练员、裁判员、运动员发展人数
Athletes and Referees in Grades by Type of Sports

单位：人　　　　unit：person

		2003	2004
等级教练员合计	**Getified coaches**	**767**	**582**
高级教练员	Senior grade coaches	89	134
教练员	Coaches	246	247
助理教练员	Assistant coaches	432	201
等级裁判员合计	**Certified referees**	**1458**	**701**
国家级裁判	National referees		45
一级裁判员	First grade referees	45	104
二级裁判员	Secondary grade referees	1273	552
三级裁判员	Tertiary grade referees	140	
等级运动员合计	**Athletes in grades**	**1335**	**1422**
国际级运动健将	National master athletes		5
国家运动健将	Mster athletes		48
一级运动员	First grade athletes	95	132
二级运动员	Secondary grade athletes	920	1237
三级运动员	Tertiary grade athletes	180	
少年级运动员	Tertiary grade athletes	140	

16－5 历年卫生事业基本情况
Basic Statistics For Health Of Jilin

年份 Year	卫生机构数（个） Number of Health Institutions	#医院、卫生院 Hospitals	卫生机构床位数（万张） Number of Beds in Health Institution (10000 beds)	#医院、卫生院 Hospitals	卫生技术人员数（万人） Medical Technical Personnel (10000 persons)	#医生 Doctors	每万人口 Per10000persons 床位数（张） Number of Beds(bed)	每万人口 Per10000persons 医生数（人） Nuber of Doctors (person)
1949	204	54	0.20	0.19	1.01	0.78	2.0	7.7
1950	442	73	0.32	0.30	1.20	0.86	3.1	8.1
1951	1066	77	0.36	0.33	1.33	0.87	3.5	8.4
1952	1230	83	0.51	0.40	1.77	0.86	4.8	8.1
1953	1712	88	0.71	0.56	2.23	1.06	6.3	9.3
1954	1800	82	0.90	0.58	2.54	0.98	7.7	8.4
1955	2145	87	1.03	0.62	2.58	1.18	8.6	9.8
1956	2740	96	1.09	0.76	2.79	1.41	8.9	11.5
1957	3232	108	1.26	0.85	3.11	1.46	10.1	11.7
1958	9942	780	2.97	1.52	3.03	1.40	23.2	10.9
1959	7797	543	2.62	1.69	3.82	1.52	19.9	11.6
1960	13423	678	3.16	2.00	4.86	1.64	22.6	11.7
1961	10719	822	3.09	2.16	4.80	1.92	21.9	13.6
1962	6554	274	2.88	2.07	4.57	2.10	19.5	14.2
1963	6431	279	2.81	1.99	4.68	2.24	18.3	14.6
1964	6098	300	2.94	2.14	4.84	2.40	18.4	15.1
1965	5955	320	3.04	2.25	4.84	2.43	18.5	14.8
1966	5022	1061	3.20	2.78	4.54	2.15	19.1	12.8
1967	4994	1076	3.15	2.84	4.69	2.20	18.3	12.8
1968	5034	1079	3.20	2.89	4.76	2.26	18.1	12.8
1969	5141	1090	3.41	3.11	4.76	2.22	18.9	12.3
1970	4917	1150	3.96	3.89	4.15	2.01	21.3	10.8
1971	2251	1107	4.15	3.96	4.65	2.11	21.7	11.0
1972	2944	1144	4.67	4.28	5.15	2.09	23.8	10.7
1973	3302	1149	4.90	4.44	5.61	2.34	24.4	11.7
1974	3340	1159	5.13	4.65	5.91	2.43	25.2	12.0
1975	3418	1167	5.30	4.77	6.20	2.53	25.7	12.3
1976	3593	1175	5.63	5.06	6.56	2.65	26.7	12.7
1977	3620	1211	5.82	5.34	6.86	2.80	27.5	13.2
1978	3889	1220	6.27	5.80	7.36	3.03	29.2	14.1
1979	4263	1227	6.57	5.97	8.19	3.15	30.1	14.5
1980	4274	1249	6.71	6.06	8.57	3.45	30.4	15.6
1981	4565	1251	6.84	6.17	9.44	3.60	30.7	16.1
1982	4494	1268	7.20	6.49	9.70	3.66	31.9	16.2
1983	4540	1266	7.38	6.61	9.99	3.77	32.5	16.7
1984	4557	1275	7.69	6.83	10.35	3.90	33.6	17.1
1985	4568	1269	7.88	6.97	10.54	3.98	34.3	17.3
1986	4539	1268	8.23	7.30	10.79	4.01	35.5	17.3
1987	4566	1281	8.65	7.61	11.04	4.11	37.0	17.6
1988	4447	1272	8.93	7.82	11.34	4.60	37.9	19.5
1989	4425	1290	9.07	7.95	11.70	4.79	37.8	20.0
1990	4407	1299	9.21	8.06	12.00	5.03	37.8	20.6
1991	4369	1295	9.27	8.14	12.43	5.13	37.7	20.8
1992	4189	1290	9.49	8.40	12.77	5.15	38.3	20.8
1993	4006	1306	9.65	8.58	12.91	5.26	38.7	21.0
1994	3920	1341	9.47	8.45	13.23	5.39	37.7	21.3
1995	3891	1310	9.66	8.41	13.42	5.61	37.9	22.0
1996	3720	1327	9.49	8.41	13.42	5.56	36.8	21.6
1997	3663	1329	9.50	8.44	13.51	5.63	36.5	21.6
1998	3832	1324	9.32	8.33	13.56	5.89	35.8	22.6
1999	3912	1314	9.21	8.27	13.71	6.15	35.21	23.51
2000	3323	1293	8.93	8.05	13.20	5.97	33.99	22.70
2001	7417	1299	9.15	8.25	13.37	6.17	34.70	23.4
2002	2080	1432	8.51	7.97	11.63	4.21	32.12	19.29
2003	7695	1431	8.61	8.18	12.86	4.76	32.39	21.49
2004	8219	1425	8.64	8.11	12.87	5.83	32.46	21.90

16－6 卫生技术人员情况 （2004）

Basic Statistic on Medical Technical Personnel（2004）

单位：人 Unit：person

项 目	Item	合计 Total	执业医师 Doctors	执业助理医师 Assistant Doctors	注册护士 Nurses	药剂人员 Pharmacists	检验人员 Inpectors	其他 Others
总 计	Total	128732	48927	9330	39546	9491	5701	15737
一、医院	Hospital	78462	30216	3639	29177	6374	3262	5794
综合医院	Comprehensive hospital	58374	22539	2596	22225	4415	2446	4153
县医院	Hospital at county	7803	2928	467	2587	645	307	869
其他医院	Other hospital	50571	19611	2129	19638	3770	2139	3284
中医院	Traditional Chinese medicine	10241	4203	706	2961	1228	372	771
中西医结合医院	Synthetical hospital	1078	456	35	375	112	50	50
民族医院	National hospital	305	106	36	72	37	12	42
专科医院	Specialized hospital	8464	2912	266	3544	582	382	778
二、疗养院	Sanatorium	813	326	56	264	46	19	102
三、社区卫生服务中心	Clinics	2590	318	173	176	21	11	1891
四、卫生院	Health center	20744	5983	3109	4713	1772	841	4326
街道卫生院	Health center of street	346	119	35	79	37	11	65
乡镇卫生院	Central health center	20398	5864	3074	4634	1735	830	4261
乡卫生院	Health center of township	13290	3757	1980	2898	1139	535	2981
五、门诊部	Clinics	1414	675	104	356	129	73	77
六、急救中心	First－aid centre	100	35	10	49	1		5
七、采供血机构	Blood bank	677	132	33	202	24	171	115
八、妇幼保健院（所、站）	Maternity and child care centers	4058	1855	476	946	182	204	395
九、专科疾病防治院(所、站)	Specialized hospital	1470	548	185	313	108	124	192
十、疾病预防控制中心防疫站	Sanitation and antiepidemic	5813	2999	771	274	82	780	907
十一、卫生监督所	Health supervise office	1112	749	125	63	8	31	136
十二、卫生监督检验(监测、检测)所(站)	Health check point	203	47	24	24	3	53	52
十三、其他卫生机构	Others	11276	5044	625	2989	741	132	1745

16－7　卫生机构、床位、人员情况　(2004)

Basic statistic on Health Institntions、Bed and Persons(2004)

项　　目	Item	卫生机构数（个）Institutions	卫生机构实有床数位(张) Beds	卫生人员(人) Employed persons
总　　计	Total	8219	86353	161507
一、医院	Hospital	594	69039	100922
综合医院	Comprehensive hospital	408	51305	74163
县医院	Hospital at county	32	5423	10071
其他医院	Other hospital	376	45882	64092
中医院	Traditional Chinese medicine	73	7178	12833
中西医结合医院	Synthetical hospital	13	967	1363
民族医院	National hospital	4	138	368
专科医院	Specialized hospital	96	9451	12195
二、疗养院	Sanatorium	14	2506	1350
三、社区卫生服务中心	Clinics	1441	29	2604
四、卫生院	Health center	831	12067	25649
街道卫生院	Health center of street	13	239	430
乡镇卫生院	Central health center	818	11828	25219
乡卫生院	Health center of township	648	7780	16452
五、门诊部	Out－Patients	213	119	1669
六、诊所、卫生所、医务室、护理站	Clinics	4759		9987
七、急救中心	First－aid centre	5		254
八、采供血机构	Blood bank	24		975
九、妇幼保健院(所、站)	Maternity and child care centers	70	1515	5124
十、专科疾病防治院(所、站)	Specialized hospital	63	665	1918
十一、疾病预防控制中心防疫站	Sanitation and antiepidemic	76		7442
十二、卫生监督所	Health supervise office	19		1451
十三、卫生监督检验(监测、检测)所(站)	Health check point	9		303
十四、其他卫生机构	Others	101	413	1859

16－8 民政事业费用支出情况
Expenditure for Civil Administration

单位:万元　　　　unit:10000 yuan

项目	Item	2003	2004
总　计	**Total**	**166702**	**182133**
抚恤事业费	Funds for disable pension	32795	32920
社会救济福利事业费	Funds for social welfare	102388	123618
离退休退职费	Pension for retirement	3467	1529
自然灾害救济费	Relief funds for natural disease	8758	14669
其他民政事业费	Other funds for civil administration	19295	9397

16－9 享受救济补助人员情况
Persons Receiveing Subsidies or Relief Runds

项目	Item	单位 unit	2003	2004
农村居民最低生活保障人数	Persons receiving lovest cost of living in rural area	人次 person－time	83249	118992
农村定期救济人数	Poor persons receiving almsgiving	人 person	23072	20057
# 农村五保户救济	Five a spects in rural area	人 person	8070	7949
城镇居住最低生活保障人数	Lowest cost of living in urban area	人 person	1464223	1352550

16-10 社会福利事业、企业单位数和工作人员

Social Welfare Institutions and Enterprises, Staff and Workers

项目	Item	机构数(个) Institution or enterprises		工作人员(人) Staff and workers	
		2003	2004	2003	2004
总　　计	**Total**	**2161**	**1843**	**36939**	**30785**
社会福利事业单位	social welfare institution	1144	845	10486	6065
城乡各种福利院	Urban and rural welfare homes	917	845	6653	6065
社会福利企业单位	Social welfare enterprises	1017	998	26453	24720
社会福利工厂	Social welfare commercial services	1014	995	26306	24569
假肢厂（站）	Artificial limb factory	2	2	98	102
安置农场	Rural homes for the elderly	1	1	49	49

16-11 收养性事业单位基本情况(2004)

Basic Statistics on Social Welfare Institutions(2004)

项目	Item	院数(个) Homes	工作人员(人) Staff and worker (person)	床位(张) Beds	年末收养人数(人) Persons housed (person)
全省收养性事业单位	**Total social welfare institutions**	**858**	**6724**	**44715**	**34339**
优抚事业单位	Convalescent institutions	13	659	1397	1175
优抚休疗养院	Convalescent homes	4	512	800	727
国家办光荣院	Civil administration social welfare homes	9	147	597	448
社会福利事业单位	Social welfare institutions	845	6065	43318	33164
各种福利院	Social welfare homes	845	6065	43318	33164
社会办敬老院	Social homes for the elderly				

16－12 律师、调解工作基本情况
Basic Statistics on Law and Mediation

项目	Item	单位 unit	2003	2004
律师工作	**Lawyers**			
律师所	Legal advisory offices	家 unit	241	248
律师工作者	Lawyers	人 persons	2611	2128
# 律师	#Full－time lawyers	人 persons	2008	1996
聘请担任常年法律顾问单位	Units with permanent legal advisors	家 unit	2785	2073
民事代理	Civil action	件 cases	15326	13419
刑事辩护、代理	Criminal defense	件 cases	7591	6107
非诉讼法律事务	Non－administrative action	件 cases	12339	17017
# 涉外法律事务	Legal advisory sevices	件 cases	17	38
解答法律咨询	Legal advisory services	件 cases	119063	51078
代写法律事务文书	Legal documents written on belalf of clients	件 cases	24215	10075
人民调解工作	**People's mediation**			
专职司法助理员	Full time judical assistants	人 persons	1444	1558
人民调解委员会	People's mediation committees	个 unit	14096	13552
调解人员	Mediators	人 persons	113436	92218
调解民间纠纷	Civil disputes mediated	件 cases	79525	30331

16－13 婚姻登记情况
Basic Statistics on Marriage Registrations and Divorces

项目	Item	2003	2004
准予登记结婚（对）	Registered marriages(couples)	162161	117153
初婚（人）	First marriage (persons)	274865	300478
再婚（人）	Remarriages(persons)	35969	49736
男 性	Male	18444	24868
女 性	Female	17425	24868
恢复结婚（人）	Returned to marriage(persons)	3750	4974
准予离婚（对）	Divorces(couples)	31577	47464
涉外婚姻（对）	Concerning foreign marriages(couples)	6794	1023
国内公民（人）	Domestic resdents(persons)	6794	1023

16－14　公证工作基本情况
Basic Statistics on Notarizations

项　目	Item	2003	2004
公证机构和人员	**Institutions and personel**		
公证处（个）	**Nortarial offices**	**82**	**82**
公证人员（人）	**Nortarial personel(person)**	**682**	**681**
# 公　证　员	#Public notaries	486	466
助理公证员	Assistant public notaries	90	101
办理公证（项目）总计（件）	**Notarized documents(pcs)**	**140805**	**238502**
经济合同公证合计（件）	**Notarzed documents on economic buziness contracts**	**72856**	**41329**
购　　销	Purchases and sales of products	101	57
建筑工程承包	Construction project contracts	120	21
联　　营	Joint business	113	14
拍　　卖	Auctions	5334	1063
财 产 租 赁	Property lease		76
贷　　款	Loans	37734	26887
担　　保	Guarantees	3887	1374
科 技 协 作	Scientific and technical contracts	2	
招标、投标	Bidding	320	101
农林牧渔业承包	Farming forestry animel husbandry and fishery contracts	3150	773
乡镇企业承包	Township enterprises contracts	14	4
供　用　电	Supple and use of electricity		
企 业 租 赁	Enterprises leases	17	2
资产经营责任制	Assets business contracts		33
工商服务业承包	Industrial and commcial service contracts	5	37
劳 务 合 同	Labor contracts	837	345
其他经济合同	Other business contratcs	8837	3753
法人（代表人）资格	Logal person(agent) identification	145	130

16 – 14　续表　continued

项　目	Item	2003	2004
法人委托书	Legal person trust deeds	743	1297
执行许可证明	Operating permits	90	133
其　　他	Others	11407	5229
民事公证合计	**Notarized document on civil lagal relations**	**67437**	**41329**
收　　养	Child adoption	9	15
解除收养	Adoption renouncemants	237	7
继承权	Rights of inheritance	5350	6135
遗　　嘱	Testament	1693	1356
产　　权	Property right	367	32
亲属关系	Kindship confirmation	649	493
房屋买卖	Purchases and sales of house	7726	5357
房屋租赁	House leases	386	147
留学协议	Foreign study contracts	169	131
遗赠抚养协议	Donations and family forering	72	7
其他民事协议	Other civil agreement	12279	7215
委托书	Trust deeds	5375	4949
赠与书	Presentation documents	4962	3765
声明书	Declarations	6238	5390
现场监督	Field superision	2048	874
副本等与原本相符	Confirmation of copuies and photo – offset copies to originals	337	234
宅基地使用权	Right to housing sits	104	645
证据保金	Bail	1143	567
死　　亡	Death certificates	163	78
其　　他	Others	18130	3932

16－15 火灾情况
Basic Statistics on Fire

项　目	Item	单位 Unit	2003	2004
火　灾　数	**Number of fire**	**起 case**	**19384**	**19558**
城　市	urban area	起 case	8824	5169
农　村	Rural area	起 case	10560	14389
死亡人数	**Deaths**	**人 person**	**77**	**148**
城　市	urban area	人 person	42	85
农　村	Rural area	人 person	35	63
受伤人数	**Injuries**	**人 person**	**75**	**138**
城　市	urban area	人 person	61	108
农　村	Rural area	人 person	14	30
损失金额	**Losses converted into cash**	**万元 10000 yuan**	**3151**	**3440**
城　市	urban area	万元 10000 yuan	1814	1203
农　村	Rural area	万元 10000 yuan	1337	2237

16－16 交通事故情况
Basic Statistics on Traffic Accident

项　目	Item	单位 Unit	2003	2004
交通事故数	**Traffic accident**	**起 case**	**11127**	**9955**
城　市	Urban area	起 case	6028	5695
农　村	Rural area	起 case	5099	4260
机 动 车	Motor－driven vehicles	起 case	10657	9702
汽　车	Automobiles	起 case	8767	8125
摩托车	Motorcycles	起 case	1320	1392
拖拉机	Tractors	起 case	163	154
其　他	Other	起 case	407	31
非机动车	Non－motordriven vehicles	起 case	222	124
# 自行车	#Bicycles	起 case	187	93
行人、乘车人	Pedestrains and passengers	起 case	245	129
死亡人数	**Deaths**	**人 person**	**2227**	**2515**
城　市	Urban area	人 person	672	696
农　村	Rural area	人 person	1555	1819
受伤人数	**Injuries**	**人 person**	**8057**	**6892**
城　市	Urban area	人 person	3581	3018
农　村	Rural area	人 person	4476	3874
损失金额	**Losses**	**万元 10000yuan**	**5280**	**5046**
城　市	Urban	万元 10000yuan	1936	1896
农　村	Rural	万元 10000yuan	3344	3150

16－17 检察机关立案侦察经济案件情况(2004)

Economic Cases Registered in Procura to Organs(2004)

项目 Item		侦察经济案件 Economic cases	贪污 corru－ption	贿赂 Bribery	挪用公款 Misap－propria－tion	集体私分 Corrupt
一、受案（件）	Cases	887	480	224	174	4
二、立案（件）	Accepted	857	451	224	172	6
# 5－10 万元	50000－100000yuan	224	139	59	26	
10－50 万元	100000－500000yuan	250	98	55	93	4
50－100 万元	500000－1000000yuan	50	25	7	15	1
100 万元以上	Above 1000000yuan	33	15	4	11	1
三、立案案犯构成（人）	Constructure					
权力机关工作人员	Staff	3	1		2	
行政机关工作人员	Staff	156	83	46	27	
国有公司企业工作人员	Enterprises	385	215	76	86	5
国有事业单位工作人员	Institutions	127	72	26	28	1
人民团体从事公务人员	Institute	4	3		1	
四、结案	Settled					
件　数（件）	Cases	799	420	205	166	5
人　数（人）	Persons	873	466	215	183	5
1. 移送起诉	Transfer					
件　数（件）	Cases	757	403	189	157	5
人　数（人）	Persons	828	448	199	172	5
2. 移送不起诉	Modification					
件　数（件）	Cases	22	5	15	2	
人　数（人）	Persons	22	5	15	2	
3. 撤销案件	Withdrawed					
件　数（件）	Cases	20	12	1	7	
人　数（人）	Persons	23	13	1	9	
五、侦结认定金额（万元）	Value(10000yuan)	29866.54	15310.43	8054.36	5799.75	236.00
六、挽回经济损失（万元）	Retrieve(10000yuan)	13482.37	4624.76	7016.35	1614.07	61.19

注：所列项目与检察统计表比不全，故不平。

Note: Projects are different with sbeets of statistics, so it is not equal.

16－18 妇联组织情况

Basic Statistics for The Women's Federation

		组织机构(个) Institutions		干部总数(人) Number of satff	
		2003	2004	2003	2004
合　计	Total	1125	1070	1485	1436
省妇联	Province level	1	1	29	35
市（州）妇联	City level	9	9	120	127
县(市、区)妇联	County level	71	60	257	271
乡（镇）妇联	Township level	778	776		
街道妇联	Street level	266	224	1079	1003

16－19　各市(州)卫生机构情况(2004)
Health Instifutions by Region(2004)

单位:个(unit)

		卫生机构数 Institutions	医院数 Hospital	卫生院 Health center	妇幼机构 Maternityomd child care centers	疾病控制机构 CDC
全　省	**Total**	**8219**	**594**	**831**	**70**	**76**
长春市	Changchun	1642	153	141	10	14
吉林市	Jilin	2883	146	112	11	12
四平市	Siping	500	50	96	8	6
辽源市	Liaoyuan	223	22	45	3	3
通化市	Tonghua	572	51	102	8	7
白山市	Baishan	456	43	62	7	8
松原市	Songyuan	321	26	101	5	7
白城市	Baicheng	432	42	97	6	6
延边朝鲜族自治州	Yanbian	1190	61	75	12	13

16－20　各市(州)卫生床位、人员情况(2004)
Bed and Employed personrel by Region(2004)

单位:张、人

unit: bed, person

		卫生机构床位数 Institution bed	医院床位数 Hospital bed	卫生院床位数 Health center bed	卫生技术人员 Person	执业医师 Doctors	注册护士 Nurses
全　省	**Total**	**86353**	**69039**	**12067**	**128732**	**48927**	**39546**
长春市	Changchun	23282	20723	1785	34547	13611	11783
吉林市	Jilin	16851	13538	2017	24106	9033	7671
四平市	Siping	8694	6230	1657	14586	5295	3888
辽源市	Liaoyuan	4191	3219	919	5788	2313	1691
通化市	Tonghua	7638	5790	1387	10195	4068	2847
白山市	Baishan	6306	4989	612	8430	3272	2529
松原市	Songyuan	4712	3424	1078	9137	3001	2291
白城市	Baicheng	6560	4660	1424	9040	3468	2386
延边朝鲜族自治州	Yanbian	8119	6466	1188	12903	4866	4460

第十七篇 CHAPTER

企业景气情况

PROSPERITY OF ENTERPRISES

17

17-1 企业家信心指数(2004)

Index of Entrepreneur Confidence(2004)

		景气指数(%)Index of prosperity			
		一季度 First quarter	二季度 Second quarter	三季度 Third quarter	四季度 Furth quarter
全　省	**General index**	**130.21**	**128.10**	**126.14**	**128.76**
按企业注册类型分	**Grouped by ownership**				
国有企业	State owned	120.70	123.80	114.61	121.61
集体企业	Collective owned	120.02	129.83	122.73	126.31
有限责任公司	Limited company	131.68	123.96	126.60	124.73
股份有限公司	Share holding	147.19	144.21	142.75	147.75
私营企业	Private	117.02	117.39	120.00	115.91
外商及港、澳、台投资企业	Funded from foriegn, Hongkong, Macao and Teiwan	149.24	150.74	145.47	142.41
按行业门类分	**Grouped by secter**				
工业	Industry	138.37	131.40	128.61	133.51
采掘业	Mining and quarrying	141.36	165.68	155.28	154.85
制造业	Manufacturing	138.01	130.07	128.21	132.95
电力、煤气及水的生产供应业	Production and supply electric power, gas and water	142.78	130.83	127.40	140.66
建筑业	Construction	106.57	118.81	120.82	104.70
房屋和土木工程建筑业	Civil engineering	100.55	116.12	118.06	103.17
建筑安装业	Installation	166.77	152.49	157.14	123.92
交通运输、仓储及邮政业	Transprotation, post and telecommunications	125.40	138.91	122.88	146.84
铁路运输业	Railway	152.02	152.02	139.99	164.05
道路运输业	Highway	92.86	100.00	92.86	128.57
城市公共交通业	Publi transport in city	138.50	155.17	155.17	171.83
批发和零售业	Wholesale, retail trade and catering	123.13	111.30	117.64	121.32
批发业	Wholesale	130.16	110.64	122.94	125.01
零售业	Retail trade	111.76	115.54	113.06	120.84
房地产业	Real estate	119.03	116.21	120.15	126.77
社会服务业	Social services	108.11	127.03	124.32	122.22
信息传输、计算机服务和软件业	Data trafbsport, computer services	159.47	166.07	156.01	145.12
住宿和餐饮业	Hotal and catering services	136.72	140.43	136.39	121.74
按企业规模分	**Grouped by size of enterprises**				
大型	Large type	131.85	125.89	126.27	129.55
中型	Middle type	134.57	131.78	130.28	131.53
小型	Small type	126.10	128.62	122.52	124.90
按其他分类	**Grouped by others**				
国家重点联系企业	Important enterprises	108.12	103.90	103.58	106.56
上市公司	Listed company	157.01	159.76	166.14	146.13
国有控股企业	Share hoding	127.95	127.14	123.04	126.04

17-2 企业景气指数(2004)

Index of Prosperity of Enterprises(2004)

		景气指数(%)Index of prosperity			
		一季度 First quarter	二季度 Second quarter	三季度 Third quarter	四季度 Furth quarter
全 省	**General index**	**129.14**	**129.93**	**132.30**	**133.49**
按企业注册类型分	**Grouped by ownership**				
国有企业	State owned	117.91	120.79	121.85	137.66
集体企业	Collective owned	105.75	144.10	137.51	130.37
有限责任公司	Limited company	138.35	121.93	129.62	122.66
股份有限公司	Share holding	138.09	149.66	148.68	168.72
私营企业	Private	127.66	119.57	115.56	122.73
外商及港、澳、台投资企业	Funded from foriegn Hongkong, Macao and Teiwan	148.78	151.61	160.76	142.16
按行业门类分	**Grouped by secter**				
工业	Industry	138.00	133.35	132.89	141.52
采掘业	Mining and quarrying	124.70	158.03	165.68	160.12
制造业	Manufacturing	137.70	131.76	130.99	140.38
电力、煤气及水的生产供应业	Production and supply electric power, gas and water	140.38	126.26	142.95	139.35
建筑业	Construction	94.61	121.02	131.37	116.36
房屋和土木工程建筑业	Civil engineering	91.11	119.78	128.83	113.58
建筑安装业	Installation	114.44	138.2	143.01	128.72
交通运输、仓储及邮政业	Transprotation, post and telecommunications	130.79	121.94	122.03	120.00
铁路运输业	Railway	151.93	100.00	152.02	152.02
道路运输业	Highway	114.29	107.14	100.00	107.14
城市公共交通业	Public transport in city	121.83	138.50	121.83	138.50
批发和零售业	Wholesale, retail trade and catering	128.30	136.01	135.85	133.9[illegible]
批发业	Wholesale	134.60	141.78	146.20	142.7[illegible]
零售业	Retail trade	119.29	132.28	120.81	123.87
房地产业	Real estate	113.75	107.40	108.94	113.79
社会服务业	Social services	105.41	121.62	129.73	111.11
信息传输、计算机服务和软件业	Data transport, computer servies	156.58	149.97	153.01	156.76
住宿和餐饮业	Hotal and catering services	125.53	129.24	145.65	118.52
按企业规模分	**Grouped by size of enterprises**				
大型	Large type	154.79	134.47	137.08	156.29
中型	Middle type	123.15	129.60	133.12	129.94
小型	Small type	119.85	124.91	126.34	120.23
按其他分类	**Grouped by others**				
国家重点联系企业	Important enterprises	105.35	103.81	106.15	197.05
上市公司	Listed company	164.99	168.75	163.23	167.22
国有控股企业	Share holding	132.58	127.03	129.28	133.89

17－3 企业生产情况景气指数(2004)

ndex of productive prosperity of Enterprises(2004)

		景气指数(%)Index of prosperity			
		一季度 First quarter	二季度 Second quarter	三季度 Third quarter	四季度 Furth quarter
全 省	**General index**	**116.85**	**128.47**	**122.28**	**110.36**
按企业注册类型分	**Grouped by ownership**				
国有企业	State owned	133.47	125.09	138.82	121.15
集体企业	Collective owned	88.84	123.88	117.33	89.80
有限责任公司	Limited company	120.23	122.28	94.11	93.56
股份有限公司	Share holding	111.85	135.00	137.17	124.59
外商及港、澳、台投资企业	Funded from foriegn Hongkong, Macao and Teiwan	124.09	137.95	145.29	115.80
按行业门类分	**Grouped by secter**				
工业	Industry	137.65	124.54	117.02	118.88
采掘业	Mining and quarrying	106.51	112.27	132.78	148.88
制造业	Manufacturing	138.56	127.46	115.24	114.99
电力、煤气及水的生产供应业	Production and supply electric power, gas and water	122.80	95.96	133.07	146.37
建筑业	Construction	47.91	155.69	148.66	90.29
房屋和土木工程建筑业	Civil engineering	42.77	157.65	146.96	88.62
建筑安装业	Installation	76.10	128.57	157.14	114.44
交通运输、仓储及邮政业	Transprotation, post and telecommunications	145.40	139.01	136.73	122.37
铁路运输业	Railway	199.90	199.90	164.05	164.05
道路运输业	Highway	122.56	113.15	107.14	108.28
城市公共交通业	Public transport in city	121.83	88.50	105.17	161.50
批发和零售业	Wholesale, retail trade and catering	95.50	116.80	106.14	101.44
批发业	Wholesale	93.59	126.39	118.12	96.85
零售业	Retail trade	104.91	109.67	93.24	117.28
房地产业	Real estate	71.92	121.45	111.14	87.57
社会服务业	Social services	110.22	118.92	129.73	80.56
商务服务业	Business servies	120.00	112.00	132.00	92.00
公共设施管理业	Public utility management	125.00	200.00	125.00	25.00
居民服务业	Personal services	80.00	80.00	140.00	75.00
信息传输、计算机服务和软件业	Data transport, compuer services	129.53	136.68	122.82	134.73
住宿和餐饮业	Hotal and catering services	101.10	125.53	154.35	83.74
按企业规模分	**Grouped by size of enterprises**				
大型	Large type	148.35	125.45	125.28	115.00
中型	Middle type	112.35	128.35	126.18	108.60
小型	Small type	108.82	120.45	109.92	106.61
按其他分类	**Grouped by others**				
国家重点联系企业	Important enterprises	198.39	104.84	189.25	194.49
上市公司	Listed company	106.52	143.95	159.00	138.88
国有控股企业	Share holding	127.55	128.38	125.55	108.34

17－4 企业税后利润景气指数(2004)

Index of Prosperity of Profits(2004)

		景气指数(%)Index of prosperity			
		一季度 First quarter	二季度 Second quarter	三季度 Third quarter	四季度 Furth quarter
全 省	**General index**	**102.45**	**111.37**	**111.81**	**106.52**
按企业注册类型分	Grouped by ownership				
国有企业	State owned	90.91	95.50	93.44	87.09
集体企业	Collective owned	100.80	148.28	130.86	120.41
有限责任公司	Limited company	108.61	111.61	106.16	99.53
股份有限公司	Share holding	113.48	123.11	135.81	131.95
外商及港、澳、台投资企业	Funded from foriegn, Hongkong, Macao and Teiwan	126.19	128.73	143.24	107.55
按行业门类分	Grouped by secter				
工业	Industry	104.23	109.43	104.45	99.99
采掘业	Mining and quarrying	92.63	140.65	171.23	127.78
制造业	Manufacturing	103.27	109.50	103.10	100.13
电力、煤气及水的生产供应业	Production and supply eleetric power, gas and water	127.88	97.49	104.89	99.90
建筑业	Construction	80.33	107.17	126.16	106.29
房屋和土木工程建筑业	Civil engineering	76.36	106.65	124.88	106.08
建筑安装业	Installation	114.29	114.44	138.18	109.63
交通运输、仓储及邮政业	Transprotation, post and telecommunications	119.56	110.12	126.75	104.12
铁路运输业	Railway	112.03	112.03	151.93	139.99
道路运输业	Highway	113.15	98.87	114.29	108.28
城市公共交通业	Publi transport in city	88.50	121.83	105.70	88.50
批发和零售业	Wholesale, retail trade and catering	103.50	120.23	101.40	134.74
批发业	Wholesale	106.92	115.29	110.70	141.43
零售业	Retail trade	110.20	131.62	108.90	120.60
房地产业	Real estate	92.30	83.76	104.29	108.35
社会服务业	Social services	116.22	135.14	127.03	94.44
商务服务业	Business servies	128.00	132.00	140.00	96.00
公共设施管理业	Public utility management	75.00	175.00	100.00	50.00
居民服务业	Personal services	60.00	100.00	80.00	125.00
信息传输、计算机服务和软件业	Data trafbsport, computer services	123.87	139.37	137.33	129.66
住宿和餐饮业	Hotal and catering services	85.66	104.26	132.05	70.13
按企业规模分	Grouped by size of enterprises				
大型	Large type	92.91	96.65	84.97	80.93
中型	Middle type	106.79	117.13	117.98	111.15
小型	Small type	102.94	110.04	116.79	109.34
按其他分类	Grouped by others				
国家重点联系企业	Important enterprises	18.63	11.92	15.02	18.21
上市公司	Listed company	129.85	150.61	150.43	152.89
国有控股企业	Share hoding	99.97	106.10	99.91	92.25

17-5 企业流动资金景气指数（2004）
Index of prosperity of Circulating Funds (2004)

		景气指数（%）Index of prosperity			
		一季度 First quarter	二季度 Second quarter	三季度 Third quarter	四季度 Furth quarter
全　省	**General index**	**70.65**	**72.86**	**73.37**	**70.99**
按企业注册类型分	**Grouped by ownership**				
国有企业	State owned	65.36	67.66	69.12	69.35
集体企业	Collective owned	70.02	66.78	69.16	68.14
有限责任公司	Limited company	68.46	65.13	71.15	66.74
股份有限公司	Share holding	88.49	108.69	90.14	91.58
外商及港、澳、台投资企业	Funded from foriegn Hongkong, Macao and Teiwan	113.79	112.53	110.98	103.15
按行业门类分	**Grouped by secter**				
工业	Industry	76.81	81.31	78.04	76.59
采掘业	Mining and quarrying	71.23	84.82	86.91	96.64
制造业	Manufacturing	77.30	82.27	78.02	77.00
电力、煤气及水的生产供应业	Production and supply electric power, gas and water	57.63	48.69	59.62	46.25
建筑业	Construction	42.09	37.31	51.64	38.57
房屋和土木工程建筑业	Civil engineering	40.83	33.79	49.22	35.35
建筑安装业	Installation	52.49	66.77	66.77	81.06
交通运输、仓储及邮政业	Transprotation, post and telecommunications	58.70	45.12	35.14	53.63
铁路运输业	Railway	51.93			51.93
道路运输业	Highway	77.44	56.01	28.57	56.01
城市公共交通业	Publi transport in city	33.33	33.33		33.33
批发和零售业	Wholesale, retail trade and catering	68.70	81.34	84.60	76.32
批发业	Wholesale	70.49	87.09	87.26	76.55
零售业	Retail trade	77.99	79.82	86.34	83.82
房地产业	Real estate	70.24	55.64	54.16	56.70
社会服务业	Social services	70.27	70.27	89.19	94.44
商务服务业	Business servies	80.00	80.00	104.00	84.00
公共设施管理业	Public utility management				75.00
居民服务业	Personal services	80.00	80.00	100.00	150.00
信息传输、计算机服务和软件业	Data trafbsport, computer services	124.71	115.15	116.07	113.43
住宿和餐饮业	Hotal and catering services	70.12	85.11	97.26	80.43
按企业规模分	**Grouped by size of enterprises**				
大型	Large type	87.42	97.12	92.93	88.28
中型	Middle type	67.59	72.27	70.66	69.75
小型	Small type	70.59	66.17	71.37	69.26
按其他分类	**Grouped by others**				
国家重点联系企业	Important enterprises	95.37	92.07	95.06	93.50
上市公司	Listed company	104.81	145.43	115.12	107.45
国有控股企业	Share hoding	67.97	76.39	73.68	70.88

17－6　企业货款拖欠情况景气指数（2004）
Index of Prosperity of Enterprises dept（2004）

		景气指数（%）Index of prosperity			
		一季度 First quarter	二季度 Second quarter	三季度 Third quarter	四季度 Furth quarter
全　省	**General index**	**103.02**	**102.1**	**97.09**	**103.48**
按企业注册类型分	**Grouped by ownership**				
国有企业	State owned	90.34	93.16	104.45	122.51
集体企业	Collective owned	123.43	118.47	101.27	86.00
有限责任公司	Limited company	113.64	103.87	85.94	87.17
股份有限公司	Share holding	104.94	121.25	113.89	107.92
外商及港、澳、台投资企业	Funded from foriegn Hongkong, Macao and Teiwan	104.23	108.61	100.65	123.33
按行业门类分	**Grouped by secter**				
工业	Industry	94.38	99.15	95.99	105.97
采掘业	Mining and quarrying	100.41	110.81	71.51	88.89
制造业	Manufacturing	94.67	98.10	96.91	106.21
电力、煤气及水的生产供应业	Production and supply electric power, gas and water	94.95	105.77	96.40	101.00
建筑业	Construction	89.51	72.47	62.78	68.61
房屋和土木工程建筑业	Civil engineering	86.84	71.09	60.73	60.37
建筑安装业	Installation	128.72	85.56	85.56	143.01
交通运输、仓储及邮政业	Transprotation, post and telecommunications	120.20	116.67	110.92	111.78
铁路运输业	Railway	112.03	100.00	112.03	100.00
道路运输业	Highway	108.91	114.29	107.14	107.14
城市公共交通业	Publi transport in city	100.00	100.00	100.00	100.00
批发和零售业	Wholesale, retail trade and catering	120.34	121.83	112.66	115.11
批发业	Wholesale	126.47	127.50	120.93	107.09
零售业	Retail trade	110.00	119.08	89.98	126.59
房地产业	Real estate	129.84	108.76	115.49	109.17
社会服务业	Social services	111.43	105.56	97.22	105.56
商务服务业	Business servies	108.00	104.00	104.00	100.00
公共设施管理业	Public services	125.00	100.00	100.00	75.00
居民服务业	Personal services	100.00	100.00	100.00	100.00
信息传输、计算机服务和软件业	Data trafbsport, computer services	112.91	111.05	107.30	109.60
住宿和餐饮业	Hotal and catering services	121.74	110.87	103.78	108.13
按企业规模分	**Grouped by size of enterprises**				
大型	Large type	83.54	86.54	83.27	106.13
中型	Middle type	109.06	112.85	108.23	107.67
小型	Small type	108.99	101.87	98.08	101.56
按其他分类	**Grouped by others**				
国家重点联系企业	Important enterprises	14.16	10.55	98.13	189.65
上市公司	Listed company	103.07	133.12	131.92	106.53
国有控股企业	Share hoding	97.91	101.97	96.79	105.76

17－7 企业用工情况景气指数(2004)

Index of prosperity of Employment(2004)

		景气指数(%)Index of prosperity			
		一季度 First quarter	二季度 Second quarter	三季度 Third quarter	四季度 Furth quarter
全　省	**General index**	**96.79**	**107.50**	**104.35**	**86.64**
按企业注册类型分	**Grouped by ownership**				
国有企业	State owned	93.78	98.03	116.88	88.21
集体企业	Collective owned	78.99	110.82	107.63	91.08
有限责任公司	Limited company	98.93	110.58	89.69	82.49
股份有限公司	Share holding	99.29	107.58	95.81	93.65
外商及港、澳、台投资企业	Funded from foriegn Hongkong, Macao and Teiwan	117.77	121.29	127.67	97.27
按行业门类分	**Grouped by secter**				
工业	Industry	108.62	108.54	104.83	94.48
采掘业	Mining and quarrying	87.90	106.66	104.85	100.28
制造业	Manufacturing	110.09	111.03	106.42	94.7
电力、煤气及水的生产供应业	Production and supply electric power, gas and water	101.01	82.51	85.15	96.9
建筑业	Construction	64.68	134.52	134.17	34.94
房屋和土木工程建筑业	Civil engineering	62.35	136.38	132.41	28.88
建筑安装业	Installation	75.39	128.57	157.14	114.44
交通运输、仓储及邮政业	Transprotation, post and telecommunications	99.23	91.05	92.13	85.65
铁路运输业	Railway	163.95	112.03	151.93	112.03
道路运输业	Highway	85.71	92.86	72.56	85.71
城市公共交通业	Publi transport in city	61.50	44.83	61.50	28.17
批发和零售业	Wholesale, retail trade and catering	83.26	91.65	90.63	101.81
批发业	Wholesale, retail trade and catering	83.20	87.58	93.89	104.00
零售业	Retail trade	86.70	96.97	83.71	95.48
房地产业	Real estate	75.22	104.87	70.04	62.39
社会服务业	Social services	94.59	100.00	121.62	86.11
商务服务业	Business servies	92.00	92.00	112.00	84.00
公共设施管理业	Public utility management	100.00	150.00	125.00	50.00
居民服务业	Personal services	100.00	100.00	140.00	100.00
信息传输、计算机服务和软件业	Data trafbsport, computer services	112.89	121.53	98.78	114.18
住宿和餐饮业	Hotal and catering services	93.62	104.26	110.87	85.35
按企业规模分	**Grouped by size of enterprises**				
大型	Large type	94.19	103.29	105.48	77.82
中型	Middle type	97.53	107.79	100.95	89.49
小型	Small type	103.31	107.81	103.05	92.61
按其他分类	**Grouped by others**				
国家重点联系企业	Important enterprises	102.75	96.17	187.65	102.13
上市公司	Listed company	89.19	109.15	95.29	89.09
国有控股	Share hoding	94.84	102.45	101.26	81.64

17－8 企业固定资产投资景气指数（2004）

Index of Prosperity Entrepreneur Fixed Assets Inuesfment（2004）

		景气指数（%）Index of prosperity			
		一季度 First quarter	二季度 Second quarter	三季度 Third quarter	四季度 Furth quarter
全 省	**General index**	**105.91**	**122.23**	**121.02**	**121.09**
按企业注册类型分	**Grouped by ownership**				
国有企业	State owned	99.32	128.32	124.71	124.38
集体企业	Collective owned	94.35	96.27	102.53	103.84
有限责任公司	Limited company	111.54	114.74	127.86	132.88
股份有限公司	Share holding	108.84	132.04	120.80	112.07
外商及港、澳、台投资企业	Funded from foriegn, Hongkong, Macao and Teiwan	113.73	115.44	115.31	106.93
按行业门类分	**Grouped by secter**				
工业	Industry	109.68	131.22	134.92	134.72
采掘业	Mining and quarrying	133.30	142.75	137.49	136.08
制造业	Manufacturing	110.63	130.11	134.84	133.42
电力、煤气及水的生产供应业	Production and supply electric power, gas and water	67.88	127.90	109.22	131.46
建筑业	Construction	83.34	105.14	90.41	86.52
房屋和土木工程建筑业	Civil engineering	77.66	101.11	86.89	79.92
建筑安装业	Installation	118.79	157.14	133.23	138.20
交通运输、仓储及邮政业	Transprotation, post and telecommunications	126.76	125.21	130.61	119.47
铁路运输业	Railway	139.9	163.95	163.95	163.95
道路运输业	Highway	113.15	114.29	114.29	100.00
城市公共交通业	Publi transport in city	110.33	166.67	133.33	183.33
批发和零售业	Wholesale, retail trade and catering	97.80	113.32	107.58	113.29
批发业	Wholesale	92.68	114.43	106.46	110.11
零售业	Retail trade	105.96	121.43	112.17	123.96
房地产业	Real estate	92.85	106.93	95.34	104.00
社会服务业	Social services	108.11	108.11	102.70	102.78
商务服务业	Business servies	108.00	104.00	104.00	100.00
公共设施管理业	Public utility management	125.00	100.00	100.00	75.00
居民服务业	Personal services	100.00	100.00	100.00	100.00
信息传输、计算机服务和软件业	Data trafbsport, computer services	122.54	127.32	106.52	116.79
住宿和餐饮业	Hotal and catering services	110.09	97.32	104.35	108.13
按企业规模分	**Grouped by size of enterprises**				
大型	Large type	102.51	142.65	155.11	151.70
中型	Middle type	105.86	115.58	111.04	110.83
小型	Small type	109.56	113.38	111.83	115.18
按其他分类	**Grouped by others**				
国家重点联系企业	Important enterprises	103.24	188.78	189.25	190.03
上市公司	Listed company	103.71	144.86	129.04	112.78
国有控股企业	Share hoding	105.17	125.43	128.64	128.38

17－9 工业企业景气指数(2004)

Index of prosperity of Industrial Enterprises(2004)

		景气指数(%)Index of prosperity			
		一季度 First quarter	二季度 Second quarter	三季度 Third quarter	四季度 Furth quarter
全　省	**General index**	**138.00**	**133.35**	**132.89**	**141.52**
按企业注册类型分	**Grouped by ownership**				
国有企业	State owned	118.42	119.54	116.63	154.05
集体企业	Collective owned	105.56	143.19	129.41	117.65
有限责任公司	Limited company	148.37	117.86	125.00	125.79
股份有限公司	Share holding	140.73	155.90	155.34	153.84
外商及港、澳、台投资企业	Funded from foriegn, Hongkong macao teiwan	164.99	167.52	175.59	165.49
按行业门类分	**Grouped by sector**				
采掘业	Mining and quarrying	124.70	158.03	165.68	160.12
制造业	Manufactrring	137.70	131.76	130.99	140.38
电力、煤气及水的生产供应业	Production and Supply electric power, gas and water	140.38	126.26	142.95	139.35
按企业规模分	**Grouped by size enterprises**				
大型	Large type	157.08	131.28	133.2	160.68
中型	Middle type	126.75	131.82	133.77	136.24
小型	Small type	131.16	134.07	131.58	127.48
按其他分类	**Grouped by others**				
国家重点联系企业	Important enterprises	105.35	103.81	106.05	197.05
上市公司	Listed company	166.23	172.41	164.62	175.02
国有控股企业	Share hoding	139.98	126.34	129.00	142.49
按主要经济指标分类	**Grouped by economic indicators**				
生产总量	Output of production	137.65	124.54	117.02	118.88
生产成本	Cost of production	67.13	63.52	66.67	70.02
产品订货	Order of products	120.41	117.33	116.25	117.23
国外订货	Order of aborad	100.57	102.30	95.36	99.37
产品销售量	Sale	125.55	121.76	121.47	130.53
产品销售价格	Price	90.45	95.78	86.40	98.90
产成品库存	Stock	128.91	131.84	116.79	118.87
盈利(亏损)变化	Profit(loss)	104.23	109.43	104.45	99.99
流动资金	Cirulating funds	76.81	81.31	78.04	76.59
货款拖欠	Dept	94.38	99.15	95.99	105.67
设备利用	Equipment utilize	87.95	82.44	89.04	84.00
劳动力需求	Recruitment	108.62	108.54	104.83	94.48
固定资产投资	Investment in fixed assets	109.68	131.22	134.92	134.72
科技创新	Science and technology developing	118.62	128.92	123.88	122.92
主要原材料及能源购进价格	Rew material price	38.69	59.69	47.31	46.14
主要原材料及能源供应	Supply of rew material	118.45	122.88	120.17	118.01
企业融资		86.31	88.87	74.26	76.77

17-10 建筑业企业景气指数(2004)

Index of Prosperity in Construction(2004)

		景气指数(%)Index of prosperity			
		一季度 First quarter	二季度 Second quarter	三季度 Third quarter	四季度 Furth quarter
全 省	**General index**	**94.61**	**121.02**	**131.37**	**116.36**
按企业注册类型分	**Grouped by type of enterprises**				
国有企业	State owned	54.48	102.98	115.42	95.34
集体企业	Collective owned	60.00	140.00	160.00	160.00
有限责任公司	Limited company	100.85	116.58	119.95	111.72
股份有限公司	Share holding	147.40	155.73	173.75	138.05
外商及港、澳、台投资企业	Funded from foriegn, Hongkong Macao and Teiwan	100.00	100.00	100.00	100.00
按行业门类分	**Grouped sector**				
房屋和土木工程建筑业	Civil construction	91.11	119.78	128.83	113.58
建筑安装业	Installation	114.44	138.2	143.01	128.72
按企业规模分	**Grouped by size of enterprises**				
大型	Lange type	108.05	129.35	133.18	123.90
中型	Middle type	78.57	110.71	121.43	100.00
小型	Small type	100.00	125.00	146.67	133.33
按主要经济指标分类	**Grouped by economic indicator**				
工程合同鉴定	Contracts	65.16	130.17	111.08	65.92
其中:对国外承包工程合同鉴定	Contracts to foriegn	95.04	99.92	109.62	98.10
建筑产品实物工程量	Completed work on projects	47.91	155.69	148.66	90.29
新开工工程量	New project	53.99	148.55	108.08	55.30
技术设备能力	Capacity of equipment	133.33	136.28	145.36	138.71
工程进度	Engineering progress	89.23	134.90	154.36	114.49
工程结算收入	Revenue of projuct settle accounts	52.45	144.38	138.76	137.78
建筑材料购进价格	Rew material	68.25	64.61	56.43	93.15
工程结算成本	Cost of projuct settle accounts	88.38	64.42	62.56	59.59
盈利(亏损)变化	Profit(loss)	80.33	107.17	126.16	106.29
流动资金	Circulating funds	42.09	37.31	51.64	38.57
工程款拖欠	Defauent money	89.51	72.47	62.78	68.61
劳动力需求	Labourer demand	64.68	134.52	134.17	74.94
固定资产投资	Investment in fixed assets	83.34	105.14	90.41	86.52
企业融资	Collect funds of enterpises	63.08	62.77	61.95	49.62

17－11 交通运输、仓储及邮政业企业景气指数(2004)
Index of prosperity in Transportation, Post and Telecommunication(2004)

		景气指数(%)Index of prosperity			
		一季度 First quarter	二季度 Second quarter	三季度 Third quarter	四季度 Furth quarter
全 省	**General index**	**130.79**	**121.94**	**122.03**	**120.00**
按企业类型企业分	**Grouped by ownership**				
国有企业	State owned	135.04	126.68	123.01	115.80
有限责任公司	Limited company	167.28	142.28	142.28	167.28
股份有限公司	Share holding	100.00	100.00	80.42	100.42
按行业门类分	**Grouped by sector**				
铁路运输业	Railway	151.93	100.00	152.02	152.02
道路运输业	Highway	114.29	107.14	100.00	107.14
城市公共交通业	Publi transport in city	121.83	138.50	121.83	138.50
按企业规模分	**Grouped by size of enterprises**				
大型	Large type	148.79	101.32	146.12	148.87
中型	Middle type	126.67	140.00	126.67	113.33
小型	Small type	123.08	115.38	100.00	107.69
按主要经济指标分类	**Grouped by economic indicators**				
业务预订	Revenue	130.63	135.03	127.93	123.21
业务量	Business volume	145.40	139.01	136.73	122.37
业务收费价格	Price	106.69	110.68	108.34	105.57
营业成本	Cost	75.63	78.33	89.21	64.71
盈利(亏损)变化	Profit(loss)	119.56	110.12	126.75	104.12
流动资金	Circulating funds	58.70	45.12	35.14	53.63
企业融资	Collect funds oftenterprises	62.84	67.63	66.15	69.01
货款拖欠	Dept	120.20	116.67	110.92	111.78
劳动力需求	Labourer demand	99.23	91.05	92.13	85.65
固定资产投资	Invest mentin fixed assets	126.76	125.21	130.61	119.47

17－12 批发和零售业企业景气指数(2004)
Index of prosperity in wholesale, Retail Trade and Catering(2004)

		景气指数(%)Index of prosperity			
		一季度 First quarter	二季度 Second quarter	三季度 Third quarter	四季度 Furth quarter
全 省	**General index**	**128.30**	**136.01**	**135.85**	**133.99**
按企业注册类型分	**Grouped by ownership**				
国有企业	State owned	128.96	122.29	128.96	144.36
集体企业	Collective owned	133.33	133.33	100.00	150.00
有限责任公司	Limited company	134.61	147.32	142.73	121.81
股份有限公司	Share holding	118.80	155.62	137.50	132.71
按行业门类分	**Grouped by sector**				
批发业	Wholesale	134.60	141.87	146.20	142.79
零售业	Retail trade	119.29	132.28	120.81	123.87
按企业规模分	**Grouped by size of enterprises**				
大型	Large type	155.95	167.14	164.45	126.84
中型	Middle type	130.43	134.78	136.96	140.00
小型	Small type	85.71	100.00	92.31	123.08
按主要经济指标分	**Grouped by economi Cindicators**				
购货合同	Contracts	85.63	97.81	93.42	90.93
商品购进价格	Price of purchase	92.13	79.15	91.22	91.64
商品销售	Sale	95.50	116.80	106.13	101.44
其中：出口	Export	86.94	87.08	94.97	104.93
商品销售价格	Price of sale	93.21	101.40	99.65	97.99
商品库存	Stock	116.19	126.88	106.42	109.42
经营费用	Cost	99.66	98.83	81.87	71.80
竞争能力	Capacity of Competition	134.95	139.51	128.37	134.63
盈利(亏损)变化	Profit(loss)	103.50	120.23	107.40	137.74
流动资金	Circulating funds	68.70	81.34	84.60	76.32
企业融资	Collect funds of enterprises	72.32	74.46	79.16	85.29
货款拖欠	Dept	120.34	121.83	112.66	115.11
劳动力需求	Labourer demand	83.26	91.66	90.63	101.81
固定资产投资	Investment in fixed assets	97.80	113.32	107.58	113.29

17-13 房地产业企业景气指数(2004)
Index of Prosperity in Real Estate(2004)

		景气指数(%)Index of prosperity			
		一季度 First quarter	二季度 Second quarter	三季度 Third quarter	四季度 Furth quarter
全 省	**General index**	**113.75**	**107.40**	**108.94**	**113.79**
按企业注册类型分	**Grouped by type enterprises**				
国有企业	State owned	110.00	90.00	80.00	70.00
有限责任公司	Limited company	117.00	126.34	141.04	128.57
股份有限公司	Share holding	100.00	90.91	90.00	133.33
外商及港、澳、台投资企业	Funded from foreign Hongkong Macao and Taiwan	116.67	100.00	66.67	100.00
按行业门类分	**Grouped by sector**				
大型	Large type	178.92	122.69	119.48	200.00
中型	Middle type	106.45	106.45	112.90	113.33
小型	Small type	104.17	104.17	100.00	85.71
按主要经济指标分	**Grouped by economic indicators**				
土地开发	Developing area	74.16	98.02	86.29	89.46
完成投资	Investment	71.92	121.45	111.14	87.57
新开工情况	New project space	84.76	105.35	82.01	83.62
房屋竣工	Buildings completed	73.21	95.35	100.99	120.26
商品房预售	Space of building compleled	105.25	124.86	104.55	96.16
商品房销售	Space of sale contraled	88.72	116.79	102.88	101.45
商品房销售价格	Price of sale	83.90	94.98	88.22	93.77
空置商品房	Space of empty	156.45	163.82	163.00	163.79
盈利（亏损）变化	Profit(loss)	92.30	83.76	104.29	108.35
流动资金	Circulating funds	70.24	55.64	54.16	56.70
企业融资	Collectfunds of enterprises	54.66	52.60	49.16	45.53
货款拖欠	Dept	129.84	108.76	115.49	109.17
劳动需求	Labourer demand	75.22	104.87	70.04	62.39
固定资产投资	Investment in fixed assets	92.85	106.93	95.34	104.00

17-14 社会服务业企业景气指数(2004)
Index of Prosperity in Social Services(2004)

		景气指数(%)Index of prosperity			
		一季度 First quarter	二季度 Second quarter	三季度 Third quarter	四季度 Furth quarter
全 省	**General index**	**105.41**	**121.62**	**129.73**	**111.11**
按企业类型企业分	**Grouped by ownership**				
国有企业	State owned	75.00	125.00	108.33	91.67
有限责任公司	Limited company	114.29	128.57	135.71	121.43
股份有限公司	Share holding	155.00	100.00	100.00	100.00
按行业门类分	**Grouped by sector**				
商务服务业	Business servies	108.00	112.00	128.00	104.00
公共设施管理业	Public utility management	50.00	150.00	100.00	75.00
居民服务业	Personal services	100.00	100.00	140.00	125.00
按企业规模分	**Grouped by size of enterprises**				
大型	Large type				
中型	Middle type	114.29	128.57	128.57	128.57
小型	Small type	103.33	120.00	130.00	106.90
按主要经济指标分	**Grouped by economic indicators**				
服务预订	Services booked	108.11	116.22	113.51	69.44
竞争能力	Competitive power	124.32	124.32	129.73	113.89
旅游客源	Tourists	100.00	171.43	200.00	71.43
业务收费(服务)价格	Price	94.59	100.00	100.00	86.11
业务量	Services	116.22	118.92	129.73	80.56
营业成本	Cost(loss)	100.00	64.86	83.78	91.67
盈利(亏损)变化	Profit(loss)	116.22	135.14	127.03	94.44
流动资金	Circulating funds	70.27	70.27	89.14	94.44
企业融资	Collect funds of enterprises	68.57	58.82	91.67	90.63
贷款拖欠	Dept	111.43	105.56	97.22	105.56
劳动力需求	Labourer demand	94.59	100.00	121.62	86.11
固定资产投资	Investment in fixed assets	108.11	108.11	102.70	102.78

17－15　信息传输、计算机服务和软件业企业景气指数(2004)

Index of Prosperity in Data Transports, Computer Service and Software(2004)

		景气指数(%)Index of prosperity			
		一季度 First quarter	二季度 Second quarter	三季度 Third quarter	四季度 Furth quarter
全　省	**General index**	**156.58**	**149.97**	**153.01**	**156.76**
按企业注册类型分	**Grouped by ownership**				
国有企业	State owned	169.95	167.65	163.59	166.91
集体企业	Collective owned	100.00	100.00	100.00	100.00
有限责任公司	Limited company	140.00	140.00	155.56	155.56
股份有限公司	Share holding	180.00	144.26	145.74	170.00
外商及港、澳、台投资企业	Funded from foriegn, Hongkong, Macao and Teiwan	100.00	100.00	100.00	100.00
按行业门类分	**Grouped by secter**				
信息传输业	Data trafbsport	178.81	174.93	177.54	180.38
计算机服务业	computer services	125.00	150.00	150.00	150.00
软件业	services	138.89	122.22	127.78	133.33
按企业规模分	**Grouped by size of enterprises**				
大型	Large type	197.62	189.86	177.73	192.72
中型	Middle type	181.82	145.45	154.55	154.55
小型	Small type	123.81	133.33	140.00	140.00
按主要经济指标分	**Grouped by others**				
产品销售（提供服务）	Sale	129.53	136.68	122.82	134.73
产品订货	Order of products	112.67	128.58	112.69	138.15
竞争能力	Competitive power	162.75	158.08	168.29	166.72
销售(收费)价格	Price of sale	90.73	100.22	97.46	92.10
营业收入	Revenue	141.11	133.01	131.48	155.45
营业成本	Cost(loss)	97.31	78.40	82.07	77.80
盈利(亏损)变化	Profit(loss)	123.87	139.37	137.33	129.66
流动资金	Circulating funds	124.71	115.15	116.07	113.43
企业融资	Collectfund of enterprises	109.18	114.29	108.66	116.56
货款拖欠	Dept		111.05	107.30	109.60
劳动力需求	Labourer demand	112.91	121.53	98.78	114.18
固定资产投资	Investment in fixed assets	122.54	127.32	106.52	116.79

17－16 住宿和餐饮业企业景气指数(2004)

Index of Prosperity in Hotels and Catering Services(2004)

		景气指数(%)Index of prosperity			
		一季度 First quarter	二季度 Second quarter	三季度 Third quarter	四季度 Furth quarter
全　省	**General index**	**125.53**	**129.24**	**145.65**	**118.52**
按企业注册类型分	**Grouped by ownership**				
国有企业	State owned	143.48	139.13	150.00	140.91
集体企业	Collective owned	100.00	100.00	100.00	100.00
有限责任公司	Limited company	113.99	108.23	155.56	83.54
股份有限公司	Share holding	100.00	100.00	100.00	100.00
外商及港、澳、台投资企业	Funded from foreign, Hongkong, Macao and taiwan	155.56	133.33	144.44	88.89
按行业门类分	**Grouped by sector**				
住宿业	Hotal	135.14	129.73	150.00	122.22
餐饮业	catering services	142.59	127.41	130.00	105.08
按企业规模分	**Grouped by size of enterprises**				
大型	Large type	162.96	137.04	200.00	125.91
中型	Middle type	148.28	141.38	153.57	127.59
小型	Small type	112.50	106.25	125.00	100.00
按主要经济指标分	**Grouped by economic indicators**				
业务预订	Revenue	116.00	110.64	150.00	98.39
业务量	Business Volume	101.10	125.35	154.35	83.74
竞争能力	Competitive power	136.17	142.00	138.57	128.26
客房出租	Reat	64.86	72.97	111.11	61.11
收费（服务）价格	Price	87.23	102.13	102.17	73.91
营业收入	Revenue	78.72	121.28	153.78	81.00
营业成本	Cost(loss)	102.68	96.30	61.43	91.87
盈利（亏损）变化	Profit(loss)	85.66	104.26	132.05	70.13
流动资金	Circulating funds	70.21	85.11	97.26	80.43
企业融资	Collect funds enterprises	72.34	76.19	78.26	72.09
货款拖欠	Dept	121.74	110.87	103.78	108.13
劳动力需求	Labourer demand	93.62	104.26	110.87	85.35
固定资产投资	Investment in fixed assets	110.09	97.32	104.35	108.13

第十八篇 CHAPTER

企业集团和改制企业情况

REFROM REGIME OF GROUP AND ENTERPRISES

18

18－1 企业集团主要指标
Main Indicators of Group

		2003	2004
业务指标	**Business indicators**		
农林牧渔业总产值（现价、万元）	Farming, forestry, animal busbandry, fishery(10000 yuan)	431659	468542
工业总产值（现价、万元）	Gross industrial output value(10000 yuan)	15509868	19056550
建筑业总产值（现价、万元）	Gross construction output value(10000 yuan)	537088	582994
货物运输量（万吨）	Freight(10000ton)	2904	3780
旅客运输量（万人）	Passenger traffic(10000 person)	14608	16917
批发零售贸易业商品销售总额（万元）	Total sale wholesale and retail trade(10000 yuan)	3505653	9101513
外贸企业进出口总额（万美元）	Total of import and export ($10000)	485900	424194
# 出口额	Export	146561	66676
年末从业人员（人）	Employment(person)	439181	426979
从业人员劳动报酬（万元）	Wages(10000 yuan)	571379	1025705
经济指标	**Economic indicators**		
单位数（个）	Number of unit(unit)	132	127
年末资产总计（万元）	Total of assets (10000 yuan)	21472133	22102514
累计对外投资（万元）	Exteral investment(10000)	421621	557093
# 本年对外投资（万元）	In which: investment to foreign	33634	31432
流动资产年平均余额	Annual average balance of cirulating funds(10000 yuan)	11122315	11067073
年末负债合计（万元）	Total liabities(10000 yuan)	13184484	14424001
# 流动负债（万元）	Liquid liabities(10000 yuan)	10926927	12273365
年末股东（所有者）权益合计（万元）	Total of creditors equity(10000 yuan)	6550768	5567311
# 股本（实收资本）（万元）	Real capital(10000 yuan)	2765567	2908039
主营业务收入（万元）	Revenue(10000 yuan)	16073556	17705151
# 主营业务成本（万元）	In which: cost(10000 yuan)	12484357	14117763
# 主营业务税金及附加（万元）	Tax and extra charge(10000 yuan)	477959	406555
其他业务收入（万元）	Other revenue(10000 yuan)	1298963	1203711
出口销售总额（万元）	Export(10000 yuan)		581153
存货跌价损失和营业、管理、财务等费用合计（万元）	Cost of inventory ets(10000 yuan)	2195155	2074203
投资收益（万元）	In dividend(10000 yuan)	47641	59919
营业外收入（万元）	Other income(10000 yuan)	76619	38544
利润总额（万元）	Total prefits(10000 yuan)	904788	699701
应缴增值税（万元）	Value added tax payable(10000 yuan)	576968	650494
固定资产投资完成额（万元）	Total investment in fixed assets(10000 yuan)	586410	1377321
研究开发费用（万元）	Cost of research and developing(10000 yuan)	202744	185898

18－2 企业集团基本情况(2004)

单位:万元

项目	Item	单位数(个) Enterprises	年末资产总计 Total assets	年末负债合计 Liabilities	年末股东权益合计 Creditors equity
总计	**Total**	**127**	**22102514**	**14424001**	**5567311**
按集团审批部门分	**Grouped by administrative affairs**				
国务院	State council	1	510545	287816	170995
国务院主管部门	Department under the state council	2	10288959	7034576	1635218
省级人民政府	Provincial government	7	581594	417756	163700
省级政府主管部门	Department unde provincial goverment	106	8190933	5151993	2644539
其他	Others	11	2530483	1531860	952859
按集团主营行业分	**Grouped by sector**				
农、林、牧、渔业	Farming forestry animal husbandry, fishery	5	1054388	592588	410066
采矿业	Excavation	2	44843	25820	15466
制造业	Manufacturing	59	16997942	11150363	3809155
电力、煤气及水的生产和供应业	Electricpower, gas and water production and supply	2	50882	24468	26414
建筑业	Construction	14	1200087	832852	368320
交通运输、仓储和邮政业	Transport, post and telecommunication	6	152993	135859	17084
信息传输、计算机服务和软件业	Computer and sofeserrive				
批发和零售业	Wholesale and retail trade	22	1291366	1020528	263892
住宿和餐饮业	Hotal and catering services	2	101248	60221	41027
房地产业	Real estate	9	638911	286437	342890
其他	Others	6	569854	294865	272997
按母公司登记注册类型分	**Grouped by type of registered**				
国有企业	State owned	12	11098113	7547324	1879890
国有独资公司	State owned(sole)	26	3531461	2562755	781744
其他有限责任公司	Other limited company	60	4096241	2380531	1531819
股份有限公司	Share holding	22	2666265	1548975	1048530
中外合资企业	Joint－venture enterprises	3	205291	143449	61152
港澳台合资企业	Funded from Hongkong Macao and Taiwan	2	122276	70658	51618
其他	Others	2	382867	170309	212558
按母公司控股情况分	**Grouped by equity**				
国有绝对控股	State absolute equity	52	16978388	11536141	3482472
国有相对控股	State relatine equity	11	1944590	1136808	739473
集体绝对控股	Collectine absolute equity	4	783409	381236	327923
集体相对控股	Collectine relatative equity	1	41864	26031	15833
其他	Others	59	2354263	1343785	1001610

Statistics on Enterprises Group(2004)

unit:10000 yuan

股　本 (实收资本) Capital hold	主营业务 收　入 Revenue	其他业务收入 Other revenue	投资收益 Investment profit	营业外收入 Revenue outside operation	利　润 总　额 Profits
2908039	**17705151**	**1203711**	**59919**	**38544**	**699701**
164379	275710		790	1319	8357
498910	11453568	1069851	41555	15239	450479
138466	294501	6354	503	2604	10369
1772779	4059970	124686	17420	10641	158343
333505	1621402	2820	－349	8741	72154
370709	475072	27440	1233	4187	8238
17186	25344	1785	51	262	1996
1826553	15360982	1138569	41465	21525	680967
13420	8908	33	836	272	744
167203	510989	4596	4	608	－10027
45629	21052	3567	283	329	－2345
225169	1089170	27462	2339	4132	9026
42072	6344		1378	－255	－596
71885	74159	89	410	7008	－942
128213	133131	170	11920	476	12640
743820	11853231	1073534	42426	16867	456227
673788	1662240	68763	163	6584	－104408
842076	2103324	54984	14305	12262	139344
403235	1198172	5553	1607	1983	92908
60633	615098	57			107814
28712	19095			39	3170
155775	253991	820	1418	809	4646
1870842	14921287	1163307	44424	32250	455386
250672	696187	5043	1069	1734	46863
183732	479101	1646	－274	1170	6966
3568	37012	15	16	35	753
599225	1571564	33700	14684	3355	189733

18－2 续表

单位：万元

项 目	Item	单位数（个） Enterprises	年末资产总计 Total assets	年末负债合计 Liabilities	年末股东权益合计 Creditors equity
总 计	**Total**	**127**	**22102514**	**14424001**	**5567311**
按营业收入和资产总计分	**Grouped by size of asseks**				
50亿元及以上	Above 5 billion yuan	3	11852254	8133696	2085552
10亿元及以上	100 million－1 billion yuan	16	16098670	10717681	3525988
5亿元及以上	50 million－100 millon yuan	26	17645184	11813491	3871887
按资产总计分	**Grouped by revenue**				
1000亿元及以上	Abone 100 billions yuan	1	10288406	7033759	1635482
500—1000亿元	1 billion－2billons yuan				
100—500亿元	100 millions－1billions yuan	1	1006798	659237	339464
50—100亿元	50 millions－100 millons yuan	3	1749562	1149501	515089
5—50亿元	10 millions－50 millons yuan	49	7775774	4786693	2598790
0.5—5亿元	10 millions－50 millons yuan	68	1272651	789115	474859
0.5亿元以下	under 10 millions yuan	5	9323	5696	3627
按营业收入分	**Grouped by revenue**				
100亿元及以上	Abone 10 billions yuan	1	10288406	7033759	1635482
50—100亿元	5 billions－5billons yuan	3	1760628	1241288	505499
5—50亿元	5 billion－5billons yuan	23	5620698	3558839	1735059
1—5亿元	10 millions－1billions yuan	33	2618934	1427187	1058700
0.5—1亿元	5 millions－100 millons yuan	14	680357	472822	198520
0.1—0.5亿元	10 millions－50 millons yuan	35	849995	484021	357133
0.1亿元以下	under 10 millions yuan	18	283496	206085	76918
按利润总额分	**Groped by prifits**				
10亿元及以上	Above 1 billion yuan	2	10485186	7175110	1690911
5— 10亿元	100 millions－500 millons	1	1006798	659237	339464
1—5亿元	50 millions－100 millons	4	1603281	858212	594775
0.5—1亿元	10 millions－50 millons	8	1811445	1037696	698095
0.1－0.5亿元	Under 10 millions yuan	18	2754860	1521356	1218177
0.05－0.1亿元	Under 10 millions yuan	12	655934	352668	216247
0.05亿元以下	Under 10 millions yuan	82	3785010	2819722	809642

continned

unit:10000 yuan

股　　本（实收资本）Capital hold	主营业务收　入 Revenue	其他业务收入 Other revenue	投资收益 Investment profit	营业外收入 Revenue outside operation	利　润总　额 Profits
2908039	**17705151**	**1203711**	**59919**	**38544**	**699701**
829443	12818495	1096728	44498	18014	537741
1732775	15860703	1147624	46983	25723	757126
1882106	16681233	1154971	46538	28271	731349
497410	11453135	1069851	41555	15239	450500
263670	800651	17971	1480	1339	85220
288518	1214594	9963	889	2893	33354
1408032	3730610	63876	14531	16590	133586
443164	504625	41880	1517	2479	－2265
7245	1536	170	－53	4	－694
497410	11453135	1069851	41555	15239	450500
387462	1978305	26877	2943	2775	194871
1002919	3308999	58243	2040	10257	86102
481311	768272	38801	798	8536	7645
191380	97889	874	－570	1055	－32730
262434	92865	8251	1447	928	－8086
85123	5686	814	11706	－246	1399
552839	12066080	1069851	41555	15239	558130
263670	800651	17971	1480	1339	85220
202076	922146	1062	－1729	1622	101751
325322	786887	1153	12958	1611	56791
581434	1590865	57120	7540	14801	38265
137152	335668	5179	－851	386	8237
845546	1202854	51375	－1034	3546	－148693

18-3 企业集团主要经济效益指标(2004)

单位：%

项目	Item	单位数(个) Enterprises	资产负债率 Assets-liability ratio	劳动生产率(万元/人) Productiovity (10000 yuan/person)	资产利税率 Assets-pre-tax profits ratio	总资产使用率 Rofio of assets used
总计	**Total**	**127**	**65.26**	**44.29**	**7.95**	**80.1**
按集团审批部门分	**Grouped by administrative affairs**					
国务院	State council	1	56.37	5.22	3.91	54.00
国务院主管部门	Department under the state council	2	68.37	108.75	12.23	111.32
省级人民政府	Provincial government	7	71.83	31.19	3.30	50.64
省级政府主管部门	Department unde provincial goverment	106	62.9	19.45	4.11	49.57
其他	Others	11	60.54	47.46	4.85	64.07
按集团主营行业分	**Grouped by sector**					
农、林、牧、渔业	Farming forestry animal husbandry, fishery	5	56.20	4.41	2.34	45.06
采矿业	Excavation	2	57.58	5.95	6.14	56.52
制造业	Manufacturing	59	65.60	66.79	9.88	90.37
电力、燃气及水的生产和供应业	Electricpower, gas and water production and supply	2	48.09	8.73	2.70	17.51
建筑业	Construction	14	69.40	23.10	0.37	42.58
交通运输、仓储和邮政业	Transprotation, post and telecommunications	6	88.80	5.16	-1.11	13.76
信息传输、计算机服务和软件业	Data trafbsport, computerservices					
批发和零售业	Wholesale, retail trade and catering	22	79.03	54.98	1.89	84.34
住宿和餐饮业	Hotal and catering services	2	59.48	9.79	-0.21	6.27
房地产业	Real estate	9	44.83	10.77	0.51	11.61
其他	Others	6	51.74	24.53	3.10	23.36
按母公司登记注册类型分	**Grouped by type of registered**					
国有企业	State owned	12	68.01	73.65	11.51	106.80
国有独资公司	State owned(sole)	26	72.57	15.44	-1.76	47.07
其他有限责任公司	Other limited company	60	58.12	23.83	6.15	51.35
股份有限公司	Share holding	22	58.10	31.69	5.24	44.94
中外合资企业	Joint-venture enterprises	3	69.88	222	62.67	299.62
港澳台合资企业	Funded from Hongkong Macao and Taiwan	2	57.79	14.36	3.71	15.62
其他	Other	2	44.48	38.13	4.38	66.34
按母公司控股情况分	**Grouped by equity**					
国有绝对控股	State absolute equity	52	67.95	45.82	8.28	87.88
国有相对控股	State relatine equity	11	58.46	32.99	4.19	35.80
集体绝对控股	Collectine absolute equity	4	48.66	28.08	3.33	61.16
集体相对控股	Collectine relatative equity	1	62.18	30.47	1.83	88.41
其他	Others	59	57.08	44.17	10.31	66.75

Statistics on Enterprises Group(2004)

unit:10000 yuan

研究开发费用与主营业务收入比率 ratio of R & D cost	净资产收益率 Assets gains ratio	成本费用利润率 Ratio of profits to cost	总资产报酬率 Ratio of assets to reward	销售利润率 Ratio of sold profits	流动资产比率 Ratio of circulation funds	资金利润率 Ratio of funds to protits
0.98	**7.45**	**4.32**	**4.21**	**3.7**	**50.07**	**4.04**
0.09	3.32	3.12	3.26	3.03	12.57	2.71
1.15	12.05	4.34	5.09	3.6	59.24	5.26
0.01	3.09	3.60	2.92	3.45	28.91	3.09
0.89	3.57	4.18	3.42	3.78	46.44	2.42
0.25	5.91	4.9	3.72	4.44	36.97	4.54
0.06	1.48	2.33	2.19	1.64	25.68	1.14
0.31	7.55	8.21	5.4	7.36	45.55	5.81
1.12	9.73	4.86	5.03	4.13	51.28	4.92
	2.27	8.16	2.08	8.32	38.15	2.23
0.01	-3.65	-2.17	0.04	-1.94	50.70	-1.20
	-13.79	-10.31	-0.94	-9.53	20.56	-2.77
0.01	0.68	0.82	2.64	0.81	74.26	0.76
	-1.45	-7.81	-0.27	-9.39	39.43	-0.96
0.14	-0.59	-1.28	0.09	-1.27	39.77	-0.29
0	4.07	9.52	2.81	9.48	25.66	5.71
1.12	11.18	4.24	4.88	3.53	56.79	5.02
0.72	-12.03	-6.18	-1.29	-6.03	53.09	-3.65
1.27	6.38	7.21	4.60	6.46	36.26	4.72
0.25	6.59	8.99	4.75	7.72	46.84	4.60
0.92	166.74	21.29	52.52	17.53	7.75	125.17
1.56	4.76	20.90	3.51	16.6	51.32	4.25
0.08	1.50	1.89	2.24	1.82	20.12	1.86
1.05	6.68	3.33	3.69	2.83	51.76	3.38
0.84	4.47	7.41	3.92	6.68	48.71	2.98
0.37	0.94	1.47	2.11	1.45	34.56	1.22
0.1	3.18	2.08	3.37	2.03	65.66	1.85
0.56	16.64	13.97	8.96	11.82	43.89	11.31

18－3　续表

单位:%

项　　目	Item	单位数(个) Enterprises	资产负债率 Assets－liability ratio	劳动生产率(万元/人) Productiovity (10000 yuan /person)	资产利税率 Assets－pre－tax profits ratio	总资产使用率 Rofio of assets used
总　　计	**Total**	**127**	**65.26**	**44.29**	**7.95**	**80.10**
按营业收入和资产总计分	**Grouped by size of asseks**					
50亿元及以上	Above 5 billion yuan	3	68.63	92.75	11.90	108.15
10亿元及以上	100 million－1 billion yuan	16	66.57	53.59	10.80	98.52
5亿元及以上	50 million－100 millon yuan	26	66.95	51.86	9.90	94.54
按资产总计分	**Grouped by revenue**					
1000亿元及以上	Abone 100 billions yuan	1	68.37	108.77	12.23	111.32
500—1000亿元	1 billion－2billons yuan					
100—500亿元	100 millions－1billions yuan	1	65.48	28.25	14.71	79.52
50—100亿元	50 millions－100 millons yuan	3	65.70	19.08	3.56	69.42
5—50亿元	10 millions－50 millons yuan	49	61.56	22.01	3.54	47.98
0.5—5亿元	10 millions－50 millons yuan	68	62.01	11.85	1.09	39.65
0.5亿元以下	under 10 millions yuan	5	61.10	8.75	－7.18	16.48
按营业收入分	**Grouped by revenue**					
100亿元及以上	Abone 10 billions yuan	1	68.37	108.77	12.23	111.32
50—100亿元	5 billions－5billons yuan	3	70.50	53.47	15.91	112.36
5—50亿元	5 billion－5billons yuan	23	63.32	17.59	3.72	58.87
1—5亿元	10 millions－1billions yuan	33	54.49	14.12	1.56	29.34
0.5—1亿元	5 millions－100 millons yuan	14	69.50	10.14	－4.35	14.39
0.1—0.5亿元	10 millions－50 millons yuan	35	56.94	0.24	75.82	10.93
0.1亿元以下	under 10 millions yuan	18	72.69	0.41	1.52	2.01
按利润总额分	**Groped by prifits**					
10亿元及以上	Above 1 billion yuan	2	68.43	111.57	13.22	115.08
5— 10亿元	100 millions－500 millons	1	65.48	28.25	14.71	79.52
1—5亿元	50 millions－100 millons	4	53.53	41.73	9.09	57.52
0.5—1亿元	10 millions－50 millons	8	57.29	12.02	4.92	43.44
0.1－0.5亿元	Under 10 millions yuan	18	55.22	15.59	2.87	57.75
0.05－0.1亿元	Under 10 millions yuan	12	53.77	27.68	2.55	51.17
0.05亿元以下	Under 10 millions yuan	82	74.50	16.82	－2.87	31.78

continued

unit:10000　yuan

研究开发费用与主营业务收入比率 ratio of R & D cost	净资产收益率 Assets gains ratio	成本费用利润率 Ratio of profits to cost	总资产报酬率 Ratio of assets to reward	销售利润率 Ratio of sold profits	流动资产比率 Ratio of circulation funds	资金利润率 Ratio of funds to protits
0.98	**7.45**	**4.32**	**4.21**	**3.70**	**50.07**	**4.04**
1.05	12.39	4.60	5.44	3.86	58.17	5.42
0.95	12.18	5.28	5.73	4.45	51.57	5.84
1.02	10.59	4.83	5.14	4.10	51.75	5.14
1.15	12.05	4.34	5.09	3.60	59.24	5.26
0.23	19.61	12.04	10.02	10.41	26.09	11.37
0.03	4.44	2.78	4.2	2.72	49.21	2.19
1.03	3.09	3.89	2.88	3.52	42.17	2.42
0.08	-1.31	-0.48	0.84	-0.41	44.64	-0.23
	-19.13	-29.23	-7.44	-40.68	20.89	-12.42
1.15	12.05	4.34	5.09	3.6	59.24	5.26
0.23	33.03	10.70	13.00	9.72	46.26	13.50
0.96	2.60	2.85	2.78	2.56	39.85	2.03
0.48	-0.31	1.03	1.81	0.95	44.79	0.41
0.60	-16.51	-26.97	-3.85	-33.14	46.86	-6.36
183.85	-2.36	-8.36	-0.46	-8	40.52	-1.52
4.52	1.78	8.48	2.10	21.52	28.90	0.89
1.12	14.96	5.13	6.02	4.25	58.26	6.46
0.23	19.61	12.04	10.02	10.41	26.09	11.37
1.16	11.80	12.75	7.72	11.02	41.39	7.43
1.35	5.75	7.67	4.44	7.21	35.04	4.89
0.09	1.98	2.54	2.98	2.32	44.96	1.85
1.79	1.63	2.50	1.82	2.42	51.97	1.55
0.66	-15.84	-12.06	-2.61	-11.86	48.04	-5.29

18－4　企业集团主要业务指标(2004)

单位:万元

项　　目	Item	单位数(个) Enterprises	农林牧渔业总产值 Farming forestry animal husbandry, fishery	采矿业总产值 Excavation	制造业总产值 Manufacturing	电、煤、水业总产值 Electricpower, gas and water production and supply
总　　计	**Total**	**127**	**468542**	**101427**	**18895161**	**59962**
按集团审批部门分	**Grouped by administrative affairs**					
国务院	State council	1	382182		169808	18204
国务院主管部门	Department under the state council	2			14591801	
省级人民政府	Provincial government	7	353	26277	93448	
省级政府主管部门	Department unde provincial governent	106	86007	75150	2797791	23257
其他	Others	11			1242313	18501
按集团主营行业分	**Grouped by sector**					
农、林、牧、渔业	Farming forestry animal husbandry, fishery	5	466552		297329	19898
采矿业	Excavation	2	339	4032	11477	
制造业	Manufacturing	59	957	71118	18510743	13799
电力、燃气及水的生产和供应业	Electricpower, gas and water production and supply	2				7544
建筑业	Construction	14			8860	8024
交通运输、仓储和邮政业	Transprotation, post and telecommunications	6				
信息传输、计算机服务和软件业	Data trafbsport, computer services					
批发和零售业	Wholesale, retail trade anc catering	22		26277	60362	
住宿和餐饮业	Hotal and catering services	2				
房地产业	Real estate	9	294		1332	10477
其他	Others	6	400		5058	220
按母公司登记注册类型分	**Grouped by type of registered**					
国有企业	State owned	12	382182		14814617	22140
国有独资公司	State owned(sole)	26	78315	4032	651536	3828
其他有限责任公司	Other limited company	60	6931	97395	1742260	12171
股份有限公司	Share holding	22	1114		728875	21823
中外合资企业	Joint－venture enterprises	3			654580	
港澳台合资企业	Funded from Hongkong Macao and Taiwan	2			25994	
其他	Others	2			277299	
按母公司控股情况分	**Grouped by equity**					
国有绝对控股	State absolute equity	52	460497	75150	16747746	36445
国有相对控股	State relatine equity	11	1114		348636	21823
集体绝对控股	Collectine absolute equity	4			432712	
集体相对控股	Collectine relatative equity	1			40648	
其他	Others	59	6931	26277	1325419	1694

Statistics on Enterprises Group(2004)

unit:10000 yuan

建筑业总产值 Construciton	交通运输业货运量 Transport	交通运输业客运量 Passenger traffic	批发零售业商品销售总额 Wholesake and retail trade	外贸进出口总额(万美元) Imports and exports($ 10000)	其中:出口额(万美元) Exports($ 10000)
582994	**3780**	**16917**	**9101513**	**424194**	**66676**
2200			44967	3093	3093
23577	2100	200	7622615	368353	11879
200			85049	1650	1360
228819	1680	16717	1266540	51063	50332
328198			82342	35	12
5492			45129	4713	4423
60885	2340	200	8142185	387332	30858
509841			4505	35	12
14	1440	16717			
200			897032	32114	31383
			4		
6562			1052		
			11606		
30477	2134	200	7734878	378323	21118
56202			851109	29701	29701
180979	252	16717	327108	14128	14128
312856	1394		186963	2042	1729
2480			1050		
			405		
348775	2145	16600	8702035	422152	64947
197187	1394		183082	1655	1342
			516		
37032	241	317	215880	387	387

18－4 续表

单位：万元

项　目	Item	单位数（个）Enterprises	农林牧渔业总产值 Farming forestry animal husbandry, fishery	采矿业总产值 Excavation	制造业总产值 Manufacturing	电、煤、水业总产值 Electricpower, gas and water production and supply
总　　计	**Total**	**127**	**468542**	**101427**	**18895161**	**59962**
按营业收入和资产总计分	**Grouped by size of asseks**					
50亿元及以上	Above 5 billion yuan	3		71118	15542673	
10亿元及以上	100 million－1 billion yuan	16	457613	97395	17744065	32003
5亿元及以上	50 million－100 millon yuan	26	458374	97395	18233424	32003
按资产总计分	**Grouped by revenue**					
1000亿元及以上	Abone 100 billions yuan	1			14591801	
500—1000亿元	1 billion－2billons yuan					
100—500亿元	100 millions－1billions yuan	1		71118	937592	
50—100亿元	50 millions－100 millons yuan	3	382182		339210	32003
5—50亿元	10 millions－50 millons yuan	49	77071	26277	2778540	18721
0.5—5亿元	10 millions－50 millons yuan	68	9289	4032	248018	9238
0.5亿元以下	under 10 millions yuan	5				
按营业收入分	**Grouped by revenue**					
100亿元及以上	Abone 10 billions yuan	1			14591801	
50—100亿元	5 billions－5billons yuan	3		71118	1600872	
5—50亿元	5 billion－5billons yuan	23	458374	26277	2040751	32003
1—5亿元	10 millions－1billions yuan	33	877	4032	538782	18501
0.5—1亿元	5 millions－100 millons yuan	14	7029		60222	1914
0.1—0.5亿元	10 millions－50 millons yuan	35	2261		61112	7544
0.1亿元以下	under 10 millions yuan	18	1		1621	
按利润总额分	**Groped by prifits**					
10亿元及以上	Above 1 billion yuan	2			15241801	
5— 10亿元	100 millions－500 millons	1		71118	937592	
1—5亿元	50 millions－100 millons	4	761		747523	13799
0.5—1亿元	10 millions－50 millons	8	382182		478221	26228
0.1－0.5亿元	Under 10 millions yuan	18	75784	26277	772874	10477
0.05－0.1亿元	Under 10 millions yuan	12	7084	4032	160493	5302
0.05亿元以下	Under 10 millions yuan	82	2731		556657	4156

continued

unit:10000 yuan

建筑业总产值 Construciton	交通运输业货运量 Transport	交通运输业客运量 Passenger traffic	批发零售业商品销售总额 Wholesake and retail trade	外贸进出口总额（万美元） Imports and exports($ 10000)	其中:出口额（万美元） Exports($ 10000)
582994	**3780**	**16917**	**9101513**	**424194**	**66676**
23577	2100	200	8229538	385167	28693
298903	2100	200	8728205	407239	50765
476437	2100	200	8883422	415581	59107
23577	2100	200	7622171	368353	11879
			91893		
17312			689250	19907	19907
476279	1394		523552	27386	27363
65826	286	16717	173533	8467	7446
			1114	81	81
23577	2100	200	7622171	368353	11879
			607367	16814	16814
452860			713090	37261	36530
72481		16400	118484	1655	1342
22543			13616		
10844	1669	317	24794	30	30
689	11		1991	81	81
23577	2100	200	7622171	368353	11879
			91893		
32202			176920	14515	14515
37029			120038	3128	3105
3834			622580	18434	18144
3496			71490	8342	8342
482856	1680	16717	396421	11422	10691

18－5　大中型改制工业企业主要经济指标(2004)

单位:万元

项目	Item	单位数(个) Enterprises	年末资产总计 Total assets	累计对外投资 Investment toforeign	流动资产年平均余额 Circulating funds
总　　计	**Total**	**143**	**21365115**	**348270**	**8295361**
按重点类型分	**Grouped by key units**				
520户国家重点企业	520 national key units	4	1067992	14350	711664
原512户国家重点企业	512 national key units	2	1818648	34963	661393
省级重点企业	Provincial key units	21	6420220	134632	1952812
现企原国家百户试点企业	100 national making experiment	2	325941	17585	131839
现企原省级试点企业	Provincial making expriment	23	2756936	36237	1250332
按控股情况分	**Grouped by equity**				
国有绝对控股	State absolute equity	52	16146419	234197	6001984
国有相对控股	State relative equity	22	2527120	96083	1051444
集体绝对控股	Collective absolute equity	7	355655	1460	118861
集体相对控股	Collective relative equty	2	77596		45047
其他	Others	60	2258325	16530	1078025
按企业规模分	**Grouped by size of enterprises**				
大型	Large type	31	16637707	250595	6161446
中型	Middle type	112	4727408	97675	2133915
按登记注册类型分	**Grouped by type of registered**				
国有独资公司	State owned	16	2229671	75084	1061137
其他有限公司	State owned(sole)	27	4209220	118755	1316340
股份有限公司	Other limited company	79	11333948	149286	3966961
中外合资企业	Share holding	15	3385181	5145	1867817
港澳台合资企业	Others	6	207095		83106

注:由于按重点类型分组为可重复选项,故分项合计数不等于总计。

There are repear items in group so total in not equal items added.

Main Economic Indicators of Large and Middle Type Indusytral Enterprises(2004)

unit:10000 yuan

年末负债合计 Liabilities	流动负债 liquid liobilities	年末股东(所有者)权益合计 Creditors equity	股本(实收资本) Capital hold	利润总额 Profits	主营业务收入 Revenue	#主营业务成本 Cost	#主营业务税金及附加 Tax and added	其他业务收入 Other revenue
1093250	**8210581**	**10432595**	**6029769**	**1361858**	**19091372**	**15923543**	**471787**	**301038**
758712	680791	309280	171904	10806	651017	549685	2816	34116
769863	701269	1048785	1828706	14207	1153368	1038617	11695	30840
3921120	2216441	3499100	1079447	449864	4274292	3310492	42070	55554
173703	118414	152238	50958	8910	142689	94721	976	171
1513728	1322261	1243208	1052828	70305	1632641	1376080	13172	31588
8218417	6011350	7928002	4880895	1132001	15483101	13049838	448143	287011
1311093	1057909	1216027	444191	42563	1479123	1200374	8309	2472
115221	99937	240434	96222	3490	118832	88001	1572	352
38142	31195	39454	9178	2558	45436	37254	1	16
1249647	1010190	1008678	599283	181246	1964880	1548076	13762	11187
8204639	6061680	8433068	4736299	1252295	16138084	13605410	437002	269241
2727881	2148901	1999527	1293470	109563	2953288	2318133	34785	31797
1383609	1219797	846062	1600601	-16448	1318074	1131696	17616	58212
2340874	1304555	1868346	1726759	90770	2690644	2405150	15669	41209
5551500	4203002	5782448	1500701	944806	9453256	7553603	180529	150626
1540907	1398268	1844274	1079634	331616	5452306	4704888	253166	48919
115630	84959	91465	122074	11114	177092	128206	4807	2072

18－5 续表

单位:万元

项目 Item		存货跌价损失和营业、管理、财务费用合计 Cost	营业外收入 Other revenue	应缴增值税 Taxadded	固定资产投资完成额 Fixed assets
总　　计	**Total**	**1585354**	**117663**	**761614**	**1628243**
按重点类型分	**Grouped by key units**				
520户国家重点企业	520 national key units	98894	254	25785	40601
原512户国家重点企业	512 national key units	114351	6440	42820	105598
省级重点企业	Provincial key units	363450	8801	223159	595774
现企原国家百户试点企业	100 national making experiment	41908	37	6006	9004
现企原省级试点企业	Provincial making experiment	198751	5250	89897	166697
按控股情况分	**Grouped by equity**				
国有绝对控股	State absolute equity	1123367	111694	620809	1464309
国有相对控股	State relative equity	209935	1281	50127	44720
集体绝对控股	Collective absolute equity	24363	268	7111	9582
集体相对控股	Collective relative equty	3071	51	693	5268
其他	Others	224618	4369	82874	104364
按企业规模分	**Grouped by size of enterprises**				
大型	Large type	1156557	111286	649951	1444249
中型	Middle type	428797	6377	111663	183994
按登记注册类型分	**Grouped by type of registered**				
国有独资公司	State owned	180664	4496	31029	61814
其他有限公司	State owned(sole)	253202	13755	142999	303202
股份有限公司	Other limited company	848768	12308	408182	737312
中外合资企业	Share holding	268754	86194	168228	524402
港澳台合资企业	Others	33966	910	11176	1513

continued

unit:10000 yuan

研究开发费用 Cost of R&D	从业人员（人） Employment	在岗职工 Staff and workers	其他人员 Others	研究开发人员（人） Personnal of R&D	从业人员劳动报酬 Wages	在岗职工 Staff and workers	其他人员 Others	研究开发人员劳动报酬 Wages
87705	**357135**	**344197**	**12938**	**11240**	**740613**	**734753**	**5860**	**30208**
21988	19804	19294	510	1522	38282	37431	851	3947
2957	61832	50452	11380	747	133350	129218	4132	1860
20969	92716	92137	579	5920	200170	199213	957	17265
3372	8274	8256	18	110	11430	11421	9	290
18955	100474	89031	11443	1805	212390	208198	4192	4013
56586	251624	239058	12566	8646	607104	601580	5524	25441
7812	36848	36668	180	767	57617	57468	149	1669
1708	9324	9324		479	9757	9757		507
186	1520	1508	12	30	1150	1145	5	28
21413	57819	57639	180	1318	64985	64803	182	2563
63582	247704	235656	12048	8385	564059	558867	5192	25537
24123	109431	108541	890	2855	176554	175886	668	4671
8374	55693	55164	529	959	140073	139736	337	2208
13906	105315	93897	11418	2314	223906	219728	4178	5171
50498	163285	162303	982	7385	304487	303149	1338	20805
14609	27792	27790	2	568	65015	65013	2	2002
318	5050	5043	7	14	7132	7127	5	22

18-6 全省上市公司主要经济指标一览表(2004)

企业名称	Name of enterprises	上市日期 Date on the market	股本结构(万股)Structrur 总股本 Total stock	流通股 Liquid stock
长春高新技术产业(集团)股份有限公司	Changchun high-techinical inadustry limited company	1996.12.18	13133	7980
吉林亚泰（集团）股份有限公司	Jilin Yatai Group limited	1995.11.15	55776	35817
长春一汽四环汽车股份有限公司	China FAW group sihuang vehicle limited company	1996.08.26	21152	10319
长春百货大楼集团股份有限公司	Changchun general store buiding group limited	1994.04.25	18274	8592
长春欧亚集团股份有限公司	Changchun Europen Asia group limited	1993.12.06	14221	8439
兰宝科技信息股份有限公司	Changchun lanbao limited company	1996.11.22	24037	11466
中科英华高技术股份有限公司	Zhongkeyinghua high-tech-limitd con	1997.10.07	33412	13767
吉林轻工集团股份有限公司	Jilin light industry group limited	1993.12.15	16951	8503
一汽轿车股份有限公司	FAW group car limited company	1997.06.18	162750	54600
长春一东离合器股份有限公司	Changchun Yidong clutch limited company	1998.05.20	14152	4200
吉林森工股份有限公司	Jilin forestry industry limited company	1998.10.07	31050	11050
长春经济开发区股份有限公司	Changchun economic developing area limited company	1999.09.09	35772	21497
东北高速集团股份有限公司	Northest highway group limited	1999.08.10	121320	30000
吉林华润生化股份有限公司	Jilin huarun group limited	1996.04.08	23491	11532
吉林制药股份有限公司	Jilin pharmacy group limited	1993.12.15	13564	6810
吉林领先科技发展股份有限公司	Jilin Xianke limited company	1996.12.10	6167	2299
吉林化纤股份有限公司	Jilin chemical fibre group limited	1996.08.02	37826	19425
吉林纸业股份有限公司	Jilin papermaking group limited	1997.04.08	39974	18860
吉林炭素集团股份有限公司	Jilin carbon group limited	1999.03.12	28290	12005
吉林化学工业股份有限公司	Jilin chemical industry group limited	1996.10.15	356108	20000
辽源得亨股份有限公司	Liaoyuan Deheng limited company	1993.12.06	18572	9446
通化金马药业股份有限公司	Tonghua Jinma medcine limited company	1997.04.30	44902	28493
通化东宝药业股份有限公司	Tonghua Dongbao medicine limited company	1994.08.24	32449	15770
吉林敖东药业集团股份有限公司	Jilin Aodong medcine group limited	1996.10.28	35050	18795
延边公路建设股份有限公司	Yanbian highway construction limited company	1997.06.11	18411	9318
物华股份有限公司	Wuhua limited company	2000.11.23	23760	10152
长春燃气股份有限公司	Changchun gas limited company	2000.12.11	40653	16173
吉林电力股份有限公司	Jilin power limited company	2002.09.26	63000	38000
吉林华微电子股份有限公司	Jilin huawei electronic limitied company	2001.03.16	11800	5000
通化葡萄酒股份有限公司	Tonghua wime limited company	2001.01.15	14000	6000
吉恩镍业股份有限公司	Jilin nickel limited company	2003.09.05	19000	6000
延边石岘白麓纸业股份有限公司	Shixian paper limited company	2003.09.03	17030	5000
中油吉林化建工程股份有限公司	Jiling huajian company	2003.07.31	11000	4000

Summary for Number of Listed Companies (2004)

re of capital stock (10000 share)			每股收益（元）Dividend a stock	每股净资产（元）Netassets a share	总资产（万元）Total assets	股东权益（万元）Creditors equity	主营业务收入（万元）Revenue	净利润（万元）Net profit
国家股 Statestock	法人股 Legal person stock	其他 Others						
4548	605		0.06	2.65	139401	34831	36649	731
19559	400		0.19	4.19	681967	233487	200310	10585
6678	4155		0.14	5.83	190359	123397	337336	2943
387	9295		0.02	1.87	67288	34099	22237	404
4307	1475		0.28	4.21	126403	59928	86787	4029
8875	3696		-1.52	0.33	251506	8014	80935	-36566
3948	15679		0.15	2.08	100584	69608	30971	5110
	8448		0.01	1.19	42982	20159	6198	117
108150			0.19	3.14	697898	510473	964330	31303
9952			0.12	2.00	44704	28336	30200	1642
20000			0.32	4.39	195929	136406	112033	10054
14275			0.11	6.22	433172	222332	43495	3999
91320			-0.10	2.51	510460	304664	57730	-12548
	3261	8698	0.05	2.53	132879	59346	107908	1077
	6754		0.10	1.22	45093	16509	15726	1300
	3868		0.02	1.41	26009	8718	6444	134
14729	3672		0.19	3.05	210600	115317	137180	7085
20010	1104		-1.70	-0.58	210438	-23331	137	-67823
15018	1267		-0.82	2.74	285729	77374	112098	-23129
239630		96478	0.72	1.64	1439276	585362	2790279	257376
5197	3929		0.07	2.43	170971	45051	44309	1323
10270	6139		-0.55	0.08	109107	3664	9987	-24568
	16679		-0.24	3.94	180625	127992	30784	-7825
4974	11281		0.33	8.96	252203	130461	82078	11685
	9093		0.15	1.12	39941	20667	11706	2759
	13608		0.13	1.71	76272	40637	21368	2998
24480			0.52	2.66	152134	108302	110436	21332
11801	1499	11700	0.12	3.88	273347	244113	117431	7793
3227	3573		0.37	5.61	144127	66227	43238	4365
	8000		-0.71	3.09	53201	43192	3982	-9874
12294	706		0.74	3.24	135394	61629	91173	14062
11830	200		0.11	4.46	228798	75915	92710	1790
5690	1310		0.40	5.33	115043	58599	150670	4402

18－7 大中型改制工业企业改制情况（2004）

Reform of Laarge and Medium－sized Industiral Enterprises（2004）

单位：个（unit）

指标名称	Item	合计 Total	国有独资公司 State owned（sole）	其他有限责任公司 Other limited company	股份有限公司 Share holding	中外合资企业 Joint Venture	港澳台合资企业 Funded from Hongkong, Macao and Taiwan
单位数	**Enterprises**	**143**	**16**	**27**	**79**	**15**	**6**
一、总经理产生方式	**General Manager appionted by**						
主管部门任命	Competent Departments	16	8	2	5	1	
董事会聘任	Board of Directors	102	4	18	65	10	5
政府提名董事会聘任	Board of Directors after government nominated	5	1	1	2	1	
职代会选举上级任命	Superior after Meeting of Employee Repressentatioves elected	6		3	3		
社会公开招聘	Publicly Engage	1				1	
上级组织部门任命	Superior Organizational Department	10	3	2	3	1	1
其他	Other means	3		1	1	1	
二、中层管理人员产生方式	**Middle－level Manager appionted by**						
总经理自主决定	General Manger	18	2	4	10	1	1
总经理提名主管部门批准任命	Competent Department after General Nanager nominated	11	4	2	2	2	1
总经理提名董事会聘任	Board of diectors after General Manager niminated	63	5	12	39	5	2
主管部门提名并决定	Competent Department	6	1		3	2	
职代会选举主管部门任命	Competent Department after Meeting of employee Representationes elected						
公开招聘	Publidy Engage	22	1	6	12	2	1
其他	Other Means	23	3	3	13	3	1
三、董事长产生方式	**President appionted by**						
政府部门任命	Gouernment	8	2	2	2	4	
董事会选举产生	Board of Directors	95	3	17	64	8	3
资产运营机构指定	Asset operating Institution	8	4	1	1	2	
股东会任命	General Meeting of Shareholders	17	1	5	6	3	2
其他	other Means	8	1	2	2	2	1
四、企业有明确的出资人	**clear contributor**						
出资人法定人数为1人	Quorum：one person	28	14	9	5		
法定人数为2－5人	Quorum：more 2－5 persons	52		12	21	14	5
法定人数为5人以上	Quorum：more than 5 persons	60		6	52	1	1
五、企业组织机构组建情况	**Organizational Structure**						
成立了股东会	General Meeting of shareholeders	105		22	77	2	4
成立了董事会	board of Directors	136	11	27	77	15	6
董事会中设有独立董事	Independent Directiors	71	3	8	52	4	4
成立监事会	Supervisory Board	113	11	23	75	2	2

18－7 续表1

单位:个(unit)

指标名称	Item	合计 Total	国有独资公司 State owned (sole)	其他有限责任公司 Other limited company	股份有限公司 Share holding	中外合资企业 Joint Venture	港澳台合资企业 Fumded from Hongkong, Macao and Taiwan
六、股东会职权行使情况	**Functions exercised by General Meeting of share holders**						
决定经营方针和投资计划	Maragerial Policy and Investment plan establishing	104		22	76	2	4
决定和更换董事	determining and changing directors	105		22	77	2	4
选举和更换监事	electing and changing supervisors	98		17	75	2	4
审议批准董事会报告	approving the report of Board of Directors	103		21	76	2	4
审议批准监事会报告	approving the report of supervisory Board	97		17	74	2	4
审议批准财务方案	approving financial plan	104		22	76	2	4
审议批准利润方案	approving protit plan	104		22	76	2	4
决定增减注册资本	determing the issuance of bonds	103		20	77	2	4
决定发行债券	determing the issuance of bonds	1999		20	73	2	4
决定转让出资	determing the transfer of contribution	98		20	72	2	4
决定公司合分等事项	determing the merget and divison of the company	104		21	77	2	4
修改公司章程	amending the company constitution	104		22	76	2	4
七、董事会职权行使情况	**Functions exercised by board of directions**						
召集股东会并汇报工作	Calling for general Meeting of shareholders and Reporting	112	3	22	77	5	5
执行股东会决议	executing the decisions of General Meeting of shareholders	110	3	22	76	5	4
决定经营计划和投资方案	establishing Managerial Policy and Investment plan	135	11	27	77	14	6
制订财务方案	formulationg financial plan	135	11	27	77	14	6
制定利润分配方案	formulating profit distriblution plan	135	11	27	77	14	6
制订注册资本增减方案	formulating a plan of increasing/decreasing registered capital	132	10	27	76	14	5
拟定公司合分等事项方案	proposing the plan of the merger and division of the company	132	10	26	77	14	5
决定内部管理机构设置	determing internal administerative institution	134	11	27	77	13	6
聘任或解聘公司经理	appointing or dismissing managers	127	7	24	76	14	6
制定公司基本管理制度	formulating underlying administratine system	135	11	27	77	14	6
八、监事会职权行使情况	**Functions exercised by Supervisory Board**						
检查公司财务	Checking finace of the company	112	11	23	74	2	2
对董事和经理进行监督	supervising directors and managers	112	11	23	74	2	2
纠正损害公司利益行为	remedying the actions detrimental to the interests of the company	111	10	23	74	2	2
提议召开临时股东会	proposing to held a temporary General Meeting of shareholders	97	3	20	70	2	2
其他职权	Others	109	10	22	73	2	2

18－7 续表 2

单位:个(unit)

指标名称	Item	合计 Total	国有独资公司 State owned (sole)	其他有限责任公司 Other limited company	股份有限公司 Share holding	中外合资企业 Share holding	港澳台合资企业 Funded from Hongkong, Macao and Taiwan
九、企业总经理职权行使情况	**functions exercised by General Manager**						
主持生产经营管理,实施董事会决议	Managing production and execting decisions of Board of diectors	137	11	27	78	15	6
组织实施经营计划和投资方案	Organizing to implement operating and investment plan	143	16	27	79	15	6
拟定管理制度及机构设置方案	proposing management system and institational set－up plan	142	16	26	79	15	6
聘或解聘高层管理人员	appointing/dismissing senior managerment	137	15	26	76	14	6
聘或解聘负责管理人员	appointing/dismissing responsible management	131	10	26	76	13	6
十、企业劳动、人事、分配制度改革情况	**Reform of labour, personnd and Distributiong system**						
已全面实施劳动合同制	Completely implement labour contract system	136	14	26	75	15	6
已实行全员竞争上岗制度	Carryout competitive going on duty system	128	15	26	68	14	5
仍存在"干部"和"工人"身份界限	exist between"cadres"and "workers"identity limits	54	10	12	28	2	2
内部管理人员实行公开竞聘	publicly competitive engage fcr internal management	131	14	25	73	13	6
能按时足额缴纳社会保险费	fully pay the social insurace fees in due time	129	12	26	70	15	6
十一、企业实行以下分配办法	**Distribution Method**						
企业经营者年薪制	Annual salry system for managers	59	7	12	32	6	2
企业经营者持有股权期权	Equity options by managers holding	38		6	28	4	
岗位工资为主的工资制	Wage system fowsing on pasition wages	135	16	26	74	13	6
科技人员工资收入分配激励机制	Distribution and Incentive system for scientific and tecnical staffs	80	9	17	42	10	2
职工持股分配制	Employee shareholding Distibution System	26		5	20	1	
工资集体协商制	Collectively Negotiation system on Wages	39	6	10	19	3	1
十二、企业技术创新情况	**Technical Innovation**						
已建立技术中心	estaolish technical centre	93	10	16	59	5	3
其中:国家级技术中心	state－level fechnical centre	14	1	1	11	1	
省级技术中心	province－leveltechnical centre	41	5	8	27		1
其他级别	other levels	38	4	7	21	4	2

18－7　续表3

单位:个

指标名称 Item		合计 Total	国有独资公司 State owned (sole)	其他有限责任公司 Other limited company	股份有限公司 Share holding	中外合资企业 Share holding	港澳台合资企业 Funded from Hongkong, Macao and Taiwan
十三、企业建立奖惩制度情况	**Establishment of Rewards and Dunishments System**						
企业有奖惩制度并能严格执行	having the said system and strictly executingit	133	13	26	75	13	6
企业有奖惩制度但很难严格执行	having the said system and less strictly executing it	7	3	1	3		
企业无奖惩制度	having no rewards and Runishments system	3			1	2	
十四、企业分离富余职工的主要去向	**Whereabouts of superfluous staffs**						
安排到其他单位	arrange them to other companies	7	3		2	1	1
企业内部消化	deal with them within the company	55	7	10	33	4	1
失业	unemployment	8	2	3	3		
提前退休	retire in advance	32	7	4	19	2	
其他	other whereabouts	23	4	1	16	2	
十五、推进改革的主要障碍	**Main Obstacles of Reform**						
社会保障制度不完善	Imperfect sonial protection system	60	9	15	29	5	2
政府转变职能滞后	Delayed Transform of government functions	46	7	9	24	5	1
历史包袱沉重	Heavier Historical burden	34	11	9	11	3	
产权不明确	Unclear Ownership	20	6	4	9		1
市场体系不健全	Imperfect Market sysem	57	5	12	31	7	2
缺乏激励和约束机制	Defective Inceneive and Restraint system	49	6	8	30	5	
十六、影响生产经营主要因素	**Main Factors affecting production management**						
市场需求不足	Less Market Demand	46	3	12	22	5	4
负债过高、利息负担重	High－level Debt and Heavier burden on interests	31	4	3	20	1	3
资金紧缺	Be short of Funds	75	11	17	42	4	1
企业相互拖欠资金	Be mutually arrears	30	2	7	19	1	1
人员过剩	Surplus staffs	19	8	1	9	1	
设备及技术落后	less－developed equipment and technigues	30	8	7	11	4	
原材料等价格偏高	more expensive raw matericals	96	8	17	53	14	4
管理机制不完善	impertect management system	30	4	4	17	4	1

18－8 民营企业集团基本情况(2004)

单位:万元

项目	Item	单位数(个) Enterprises	年末资产总计 Total of assets	年末负债合计 Total liabities	年末股东(所有者)权益合计
总计	**Total**	**60**	**2396127**	**1369816**	**1017443**
按集团审批部门分	**Grouped by administrative affairs**				
国务院	State council				
国务院主管部门	Department under the state council				
省级人民政府	Provincial government	2	220880	177203	43677
省级政府主管部门	Department unde provincial goverment	54	1543685	806370	728447
其他	Others	4	631562	386243	245319
按集团主营行业分	**Grouped by sector**				
农、林、牧、渔业	Farming forestry animal husbandry,fishery	1	9244	4244	5000
采矿业	Excavation	1	14228	8812	5416
制造业	Manufacturing	30	1459873	746767	709581
电力、燃气及水的生产和供应业	Electricpower,gas and water production and supply				
建筑业	Construction	7	129971	67074	62897
交通运输、仓储和邮政业	Transprotation,post and telecommunications	2	32079	25260	6819
信息传输、计算机服务和软件业	Data trafbsport,computer services				
批发和零售业	Wholesale,retail trade and catering	10	432194	329200	102994
住宿和餐饮业	Hotal and catering services	2	101248	60221	41027
房地产业	Real estate	5	140075	79261	55964
其他	Others	2	77215	48977	27745
按母公司登记注册类型分	**Grouped by type of registered**				
国有企业	State owned				
国有独资公司	State owned(sole)				
其他有限责任公司	Other limited company	47	1482391	864003	610210
股份有限公司	Share holding	7	515108	256948	258160
中外合资企业	Joint－venture enterprises	3	205291	143449	61152
港澳台合资企业	Funded from Hongkong Macao and Taiwan	2	122276	70658	51618
其他	Others	1	71061	34758	36303
按母公司控股情况分	**Grouped by equity**				
国有绝对控股	State absolute equity				
国有相对控股	State relatine equity				
集体绝对控股	Collectine absolute equity				
集体相对控股	Collectine relatative equity	1	41864	26031	15833
其他	Others	59	2354263	1343785	1001610

Statistics on Enterprises Group(2004)

unit: 10000 yuan

股本(实收资本) Real capital	主营业务收入 Revenue	其他业务收入 Other revenue	投资收益 bonus	营业外收入 Other income	利润总额 Total prefits
602793	**1608576**	**33715**	**14700**	**3390**	**190486**
32374	133413	6040	512	2291	3001
475188	593923	27153	14169	1048	58655
95231	881240	522	19	51	128830
5000	7158			2	596
4100	10317			174	1197
338040	1249169	26126	535	883	174316
41855	36213	715		269	903
12034	6728	348	25	31	-847
105636	273238	6481	578	2262	8051
42072	6344		1378	-255	-596
44206	17569	45	425	24	803
9850	1840		11759		6063
380079	633692	30393	12806	3190	32078
100069	334693	3265	516	158	47072
60633	615098	57			107814
28712	19095			39	3170
33300	5998		1378	3	352
3568	37012	15	16	35	753
599225	1571564	33700	14684	3355	189733

18－9　资产总计10亿元及以上的企业集团名单(2004)

Entexprise Groups Obove 1 billion yuan of Assets Total(2004)

企业集团名称	Name	资产总计(万元) Assets (10000yuan)	负债合计(万元) Liabilities (10000yuan)	营业收入(万元) Revenue (10000yuan)	利润总额(万元) Profits (10000yuan)	从业人员(人) Employment (person)
中国第一汽车集团	China Faw group	10288406	7033759	12522986	450500	115138
吉林省通化钢铁集团	Jilin Tonghua steel group	1006798	659237	818622	85220	28976
吉林亚泰集团	Jilin Yatai group	681967	420985	375232	22976	5401
吉林粮食集团	Jilin grain group	557050	440700	573615	2021	5923
中国吉林森林工业集团	Jilin forestry industry group	510545	287816	275710	8357	52847
吉林延边林业集团	Jilin Yanbian forestry group	491435	272537	202130	3209	58194
吉林化纤集团	Jilin chemical fiber group	447521	257157	255195	20645	10441
长春经开集团	Changchun economic developing area group	433172	210808	44126	6352	1068
吉林炭素集团	Jilin carbon group	343199	245872	140959	－6313	6498
长春房地集团	Changchun real estate group	333837	50213	48160	2163	4935
长春君子兰集团	Changchun scarlet kafirfily group	316604	290981	70623	－52176	2445
四平红嘴集团	Siping Hongzui group	311806	135551	248813	4294	6145
长春建工集团	Changchun construction group	291779	239628	244039	－506	9194
吉林敖东药业集团	Jilin Aodong mescine group	252203	89013	82078	18069	3955
东宝实业集团	Dongbao medcine group	246908	117419	33697	620	2351
吉林修正药业集团	Jilin Xiuzheng medcine group	221590	91057	210703	40061	2328
长春一汽四环集团	Changchun FAW group si huan company	216747	125016	198068	2298	7632
长春大成实业集团	Changchun Dacheng group	196780	141351	612945	107630	2600
吉林出版集团	Jilin publishing group	186263	135413	112568	6597	1933
长春净月潭旅游发展集团	Changchun Jingyue developing group	185495	47738	2468	－97	473
吉林镍业集团	Jilin nickel limimted company	181514	115454	86759	8108	4440
吉林华海能源集团	Jilin Huahai energy group	179016	151172	102426	2248	2132
吉林省长春皓月集团	Changchun Haoyue group	167768	80430	114316	7889	1990
吉林华星电子集团	Jilin Huaxing electronic group	152423	128293	45787	－7361	1829
长春星宇集团	Changchun Xingyu group	152201	161115	69605	－16023	996
吉林正业集团	Jilin Zhengye group	144776	63807	60209	6814	1437
吉林长山化肥集团	Jilin changshan chemical fertilizer group	144213	124105	47357	－2556	2674
长春高新技术产业集团	Changchun High－techinical group	139402	97751	36820	1840	1732
吉林省一建集团	Jilin first construction group	133541	120005	91201	－148	4988
北方彩晶集团	North calour crgstal group	126700	119453	6909	－36849	1850
吉林省吴太医药集团	Jilin Wutai medcine group	122238	100655	94292	6497	1700
通化金马集团	Tonghua Jinma group	118147	93247	12812	－5890	1089
吉林东光集团	Jilin Dongguang group	116228	58257	70679	2022	4366
吉林国联集团	Jilin Guoliang group	114580	108612	5380	－1568	377

18-10 营业收入10亿元及以上的企业集团名单（2004）
Enterprises Group above billion on yuan of Bevenue（2004）

企业集团名称	Name	营业收入（万元） Revenue (10000yuan)	资产总计（万元） Assets (10000yuan)	负债合计（万元） Liabilities (10000yuan)	利润总额（万元） Profits (10000yuan)	从业人员（人） Employment (person)
中国第一汽车集团	China FAW group	12522986	10288406	7033759	450500	115138
吉林省通化钢铁集团	Jilin Tonghua steel group	818622	1006798	659237	85220	28976
长春大成实业集团	Changchun Dacheng group	612945	196780	141351	107630	2600
吉林粮食集团	Jilin grain group	573615	557050	440700	2021	5923
吉林亚泰集团	Jilin Yatai group	375232	681967	420985	22976	5401
中国吉林森林工业集团	Jilin forestry indstry group	275710	510545	287816	8357	52847
吉林化纤集团	Jilin chemical fibre group	255195	447521	257157	20645	10441
四平红嘴集团	Siping Hongzhui group	248813	311806	135551	4294	6145
长春建工集团	Changchun construction group	244039	291779	239628	-506	9194
吉林修正药业集团	Jilin Xiu zheng medcine group	210703	221590	91057	40061	2328
吉林延边林业集团	Yanbian forestry group	202130	491435	272537	3209	58194
长春一汽四环集团	Changchun FAW sihuan company	198068	216747	125016	2298	7632
吉林炭素集团	Jilin carbon group	140959	343199	245872	-6313	6498
吉林省粮油食品进出口集团	Jilin grain export and import company	134961	52198	50855	554	185
吉林省长春皓月集团	Changchun Haoyue group	114316	167768	80430	7889	1990
吉林出版集团	Jilin publishing group	112568	186263	135413	6597	1933
吉林华海能源集团	Jilin Huahai energy group	102426	179016	151172	2248	2132

18－11 利润总额1000万元及以上的企业集团名单（2004）
Enterprises Group above 1 million yuans of profits（2004）

企业集团名称	Name	利润总额（万元）Profits（10000yuan）	资产总计（万元）Assets（10000yuan）	负债合计（万元）Liabilities（10000yuan）	营业收入（万元）Revenue（10000yuan）	从业人员（人）Employment（person）
中国第一汽车集团	China FAW group	450500	10288406	7033759	12522986	115138
长春大成实业集团	Chngchun Dacheng group	107630	196780	141351	612945	2600
吉林省通化钢铁集团	Jilin tonghua steel group	85220	1006798	659237	818622	28976
吉林修正药业集团	Jilin Xiuzheng medcine group	40061	221590	91057	210703	2328
吉林亚泰集团	Jilin Yatai group	22976	681967	420985	375232	5401
吉林化纤集团	Jilin chemical fiber group	20645	447521	257157	255195	10441
吉林敖东药业集团	Jilin Aodong medcina group	18069	252203	89013	82078	3955
中国吉林森林工业集团	Jilin forestry indstry group	8357	510545	287816	275710	52847
吉林镍业集团	Jilin nickel limited company	8108	181514	115454	86759	4440
吉林省长春皓月集团	Changchun Haoye group	7889	167768	80430	114316	1990
吉林正业集团	Jilin Zhengye group	6814	144776	63807	60209	1437
吉林出版集团	Jilin publishing group	6597	186263	135413	112568	1933
吉林省吴太医药集团	Jilin Wutai medcine group	6497	122238	100655	94292	1700
长春经开集团	Changchun econmic developeing group	6352	433172	210808	44126	1068
四平红嘴集团	Ciping Hongzhui group	4294	311806	135551	248813	6145
吉林延边林业集团	Yanbian forestry group	3209	491435	272537	202130	58194
吉林省通化特种水泥集团	Tonghua special cement group	3204	18939	2099	13910	1304
茂祥集团	Maoxiang group	2871	71685	29059	9986	510
吉林远东药业集团	Jilin Yuandong medcina group	2588	57240	17259	17044	633
长春一汽四环集团	Changchun FAW sihuan company	2298	216747	125016	198068	7632
吉林华海能源集团	Jilin Huahai energy group	2248	179016	151172	102426	2132
长春房地集团	Changchun real estate group	2163	333837	50213	48160	4935
吉林东光集团	Jilin Dongguang group	2022	116228	58257	70679	4366
吉林粮食集团	Jilin grain group	2021	557050	440700	573615	5923
吉林德全水泥集团	Jilin Dequan cement group	1954	67856	44768	38316	2763
长春高新技术产业集团	Changchun High－technial group	1840	139402	97751	36820	1732
吉林金泉宝山药业集团	Jilin Jinquanbaoshan medcina group	1590	74451	46050	18218	1562
吉林龙山集团	Jilin Longshan group	1580	17000	4210	10098	450
通化双龙集团	Tonghua shuanglong group	1197	14228	8812	10317	579
吉林省盐业集团	Jilin salt indstry group	1135	33945	12792	29413	5278
吉林省温馨鸟集团	Jilin Warm brid group	1037	23541	10299	5775	388
吉林抚松县林业集团	Jilin Fusong forestry group	1014	30454	14811	14197	1160

18－12 营业收入和资产总计均在5亿元以上的企业集团名单（2004）
Enterprises Groups above 500 million yuans of Bevenue and Assets（2004）

企业集团名称	Name	营业收入（万元）Revenue（10000yuan）	资产总计（万元）Assets（10000yuan）	负债合计（万元）Liabilities（10000yuan）	利润总额（万元）Profits（10000yuan）	从业人员（人）Employment（person）
中国第一汽车集团	China FAW group	12522986	10288406	7033759	450500	115138
吉林省通化钢铁集团	Jilin Tonghua steel group	818622	1006798	659237	85220	28976
长春大成实业集团	Changchun Dacheng group	612945	196780	141351	107630	2600
吉林粮食集团	Jilin grain group	573615	557050	440700	2021	5923
吉林亚泰集团	Jilin Yatai group	375232	681967	420985	22976	5401
中国吉林森林工业集团	Jilin forestry indstry group	275710	510545	287816	8357	52847
吉林化纤集团	Jilin chemical fiber group	255195	447521	257157	20645	10441
四平红嘴集团	Siping Hongzhui group	248813	311806	135551	4294	6145
长春建工集团	Changchun construction group	244039	291779	239628	－506	9194
吉林修正药业集团	Jilin Xiuzheng medcina group	210703	221590	91057	40061	2328
吉林延边林业集团	Jilin Yanbian forestry group	202130	491435	272537	3209	58194
长春一汽四环集团	Changchun FAW sihuan company	198068	216747	125016	2298	7632
吉林炭素集团	Jilin carbon group	140959	343199	245872	－6313	6498
吉林省粮油食品进出口集团	Jilin grain export－import group	134961	52198	50855	554	185
吉林省长春皓月集团	Changchun Haoye group	114316	167768	80430	7889	1990
吉林出版集团	Jilin publishing group	112568	186263	135413	6597	1933
吉林华海能源集团	Jilin Huahai group	102426	179016	151172	2248	2132
吉林省吴太医药集团	Jilin Wutai medcine group	94292	122238	100655	6497	1700
吉林省一建集团	Jilin First comstruction group	91201	133541	120005	－148	4988
吉林镍业集团	Jilin nickel limited company	86759	181514	115454	8108	4440
吉林敖东药业集团	Jilin Aodong medcine group	82078	252203	89013	18069	3955
吉林东光集团	Jilin Dongguang group	70679	116228	58257	2022	4366
长春君子兰集团	Changchun scarlet Kafirily group	70623	316604	290981	－52176	2445
长春星宇集团	Changchun Xingyu group	69605	152201	161115	－16023	996
长春长铃集团	Changchun changling group	67470	75011	45668	506	2038
吉林正业集团	Jilin Zhengye group	60209	144776	63807	6814	1437

第十九篇 CHAPTER

市(州)和县(市)概况

GENERAL SURVEY OF CITY AND COUNTY

19

19－1 城市社会经济基本情况(2004)

		单位 Unit
一、人口、劳动力及土地面积	**Population, employment and territory**	
年末总人口	Population	万人 10000persons
# 非农业人口	Non－agrciltural population	万人 10000persons
年平均人口	Average population	万人 10000persons
暂住人口（一个月以上）	Temporary population	万人 10000persons
年出生人口	Birth population	人 person
年死亡人口	Death Population	人 person
年末总户数	Households	万户 1000households
年末单位从业人员数	Employment	万人 10000persons
第一产业（农、林、牧、渔业）	Primary industry	万人 10000persons
第二产业	Secondary industry	万人 10000persons
（1）采矿业	Mining and quarring	万人 10000persons
（2）制造业	Manufacturing	万人 10000persons
（3）电力、燃气及水的生产和供应业	Production and supply of electricity gas and water	万人 10000persons
（4）建筑业	Construction	万人 10000persons
第三产业	Tertiary industry	万人 10000persons
（1）交通运输、仓储及邮政业	Transport storage, post and telecommunication	万人 10000persons
（2）信息传输、计算机服务和软件业	Computer and informaton service	万人 10000persons
（3）批发和零售业	Wholesale and retail trade and catering	万人 10000persons
（4）住宿、餐饮业	Transport storage, post and telecommunication	万人 10000persons
（5）金融业	Banking and insurance	万人 10000persons
（6）房地产业	Real estate	万人 10000persons
（7）租赁和商业服务业	Transport storage, post and telecommunication	万人 10000persons
（8）科学研究、技术服务和地质勘查业	Social Services	万人 10000persons
（9）水利、环境和公共设施管理业	Public facilities services	万人 10000persons
（10）居民服务和其他服务业	Transport storage, post and telecommunication	万人 10000persons
（11）教育	Transport storage, post and telecommunication	万人 10000persons
（12）卫生、社会保障和社会福利业	Health care, sports and social Welfare	万人 10000persons
（13）文化、体育和娱乐业	Education, Culture, art; radio and film	万人 10000persons
（14）公共管理和社会组织	Social organi zations	万人 10000persons
（15）国际组织	International organizations	万人 10000persons
私营和个体从业人员	Individual empoyment	人 person
年末城镇登记失业人员数	Unemployment	人 person
行政区域土地面积	Territory of administrative areas	平方公里 sq.km
# 建成区面积	Urban district	平方公里 sq.km
城市建设用地面积	Territory of administrative areas	平方公里 sq.km
# 居住用地面积	Area of buildings	平方公里 sq.km
公共设施用地面积	Area of poublic facilities	平方公里 sq.km

Basic Statistics On Urban Social And Economic Indicators(2004)

长春市 Changchun		吉林市 Jilin		四平市 Siping		辽源市 Liaoyuan	
全市 Total	市区 District	全市 Total	市区 District	全市 Total	市区 District	全市 Total	市区 District
724.00	314.74	429.07	178.90	327.67	51.38	123.98	44.51
317.90	239.18	209.60	125.24	131.10	51.38	56.69	38.64
721.20	312.40	430.34	179.23	327.17	51.26	124.09	44.59
37.00	31.00	0.77	0.29	3.95	1.24	0.13	0.04
64439	24767	34490	11339	27712	3756	9322	3028
34353	16211	41632	16974	14056	1740	7412	2305
210.83	95.52	134.74	57.07	102.81	20.06	40.21	15.93
89.90	70.30	39.10	23.15	23.58	8.08	10.79	7.29
1.50	0.30	1.95	0.20	1.76	0.06	0.35	0.02
36.90	33.50	17.94	12.37	6.14	3.29	5.18	4.76
0.90	0.90	1.48	0.02	0.46	0.11	2.78	2.78
28.30	25.80	12.82	9.60	4.22	2.54	1.70	1.42
2.40	1.90	1.56	1.15	0.79	0.37	0.36	0.28
5.30	4.90	2.08	1.60	0.67	0.27	0.34	0.28
51.50	36.50	19.21	10.58	15.68	4.73	5.26	2.51
6.20	3.30	1.59	0.89	1.72	0.20	0.54	0.19
1.20	1.10	0.30	0.22	0.18	0.10	0.10	0.08
5.40	3.70	1.92	0.58	1.65	0.37	0.34	0.21
1.70	1.60	0.25	0.19	0.12	0.08	0.04	0.04
2.80	2.10	1.23	0.75	0.90	0.35	0.40	0.23
1.50	1.40	0.26	0.19	0.27	0.12	0.08	0.07
1.40	1.30	0.58	0.49	0.04	0.01	0.08	0.06
3.30	3.00	0.46	0.29	0.70	0.27	0.13	0.08
2.40	1.80	0.82	0.49	0.77	0.32	0.26	0.16
0.30	0.30	0.22	0.17	0.26	0.23	0.02	0.01
12.60	7.80	4.86	2.26	4.33	1.03	1.42	0.46
3.90	2.60	2.13	1.29	1.79	0.63	0.62	0.31
1.80	1.60	0.44	0.31	0.29	0.10	0.12	0.06
7.00	4.90	4.15	2.46	2.66	0.92	1.11	0.55
951043	773274	162417	110399	124343	41776	53951	40547
66006	52318	30100	20267	28121	9442	18517	16200
20571	3603	27120	3636	14080	407	5139	206
	193		166		39		39
	191		119		38		38
	51		33		12		11
	34		14		3		4

19-1 续表 1

		单位 Unit
工业用地面积		平方公里 sq.km
二、综合经济	**Macroeconomic indicators**	
(一) 地区生产总值 (当年价格)	Gross domestic product(current	万元 10000yuan
第一产业增加值	Primary industry	万元 10000yuan
第二产业增加值	Secondary industry	万元 10000yuan
# 工业增加值	Industry	万元 10000yuan
第三产业增加值	Tertiary industry	万元 10000yuan
# 交通运输仓储及邮政业	Transport storge and post	万元 10000yuan
信息传输、计算机服务和软件业	Computer and information services	万元 10000yuan
金融业	Finance	万元 10000yuan
房地产业	Real estate	万元 10000yuan
科学研究、综合技术服务和地质勘查业	Sclentifc research and polytechnical servrces products	万元 10000yuan
地区生产总值 (2000年价格)	Gross domestic	万元 10000yuan
人均地区生产总值	Per capita GDP	元 1yuan
地区生产总值增长率	Indices of GDP	%
(二) 财政、金融、保险	Public finance, banking and insurance	
地方财政一般预算内收入	Local government revenue	万元 10000yuan
地方财政一般预算内支出	Local government expenditures	万元 10000yuan
# 基本建设支出	Construction	万元 10000yuan
企业挖潜改造资金	Imovation funds	万元 10000yuan
科技三项费用	Science funds	万元 10000yuan
城市维护费	Urban maintenance	万元 10000yuan
科学支出	Science expendiares	万元 10000yuan
教育支出	Education	万元 10000yuan
医疗卫生支出	Health care	万元 10000yuan
抚恤和社会福利救济	Pensions, social welfare	万元 10000yuan
社会保障补助支出	Social relief funds	万元 10000yuan
政策性补贴支出	Subsidies	万元 10000yuan
年末金融机构存款余额	Deposits of banking system	万元 10000yuan
# 城乡居民储蓄年末余额	Saving deposits	万元 10000yuan
年末金融机构各项贷款余额	Loans of banking system	万元 10000yuan
保费收入	Amount Insured	万元 10000yuan
# 财产险	Property Insurance	万元 10000yuan
人身险	Life insurance	万元 10000yuan
赔款、给付	Claim and payment	万元 10000yuan
# 财产险	Property insaramce	万元 10000yuan
人身险	Life insurance	万元 10000yuan
三、农业	**Agriculture**	
年末耕地总资源	Cultivated areas(year-end)	千公顷 kha
蔬菜产量	Vegetable	吨 ton
水果产量	Fruits	吨 ton

continued

长春市 Changchun		吉林市 Jilin		四平市 Siping		辽源市 Liaoyuan	
全市 Total	市区 District	全市 Total	市区 District	全市 Total	市区 District	全市 Total	市区 District
	49		38		10		11
15350051	11237025	7037040	4122911	2775452	746339	1000597	539444
1680023	225301	984757	214901	1117258	19495	208330	15499
7419988	6493241	3182548	2153149	801314	384248	378065	267969
6349852	5618859	2436233	1183750	631998	299112	293151	214839
6250040	4518483	2869735	1754861	856880	342596	414202	255976
966183	460777	629679	271271	113101	26913	76019	34029
541648	488566	211686	129775	55341	33205	21903	13302
676731	565502	319637	195955	32516	19510	84456	35787
703015	477235	279939	171618	134706	80824	45249	28549
191309	187100	41231	25277	8437	6750	1938	1744
14316677	10582922	6548005	383823	2574793	712133	932500	502731
21285	37003	16239	23046	8539	14560	8071	12097
13.5	14.4	13.0	14.2	14.8	12.1	16.5	24.8
506923	458830	197301	153348	72595	28045	31180	21471
1007695	753979	576894	351263	275583	97857	176479	111542
126029	97332	44442	12370	16046	4398	40938	34650
18790	17437	25510	24469	2102	1007	5668	5055
10290	9209	6291	5177	331	176	674	377
42899	36246	35034	30364	9380	6602	2185	1400
1981	1853	1757	1527	614	395	210	152
136509	71606	83067	36239	56113	14034	22265	8130
37694	28863	17377	9951	11841	4329	4080	1978
41067	24511	27732	12894	17420	4875	10960	4891
105732	86322	135935	97472	33420	19181	30980	24648
940	895	678	614	463	146	42	19
18345585	16182514	5878717	4204254	2324265	1264551	1112690	824691
9651543	7856406	4460401	3108886	1965668	1056352	831939	595709
18898154	15760524	4072319	3023423	2602359	1040408	1235480	901008
321213		86124		31000		19108	
58072		15718		2563		3480	
263141		70406		20324		15628	
57994		20074		7266		3887	
30532		8603		986		1673	
27462		11471		121		2215	
1104		563		705		148	
2302066		1488414		1121897		147445	
51522		371791		24907		13385	

		单位 Unit
肉类总产量	Meat	吨 ton
奶类产量	Milk	吨 ton
水产品产量	Aquatic product	吨 ton
四、工　　业	**Industry**	
规模以上工业企业数	Number of enterprises	个 unit
# (1) 国有企业	State－owned	个 unit
(2) 外商和港、澳、台商投资企业	Funded from HongKong, Macao and Taiwan	个 unit
(3) 股份制企业	Share holding	个 unit
工业总产值（当年价）	Gross industrial output value(current)	万元 10000yuan
# (1) 国有企业	State－owned	万元 10000yuan
(2) 外商和港、澳、台商投资企业	Funded from HongKong, Macao and Taiwan	万元 10000yuan
(3) 股份制企业	Share holding	万元 10000yuan
从业人员年平均人数	Employment	万人 10000person
流动资产年平均余额	Circulating funds	万元 10000yuan
固定资产净值年平均余额	Balance of net value of fixed assets	万元 10000yuan
产品销售收入	Sales revenue	万元 10000yuan
# 产品销售税金及附加	sales tax and extra charges	万元 10000yuan
本年应交增值税	Added tax payable	万元 10000yuan
利润总额	Profits	万元 10000yuan
五、交通运输、邮电通信、能源电力	**Transport, post, telecommunications and power**	
铁路客运量	Passenger traffic on railway	万人 10000person
铁路货运量	Freight traffic on railway	万吨 10000ton
境内铁路里程	Length of railway	公里 km
民用汽车拥有量	Civil motor vehicles owned	辆
# 私人汽车拥有量	Provate owned	辆
公路客运量	Passenger traffic on highway	万人 10000person
公路货运量	Freight traffic on highway	万吨 10000ton
境内公路里程	Length of highway	公里 km
# 其中：境内高速公路里程	Express way	公里 km
沿海港口货物吞吐量	Freight traffic international water way	万吨 10000ton
内河港口货物吞吐量	Freight traffic inter waterway	万吨 10000ton
水运客运量	Passenger traffic on waterway	万人 10000person
水运货运量	Freight traffic on waterway	万吨 10000ton
民用航空货邮运量	Freight in airway	吨 ton
民用航空客运量	Passenger in airway	人 person
年末邮电局（所）数	Post and telecommunications offices	处 unit
邮政业务总量	Post and telecommunications offices	万元 10000yuan
电信业务总量	Post and telecommunications offices	万元 10000yuan

continued

长春市 Changchun		吉林市 Jilin		四平市 Siping		辽源市 Liaoyuan	
全市 Total	市区 District	全市 Total	市区 District	全市 Total	市区 District	全市 Total	市区 District
1578181		603185		830477		167188	
99887		70692		105510		8088	
18229		30020		2286		1969	
580	434	457	263	277	109	180	93
94	73	160	107	82	21	46	30
88	80	27	17	11	4	1	1
235	170	183	105	123	59	59	31
17126789	16427694	6415358	5316782	1559085	781074	710988	510108
6591705	6488500	1342454	1085511	321124	101992	266641	227107
7676293	7355927	204038	145052	168176	20222	19730	19730
2218877	2047375	4640301	3964569	853100	536288	211976	138943
30.1	25.9	20.5	14.5	7.1	2.4	6.78	4.56
8618446	8358382	2757145	2206383	735408	371238	423718	364532
4797957	4563636	4955891	4269780	991685	437094	583504	522479
16559128	15837555	6867697	5769500	1544714	788066	629318	462580
405908	395935	109196	102324	27146	21164	3951	2501
535011	526098	266116	211252	75191	40282	29410	24278
721708	717078	441372	302804	40456	21398	-44	-4671
2681		1346		730.32		68.76	
2207		2505		500		234	
493		2159		268		71	
221214		103869		45664		29642	
99583		56337		25774		19402	
4846		3476		2686		1737	
9369		3490		2605		1644	
6994		8657		3827		1865	
281		63		128			
		18					
		18					
13764		52					
1042000		28000					
251	99	197	67	165	24	65	16
28725	22031	16711	9221	9143	3163	4346	2115
337709	303938	157768	104621	44991	20992	30078	23965

19－1 续表 3

		单位 Unit
本地电话用户数	Post and telecommunications offices	万户 10000sub
移动电话年末用户数	Mobile telephone subscribers	户 sub
国际互联网用户数	Subscribers of internet service	户 sub
能源消费量	Energy consumpation	万吨/标准 100000ton
全年用电量	Electrictity consumption	万千瓦时 10000kwh
# 工业用电	In which: industry	万千瓦时 10000kwh
城镇生活消费用电	Residential consumption	万千瓦时 10000kwh
六、内外贸易、外经、旅游	**Trade, economic cooperation and tourism**	
限额以上批发零售贸易业商品销售总额	Number of enterprises	万元 10000 yuan
社会消费品零售额	Post and telecommunications offices	万元 10000 yuan
限额以上批发零售贸易企业数（法人数）	Number of enterprises	个 unit
按零售业态分组	Grouped by operating type	
1. 百货商店	Store linlced together	个 unit
2. 超级市场	Store unlinked together	个 unit
限额以上连锁店数	Grouped by retail trade	个 unit
其中零售业	General store	个 unit
其中超级市场	Super market	个 unit
进口额（海关数）	Imports	万美元 $10000
出口额（海关数）	Exports	万美元 $10000
当年新签项目（合同）个数	Numbers of contracet signed	个 unit
当年合同外资金额	Amount of actually used	万美元 $10000
当年实际使用外资金额	Enterprises going into operation	万美元 $10000
已投产（营业）企业数（年末实有数）	Employment	个 unit
从业人员数	Tourist	人 person
海外游客人数（含一日游游客）	Foreigners	人 person
# 外国人	Foreigner	人 Person
港、澳、台同胞	Compatriots from Hongkong Macao and Taiwan	人 person
国际旅游（外汇）收入	Income of tourism	万美元 $10000
星级饭店数	Tourist hotels	个 unit
七、固定资产投资	**Investment in fixed assets**	
# 固定资产投资完成额（不含农村）	In which: housing	万元 10000yuan
# 房地产开发投资完成额	Real estets	万元 10000yuan
全年新增固定资产	Newly increased fixed assets	万元 10000yuan
本年施工住宅面积	Floor space of housings under construction	万平方米 10000sq. m
本年竣工住宅面积	Floor space of housings complated	万平方米 10000sq. m
商品房屋销售面积	Floor space of commercial houses sold	万平方米 10000sq. m
# 销售给个人	to individual	万平方米 10000sq. m
商品房屋空置面积	Floor space of empty	万平方米 10000sq. m
商品房屋销售额	Amount of sold	万元 10000yuan

continued

长春市 Changchun		吉林市 Jilin		四平市 Siping		辽源市 Liaoyuan	
全市 Total	市区 District	全市 Total	市区 District	全市 Total	市区 District	全市 Total	市区 District
179	107	117	64	63	21	20	11
3491000	3031855	1401200	849800	47395	30123	312060	145060
333459	311541	310516	226300	143000	98759	13128	9578
917	798	2100	1819	447	132	1340	1162
919158	378060	1059125	752705	312511	212385	104127	95354
489389	272342	883412	652758	152551	135659	75433	70864
183007	102484	103402	47588	64728	41421	20109	17550
3085639	2768392	1093523	773763	116786	54806	80098	58059
4953384	4152874	2853069	2033436	869181	235576	308920	178609
165	133	54	37			22	15
25	19	9	5			1	1
10	10	4	4			1	1
22	22	6	6				
		6	6				
10	10	4	4				
449185		17968		1071		1106	
82588		28737		1698		1025	
137	127	24	14	14	8	5	5
132982	130901	5675	5675	3779	3340	1522	1522
90916	82384	6641	6323	298	198	666	666
1156	1089	157	122	56	33	3	3
326681	295861	9272	7500	3300	2800	1025	1025
87201		31248		982			
70249		11399		687			
16952		19849		550			
4295		758		96			
44		34		9		2	
4198041	3848751	2783098	2089214	524502	341987	366416	318829
923617	913961	304979	282762	27787	23644	48960	39390
2006349	1988000	1870476	1278320	272360	128260	94867	72725
717.30	710.80	348.80	254.57	152.84	85.75	149.53	111.38
279.40	276.90	102.90	54.06	32.80	21.12	44.59	19.17
193.80	192.10	96.60	73.23	5.81	5.81	29.07	25.43
192.20	190.50	96.40	73.04	5.81	5.81	25.61	18.15
279.00	276.50	63.50	60.37	8.86	8.86	24.86	20.61
438426	434000	158405	133517	12480	12480	44843	39227

		单位 Unit
# 销售给个人	to individual	万元 10000yuan
八、教育、科技、卫生	**Education, culture and health care**	
普通高等学校数	Higher education	所 unit
中等职业技术学校数	Specialized secondary schools	所 unit
普通中学学校数	Secondary schools	所 unit
小学学校数	Primary schools	所 unit
普通高等学校教师数	University	人 person
中等职业技术学校教师数	Specialized secondary schools	人 person
普通中学教师数	Secondary schools	人 person
小学教师数	Primary schools	人 person
普通高等学校学生	University	人 person
中等职业技术学校学生	Specialized secondary schools	人 person
普通中学学生	Secondary schools	万人 10000person
小学学生	Primary schools	万人 10000person
成人高等教育学校在校学生数	Adult schools	人 person
各类专业技术人员数	Scientific and technical personnel	人 person
# 中级职称以上人员数	Above lecturer	人 person
体育场馆数	Scien tific and technical personnel	个 unit
剧场、影剧院数	Theatres and music halls	个 unit
公共图书馆图书总藏量	Number of books	万册 10000copies
医院、卫生院数	Hospitals	个 unit
医院、卫生院床位数	Bed in hospitals	张 bed
医生数	Doctors	人 person
九、人民生活、社会保障	**People's livelihood**	
再岗职工平均人数	Staff and workers	万人 10000person
再岗职工工资总额	Wages	万元 10000yuan
居民人均可支配收入	Per capita income	元 yuan
居民人均消费支出	Per capita expenditures for consumption	元 yuan
# (1) 食品	Food	元 yuan
(2) 衣着用品	Clothing	元 yuan
(3) 家庭设备、用品及服务	Household facilities, articles and services	元 yuan
(4) 医疗保健	Medicine and medical service	元 yuan
(5) 交通和通讯	Transportation and communications	元 yuan
(6) 娱乐、教育、文化服务	Recreation, education and cultural services	元 yuan
(7) 居住	Residence	元 yuan
每百户居民家庭拥有:	Owned per 100 howseholds	
(1) 家用汽车拥有量（百户）	Civil vehicles	辆 unit
(2) 电脑家庭拥有量（百户）	Civil computer	台 unit
人均住房使用面积	Percapita floor space of residential	平方米 sgin
居民消费价格指数（上年为 100）	Consumer price inder	%
年末离休、退休、退职人员数	Persons retired	万人 10000person
基本养老保险参保人数	Medical insurance for persons retired	人 person
基本医疗保险参保人数	unemployment insurance for persons retired	人 person
失业保险参保人数	Life insurance for persons retired	人 person
社会福利院数	Welfare in stitutions	个 unit

continued

长春市 Changchun		吉林市 Jilin		四平市 Siping		辽源市 Liaoyuan	
全市 Total	市区 District	全市 Total	市区 District	全市 Total	市区 District	全市 Total	市区 District
434062	430000	158080	133192	12480	12480	36380	31824
27	27	7	7	3	3	1	1
39	28	35	25	21	4	7	7
377	158	234	91	216	45	73	22
1772	410	1062	275	1156	100	506	50
17289	17289	3392	3392	1394	1394	162	162
1625	1295	2123	1790	1149	145	324	324
24876	11350	13952	6281	10743	2835	4050	1317
38483	13819	20118	7026	17524	3371	6892	1686
260009	260009	48486	48486	19577	19577	530	530
24811	20707	45230	39565	12617	2139	3011	3011
46.60	17.80	26.79	10.60	18.46	4.33	6.60	2.40
50.50	19.60	27.45	11.44	20.83	4.30	8.10	2.70
81318	81318	6887	6887	3014	1171	1037	1037
419867	302498	140587	92070	79908	26267	30766	21189
201648	161607	61143	36947	27636	11257	9184	5296
20	19	19	13	11	4	4	3
9	5	10	6	6	2	3	2
248.4	181.0	181.8	136.9	52.0	31.3	33.1	25.0
294	166	258	134	146	28	67	25
22508	18088	15555	9908	7887	3622	4138	2500
15226	10693	10445	6454	7056	1973	2154	1250
88.60	69.20	38.94	23.12	23.64	7.87	10.60	7.20
1392546	1260670	494239	354326	207926	84407	103555	75062
	8901		8550		7778		7500
	7539		6541		6389		5483
	2813		2303		2035		1975
	707		839		865		881
	249		295		293		256
	735		517		640		303
	808		681		740		531
	1092		888		877		762
	890		765		699		527
	1		1		4		
	33		27		16		21
	17.96		20.23		16.99		16.42
	104.10		103.80		104.90		105.80
27.75	23.44	21.56	16.06	9.09	3.82	4.61	3.40
1024988	856155	532708	388924	266705	118552	106575	79165
846000	486760	446267	283688	257756	108217	115634	77704
766395	584123	506800	382000	108217	90745	126131	89523
158	40	125	32	91	45	39	39

19－1 续表 5

		单位 Unit
社会福利院床位数	Beds in welfare in stitutions	张 bed
社区服务设施数	Life insurance for persons retired	个 unit
城镇居民最低生活保障线以下人数	Life insurance for persons retired	人 unit
十、社会治安	**Public security**	
交通事故件数	cose of Traffic accidents	件 case
交通事故死亡人数	Traffic accidents	人 person
刑事案件立案数	Criminal cases registered	件 case
犯罪人数	Criminal	人 person
十一、市政公用事业	**Urban public utilities**	
城市维护建设资金支出	Urban maintain funds	万元 10000 yuan
年末实有城市道路面积	Area of paved roads	万平方米 10000sq.m
排水管道长度	Length of sewer pipelines	公里 km
供水综合生产能力（包括自备水源）	Capcity of supply tap water	万立方米/日 10000 cu.d
供水总量	Supply of tap water	万立方米 10000cu.m
# 居民家庭用水量	Water for residential use	万立方米 10000cu.m
用水人口	Population	万人 10000person
煤气（人工、天然气）供气总量	Coal gas supply	万立方米 10000cu.m
# 家庭用量	Residential use	万立方米 10000cu.m
用煤气人口	Population	人 person
液化石油气供气总量	Liquefied petrolum gas	吨 ton
# 家庭用量	Residential use	吨 ton
用液化气人口	Population	人 person
年末实有公共汽（电）车营运车辆数	Public transportion vehicle	辆 unit
全年公共汽（电）车客运总量	Traffic personned	万人次 10000 perston/time
年末实有出租汽车数	Taxi	辆 unit
园林绿地面积	Green areas	公顷 ha
# 公共绿地面积	Public green areas	公顷 ha
建成区绿化覆盖面积	Green areas in urban	公顷 ha
十二、环境保护	**Environment protection**	
污染源治理本年完成投资总额	Investment in environment	万元 10000yuan
城市环境基础设施建设本年完成投资额	Traffic accidents	万元 10000yuan
三废综合利用产品产值	Traffic accidents	万元 10000yuan
工业废水排放总量	Volume of industrial waste water discharged	万吨 10000ton
工业废水排放达标量	Treated waste water up to discharge standards	万吨 10000ton
工业二氧化硫去除量	Volume of sulphur dioxide removed	吨 10000ton
工业二氧化硫排放量	Volume of sulphur dioxide emission	吨 10000ton
工业烟尘去除量	Volume of industrial soot removed	吨 10000ton
工业烟尘排放量	Volume of industrial soot emission	吨 10000ton
工业固体废物综合利用率	Rete of industrial solid wasts utilized	%
烟尘控制区总面积	Area of soot contral zones	平方公里 10000q.m
高污染燃料禁烧区总面积	Area polluted	平方公里 10000q.m
环境噪声达标区总面积	Area up to the standard	平方公里 10000q.m
城镇生活污水处理率	Rate of treatment of waste water	%
生活垃圾无害化处理率	Treatment of living garbage	%

continued

长春市 Changchun		吉林市 Jilin		四平市 Siping		辽源市 Liaoyuan	
全市 Total	市区 District	全市 Total	市区 District	全市 Total	市区 District	全市 Total	市区 District
9700	2578	6198	2320	6060	2997	3228	3228
1481	1481	489	283	167	75	126	65
230000	157267	199650	83830	129250	36128	95116	44910
4732	3538	1716	1323	438	54	443	203
684	330	283	158	246	35	159	42
31315	21917	17124	8739	5234	1444	4087	2347
6054	5240	5085	2912	1635	395	1312	691
	389991		221320		7639		12825
	2231		1183		251		296
	1993		827		119		120
	115.6		402.5		19.6		15.0
	28339		84892		2500		2489
	11749		5283		989		576
	242.7		123.4		35.0		43.0
	25975		2922		2213		
	8534		1676		1630		
	1985000		515000		220000		
	60370		24755		3580		3920
	10034		18402		3580		2824
	569000		645000		110000		132000
	3648		1032		296		289
	54750		16760		2745		273
	16303		5459		2155		4090
	6456		6741		777		819
	1874		1151		144		230
	7516		7704		794		858
195606		108724		37499		17259	
188132		85577		34498		14533	
9090		70297		3567		4885	
2998		13124		724		582	
2707		12328		386		290	
11840		7365		4991		266	
32100		29339		33875		22431	
919806		1896466		1121201		46137	
33311		59875		20877		16559	
96.90		53.52		39.69		28.10	
259		172		53			
26							
244		166		25		37	
49.50		16.31		25.00		49.35	
87.50		72.54					

19-1 续表 6

		单位 Unit
一、人口、劳动力及土地面积	**Population, employment and territory**	
年末总人口	Population	万人 10000persons
# 非农业人口	Non - agrciltural population	万人 10000persons
年平均人口	Average population	万人 10000persons
暂住人口（一个月以上）	Temporary population	万人 10000persons
年出生人口	Birth population	人 person
年死亡人口	Death Population	人 person
年末总户数	Households	万户 1000households
年末单位从业人员数	Employment	万人 10000persons
第一产业（农、林、牧、渔业）	Primary industry	万人 10000persons
第二产业	Secondary industry	万人 10000persons
（1）采矿业	Mining and quarring	万人 10000persons
（2）制造业	Manufacturing	万人 10000persons
（3）电力、燃气及水的生产和供应业	Production and supply of electricity gas and water	万人 10000persons
（4）建筑业	Construction	万人 10000persons
第三产业	Tertiary industry	万人 10000persons
（1）交通运输、仓储及邮政业	Transport storage, post and telecommunication	万人 10000persons
（2）信息传输、计算机服务和软件业	Computer and informaton service	万人 10000persons
（3）批发和零售业	Wholesale and retail trade and catering	万人 10000persons
（4）住宿、餐饮业	Transport storage, post and telecommunication	万人 10000persons
（5）金融	Banking and insurance	万人 10000persons
（6）房地产业	Real estate	万人 10000persons
（7）租赁和商业服务业	Transport storage, post and telecommunication	万人 10000persons
（8）科学研究、技术服务和地质勘查业	Social Services	万人 10000persons
（9）水利、环境和公共设施管理业	Public facilities services	万人 10000persons
（10）居民服务和其他服务业	Transport storage, post and telecommunication	万人 10000persons
（11）教育	Transport storage, post and telecommunication	万人 10000persons
（12）卫生、社会保障和社会福利业	Health care, sports and social Welfare	万人 10000persons
（13）文化、体育和娱乐业	Education, Culture, art; radio and film	万人 10000persons
（14）公共管理和社会组织	Social organi zations	万人 10000persons
（15）国际组织	International organizations	万人 10000persons
私营和个体从业人员	Individual empoyment	人 person
年末城镇登记失业人员数	Unemployment	人 person
行政区域土地面积	Territory of administrative areas	平方公里 sq.km
# 建成区面积	Urban district	平方公里 sq.km
城市建设用地面积	Territory of administrative areas	平方公里 sq.km
# 居住用地面积	Area of buildings	平方公里 sq.km
公共设施用地面积	Area of poublic facilities	平方公里 sq.km

continued

通化市 Tonghua		白山市 Baishan		松原市 Songyuan		白城市 Baicheng		延边朝鲜族自治州 Yanbian
全市 Total	市区 District	全市 Total	市区 District	全市 Total	市区 District	全市 Total	市区 District	
226.39	45.51	130.66	33.45	280.78	51.82	201.60	48.56	217.71
105.04	39.54	87.77	26.57	73.54	31.93	80.68	27.96	140.16
226.30	45.47	131.79	33.29	280.10	51.68	201.21	48.45	218.14
3.49	0.80	2.09	0.48	6.08	4.99	2.28	0.80	
19342	2967	8674	2265	27824	5055	18309	4178	14474
12601	2348	6403	1317	11614	1784	14473	4247	13562
70.16	14.39	47.48	12.62	79.12	17.75	67.18	17.56	71.35
20.82	9.00	17.53	6.79	22.39	9.88	19.56	7.83	28.83
0.79	0.03	3.00	0.06	2.55	0.08	3.15	0.21	5.54
8.78	5.14	7.38	3.90	8.23	6.61	5.84	3.95	9.24
0.65	0.05	2.23	1.86	5.15	5.01	0.31	0.29	1.17
5.72	3.52	3.47	0.96	1.64	0.90	4.12	2.79	6.07
0.79	0.39	0.75	0.37	0.46	0.07	0.45	0.24	0.71
1.62	1.18	0.93	0.71	0.98	0.63	0.96	0.63	1.29
11.25	3.83	7.15	2.83	11.61	3.19	10.57	3.67	14.05
0.79	0.24	0.65	0.31	1.30	0.18	0.88	0.18	2.13
0.20	0.13	0.11	0.08	0.15	0.15	0.28	0.21	0.29
0.80	0.22	0.54	0.30	1.77	0.59	1.03	0.27	1.02
0.09	0.06	0.09	0.06	0.16	0.05	0.06	0.03	0.38
0.89	0.41	0.52	0.26	0.69	0.38	0.49	0.23	1.20
0.17	0.07	0.16	0.12	0.11	0.06	0.06	0.02	0.25
0.38	0.32	0.14	0.07	0.10	0.02	0.24	0.01	0.31
0.29	0.15	0.13	0.06	0.30	0.10	0.34	0.13	0.41
0.49	0.22	0.24	0.14	0.35	0.08	0.44	0.12	0.58
0.06	0.01	0.01	0.01	0.02	0.01	0.04	0.02	0.06
2.20	0.66	1.51	0.47	3.05	0.58	2.46	0.42	3.06
1.20	0.35	0.72	0.24	1.12	0.18	1.12	0.37	1.12
0.90	0.09	0.17	0.08	0.14	0.06	0.89	0.75	0.39
2.79	0.90	2.16	0.63	2.35	0.75	2.24	0.91	2.85
83534	37165	27363	8294	51798	22895	68203	21066	144857
9957	4028	12481	5331	14565	4924	12315	3844	21926
15195	761	17485	1388	21090	1100	25692	1864	42700
	44		25		33		33	111
	36		24		33		33	99
	13		14		14		10	38
	4		2		4		5	11

		单位 Unit
工业用地面积	Area of industry	平方公里 sq.km
二、综合经济	**Macroeconomic indicators**	
（一）地区生产总值（当年价格）	Gross domestic product(current	万元 10000yuan
第一产业增加值	Primary industry	万元 10000yuan
第二产业增加值	Secondary industry	万元 10000yuan
# 工业增加值	Industry	万元 10000yuan
第三产业增加值	Tertiary industry	万元 10000yuan
# 交通运输仓储及邮政业	Transport storge and post	万元 10000yuan
信息传输、计算机服务和软件业	Computer and information services	万元 10000yuan
金融业	Finance	万元 10000yuan
房地产业	Real estate	万元 10000yuan
科学研究、综合技术服务和地质勘查业	Sclentifc research and polytechnic servrces products	万元 10000yuan
地区生产总值（2000 年价格）	Gross domestic	万元 10000yuan
人均地区生产总值	Per capita GDP	元 yuan
地区生产总值增长率	Indices of GDP	%
（二）财政、金融、保险	Public finance, banking and insurance	万元 10000yuan
地方财政一般预算内收入	Local government revenue	万元 10000yuan
地方财政一般预算内支出	Local government expenditures	万元 10000yuan
# 基本建设支出	Construction	万元 10000yuan
企业挖潜改造资金	Imovation funds	万元 10000yuan
科技三项费用	Science funds	万元 10000yuan
城市维护费	Urban maintenance	万元 10000yuan
科学支出	Science expendiares	万元 10000yuan
教育支出	Education	万元 10000yuan
医疗卫生支出	Health care	万元 10000yuan
抚恤和社会福利救济	Pensions, social welfare	万元 10000yuan
社会保障补助支出	Social relief funds	万元 10000yuan
政策性补贴支出	Subsidies	万元 10000yuan
年末金融机构存款余额	Deposits of banking system	万元 10000yuan
# 城乡居民储蓄年末余额	Saving deposits	万元 10000yuan
年末金融机构各项贷款余额	Loans of banking system	万元 10000yuan
保费收入	Amount Insured	万元 10000yuan
# 财产险	Property Insuramce	万元 10000yuan
人身险	Life insurance	万元 10000yuan
赔款、给付	Claim and payment	万元 10000yuan
# 财产险	Property insaramce	万元 10000yuan
人身险	Life insurance	万元 10000yuan
三、农　　业	**Agriculture**	
年末耕地总资源	Cultivated areas(year－end)	千公顷 kha
蔬菜产量	Vegetable	吨 ton
水果产量	Fruits	吨 ton

continued

通化市 Tonghua		白山市 Baishan		松原市 Songyuan		白城市 Baicheng		延边朝鲜族自治州 Yanbian
全市 Total	市区 District	全市 Total	市区 District	全市 Total	市区 District	全市 Total	市区 District	
	8		3		5		5	18
2178000	668979	1286348	391684	2847227	938193	1370006	449537	1942030
398527	21814	234546	37114	824161	61537	409275	79132	299510
984917	385307	679465	246437	1392206	694176	496796	175516	875525
850829	354209	589839	172640	1248192	620399	351039	117011	708017
794556	261858	372337	108133	630860	182480	463925	194889	766955
235184	33100	51491	23877	178211	76874	95891	33464	202701
55327	28774	22003	5267	46774	31072	49512	17068	88353
57772	4219	34802	-355	37803	5470	25659	14793	48629
46891	12751	52779	30012	56896	10436	41359	16038	40583
8062	118	878	659	6391	2411	3553	2824	7434
2126118	661976	934194	355809	2581747	892821	1240357	441437	1854933
9563	14717	7528	11766	10165	17229	6809	9091	8903
11.3	13.7	15.1	13.2	18.2	17.5	13.2	11.6	10.0
79272	38605	42253	19000	80991	40571	41052	15926	99496
266754	99731	208121	71139	233853	69510	243762	106124	424236
11716	4275	22238	10383	17019	2702	23806	23728	32065
13487	5171	861	431	708	403	1141	525	5811
3313	1897	414	267	623	247	372	212	2314
9795	3222	4400	2387	7942	4208	7682	3645	11088
1115	875	496	368	258	118	1290	1092	1064
39461	10660	24575	7204	47205	10168	43552	10955	52437
9965	4926	7264	3208	8136	2472	10675	4213	14406
16259	4532	17134	3560	16791	3426	13983	4453	26442
37603	17159	48050	15598	18464	7996	30004	10784	54025
242	127	208	72	126	33	446	125	2384
2349505	1027529	1483048	660392	1473342	220709	1186380	560150	3624392
1782409	676158	1219688	528950	1125885	189267	901068	420164	2914543
1826026	992906	1089028	473415	1800836	92678	1319688	483004	2521962
52967		38674		37802		29028		58073
9587		6234		6979		5125		13212
43380		32440		30823		23903		44861
13799		9743		7809		12407		8540
4814		4644		3749		2682		6660
8985		5099		4060		9725		1880
201		47		941		552		233
462068		235878		538697		337160		365271
55257		23248		28171		7735		106961

		单位 Unit
肉类总产量	Meat	吨 ton
奶类产量	Milk	吨 ton
水产品产量	Aquatic product	吨 ton
四、工　　业	**Industry**	
规模以上工业企业数	Number of enterprises	个 unit
# (1) 国有企业	State－owned	个 unit
(2) 外商和港、澳、台商投资企业	Funded from HongKong, Macao and Taiwan	个 unit
(3) 股份制企业	Share holding	个 unit
工业总产值（当年价）	Gross industrial output value(current)	万元 10000yuan
# (1) 国有企业	State－owned	万元 10000yuan
(2) 外商和港、澳、台商投资企业	Funded from HongKong, Macao and Taiwan	万元 10000yuan
(3) 股份制企业	Share holding	万元 10000yuan
从业人员年平均人数	Employment	万人 10000person
流动资产年平均余额	Circulating funds	万元 10000yuan
固定资产净值年平均余额	Balance of net value of fixed assets	万元 10000yuan
产品销售收入	Sales revenue	万元 10000yuan
# 产品销售税金及附加	sales tax and extra charges	万元 10000yuan
本年应交增值税	Added tax payable	万元 10000yuan
利润总额	Profits	万元 10000yuan
五、交通运输、邮电通信、能源电力	**Transport, post, telecommunications and power**	
铁路客运量	Passenger traffic on railway	万人 10000person
铁路货运量	Freight traffic on railway	万吨 10000ton
境内铁路里程	Length of railway	公里 km
民用汽车拥有量	Civil motor vehicles owned	辆 unit
# 私人汽车拥有量	Provate owned	辆 unit
公路客运量	Passenger traffic on highway	万人 10000person
公路货运量	Freight traffic on highway	万吨 10000ton
境内公路里程	Length of highway	公里 km
# 其中：境内高速公路里程	Express way	公里 km
沿海港口货物吞吐量	Freight traffic international water way	万吨 10000ton
内河港口货物吞吐量	Freight traffic inter waterway	万吨 10000ton
水运客运量	Passenger traffic on waterway	万人 10000person
水运货运量	Freight traffic on waterway	万吨 10000ton
民用航空货邮运量	Freight in airway	吨 ton
民用航空客运量	Passenger in airway	人 person
年末邮电局（所）数	Post and telecommunications offices	处 unit
邮政业务总量	Post and telecommunications offices	万元 10000yuan
电信业务总量	Post and telecommunications offices	万元 10000yuan

continued

通化市 Tonghua		白山市 Baishan		松原市 Songyuan		白城市 Baicheng		延边朝鲜族自治州 Yanbian
全市 Total	市区 District	全市 Total	市区 District	全市 Total	市区 District	全市 Total	市区 District	
334909		75898		328644		220697		79935
6470		1614		14430		81536		12908
11102		10521		29030		12165		5308
235	61	164	58	157	42	165	54	278
37	9	36	8	50	11	63	20	83
17	3	11	2	4	2	2	1	61
145	42	68	34	43	21	68	23	100
1929019	1187828	1031253	397699	2064292	1684746	543888	281218	1461618
80778	27090	175615	47829	227533	68071	119448	35350	350822
70027	31189	50087	6250	87772	64109	61025	60742	264191
1331073	840621	529856	286178	1616997	1530834	274427	155396	722350
8.34	4.11	8.01	3.29	6.33	4.45	4.24	2.22	9.88
1210355	697093	537565	348363	715331	537439	266637	172130	831214
968974	614065	823616	377453	2205032	1926368	310015	205338	1074831
1865779	1219279	916885	424723	2043443	1700817	542517	334772	1308274
13691	8249	8892	4894	41641	38048	5109	2036	70867
99806	68592	43034	22454	140348	125906	24211	17393	67244
159983	98236	42733	10625	340990	331288	21589	16232	56352
527.79		278.34		131		591		441
1145		664		230		812		700
908		300		171		479		453
39955		35048		36515		49444		65682
21355		16737		18352		32407		39534
2301		1465		1940		601		3241
3250		1715		1181		511		2894
4891		5181		4797		4684		6358
				42				29
				38				4
				21		7		
								3976
								275931
162	29	121	33	134	51	134	34	158
11148	3673	8523	2930	5268	2581	5294	2760	20543
80010	31000	45103	11898	57425	28918	47048	22572	102387

19－1　续表　9

		单位 Unit
本地电话用户数	Post and telecommunications offices	万户 10000sub
移动电话年末用户数	Mobile telephone subscribers	户 sub
国际互联网用户数	Subscribers of internet service	户 sub
能源消费量	Energy consumpation	万吨/标准 10000ton
全年用电量	Electrictity consumption	万千瓦时 10000kwh
# 工业用电	In which: industry	万千瓦时 10000kwh
城镇生活消费用电	Residential consumption	万千瓦时 10000kwh
六、内外贸易、外经、旅游	**Trade, economic cooperation and tourism**	
限额以上批发零售贸易业商品销售总额	Number of enterprises	万元 10000 yuan
社会消费品零售额	Post and telecommunications offices	万元 10000 yuan
限额以上批发零售贸易企业数（法人数）	Number of enterprises	个 unit
按零售业态分组	Grouped by operating type	
1. 百货商店	Store linlced together	个 unit
2. 超级市场	Store unlinked together	个 unit
限额以上连锁店数	Grouped by retail trade	个 unit
1. 其中零售业	General store	个 unit
2. 其中超级市场	Super market	个 unit
进口额（海关数）	Imports	万美元 $10000
出口额（海关数）	Exports	万美元 $10000
当年新签项目（合同）个数	Numbers of contracet signed	个 unit
当年合同外资金额	Amount of actually used	万美元 $10000
当年实际使用外资金额	Enterprises going into operation	万美元 $10000
已投产（营业）企业数（年末实有数）	Employment	个 unit
从业人员数	Tourist	人 person
海外游客人数（含一日游游客）	Foreigners	人 person
# 外国人	Foreigner	人 Person
港、澳、台同胞	Compatriots from Hongkong Macao and Taiwan	人 person
国际旅游（外汇）收入	Income of tourism	万美元 $10000
星级饭店数	Tourist hotels	个 unit
七、固定资产投资	**Investment in fixed assets**	
# 固定资产投资完成额（不含农村）	In which: housing	万元 10000yuan
# 房地产开发投资完成额	Real estets	万元 10000yuan
全年新增固定资产	Newly increased fixed assets	万元 10000yuan
本年施工住宅面积	Floor space of housings under construction	万平方米 10000sq.m
本年竣工住宅面积	Floor space of housings complated	万平方米 10000sq.m
商品房屋销售面积	Floor space of commercial houses sold	万平方米 10000sq.m
# 销售给个人	to individual	万平方米 10000sq.m
商品房屋空置面积	Floor space of empty	万平方米 10000sq.m
商品房屋销售额	Amount of sold	万元 10000yuan

continued

通化市 Tonghua		白山市 Baishan		松原市 Songyuan		白城市 Baicheng		延边朝鲜族自治州 Yanbian
全市 Total	市区 District	全市 Total	市区 District	全市 Total	市区 District	全市 Total	市区 District	
64.32	19.10	31.93	7.98	41.00	22.00	38.84	14.57	85.80
598000	21600	351356	129208	755009	362243	471200	153200	735423
106340	26050	20274	9932	52176	26136	41000	29800	242620
570	418	227	96	662	456	72	43	
360874	160388	235993	89058	154089	78522	119693	39156	306338
293272	141000	198790	74423	66266	34180	55234	19807	205468
40153	17900	21103	8186	42878	23845	44593	12642	43161
394728	259514	69952	48516	145831	123807	55930	21276	159134
815739	287881	496649	113460	780485	59360	647614	307680	801196
35	17	14	9	16	11	22	6	46
3	1	3	3			1	1	5
2	2	1	1	1	1	1	1	2
4	2	1	1			1	1	2
4	1	1	1					2
3	1	1	1			1	1	
15064		1831		646		403		20550
9310		7116		1999		2011		36699
12	1	6	1	5	2	4	2	99
1745	91	1825	983	600	578	97	52	10492
1138	104	817	66	1028	340	101	51	5029
65	18	33		7	3	11	9	293
6000	1200	8194		1436	1417	234	166	10930
14310		13432						167542
10113		9878						163872
1350		500						728
458		425						3518
11		15		9		11		41
464952	283604	304345	72940	802717	654878	340017	169263	714609
82159	54448	40268	30442	18354	11979	22030	12049	156628
410333	201000	278738	48837	357516	110648	401305	190914	440827
147.00	34.00	64.10	39.10	60.38	41.08	50.28	39.26	259.44
78.00	28.00	36.40	16.10	27.20	10.95	19.46	8.94	233.32
33.00	23.00	19.34	12.80	3.54	2.80	1.44	1.35	57.19
33.00	23.00	16.98	11.61	3.28	2.54	1.44	1.30	55.89
8.00	3.00	4.61	3.68	1.11	1.11	0.93	0.78	22.92
44517	26588	24893	18211	4991	3391	11283	10607	77383

19－1　续表　10

		单位 Unit
# 销售给个人	to individual	万元 10000yuan
八、教育、科技、卫生	**Education, culture and health care**	
普通高等学校数	Higher education	所 unit
中等职业技术学校数	Specialized secondary schools	所 unit
普通中学学校数	Secondary schools	所 unit
小学学校数	Primary schools	所 unit
普通高等学校教师数	University	人 person
中等职业技术学校教师数	Specialized secondary schools	人 person
普通中学教师数	Secondary schools	人 person
小学教师数	Primary schools	人 person
普通高等学校学生	STudent enrollment	人 person
中等职业技术学校学生	Specialized secondary schools	人 person
普通中学学生	Secondary schools	万人 10000person
小学学生	Primary schools	万人 10000person
成人高等教育学校在校学生数	Adult schools	人 person
各类专业技术人员数	Scientific and technical personnel	人 person
# 中级职称以上人员数	Above lecturer	人 person
体育场馆数	Scien tific and technical personnel	个 unit
剧场、影剧院数	Theatres and music halls	个 unit
公共图书馆图书总藏量	Number of books	万册 10000copies
医院、卫生院数	Hospitals	个 unit
医院、卫生院床位数	Bed in hospitals	张 bed
医生数	Doctors	人 person
九、人民生活、社会保障	**People's livelihood**	
再岗职工平均人数	Staff and workers	万人 10000person
再岗职工工资总额	Wages	万元 10000yuan
居民人均可支配收入	Per capita income	元 yuan
居民人均消费支出	Per capita expenditures for consumption	元 yuan
# (1) 食品	Food	元 yuan
(2) 衣着用品	Clothing	元 yuan
(3) 家庭设备、用品及服务	Household facilities, articles and services	元 yuan
(4) 医疗保健	Medicine and medical service	元 yuan
(5) 交通和通讯	Transportation and communications	元 yuan
(6) 娱乐、教育、文化服务	Recreation, education and cultural services	元 yuan
(7) 居住	Residence	元 yuan
每百户居民家庭拥有：	Owned per 100 howseholds	
(1) 家用汽车拥有量（百户）	Civil vehicles	辆 unit
(2) 家用电脑拥有量（百户）	Civil computer	台 unit
人均住房使用面积	Percapita floor space of residential	平方米 sgin
居民消费价格指数（上年为 100）	Consumer price inder	%
年末离休、退休、退职人员数	Persons retired	万人 10000person
基本养老保险参保人数	Life insurance for persons retired	人 person
基本医疗保险参保人数	Life insurance for persons retired	人 person
失业保险参保人数	Life insurance for persons retired	人 person
社会福利院数	Welfare in stitutions	个 unit

continued

通化市 Tonghua		白山市 Baishan		松原市 Songyuan		白城市 Baicheng		延边朝鲜族自治州 Yanbian
全市 Total	市区 District	全市 Total	市区 District	全市 Total	市区 District	全市 Total	市区 District	
44334	26588	19630	15340	4991	3391	11283	9978	75283
1	1					3	3	1
21	13	15	8	9	3	24	7	18
172	28	124	23	149	27	137	34	181
647	62	416	69	941	107	874	139	407
717	717					271	271	1438
1271	804	616	420	400	133	1192	513	1058
8451	1954	5419	1312	8665	2628	6958	1862	9942
11251	1714	7879	2024	15261	2643	12608	2217	10888
8427	8427					2542	2542	14947
7181	4765	5018	3210	4181	1379	7190	4431	13599
13.52	2.72	7.67	2.00	16.11	4.39	10.70	3.22	13.52
13.97	2.74	7.89	2.29	19.11	3.75	13.56	3.18	12.75
556	556					698	698	1566
57195	25000	33793	3806	50134	11264	51518	17963	70153
23937	9000	11617	1519	17163	4772	20736	8240	36126
7	3	5	3	1		1	1	10
1	1	4	1	3		6	1	
63.8	28.8	36.5	15.6	37.5	8.9	37.5	20.4	128.4
153	37	105	39	127	19	139	35	136
7177	2746	5601	2765	4502	1851	6084	2069	7654
4594	1423	3691	1475	3777	1106	4347	1519	4523
21.40	9.44	16.89	6.18	21.98	9.72	19.10	8.37	28.64
230551	122832	156559	62721	279129	188456	165036	75122	287688
	7855		7265		7793		7395	9109
	5223		5027		5141		5120	7363
	1952		1966		1786		1918	2154
	568		568		776		693	955
	319		215		204		208	363
	436		562		311		413	813
	457		451		477		544	1088
	605		607		711		590	996
	705		492		640		498	649
					4			2
	14		8		18		13	33
	16.11		16.20		16.23		19.39	21.14
	103.90		105.10		104.40		105.20	104.70
12.06	4.66	7.18	2.02	5.71	2.10	8.50	3.58	15.67
220974	104885	169549	41240	166863	91505	142639	55475	360121
231812	117802	176000	39950	254507	125065	166614	64563	296859
250384	123016	193224	73949	175173	86124	166550	65732	410216
99	20	55	55	129	129	94	14	1

		单位 Unit
社会福利院床位数	Beds in welfare in stitutions	张 bed
社区服务设施数	Life insurance for persons retired	个 unit
城镇居民最低生活保障线以下人数	Life insurance for persons retired	人 person
十、社会治安	**Public security**	
交通事故件数	Traffic accidents	件 case
交通事故死亡人数	Traffic accidents	人 person
刑事案件立案数	Criminal cases registered	件 case
犯罪人数	Criminal	人 person
十一、市政公用事业	**Urban public utilities**	
城市维护建设资金支出	Urban maintain funds	万元 10000yuan
年末实有城市道路面积	Area of paved roads	万平方米 10000sq.m
排水管道长度	Length of sewer pipelines	公里 km
供水综合生产能力（包括自备水源）	Capcity of supply tap water	万立方米/日 10000cu.m
供水总量	Supply of tap water	万立方米 10000cu.m
# 居民家庭用水量	Water for residential use	万立方米 10000cu.m
用水人口	Population	万人 10000person
煤气（人工、天然气）供气总量	Coal gas supply	万立方米 10000cu.m
# 家庭用量	Residential use	万立方米 10000cu.m
用煤气人口	Population	人 person
液化石油气供气总量	Liquefied petrolum gas	吨 ton
# 家庭用量	Residential use	吨 ton
用液化气人口	Population	人 person
年末实有公共汽（电）车营运车辆数	Public transportion vehicle	辆 unit
全年公共汽（电）车客运总量	Traffic personned	万人次 10000 perston/time
年末实有出租汽车数	Taxi	辆 unit
园林绿地面积	Green areas	公顷 ha
# 公共绿地面积	Public green areas	公顷 ha
建成区绿化覆盖面积	Green areas in urban	公顷 ha
十二、环境保护	**Environment protect**	
污染源治理本年完成投资总额	Investment in environment	万元 10000yuan
城市环境基础设施建设本年成投资额	Traffic accidents	万元 10000yuan
三废综合利用产品产值	Traffic accidents	万元 10000yuan
工业废水排放总量	Volume of industrial waste water discharged	万吨 10000ton
工业废水排放达标量	Treated waste water up to discharge standards	万吨 10000ton
工业二氧化硫去除量	Volume of sulphur dioxide removed	吨 10000ton
工业二氧化硫排放量	Volume of sulphur dioxide emission	吨 10000ton
工业烟尘去除量	Volume of industrial soot removed	吨 10000ton
工业烟尘排放量	Volume of industrial soot emission	吨 10000ton
工业固体废物综合利用率	Rete of industrial solid wasts utilized	%
烟尘控制区总面积	Area of soot contral zones	平方公里 10000q.m
高污染燃料禁烧区总面积	Area polluted	平方公里 10000q.m
环境噪声达标区总面积	Area up to the standard	平方公里 10000q.m
城镇生活污水处理率	Rate of treatment of waste water	%
生活垃圾无害化处理率	Treatment of living garbage	%

continued

通化市 Tonghua		白山市 Baishan		松原市 Songyuan		白城市 Baicheng		延边朝鲜族自治州 Yanbian
全市 Total	市区 District	全市 Total	市区 District	全市 Total	市区 District	全市 Total	市区 District	
3700	740	1579	1579	4169	4169	4573	587	500
520	40	2050	1025	350	13	759	226	622
144922	35146	201969	49244	83005	41100	82432	22053	186206
732	114	246	112	400	55	419	144	425
238	50	161	41	228	62	118	13	278
8651	2277	4588	1951	1618	459	5115	1704	9460
3036	977	1217	449	2195	642	1115	129	2935
	12953		7174		14788		11408	66867
	219		149		277		252	986
	86		77		236		177	550
	15.20		9.40		11.20		17.10	48.31
	4588		1394		2778		4290	9892
	2353		489		1810		1350	3209
	41.54		20.50		31.57		28.97	96.70
	746							155
	746							132
	165000							219000
	10000		1025		50000		9600	19803
	6000		660		12425		9600	18923
	225000		120000		281000		255000	759000
	267		193		456		214	883
	4432		1150		3600		868	7591
	1438		643		2177		3146	4673
	1081		461		996		1018	2855
	389		140		187		252	761
	1537		480		1150		1128	3171
29811		21336		24108		18621		80595
25497		14917		18239		18322		70068
22179		4843		5219		282		14119
7362		1410		835		1411		5121
6478		866		666		874		2071
18930		6568		4461		317		1741
23262		30607		23482		6225		15285
251451		815602		662163		53398		557837
34926		30701		31393		7646		22552
73.09		23.00		31.00		92.00		25.20
70		57		49		66		86
70		57		49		57		52
100						5		

19－2　县(市)社会经济基本情况(2004)

		农安县 Nongan	九台市 Jiutai
乡（镇）个数（个）	Number of township and town（unit）	26	15
其中：建制镇个数（个）	Town（unit）	13	13
镇区总人口（人）	Population（person）	231638	
村民委员会个数（个）	Village government（unit）	376	310
通有线电视的村（个）	Cable television village（unit）	81	20
年末总人口（万人）	Population（10000 person）	112.04	83.21
年末单位从业人员数（人）	Employment（person）	46080	45264
其中：女（人）	Women（person）	18840	18806
其中：第二产业（人）	Secondary industry（person）	4643	5426
第三产业（人）	Tertiary industry（person）	41437	36926
乡村从业人员数（人）	Employed person（person）	452939	299645
其中：农林牧渔业（人）	Agricalture（person）	322728	232233
城镇登记失业人员数（人）	Unemployment（person）	22150	3862
财政总收入（万元）	Revenues（10000yuan）	26174	22268
年末金融机构各项存款余额（万元）	Deposits of financial in stitution（10000yuan）	367891	347236
其中：城乡居民储蓄存款余额（万元）	Deposists of urban and rural（10000yuan）	304466	275091
年末金融机构各项贷款余额（万元）	Loans of financial institution（10000yuan）	639716	345364
其中：农业贷款（万元）	Agricaltural loans	60407	15952
奶类产量（吨）	Milk（ton）	3921	2759
水产品产量（吨）	Aquatic products（ton）	3080	3700
建筑业企业个数（个）	Construction enterprises（unit）	14	2
建筑企业期末从业人员数（人）	Employed person（peron）	3080	
建筑业总产值（万元）	Gross output value（10000yuan）	126804	

Basic Statistics On Social and Economic Indicators by Counties (cities) (2004)

榆树市 Yushu	德惠市 Dehui	永吉县 Yongji	蛟河市 Jiaohe	桦甸市 Huadian	舒兰市 Shulan	磐石市 Panshi	梨树县 Lishu	伊通县 Yitong	公主岭市 Gongzhuling	双辽市 Shuangliao	东丰县 Dongfeng
30	19	13	15	16	19	14	27	15	28	14	19
16	14	7	9	8	10	13	18	12	20	9	12
70289	42523	124909	74934	70277	43306	111353	169517	113565	123464	110000	85411
388	308	139	256	179	212	266	334	189	406	190	229
273	89	58	166	155	36	187	308		48	12	183
122.53	91.57	39.40	46.00	45.05	65.86	53.86	84.73	46.95	104.06	40.55	40.67
47670	56341	16505	27035	33346	45684	37065	42999	24158	58307	25465	19100
17941	27126	6058	12557	12820	15744	12545	17682	8660	23046	10217	7335
4759	7846	2165	8468	9392	16533	16300	8435	2869	5994	4308	4155
41020	34829	13423	18567	16648	24649	18665	31687	18785	44308	18943	12912
445187	348252	131678	127941	120085	198421	162954	300868	169071	280693	116673	151599
297494	240856	108424	73368	90301	153416	127977	235794	127712	208985	97974	102518
3747	2247	3200	2038	14540	3354	9707	5093	6800	38203	2500	7200
13025	13302	9850	13431	21712	12301	43630	14163	9777	34970	25765	9161
361310	404464	266626	329000	349845	395000	341247	245303	146493	501774	138920	196733
315601	352121	190709	266000	298196	315000	253728	207261	123820	435412	108982	166786
620695	549156	190601	123000	162494	245000	328165	442238	172415	532813	398976	177883
28144	66658	73462	25186	34347	28560	37932	30631	24922	54778	18938	32300
12247	14029	6560	417	12492	453	453	62518	1595	8351	12210	1039
2900	4015	2650	3305	3300	6540	4300	1600	601	730	78	1050
11	8	11	5	13	5	8	13	5	15		5
3745	1945	970	1619	2331	2051	1234	2531	949	3561		3710
41844	220850	5640	1011	11959	5671	12093	9656	4429	12425		36169

19－2 续表 1

		农安县 Nongan	九台市 Jiutai
境内公路里程（公里）	High way（km）	3546	372.3
其中：高等级公路（公里）	Paved highway（km）	124.1	
境内铁路营业里程（公里）	Railways（km）	83	66
民用汽车拥有量（辆）	Civil vehicles owned	13381	27895
其中：个人汽车（辆）	Individual vehicles（coach）	9202	16000
邮政业务总量（万元）	Post services（10000yuan）	1235	1116
电信业务总量（万元）	Telecommunication services（10000yuan）	6557	
本地电话年末用户（户）	Telephone subscribers（sub）	160570	98553
住宅电话年末用户（户）	Residential telephone（sub）	113407	98553
其中：乡村电话用户（户）	Rural（sub）	104161	50638
移动电话年末用户数（户）	Mobile telephone（sub）	139000	133000
国际互联网用户（户）	International net（sub）	3988	2500
全年用电量（万千瓦时）	Electricity consumption（kwh）	16182	31868
其中:工业用电量(万千瓦时)	In which: industry		7997
限额以上批发零售贸易业商品销售总额(万元)	Wholesale and retail trade(10000yuan)	11198	26234
出口总额（万美元）	Exports（$10000）	220	
当年合同外资金额（万美元）	Foreign capital（$10000）	2000	
当年实际使用外资金额（万美元）	Utilization（$10000）	2000	
境内外来资本实际投资额（万元）	Domestic capital（10000yuan）		
星级饭店个数（个）	Hotels（unit）	2	1
星级饭店客房总数（间）	Room（room）	112	60
名胜风景区和文物保护区个数（个）	Scenic spot（unit）	2	
限额以上基本建设投资完成额（万元）	Investment（10000yuan）	42264	70441

continued

榆树市 Yushu	德惠市 Dehui	永吉县 Yongji	蛟河市 Jiaohe	桦甸市 Huadian	舒兰市 Shulan	磐石市 Panshi	梨树县 Lishu	伊通县 Yitong	公主岭市 Gongzhuling	双辽市 Shuangliao	东丰县 Dongfeng
1600	926	795	1515	1951	1132	1426	2019	1508	1148	674	626
110	194					5		91	60	12	135
55.5	108	48	141	96	124	146	63		100		40
7600	6430	3215	5621	4021	2560	3393	1550	2125	5039	1445	1779
5800	4920	1107	3400	3276	1984	2100	1200	1586	1890	1190	923
1256	1439	1118	4436	1584	2045	1558	1381	2850	3092	601	1302
17200	6623	4006	5860	10545	5739	9500	3361	3110	21001	8987	2679
127000	126078	78982	110369	75700	114797	88635	125475	77890	256200	72525	51978
92000	96517	63537	97170	71292	107605	83856	114731	38112	172100	70251	47310
88000	66518	45314	50470	43282	69137	65903	62656	37950	64110	37252	24890
203334	129270	50112	56390	109800	63150	100000	33500	29510	122670	65712	100000
4000	3011	2350	3868	3980		2980	8583	890	1210	8979	2550
27588	35900	22037	25360	42755	31650	165220	18486	10399	20449	15443	12085
9772	16300	10400	12320	15142	15825	141193	4500	1800	6347	8546	1512
34070	28436		12052	12286	11982	60040	27583	16205	309119	27530	5831
1950	5800		363	490	1505	420			1395		276
1950	1940	2000	4660	3698	3200	3064			550		1000
1950	1940	800	1886	1700	762	1547			550		681
			4	3	1	2			1		1
			220	146	210	35			112		80
4			6	1	7	2			5		5
103601	132097	95998	137036	181389	148751	117280	14473	8551	71100	24371	6288

19-2 续表 2

		农安县 Nongan	九台市 Jiutai
限额以上更新改造投资完成额（万元）	Innovation（10000yuan）	28800	31706
限额以上其他固定资产投资完成额（万元）	Fixed assets in vestment（10000yuan）		14633
房地产开发投资中住宅完成额（万元）	Real estate（10000yuan）	39	3000
学龄儿童入学率（%）	Rate of primary school age chileren（%）	99.5	100
其中：女童入学率（%）	Famale children	99.5	100
初中升学率（%）	Jumior secondary schoolds（%）	65	
高中升学率（%）	Seniorsecondary schools（%）	93.9	
高技术产业企业个数（个）	High technical entterprises（unit）		
高技术产业总产值（当年价格）（万元）	Gross output value（10000yuan）		
专业技术人员数（人）	Personnel engoged in S&T（person）	28328	21065
其中：农业技术人员（人）	Agriculture（person）	506	1194
农业科技与服务单位个数（个）	Insitutions（unit）	84	
全年专利申请数（件）	Patent（item）	8	
体育场馆数（个）	Stadium（unit）	1	1
剧场、影剧院数（个）	Theatre（unit）	3	1
公共图书馆图书总藏量（千册）	Libraries bookds（1000 volum）	40	69.4
医院、卫生院数（所）	Hospital（unit）	28	33
医院、卫生院床位数（床）	Beds	1117	1429
医院、卫生院卫生技术人员数（人）	Employed persons	2537	2073
其中：医生（人）	Doctors	1117	889
卫生防疫人员数（人）	Epidemic prevention person	270	560
城镇在岗职工年平均人数（人）	Employment	47163	44436
城镇在岗职工工资总额（万元）	Wages	37387	39191

continued

榆树市 Yushu	德惠市 Dehui	永吉县 Yongji	蛟河市 Jiaohe	桦甸市 Huadian	舒兰市 Shulan	磐石市 Panshi	梨树县 Lishu	伊通县 Yitong	公主岭市 Gongzhuling	双辽市 Shuangliao	东丰县 Dongfeng
	24396	40875	37306	61300	27548	80140	18430	13093	28000	26053	23015
		34930	39270	6687	73848	28845			42300		
	15178	500	13930	2992	44515	5475		323	1800	350	8298
100	99	100	99.4	97.9	99.8	100	100	100	99.2	100	100
100	99	100	99.4	97.8	99.8	100	100	100	99.2	100	100
73	88	95	100	99.9	95	60.4	42.5	68	98.2	100	99
98.83	85	32	87	90.9	56	95.5	83	91.7	30.2	75	90
20513	20588	5558	11260	10359	12596	11237	28000	9485	23141	752	12211
685	5219	312	890	229	997	250	800	499	185	351	628
	156	29	40	63	62	48	164		121	21	29
	7			5			26				2
1	1	1	2	1	1		1	1	1	2	1
1	2	1	3	1	1	1	1	1	3	2	1
84.6	100.3	53	24	138	32	13.9	85	28	80	25	60
40	26	23	26	26	32	32	35	23	34	27	25
1238	886	917	1230	1218	2156	1268	676	887	2428	840	1036
2349	2085	889	2260	1675	2046	1660	2043	973	3513	1880	1270
1205	955	433	1287	831	865	756	877	453	1931	987	597
284	96	95	95	150	65	78	265	109	234	143	252
47317	55725	16578	29020	33229	55640	35943	37210	24690	58629	25777	18769
38507	41468	15922	24921	31768	38111	36110	23109	17544	50606	23773	16229

		农安县 Nongan	九台市 Jiutai
农村居民人均纯收入（元）	Netimcome of percapital	3116.92	3090.02
农民人均住房面积（平方米）	Residence area of percapital	25.1	15.2
各种社会福利收养性单位数（个）	Welfare in stitution	26	23
各种社会福利收养性单位床位数（床）	Beds	1520	2500
参加基本养老保险的职工数（人）	Employed person	23193	31525
参加基本医疗保险的职工数（人）	Contributors（person）	46000	39500
参加失业保险人数（人）	Unemployment in surance（person）	40831	
城镇居民最低生活保障人数（人）	Lowestin come person in Urban（person）	10611	33513
农村居民最低生活保障人数（人）	Lowest iin come person in rural（person）		
交通事故件数（件）	Traffic accidents（case）	466	680
刑事案件立案数（件）	Criminal cases（case）	2390	380
犯罪人数（人）	Criminal person（person）	377	422
民事案件发案数（件）	Civil cases（cases）	5681	2876
行政区域土地面积（平方公里）	Lomd area（sq.km）	5400	3100
其中：建成区面积（平方公里）	Town area（sq.km）	242.3	16
其中：建成区绿化覆盖面积（平方公里）	Green area（sq.km）	5.8	0.3
森林面积（公顷）	Forest（ha）	64933	56332
当年造林面积（公顷）	Afforestation	540	1014
其中：退耕造林面积（公顷）	Land to afforestation	43	
自然保护区个数（个）	Natural protectorate area（unit）	1	
自然保护区面积（公顷）	Natural protectorate area（ha）	2010	
环境污染治理本年完成投资总额（万元）	Investment of environment	250	7715
污水处理厂数（座）	Treatment of waste water（unit）	3	
垃圾处理站数（个）	Treatment of waste（unit）	1	

continued

榆树市 Yushu	德惠市 Dehui	永吉县 Yongji	蛟河市 Jiaohe	桦甸市 Huadian	舒兰市 Shulan	磐石市 Panshi	梨树县 Lishu	伊通县 Yitong	公主岭市 Gongzhuling	双辽市 Shuangliao	东丰县 Dongfeng
3300.93	3242.20	3030.90	3181.43	3138.36	3104.56	3144.21	3194.86	2939.61	3188.51	2493.75	2915.08
14.5	17.2	21.0	21.0	21.3	18.2	23.2	18.9	20.7	19.9	23.3	21.9
31	22	14	15	18	19	15	26	16	30	19	19
1600	752	613	760	775	675	988	1426	650	1660	542	1200
37392	37015	16179	37930	32407	34000	30216	42400	19616	48315	5325	18039
56031	25986	14912	14620	32637	50059	32000	24900	14227	35253	2563	22100
44453	1450	14531	1010	34077	29800	19912	15000	20926	3253	1852	22267
19499	12518	10560	48726	18073	33486	10351	17098	8977	18631	3654	25986
21200	19400	3824	21810	2339	872	711	2700		5200	525	29663
241	401	169	420	91	155	47	117	88	113	69	140
346	2216	910	1712	1656	396	1564	310	15	1364	440	1109
419	440	390	410	495	460	466	80	178	467	148	365
3384	2690	270	1513	2157	1741	1923	1321	1300	1890	128	580
4723	3435	2625	6364	6543	4557	3867	4209	2532	4058	3121	2521
26	20	8	13	15	16	13			35	220	10
2.9	0.6	0.5	1	3.3	3	2			4	15	1
26791	21025	120000	4539	461612	149316	169804		40401	25365	35757	85341
850	850	611	1041	1034	487	1535	636	815	200	1200	317
		56	18	333	45	733		371	99	1200	317
4						3		1			1
42709						95		736			42700
3553	16914	5945	1890	1755	72	6250	8047		14560	16878	776
	5	1	1	1			1		1	1	
	1	1	2	1		1	2			5	

19－2　续表　4

		东辽县 Dongliao	通化县 Tonghua	辉南县 Huinan
乡（镇）个数（个）	Number of township and town（unit）	15	21	17
其中：建制镇个数（个）	Town（unit）	10	12	14
镇区总人口（人）	Population（person）	64362	77341	158184
村民委员会个数（个）	Village government（unit）	258	160	146
通有线电视的村（个）	Cable television village（unit）	76	160	138
年末总人口（万人）	Population（10000 person）	38.81	24.27	35.38
年末单位从业人员数（人）	Employment（person）	16990	21820	24571
其中：女（人）	Women（person）	6796	9284	9242
其中：第二产业（人）	Secondary industry（person）	2300	9997	8346
第三产业（人）	Tertiary industry（person）	14400	10437	13996
乡村从业人员数（人）	Employed person（person）	131423	86874	120628
其中：农林牧渔业（人）	Agricalture（person）	92467	61443	88392
城镇登记失业人员数（人）	Unemployment（person）	4500	1121	1520
财政总收入（万元）	Revenues（10000yuan）	5971	20066	18116
年末金融机构各项存款余额（万元）	Deposits of financial in stitution（10000yuan）	91266	178926	259020
其中：城乡居民储蓄存款余额（万元）	Deposists of urban and rural（10000yuan）	69444	151393	223666
年末金融机构各项贷款余额（万元）	Loans of financial institution（10000yuan）	156889	208718	148367
其中：农业贷款（万元）	Agricaltural loans	40059	24936	20560
奶类产量（吨）	Milk（ton）	2350	129	990
水产品产量（吨）	Aquatic products（ton）	854	710	1710
建筑业企业个数（个）	Construction enterprises（unit）	1	6	7
建筑企业期末从业人员数（人）	Employed person（peron）		1017	1452
建筑业总产值（万元）	Gross output value（10000yuan）	3231	6893	6611

continued

柳河县 Liuhe	梅河口市 Meihe	集安市 Jian	抚松县 Fusong	靖宇县 Jingyu	长白县 Changbai	江源县 Jiangyuan	临江市 Linjiang	前郭县 Qianguo	长岭县 Changling	乾安县 Qianan
22	24	11	18	11	9	8	11	25	28	15
12	14	9	12	7	6	8	8	9	12	6
108191	110704	29810	208898	114807	46586	62919	30644	93995	72738	95802
219	303	126	128	111	77	60	70	235	233	164
219	253	126	115	111	76	55	66	60	44	79
36.54	61.49	23.20	29.90	14.39	8.37	26.12	18.43	57.84	64.36	30.13
22317	34262	17883	42179	11380	10864	45674	20128	50679	28239	20122
7602	13966	6748	14520	4501	3950	21037	8772	18726	10165	7825
5926	8598	5676	5719	2386	657	33108	12035	8845	2200	1976
14444	24325	11454	17104	6935	7723	9673	7423	25330	23334	14734
120845	153695	76869	42095	30028	17043	27553	43524	165201	214998	97836
86768	108694	63489	34572	24263	12814	18045	31219	139687	191002	86643
6193	1545	1010	2346	1101	654	3603	3070	7440	4055	4458
12766	27959	12772	13058	5514	4723	8516	9833	43773	6011	25900
176105	507056	214544	221160	92960	108479	190220	159921	417022	131500	112847
144679	422436	176915	184480	77725	81346	168694	136470	278375	107338	88551
124258	248283	104048	214659	42766	43939	54655	101479	444804	254133	186124
23722	16997	29140	43591	12683	16300	259	28201	20604	23951	11492
198	1606		80	110		88	453	6019	4416	630
1202	6107	1010	4603	1150	458	756	1250	14600	370	1100
7	22	8	5	3	34	1	4	5	2	3
801	3679	2956	991	258	474	393	1091	1803	218	422
88460	26285	15049	6658	30818	1767	2339	11577	10851	3080	3080

		东辽县 Dongliao	通化县 Tonghua	辉南县 Huinan
境内公路里程（公里）	High way（km）	2120	902	967
其中：高等级公路（公里）	Paved highway（km）		75	185
境内铁路营业里程（公里）	Railways（km）	50	79	81
民用汽车拥有量（辆）	Civil vehicles owned	900	4496	5621
其中：个人汽车（辆）	Individual vehicles（coach）	700	1233	3573
邮政业务总量（万元）	Post services（10000yuan）	929	1385	1090
电信业务总量（万元）	Telecommunication services（10000yuan）	2351	2742	4108
本地电话年末用户（户）	Telephone subscribers（sub）	65792	54291	65750
住宅电话年末用户（户）	Residential telephone（sub）	36450	50533	60281
其中：乡村电话用户（户）	Rural（sub）	28644	34512	43491
移动电话年末用户数（户）	Mobile telephone（sub）	29342	25473	65000
国际互联网用户（户）	Internationalnet（sub）		1607	2809
全年用电量（万千瓦时）	Electricity consumption（kwh）	7243	8823	23390
其中：工业用电量（万千瓦时）	In which：industry	4885	4792	13500
限额以上批发零售贸易业商品销售总额（万元）	Wholesale and retail trade（10000yuan）	4804	12368	30203
出口总额（万美元）	Exports（＄10000）	120	1235	
当年合同外资金额（万美元）	Foreign capital（＄10000）	480		8020
当年实际使用外资金额（万美元）	Utilization（＄10000）	350	150	5060
境内外来资本实际投资额（万元）	Domestic capital（10000yuan）			
星级饭店个数（个）	Hotels（unit）			
星级饭店客房总数（间）	Room of hotels（room）			
名胜风景区和文物保护区个数（个）	Scenic spot（unit）	2		1
限额以上基本建设投资完成额（万元）	Investment（10000yuan）	28483	40483	19617

continued

柳河县 Liuhe	梅河口市 Meihe	集安市 Jian	抚松县 Fusong	靖宇县 Jingyu	长白县 Changbai	江源县 Jiangyuan	临江市 Linjiang	前郭县 Qianguo	长岭县 Changling	乾安县 Qianan
1226	1124	750	1732	1074	922	431	1896	1826	710	681
66	28					199	236	256		1
68	95	50	118			90	47	95	10	69
2280	5210	3682	10694	1078	858	2710	3205	4200	2212	3150
1204	1630	2895	10559	621	388	435	1468	3200	2013	2350
1185	2390	1425	1336	725	604	1340	983		894	740
3802		3430	6703	1901	3259	4556	2199		6652	2191
84499	144813	67816	88045	34553	24963	52127	45386		63899	53361
71700	105880	62169	74164	29885	22208	43701	41427		55475	39624
47740	73472	29524	68109	12172	8757	7056	13137		42903	25099
65000	42590	45800	107646	43202	15600	46957	42000		58000	61100
2049	5880	2900	2421	2300	1595	1449	2005			870
13285	36503	7634	21578	16800	9264	1400	24570	96879	10769	5989
5709	24778	5732	3229	11599	2103	932	23332	71265	4276	3200
6387	14354	12383	14083	3693	6030	830	5546	8119	1050	
64	2616	1193	3330	792	575	230	1036			
	4078		165	120		7450				
	2131	1045	93	60	788	3640				
2			3		2	2		1	1	1
102			164		94	470		123	48	56
2	13	13	4	97			2	5		1
13488	46384	33809	81475	38166	34111	2339	67514	29473	50146	43057

		东辽县 Dongliao	通化县 Tonghua	辉南县 Huinan
限额以上更新改造投资完成额（万元）	Innovation（10000yuan）	12218	21811	11668
限额以上其他固定资产投资完成额(万元)	Fixed assets in vestment(10000yuan)	495		510
房地产开发投中住宅完成额（万元）	Real estate（10000yuan）	276	2033	8402
学龄儿童入学率（%）	Rate of primary school age chileren（%）	100	99.6	99.8
其中：女童入学率（%）	Famale children	100	99.6	99.8
初中升学率（%）	Jumior secondary schoolds（%）	35	53.7	100
高中升学率（%）	Seniorsecondary schools（%）	95	98.7	60
高技术产业企业个数（个）	High technical entterprises（unit）			
高技术产业总产值（当年价格）(万元)	Gross output value（10000yuan）			
专业技术人员数（人）	Personnel engoged in S&T（person）	808	5585	7185
其中：农业技术人员（人）	Agriculture（person）	191	109	405
农业科技与服务单位个数（个）	Insitutions（unit）	50	197	57
全年专利申请数（件）	Patent（item）	2		10
体育场馆数（个）	Stadium（unit）			1
剧场、影剧院数（个）	Theatre（unit）			1
公共图书馆图书总藏量（千册）	Libraries bookds（1000 volum）	10	66	52
医院、卫生院数（所）	Hospital（unit）	23	24	31
医院、卫生院床位数（床）	Beds	644	440	1124
医院、卫生院卫生技术人员数（人）	Employed persons	933	719	1604
其中：医生（人）	Doctors	419	313	1303
卫生防疫人员数（人）	Epidemic prevention person	60	62	115
城镇在岗职工年平均人数（人）	Employment	14879	22806	25360
城镇在岗职工工资总额（万元）	Wages	12155	20889	20479

continued

柳河县 Liuhe	梅河口市 Meihe	集安市 Jian	抚松县 Fusong	靖宇县 Jingyu	长白县 Changbai	江源县 Jiangyuan	临江市 Linjiang	前郭县 Qianguo	长岭县 Changling	乾安县 Qianan
1480	26796	7564	580	5272	7159		16853	72421	6260	10530
358		2596	3787		203				10000	9770
5558	1200	5686	870		1342		2280	4200		
98.1	98.3	100	100	100	100	100	100	100	100	100
98.1	98.3	100	100	100	100	100	100	100	100	100
58	95.2	79.2	61	95.1	100	58.3	50	98.9	33.7	61.3
99.0	88.5	73.9	90.7	63.2	91	98	90	78	81	75
6670	12259	6911	5890	4898	3606	4728	5389	14858	210	6054
445	263	326	206	187	94	38	71	779	194	370
72	107	71	102	19	40	10	17	78	43	71
9	33	1	3		8		3	3		3
1	2	1	4			1	1	1	1	1
1	1	1	3	1	1		2	2	1	2
66	78	55	10	55	68		12	120	100	75
20	33	22	33	16	17	20	19	56	35	21
768	1657	683	2055	301	320	1003	856	862	1178	732
1141	2257	770	2032	763	531	1085	1258	2216	2508	1347
524	969	353	881	326	268	830	504	948	1019	556
70	244	60	94	80	42	120	49	200	370	228
19395	34184	17834	43433	11345	8624	26593	20128	48834	26924	20078
16237	31558	18670	35751	9921	9221	21554	18283	38322	20912	15232

19-2 续表 7

		东辽县 Dongliao	通化县 Tonghua	辉南县 Huinan
农村居民人均纯收入（元）	Netimcome of percapital	2886.15	2906.79	3274.08
农民人均住房面积（平方米）	Residence area of percapital	20.4	19.2	21.0
各种社会福利收养性单位数（个）	Welfare in stitution	19	23	18
各种社会福利收养性单位床位数（床）	Beds	1081	651	512
参加基本养老保险的职工数（人）	Employed person	12371	15704	23000
参加基本医疗保险的职工数（人）	Contributors（person）	15830	15970	22125
参加失业保险人数（人）	Unemployment in surance（person）	2600	11741	21112
城镇居民最低生活保障人数（人）	Lowestin come person in Urban（person）	10518	12699	11000
农村居民最低生活保障人数（人）	Lowest iin come person in rural（person）	1546	1714	600
交通事故件数（件）	Traffic accidents（case）	380	137	92
刑事案件立案数（件）	Criminal cases（case）	900	173	170
犯罪人数（人）	Criminal person（person）	190	209	232
民事案件发案数（件）	Civil cases（cases）	250	700	2156
行政区域土地面积（平方公里）	Lomd area（sq.km）	2396	3725	2274
其中：建成区面积（平方公里）	Town area（sq.km）	2	5	7.7
其中:建成区绿化覆盖面积(平方公里)	Green area(sq.km)	0.4	1.3	1.4
森林面积（公顷）	Forest（ha）	90326	267696	88112
当年造林面积（公顷）	Afforestation	1051	8011	957
其中：退耕造林面积（公顷）	Land to afforestation		467	
自然保护区个数（个）	Natural protectorate area（unit）		1	1
自然保护区面积（公顷）	Natural protectorate area（ha）		1506	8102
环境污染治理本年完成投资总额（万元）	Investment of environment	343	1195	2927
污水处理厂数（座）	Treatment of waste water（unit）			
垃圾处理站数（个）	Treatment of waste（unit）		1	1

continued

柳河县 Liuhe	梅河口市 Meihe	集安市 Jian	抚松县 Fusong	靖宇县 Jingyu	长白县 Changbai	江源县 Jiangyuan	临江市 Linjiang	前郭县 Qianguo	长岭县 Changling	乾安县 Qianan
2921.50	3275.32	2845.86	3792.71	1658.85	2855.10	3110.26	3265.82	3133.81	2947.13	2430.36
21.1	20.8	19.9	22.6	16.9	14.0	20.2	16.0	19.6	21.1	28.0
15	1	12	12	8	8	8	12	24	30	16
178	360	256	388	160	182	227	260	665	522	520
19882	37942	15702	78810	7708	10646	29881	25507	27466	13276	12000
21268	31000	12516	51680	11106	10808	33901	33327	35400	35716	16268
12534	49021	19106	2451	8992	7740		19153	27030	22780	13300
14476	21126	15204	47688	12251	8128	49317	19400	10259	11383	15641
794		5009	2771		2968	545	819	585	15133	11201
162	261	49	33	57	41	201	25	143	109	230
1102	2391	203	664	91	283	116	297	1292	256	333
397	557	300	172	114	68	152	122	502	358	312
1483	2003	972	1123	885	574	1067	398	1739	2188	2042
3348	2174	3217	6530	3094.4	2498	1348	3008.5	6979	5728	3617
9.5	17.4	13.7	79	8.4	3.7	8.8	6	4	4.7	19
1.6	2.7	5.2	1	1.6	1	0.9	1.3	1	31	1.5
163476	58333	259679	34436	258800	218546	48278	243648	68831	93172	25225
1182	1937	1217	1479	260	872	957	529	267	1267	2103
547	667		677	260	828	47	87	1384	1267	1433
		1	1	1	2	1		1		1
		6900	111296	42325	56700	150		48040		11000
288	1234	21	98	6520	228	2300	313	877	543	5457
				1		3				

		扶余县 Fuyu	镇赉县 Zhenlai	通榆县 Tongyu
乡（镇）个数（个）	Number of township and town（unit）	26	16	20
其中：建制镇个数（个）	Town（unit）	11	8	9
镇区总人口（人）	Population（person）	115990	88130	113732
村民委员会个数（个）	Village government（unit）	398	147	172
通有线电视的村（个）	Cable television village（unit）	198	74	28
年末总人口（万人）	Population（10000 person）	76.63	31.35	35.47
年末单位从业人员数（人）	Employment（person）	26107	25842	28294
其中：女（人）	Women（person）	9492	8887	10578
其中：第二产业（人）	Secondary industry（person）	2640	2860	2600
第三产业（人）	Tertiary industry（person）	21426	15292	18500
乡村从业人员数（人）	Employed person（person）	287641	83311	111698
其中：农林牧渔业（人）	Agricalture（person）	224651	66554	97919
城镇登记失业人员数（人）	Unemployment（person）	3177	1960	6119
财政总收入（万元）	Revenues（10000yuan）	9613	26084	6061
年末金融机构各项存款余额（万元）	Deposits of financial in stitution（10000yuan）	165378	123861	105046
其中：城乡居民储蓄存款余额（万元）	Deposists of urban and rural（10000yuan）	132899	99392	78459
年末金融机构各项贷款余额（万元）	Loans of financial institution（10000yuan）	361849	170931	201669
其中：农业贷款（万元）	Agricaltural loans	15983	16042	23134
奶类产量（吨）	Milk（ton）	1880	1046	14000
水产品产量（吨）	Aquatic products（ton）	8400	8138	420
建筑业企业个数（个）	Construction enterprises（unit）	3	12	6
建筑企业期末从业人员数（人）	Employed person（peron）	1880	1601	860
建筑业总产值（万元）	Gross output value（10000yuan）	4075	7952	3846

continued

洮南市 Taonan	大安市 Daan	延吉市 Yanji	图们市 Tumen	敦化市 Dunhua	珲春市 Hunchun	龙井市 Longjing	和龙市 Helong	汪清县 Wangqing	安图县 Antu
21	22	3	4	16	9	8	8	10	9
5	10	3	4	11	4	6	8	8	7
35790	17186	4900	29353	70527	25377	56894	23949	36834	123692
220	223	34	48	299	120	86	86	200	203
28	84	34	48	299	112	74	86	197	200
43.93	42.29	41.31	13.46	48.20	21.57	24.94	21.40	25.37	21.46
26235	28634	77935	27448	58902	25765	18877	24543	29696	25180
10315	11121	33260	9292	21758	9897	7576	8998	12414	11639
4959	3939	24601	20727	15290	12133	7650	7801	11727	5435
19320	20345	52692	6539	19882	10999	9703	8200	9720	9815
99573	114497	24707	17366	109728	44567	56241	38084	67981	50422
80409	86584	16418	11069	87600	32395	46727	28926	56522	35405
6720	2125	8555	2258	3999	1589	1686	1844	1905	1446
8844	18106	64651	13241	28571	11899	11007	7953	9254	8398
167032	229910	1387507	217391	546303	337132	238968	200585	256257	232026
135861	166811	1065742	201385	448648	260344	199788	158010	207749	189773
236709	227375	1108652	188369	369876	228722	203007	134383	133504	164830
23840	50421	36998	4016	74628	48520	12894	27070	14143	17621
33636	14960	1560	673	7935	882	897	290	204	467
211	3530	111	68	2857	773	400	173	275	551
4	10								
960	2200								
5400	12950								

19-2 续表 9

		扶余县 Fuyu	镇赉县 Zhenlai	通榆县 Tongyu
境内公路里程（公里）	High way（km）	1464	915	986
其中：高等级公路（公里）	Paved highway（km）	45	581	
境内铁路营业里程（公里）	Railways（km）	38	75	59
民用汽车拥有量（辆）	Civil vehicles owned	5314	6113	3289
其中：个人汽车（辆）	Individual vehicles（coach）	5185	4300	3103
邮政业务总量（万元）	Post services（10000yuan）	1057	547	4386
电信业务总量（万元）	Telecommunication services（10000yuan）	3360	2262	2208
本地电话年末用户（户）	Telephone subscribers（sub）	81354	40656	40898
住宅电话年末用户（户）	Residential telephone（sub）	79154	35333	36387
其中：乡村电话用户（户）	Rural（sub）	64158	19081	20982
移动电话年末用户数（户）	Mobile telephone（sub）	78000	29000	60000
国际互联网用户（户）	Internationalnet（sub）	2509	3000	5000
全年用电量（万千瓦时）	Electricity consumption（kwh）	14477	5881	9231
其中：工业用电量（万千瓦时）	In which: industry	5383	1550	1784
限额以上批发零售贸易业商品销售总额（万元）	Wholesale and retail trade（10000yuan）	12400	25076	16852
出口总额（万美元）	Exports（$10000）	200		1014
当年合同外资金额（万美元）	Foreign capital（$10000）	50		
当年实际使用外资金额（万美元）	Utilization（$10000）	50		
境内外来资本实际投资额（万元）	Domestic capital（10000yuan）			
星级饭店个数（个）	Hotels（unit）	1		2
星级饭店客房总数（间）	Room of hotels（room）	45		62
名胜风景区和文物保护区个数（个）	Scenic spot（unit）	13	1	26
限额以上基本建设投资完成额（万元）	Investment（10000yuan）	23936	32322	28324

continued

洮南市 Taonan	大安市 Daan	延吉市 Yanji	图们市 Tumen	敦化市 Dunhua	珲春市 Hunchun	龙井市 Longjing	和龙市 Helong	汪清县 Wangqing	安图县 Antu
1109	1160	251	224	1418	723	528	868	1414	904
40	110	247	224	1340	684	489	843	1339	848
80	134		30	86	47	58	51	116	105
1520	1376	6208	1224	6319	2701	1872	1568	1844	2143
1480	1222	4037	639	2920	1946	1550	1073	1391	1984
1200	770	7216	1477	4211	1914	2854	2440	2537	2845
2859	3180	59151	4115	9856	8635	4807	4350	4591	4121
60000	65840	273700	60409	153367	111449	76521	53000	77350	62381
36241	54520	240700	55683	129560	98429	60761	18000	56456	51811
20151	31200	5400	12735	55814	23720	30511	11000	35933	30683
40000	35200	244600	43000	98594	83493	33185	29400	44000	30561
1200	6200	36700	4618	12358	5352	4180	13069	4200	4110
66059	10608	50131	6479	15182	11451	9540	9555	12746	9536
51858	1608	11950	1216	6171	3639	2920	1174	7698	4369
3500	10530	131030		18123	5493	661		3083	
	478	7395	10835	7421	21160	2307	6793	499	839
	2258	3829	1021	834	3555	850	761	640	194
	2135	16665	6232	6894	12721	2342	4470	300	67
	2	14	1	6	2	1	1	1	16
	120	1836	122	322	171	41	54	70	950
1			1	3	3	1	2	2	3
65000	16652	95290	15788	75436	39733	24907	31020	63635	27957

19－2 续表 10

		扶余县 Fuyu	镇赉县 Zhenlai	通榆县 Tongyu
限额以上更新改造投资完成额(万元)	Innovation(10000yuan)	550	9147	17392
限额以上其他固定资产投资完成额(万元)	Fixed assets in vestment(10000yuan)	54927	8678	30317
房地产开发投资中住宅完成额（万元）	Real estate（10000yuan）			18000
学龄儿童入学率（%）	Rate of primary school age chileren（%）	100	100	100
其中：女童入学率（%）	Famale children	100	100	100
初中升学率（%）	Jumior secondary schoolds（%）	100	100	99
高中升学率（%）	Seniorsecondary schools（%）	76	41	61
高技术产业企业个数（个）	High technical entterprises（unit）			
高技术产业总产值（当年价格）（万元）	Gross output value（10000yuan）			
专业技术人员数（人）	Personnel engoged in S&T（person）	11390	9673	8559
其中：农业技术人员（人）	Agriculture（person）	530	623	320
农业科技与服务单位个数（个）	Insitutions（unit）	164	96	125
全年专利申请数（件）	Patent（item）	2		4
体育场馆数（个）	Stadium（unit）		1	2
剧场、影剧院数（个）	Theatre（unit）	1	3	2
公共图书馆图书总藏量（千册）	Libraries bookds（1000 volum）		20	20
医院、卫生院数（所）	Hospital（unit）	28	20	24
医院、卫生院床位数（床）	Beds of hospital（bed）	843	532	864
医院、卫生院卫生技术人员数（人）	Employed persons	963	843	1362
其中：医生（人）	Doctors（person）	410	485	600
卫生防疫人员数（人）	Epidemic prevention person（person）	368	114	132
城镇在岗职工年平均人数（人）	Employment（person）	26388	25873	28294
城镇在岗职工工资总额（万元）	Wages（10000yuan）	16207	21642	22212

continued

洮南市 Taonan	大安市 Daan	延吉市 Yanji	图们市 Tumen	敦化市 Dunhua	珲春市 Hunchun	龙井市 Longjing	和龙市 Helong	汪清县 Wangqing	安图县 Antu
11000	13095	24078	10062	16326	49257	4938	12000	3555	10642
	22262					11922			
2300	4420	62202	1799	26076	5426		3058	2550	962
100	100	100	100	100	100	100	100	100	99.8
100	100	100	100	100	100	100	100	100	99.8
98.7	62	100	100	99	100	95	100	100	99
57.8	70	76	45.6	67.8	59.8	80	67.3	67	65
9495	168	26299	4723	16552	7637	5993	8949	10211	8981
163	108	428	100	1353	143	389	252	426	270
122	97	31	8	78	29	41	28	69	38
	7	154	10	18	16	16	2	4	40
1	1	2	1	1	1	1	1	1	1
2	1	2	1	1	1	1	1	1	1
10	27	577	94	178	81	87	120	61	62
33	35	66	20	35	16	14	22	25	24
1492	1460	3156	581	1559	344	387	780	717	596
1524	1764	3337	709	2035	769	630	818	1126	1056
750	990	1379	301	930	235	276	345	475	482
88	248	61	62	112	69	67	79	64	68
26043	27189	75156	26823	58816	26758	17482	23652	30178	27526
22373	8725	109931	36531	51656	27730	17469	19631	22068	23054

		扶余县 Fuyu	镇赉县 Zhenlai	通榆县 Tongyu
农村居民人均纯收入（元）	Netimcome of percapital（yuan）	3346.09	1863.07	1611.03
农民人均住房面积（平方米）	Residence area of percapital（sq.m）	19.5	18	23.5
各种社会福利收养性单位数（个）	Welfare in stitution（unit）	26	16	19
各种社会福利收养性单位床位数（床）	Beds of weffarin stitution（beds）	1060	496	821
参加基本养老保险的职工数（人）	Employed person（person）	12436	18653	16437
参加基本医疗保险的职工数（人）	Contributors（person）	30488	23000	21000
参加失业保险人数（人）	Unemployment in surance（person）	23439	21899	22711
城镇居民最低生活保障人数（人）	Lowestin come person in Urban（person）	8933	9183	9295
农村居民最低生活保障人数（人）	Lowest iin come person in rural（person）	16736	13332	1020
交通事故件数（件）	Traffic accidents（case）	146	168	17
刑事案件立案数（件）	Criminal cases（case）	958	823	592
犯罪人数（人）	Criminal person（person）	249	156	127
民事案件发案数（件）	Civil cases（cases）	3569	2170	145
行政区域土地面积（平方公里）	Lomd area（sq.km）	4933	5371	8496
其中：建成区面积（平方公里）	Town area（sq.km）	9.2	13.8	13
其中：建成区绿化覆盖面积（平方公里）	Green area（sq.km）	0.2	5	78
森林面积（公顷）	Forest（ha）	26465	46635	133471
当年造林面积（公顷）	Afforestation	737	5533	8400
其中：退耕造林面积（公顷）	Land to afforestation	300	1000	2800
自然保护区个数（个）	Natural protectorate area（unit）		1	2
自然保护区面积（公顷）	Natural protectorate area（ha）		144000	167567
环境污染治理本年完成投资总额（万元）	Investment of environment	5786	2997	2538
污水处理厂数（座）	Treatment of waste water（unit）			
垃圾处理站数（个）	Treatment of waste（unit）		1	1

continued

洮南市 Taonan	大安市 Daan	延吉市 Yanji	图们市 Tumen	敦化市 Dunhua	珲春市 Hunchun	龙井市 Longjing	和龙市 Helong	汪清县 Wangqing	安图县 Antu
2423.86	1824.51	3820.00	2744.16	3422.80	2876.56	1660.02	1978.07	1686.58	1927.33
22	21	23.3	19.3	22.9	24.6	16.7	15.8	22.1	17.8
22	25	23	3	16	11	8	9	10	11
331	785	2295	184	686	393	535	474	292	360
24405	25832	67451	22206	89772	26835	33974	41476	46000	32407
13200	18432	83758	20296	58206	26996	25396	23105	30219	28883
27000	28512	100146	35000	92000	34035	36000	36010	41025	36000
16000	10562	23741	13716	19902	20459	28253	20363	20978	18794
78000	1225	2753	673	2846	2095	2072	598	1565	1417
720	40	129	43	453	486	635	197	96	178
791	1179	2983	885	1186	886	220	686	828	158
341	261	1055	197	815	498	294	304	316	218
210	4100	6059	1084	3860	1510	499	819	713	865
5130	4879	1350.2	1142	11545	5145	2591	5069	8994	7438
10	13	32.8	8.7	17.2	17.9	9.8	9.2	7.9	7.8
4.5	3	8.4	1	3.7	3.9	8.8	1.8	1.6	1.4
48860	33543	56562	63919	894123	411629	166356	520868	847716	384626
7120	2483	50		852	451	366	1333	433	7
4067				802	411	345	1333	410	
			1	3	1	1	1572	1	2
			4150	77716	88913	77317	586.8	42756	196577
195	188	3738	3016	8205	17240	5302	1572	5545	4394
1	1								

附　录

主要统计指标解释

EXPLANATORY NOTES ON MAIN STATISTICAL INDICATORS

主 要 统 计 指 标 解 释

自然资源

森林覆盖率　通常是指森林面积占土地总面积之比，一般用百分数表示。但国家规定在计算森林覆盖率时，森林面积还包括灌木林面积、农田林网树占地面积以及四旁树木的覆盖面积。森林覆盖率，是反映一个国家或地区森林资源和绿化水平的重要指标。计算公式：

$$森林覆盖率(\%)=\frac{森林面积}{土地总面积}\times 100\%$$

本《年鉴》内所列森林覆盖率是按有林地面积计算的。

森林蓄积量　指森林面积上生长着的林木树干材积总量。它是反映一个国家或地区森林资源总规模和水平的重要指标。

矿产保有储量　指探明的矿产储量(包括工业储量和远景储量)扣除已开采部分和地下损失量后的年末实有储量。它反映国家矿产资源的现状。

综　　合

国内生产总值　是按市场价格计算的国内生产总值的简称。它是一个国家(地区)所有常住单位在一定时期内生产活动的最终成果。国内生产总值有三种表现形态，即价值形态、收入形态和产品形态。从价值形态看，它是所有常住单位在一定时期内所生产的全部货物和服务价值超过同期投入的全部非固定资产货物和服务价值的差额，即所有常住单位的增加值之和；从收入形态看，它是所有常住单位在一定时期内所创造并分配给常住单位和非常住单位的初次分配收入之和；从产品形态看，它是最终使用的货物和服务减去进口货物和服务。在实际核算中，国内生产总值的三种表现形态表现为三种计算方法，即生产法、收入法和支出法。三种方法分别从不同的方面反映国内生产总值及构成。

国民生产总值　是按市场价格计算的国民生产总值的简称。它是一个国家所有常住单位在一定时期内收入初次分配的最终成果。一国常住单位从事生产活动所创造的增加值在初次分配过程中主要分配给该国的常住单位，但也有一部分以劳动者报酬和财产收入等形式分配给该国的非常住单位，同时，国外生产所创造的增加值也有一部分以劳动者报酬和财产收入等形式分配给该国的常住单位。从而产生了国民生产总值概念，它等于国内生产总值加上来自国外的劳动者报酬和财产收入减去付给国外的劳动者报酬和财产收入。与国内生产总值不同，国内生产总值是一个生产概念，而国民生产总值则是个收入概念。

国民生产总值同社会总产值、国民收入的区别，从核算范围看，社会总产值和国民收入都只计算物质生产部门的劳动成果，而国民生产总值除计算物质生产部门劳动成果外，还计算非物质生产部门的劳动成果。从这三个指标的价值构成看，社会总产值计算了社会产品的全部价值；国民生产总值计算在生产产品和提供劳务过程中增加的价值，即增加值不计算中间产品和中间劳务投入的价值；而国民收入除了不计算中间产品价值外，还不包括固定资产折旧价值，即只计算净产值。

三次产业　根据社会生产活动历史发展的顺序对产业结构的划分，产品直接取自自然界的部门称为第一产业，对初级产品进行再加工的部门称为第二产业，为生产和消费提供各种服务的部门称为第三产业。它是世界上通用的产业结构分类，但各国的划分不尽一致。我国的三次产业划分是：

第一产业：农业(包括种植业、林业、牧业、副业和渔业)。

第二产业：工业(包括采掘工业、制造业、自来水、电力、蒸汽、热水、煤气)和建筑业。

第三产业：除第一、第二产业以外的其他各业。由于第三产业包括的行业多、范围广，根据我国的实际情况，第三产业可分为两大部分，一是流通部门，二是服务部门。具体又可分为四个层次：

第一层次：流通部门，包括交通运输业、邮电通讯业、商业、饮食业、物资供销和仓储业。

第二层次：为生产和生活服务的部门，包括金融、保险业，地质普查业，房地产、公用事业，居民服务业，咨询服务业和综合技术服务业，农、林、牧、渔、水利服务业和水利业，公路、内河（湖）航道养护业等。

第三层次：为提高科学文化水平和居民素质服务的部门，包括教育、文化、广播电视，科学研究、卫生、体育和社会福利事业等。

第四层次：为社会公共需要服务的部门，包括国家机关、政党机关、社会团体，以及军队和警察等。

支出法国内生产总值 指一个国家（或地区）所有常住单位在一定时期内用于最终消费、资本形成总额，以及货物和服务的净出口总额，它反映本期生产的国民生产总值的使用构成。

最终消费 指常住单位在一定时期内对于货物和服务的全部最终消费支出，也就是常住单位为满足物质、文化和精神生活的需要，从本国经济领土和国外购买的货物和服务的支出，它不包括非常住单位在本国经济领土内的消费支出。最终消费分为居民消费和政府消费。

（一）居民消费：指常住住户在一定时期内对于货物和服务的全部最终消费支出。居民关于货物的最终消费支出在货物的所有权发生变化时记录，关于服务的最终消费支出在服务提供的时候记录。居民消费支出按市场价格计算，即按居民支付的购买者价格计算，货物的购买者价格是购买者取得交货所支付的价格，它包括购买者支付的运输和商业费用。居民消费支出除了直接以货币形式购买的货物和服务的消费支出外，还包括以其他方式获得的货物和服务的消费支出，即所谓的虚拟消费支出。居民虚拟消费支出包括如下几种类型：单位以实物报酬及实物转移的形式提供给劳动者的货物和服务；住户生产并由本住户消费了的货物和服务，其中的服务仅指住户的自有住房服务；金融机构提供的金融媒介服务；保险公司提供的保险服务。

（二）政府消费：指政府部门为全社会提供的公共服务的消费支出和免费或以较低的价格向居民住户提供的货物和服务的净支出，前者等于政府服务的产出价值减去政府单位所获得的经营收入的价值，政府服务的产出价值等于它的经常性业务支出加上固定资产折旧；后者等于政府部门向居民住户提供的货物和服务的市场价值减去向居民住户收取的价值。

资本形成总额 指常住单位在一定时期内获得减去处置的固定资产和存货的净额，包括固定资产形成总额和存货增加两项。

（一）固定资产形成总额：指常住单位在一定时期内购置、转入和自产自用的固定资产价值，扣除固定资产的销售和转出后的价值。可分为有形固定资产形成总额和无形固定资产形成总额。有形固定资产形成总额包括一定时期内完成的建筑工程、安装工程和设备工器具购置（减处置）价值，以及土地改良、新增役、种、奶、毛、娱乐用牲畜和新增经济林木价值。无形固定资产形成总额包括矿藏的勘探、计算机软件、娱乐和文学艺术品原件等获得减处置。

（二）存货增加：指常住单位在一定时期内存货实物量变动的市场价值即期末价值减期初价值的差额。存货增加可以是正值，也可以是负值，正值表示存货上升，负值表示存货下降。它包括生产单位购进的原材料、燃料和储备物资等存货，以及生产单位生产的产成品、在制品和半成品等存货等。

人　口

人口数 指一定时点、一定地区范围内的有生命的个人的总和。年度统计的年末人口数是指每年 12 月 31 日 24 时的人口数。

出生率（又称粗出生率） 指在一定时期内（通常为一年）平均每千人所出生的人数的比率，一般用千分率表示。计算公式：

$$出生率=\frac{年出生人数}{年平均人数}\times 1000‰$$

出生人数是指活婴儿，即胎儿脱离母体时（不管怀孕月数），有过呼吸或其他生命现象。

年平均人数是年初、年底人口数的平均数，也可用年中人口数代替。

死亡率（又称粗死亡率） 指在一定时期内（通常为一年）一定地区的死亡人数与同期平均人数（或期中

人数)之比,一般用千分率表示。计算公式为:

$$死亡率 = \frac{年死亡人数}{年平均人数} \times 1000‰$$

人口自然增长率　指在一定时期内(通常为一年)人口自然增加数(出生人数减死亡人数)与该时期内平均人数(或期中人数)之比,一般用千分率表示。计算公式:

$$人口自然增长率 = \frac{本年出生人数 - 本年死亡人数}{年平均人数} \times 1000‰$$

$$人口自然增长率 = 人口出生率 - 人口死亡率$$

从业人员和职工工资

从业人员　指从事一定社会劳动并取得劳动报酬或经营收入的人员。包括:

(1)全部职工

(2)再就业的离退休人员

(3)私营业主

(4)个体户主

(5)私营和个体从业人员

(6)乡镇企业从业人员

(7)农村从业人员

(8)其他从业人员(包括民办教师、宗教职业者、现役军人等)

这一指标反映了一定时期内全部劳动力资源的实际利用情况,是研究我国基本国情国力的重要指标。

各单位的从业人员是指在各级国家机关、政党机关、社会团体及企业、事业单位中工作,并取得劳动报酬的全部人员。包括职工、再就业的离退休人员、民办教师以及在各单位中工作的外方人员和港、澳、台方人员。

各单位的从业人员反映了各单位实际参加生产或工作的全部劳动力。

经济活动人口　指在16岁以上,有劳动能力,参加或要求参加社会经济活动的人口。包括:从业人员和失业人员。

城镇登记失业人员及失业率　指有非农业户口,在一定的劳动年龄内,有劳动能力,无业而要求就业,并在当地就业服务机构进行求职登记的人员。城镇登记失业率指城镇登记失业人数同城镇从业人数与城镇登记失业人数之和的比。计算公式为:

$$城镇登记失业率 = \frac{城镇登记失业人数}{(城镇从业人数 + 城镇登记失业人数)} \times 100\%$$

职工工资总额　指各单位在一定时期内直接支付给本单位全部职工的劳动报酬总额。

工资总额的计算原则应以直接支付给职工的全部劳动报酬为根据。各单位支付给职工的劳动报酬以及其他根据有关规定支付的工资,不论是计入成本的还是不计入成本的,不论是按国家规定列入计征奖金税项目的,还是未列入计征奖金税项目的,不论是以货币形式支付的还是以实物形式支付的,均包括在工资总额内。

职工平均工资　指企业、事业、机关单位的职工在一定时期内平均每人所得的货币工资额。它表明一定时期职工工资收入的高低程度,是反映职工工资水平的主要指标。计算公式为:

$$职工平均工资 = \frac{报告期实际支付的全部职工工资总额}{报告期全部职工平均人数}$$

职工平均实际工资　指扣除物价变动因素后的职工平均工资。计算公式为:

$$职工平均实际工资 = \frac{报告期职工平均工资}{报告期城镇居民消费价格指数}$$

固定资产投资

全社会固定资产投资　固定资产投资是社会固定资产再生产的主要手段。通过建造和购置固定资产的活动,国民经济不断采用先进技术装备,建立新兴部门,进一步调整经济结构和生产力的地区分布,增强经济实力,为改善人民物质文化生活创造物质条件。这对我国的社会主义现代化建设具有重要意义。

固定资产投资额是以货币表现的建造和购置固定资产活动的工作量,它是反映固定资产投资规模、速度、比例关系和使用方向的综合性指标。全社会固定资产投资按经济类型可分为国有、集体、个体、联营、股份制、外商、港澳台商、其他等。按照管理渠道,全社会固定资产投资总额分为基本建设、更新改造、房地产开发投资和其他固定资产投资四个部分。

基本建设投资　基本建设是企业、事业、行政单位以扩大生产能力或工程效益为主要目的的新建、扩建工程及有关工作。其综合范围为总投资50万元以上(含50万元,下同)的基本建设项目。具体包括:(1)列入中央和各级地方本年基本建设计划的建设项目,以及虽未列入本年基本建设计划,但使用以前年度基建计划内结转投资(包括利用基建设备材料)在本年继续施工的建设项目;(2)本年基本建设计划内投资与更新改造计划内投资结合安排的新建项目和新增生产能力(或工程效益)达到大中型项目标准的扩建项目,以及为改变生产力布局而进行的全厂性迁建项目;(3)国有单位既未列入基建计划,也未列入更新改造计划的总投资在50万元以上的新建、扩建、恢复项目和为改变生产力布局而进行的全厂性迁建项目,以及行政、事业单位增建业务用房和行政单位增建生活福利设施的项目。

更新改造投资　更新改造是指企业、事业单位对原有设施进行固定资产更新和技术改造,以及相应配套的工程和有关工作(不包括大修理和维护工程)。其综合范围为总投资50万元以上的更新改造项目。具体包括:(1)列入中央和各级地方本年更新改造计划的投资单位(项目)和虽未列入本年更新改造计划,但使用上年更新改造计划内结转的投资在本年继续施工的项目;(2)本年更新改造计划内投资与基本建设计划内投资结合安排的对企、事业单位原有设施进行技术改造或更新的项目和增建主要生产车间、分厂等其新增生产能力(或工程效益)未达到大中型项目标准的项目,以及由于城市环境保护和安全生产的需要而进行的迁建工作;(3)国有企、事业单位既未列入基建计划也未列入更新改造计划,总投资在50万元以上的属于改建或更新改造性质的项目,以及由于城市环境保护和安全生产的需要而进行的迁建工程。

房地产开发投资　指房地产开发公司、商品房建设公司及其他房地产开发法人单位和附属于其他法人单位实际从事房地产开发或经营的活动单位统一开发的包括统代建、拆迁还建的住宅、厂房、仓库、饭店、宾馆、度假村、写字楼、办公楼等房屋建筑物和配套的服务设施、土地开发工程(如道路、给水、排水、供电、供热、通讯、平整场地等基础设施工程)的投资。不包括单纯的土地交易活动。

其他固定资产投资　指全社会固定资产投资中未列入基本建设、更新改造和房地产开发投资的建造和购置固定资产的活动。具体包括:

(1)国有单位按规定不纳入基本建设计划和更新改造计划管理,计划总投资(或实际需要总投资)在50万元以上的以下工程:①用油田维护费和石油开发基金进行的油田维护和开发工程;②煤炭、铁矿、森工等采掘采伐业用维简费进行的开拓延伸工程;③交通部门用公路养路费对原有公路、桥梁进行改建的工程;④商业部门用简易建筑费建造的仓库工程。

(2)城镇集体固定资产投资:指所有隶属城市、县城和经国务院及省、自治区、直辖市批准建制的镇领导的集体单位(乡镇企业局管理的除外)建造和购置固定资产计划总投资(或实际需要总投资)在50万元以上的项目。

(3)除上述以外的其他各种企、事业单位、个体建造和购置固定资产总投资在50万元以上的、未列入基本建设计划和更新改造计划的项目。

城镇和工矿区私人建房投资和农村个人投资　城镇和工矿区私人建房包括市、县城、镇、工矿区所辖范围内的全部私人建房,不论其房主是否系本地的常住户口均应包括。农村个人投资包括农村个人建房及购置生产性固定资产的投资。

新增生产能力 指通过固定资产投资活动而增加的设计能力或工程效益,它是用实物形态表示的固定资产投资的成果。新增生产能力的计算,是以能独立发挥生产能力或效益的单项工程(或项目)为对象。当单项工程(或项目)建成,经有关部门鉴定合格,正式移交投入生产,即可计算新增生产能力。

新增生产能力或工程效益有以下几种表现形式:

(1)以建设项目或单位工程建成后的年产能力表示,如煤炭开采、石油开采等。

(2)以建设项目或单项工程建成后处理原料的能力表示,如选矿工程的年处理矿石能力,洗煤厂年洗原煤能力等。

(3)以新增的主要设备数量或容量表示。如棉纺锭枚数,发电机组容量等。

(4)以建筑物容积、容量、面积或长度表示。如水库容量、铁路公路里程等。

新增生产能力的数量一般按设计能力计算。设计能力是指设计文件中规定的在正常情况下能够达到的生产能力,而不论投产后的实际产量如何。以设备数量、建筑物容积、面积、长度等表示的新增生产能力(或效益),则按建成的实际数量计算。

房屋建筑面积 指从房屋外墙线算起的各层平面面积的总和,包括可供使用的有效面积和房屋结构(如柱、墙)占用面积。多层建筑按各层(包括地下室)面积总和计算。

住宅建筑面积 指施工和竣工房屋建筑面积中供居住用的施工和竣工房屋建筑面积。

施工面积 指报告期内施工的全部房屋建筑面积。包括本期新开工的面积、上期跨入本期继续施工的房屋面积、上期停缓建在本期恢复施工的房屋面积、本期竣工的房屋面积及本期施工后又停缓建的房屋面积。

竣工面积 指在报告期内房屋建筑按照设计要求已全部完工,达到住入和使用条件,经验收鉴定合格,正式移交使用单位的建筑面积。

房屋建筑面积竣工率 指一定时期内房屋竣工面积占同期房屋施工面积的比率。它是从房屋建筑施工速度的角度反映投资效果和建筑业经济效益的指标。

新增固定资产 指通过投资活动所形成的新的固定资产价值。包括已经建成投入生产或交付使用的工程价值和达到固定资产标准的设备、工具、器具的价值及有关应摊入的费用。它是以价值形式表示的固定资产投资成果的综合性指标,可以综合反映不同时期、不同部门、不同地区的固定资产投资成果。

建设项目投产率 指一定时期内全部建成投入生产项目个数与同期正式施工项目个数的比率。它是从项目建设速度的角度反映投资效果的指标。

固定资产交付使用率 指一定时期新增固定资产与同期完成投资额的比率。它是反映各个时期固定资产动用速度,衡量建设过程中投资效果的一个综合性指标。

能源和原材料消费

能源生产总量 指一定时期内全国(地区)一次能源生产量的总和,是观察全国(地区)能源生产水平、规模、构成和发展速度的总量指标。一次能源生产量包括原煤、原油、天然气、水电及其他动力能(如风能、地热能等)发电量。不包括低热值燃料生产量、生物质能、太阳能等的利用和由一次能源加工转换而成的二次能源产量。

能源消费总量 指一定时期内全国(地区)物质生产部门、非物质生产部门和生活消费的各种能源的总和,是观察能源消费水平、构成和增长速度的总量指标,能源消费总量包括原煤和原油及其制品、天然气、电力。不包括低热值燃料、生物质能和太阳能等的利用。能源消费总量分为三部分,即终端能源消费量、能源加工转换损失量和损失量。

(1)终端能源消费量 指一定时期内全国(地区)物质生产部门、非物质生产部门和生活消费的各种能源在扣除了用于加工转换二次能源消费量和损失量以后的数量。

(2)能源加工转换损失量 指一定时期内全国(地区)投入加工转换的各种能源数量之和与产出各种能源

产品之和的差额。它是观察能源在加工转换过程中损失量变化的指标。

(3)能源损失量 指一定时期内能源在输送、分配、储存过程中发生的损失和由客观原因造成的各种损失量。包括各种气体能源放空、放散量。

财　政

财政收入　国家财政参与社会产品分配所取得的收入,是实现国家职能的财力保证。财政收入所包括的内容几经变化,目前主要包括:

(1)各项税收　包括增值税、营业税、消费税、土地增值税、城市维护建设税、资源税、城市土地使用税、印花税、固定资产投资方向调节税、个人所得税、企业所得税、关税、农牧业税和耕地占用税等。

(2)专项收入　包括征收排污费、征收城市水资源费收入,教育费附加收入等。

(3)其他收入　包括基本建设贷款归还收入、国家能源交通重点建设基金收入、国家预算调节基金等。

(4)国有企业计划亏损补贴　这项为负收入,冲减财政收入。

财政支出　国家财政将筹集起来的资金进行分配使用,以满足经济建设和各项事业的需要,主要包括:

(1)基本建设支出　指按国家有关规定,属于基本建设范围内的基本建设有偿使用、拨款、资本金支出以及经国家批准对专项和政策性基建投资贷款,在部门的基建投资额中统筹支付的贴息支出。

(2)企业挖潜改造资金　指国家预算内拨给的用于企业挖潜、革新和改造方面的资金。包括各部门企业挖潜改造资金和企业挖潜改造贷款资金,为农业服务的县办"五小"企业技术改造补助,挖潜改造贷款利息支出。

(3)地质勘探费用　国家预算用于地质勘探单位的勘探工作费用,包括地质勘探管理机构及其事业单位经费、地质勘探经费。

(4)科技三项费用　国家预算用于科技支出的费用,包括新产品试制费、中间试验费、重要科学研究补助费。

(5)支援农村生产支出　国家财政支援农村集体(户)各项生产的支出。包括对农村举办的小型农田水利和打井、喷灌等的补助费;对农村水土保持措施的补助费;对农村举办的小水电站的补助费;特大抗旱的补助费;农村开荒补助费;扶持乡镇企业资金;农村农技推广和植保补助费;农村草场和畜禽保护补助费;农村造林和林木保护补助费;农村水产补助费;发展粮食生产专项资金。

(6)农林水利气象等部门的事业费用　国家财政用于农垦、农场、农业、畜牧、农机、林业、森工、水利、水产、气象、乡镇企业的技术推广、良种推广(示范)、植物(畜禽、森林)保护、水质监测、勘探设计、资源调查、干部训练等项费用,园艺特产补助费,中等专业学校经费,飞播牧草试验补助费,营林机构、气象机构经费,渔政费以及农业管理事业费等。

(7)工业交通商业等部门的事业费　国家预算支付给工交商各部门用于事业发展的经费。包括勘探设计费、中等专业学校经费、技术学校经费、干部训练费。

(8)文教科学卫生事业费　国家预算用于文化、出版、文物、教育、卫生、中医、公费医疗、体育、档案、地震、海洋、通讯、电影电视、计划生育、党政群干部训练、自然科学、社会科学、科协等项事业的经费支出和高技术研究专项经费。主要包括工资、补助工资、福利费、离退休费、助学金、公务费、设备购置费、修缮费、业务费、差额补助费。

(9)抚恤和社会福利救济费　国家预算用于抚恤和社会福利救济事业的经费,包括由民政部门开支的烈士家属和牺牲病残人员家属的一次性、定期抚恤金,革命伤残人员的抚恤金,各种伤残补助费、烈军属、复员退伍军人生活补助费、退伍军人安置费,优抚事业单位经费,烈士纪念建筑物管理、维修费,自然灾害救济事业费和特大自然灾害后重建补助费等。

(10)国防支出　国家预算用于国防建设和保卫国家安全的支出,包括国防费、国防科研事业费、民兵建设以及专项工程支出等。

(11)行政管理费　包括行政管理支出,党派团体补助支出,外交支出,公安安全支出,司法支出,法院支出,检察院支出和公检法办案费用补助。

(12)价格补贴支出　经国家批准,由国家财政拨给的政策性补贴支出,主要包括粮食加价款,粮、棉、油差价补贴,棉花收购价外奖励款,副食品风险基金,市镇居民的肉食价格补贴,平抑市价肉食、蔬菜价差补贴等以及经国家批准的教材课本、报刊新闻纸等价格补贴。

物　价

零售价格指数　是反映城乡商品零售价格变动趋势的一种经济指数。零售物价的调整变动直接影响到城乡居民的生活支出和国家的财政收入,影响居民购买力和市场供需平衡,影响消费与积累的比例。因此,计算零售价格指数,可以从一个侧面对上述经济活动进行观察和分析。

居民消费价格指数　是反映一定时期内城乡居民所购买的生活消费品价格和服务项目价格变动趋势和程度的相对数。是综合了城市居民消费价格指数和农民消费价格指数计算取得。利用居民消费价格指数,可以观察和分析消费品的零售价格和服务价格变动对城乡居民实际生活费支出的影响程度。

城市居民消费价格指数　是反映城市职工及其家庭所购买的生活消费品和服务项目价格变动趋势及其程度的相对数。编制城市居民消费价格指数,可以观察和分析消费品的零售价格和服务项目价格变动对职工货币工资的影响,作为研究职工生活和确定工资政策的依据。

农村居民消费价格指数　是反映农村居民家庭所购买的生活消费品的价格和服务项目价格变动趋势和程度的相对数。用它可以观察农村消费品的零售价格和服务项目价格变动对农村居民生活消费支出的影响,直接反映农民生活水平的实际变化情况,为分析和研究农村居民生活问题提供依据。

农产品收购价格指数　是反映国有商业、集体商业、个体商业、外贸部门、国家机关、社会团体等各种经济类型的商业企业和有关部门收购农产品价格的变动趋势和程度的相对数。农产品收购价格指数可以观察和研究农产品收购价格总水平的变化情况,以及对农民货币收入的影响,作为制订和检查农产品价格政策的依据。计算指数所选的商品有 11 个大类、包括 276 种农副土特产品。采用加权倒数平均公式(即按报告期实际收购金额加权综合法)计算。

农村工业品零售价格指数　是反映农村市场工业品零售价格水平变动趋势和程度的相对数。通过农村工业品零售价格指数,可以观察工业品零售价格变动对农民货币支出的影响。

工业品出厂价格指数　是反映全部工业产品出厂价格总水平的变动趋势和程度的相对数。其中除包括工业企业售给商业、外贸、物资部门的产品外,还包括售给工业和其他部门的生产资料以及直接售给居民的生活消费品。通过工业生产价格指数能观察出厂价格变动对工业总产值的影响。

固定资产投资价格指数　是反映固定资产投资额价格变动趋势和程度的相对数。固定资产投资额是由建筑安装工程投资完成额、设备、工器具购置投资完成额和其他费用投资完成额三部分组成的。编制固定资产投资价格指数应首先分别编制上述三部分投资的价格指数,然后采用加权算术平均法求出固定资产投资价格总指数。

编制固定资产投资价格指数可以准确地反映固定资产投资中涉及的各类商品和取费项目价格变动趋势和变动幅度,消除按现价计算的固定资产投资指标中的价格变动因素,真实地反映固定资产投资的规模、速度、结构和效益,为国家科学地制定、检查固定资产投资计划并提高宏观调控水平,为完善国民经济核算体系提供科学的,可靠的依据。

人民生活

城镇居民家庭就业人口　指城镇居民从事社会劳动并取得劳动报酬或经营收入的人口。就业人口包括通过国家统筹规划和指导由劳动部门介绍就业,自愿组织起来就业和自谋职业等方式,在国有制、集体所有制、中外合资、中外合作、外资在华独资的企事业单位和私营企业单位工作或从事个体劳动的有固定性职业或临时性职业的人口。被聘用和留用的离退休人员也计入就业人口。本指标可以反映城镇居民的就业情况,是计算就业面、负担系数的重要资料。

城镇居民家庭全部收入 指被调查城镇居民家庭全部的实际现金收入,包括经常或固定得到的收入和一次性收入。不包括周转性收入,如提取银行存款、向亲友借入款、收回借出款以及其他各种暂收款。

城镇居民家庭可支配收入 指被调查的城镇居民家庭在支付个人所得税之后,所余下的实际收入。

城镇居民家庭消费性支出 指被调查的城镇居民家庭用于日常生活的全部支出,包括购买商品支出和文化生活、服务等非商品性支出。不包括罚没、丢失款和缴纳的各种税款(如个人所得税、牌照税、房产税等),也不包括个体劳动者生产经营过程中发生的各项费用。

城镇居民家庭购买商品支出 指被调查的城镇居民家庭购买商品的全部支出,包括从商店、工厂、饮食业、工作单位食堂、集市以及直接从农民购买各种商品的开支。共分九类:食品、衣着品、日用品、文化娱乐用品、书报杂志、药及医疗用品、房屋及建筑材料、燃料、其他商品。不论自用的或赠送亲友的都包括在内。

农村居民家庭纯收入 指农村常住居民家庭总收入中,扣除从事生产和非生产经营费用支出、缴纳税款和上交承包集体任务金额以后剩余的,可直接用于进行生产性、非生产性建设投资、生活消费和积蓄的那一部分收入。它是反映农民家庭实际收入水平的综合性的主要指标。农民家庭纯收入,既包括从事生产性和非生产性的经营收入,又包括取自在外人口寄回带回和国家财政救济、各种补贴等非经营性收入;既包括货币收入,又包括自产自用的实物收入。但不包括向银行、信用社和向亲友借款等属于借贷性的收入。

农村居民家庭整半劳动力 指农村常住居民家庭成员中有劳动能力并经常参加实际劳动的人员。是生产的基本要素指标之一,是发展生产增加农民家庭收入的重要源泉。按规定,农村男 18 周岁至 50 周岁、女 18 周岁至 45 周岁为整劳动力;男 16 周岁到 17 周岁、51 周岁到 60 周岁,女 16 周岁到 17 周岁、46 周岁到 55 周岁为半劳动力。农民家庭整半劳动力,既包括在上述规定劳动年龄内和在劳动年龄以外有劳动能力并经常参加实际劳动的男女整半劳动力;也包括农民家庭常住人员中属于职工的劳动力。但不包括在劳动年龄内已丧失劳动能力的人员。

农村居民家庭生活消费支出 指农村常住居民家庭年内用于日常生活的全部开支。它是用来反映和研究农民家庭实际生活消费水平高低的重要指标。农民家庭生活消费支出,包括用于吃、穿、住、烧、用等生活消费品开支和文化、生活服务费用开支两大部分。

农村居民家庭商品性生活消费支出 指农村常住居民家庭用其货币收入,在市场上购买食品、衣着、家庭用家具器皿、日用杂品、燃料、耐用消费品、以及文教卫生用品等生活消费总量。包括向国有商店、集体商店和集市贸易市场以及其他流通渠道购买的全部生活消费品。农民家庭商品性生活消费支出,是农民家庭生活消费支出的一个重要组成部分,是用来反映和分析农民家庭生活消费水平的商品化程度,及其由自给性经济向商品经济发展趋势的重要指标,也是研究和预测农民家庭对市场消费品需求,制定商品供应计划的重要依据。

城乡居民储蓄存款余额 城乡居民储蓄存款,包括城镇居民储蓄存款和农民个人储蓄存款两部分。不包括居民的手存现金和工矿企业、部队、机关团体等集团存款。储蓄存款余额,是指城乡居民存入银行及农村信用社储蓄的时点数(存入数扣除取出数的余额),如月末、季末或年末数额。

市政公用事业

年底自来水生产能力 指年底城建部门管理的自来水厂和自备水源的社会单位取水、净化、送水、出厂输水干管等环节的实际生产能力。

年底供水管道长度 指从送水泵到用户水表之间所有管道的长度。

全年供水总量 指公用自来水厂和自备水源的社会单位全年的供水总量,包括有效供水量及损失水量。

生活用水量 指居民日常生活与公共福利设施的用水量。包括居民、饮食店、旅馆、医院、理发店、浴池、洗衣店、游泳池、商店、学校、机关、部队等单位的用水量。

城市人口用水普及率 指城市用水的非农业人口数(不包括临时人口和流动人口)与城市非农业人口总数之比。计算公式:

$$用水普及率=(城市用水的非农业人口数\div城市非农业人口数)\times100\%$$

人工煤气生产能力 指城市煤气厂制气、净化、输送等环节的综合实际生产能力。

输气管道长度 指由压缩机、鼓风机、储气罐的出口到用户立管之间的全部管道长度。

全年供气总量 指全年售给各类用户的全部煤气量。包括工业用量、家庭用量和其他用量。

城市用气普及率 指使用煤气(包括人工煤气、液化石油气、天然气)的城市非农业人口数(不包括临时人口和流动人口)与城市非农业人口总数之比。计算公式:

$$城市煤气普及率=\frac{城市用气的非农业人口}{城市非农业人口总数}\times100\%$$

城市供热能力 指热电厂、热力公司和达到标准的集中采暖锅炉房向城市输送的供热源的设计能力。每小时向城市输送的蒸汽、热水能力。

城市供热总量 指热电厂、热力公司和达到标准的集中采暖锅炉房全年向城市输送的全部蒸汽、热水量。

城市供热管道长度 指热电厂、热力公司和达到标准的集中采暖锅炉房管理的集中供热热源到用户之间的全部供气、供热水的管道长度。

年底实有铺装道路长度 指除土路外,路面经过铺装宽度在3.5米以上的道路,包括高级、次高级道路和普通道路。

城市桥梁 指城市范围内,修建在河道上的桥梁和道路与道路立交、道路跨越铁路的立交桥,以及人行天桥。包括永久性桥和半永久性桥,不包括临时性桥、铁路桥、涵洞。

城市下水道总长度 指所有排水总管、干管、支管及暗渠、检查井、连接井进出水口等长度之和。

城市污水日处理能力 指污水处理厂每昼夜处理污水量的设计能力。

年末实有公共汽(电)车 指年底可参加营运的全部车辆数,包括年底营运车辆数和库存查封未参加营运的车辆,不包括非营运车辆,如架线车、油罐车、工程车、货车及其他专用车辆和借入客运车辆。

营运线路长度 指设置的固定营运线路长度,包括郊区营运线路长度。不包括临时行驶的线路长度。

城市园林绿地面积 指城市公共绿地、专用绿地、生产绿地、防护绿地、郊区风景名胜区的全部面积。

公共绿地 指供游览休息的各种公园、动物园、植物园、陵园以及花园、游园和供游览休息用的林荫道绿地、广场绿地。不包括一般栽植的行道树及林荫道的面积。

农　业

农林牧渔业总产值 是以货币表现的农、林、牧、渔业全部产品的总量,它反映一定时期内农业生产总规模和总成果。

农、林、牧、渔业的统计范围包括国有经济的各种专业农(农、林、牧、渔)场以及国家各级机关团体学校、部队、集体所有制的乡、镇、村各级办农场;工矿企业经营的农、林、牧、渔业,农村各种经济组织和农户经营的农林牧渔业和农民家庭兼营的商品性工业等。

(1)农业 包括种植业和其他农业。

种植业 包括谷物、豆类、薯类、棉、油料、糖料、麻类、烟叶、蔬菜、药材、瓜类和其他农作物的种植,以及茶园、桑园、果园的生产经营。

其他农业 包括采集野生植物的果实、纤维、树胶、树脂、油料以及柴草、野生药材、菌类以及农民家庭兼营的商品性工业。

(2)林业 包括林木的栽培(不包括茶园、桑园和果园的栽培、管理和收获等活动)、林产品的采集和村及村以下合作经济组织和农户的竹木采伐。

(3)牧业　包括除渔业养殖以外的一切动物饲养和放牧以及野生动物的捕猎和饲养。

(4)渔业　包括水生动物和海藻类植物的养殖和捕捞。

农业总产值的计算方法通常是按农林牧渔业产品及其副产品的产量分别乘以各自单位产品价格求得，少数生产周期较长，当年没有产品或产品产量不易统计的，则采用间接方法匡算其产值，然后将四业产品产值相加即为农业总产值。

1957年以前的农业总产值中包括了厩肥和农民自给性手工业(如农民自制衣服、鞋、袜、自己从事粮食初步加工等)。1958年及以后的农业总产值，林业中增加了村及村以下竹木采伐产值；牧业中取消了厩肥产值；副业中取消了农民自给性手工业产值，增加了村及村以下办的工业产值；渔业中增加了海洋捕捞水产品产值。1980年及以后的农业总产值，在副业中增加了农民家庭兼营工业商品部分的产值。从1984年起村及村以下办工业产值划归工业。从1993年起，取消副业。将野生动物的捕猎划入牧业，野生植物采集和农民家庭兼营商品性工业划归农业。

粮食产量　指全社会的产量。包括国有经济经营的、集体统一经营的和农民家庭经营的粮食产量，还包括工矿企业办的农场和其他生产单位的产量。粮食除包括稻谷、小麦、玉米、高粱、谷子及其他杂粮外，还包括薯类和豆类。其产量计算方法，豆类按去豆荚后的干豆计算；薯类(包括甘薯和马铃薯，不包括芋头和木薯)1963年以前按每4公斤鲜薯折1公斤粮食计算，从1964年开始及以后改为按5公斤鲜薯折1公斤粮食计算。城市郊区作为蔬菜的薯类(如：马铃薯等)按鲜品计算，并且不做为粮食统计。其他粮食一律按脱粒后的原粮计算。

油料产量　指全部油料作物的生产量。包括花生、油菜籽、芝麻、向日葵籽、胡麻籽(亚麻籽)和其他油料。不包括大豆，也不包括木本油料和野生油料。花生以带壳干花生计算。

水产品产量　指人工养殖的水产品和天然生长的水产品的捕捞量。包括海水的鱼类、虾蟹类、贝类和藻类以及内陆水域的鱼类、虾蟹类和贝类，不包括淡水生殖物。

猪、牛、羊肉产量　指当年出栏并已屠宰后除去头蹄下水后带骨肉(即胴体重)的重量。

耕地面积　指年初可以用来种植农作物、经常进行耕锄的田地，除包括熟地、当年新开荒地、连续撂荒未满三年的耕地和当年的休闲地(轮歇地)外，还包括以种植农作物为主并附带种植桑树、茶树、果树和其他林木的土地，以及沿海、沿湖地区已围垦利用的“海涂”、“湖田”等面积。但不包括属于专业性的桑园、茶园、果园、果木苗圃、林地、芦苇地、天然或人工草地面积。

农作物播种面积　指实际播种或移植有农作物的面积。凡是实际种植有农作物的面积，不论种植在耕地上还是种植在非耕地上，均包括在农作物播种面积中。在播种季节基本结束后，因遭灾而重新改种和补种的农作物面积，也包括在内。

有效灌溉面积　指具有一定的水源，地块比较平整，灌溉工程或设备已经配套，在一般年景下当年能够进行正常灌溉的耕地面积。

农用化肥施用量　指本年内实际用于农业生产的化肥数量。包括氮肥、磷肥、钾肥和复合肥。化肥施用量要求按折纯量计算数量。折纯法化肥施用量是把氮肥、磷肥和钾肥分别按含氮、含五氧化二磷、含氧化钾的百分之一百成份折算后的数量。复合肥按其所含主要成分折算。

农业机械总动力　指主要用于农、林、牧、渔业的各种动力机械的动力总和。包括耕作机械、排灌机械、收获机械、农用运输机械、植物保护机械、牧业机械、林业机械、渔业机械和其他农业机械〔内燃机按引擎马力折成瓦(特)计算，电动机按功率折成瓦(特)计算〕。不包括专门用于乡、镇、村、组办工业、基本建设、非农业运输、科学试验和教学等非农业生产方面的动力机械与作业机械。

农林牧渔业劳动力　指直接参加农林牧渔业生产劳动的劳动力。

期初(末)畜禽存栏头(只)数　指本期期初(末)农村各种合作经济组织和国营农场、农民个人、机关、团体、学校、工矿企业、部队等单位以及城镇居民饲养的大牲畜、猪、羊、家禽等畜禽的存栏头(只)数。

谷物　指籽实主要供作粮食的作物。这类作物包括稻谷、小麦、玉米、谷子、高粱和其他谷物，不包括豆类和薯类作物。

工　业

工业　指从事自然资源的开采，对采掘品和农产品进行加工和再加工的物质生产部门。具体包括：(1)对自然资源的开采，如采矿、晒盐、森林采伐等(但不包括禽兽捕猎和水产捕捞)；(2)对农副产品的加工、再加工，如粮油加工、食品加工、轧花、缫丝、纺织、制革等；(3)对采掘品的加工、再加工，如炼铁、炼钢、化工生产、石油加工、机器制造、木材加工等，以及电力、自来水、煤气的生产和供应等；(4)对工业品的修理、翻新，如机器设备的修理、交通运输工具(包括小卧车)的修理等。

1984年以前农村的村及村以下办工业归属农业，1984年以后划归工业。

本年鉴中涉及的企业登记注册类型：

(1)国有及国有控股企业。国有企业(即过去的全民所有制工业或国营工业)　是指企业全部资产归国家所有，并按《中华人民共和国企业法人登记管理条例》规定登记注册的非公司制的经济组织。包括国有企业、国有独资公司和国有联营企业。1957年以前的公私合营和私营工业，后均改造为国营工业，1992年改为国有工业，这部分工业的资料不单独分列时，均包括在国有企业内。国有控股企业是对混合所有制经济的企业进行的"国有空股"分类。它是指这些企业的全部资产中国有资产(股份)相对其他所有者中的任何一个所有者占资(股)最多的企业。该分组反映了国有经济控股情况。

(2)集体企业　指企业资产归集体所有，并按《中华人民共和国企业法人登记管理条件》规定登记注册的经济组织。是社会主义公有制经济的组成部分。包括城乡所有使用集体投资举办的企业，以及部分个人通过集资自愿放弃所有权并依法经工商行政管理机关认定为集体所有制的企业。

(3)股份有限公司　指根据《中华人民共和国企业法人登记管理条例》规定登记注册，其全部注册资本由等额股份构成并通过发行股票筹集资本，股东以其认购的股份对公司承担有限责任，公司以其全部资产对其债务承担责任的经济组织。

(4)港、澳、台商投资企业　指企业注册登记类型中的港、澳、台合资、合作、独资经营企业和股份有限公司之和。

(5)外商投资企业　指企业注册登记类型中的中外资、合作经营企业、外资企业和外商投资股份有限公司之和。

(6)本年鉴中涉及的名为"其他"的企业均指除国有企业、集体企业、个体经营以外的其他类型工业企业(单位)。包括联营企业、私营企业、股份有限公司、有限责任公司；外商投资企业(中外合资经营、中外合作经营、外资企业)港、澳、台投资企业(与大陆合资经营与大陆合作经营，港、澳、台独资企业)及其它企业。

轻工业　指主要提供生活消费品和制作手工工具的工业。按其所使用的原料不同，可分为两大类：(1)以农产品为原料的轻工业，是指直接或间接以农产品为基本原料的轻工业。主要包括食品制造、饮料制造、烟草加工、纺织、缝纫、皮革和毛皮制作、造纸以及印刷等工业；(2)以非农产品为原料的轻工业，是指以工业品为原料的轻工业。主要包括文教体育用品、化学药品制造、合成纤维制造、日用化学制品、日用玻璃制品、日用金属制品、手工工具制造、医疗器械制造、文化和办公用机械制造等工业。

重工业　是指为国民经济各部门提供物质技术基础的主要生产资料的工业。按其生产性质和产品用途，可以分为下列三类：(1)采掘(伐)工业，是指对自然资源的开采，包括石油开采、煤炭开采、金属矿开采、非金属矿开采和木材采伐等工业；(2)原材料工业，指向国民经济各部门提供基本材料、动力和燃料的工业。包括金属冶炼及加工、炼焦及焦炭化学、化工原料、水泥、人造板以及电力、石油和煤炭加工等工业；(3)加工工业，是指对工业原材料进行再加工制造的工业，以及为农业提供的生产资料如化肥、农药等工业。

根据上述划分原则，修理业中以重工业产品为修理作业对象的划为重工业，反之划为轻工业。

工业总产值　是以货币表现的工业企业在一定时期内生产的已出售或可供出售工业产品总量，它反映一定时间内工业生产的总规模和总水平。它包括：在本企业内不再进行加工，经检验、包装入库(规定不需包装的产品除外)的成品价值,工业性作业价值,自制半成品、在产品期末期初差额价值。工业总产值采用"工厂法"计算,即以工业企业作为一个整体,按企业工业生产活动的最终成果来计算,企业内部不允许重复计算,不能把企业内部各个车间(分厂)生产的成果相加。但在企业之间、行业之间、地区之间存在着重复计算。

轻重工业总产值的划分也是按"工厂法"计算的,即一个工业企业在正常情况下生产的主要产品的性质属于轻工业,则该企业的全部总产值作为轻工业总产值;一个工业企业生产的主要产品的性质属于重工业,则该企业的全部总产值作为重工业总产值。

工业增加值 是指工业行业在报告期内以货币表现的工业生产活动的最终成果。

固定资产原价 固定资产原价指企业在建造、购置、安装、改建、扩建、技术改造某项固定资产时所支出的全部货币总额。它一般包括买价、包装费、运杂费和安装费等。

固定资产净值 是指固定资产原价减去历年已提折旧额后的净额。

流动资产 流动资产是指可以在一年或者超过一年的一个营业周期内变现或者耗用的资产,包括现金及各种存款、短期投资、应收及预付货款、存货等。

利税总额 指企业利润总额、产品销售税金及附加和应交增值税之和。

资金利税率 指在一定时期内已实现的利润、税金总额与同期的资产(固定资产净值和流动资产)之比。计算公式:

$$资金利税率(\%)=\frac{报告期累计实现利税总额}{固定资产净值平均余额+流动资产平均余额}\times100\%$$

资金利税率反映每单位(通常是每万元)资金所提供的利润税金额。它是考察和评价部门或企业资金运用的经济效益,分析资金投入效果的主要分析指标。

工业成本费用利润率 指在一定时期内实现的利润与成本费用之比,是反映工业生产成本及费用投入的经济效益指标,同时也是反映降低成本的经济效益的指标。计算公式:

$$工业成本费用利润率(\%)=\frac{利润总额}{成本费用总额}\times100\%$$

工业增加值率 指在一定时期内工业增加值占同期工业总产值的比重,反映降低中间消耗的经济效益。计算公式:

$$工业增加值率(\%)=\frac{工业增加值(现价)}{工业总产值(现价)}\times100\%$$

流动资金周转次数 指在一定时期内流动资产完成的周转次数,反映流动资产的周转速度。计算公式:

$$流动资金周转次数=\frac{产品销售收入}{全部流动资产平均余额}$$

产品销售率 指一定时期内销售产值与同期全部工业总产值之比,反映工业产品生产已实现销售的程度。计算公式:

$$工业产品销售率(\%)=\frac{报告期现价工业销售产值}{报告期现价工业总产值}\times100\%$$

产品销售收入 指企业销售产品的销售收入和提供劳务等主要经营业务取得的业务总额。

产品销售成本 指企业销售产品和提供劳务等主要经营业务的实际成本。

产品销售税金及附加 指企业销售产品和提供工业性劳务等主要经营业务应负担的城市维护建设税、消费税、资源税和教育费附加。

产品销售利润 指企业销售产品和提供工业性劳务等主要经营业务收入扣除其成本、费用、税金后的利润。

利润总额 指企业实现的利润。

应交增值税 指企业在报告期内应交纳的增值税额。

产值利税率 指报告期已实现的利润、税金总额(包括利润总额、产品销售税金及附加和应交增值税)占同期全部工业总产值的百分比,计算公式为:

$$产值利税率(\%)=\frac{利税总额}{工业总产值}\times 100\%$$

全员劳动生产率 指根据产品的价值量指标计算的平均每一个职工在单位时间内的产品生产量。是考核企业经济活动的重要指标，是企业生产技术水平、经营管理水平、职工技术熟练程度和劳动积极性的综合表现。目前我国的全员劳动生产率是将工业企业的工业增加值除以同一时期全部职工的平均人数来计算的。计算公式：

$$全员劳动生产率=\frac{工业增加值}{全部职工平均人数}$$

资本金 指企业在工商行政管理部门登记的注册资金合计。企业资本金按投资主体可分为国家资本金、法人资本金、个人资本金和外商资本金等。资本金合计包括企业各种投资主体注册的全部资本金。

总资产 指企业拥有或控制的全部资产。包括流动资产、长期投资、固定资产、无形及递延资产、其他长期资产、递延税项等，即为企业资产负债表的资产总计项。

(1)流动资产 指企业可以在一年内或者超过一年的一个生产周期内变现或耗用的资产合计。包括现金及各种存款、短期投资、应收及预付款项、存货等。

(2)固定资产 指企业固定资产净值、固定资产清理、在建工程、待处理固定资产损失所占用的资金合计。

(3)无形资产 指企业长期使用而没有实物形态的资产。包括专利权、非专利技术、商标权、著作权、土地使用权、商誉等。

总负债 指企业承担并需要偿还的全部债务。包括流动负债和长期负债、递延税项等，即为企业资产负债表的负债合计项。

(1)流动负债 指企业在一年内或者超过一年的一个营业周期内需要偿还的债务合计，其中包括短期借款，应付及预收款项、应付工资、应交税金和应交利润等。

(2)长期负债 指企业在一年以上或者超过一年的一个生产周期以上需要偿还的债务合计，其中包括长期借款、应付债务、长期应付款项等。

所有者权益 指企业投资人对企业净资产的所有权。企业净资产等于企业全部资产减去全部负债后的余额，其中包括投资者对企业的最初投入，以及资本公积金、盈余公积金和未分配利润，对股份制企业即为股东权益。

交通运输和邮电通讯业

铁路营业里程 又称营业长度，指办理客货运输业务的铁路正线总长度。凡是全线或部分建成双线及以上的线路，以第一线的实际长度计算；复线、站线、段管线、岔线和特殊用途线以及不计算运费的联络线都不计算营业里程。铁路营业里程是反映铁路运输业基础设施发展水平的重要指标，也是计算客货周转量、运输密度和机车车辆运用效率等指标的基础资料。

铁路正线延展里程 是正线第一线、第二线、第三线和其他正线建筑里程之和，不包括站线、段管线、岔线及特殊用途线的延展里程。它是作为计算铁路线上钢轨、枕木及路基砂石需要量的主要依据。

公路里程 指在一定时期内实际达到《公路工程技术标准 JTJ01－88》规定的等级公路，并经公路主管部门正式验收交付使用的公路里程数。其计算单位为：km。它包括大中城市的郊区公路以及通过小城镇街道部分的公路里程，也包括桥梁、渡口的长度，但不包括大中城市的街道、厂矿、林区生产用道和农业生产用道的里程。两条或多条公路共同经由一路段，只计算一次，不得重复计算里程长度。公路里程是反映公路建设发展规模的重要指标，也是计算运输网密度等指标的基础资料。

内河航道里程 也称“内河通航里程”，是反映内河水运网规模、水平和发展情况的主要指标；是指在一定时期内，能通航运输船舶及排筏的天然河流、湖泊水库、运河及通航渠道的长度。包括全年季节性通航累计三个月以上的航道，但不包括仅供零散流放竹、木排的河道。

民用航空航线里程 指民航运输定期班机飞行的航线长度的总和。航线长度按机场之间的距离计算，通常有两种计算方法:将每条航线长度相加称为重复计算航线里程;如将两条或两条以上航线经过同一区段里程,只计算一次航线长度称为不重复计算航线里程。一般常用的是后者,它能确切反映民航运输网的规模,表明民航事业为国民经济服务和方便人民生活程度的主要指标。

货(客)运量 指在一定时期内,各种运输工具实际运送的货物(旅客)数量。是反映运输业为国民经济和人民生活服务的数量指标,也是制定和检查运输生产计划,研究运输发展规模和速度的重要指标。货运按吨计算,客运按人计算。货物不论运输距离长短,货物类别,均按实际重量统计;旅客不论行程远近或票价多少,均按一人一次作为客运量统计。半价票、小孩票也按一人统计。

货物(旅客)周转量 指在一定时期内,由各种运输工具运送的货物(旅客)数量与其相应运输距离的乘积之总和,是反映运输业生产总成果的重要指标,也是编制和检查运输生产计划,计算运输效率、劳动生产率以及核算运输单位成本的主要基础资料。通常以吨公里和人公里为计算单位。计算货物周转量通常按发出站与到达站之间的最短距离,也就是计费距离计算。

邮电业务总量 指以货币表现的邮电部门用于传递信息和提供其他邮电服务的总数量。它综合反映了一定时期邮电工作的总成果,是研究邮电业务量构成和发展趋势的重要指标。根据邮电管理体制不同,分为中央国营业务总量和地方国营业务总量。它用各种邮电分类业务量,如函件件数、电报份数、长话张数、市内电话和农村电话的年均户数、订销报刊累计份数等,分别乘以相应的平均单价(不变价),加总后再加上出租电路和设备的收入、代用户维护电话交换机和线路等设备的收入、其他业务收入求得。

市内电话 指接入县城(包括个别城镇)及县以上城市的市内电话网上,并按市内电话进行经营管理的电话。按计费办法分为包月制和计次制两种。

(1)住宅电话 指话机装在居民住宅里的电话。它包括私人付费、公费和免费三个部分。

(2)私人付费电话 指住宅居民自费安装并自己缴纳通话费的电话。

无线寻呼电话用户 指携带小型寻呼机,接收市话用户通过无线寻呼中心,在规定范围内向其发出声音、数字或文字显示信息的用户。目前在邮电部门办理登记手续的无线寻呼电话用户,每一部寻呼机按一户计算。

移动电话用户 指在邮电部门登记,通过移动电话交换机进入移动电话网、占有移动电话号码的电话用户。用户数量以实际办理登记手续进入邮电部门移动电话网的户数进行计算,一部或一台移动电话统计为一户。

建筑业

建筑业总产值(即自行完成施工产值) 指建筑业企业或附营建筑施工单位自行完成的按工程进度计算的建筑安装生产总值。建筑业产值包括:

① 建筑工程产值:指列入建筑工程预算内的各种工程价值。

② 设备安装工程产值:指设备安装工程价值。

③ 房屋、构筑物修理产值:指房屋、构筑物修理所完成的价值,但不包括被修理房屋、构筑物本身的价值和生产设备的修理价值。

④ 非标准设备制造产值:指加工制造没有定型的、非标准的生产设备的加工费和原材料价值,不论是现场还是附属加工厂为本单位承建工程制造的非标准设备的价值,都应计算产值。

建筑业增加值 指建筑业企业在报告期内以货币表现的建筑业生产经营活动的最终结果。目前建筑业增加值采用分配法(收入法)计算,即从收入的角度出发,根据生产要素在生产过程中应得的收入份额计算。具体计算公式为:

建筑业增加值 = 本年提取的固定资产折旧 + 应付工资 + 应付福利费 + 管理费中的劳动待业保险金、税金 + 工程结算税金及附加 + 工程结算利润。

房屋建筑施工面积 指在报告期内施工的全部房屋建筑面积。包括本期内新开工的、上期施工跨入本期继续施工、上期停建本期复工的房屋建筑面积;不包括上期开工后又停工,本期未施工的房屋建筑面积。

房屋建筑竣工面积 指在报告期内,按照设计所规定的工程内容全部完成,达到了设计规定的交工条件,经有关部门检查验收鉴定合格的房屋建筑面积。

自有机械设备年末总台数 指归本企业(或单位)所有,属于本企业固定资产的生产性机械设备年末总台数。包括施工机械、生产设备、运输设备以及其他设备。

自有机械设备年末总功率 指本企业(或单位)自有施工机械、生产设备、运输设备以及其他设备等列为在册固定资产的生产性机械设备年末总功率,按设定能力或查定能力计算。包括机械本身的动力和为该机械服务的单独动力设备,如电动机等。计算单位用千瓦,动力换算可按 1 马力 = 0.735 千瓦折合成千瓦数。电焊机、变压器、锅炉不计算动力。

工程结算收入 指企业(或单位)按工程的分部分项自行完成的建筑产品价值并已与甲方在报告期内办理结算手续的工程价款收入,以及向甲方收取的除工程价款以外的按规定列作营业收入的各种款项,如临时设施费、劳动保险费、施工机械调迁费等以及向甲方收取的各种索赔款。

工程结算利润 指已结算工程实现的利润。如为亏损以"-"号表示。其计算公式为:

工程结算利润 = 工程结算收入 - 工程结算成本 - 工程结算税金及附加

企业总收入 指与企业生产经营直接有关的各项收入,包括工程结算收入和其他业务收入,即:

企业总收入 = 工程结算收入 + 其他业务收入

批发零售贸易和餐饮业

社会消费品零售额 指各种经济类型的批发零售贸易业、餐饮业、制造业和其他行业对城乡居民和社会集团的消费品零售额。这个指标反映通过各种商品流通渠道向居民和社会集团供应的生活消费品来满足他们生活需要,是研究人民生活,社会消费品购买力、货币流通等问题的重要指标。社会消费品零售额包括:(1)售给城乡居民作为生活用的商品和修建房屋用的建筑材料;(2)售给机关、团体、学校、部队、企业、事业单位的职工食堂和旅店(招待所)附设专门供本店旅客食用,不对外营业的食堂的各种食品、燃料;企业、单位和国营农场直接售给本单位职工和职工食堂的自己生产的产品;(3)售给部队干部、战士生活用的粮食、副食品、衣着品、日用品、燃料;(4)售给来华的外国人、华侨、港澳台同胞的消费品;(5)居民自费购买的中、西药品、中药材及医疗用品;(6)报社、出版社直接售给居民和社会集团的报纸、图书、杂志、集邮公司出售的新、旧纪念邮票、特种邮票、首日封、集邮册、集邮工具等;(7)旧货寄售商店自购、自销部分的商品;(8)煤气公司、液化石油气站售给居民和社会集团的煤气灶具和罐装液化石油气;(9)农民售给非农业居民和社会集团的商品。不包括售给国民经济各部门企业、事业单位(包括国有经济的农场)生产经营用的各种原材料、燃料、设备、工具等和售给批发零售贸易业、餐饮业作为转卖用的商品、旧货寄售商店受托寄售卖出的商品、服务业的营业收入、邮局出售邮票的收入、自来水、电力、煤气生产(供应)单位的产品供应收入,也不包括农民之间的商品销售。

批发零售贸易业商品购、销、存总额 指以各种经济类型的批发、零售贸易业(不包括个体)为总体的商品购、销、存。

商品购进总额 指从本企业(单位)以外的单位和个人购进(包括从国外直接进口)作为转卖或加工后转卖的商品。这个指标反映批发零售贸易业从国内、国外市场上购进商品的总量。商品购进总额包括:(1)从工农业生产者购进的商品;(2)从出版社、报社的出版发行部门购进的图书、杂志和报纸;(3)从各种经济类型的批发零售贸易企业(单位)购进的商品;(4)从其他单位购进的商品,如从机关、团体、企业、单位购进的剩余物资,从餐饮业、服务业购进的商品,从海关、市场管理部门购进的缉私和没收的商品,从居民收购的废旧商品等;(5)从国(境)外直接进口的商品。不包括企业(单位)为自身经营用,和未通过买卖行为而收入的商品以及销售退回、商品升溢等。

商品销售总额　指对本企业(单位)以外的单位和个人出售(包括对国(境)外直接出口)的商品。这个指标反映批发零售贸易业在国内市场上销售商品以及出口商品的总量。商品销售总额包括:(1)售给城乡居民和社会集团消费用的商品;(2)售给工业、农业、建筑业、运输邮电业、批发零售贸易业、餐饮业、服务业等作为生产、经营使用的商品;(3)售给批发零售贸易业作为转卖或加工后转卖的商品;(4)对国(境)外直接出口的商品。不包括:出售本企业(单位)自用的废旧包装用品,未通过买卖行为付出的商品,经本单位介绍,由买卖双方直接结算,本单位只收取手续费的业务,购货退出的商品以及商品损耗和损失等。

批发零售贸易业年末库存　指年末各种经济类型的批发零售贸易企业(单位)已取得所有权的商品。它反映各地区、各批发零售贸易企业(单位)的商品库存情况,和对市场商品供应的保证程度。期末库存包括:(1)存放在批发零售贸易业经营单位(如门市部、批发站、经营处)仓库、货场、货柜和货架中的商品;(2)挑选、整理、包装中的商品;(3)已记入购进而尚未运到本单位的商品,即发货单或银行承兑凭证已到而货未到部分;(4)寄放他处的商品,如因购货方拒绝承付而暂时存放在购货方的商品和已办完加工成品收回手续而货未提回的商品;(5)委托其他单位代销(未作销售或调出)尚未售出的商品;(6)代其他单位购进尚未交付的商品。不包括所有权不属于本单位的商品、拨付除批发零售贸易业以外的其他行业所属独立核算加工厂等加工生产尚未收回成品的商品、代国家物资储备部门保管的商品等。期末库存总额计算方法是:农副产品采购单位按购进价计算,批发单位按进货价计算,零售单位按什么价格核算就按什么价格计算。

城乡集市贸易成交额　指在农村集市和城市集市上买卖双方(包括农民、非农业居民、机关、团体、工商企业、个体商贩)成交的全部商品金额,是反映集市贸易规模的综合性指标。

对外经济贸易和旅游业

利用外资　指我国各级政府、部门、企业和其他经济组织通过对外借款、吸收外商直接投资以及用其他方式筹措的境外现汇、设备、技术等。

对外借款　是我国利用外资的主要部分。包括我国通过外国政府贷款,国际金融组织贷款,外国银行商业贷款,出口信贷以及对外发行债券,股票等方式,从境外筹措的资金。

外商直接投资　是指外国企业和经济组织或个人(包括华侨、港澳台胞以及我国在境外注册的企业)按我国有关政策、法规、用现汇、实物、技术等在我国境内开办外商独资企业、与我国境内的企业或经济组织共同举办中外合资经营企业、合作经营企业或合作开发资源的投资(包括外商投资收益的再投资)以及经政府有关部门批准的项目投资总额内,企业从境外借入的资金。

旅游人数　指来我国参观、访问、旅行、探亲、访友、休养、考察、参加会议和从事经济、科技、文化、教育、体育、宗教等活动的外国人、华侨、港澳和台湾同胞的人数。不包括外国在我国的常驻机构,如使领馆、通讯社、企业办事处的工作人员;来我国常驻的外国专家、留学生以及在岸逗留不过夜人员。

国际旅游(外汇)收入　指入境旅游的外国人、华侨、港澳台同胞在中国大陆旅游过程中发生的一切旅游支出,对于国家来说就是国际旅游(外汇)收入。

进出口总额　海关进出口总额指实际进出我国国境的货物总金额。包括对外贸易实际进出口货物,来料加工装配进出口货物,国家间、联合国及国际组织无偿援助物资和赠送品,华侨、港澳台同胞和外籍华人捐赠品,租赁期满归承租人所有的租赁货物,进料加工进出口货物,边境地方贸易及边境地区小额贸易进出口货物(边民互市贸易除外),中外合资经营企业、中外合作经营企业、外商独资经营企业进出口货物和公用物品,到、离岸价格在规定限额以上的进出口货样和广告品(无商业价值、无使用价值和免费提供出口的除外),从保税仓库提取在中国境内销售的进口货物,以及其他进出口货物。进出口总额用以观察一个国家在对外贸易方面的总规模。我国规定出口货物按离岸价格统计,进口货物按到岸价格统计。

金融和保险

存款 企业、机关、团体或居民根据可以收回的原则，把货币资金存入银行或其他信用机构保管并取得一定利息的一种信用活动形式。根据存款对象的不同可划分为企业存款、财政存款、机关团体存款、基本建设存款、城镇储蓄存款、农村存款等科目。它是银行信贷资金的主要来源。

贷款 银行或其他信用机构根据必须归还的原则，按一定利率，为企业、个人等提供资金的一种信用活动形式。我国银行贷款分为流动资金贷款、固定资产贷款、城乡个体工商户贷款以及农业贷款等科目。

承保额 又叫保险金额。它是保险人对被保险人负担损失补偿或约定给付的金额。它是保险合同上的最高责任额，也是计算保费的依据。

保费 又叫保险费。是保险人根据保险合同的有关规定，为被保险人取得因约定危险事故发生所造成的经济损失补偿(或给付)权利，付给保险人的代价。包括财产险和人身险储金收入。

赔款 保险事故发生后，经查证确属保险责任范围以内的保险标的损失，保险人根据保险合同的规定履行赔偿义务，给予被保险人的款项叫做赔款。赔款可分为已决赔款和未决赔款两种。

教育、科技和文化事业

普通高等学校 指按照国家规定的设置标准和审批程序批准举办，通过国家统一招生考试，招收高中毕业生为主要培养对象，实施高等教育的全日制大学、独立设置的学院和高等专科学校、短期职业大学。

成人高等学校 指按照国家有关规定审批，招收通过全国成人高教统一招生考试的具有高中毕业或同等学历的在职从业人员利用脱产、半脱产、业余或函授等多种形式对其实施高等学历教育，培养高等教育专科或本科毕业水平的专门人才，修业年限、课程设置和总学时数均按高等学历教育要求付诸实施的学校。包括广播电视大学、职工高等学校、农民高等学校、管理干部学院、教育学院、独立设置的函授学院等。

小学学龄儿童入学率 指调查范围内已入小学学习的学龄儿童占校内外学龄儿童总数(包括弱智儿童在内，但不包括盲聋哑儿童)的比重。计算公式：

$$\text{小学学龄儿童入学率} = \frac{\text{已入学的小学学龄儿童数}}{\text{校内外小学学龄儿童总数}} \times 100\%$$

独立研究与开发机构 指有明确的任务和研究方向，有一定学术水平的业务骨干和一定数量的研究人员，具有研究、开发、开展学术工作的基本条件，主要进行科学研究与技术开发活动，并且在行政上有独立的组织形式财务上独立核算盈亏，有权与其他单位签订合同，在银行有单独户头的单位。包括国务院各部门、中国科学院、中国社会科学院和各省、自治区、直辖市以及地(市)以上〔含地(市)〕各部门所属的国有独立的科学研究与技术开发机构。

独立研究与开发机构职工 指在科学研究与技术开发机构工作，并由其支付工资的各种人员。包括长期职工和临时职工，不包括编制以外的离休、退休人员和停薪留职人员，但包括招聘人员。

研究与发展经费支出 指报告期内用于研究与实验发展课题活动(基础研究、应用研究、实验发展)的全部实际支出。包括用于研究与发展课题活动的直接支出，还包括间接用于研究与发展活动的一切支出(院、所管理费、维持院、所正常运转的必需费用和与研究发展有关的基本建设支出)。

科学家和工程师 指具有大学本科及以上学历的和不具备上述学历但有高、中级职称的人员。

其他科技人员 指大专、中专毕业和具有初级职称的从事科技活动人员。

发明 指专利法及其实施细则所称的发明，指对有关产品、方法或其改进所提出的新的技术方案。

实用新型 指专利法及其实施细则所称的实用新型，指对产品的形状、构造或者其结合所提出的适于实用的新的技术方案。

外观设计 专利法及其实施细则所称的外观设计是指对产品的形状、图案、色彩或者其结合所作出的富有美感并适于工业上应用的新设计。

文化事业机构 指从事专业文化工作和为专业文化工作服务的独立建制的单独核算的单位。不包括这些单位另外举办独立核算的其他机构和各部门的业余文化组织。

艺术表演团体 指从事戏曲、音乐、舞蹈、杂技等专业艺术表演,有独立帐户,实行单独核算的团体。不包括半工半艺、半农半艺和民间职业剧团。

电影放映单位 指具有放映机器设备、固定或不固定的放映场所与专职或兼职的放映技术人员,经有关部门登记批准,经常为一定的观众对象放映电影的机构。包括经批准对外开放进行营业,并与电影发行放映管理机构分帐的专用放映单位和军委系统租片单位。

艺术表演观众人数(人次) 指售票、包场演出或民族地区免费演出的艺术表演观众人次数。不包括彩排审查和内部观摩演出的观看人次数。

体育、卫生和其他事业

等级运动员人数 指经考核正式批准授予等级运动员称号的人数。运动员等级分为国际级运动健将、运动健将、一级运动员、二级运动员、三级运动员、少年级运动员。

等级裁判员人数 指经考核正式批准授予等级裁判员称号的人数。裁判员等级分为国际裁判、国家级裁判、一级裁判、二级裁判、三级裁判。

体育场 指有 400 米跑道(中心含足球场),有固定道牙,跑道 6 条以上,并有固定看台的室外田径场地。以看台容纳观众人数分:甲级 25000 人以上,乙级 15000 - 25000 人,丙级 5000 - 15000 人,丁级 5000 人以下。

体育馆 指有固定看台,可借篮球、排球、羽毛球、乒乓球、体操等项目训练比赛活动用的室内运动场地。以看台容纳观众人数分:甲级 6000 人以上,乙级 4000 - 6000 人,丙级 2000 - 4000 人,丁级 2000 人以下。

医院 指名称为医院,设有固定床位能收容病人住院并能为病人提供医疗、护理服务的医疗机构。包括县及县以上医院、农村乡卫生院、其他医院三部分。按所属性质分为卫生部门、工业及其他部门,集体经济单位三类。其中县及县以上医院按业务性质分为综合医院和专科医院。

卫生技术人员 指卫生事业机构支付工资的全部固定职工和合同制职工中现任职务为卫生技术工作的专业人员。包括中医师、西医师、中西医结合高级医师、护师、中药师、西药师、检验师、其他技师、中医士、西医士、护士、助产士、中药剂士、西药剂士、检验士、其他技士、其他中医、护理员、中药剂员、西药剂员、检验员,其他初级卫生技术人员。

医生 指经卫生部门审查合格,从事医疗工作的专业人员。分为中医医生和西医医生。包括卫生技术人员中的中医师、西医师、中西结合高级医师、中医士、西医士和其他中医。

社会福利事业单位 指集中收养社会孤老、残、幼的机构。包括由民政部门管理的社会福利院、儿童福利院、精神病人福利院和城镇集体办的福利院,以及农村集体举办的敬老院。

社会福利事业单位收养人数 包括民政部门管理的和城镇及农村集体举办的社会福利事业单位中收养的老人、少年儿童、缺乏生活自理能力的残疾人员和精神病人。

社会福利企业单位 指以安置城镇有一定劳动能力的盲、聋、哑和肢体残疾人员就业为目的,享受国家减免税待遇的国有或集体经济性质的企业。包括福利工厂、福利商业服务业、假肢厂和安置农场等单位。

律师 指受聘参加法律顾问处工作,担任法律顾问、刑(民)事代理人、刑事辩护人,办理非诉讼事件、解答法律询问,代写法律事务文书等主要从事律师业务的专职法律工作者和兼职律师。

公证人员 指在国家公证机关依法办理公证事务的司法人员。包括公证员、助理公证员和在公证处工作的其他人员。

办理公证文书 指公证处在一定时期内办结的公证文书件数。公证文书系按司法部规定或批准的格式制作。包括国内公证和涉外公证两部分。其中国内公证分为经济合同公证和民事法律关系公证两大类。

调解人员 在人民调解委员会担负调解民间一般民事纠纷和轻微违法行为所引起的纠纷的工作人员。包括调解委员会的委员和调解小组的调解员。

调解民间纠纷 指调解委员会依照法律规定,根据自愿原则,用说服教育的方法调解民间发生的有关民事权利和义务的争执,促成当事双方达到协议和谅解,解决纠纷。包括婚姻家庭纠纷,财产权益纠纷等。不包括法院受理调解的民事案件数。

离休、退休、退职人员 指正式办理了离休、退休、退职手续,并享受相应的离休、退休、退职待遇的人员。

保险福利费用 指企业、事业、机关单位在工资以外实际支付给职工和离休、退休、退职人员个人以及用于集体的劳动保险和福利费用。

(1)职工保险福利费用具体包括:

①医疗卫生费 指实行公费医疗企业的职工及其供养的直系亲属的医疗费、医务经费、职工因工负伤就医路费以及住院伙食补助费等;卫生部门开支的事业及机关单位职工的公费医疗经费;未参加公费医疗的企业、事业和机关单位职工的医药费。

②丧葬抚恤救济费 指职工死亡的丧葬费、丧葬补助费和所遗供养直系亲属的抚恤费、救济费、生活补助费以及职工供养直系亲属死亡时的丧葬补助费等。

③生活困难补助 指对生活困难的职工实际支付的定期补助和临时性补助。

④文体宣传费 指企业、事业和机关单位实际支付的文体宣传费。不包括学习费。

⑤集体福利事业补贴费 指对职工浴室、理发室、洗衣房、哺乳室、托儿所等集体福利设施各项支出与收入相抵后的差额补助费。

⑥集体福利设施费 指按照国家规定开支的集体福利设施费用。如职工食堂炊事用具的购置费、修理费、职工宿舍的修缮费用。不包括由企业、事业、机关单位自筹经费开支的职工福利设施的基本建设费用。

⑦计划生育补贴 指发给职工独生子女的补贴费和保健费。

⑧其他 指上述费用以外,单位支付给职工的保险福利费。

(2)离休、退休、退职人员保险福利费用具体包括:

①离休金 指发给离休人员的工资和按1982年国务院发布的"关于老干部离职休养制度的几项规定"发给符合规定的离休干部相当于1-2个月标准工资的生活补贴和国务院〔1989〕82、83号文件规定提高离休人员的待遇所增加的费用及粮油价格补贴等。

②退休金 指按照国家有关规定发给退休人员的退休费和国务院〔1989〕82、83号文件规定提高退休人员的待遇所增加的费用及粮油价格补贴等。

③退职生活费 指按照1978年国务院《关于工人退休、退职的暂行办法》规定定期发给退职人员的生活费用和国务院〔1989〕82、83号文件规定提高退职人员的待遇所增加的费用及粮油价格补贴等。

④医疗卫生费 离休、退休、退职人员的医疗费、住院费以及住院伙食补助等费用。

⑤护理费 因工致残、饮食起居需人扶助的离休、退休人员的护理费以及因病不能自理的离休人员的护理费。

⑥生活补贴 按照1985年国务院《关于发给离休退休人员生活补贴费的通知》规定,发给离休、退休人员的生活补贴费。

⑦交通费补贴 指按月发给离休人员的交通费补贴。

⑧丧葬抚恤救济费 指离休、退休、退职人员死亡的丧葬费、丧葬补助费和所遗供养直系亲属的抚恤费、救济费、生活补助费以及供养直系亲属死亡时的丧葬补助费等。

⑨其他 包括易地安置的离休、退休、退职人员的安家补助费;离休、退休、退职人员的生活困难补助费、书报费、洗理费、副食品价格补贴、房租价格补贴、水电补贴、少数民族补贴以及老干部活动经费开支的旅游费用等。

工业废水排放量 指经过企业厂区所有排放口排到企业外部的工业废水量。包括生活废水、外排的直接冷却水、超标排放的矿井地下水和与工业废水混排的厂区生活污水,不包括外排的间接冷却水(清污不分流的间接冷却水应计算在内)。

工业废水排放达标量 指各项指标都达到国家或地方排放标准的外排工业废水量,包括未经处理外排达标的和经过处理后外排达标的两部分。国家排放标准见 GB8978－88。

工业废水处理量 指报告期内各种水治理设施实际处理的工业废水量,包括处理后外排的和处理后回用的工业废水量。虽然处理但未达到国家或地方排放标准的废水量也应计算在内。计算时,如遇有车间和厂排放口均有治理设施,并对同一废水分级处理时,不应重复计算工业废水处理量。

工业废气排放量 指企业厂区内燃料燃烧和生产工艺过程中产生的各种排入空气的含有污染物的气体的总量,以标准状态〔273K,101325Pa〕计。

二氧化硫排放量 指企业在燃料燃烧和生产工艺过程中排入大气的二氧化硫量。

工业烟尘排放量 指企业厂区内的燃料燃烧产生的烟气中夹带的颗粒物的量。

工业粉尘排放量 指企业在生产工艺过程中排放的颗粒物重量。如钢铁企业的耐火材料粉尘、焦化企业的筛焦系统粉尘、烧结机的粉尘、石灰窑的粉尘、建材企业的水泥粉尘等。不包括电厂排入大气的烟尘。

工业固体废物产生量 指企业在生产过程中产生的固体状、半固体状和高浓度液体状废弃物的总量,包括危险废物、冶炼废渣、粉煤灰、炉渣、煤矸石、尾矿、放射性废物和其他废物等;不包括矿山开采的剥离废石和掘进废石(煤矸石和呈酸性或碱性的废石除外)。酸性或碱性废石是指采掘的废石其流经水、雨淋水的 pH 值小于 4 或 pH 值大于 10.5 者。

环境污染与破坏事故 指由于违反环境保护法规的经济、社会活动与行为,以及意外因素的影响或不可抗拒的自然灾害等原因,致使环境受到污染,国家重点保护的野生动植物、自然保护区受到破坏,人体健康受到危害,社会经济和人民财产受到损失,造成不良社会影响的突发性事件。

Explanatory Notes on Main Statistical Indicators

ADMINISTRATIVE DIVISION AND NATURAL RESOURCE

Forest Coverage – Rate refers to the ratio of area of afforested land to total area of land (measured in percentage). According to regulations of the government , calculation forest coverage – rate, in addition to afforested land, the area of bush forest, the area of forest land inside farm land and the area of trees planted by the side of farm houses and along the roads, rivers and fields should be included in the area of afforested land in the calculation of the forest coverage – rate. This indicator shows the forest resources and afforestation progress of a country or a region. The formula for calculating forest coverage – rate is as follows:

$$\text{Forestry Coverage} - \text{rate}(\%) = \frac{\text{Area of Afforested Land}}{\text{Area of Total Land}} \times 100\%$$

Stock Volume of Forest refers to total stock volume of wood growing in forest area, which shows the total size and level of forest resources of a country or a region.

Ensured Mineral Reserves refer to the actual mineral reserves , which equal to the proven mineral reserves (including industrial reserves and prospective reserves) minus extracted parts and underground losses. This indicator shows the current condition of the mineral resources of a country.

GENERAL SURVEY

Gross Domestic Product refers to gross domestic product calculated at market prices, which is the final products of all resident units in a country (or region) during a certain period of time. Gross domestic product is expressed in three different forms, i. e. value added, income, and products respectively. The form of value added refers to the total value of all products and suervices produced by all resident units during a certain period of time minus total value of input of materials and services of the nature of non – fixed assets or the summation of the value added of all resident and non – resedent units; the form of products refers to all final goods and services minus imports of goods and services. In the practice of national accounting, gross domestic product is calculated with three approaches, i.e. product approach, income approach, and expenditure approach respectively to reflect gross domestic product and its composition from different aspects.

Gross National Product refers to gross national product calculated at market price, which is the final result of the primary distribution of the income created by all the resident units of a country during a certain period of time. The value added created by the resident units of a country engaged in production activities is mainly distributed to the resident units of that country while a part of it is distributed to the non – resident units of the country in the form of remuneration for the labourers and property income. Simultaneously a part of the value added created abroad is distributed to the resident units of the country in the form of remuneration for the labourers and property income. Thus the concept of gross national product is formed, which equals to gross domestic product plus overseas incomeas remuneration for the labourers and property in come minus payment abroad as remuneration for the labourers and property income. Unlike gross domestic product which is a comcept of production, gross national product is a concept of income.

The difference among gross national product and total value of society and notional income is that the total value of society and national income only take into account products of material production sectors, while the gross national product, in addition to products of material production sectors, also takes into account of products of non – material production sectors . in terms of the value composition of the three conceptions, the total value of society includes the total value of all products of the society; the gross national product includes only the newly created value in the process of producing goods and services, i.e. the value added and excludes the value of the input of intermediate goods and services; National income excludes both the intermediate input and depreciation of fixed assets and includes only the net value of output.

Three Industries Industry structure has been classified according to the historical sequence of development. Primary industry refers to estraction of natural resources; secondary industry involves processing of primary products ; and tertiary industry provides services of various kinds for production and consumption. The above classification is universal although it varies to some extent form country to country. Industry in China comprises:

Primary industry: agriculture (including farming, forestry, animal husbandry, sideline production and fishery).

Secondary industry: industry (including mining and quarrying, manufacturing, water supply, electricity generation and supply, steam , hot water, gas) and construction.

Tertiary industry: all other industries not included in primary or secondary .

Due to the fact that tertiary industry involves in a large variety of industries in China, it is divided into two sectors: circulation sector and service sector and further into four levels:

The first level: circulation sector, including transportation, postal and telecommunications, services, commerse, catering trade, material supply and marketing, and storage.

The second level: service sector providing services for production and consumption, including banking, insurance, geological survey, real estate, puglic utilities, service for residents, consultancy service, and comprehensive technical services, and service for agriculture, forestry, animal husbandry, fishery, water conservancy, and maintenance of roads and inland water ways, etc.

The third level : service sector for up grading scientific, educational and cultural level of thepeople, including education, culture, broadcasting, televiseon, scientific research, public health, sports, and social welfare, etc.

The fourth level: sector ptoviding services for public needs, including government agencies, political and party organizations, social organizations, armies, and policemen.

GDP Calculated With Expenditure Approach refers to total expenditure on final comsumption, total capital formation and net export of goods and services by resident units of a country in a certain period of time. It reflects the composition of GDP by its use.

Final Consumption refers to the total expenditure of resident units on final consumption of goods and services in a certain period, namely the expenditure of the resident units for purchases of goods and services from domestic economic territory and abroad to meet the requirements of material, cultural and spiritual life. It excludes the expenditure of non - resedent units on consumption in the economic territory of the country. The final consumption is classi fied into resident consumption and government consumption.

(1) Resident consumption refers to the total expenditure of resident housen olds on the final consumption of goods and services in a certain period of time. The expenditure of residents on final consumption of goods is recorded when the change of the ownership of goods happens. The expenditure of residents on final consumption of services is recorded when the services are provided. The expenditure of the residents on consumption is calculated at market prices, namely the purchasers' privices which the residents pay; the purchasers' prices of goods are the prices the resedents pay when they obtain the goods, including the transport and commercial expenses paided by the residents. In addition to the expenditure on consumption of goods and services bought by the residents directly with money, the expenditure on goods and services obtained by the residents in other ways, i.e. the so - called fictitious expenditure on consumption, is also included in the expenditure of the residents on consumption. The fictitious expenditure of the residents on consumption includes the following types: (a) the goods and services provided to the residenrs by the units in the form of payment in kind and transfer in kind; (b) the goods and services produced and consumed by the households themselves, in which the services refer only

to the services provided by the residential buildings owned by the households; (c) the ser vices of financial intermediary provided by the fiancial institutions; (d) the insurance services provided by the insurance companies.

(2) Government consumption refers to the expenditure on the consumption of the public services provided by the government to the whole society and the net expenditure on the goods and services provided by the government to the households free charge or at lower prices. The former equals tothe output value of the govenment services minus the value of operating in come obtained by the government departments. (The output value of the government serveces equa ls to its current operating expenditure plus depreciation of fixed assets). The latter equals to the market value of the goods and services provided by the government to the households minus the value received by the government from the households.

Total Capital Formation refers to the net amount of the fixed assets and stock acquired minus those disposed, including the total fixed assets formation and the increase in stock.

(1)Total Fixed Capital Formation refers to the value of fixed assets purchased, transferred in by the resident units and those produced and used by themselves in a certain period deducting the value of fixed assets sold and transferred out. It can be classified into total tangible assets formation and total intangible assets formation. The total tangible assers formation include the valus of the construction projects, installation projects completed and the equipment, apparatus and instruments purchased as well as the value of land improved, the value of draught animals, breeding stock, milk, wool and recreational animals and the newly increased economic forest in acertain period. The total intangible assets formation includes the prospecting of minerals, the acquisition of computer soft wares, the originals of recreational works and works of literature and arts minus the disposal of them.

(2) Increase in stock refers to market value of the change in a certain period, i. e. the difference of value between the begining and the end of the period. The increase in stock can depositive. A positive valus indicates the increase in stock while a negative value indicates the decrease in stock. The stock includes the raw materials, fuels and reserve mate rials purchased by the production units as well as the stock of finished products, semi - finished products, work - in - progress, etc.

POPULATION

Total Population refers to the total number of people alive at a certain point of time within agiven area.

The annual statistics on total population is taken at mid night, the 31st of December.

Birth Rate (or Crude Birth Rate) refers to the ratio of the number of births to the average population during a certain period of time(usually a year), which is often expressed in ‰ . The following formula is used:

$$\text{Birth Rate} = \frac{\text{Number of Births}}{\text{Average Number of Population}} \times 1000‰$$

Number of Births refers to live births, i.e. the births when babies had showed any vital phenomena regardless of the length of pregnancy.

Annual Average Number of Population is the average of the number of population at the baginning of the year and that at the end of the year. sometimes it is substituted for with the mid - year population.

Death Rate (or Crude Death Rate) refers to the ratio of the number of deaths to the average population (or mid - year population) during a certain period of time(usually a year), which is often expressed in ‰. The following formula is used:

$$\text{Birth Rate} = \frac{\text{Number of Deaths}}{\text{Annual Average Numger of Po pulation}} \times 1000‰$$

Natural Growth Rate of Population refers to the ratio of natur al increase in population (number of births minus number of deaths) in a certain period of time (usually a year) to the average population (or mid - year population) of the same period, which is often expressed in ‰. The following formulas are applied:

$$\text{Natural Growth of Population} = \frac{\text{Number of Births} - \text{Number of Deaths}}{\text{Average Number of Population}} \times 1000‰$$

$$\text{Natural Growth Rate of Population} = \text{Birth Rate} - \text{Death Rate}$$

EMPLOYMENT AND WAGE

Employed Persons refers to the persons who are engaged in social labour and receivere muneration payment or earn business income, including:

(1) total staff and workers,

(2) reemployed retirees,

(3) employers of private enterprises,

(4) employers of individual economy,

(5) employed persons in private enterprises and individual economy,

(6) employed persons in the enterprises in the urban areas,

(7) employed persons in the rural areas,

(8) other employed persons (including teachers in the schools run by the local people engaged in religious profession and the servicemen, etc.)

This indicator reflects the actual utilization of total labour force during a certain period of time and is often used for the research on China's economic affairs and national power.

Persons employed in various units refer to all the persons working in government agencies of various levels, political and party organizations, social organizations, and enterprises and institutions and reciving payment, including staff and workers, reemployed retirees, teachers in schools run by the local people, foreigners, and Chinese compatriots from Hong Kong, Macao, and Taiwan working in various units. This indicator reflects the total number of laborers actually engaged in production or other operations in various units.

Economically Active Population refers to the population, th e members of which are aged 16 and over, capable to labour, participating in or desitous to participate in the social and economic activities, including employed persons and unemployed persons.

Registered Unemployed Persons And Registered Unemployent Rate in Urban Areas: The registered unemployed persons in urban areas refer to the persons who are registered as permanent residents in the urban areas engaged in non - agricultural activities, aged within the range of working age, capable to labour, unemployed but desirous to be employed and have been registered at the local employment service agencies to apply for a job. Registered unemployment rate in persons and the registered unemployed persons. The formula is as follows:

Registered unemployment rate in urban areas = the number of the registered unemployed persons ÷ (the number of employed persons + the number of the registered unemployed persons) × 100‰

Total Wages of Staff And Workers refer to the total remunera tion payment to staff and workersin various units during a certain period of time.

The calculation of total wages is based on the total remuneration payment to the staff and workers. Therefore, all the wages and salaries and other payments to staff and workers are included in the total wages regardless of their sources, category, and forms(in kind or cash).

Average Wage of Staff And Workers refers to the average wage in money terms per person during acertain period of time for staff and workers in enterprises, insitutions, and government agencies, which reflects the general level of wage income during a certain period of time and is calculated as follows:

$$\text{Average wage of staff and workers} = \frac{\text{Total Wages of Staff and Workers in Reference Period}}{\text{AverageNumber of Staff and Workers in Reference Period}}$$

Average Real Wage of Staff and Workers refers to average wage of sraff and workers after removing the effects of price changes, whichis calculated as follows:

Average Real Wage of Staff and Workers = Average Wage of Staff and Workers in Reference Period ÷ Consumer Price Index of Urban Residents in Reference Period

INVESTMENT IN FIXED ASSETS

Total Investment in Fixed Assets in the Whole Country Investment in fixed assets is the essential means for social reproductuion of fixed assets. By means of construction and purchase of fixed assets, more advanced technonlogies and equipment are adopted in the national economy, and new sectors are established, which promote the adjustment of economic structure and the regional distribution of productive forces and enhance the economic strengths so as to provide the material conditions for improving prople's livelihood. This is significant for speeding up the drive of socialist modernization in China.

Amount of investment in fixed assets refers to the volume of activities in construction and purchases of fixed assets in monetary terms. It is a comprehensive indicator which shows the size, pace, proportional relations and use orientation of the investment in fixed assets. Total investment in fixed assets in the whole country includes, by status of economic ownership, the investment by the state - owned units, collective units, individuals, joint ownership units, share - holding units, as well as investment by businessmen from foreign countries and from Hong Kong, Macau and Taiwan, and by other units. According to China's current management system, the investment in fixed assets in the whole country is classified into the following four parts: investment in capital construction, investment in innoation, investment in real estates development and other investment in fixed assets.

Investment in Capital Construction Capital construction refers to the new construction projects or extension projects and the related work of the enterprises, institutions or administrative units mainly for the purpose of expanding production capacity or improving project efficiency covering only projects each with a total investment of 500000 RMB yuan and over. It includes (1) projects listed in the capital construction plan of the current year of the central government and the local governments at various levels as well as the projects, though not listed in the capital construction plan of the current year, but continued to be constructed in this year, using the investment listed in the plan of capital construction of previous years and carried forward to this year (also using the equipment and materials kept in stock of the capital construction); (2) new construction projects arranged both in the plan of capital construction and the plan of innovation; extension projects with the newly increased production capacity (or project efficiency) up to the standard of a large and mediumsized project; and the projects of moving the whole factory to a new site so as to improve the distribution of productive forces; (3) new construction projects, extension projects or restoration projects or restoration projects with the total investment of 500000RMB yuan and over by the state - owned units, though listed neither in the plan of capital construction nor in the plan of innovation; the projects in the state - owned units of moving the whole factory to a nes site so as to improve thd distribution of productive forces; and the projects of building additional business houses by the administrative units and institutions and building welfare facilities by the administrative units.

Investment in Innovation Innovation refers to the renewal of fixed assets and technolical innovation of the original facilities by the enterpriese and institutions as well as the corresponding supplementary projects and the related work (excluding majoroverhaul and maintenance projects) covering only projects each with a total investment of 500000RMB yuan and over. It includes(1)projects listed in the innocvation plan of the current year of the central government and the local governments at various levels as well as the projects, though not listed in the innovation plan of the current year, but continued to be constructed in this year, using the investment listed in the plan of innovation of previous years and crarried forward to this year; (2)projects of technological innovation or renewal of the original facilitiews, arranged both in the plan of innovation and in the plan of capital construction; extension projects(main workshops ora branchof the factory) with the newly increased production capacity (or project efficiency) not up to the standard of a large and mediumsized project; and the projects of moving the whole factory to a new site so as to meet the requirements of urban environmental protection or safe production; (3) projects of reconstruction or technological innovation with the total investment of 500000 RMB yuan and over by the state – owned units, though listed neither in the plan of capital construction nor in the plan of innovation; the projects in the state – owened units of moving the whole factory to a new site so as to meet the requirements of urban environmental protection or safe production.

Investment in Real Estate Development It includes the investment by the real estate development companies, commercial buildings construction companies and other real estate development units of various types of ownership in the construction of house buildings, such as residential buildings, factory buildings, warehouses, hotels, guesthouses, holiday villages, office buildings, and the complementary service facilities and land development projects, such as roads, water supply, water drainage, power supply, heating, telecommunications, land leveling and other projects of infrastructure. It excludes the activities in simple land transactions.

Other Investment in Fixed Assets refers to the construction and purchases of fixed assets not listed in the investment in capital construction, investment in innovation and investment in real estate development. It includes:

A) The following projects of the state – owned units with the total planned (or actually needed) investment of 500000 yuan and over, which are not included in the plan of capital construction and the plan of innovation(1) projects of oil fields maintenance and exploitation with the oil fields maitenance funds and petroleum development funds; (2) opening and extending projects with the maintenance funds in coal, ore and other mining enterprises and logging enterprises; (3) project of reconstruction of the original highways and bridges with the highway maintenance funds in the department of communication; (4) projects of construction of warehouses with the funds of simple construction in the commercial department.

B) The investment in fixed assets by urban collective units: refer to projects of construction and purchases of fixed assets with the planned total investment of 500000 yuan and over by all collective units in cities and county towns and in townships which are approved by the State Council or provincial governments, excluding investment by collective units under township enterprise administration offices.

C) The projects of construction and purchases of fixed assets by the enterprises, institutions or individuals other than those mentioned above with total investment of 500000 yuan and over, which are not included in the plan of capital construction and the plan of innovation.

Private Investment in House Construction in Urban Areas, Industrial and Mining Areas and Individual Investment in Rural Areas The private house construction in the urban areas and industrial and mining areas includes all the private house construction under the jurisdiction of cities, counties, towns and industrial and mining areas, no matter whether the owner of the house is registered as the permanent resident in the locality or not. The individual investment in the rural areas includes the investment in house construction and purchase of productive fixed assets by the individuals in the rural areas.

Newly Increased Production Capacity refers to the increase of designed capacity and project efficiency through investment in fixed assets, which reflects the accomplishment of investment in fixed assets, which reflects the accomplishment of investment in fixed assets in kind. The calculation of newly increased production capacity is based on individual project which operates independently and efficiently. When an individual project is completed and checked and accepted and put into production, it is counted as newly increased production capacity.

The newly increased production capacity and project efficiency are usually expressed in one of the following forms:

(1) annual production capacity, such as extraction of coal and petroleum;

(2) raw material processing capacity, such as ore dressing capacity of ore dressing projects, the dressing capacity of a coal washery;

(3) number or capacity of major equipment increased, such as the number of cotton spindles increased and the capacity of generating sets increased;

(4) physical measures of construction, such as volume, capacity, area, and length, for instance, the capacity of reservoire, the length of railways of highways.

Newly increased production capacity in terms of quantity is calculated in designed capacity of a capacity in general, which refers to the production capacity of a project under normal conditions designed capacity in general, which refers to the production capacity of a project under normal conditions designed in construction documents regardless of the actual output.

Foor Space of Builidings Under Construction and Completed refers to total floor space in each story of buildings calculated from the outside line of building walls, including both usable space and the space occupied by constructions like pillars or walls, The floor space of multi – story buildings includes the total floor space of each story (including basement).

Floor Space of Residential Buildings refers to the floor space of the residential buildings under construction and completed among the total space of buildings under construction and completed.

Floor Space Under Construction refers to total floor space of all buildings under construction during the reference period, including floor space of newly started buildings during the reference period, floor space of construction extended from the previous period to the current period, floor space of construction suspended during the previous period and resumed in the current period, floor space of construction completed in the current period, and floor space of construction started and then suspended in the current period.

Floor Space of Buildings Completed refers to the floor space of buildings completed in the reference period, which have come up to the designed standards and have been put into use.

Completion Rate of Floor Space of Buildings refers to the ratio of the floor space of buildings completed in certain period of time to the floor space of buildings under construction in the same period, which reflects the investment result and economic efficiency of the construction industry from the angle of the speed of project construction.

Newly Increased Fixed Assets refer to the newly increased value of fixed assets through investment, including the value of equipment, tools, and vessels considered as fixed assets, as well as the relevant expenses as investment in fixed assets. This is a comprehensive indicator of investment in fixed assets, reflecting the achievements of investment in fixed assets in fifferent periods, different sectors, and different regions.

Rate of Construction Projects Completed and Put into Use refers to the ratio of the number of construction projects completed and put into use in certain period of time to the number of projects under construction in the same period. This reflects the investment efficiency from the angle of the speed of projects construction.

Rate of Projects of Fixed Assets Completed and Put into Operation refers to the ratio of the newly increased fixed assets to the total investment made in the same period. This is a comprehensive indicator, reflecting the speed of the employment of fixed assets and the investment efficiency.

ENERGY AND MATERIAL

Total Eneray Production refers to the total production of primary energy by all energy producing enterprises in the country (region) in a given period of time. It is a comprehensive indicator to show the capacity, scale, composition and development of energy production of the country(region) . The production of primary energy includes that of coal, crude oil, natural gas, hydro – power and electricity generated by other means such as wind power and geothermal power. However, it excludes the production of fuels of low calorific value, bioenergy, solar energy and the secondary energy converted from the primary energy.

Total Domestic Energy Consrmpionrefers to the total consumption of energy of various kinds by material production sectors, non – material production sectors and households in the country(region)in a given period of time. It is a comprehensive indicator to show the scale, composition and development of energy consumption. The total energy consumption includes that of coal, crude oil and their products, natural gas and electricity, However, it excludes the consumption of fuel of low calorific value, bioenergy and solar energy. Total domestic energy consumption can be divided intothree parts:

(1) Final Energy Consumption: It refers to the total energy consumption by material production sectors, non – material production sectors and households in the country(region) in a given period of time, but excludes the consumption in conversion of the primary energy into th e secondary energy and the loss in the process of energy conversion.

(2) Loss During the Process of Energy Conversion: It refers to the total input of various kinds of energy for conversion, minus the total output of various kinds of energy in the country in agiven period of time. It is an indicator to show the loss that occurs during the process of energy conversion.

(3) Loss: It refers to the total of the loss of energy during the course of energy transport, distribution and storage and the loss caused by any objective reason in a given period of time. Theloss of vareous kinds of gas due to gas discharges and stock taking is excluded.

PUBLIC FINANCE

Government Revenue refers to the revenue of the government finance by means of participating in the distribution of the social products, which is the financial resources for ensuring the government to function. The contents of government revenue have been changed several times. Now itincludes the following main items:

(1) Various tax revenues, including value added tax, business tax, consumption tax, land value added tax , tax on city maintenance and construction, resources tax, tax on use of urban land, stamp tax, tax on adjustment of the orientation of investment in fixed assets, personal income tax, enterprise income tax, tariff, tax on agriculture and animal husbandry and ta x on occupancy of cultivated land etc.

(2) Special revenues, including revenue collected from imposing fee on sewage treatment, revenue collected from imposing fee on urban water resources, and extra – charges for education, etc.

(3) Other revenues, including revenue from the repayment of capital construction loan, the funds for the state key construction projects in energy industry and transportation, and the funds foustate budget adjustment, etc.

(4)Planned subsidies for the losses of the state – owned enterprises. This is an item of negativerevenue, used to eat up part of the government revenue.

Government Expenditure refers to the distribution and use of the funds the government financehas raised, so as to meet the needs of economic construction and various causes. It includes the following main items:

(1) Expenditure for capital construction: It refers to the non – gratuitous use and appropriation of funds for capital

construction in the range of capital construction, outlay of capital as well as the loans on capital construction approved by the government for special purpose or policy purpose and the expenditure with discount paid in an overall way within the amount of the funds appropriated to the departments for capital construction.

(2) Innovation funds of the enterprises: They refer to the funds appropriated from the government budget for the enterprises to tap the latent power, upgrade the technology and carry out innovation, including the innovation fund of the departments, loan of the enterprises for innovation, subsidies on the innovation of the small fertilizer plant, small cement plant, small coal mines, small machinery plant and small steel plant, the expenditure of interest for the loan for innovation.

(3) Geological prospecting expenses: They refer to the expenses appropriated from the government budget to the geological prospecting units for the expenditure of the prospecting: work, including the expenditures of the administrative agencies for geological prospecting and their institutional units as well as the geological prospecting expenditure.

(4) Expenditures for science and technology promotion: They refer to the expenses appropriated from the government budget for the scientific and technological expenditure, including new products development expenditure, expenditure for intermediate trial and subsidies on important scientific researches.

(5) Expenditure for supporting rural production: It refers to the expenditure s appropriated from the government budget for supporting the various expenditures of the rural collective units or households for production, including the subsidies to the small water conservancy projects and well drilling, sprinkling irrigation projects run by the villages; subsidies on the rural water and soilcon serving measures; subsidies to the small power stations run by the villages; subsidies to the expenditure for fighting against particularly severe draughts; subsidies on the rural waste land exclamation; fund for supportin the township enterprises; subsidies to the expenditure for popularization of the agricultural technologies and plant protection in the rural areas; subsidies to the expenditure for the protection of grass lands and cattle and rowls; subsidies on afforestation and forest protection in rural areas; subsidies on the rural aquatic products industry; special fund for developing grain prodrction.

(6) Operating expenses of the departments of farming, forestry, water conservancy and meteorologyetc.: They refer to the expenses apprlpriated from the government budget for the expenditures of agricultural exclamation, farms, agriculture, animal husbandry, agricultural machinery, forsetry, timber industry, water conservancy, aquatic products industry, meteorology, technology popularization in township enterprises, popularization (demonstration) of improved varieties, plant (cattle and fowls, forest) protection, water quality monitoring, prospecting and designing, resources investigation, cadres training, subsidies to horticulture gardens, expenditures of afforestation agencies and meteorology agencies, expenses for fishery administration and operating expenses for agricultural administration, etc.

(7) Operating expenses of the departments of industry, transport and commerce: They refer to the expenses appropriated form the government budget to the departments of industry, transport and commerce for the expenditure of buseness development, including expenses for prospecting and designing, expenditures of specialized secondary schools, expenditures of the technical training schools and expenditures for cadres training, etc.

(8) Operating expenses of the departments of culture, education, science and public health: Theyrefer to the expenses appropriated from the government budget for the expenditures of the causes of culture, publication, cultural relics, education, public health, traditional Chinese medical science, free medical services, sports, archives, earthquake, ocean, communications, broadcasting, film and television, family planning; expenditure for training of cadres of government, party and mass organization; expenditures for natural sciences, social sciences, association s for science and technology and the special expenditure for the high - tech researches. They include mainly wages, extra wages, welfare funds, pension for the retirees, stipend, expenses for official business, expenses for equipment purchases, expenses for repairs, business expenses and subsidies to theunits which are unable to support their expenditures by their own earnings.

(9) Pension for the disabled or for the families of the bereaved and relief funds for social welfard: They refer to the

funds appropriated from the government budget for the expenditures of penseon for the disabled or for the families of the bereaved and relief funds for social welfare, including the lump – sum or regular pinsion paid by the departments of civil affairs to the members of martyrs' families and families of those who died for the public interest, pension to the revolutionary disabled, subsidies for permanent disability of various kinds, subsidies to the military martyrs' dependents and the demobilized armymen, expenditure for settling down the demobilized armymen, operating expenses of the consoling institutions, expenses for management and repair of the commemorative buildings for the martyrs, the expenses managed by the departments of civil affairs for the retirees and those who have quitted their work, expenses for social relief inrural and urban areas, operating expenses for providing relief to the areas of matural calmity andsubsidies on the reconstruction after the particularly severe natural calamities , etc.

(10) Expenditures for national defence: They refer to the funds appropriated form the government budget for the expenditures for building up national defence and safeguarding national security, including expenses fo national defence, expenses of scientific researches on national defence, expenses for building up people's militia and expenditure for special projects, etc.

(11) Administrative expenses: They include expenditrue for administration, subsidies to the parties and mass organizations , diplomatic expenditure, expenditure for public security, judicial expenditure, law court expenditure, procuratorial expenditure and srbsidies to the expenses fortreating the cases by the public security departments, procuratorial organs and law courts.

(12) Expenditure for price subsidies: It refers to the expenditure appropriated, with the approval of the government, form the government budget for the policy subsidies to price adjustment, including the fund for the increase of grain prices, the subsidies to the difference between the selling prices and purchasing prices of grain , cotton and edible oil, awards in addition to thepurchasing prices of cotton, risk fund for mom – staple food, siubsidies on the prices of meat and meat products, subsidies on the price difference for curbing the high market prices of meat, meatproducts and vegetables and the subsidies approved by the government on the prices of textbooks andnewaprint of newspapers and perodicals.

PRICE

Retail Price Index reflects the general change in retail prices of commodities. The change and adjustment in retail prices directly affect the living expenditure of urban an d rural residents, government revenue, purchasing power of resedents and the equilibrium of market supply and demand, amd the ratio of consumption to accumulation. Therefore, the claculation of retail price index isuseful to analyze the changes of the above economic acivities.

Consumer Price Index reflects the relative change in prices of consumer goods and services purchased by urban and rural resedents, and is a composite index derived from the urban consumer price index and the rural consumer price index. Consumer price index can be used to analyze the impact of consumer price change on actual expenditure for living cost of urban and rural residents.

Urban Consumer Price Index reflects the relative change in prices of consumer goods and services purchased by urban and staff and worders and their families and can be used to observe and analyze the impact of price changes in consumer goods and services on money wages of staff and workers, andprovide bases for policy making concerning the living cost and wages of staff and workers.

Rural Consumer Price Index reflects the relative change in prices of consumer goods and services purchased by rural households and can be used to observe the impact of change in prices of consumer goods and services on living expenditure and actual change in peasants' living cost. It providesbases for analysis and research on peasants' living cost and welfare.

Index of Purchasing Prices of Farm Products reflets the relative change in purchasing prices of farm products purchased by state - owned, collective - owned, and individual commercial enteprises, foreign trade sectors, government agencies, social orgazinations and other units of various types of ownership. It is used to observe the impact of change in purchasing prices of farm products on money income of peasants and is calculated with the method of weighted harmonic mean , taking theamount of purchases during a given period as the weight. Number of products involved in the current calculation totalled 276 in 11 categories.

Retail Price Index of Rural Industrial Products reflects the relative change in prices of industrial prodrcts in rural market and can be used to observe the impact of the price change on farmers' money expenditure.

Ex - factory Price Index of Industrial Products reflects the change in general ex - factory prices ofall industrial products, including sales of industrial products to commercial enterpeises, foreign trade sectors, materials supplying and distributing sectors as well as sales of production means to industry and other sectors and sales of consumer goods to residents. It can be used to analyze theimpact of ex - factory prices on gross industrial output value.

Price Index of Investment in Fixed Assets reflects th e change in prices of investment in fixedassets. The investment in fixed assests consists of three components, namely the investment inconstruction and installation, the investment in purchases of equipment and instrument, and the investment in other items. Price index of investment in fixed assets in calculated as the weighted arithmetic mean of the price indices of the three components of investment in fixed assets.

Price index of investmint in fixed assets reflects the changes of prices in various goods and services involved in investmetn in fixed assets and therefore can be used to observe the áctual size, speed , structure, and efficiency of investment in rixed assets and provides reliable and scientific data for government planning, management, decision making , and further improving the current national accounting system.

PEOPLE'S LIVELIHOOD

Employed Population in Urban Households rfefers to urban residnts engagd in certain work and receiving payment for their labour or income from their business operation, including those who work in state - owned or collective units , joint ventures, foreign - owned units and private units with permanent or temporary jobs. The self - employed individuals and reemployed retires are also included. This indicator reflects the situation of urban employment and is the basic data for calculating employment rate and dependency ratio.

Total Income of Urban Households refers to the total actual cash income of the same holds, including regular or fixed income and occasional income. The income of a circulating nature such as withdrawal from band deposits, loans borrowed from relatives or friends, repayment of loans received and various temporary collection of money is excluded.

Disposable Income refers to the income of the sample horseholds which can be used for daily expenses, i.e. total income minus income tax.

Expenditure For Consumption refers to total expenditure of th e sample hoseholds for consumptionin daily life, including expenditure for various commodities and expenses for non - commodity items such as culture and service, etc., but excluding fines and confiscation, loss , tax payments (such asincome tax, license tax, real estates tax, etc.) and various espenses by individual laborers for business purposes.

Expenditure For Purchases of Commodities refers to total expense s of the sample households for the purchases of commodities from shops, factories, catering trade, canteens, markets and the peasants. This expenditure is classified into nine itims: food , clothing, daliy - life necessities, culturaland recreational articles, newspapers and magazines, medicines and medical appliances, housing and building materials, fuels and other commodities. No matter whether the commodities are purchased for their own consumption or for gifts to relatives and friends, they are all included.

Net Income of Rural Households refers to the total income of the permanet residents of the rural households during a year after the eduction of the expenses for productive and non – productive business operation, the payment ofr taxes and the payment for collective units for their contracted taskd. The net income can be spent for investments in productive and non – productive construction, for consumption in daily life and for savings deposit. It is a comprehensive indicator to show the actual level of the income of the peasants' household. The net income of the rural householdaincludes not only the income from the productive and non – productive business operation, but also the income from the non – business operation, such as the money remitted or brought back by the members of the bousehold who are in other places, the government relief payment and various subsidies. It includes not only the money income, but also the income inkind. But the income from borrowing frombanks, friends and relatives is excluded.

Able – bodied and Semi – Ablebodied Laborers of Rural Households refer to permanent residents of rural horseholds who are able to work and actually engaged in social labour, which are one factor of production and sources of rural household income. According to the relevant regulations, maleaged 18 – 50, female aged 18 – 45 are considered as able – bodied laborers; male aged 1 6 – 17 and actually engaged in social labour are also considered as able – bodied or semi – ablebodied laborers, while those who are within the above ahe range but unaboe to work are not counted as able – bodied or semi – ablebodied laborers.

Expenditure of Rural Households For Consumption refers to total expenses of rural households on daily life, including expenses on food, clthing, housing, fuel, articles for daily use, and expecnseson cultural life and services. This indicator in used to show the actual consumption level of peasants.

Expenditure of Rural Households on Commodities refers tototal expenses of the permanent residents of the rural households on purchases of food, clothing, furniture, household appliances, articles for daily use, fuels, durable foodes, and cultural, educational and medicinal articles, including purchases from state – owned shops, collective shops, free mardets, and etc. Expenditure of peasants for purchase of commodities is an important part of peasants' consumption expenditure, which reflects the extent of commercialization of peasants' consumption and the developingprocess from self – sufficient economy toward commodity economy. It provides basis for the analysis and research of peasants' market demand and for the formulation of the plan of commodity supply.

The Outstanding Amount of Savings Deposits of Urban and Rural Residents includes two parts: the band savings deposit of urban residents and the band savings deposit of rural re sidents. The cashhold by residents and the deposits of organizations such as enterprises, etc. are not included. The outstanding amount of saving deposits is the amount of saving deposits at a certain point of time such as the end of month, quarter, or year.

General Survey of Cities(Prefecture)

Production Capacity of Tap Water at The Year – End refers to the actual comprehensive production capacity of the waterworks administered by the urban construction department and those owned by enterprises or institutions, taking the capacity of the main links, such as water inflow, purification, conveyance and outflow of the trunk pipelines into account.

Length of Water Supply Pipelines at The Year – end refers to the total length of all the pipelines between the water pumps and the users' water meters.

Annual Volume of Water Supply refers to the total volume of water supplied by the public water – works and those owned by individual enterprises and institutions during the whole year, including both the effective water supply and loss during the water supply.

Consumption of Water For Residental Use refers to the water consumption of househoIes for daily life and the water consumption of public welfare facilities, including the consumption of restaurants, hotels, hospitals, barber shops, public bathhouses, laundries, swimming pools, shops, schools, institutions, army units and other units.

Percentage of Urban Population With Access to Tap Water refers to the ratio of the urban non – agricultural population (excluing temporary and mobile population) with access to tap water to the total urban non – agricultural population. The formula is:

$$\text{Percentage of Population with Access to Tap Water} = \frac{\text{Urban Non – agrecultural Population with Access to Tap Water}}{\text{Urban Non – agricultural Population}} \times 100\%$$

Production Capacity of Gaswork Gas refers to the actual comprehe nsive production capacity of theurban gasworkd in gas generation, purification and delivery.

Length of Gas Pipelines refers to the total pipeline length between the outlet of the compressor, blower or gas tank and the shaft pipe of users.

Volume of Gas Supply refers to the total volume of gas sold to users in a year, including the volume for industrial use, residential use and other uses.

Percentage of Urban Population With Access Gas refers to the ratio of the urban non – agricrltural population with access to gas (including gas, liquefied petroleum gas and natural gas) to the urbannon – agricultural population (excluding temporary and mobile population). The formual is:

$$\text{Percentage of Population with Access to Gas} = \frac{\text{Urban Non – agriculotural Population with Access to Gas}}{\text{Urban Non – agricultural Population}} \times 100\%$$

Heating Capacity in Urban Area refers to the capacity of hourly supply of steam and hot water tocities by thermal power plants, beating corporations and centralized neating boiler rooms which meet certain standard.

Feating Volume in Urban Area refers to the total volume of steam and hot water supplied to cities every year by therual power plants, heating corporations and centralized heating boiler rooms whichmeet certain standard.

Length of Heating Pipelines refers to the total length of pipelines for centralized supply of steam and hot water from the thermal power plants, heating corporations and centralized heatingboiler rooms which met certain standard to the users.

Length of Paved Roads at The Year – end refers to the length of r oads with a paved surface, and with a width of more than 3.5 meters, including high – quality, medium – quality and ordinary roads.

Urban Bridgesrefer to bridges over river courses, great separated junctions and overpasses inurban areas. Permanent bridges and semi – permanent bridges are included. Temporary bridges, railwaybridges and culverts are excluded.

Length of Urban Sewage Pipes refers to the total length of gener al drainage, trunks. branch and blind drainage, inspection wells, connection wells, inlets and outlets, etc.

Daily Disposal Capacity of Urban Sewage refers to the designed 24 – hour capacity of sewage disposal at the sewage treatment works.

Number of Public Vehicles (Buses and Trolley – Buses) at The Year – end refers to the total number of operational buses available at the year – end, including the year – end operational vehicles andvehicles in stock. Non – operational vehicles such as stringing cars, tank cars, m achine – shop cars, trucks and other special vehicles and the borrowed passenger vehicles are excluded.

Length of Routes in Operation refers to the length of designated regular routes in operation, including the length of suburbanroutes in operation. The length of temporary op erational lines is not included.

Area of Urban Gardens and Green Areasrefers to the total area of urban public green land, specialgreen land, production green land, protection green land and suburban scenic spots.

Public Green Arearefers to green areas of varions parks, zoos, botanical gardens, cemeterise, amusement parks, tree – flanked boulevards green – land squares for tourism and relaxing. Areas withtrees planted along – side the streets and boulevards are excluded.

AGRICULTURE

Gross Output Value of Farming, Forestry, Animal Husbandry and Fishery refers to the total volume of products of farming, forestry, animal husbandry and fishery in value terms, which reflects the total scale and total result of anricultural production during a hiven period of time. The statistical coverage of farming, forestry, animal husbandry and rishery are as follows: In terms of ownership, China's agreculture includes specialized state farms (farming, forestry, animal husbandry, fishery), farms managed by various government agencies, organ ezations, schools, research institutions, and army; farms managed by rural collective organizatons at levels of township, town, and village; farming, forestry, animal husbandry, fishery run by various rural collective organizations and individual farmers.

(1) Farming includes cultivation of farm crops and other agricultural activities. Cultivation includes the cultivation of grain crops, beans, tubers, cotton, oil - bearing crops, sugarcrops, fiber crops tobacco, vegetables, medicinal herbs, melons and gourds, a nd cultivation andmanagement of tea plantations, mulberryfields and orchards. Other agricultural activities includes gathering fruits, fiber, gum and resin of wild plants, oil - bearing plants, grass, wild medicinal herbs, fungus plants, and commodity industries of the rural households.

(2) Forestry refers to planting trees of various kinds (excluding tea plantations, mulberryfields and orchards), gathering of forest products, and cutting and felling of bamboo and trees by villages and other cooperative organizations under villages. (3) Animal husbandry refers to raising and grazing of all animals except fishe ry and aquaculture, and hunting and raising of wild animals.

(4) Fishery refers to cultivationand catching of fish and other aquatic animals and cultivationand collection of seaweed and other aquatic plants. Gross output value of agriculture is obtained by first multiplying the output of each product orby - product by its price, resulting in the output value of each single item. For a small number of products, annual output of which is not available or difficult to get due to the long production/growing process involved, the output value is estimated through an indirect approach. The sum of output value of all products of farming, forestry, animal husbandry, and fishery is then equal to the gross output value of agriculture.

Prior to 1957, China's gross agricultural output value included barn yard men ure and handicraft products for self - con - sumption (clothes, shoes, stockings, and initial grain proce ssing undertaken bypeasants). Since 1958, cutting and felling of bamboo and trees by villages and other cooperative organizations under villages have been included in forestry; value of barnyar d manure has been excluded from animal husbandry; self - consumed handicrafts has been excluded from sidelineoccupations, while the output value of industries run by villages and cooperative orhanizationsunder village had been included in sideline occupations and the output value of fish catches bymotou fishing boats has been added to fishery. Since 1980, the value of handicraft products made forsale by individuals in households had been added to sideline occupations. Since 1984, industries run by villages and cooperative organizations under villages haue been included in the sector ofindustry. Since 1993, the subdivision of sideline occupations has been canceled, and the hunting of wild animals has been classified into animal husbandry, and the gathering of wild plants and commodity industry run by rural househole have been included in farming.

Grain Yield refers to the yield in the whole country including g rains produced by state farms, collectine units, indrstrial enterprises and mines. Grain includes rice, wheat, corn, sorghum, millet and other miscellaneous grains as well as tubers and beans. Output of beans re fers to dry beanswithout pods. The output of tubers (sweet potatoes and potatoes, not including ta ros and cassava) was converted into that of grain at the ratio 4:1 , i. e. four dilograms of fresh tub ers was equivalentto one kilogram of grain up to 1963. Since 1964 the ratio for conversion has been 5: 1. Tuberssupplied as vegetables(such as potatoes) in cities and suburbs are calculated as fresh vegetables and their output is not included in the output of grain. Ouptut of all other grains refers to husked grain.

Yield of Oil – Bearing Crops refers to the total yield of oil – bearing crops of various kinds, including peanuts, (dry, inshell) rapeseeds, sesame, sun flower seeds, flax seeds, and other oil – bearing crops. Ssybeans, oil – bearing woody plants, and wild oil – bearing crops are not included.

Output of Aquatic Products refers to catches of both artificially cultured and naturally grown aquatic products, including fish, shrimps, crabs and shellfish in sea and inland water as well asseaweed. Freshwater plants are not included.

Output of Pork, Beef and Mutton refers to the meat of slaughtered hogs, cattle, sheep and goatswith head, feet, and offal taken away.

Cultivated Area (Area Under Cultivation) refers to farm land which is plowed constantly for growing crops, including cultivated land, newly cultivated land in the current year, farmland left without cultivation for less than three years and fallow land in the current year, rotation land, rotation land of grass and crops, farmland with some fruit trees, mulberry trees and other trees andcultivated seashore land, lake land, and etc. The land of mulberry ficlds, tea pl antations, orchards, nurseries of young plants, forest land, reed land, natural and man – made grassla nd and other landare not included in cultivated land.

Sown Area of Crops refers to area of land sown or trans planted with crops regard less of being incultivated area of non – cultivated area. Area of land resown due to natural disast ers is also included.

Irrigated Arearefers to areas that are effectively irrigated, i . e. level land which has water source and complete sets of irrigation facilities to lift and move adequate water for irrigation purpose under normal conditions.

Consumption of Chemical Fertilizers in Agriculture refers to the quantity of chemical fertilizersapplied in agriculture in the year, including nitrogenous fertilizer, phosphate ferttilizer, potashferilier, and compound fertilizer. The consumptiohn of chemical fertilizers is required incalcration to convert the gross weight into weight containing 100% effective component(eg. 100% nitrogen content in nitrogenous fertilizer, 100% phosphorous pentoxide contern in phosphatefertilizer, 100% potasium oxide content in potash fertilizer). Compound fertilizer is converted with its major compoment.

Total Power of Farm Machinery refers to total mechanical power of machinery used in farning, forestry, animal husbandry, and fishery, including ploughing, irrigation and dra inage, harvesting, transport, plant protection, stock breeding, forestry and fishery. The power of internal combustionengines is required to convert horsepowers into watts and the power of electric motors is required to be converted into watts. Machinery employed for non – agricultural purposes, such as the machines used in township – run and village – run industry, construction, non – agricultural transport, scientific experiments and teaching, is excluded.

Laborers Engaged in Farming, Forestry, Animal Husbandry And Fishery refers to the total laborers who are directly engaged in production of farming, forestry, animal husbandry and fishery.

Number of Livestock or Poultry on Hand at Teh Beginning (or end) Of The Reference Perild refers to the total number of large animals, pigw, sheep, fowls, ets. raised by rural cooperative organizations, state farms, rural individuals, government agencies, schools, industrial and mining enterprises, army, and urban residents at the beginning (or end) of the reference period.

Cerealsrefer to seeds of various kinds of crops which are used mainly for grain. Cereals include paddy, wheat, maize, millet, Chinese sorghum, etc., escept beans and tubers.

INDUSTRY

Industryrefers to the material production sector which is engaged in extraction of natural resources and proce ssing and reprocesseing of minerals and agricultural products, including (1) extraction of natural resources, such as mining, salt production, logging (but not includinghunting and fishing); (2) processing and reprocessing of farm and sideline produces, such as ricehusking, flour milling, wine making, oil pressing, cotton ginning, silk reeling, spinning and weaving, and leather making; (3) manufacture of industrial products, such as steel making, iron smelting, chemicals manufacturing, petroleum processing, machine building, timber processing; water and gasproduction and electricity generation and supply; (4) repairing of industrial products such as therepairing of machinery and means of transport (including cars).

Prior to 1984, the rural industry run by villages and cooperative organiza tions under village wasclassified into agriculture. Since 1984, it has been grouped into industry.

(1) **State – owned and state holding majority shares enterprises** refer to state – owned enterprises and the enterprises which state holds majority shares. State – owned enterprises(industry ownership by the whole people or state – run industry) refers to non – corporation economic units, where the entire assets are owned by the state and which have registered in accordance with the Regulation of the People's Republic of China on the Management of Registration of Corporate Enterprises, including the state – owned enterprise, sole stae – funded corporation and state – owned joint ownership enterprise. Joint state – private industries and private industries, which existed before 1957, have been transformed into state – run industrics. Since 1992, those were named state – owned industries. Statistics on these enterprises has been included in the state – industries since 1957 when separation of data was no longer necessary.

(2) **Collective – owned Enterprises** refers to industrial enterprises where the means of production are owned collectives and some enterprises which were formerly owned privately but have been registered in industrial and commercial administration agency as collective units through raising fund from the public.

(3) **Share – holding Corporations Ltd**. Refer to economic units registered in accordance with the Regulation of the People' sRepublic of China on the Management of Registration of Corporate Enterprises, with total registered capitals divided into equal shares and raised throught issuing stocks. Each investor hears limited liability to the corporationdepending on the holding of shares, and the corporation bears liability to its debt to the maximum of its total assets.

Light Industry refers to the industry that produces consummer goods and hand tools. It consists of two categories, depending on the materials used:

(1) Industries using farm products as raw materials. These are branches of light industry which directly or indirectly use farm products as basic raw materials, including the manufacture of food and beverages, tobacco processing, textile, clothing, fur and leather manufacturing, paper making, printing, etc.

(2) Industries using non farm products as raw materials. These are branches of light industry which use manufactured goods as raw materials, including the manufacture of cultural, educational articles and sports goods, chemicals, synthetic fiber, chemical products for daily use, glass products for daily use, metal products for daily use, hand tools, medical apparatus and instruments, and the manufacture of cultural and clerical machinery.

Heavy Industry refers to the industry which produces capital goo ds, and provides various sectorsof the national economy with necessary material and technical basis. It consists of the following three branches according to the purpose of production or the use of products:

(1) Mining, quarrying and logging industry refers to the industry that extracts natural resources, including extraction of petroleum, coal, metal and non – metal ores and logging.

(2) Raw materials industry refers to the industry that provides various sector s of the national economy with raw materials, fuels and power. It includes smelting and processing of metals, coking and coke chemistry, chemical materials and building materials such as cement, plywood, and power, petroleum refining and coal dressing.

(3) Manufacturing industry refers to the industry that processes raw materials. It includes machine – builiding industry which equips sectors of the national economy, industries of metal structure and cement products, industries producing means of agricultural production, such as chemical fertilizers and pesticides.

According to the above principle of classification, the rpeairing trades which are engaged primarity in repairing products of heavy industry are classified into heavy in dustry while these engaged in repairing products of light industry are classified into light indrstry.

Gross Industrial Output Value is the total volume of indrstrial products sold or available forsale in value terms which reflects the total achievements and overall scale of industrial production during a given period. It includes the value of the finished products, which are not tobe further processed in the enterprises and have been inspected, packed and prt in storage, the value of industrial services rendered to other units and the changes in the value of the semi – finihed products and products in process between the behinning and closing of th e period(only theenterprises with long ptoduction cycle are required to calculatc the changes). The gross industrial output value is calculated with "factory method". Nodouble calculations are to be made within the same enterprise. However, double counting does occur among different enterprises.

Output value of light and heavy industries is also classified with the "factory" method. Undernormal conditions, if the major products of an industrial enterprise belong to light industry products, the gross output value of that enterprise is classified whohhy into light industry; thesame principle applies to heavy industry.

Value Added of Industryrefers to the final results of industrial production of the industrial trade in money terms during the reference pereod.

Original Value of Fixed Assets refers to the original value of all fixed assets owned by industrial enterpreses, calculated at the cost paid at the time of purch ase, installation, reconstruction, expansion, and technical innoivation and transformation of the said assets, which includes expenses on purchase, package, transportation, and installation, etc.

Net Value of Fixed Assetsis obtained by deducting depreciation over years from the original value of fixed assets.

Working Capital (Circulating Assets) refers to assets which can be cashed in or spent or consumed in an operating cycle of one year or over one year, which includes cash, various deposits, shortterm investment, and receivable payments, and advance payments, stock, etc.

Total Value of Profit and Tax (Pre – Tax Profits) refers to the sum of the total profits, products sales tax and surcharges and the value added tax payable of industrial enterprises. It is alsocalled pre – tax profits.

Ration of Pre – Tax Profits to Assets refers to the ration of pre – tax profits realized in a givenperiod to total assets (net fixed assets plus working capital), which reflects the economic efficiency of the assets utilization and is calculated as follows:

$$\text{Ratio of Pre – tax Profits to Assets(\%)} = \frac{\text{Pre – tax Profits in Reference Per iod}}{\text{Average Net Fixed Asses + Average Balance of Working Capital}} \times 100\%$$

Ration of Profits to Total Industrial Costs refers to the ratil of profits realized in a given period to the total costs in the same period, which reflects the economec efficiency of input cost and is calculoated as follows:

$$\text{Ratio of Profits to Total Industrial Cost (\%)} = \frac{\text{Total Profits}}{\text{Tota l Costs}} \times 100\%$$

Value Added Rate of Industry refers to the ratio of value added of industry in a given period of the gross output value in the same period, which reflects the economic efficiency of cutting down the intermediate input and is calculated as follows:

$$\text{Value added Rate of Industry(\%)} = \frac{\text{Calue Added of Industry (at Current Prices)}}{\text{Gross Output Value (at Current Prices)}} \times 100\%$$

Number of Times of The Turnover or Working Capital refers to the number of times of turnover of work in capital in a given period of time, which reflects the speed of the turnover of working capital and is calculated as follows:

$$\text{Turnover of Working Capital (\%)} = \frac{\text{Sales Revenue of Products}}{\text{Average Balance of total Working Capital}} \times 100\%$$

Sales Rate of Industrial Products refers to the ratio of total sales in a given period to the gross output value in the same period, which reflects the extent of industrial output sold and is calculated as follows:

$$\text{Sales Rate of Industrial Products}(\%) = \frac{\text{Total Sales (at Current Prices)}}{\text{Gross Output Value (at Current Prices)}} \times 100\%$$

Sales Revenue of Industrial Productsrefers to the revenre from the sales of products by industrial enterprises and the revenre from services provided and etc.

Sales Cost of Industrial Products refers to the actual cost of products of industrial enterprises and industrial enterprises and industrial services provided, etc.

Tax and Extra Charger on Sales of Products refer to the tax on c ity maintenance and construction, consumption tax, resources tax and extracharges for education, which should be borne by the enteprises in selling products and providing industrial services.

Sales Profit of Products refers to the profit gained by the enter prises by deducting cost, chargesand taxes from the business income of the enterprises obtained in selling prod ucts and providing industrial services.

Total Profits refer to the profits gained by the enterprises.

Value Added Tax Payable refers to the amount of the value added tax which should be paid by the eterprises in the reporting period.

Ratio of Per – Tax Profits to Gross Output Value refers to the rat io of the total amount of pre – tax profits gained (including total profits, sales tax and extra charges of prod ucts as well as thevalue added tax payable) in the reporting period to the gross output value in th e samd period (theratio is expressed in percentage). The formula is as follows:

$$\text{Ratio of Pre – tax Profits to Gross Output Value}(\%) = \frac{\text{Total Amount of Pr e – tax Profits}}{\text{Gross Output Value}} \times 100\%$$

Overall Labour Productivity of Industrial Enterprises refers to the average output per staff and worker in industrial enterprises in value terms. At present, the value added and the average number of staff and workers of an industrial enterprises in a given period are used to calculate the overall labour productivity. The formula used is:

$$\text{Overall Labour Productivity} = \frac{\text{Value Added of Industry}}{\text{Average Number of Staff and Workers}}$$

For the purpose of comparison of the overall labour productivity among different years, the data on the overall labour productivity of the years prior to 1990 have beeh adjusted on the bases of 1990 constant prices.

Capital refers to the corporation's capital registered in the departments of administration for industry and commerce. According to the different nature of investors, corporations' capital can be divided into state capital, legal person's capital, personal capital, foreign capital, etc. Total capital includes total registered capital of all investors in the corporation.

Total Assetsrefer to all assets which are owned or controlled by enterprises, including circulating assets, long – term investmint, fixed assets, intangible assets and deferred assets, other long – term assets, and dererred taxes, etc. The summation of above items is equal to total assets shown in the balance sheets of the enterprises.

(1) Circulating assets (working capital) refer to assets which can be cashed in or spent or consumed in an operating cycle of one year or over one year, including cash, all kings of deposits, short term investmint, receivables, advance payment, stock, etc.

(2) Fixed assets refer to the net value of fixed assets, clearance of fixed as sets, project under construction, fised assets losses in suspense. These are corporations' fund holdings.

(3) Intangible assets refer to the assets without matereial form used by enter prises over a longtime, such as patints, non – patent technolohies, trade marks, copy right, land use right, business reputation, etc.

Total Liabilities refer to the debts that enterprises are respon sible for repayment, including liquid liabilitier, long – term liabilities and deferred taxes, etc. Total liabilities correspond to the summation item of liabilities shown in the balance sheets of rhe enterprises .

(1) Liquid liabilities (also called quick liabilities or immediate liab ilities) refer to enterprises total debt payable within an operating cycle of one year or over on e year, includingshort term loans, payables and advance payments, wages payable, taxes payable and profit payable, etc.

(2) Long – term liabilities refers to total debt payable within an operating cycle of one year orover one yera, including long – tern loans, payable liabilities, long – term payables, etc.

Creditors' Equityrefers to investors' ownership of net assets of the enterprise. It is equal to the total assets of the enterprise minus its total liabilities, including the primary input from investors, capital accumulation fund, surplus accumulation fund and undistributed profit. It is the stock nolders' equity in stock companies.

TRANSPORTATION, POSTAL AND TELECOMMUNICATIONS SERVICES

Length of Railwaus in Operationrefers to the total length of the trunk line under passenger and freight transportation. The calculation is based on the actual length of the first line even if this line has a full or partial double track or more tracks, excluding double tracks, stationsidings, tracks under the charge of stations, branch lines, special purpose lines and the non – payable connecting lines. The length of railways in operation is an important indi cator to show the development of the intra – structure for the railway transport, and also the essential data to calculate volume of passenger freight transport, traffic density and utilization efficiency of the locomotives and carriages.

Extention Length of Trunk Lines refers to the sum of the first, the second, the third lines and other constructed length of the trunk railways, excluding the extention length of the station lines, lines under the jurisdiction of depots, sidings and lines for special purpose. It provide simportant information for the calculation of the needs for rails, sleepers, sand and stone for the construction of railways.

Length of Highways refers to the length of highways which are built in conformity with the grades specified by the bighway engineering standard formulated by the Ministry of Communications, and have been formally checked and accepted by the departments of highways and put into use. The lengthof highways includes that of the suburb highways at large and medium – sized cities, highways passingthrough streets at small cities and towns, and also the length of bridges and fe rries. It does notinclude the length of streets in big and medium – sixed cities and highways built for the production purpose at factories, mines, forest areas and agricultural areas. If two or more highways go the semesaction of the way, the length of the section is only calculated for once and on duplication isallowed. The length of highways is an important indicator to show the development of the highway construction and to provide essential information to calculate the transport net work density.

Length of Navigable Inland Waterways refers to the length of the natural rivers, lakes, reservoirs, canals, and ditches open to navigation during a given period, which enables the transport byships and rafts. It includes the channels open to navigation for over 3 months a ccumulatively in ayear, yet this does not include the river courses which are only used to float o dd logs and bamboorafts.

Length of Civil Aviation Routes refers to the length of all rou tes for regular civil aviationflights. There are usually two ways to calculate the distance between airports connected by theroute length: One is to put the length of all air routes together , called duplic ated calculation ofthe length of the routes; the other is not to allow the duplication in calculati on when two or moreroutes passing the same section. The latter is usually used, as it can precisely show the size ofthe civil aviation network and indicate the extent of civil aviation serving th e national economyand the people.

Freight (Passenger) Traffic refers to the volume of freight (pas senger) transported with various means. Freight transport is calculated in tons and passenger traffic is calculated in the number of persons. Despite the type of freight and travelling distance, the freight transport is calculated in the actual weight of the goods: and despite the travelling distance and ticket price, the apassenger traffic is calculated by the principle that one person can be counted only once in onetravel. The passenger who travel with a half - price ticket or a child ticket is also calculated asalso calculated as one person. The freight (passenger) traffic provides a quant itative measure to show how the transport industry serves the national economy and people, and is also an important indicator for planning the transport industry and for studying the development scale and speed of the transport industry.

Freight Ton - Kilometers (Passenger - Kilometers) refer to the sum of the products of the volume of transported cargo (passengers) multiplying ty the transport distance, usually using ton - kilometer and passenger - kilometere as units for measurmement. Normally, the shortest distance between thedeparture station and the desination station (i.e., the payable distance) is the basis to calculatethe freight ton - kilometers. This is an important indicator to show the total results of thetranspor industry, to prepare and examine the transport plan and to measure th e efficiency, thelabour productivity and the unit cost of transport.

Business Volume of Post and Telecommunications refers to the inf ormation delivered and other post and telecommunications services provided by the post and telecommunications departments for the customers. It is derived by first multiplying busindss volume of different types , such as number of letters, telegrams, long distance calls, city and rural telephone subscribers and accumulated number of newspapers and jounals subscribed and sold, etc. by their respective average unit price (fixedprice) and then adding these products together: plus the income from mainte nance of telephone exchanges and lines, and the income from other business operations. The business volume of post and telecommunitations indicates the total achievements made by the post and telecommunications deparment during a given period of time in a comprehensive way, and is an important indicator to study the composition and development of the post and telecommunications busines s.

Local (Urban) Telephone refers to telephones connected to urban telephone network (at and abovework (at and above county level). The telephone charge is either monthly fixed rate or numerical rate.

(1) Resident telephones refer to telephones installed in resident dwellings, in cluding those withtelephone charges paid by individuals, by public units and free of charge.

(2) Personal telephones refer to telephones instlled and paid at one's own expe nse.

Subscriber of Pagding Services refer to subscribers who carry small size pagers and receive audiosignals, digital signals or literal signals sent out by city telephone through wireless pagingcenter within assigned area. Each pager is counted as a subscriber.

Mobile Thlephone Subscribers rerfer to the persons who own mobil e belephone number connected withthe mobile telephone communicaiton network and registered by post and telecommunications organization. The number of subscribers is calculated only when the subscribers who bave gone through all the register formalities and entered into the mobile telephone ne twork. One mobile telephone is treated as a subscriber.

CONSTRUCION

Gross Output Value of Construction (Output Value of Projeots Under Cons truction) refers to the gross output value of construction and installation projects that are undertaken by construction enterpreses or affiliated constructing units, calculated in line with the planned schedule. It includes;

(1) Output value of construction projects, that is the value of projects covered by the project budgets;

(2) Output value of installation projects, that is the value of the installation of equipment;

(3) Output value of repair of buidings and structures, that is the value created through therepairs of buildings or

structures, but does not include the value of buildings or structures being repaired and the value of the repair of production equipmint;

(4) Output value of manufactured non – standard equipment, that is the valu e of non – standard production equipment (including raw materials and manufacturing cost) made for the construction project, irrespective of whether the equipment is manufactured on the construction site or by subsidiary owrkshops.

Value – added of Construction refers to the final result of the activities of production and management of construction in monetary terms in the reference period. At present, the vcalue added of construction is calculated with the income approach. In other words, it is the sum of income of various production factors in the production process. The formula is as follows:

Value – added of construction = depreciation of fixed assets in the year + wages payable + welfare expenses payable + insurance premium and tax for wait in for employment in the administrative expenses + taxes and sturcharges on project settlement + profit gained from project settlement.

Floor Space of Buildings Under Construction refer to floor space of building under construction during the reference period, in cluding newly started buildings, buildings started earlier and continued during the reference period, and buildings suspended earlier but restarted during thereference period. Excluded are buildings started and then suspended earlier that have not been restarted during the reference time.

Floor Space of Buildings Completed refers to the floor space of buildings that are completed in the reference period in accordance with the requirements of the design, up to the standard for putting them into use, and have been checked and accepted by concerned departments as qualified ones.

Total Number of Machinery and Equipment Owned by The Construction Ente rprises(or Units) By TheEnd of Year refers to the number of machines and equipment owned by the enterprises (or units, andlisted as the fixed assets of the enterprises (or units) by the end of the year, including machinery and equipment for construction, production and transportation.

Total Power of Machinery and Equipment Owned By The Construction Enterprises (Or Untits) By The End of Year refers to the total power of machinery and equipment owned by the enterprises (or nuits), and listed as the fixed assets of the enterprises (of units) by the end of the year, including machinery and equipment for construction, production and transportation. The power of the machineryis calculated on basis of the designed or verifide capacity, covering the power of the machinery/equipment and the separate power equipment serving the machinery/equipment (such aselectric motors), but excluding welders, transformers and boilers. The unit used for the calcuation of power is kilowatt, with horsepower converted to kilowatt by 1 horsepower = 0.73 5 kilowatt.

Income From Settlement of Projects refers to the incom e received by the construction enterprise/unit from the commpleted portion of the project through settlement procedures with the contracte during the refercnce preiod, and other charges to the contractee as operational costs, such as facility fee, labour insurance premium, moving cost of construction unit, as well as various types of claims to the contractee.

Profit From Settlement of Projects refers to profit realized th rough settled projects. It is calculated with the following formula:

Profit from Settlement of Projects = Income from Settlement of Projects – Sttled Cost – Settled Taxes and Other Cost

Total Revenys of Enterprisesrefers to the sum of income from production and operation of enterprises, including income from settlement of projects and other operational income, namely:

Total Revenue of Enterprises = Income from Settlement of Projects + Other Operational Income

WHOLESALE, RETAIL SALES AND CATERING TRADE

Total Retail Sales of Consumer Goods refer to the sum of retail sales of consumer goods by the establishments in wholesale trade, retail sale trade, catering trade, manufacturing industry and other industries of different types of ownership, to urban and rural residents and social groups. This indicator is used to show the supply of consumers goods through various channels to households and institutions to meet their demands, and is therefore very important for the study of the issues on people's livelihood, on the purchasing power of consumer goods and on the circulation of money. The retail sales of consumer goods include: (1) commodities sold to urban and rural residents forresidential use and building materials sold to them for the construction of repair of houses; (2) food and fuels sold to canteens of institutions, enterprises, schools, military units and to canteens of hotels and hostels that only serve their guests, and commodities produced by enterprises, institutions of state farms and sold directly to their employees of their canteens; (3) grain and non - staple food, clothing, daily articles and fuels sold to military personnel; (4) cosumer goods sold to foreigners, overseas Chinese, and Chinese compatriots from Taiwan, Hong Kong and Macao during their stay in the mainland of China; (5) Chinese and western medicines, herbs and medicalfacilities purchased by residents; (6) newspapers, books and magazines directly sold to residentsand social groups by publishers, new and old commemorative stamps, special stamps , first - day covers, stamp albums and other stamp - collection articles sold by stamp companies; (7) consumer goods purchased and then sold by second - hand shops; (8) stoves and other heating facilities and liquified gas sold by gas companies to households and institutions; and (9) commodities sold by farmers to non - agricultural residents and social groups. Excluded under this heading are: raw materials, fuels, epuipment, tools sold to enterprises, institutions and state farms for production purpose; commodities sold to trade establishments for re - selling; commissioned sales at second - hand shops; operational income of urban public utilities; stamps sold at post offices; income of water, power, gas production and supply establishmets from the supply of their products; and sales of commodities among farmers.

Pruchase, Sales and Stock of Commodities by Wholesale and Retail Trade refer to the purchase, sales and stock of commodities by wholesale and retail estabilshments of different ownership (excluding individual sellers).

Total Purchasses of Commodities refer to the purchases of commodities by the establishments fromother establishments or individuals (including direct import from abroad) for the purpose of re - selling, either with or without further processing of the commodities purchased.

This indicator isused to show the total value of purchases of commodities by wholesale and retail establishmentsfrom domestic and overseas markets. The total purchases include: (1) agricultual and industrial products purchased from producers; (2) books, magazines and newspapers purchased from distribution departments of the publishers; (3) commodities purchased from wholesale and retail establishments; (4) commodities purchased from other units, such as surplus materials purchased from governmnent agencies, enterprises or institutions, commodities purchased from cate ring and service establishments, confiscated goods purchased from customs authorities or market m anagement agencies, second - hand goods and wastes purchased from residents; and (5) commodities directly imported from abroad. Excluded are commodities purchased by establishments (units) for use in their own businessoperation, commodities obtained without buying or selling procedures, rejected commodities, etc.

Total Sales of Commodities refer to selling of commodities by the establishments to other establishments and individuals (including direct export). This indicator is used to show the total value of sales of commodities at domestic markets and export. The total sales include: (1) commodities sold to urban and rural residents and social groups for their consumption; (2) commodities sold to establishments in industry, agriculture, construction, transportation, post and telecommunications, wholesale and retail trades, catering trade and public utility for their production and operation; (3) commodities sold to wholesale and retail establishments for re - selling, with or without further processing; and (4) commodities for direct to other countries. Excluded are selling of waste packaging materials used by the establishments (units) themselves, commoditie stransferred without buying of selling procedures, commission income from brokerage in transcationswhose settlement is directly handled by buyers and sellers, rejected commodities in the purchase, loss in commodities, etc.

Commodity Stock of Wholesale and Retail Enterprices at Year – End refers to total commodities possessed by wholesale and retail enterprises (units) of various types of owners hip, which reflects the commodity stock level of various wholesale and retail enterprises and the potential for market supply. It includes: (1) commodites located in storage, garages, counters, and shelves of operating units (such as sale stores, wholesale centers, and operating offices) of wholesale and retail enterprises; (2) commodities in the process of selecting, sorting, and packing; (3) commodities not arrived but recorded as purchase in the account, i.e. commodities not arrived but payment receiptsfor the commodities from the sellers or the banks arrived; (4) commodities deposited in other places rather than places mentioned above, for instance: commodities in the hold of purchasers temporarily due to the refusal of payment and commodities not taken back after going through the formalities; (5) commodities entrusted entrusted to other units to sell but not sold yet; (6) commodities purchased for other units but not delivered yet. Commodities not included as stock are thos e not owned by theenterprises (units), those allocated to financially independent factories rather than wholesale and retail enterprises for processing but not taken back yet, and finally those put in stock bywholesale and retail enterprises on behalf of the state material reserves units. In the calculation of the value of commodities stock at the end of period, the value is calculated at purchasing prices in agricultural goods purchasing units and wholesale units, and at the a ccunting prices in retail units.

Volume of Business (Transaction Value) at Urban and Rural Free Market refers to the value of all goods changed hands between sellers and buyers, includiug farmers, non – agricultural residents, institutions, organizations, enterprises and private, at urban and rural free markets. It is a comprehensive indicator used to show the size of the transaction at the free trade markets.

FOREIGN ECONOMY TRADE AND INTERNATIONAL TOURISM

Utilization of Foreign Capital refers to remittance, equipment and technology financed from abroad, by loans, foreign direct investment and other forms undertaken by the Chinese governments at alllevel, by various departments, enterprises and other economic units.

Foreing Loansa major part of China's utilization of foreign capital, refer to funds borrowed from abroad, including loans of foreign governments, loans of international financial institutions, commercial loans of foreign bands, export credit, and funds raised by Chinese bonds and shares issued abroad.

Direct Investment By Foreing Entrepreneurs refers to the investments inside China by foreign enterprises and economic organizations or individuals(including overseas Chinese, compatriots from Hong Kong and Macao, and Chinese enterprises registered abroad), following the relevant policies and laws of China, for the establishment of ventures exclusively with foreign own investment, Sino – foreign joint ventures and cooperative enterprises or for co – operative exploration of resources with enterprises or economic organizations in China . It includes the re – investment of the foreign entrepreneurs with the profits gained from the investment and the funds that enterprises borrow form abroad in the total investment of projects which are approved by the relevant department of the government.

Number of Tourists refers to the number of foreigners, overseas Chinese, and compatriots from HongKong, Macao and Taiwan coming to China for sight seeing, visits, tours, family reunions, vacations, study tours and other activities of an economic, scientific and technological, cultural, physical cultureand religious nature. This does not include the number of employees of foreign organizations stationed in China such as embassies, consulates, news agencies, the offices of corporations and enterprises and foreign experts and students residing in China and the persons staying briefly inChina but not for passing the night.

Foreing Exchange Earnings From International Tourism refer to the total expenditures of the foreigners, overseas Chinese, compatriots from Hong Kong, Macao and Taiwan in the process of their tourism in the mainland of China. Their expenditures mentioned above are foreign exchange earnings to China.

Total Imports and Exports at Customs refer to the value of commodities imported into and exported from the boundary of China. They include the actual imports and exports through foreign trade, imported and exported goods under the processing and assembling trades and materials, supplies and gifts as aid given gratis between governments and by the United Nations and other internation alorganizations, and contributions donated by overseas Chinese, compatriots in Hong Kong and Macao and Chinese with foreign citizenship, leasing commodities owned by tenant at the expiration of leasing period, the imported and exported commodities processed with imported materials, commodities trading in border areas (excluding mutual exchange goods), the imported and exported commodities and articles for public use of the Sino - foreign joint ventures, cooperatioe enterprises and ventures exclucively with foreign own investment. Also included are import or export of samples and ad vertising goods forwhose CIF or FOB value are beyond the permitted ceiling (excluding goods of no tr ading or use value and free commodities for export), imported goods sold in China from bonded warehoues and other imported or exportde goods. The indicator of the total imports and exports at customs can be used toobserve the total size of external trade in a country. In accordance with the stipulation of theChinese government, imports are calculated at CIF, while exports are calculated at FOB

BANKING AND INSURANCE

Deposit is a form of credit by which enterprises, institutions, or ganizations or residents can putmoney into banks and other credit institutions for safekeeping and interest earning under the principle of free withdrawal. According to different depositors, deposits are divided into enterprise deposits, treasury deposits, deposits of govenment agencies and organizations, capital constructiondeposits, urban savings deposits, rural deposits and other deposits. Deposits are major sources of the credit funds of bands.

Loan is a form of credit by which banks and other credit institutions provide funds at certaininterest rate to enterprises and individuals in the light of the principle of unconditional repayment. Loans from Chinese banks include circulating capital loans, fixed assets loans, loans tourban and rural individuals engaged in industrial and commercial business and agricultural loans.

Amount Insured refers to the amount of compensation for the loss or agreed sum of money to be paid by the insurer to the insurant. It is the maximum amount of liabilities written in thein surance contract and is also used as a basis to calculate the premium.

Premium is the fee paid by the insurant based on a proportion of the benefit he or she may get from the insurance plus the insurance value. It includes the income from the deposit of property insurance and presonal insurance.

Settled Clain is the compensation paid by the insurer to the insurant in accordance with the insurance contract for the loss which has been checked and found to be in the range of liability of the insurance after an accident has happened to the insured property or to a person who has insured his life. It is further divided into settled and unsettled claim.

EDUCATION, SCIENCE AND CULTURE

Regular Institutions of Hegher Learning refer to educational est ablishments set up according to the government evaluation and approval procedures, enrolling graduates from senior secondary schoolsand providing higher education courses and training for senior professionals. They include full – time universities, colleges, high professional schools and short – term professional universities.

Institutions of Higher Learning For Adults refer to educational establishments, set up in line with relevant rules approved by the government, enrolling staff and workers with senior secondary school or equivalent education, and providing higher education courses in many forms of full – time, part – time, spare – time, or correspondence for adults. professionals thus trained receive aqualification equivalent to graduates studying regular courses at regular univer sities, colleges and professional colleges. Institutions of higher learning for adults include Radio and TV universities, schools of high education for staff and workers and peasants, colleges for management cadres, pedagogical colleges, independent correspondence colleges.

Proxlment Rrte of Primary School – Age Children refers to the propor tion of school – age children enrolled at schools to the total number of school – age children both in and outside schools (including regarded children, but excluding blind, deaf and mute children). The formula is:

$$\frac{\text{Enrollment Rate of Primary}}{\text{School – age Children}} = \frac{\text{Total Primary School – age Children at Schools}}{\text{Total Primary school – age Children Both at and Outside Schools}} \times 100\%$$

Independent Research and Development Institutions refer to the state – owned insitutions which havederect mission and research purpose, a certain number of core member with higher research level and a certain number of research personnel, favorable conditions for R&D and engaging in scientific research and technological development. The institutions also have their own independent organization and finance, authority to sign contracts with other units, with their own accounts inbands. Independent research and development institutions include the institutions attached tocentral governmert agencies, Chinese Academy of Sciences. Chinses Academy of Social Sciences and the institutions attached to local governments.

Presonnel of Independent Research and Development Institutions refers to the persons who work and receive payment in research and development institutions. It includes regular full – time and temporary staff and workers, but excludes retirees and persons who leave their work temporarily without payment but still retain their posts.

Total Expenditure on Research and Development refers to all actual expenditure made for R&D (basic research, applied research and experimental development) in reference period. It includes direct expenditure on R&D and indirect expenditure on R&D (including m anagement expenses, administrative expense and investment in capital construction ralating to R & D.

Scientists and Engineers refer to persons who have completed university or higher education orobtained titles of senior and middle – level professional positions.

Other Technical Personnel refers to persons involved in science and technology with secondary specialized education or three – year college education and persons with junior professional titles.

Inventions refer to the inventions as specified by the patent law and its detailed rules and regulations for implementation. They refer to the new technical proposals to the products ormethods or their modifications.

Utility Models refer to the utility models as specified by the patent law and its detailed rulesand regulations for implementation. They refer to the practical and new technical proposals on the shape and structure of the product or the combination of both.

Desings refer to the designs as specified by the patent law and its detailed rules and regulationfor implementation. They refer to the aesthetics and industry – applicable new designs for the shape, pattern and color of the product, of their combinations.

Cultural Institutions refer to units which have their own organizatinal system and independent accounting system and specialize in or serve cultural development. They exclude other establishments run by these cultural institutions and amateur cultural groups established by various departments.

Art Troupe refers to the troupe which is engaged in drama, opera, music, dance, acrobatics or other art performance, opens independent accounts with banks annd has self – supporting accounting system; excluding the troupes which are engaged partly in industrial or agricultural activities, partly art performance and the professional troupes organized by the people.

Film Projection Units refer to units with film projection equipment, full or part – time projectionists, permanent or non – permanent places, approved by related administrative departments to show films regularly for certain groups of audience, includinng those film projection units whichhave been approved to give commercial shows and run business with independent accounting system aswell as those film – renting units of the military system.

Number or Spectators at art Performance refers to the number of attendants at commercial shows, completely booked shows or free shows given in minority national areas, and does not include thenumber of spectators at rehearsals for examination and internal shows for study.

SPORTS, PUBLIC HEALTY AND OTHERS

Number or Athletes in Grades refers to the number of athletes who have been given titles through examination. The titles of athletes include international masters of sports, masters of sports, first – grade, second – grade and third – grade sportsmen and young athletes.

Number of Referees in Grades refers to the number of referees who have been given titles after examination. They are classified as international referees, national referees and referees of the first, second and third grades.

Stadiums refer to stadiums for track annd field events with six – lane 400 – meter tracks around soccer felds, permanent track marks and permanent bleachers. stadiums are classified according toseating capacity. They inclrde Class A stadiums seating 25000 people each. Class B stadiums seating15000 to 25000 people each. Class C stadiums seating 5000 to 15000 people each, and Class D stadiums seating fewer than 5000 people.

Gymnasiums refer to indoor sports grounds with permanent seats in which basketball, volleyball. badminton, tabble tennis and gymnastics competitions can be held. Gymnasiums are classified according to seating capacity. They include Class A gymnasiums seating over 6000people. Class B gymnasiums seating 4000 to 6000 people. Class C gymnasiums seating 2000 to 4000 people, and Class D gymnasiums seating fewer than 2000 people.

Hospitals refer to medical institutions named as"hospital"with permanent hospital beds, which areable to take in patients and provid them with medical and nursing services. Hospitals are classified into three categories: hospitals at or above the county level, hospitals of rural townships, and otherhospitals. According to their ownership, hospitals can be classified into three categories: hospitals under the public health departments, hospitals under industrial and other departments and collective – owned hospitals. Hospitals at or above county level are divided into comprehensi ve and specialized hospitals.

Medical Technical Personnel refers to all permanent medical staff and workers employee by medical institutions, including doctors of Chinese and Western medicine, senior doctors who integrate traditional Chinese thrapeutics with Western thrapeutics in practice, senior nurses, pharmacists of Chinese and Western medicine, laboratory specialists, other specilists, paramedics of Chinese and Western medicine, nurses, midwives, druggists in Chinese and Western medicine, laboratory technicians, other technieians, other practitioners of Chinese medicine , nursing attendants, pharmacological workers of Chinese and Western medicine, laboratory workers, and other primary medical personnel.

Doctors refer to qualified professional medical workers approved to practice by public health departments. They are classified into doctors of Chinese medicine, doctors of Western medicine, seniordoctors who integrate traditinal Chinese thrapeutics with Western thrape utics in practice, paramedics of Chinese medicine and Western medicine, annd other specialists of Chinese medicine.

Social Welfare Institutions refer to institutions taking care of old people without children, handicapped people and orphans. They include social welfare institutions run by civil affairs departments, children's welfare institutions, social welfare institutions form ental patients, and collective – owned old people's homes in rural areas.

Number of People Taken in By Social Welfare Institutions refers to the number of old people, children, totally dependent handicapped people and mental patients taken in by scoial welfare institutions run by civil affairs departments and those run by collective units in urban and ruralareas.

Social Welfare Enterprises are collective – owned enterprises which employ the blind, deaf – mute, and other handicapped people who are able to work in cities and towns and enjoy exemption from state taxes, including welfare plants, welfare commercial services, artificial limb plants and farms, etc.

Lawyers are legal workers who are employed full – time by legal counseling firms to act as legal advisers, agents in criminal or civil law suits, or defenders in criminal law suits, or to handle non – litigious legal affairs, to advise on matters of law or to write legal papers for others. Both full – time and part – time lawyers are included.

Notary Personnes refers to judicial workers of the state notary offices handling notarization work according to law. They include notaries, as sistant notaries, and other people working for notary offices.

Notarized Documents refer to the documents settled by notary offices in a year. The notarial documents are drawn up in accordance with the regulations of the Ministry of Justice, including domestic documents and foreign – related documents. Domestic documents are divided into two major categories, documents on economic contracts and documents on civil legal relations.

Mediatorsrefer to workers on people's mediation committees res ponsible for mediating in civil disputed and cases of slight in fraction of the law. They include members of the mediation committees and mediators of mediation groups.

Mediation of Civil Disputes refers to mediation committees' work in mediating in civil disputes concerning civil rights and duties through persuasion and education in a ccordance with the provisions of law on a voluntary basis, so as to solve disputes by helping the parties involved come to an agreement and understanding. These disputes include divorce cases and disputes over property ownership, but exclude the civil cases to be handled by the court.

Retired or Restgned Personnel refers to the persons who have formally gone through the formalities for their retirement or quitting work and enjoy the corresponding treatments.

Insurance and Welfare Funds refers to labour insurannce and welfare fund paid by entrprises, oranizations and institutions to their staff and worders as well as retired and resigned personsin addition to their wages and salaries.

(1) **Insurance and Welfare Funds For Staff and Workess** include:

① Medical Care Allowance: It refers to the cost of medical care of staff and workers and their dependent family members who are covered by the medicare system of enterprises, travellig expenses of injured employees to hospital and their perdiem subsidies during hospita lization, cost of medical care of employees who are covered by the medicare system of institutions and organizations, as well as cost of medicine of employees of enterprises and institutions who are not covered by the medicare system.

② Funeral Expenses and Pensions for family of the Deceased: They refer to funeral expenses of staff and workers, and pensions and allowance for their dependent family members, as well assbsidies to funeral expenses of staff and workers' dependent family members.

③ Subsidies for Living Expenses: They refer to regular or abhoc subsidies to staff and worderswho have difficulties in making ends meet.

④ Expenses for Recreational, Sports and Pubilcity Acitivities: They refer to actual payment made by enterprises and institutions in recreational, sports and publicity activities, excluding training cost.

⑤ Subsidies to Collective Welfare Undertakings: They refer to subsidies to the operation of welfare undertakings that can not fully cover their cost, such as public bath rooms, barber shops, laundries, nurseries and kinder gartens.

⑥ Expenses for Collective Welfare Facilities: They refer to expenses for collective welfare facilities that are spent in line with state regulations, such as the purchase and repair of cook ingutensils for canteens, and repair of living quarters of staff and workers, but excluding the expenses for welfare projects that are constructed with self – raised funds.

⑦ Family Planning Subsidy: It refers to subsidy and health allowance paid to the one – child family of staff and workers.

⑧ Others: They refer to other insurance and welfare funds paid to staff and workers.

(2) **Insurance and Welfare Funds For Retired and Resigned Staff and Workers**

① Pensions for retired veteran cadres: They refer to pensions and other subsidies paid toretired in line with relevant government documents.

② Pensions for retirement: They refer to living allowance and other subsidies paid to retired staff and workers in line with the relevant government documents.

③ Resignation Allowances for Living Expenses: They refer to living allowance and subsidies paid to resigned staff and workers in line with relevant government instructions.

④ Expenses for Medical Care: They refer to the costs for medical treatment, hospetalization and food subsidies in hbospitals for retired and resigned staff and workers.

⑤ Nursing Cost: It refers to cost for nursing retired or resigned staff and workers who are unable to take care of themselves and need the help from nurses.

⑥ Living Subsidy: It refers to living subsidy paid to retired employees in line with the instructions in a 1985 State Council document.

⑦ Traffic Subsidy: It refers to the monthly traffic subsidy paid to senior retired staff.

⑧ Funeral Expenses and Pensions for Family of the Deceased: They refer to th e funeral expenses of retired staff and workers, and pensions and allowance for their dependent family members, as wellas subsidies to funeral expenses of retired staff and workers' dependent family members.

⑨ Others: They refer to other expenses, including moving and settlement allow ance, allowance for difficult families, book and newspaper allowance, subsidy for non - staple foods, housing subsidy, water and electricity subsidy, special allowanec for staff and workers of national minorities, travelling cost for senior retired staff, etc.

Volume of Industrial Waste Water Discharged refers to the volume of industrial waste water discharged, through all outlets, to the outside of industrial enterprises, including waste water produced, direct - cooling water, underground water from mines that does not meet the standard of discharge, and the domestic sewage mixed up with industrial waste water when discharged, but excluding discharged indirect - cooling water.

Volume of Waste Water up to The Standard For Discharge refer s to the volume of discharge dindustrial waste water that, with or without treatment, has come up to the national or local standards for discharge.

Volume of Treated Industrial Wasth Waterrefers to the volume of industrial waste water after being treated and purified through various water treatment facilities in the reference period, including the volume discharged or recovered after being treated. The volume of waste water that fails to meet the national or local standards after treatment is also included. If there aretreatment facilities both at the outlets of workshops and at the outlets of the factory, and the same volume of waste water has been treated twice, duplication should be avoided in the calculation of the volume of treated industrial waste water.

Volume of Wasth Gas Emission refers to waste gas emitted from burning of fuels and from production process in the area of the factory, and is measured by 10000 standard cubic metres each year under normal condition.

Volume of Sulphur Dioxide Discharged refers to the volume of sulp hurdioxide discharged to the air in the process of fuel burning or in the production process.

Volume of Industrial Soot Discharged refers to the volume of solid soot in the smoke discharged in the process of fuel burning in the area of the factory.

Industrial Dust Discharged refers to the total weight of solid dust discharged by industrial enterprises in the production process, such as dust of refactory materials from iron plants, dust from coke - screening system or from sintering machines of coking plants, dust from lime kilms, cementdust from building material enterprises, etc., but excluding smoke and dust discharged by powerplants.

Volume of Industrial Solid Wastes Produced refers to the total volume of solid, semi - solid or high concentration liquid residue produced by industrial enterprises in their production process, including dangerous wastes, residues from melting, slag, powdered coal ash, gangue, chemical residues, tailings, radioactive residues and other residues, but excluding stripped or dug stones inmining (except gangue and acid or alkali stones which are stones washed or soaked by water with a pH value smaller than 4 or larger than 10.5.)

Accidents of Environment Pollution and Destruction refer to sudden accidents, due to economic and social behavior or activities in contrast with environment protection legislation, unexpected factors or irresistible natural disasters, that cause the pollution of environment, the destructionof natural protectionzones, wild plants and animals, the danger to the health of people, and theloss in the property of the society and people.

中国统计出版社最新资料书简目

（仅供参考，以最后出书为准）

中国统计年鉴－2005
中国统计摘要－2005
2005 中国发展报告
中国城市统计年鉴－2004
中国劳动统计年鉴－2005
中国人口统计年鉴－2005
中国工业经济统计年鉴－2005
中国市场统计年鉴－2005
2004 中国城市发展报告
中国建筑业统计年鉴－2004
中国价格及城镇居民家庭收支调查统计年鉴－2005
国际统计年鉴－2005
中国对外经济贸易统计年鉴－2004
中国基本单位统计年鉴－2004
中国民政统计年鉴－2005
中国高技术产业统计年鉴－2005
中国房地产行业名录
中国农村统计年鉴－2005
中国农村住户调查年鉴－2005 年（中文）
中国农村住户调查年鉴－2005 年（英文）
中国乡镇统计资料－2004
中国县（市）社会经济调查年鉴－2005
中国西部农村统计资料－2005
中国建制镇统计资料－2005
中国农产品价格调查年鉴－2005
中国资金流量核算历史资料（1998－2002）
中国国民经济核算年鉴－2005

北京统计年鉴－2005
天津统计年鉴－2005
河北经济年鉴－2005
山西统计年鉴－2005
内蒙古统计年鉴－2005
辽宁统计年鉴－2005
吉林统计年鉴－2005
黑龙江统计年鉴－2005
上海统计年鉴－2005
江苏统计年鉴－2005
浙江统计年鉴－2005
安徽统计年鉴－2005
福建统计年鉴－2005
江西统计年鉴－2005
山东统计年鉴－2005
河南统计年鉴－2005

湖北统计年鉴－2005
湖南统计年鉴－2005
广东统计年鉴－2005
广西统计年鉴－2005
海南统计年鉴－2005
重庆统计年鉴－2005
四川统计年鉴－2005
贵州统计年鉴－2005
云南统计年鉴－2005
西藏统计年鉴－2005
陕西统计年鉴－2005
甘肃年鉴－2005
青海统计年鉴－2005
宁夏统计年鉴－2005
新疆统计年鉴－2005
新疆生产建设兵团统计年鉴－2005
石家庄统计年鉴－2005
唐山统计年鉴－2005
邯郸统计年鉴－2005
呼和浩特经济统计年鉴－2005
鄂尔多斯市统计年鉴－2005
包头统计年鉴－2005
赤峰统计年鉴－2005
沈阳年鉴－2005
大连统计年鉴－2005
鞍山统计年鉴－2005
长春统计年鉴－2005
吉林市社会经济统计年鉴－2005
四平统计年鉴－2005
延吉统计年鉴－2005
哈尔滨统计年鉴－2005
齐齐哈尔经济统计年鉴－2005
黑龙江垦区统计年鉴－2005
上海浦东新区统计年鉴－2005
南京统计年鉴－2005
苏州统计年鉴－2005
无锡统计年鉴－2005
常州统计年鉴－2005
徐州统计年鉴－2005
南通统计年鉴－2005
盐城统计年鉴－2005
镇江统计年鉴－2005
江阴统计年鉴－2005
杭州统计年鉴－2005
宁波统计年鉴－2005
绍兴统计年鉴－2005
台州统计年鉴－2005

舟山统计年鉴－2005
温州统计年鉴－2005
金华统计年鉴－2005
嘉兴统计年鉴－2005
安庆经济统计年鉴－2005
福州统计年鉴－2005
福州年鉴－2005
厦门经济特区年鉴－2005
福州经济技术开发区年鉴－2005
南昌经济社会统计年鉴－2005
上饶经济社会统计年鉴－2005
九江经济统计年鉴－2005
济南统计年鉴－2005
青岛统计年鉴－2005
潍坊统计年鉴－2005
淄博统计年鉴－2005
郑州统计年鉴－2005
洛阳统计年鉴－2005
三门峡统计年鉴－2005
南阳经济统计年鉴－2005
武汉统计年鉴－2005
宜昌统计年鉴－2005
十堰统计年鉴－2005
荆州统计年鉴－2005
长沙统计年鉴－2005
广州统计年鉴－2005
东莞统计年鉴－2005
惠州统计年鉴－2005
深圳统计年鉴－2005
南宁统计年鉴－2005
桂林经济社会统计年鉴－2005
柳州经济统计年鉴－2005
来宾统计年鉴－2005
河池地区经济社会统计年鉴－2005
海口统计年鉴－2005
成都统计年鉴－2005
贵阳统计年鉴－2005
昆明统计年鉴－2005
西安统计年鉴－2005
兰州年鉴－2005
西宁统计年鉴－2005
银川统计年鉴－2005
乌鲁木齐统计年鉴－2005
巴音郭楞统计年鉴－2005
吐鲁番统计年鉴－2005

编辑部电话：(010)63262276　63266600－30607，30609
欲购以上图书请与中国统计出版社发行部联系。电话(010)63459084　同榻行书店电话：68585978
通讯地址：北京市西城区三里河月坛南街 75 号。邮政编码：100826